彩图 1　吉萨金字塔南 30 千米戴赫舒尔沙漠中的“弯塔”金字塔。相传为公元前 2575~ 前 2551 年间胡夫法老的父亲斯奈夫鲁所建

彩图 2　三座金字塔，三颗明星。灯光照耀下的胡夫金字塔（左）、海夫拉金字塔（中）和门卡乌拉金字塔（右）

彩图 3　鸟瞰吉萨金字塔（西南方）

彩图 4　凝视着春分东方初升的旭日的吉萨金字塔的狮身人面像

彩图 5　乌纳斯金字塔中的金字塔铭文——塞加拉，“迄今为止最古老的埃及宗教文集和墓室文学”

彩图 6　塞提一世神庙的奇物景象——阿比达斯。虽然雕像上有王冠，但在考古挖掘中从来没有发现过

彩图 7　吞食自己尾巴的永生之蛇。来自图坦卡蒙陵墓，现存开罗博物馆

彩图 8　俄赛里斯登基图，国王谷

彩图 9　代表往昔与现在的双狮神阿克鲁。来自卢克苏尔西岸的贵族墓。请将其与彩图 20 的尤卡坦半岛乌斯马尔的双狮雕像做比较

彩图 10　尼罗河夕照

彩图 11　蒂亚瓦纳科遗址鸟瞰。可见亚卡帕纳金字塔，长方形的卡拉萨萨雅大广场，及它前面的半地下神庙

彩图 12　蒂亚瓦纳科的巨石碑残迹

彩图 13　秘鲁为兹科附近的奥伦泰坦博巨石壁。一个被遗忘的文明的纪念碑

彩图 14　马丘比丘鸟瞰。图为废墟中心

彩图 15　墨西哥乌斯马尔。巫师金字塔

彩图 16　帕伦克“王宫”

彩图 17　奇真伊扎古城库库尔坎神庙。在每年的春分和秋分两日，光影在北台阶上造成巨蛇形象

彩图 18　特奥蒂瓦坎鸟瞰。沿亡灵之路向东北方向看去，右为太阳金字塔，正前方塞罗戈多山下为月亮金字塔

彩图 19　特奥蒂瓦坎鸟瞰。正中为月亮金字塔，往前为太阳金字塔，远方为魁扎尔科尔亚特神殿

彩图 20　乌斯马尔双狮像。请与彩图 9 的埃及双狮像“阿克鲁”做比较

彩图 21　拉文达奇怪而庄严的奥尔梅克石雕像

上帝的指纹

FINGERPRINTS OF THE GODS

上

［英］葛瑞姆·汉卡克 著
胡心吾 译

北京联合出版公司
Beijing United Publishing Co.,Ltd.

图书在版编目（CIP）数据

上帝的指纹 / (英) 葛瑞姆・汉卡克（Graham Hancock）著；胡心吾译. —北京：北京联合出版公司, 2016.9

ISBN 978-7-5502-8325-1

Ⅰ.①上… Ⅱ.①葛… ②胡… Ⅲ.①世界史—文化史—通俗读物 Ⅳ.①K103-49

中国版本图书馆CIP数据核字（2016）第185292号

著作权合同登记号：图字01-2016-5698

上帝的指纹

作　　者：（英）葛瑞姆・汉卡克
译　　者：胡心吾
出版统筹：精典博维
选题策划：曹伟涛
责任编辑：孙志文
装帧设计：博雅工坊・肖杰/程海林

北京联合出版公司出版
（北京市西城区德外大街83号楼9层 100088）
北京环球画中画印刷有限公司印刷・新华书店经销
字数585千字　710毫米 × 1000毫米　1/16　39.25印张
2016年9月第1版　2016年9月第1次印刷
ISBN 978-7-5502-8325-1
定价：88.00元

先有惊世骇俗的想法，才有实现它的希望……

——阿尔伯特·爱因斯坦

葛瑞姆自序

1995年春《上帝的指纹》出版的时候，我做梦也想不到它能卖出三百多万册，会被翻译成二十多种文字，更想不到此后不到六年，BBC的首要科学纪实系列节目《地平线》会以本书中显示的历史发展的必然规律警告公众。在《地平线》节目组2000年12月对此书进行为时一小时的“测试”节目播出之前，他们是这样说的：

> 畅销书作者葛瑞姆·汉卡克是本节目采访的对象，他对历史的独到见解引起了激烈的争论。他对神秘失落的文明的看法启迪了世界各地人们的思维，引起了广泛的关注，大有改写传统历史观念之势。

《地平线》播出了他们重新剪辑后的1999年11月曾播出的纪实节目，当时节目的名字是《亚特兰蒂斯的重生》。现在它叫作《再现的亚特兰蒂斯》，其中编入了由于罗伯特·鲍弗尔和我提出原节目有失公正，BBC按照广播电视规范委员会的要求所做的一些更改。其中最主要的就是恢复了在BBC 1999年11月的节目中被剪掉的我俩提供的证据。节目中，我们对美国天文学家埃德文·克鲁普针对鲍弗尔的猎户座关联论所提供的虚假证据进行了有力的批驳。克鲁普提供的资料先前是以无可争议的事实提出的，而现在，更为准确地说，它们只是一个天文学家个人的、与众不同的观点而已，这种观点是如此反直观，以致只有通过额外的图解法才能对其进行说明。

在使《亚特兰蒂斯的重生》更为公正所进行的更改中，删除了针对我的一项不正确的声明，该声明指责我说过柬埔寨的高棉人曾将天龙座当作龙（其实我从来没有说过这种话）。更为重要的是，1999 年 11 月的节目曾误导电视观众，认为我在古代巨石遗址的分析中“无视”碳 -14 年代测定法，修改过的纪实片承认我并没有“无视”这一方法，它如实报道了我的立场——我不认为碳 -14 年代测定法是鉴定古代石建筑年代的唯一手段，因为它不可能直接确定这些建筑的年代（只有在这些建筑中发现与之“相关”的有机物才能够用碳 -14 的方法确定其年代）。

最后，BBC 撤销了不得发表《地平线》录制的、对我的采访未加剪辑删减的全文的禁令。在此之前，BBC“科学地富有创造力的导演”节目的约翰·林奇曾给我写过一封信，说公司不会授予我公开这个文本的权利，因为它有违“贯行政策”。我只好通过我的网页将这种审查制度公之于众，BBC 因而惹得怨声载道。很快，我就收到第二封来信。“与你的想法相反。”BBC 法律顾问部的律师瓦莱里·拉扎利斯说，“公司并非有意对你加以审查，因此我们建议放弃贯行政策，授予你发表未加删减编辑的文本的权利。”

这一决策的改变——无论 BBC 是心甘情愿还是无奈之举，我都表示感谢。在将《地平线》节目组的采访中我所说的话和盘托出时，我希望，这些交谈——其中不乏代表正统学界观念的充满敌意的问题——会使读者们有所收获。这些问题都是对我的著作提出的最常见的质疑，在我做出回答时，摄像机的镜头一直虎视眈眈地盯着我，所以，这种情况下做出的、未经剪辑的《地平线》节目组的采访，才是对我的作品和我本人的观点最真实的“测试”。这是经过剪辑的《地平线》的纪实节目绝对做不到的。

观念变化

我信不过修订的或者“最新的”书籍。因此，我对《上帝的指纹》的原文内容未改动一词一字。这里发表的一切都与1995年第一版一模一栏。

然而我的思想却时时都在波动，在随着我学到的新知识而改变，这使我的工作充满乐趣。此外，在研究和书写被遗忘的人类历史阶段可能发生过的事情时，我在很大程度上依靠的是他人的研究成果，这样，我才能使别人取得的或者我自己注意到的新突破有所用。

我认为，我的首要作用是当个记者，如果我感到自己错失良机就会惴惴不安。自1995年后，我对地理环境的兴趣扩展到日本、东南亚、太平洋、印度、波斯湾和地中海，这些地区都是《上帝的指纹》一书中未能涵盖的（这本书中讲述的主要是南北美洲和埃及的情况）。理智上，我对最后的冰川时代的焦点从探索它突然结束的原因转移到直接对当时被淹没的一千万平方英里的大陆架进行调查。因为这些地方都在水下，对这些消失的陆地——总面积超过美国——考古学家几乎不屑一顾。此外，也许因为圣经式的“大洪水”的概念在科学家眼里如同“亚特兰蒂斯”的观念一样早就老掉牙了，没有人肯费力气去寻找这些辽阔的、曾几何时人烟稠密的沿海平原与人类文明史的兴衰之谜之间的关联。

在我看来，所有这些新资料都该来自新书，而不是对旧书进行新的修订。所以，在我为2001年版的《上帝的指纹》写这篇序的时候，我很高兴地告诉各位，我已经完成了《地底世界》一书的前三章，该书将于2002年出版。

写新书而不是对已经发表的作品翻来覆去地修修补补，也是我应对批评我作品的人的方法。在我的新书中，凡是我接受、我尊重的批评意见，我都会予以采用，凡是我确认的错误，我都会从中汲取教训，绝不重犯。

依然屹立

《上帝的指纹》这本书怎么样，里面有错误吗？抑或更糟，这本书本身就是个错？

第一个问题的答案是肯定的，《上帝的指纹》中当然有错。因为它不是银行账本，也不是资产负债表。它不过是一本易犯错误的凡人写出来的胆大包天的书而已。

第二个问题的答案是“不”！这本书令我自豪，尽管学究们一直对它视若寇仇，横加指责，我仍一如既往坚持我的观点。20 世纪 90 年代初开始写作这本书时，我就打定主意，甘冒涉足历史和史前史的学术风险，在未经探查和绘图的土地上进行探索，对早先的假设提出质疑，引起人们对人类历史中懵然无知的、神秘的发展阶段的注意。在是否可能存在过失落的文明这个问题上，人们的想象力似乎已经僵化，我就是想搅动这潭死水，让他们开始思索，重开论战。我意识到，要达到这个目的，唯一的方法就是不能把这本书写得四平八稳、万无一失。我选择了对主流思想发起冲击，同时热情四溢地为一个标新立异的历史观点辩护。我就这样一路走来，给自己树了一大堆敌人，可是我认为这表明我找人唱对台戏的策略果然生效了。随着《地平线》节目的第二次开播，这本书屹立如斗兽场中的角斗士，虽然诸多攻击已使它伤痕累累，但是它没有倒下——就是说，各个环节上必不可少的先决条件依然立于不败之地。

对蒂亚瓦纳科的碳 -14 年代测定

对我进行指责的学院派批评家们经常说，在我认为一个遗址的历史比学者专家们认为的要古老时，我就不肯老老实实地承认碳 -14 年代测定得出的结果，如美国宾州大学教古典名著和历史学的助理教授加勒特·费根在这一问题上就在公开场合或者私下多次对我进行谴责。最使他愤怒的是，我在《上帝的指纹》和《天空之镜》中对蒂亚瓦纳科的描述中只字不提曾对它进行的一系列“广泛的”碳测定（实际上一共进行了 29 个测定）。我们现在能够看到的这些测定的结果表明，安第斯山中的这个废墟3500年前还是一片无人居住的处女地，其后2000年间都未得到大规模的开发。他相信这一系列测定结果排除了我在《上帝的指纹》中所说的该城有17000年历史的可能性，并认为我的结论是极其荒谬可笑的。

就算费根博士说的都对，也没有什么值得大惊小怪的。毕竟，他只是学舌大部分正统的历史学家和考古学家早就说过的话而已，何况我已经打算接受对这个遗址进行的碳测定，没有一个年代早于公元前1500年的结论。实际上，在《上帝的指纹》中，在探讨蒂亚瓦纳科的问题时，我一开始就提醒读者，正统的观念认为，这个城市最兴盛的时期年代可能是在公元500年左右，我清楚地表明，我将探求一个“不为大部分学者认可的新年表”。

我有权利这样做吗？在蒂亚瓦纳科，一方面是公认的权威的结论，这个结论是建立在对29个样品进行碳-14测定、陶器和其他“相关”指示物所显示的物证基础上的，它表明，这个遗址是“古老的，但是没有那么古老”——作为一座巨石建造的城池，它的历史肯定不足2000年；另一方面是玻利维亚拉帕兹大学的亚瑟·波斯南斯基离经叛道的观点。早在1900年至1940年间，在碳-14年代测定发明之前，在现代修复进行之前，他就对这个地方进行了广泛的考古挖掘，对这个遗址的主要建筑布局进行了仔细的研究，利用公认的天文学公式，计算出地球斜交缓慢而规律的改变。他的结论是：卡拉萨萨雅围场中的巨石碑的基石是按照17000年前冬至和夏至日的日出、日落方向砌造起来的。

费根博士显然认为波斯南斯基关于蒂亚瓦纳科的结论是错误的，他有权利坚持自己的立场。同理，世界上也没有道理说我非得赞同费根的个人观点不可，而且，为了录制这个节目，我反对他的观点！在我看来，他奉为至宝的那29个碳-14测定样本根本否定不了“处女地”地表下面可能埋藏着年代更早的蒂亚瓦纳科城的证据。在作结论之前，需要进行更多的挖掘。同时，我找不到否定我的直觉的理由，我相信波斯南斯基40年亲身经历和艰苦卓绝的努力所获得的知识必定是价值连城的。因此我毅然决定，我的《上帝的指纹》的第 11 和 12 两章将以波斯南斯基的艰辛探索和默默无闻、扎扎实实的研究成果为基础——蒂亚瓦纳科：美洲人类的摇篮。

我重申，我有权这样做，有权决定自己的取舍。正统派的观点我早已耳熟能详，骚扰也好，诽谤也好，谩骂也好，我都无所畏惧！

下面是《地平线》录制的节目文本摘要，可以阐明一些主要问题。

问：什么使你相信蒂亚瓦纳科遗址的年代比所谓常规考古学所能接受的要早得多？在蒂亚瓦纳科的年代问题上，你认为的证据的汇聚、集中、趋同性是什么？

答：这个问题说来话长。我认为世界各地的古遗址的历史真面目都为这一情况所困扰，那就是，在漫长的岁月中，在古遗址上，人们会不断地、一而再再而三地重建。古埃及人就有在原先的神庙上再建神庙的习俗。我认为，同样的事情也曾发生在安第斯山中。在历史发展的长河中，一个被尊为圣地的地方可能是不同文化建造纪念碑式建筑物以代代相传的最理想不过的所在了。

根据蒂亚瓦纳科的情况看来，我想，正统考古学可能过于将其注意力集中到后来的占用物和建筑物上了，而没有考虑原始遗址有可能比这些建筑物更古老……

巧的是最近我去过玻利维亚，主持了一场冗长的对前玻利维亚考古队队长奥斯瓦尔多·里维拉博士的直录的采访节目。里维拉对我说，令他感到惊奇的是，他的考古队在蒂亚瓦纳科计算的结果支持波斯南斯基的论点——就是说，这个遗址最早的建造年代比我们认为的要早几千年。里维拉，这位卓尔不群的学者，准备考虑是否能追溯到更早年代的、12000 年前甚至更远古的时候在蒂亚瓦纳科建造的文明。他指出，我们现在仅仅挖掘了这个遗址约百分之二的地方，我们不能根据百分之二的挖掘得出最终的确凿无疑的结论。

问：从你刚才说的和你书里写的，我有一个很深的印象，就是这个遗址被破坏了。这是不是多少都会对你说的布局产生影响？

答：有可能，有可能。我在这里大声疾呼的关于蒂亚瓦纳科的事情，是对那个遗址的原始部分进行大范围的、思想开放的调查。我说蒂亚瓦纳科可能是在12000年前建成的，并不是说我就是绝对正确的。我可能是完全错误的。至少在过去的150年间，这里实际上成了玻利维亚拉帕兹和其他地方建筑工人的采石场，这必然会对遗址造成极大的破坏和损毁。但是我不认为这会影响我们思考蒂亚瓦纳科的奥秘和问题。

问：当你看到一个诸如蒂亚瓦纳科这样的遗址和它的年代证据的时候，12000年对你的论点具有什么意义？据我所知，一般人看到这些内容时心里总要犯嘀咕："他是不是认为这就是亚特兰蒂斯呀？""他是不是认为这就是失落的文明？它是不是那个失落文明的产物？"在你的论述中是怎样说明这段时间的？

答：我对世界各地的远古遗址的年代都很感兴趣，但是这些年代可能被正统派学者误解了。吉萨就是个典型的例子。公元前2500年那里可能有很多人在干活，但是有些建筑也可能是在那之前，甚至史前建造起来的。蒂亚瓦纳科吸引我的也就是这种可能性。至今对蒂亚瓦纳科的考古挖掘进行了至多百分之二，这就是个很明了的事实。对考古学家而言，在有迹象表明该遗址的年代比他们测定的要古老的时候，仅仅根据百分之二的考察就断言一个遗址的年代，在我看来是很不负责任的。

我认为，在蒂亚瓦纳科的问题上，有一点是必须强调的，那就是，这是一个神秘的、人们几乎一无所知的地方。这些年来，对它进行的考古工作微乎其微。即使在正统学界的圈子内，对它的年代估计出入也很大。当然，我与这个圈子里的一些考古学家进行过交谈，他们也承认这个遗址可能会更古老。我努力做的只是让我这本书的读者知道，蒂亚瓦纳科的事情并不是铁板钉钉的，还有别的观点，主流考古学家可能有错，在敲定这个遗址的年代之前还要以更开放的思想去做更多的事情。

问：近几年来，你知道对蒂亚瓦纳科进行了多少次碳-14年代测定吗？

答：在那里进行了大量的碳-14年代测定。在我看来，碳-14测定表明的是，这个遗址的被检测材料采样的地方，直到碳-14测定的年代还在被占用和使用。这并不意味着这个遗址就是在那个时候建造的，或者是在那个时候规划、奠基的。这些情况可能发生在更早的时候。

问：为什么你没有把你这种观点写进书里去呢？为什么你不在书里谈谈你对碳-14年代测定的看法呢？

答：我在《上帝的指纹》一书里谈了我的观点，我还特别谈了我认为碳-14年代测定存在的问题。那就是，它只能测定发现的有机物的年代，而不能确定该有机物周围场地的年代。我在书里清楚地提到了这一点。

问：像蒂亚瓦纳科这种古迹，哪些东西算作早期的建筑？

答：在蒂亚瓦纳科，四处散布的那些巨大的石块与那个地方后来的建筑风格迥然不同，在我看来，它们就属于更早的时代。我认为那个遗址的天文学含义非常诱人，但那还不是确定性的，就我本人的感觉而言，最重要的是，那个地方给人一种直觉，按正统考古学家给它确定的年代来看，怎么都不对劲儿。它就是让人觉得它要古老得多。这种感觉当然证明不了任何问题，我也不打算去证明它。我所要做的是提出问题，说“这里有个挺有意思的地方，我们对它一无所知，不知道住在这里的人长什么样子，不知道他们用什么语言，也不知道他们信奉什么宗教”。这个没有既往历史的地方就这么突兀地出现在我们的面前。对这样的地方，我想，最好不要以一种固定的、一成不变的观点将它的神秘之处一扫而光，不要竭尽所能地用一些令人厌烦的框框架架把它圈起来。我觉得，正统派学者们最好还是以一种更为宽容、更为开放一些的态度走近它，起码要有一颗为之感到震惊的心，而不是从一开始就把它的神秘一笔勾销。所以，我才将有关蒂亚瓦纳科的另一种信息公之于众，将其他的、认为蒂亚瓦纳科的年代要早得多的人们的见解发表出来，以保持这种平衡。我们可能是错的，但是，我认为深入的探索是值得的。

问：可是你看碳测定这些科技手段，采用放射性碳年代测定法，确实准确地测出了那些石块和各种建筑物的年代。

答：放射性碳怎么能够测定石块的年代还真叫我琢磨不透呢！如果我们在石块底下找到了有机物，那么我们可以说，这些石块是在某个特定的时间压到这些有机物上面的——这并不排除这块石头可能被多次转移过，或者在过去的几千年间，蒂亚瓦纳科的那些神庙可能再三重建过。这些事情是很可能发生的，碳测定根本无法将这种可能性排除。

实际上波斯南斯基在蒂亚瓦纳科的野外考察中发现了大量史前洪水的证据，那场洪水摧毁了高于的的喀喀湖面的蒂亚瓦纳科城所在的平原。正如我在《上帝的指纹》一书第 12 章所反映的，他讲述了最后的冰川时代那场大洪水带来的灾难：

> 地震引起的的喀喀湖水暴涨、火山爆发……造成湖水突然上涨的原因可能是北部地势较高的湖泊堤岸溃决，湖水势不可挡奔腾直下的的喀喀湖。

17000 年前安第斯山上形成的冰川，在公元前 15000 ~ 前 5000 年之间的漫长年月里，冰川消融后汇成滔天的洪水极可能不止一次地荡涤了蒂亚瓦纳科地区一带。即便在那段时间内当地存在过什么文明，恐怕也没有什么东西留存下来供今天的考古学家参考了，虽然大型的石建筑可能比普通房屋和住宅保存的时间长一些。

正是在我头脑中挥之不去的这种可能性，加之令我耿耿于怀的人类和大自然对这个地方无数次的掠夺和重建，才使我不轻言放弃，而是为了那些巨石不被囊括进考古学家们鉴定的那么短的时间内而抗争。诚如考古学家们所言，它们有可能真的是在不到2000年前被开采、运输到这里来的，但是，它们也可能属于安第斯山那么多古代神话中讲述的古老得多的文明，学者们对这些神话从来就没有过令人满意的解释，而它们描绘的场景与碳-14界定的年代却是那么大相径庭。

此外，正如我对《地平线》节目所说的，至少，有一个熟悉蒂亚瓦纳科，具有在那里进行了多年考古挖掘经验的现代考古学家，准备提出该遗址的初建年代应该是12000年之前（在3500年前淤积的“处女地”土层之下）。他就是奥斯瓦尔多·里维拉，前玻利维亚考古队队长，公认的蒂亚瓦纳科问题专家。1997年，在《上帝的指纹》出版后两年，他告诉我说：

> 我们在考虑蒂亚瓦纳科比现在确定的年代要早得多的问题。我在那里作了21年的挖掘和研究工作，我可以对你说，包括在蒂亚瓦纳科工作的考古学家在内，我们在那些日子里几乎每天都被新的发现惊得目瞪口呆，因为蒂亚瓦纳科实在太不可思议了。我们每天都有不同的发现……我相信，我们即将进入蒂亚瓦纳科的内部……一个掩埋在现在的地表下的、沉没的蒂亚瓦纳科……我认为，在12米或者21米之下，有另外一个蒂亚瓦纳科，它就是原来的圣城蒂亚瓦纳科。我难以估量它到底有多么古老。它将掀开对蒂亚瓦纳科研究的新篇章。我们将开启新的一页……

神秘的陌生人

尽管放射性碳测定的结果仅仅来自微不足道的百分之二的遗址，我可以预言，在《上帝的指纹》中所揭示的更为古老的蒂亚瓦纳科的观点仍将举步维艰。直到20世纪90年代，这种观点不但遭到碳-14测定的反对，而且还受到古人类学学者激烈的抨击，他们认为12000年前美洲才刚刚有人类居住，那时候，石器时代的蒙古人种从西伯利亚通过白令海峡的陆桥进入北美洲，那里才开始有了人烟。如果事情果真如此，那么，很难想象12000年前，距离他们登陆点那么遥远的蒂亚瓦纳科会如此人烟稠密，会发展出任何形式的都市文明。好在自《上帝的指纹》1995年问世以来，原有的、根深蒂固的、关于美洲人类学的学院派观点显然是越来越站不住脚了。现在我们已经确信，到12000年前，南美洲的很多地区都有人类出现和定居，显示有人类居住迹象的地层可以追溯到25000年甚至30000年前。这些早期居民有不同人种，其中包括明显具有非洲人和波利尼西亚人特征的人。我在此斗胆进一言，这或许能够解释最古老的考古地层中挖出的人像雕塑之谜——如我在本书第16~18章中探讨的墨西哥湾的巨大而奇异的“奥尔梅克头像”等。

我认为，读者们可能会同意，在那些章节和本书整个第二部和第三部，我着重强调的许多神话中一再谈到的古代美洲的人种中，除了典型的美洲“印第安人”外，这个地区古时的人口中还包括大量的“高加索人”和“非洲人”少数民族。我注意到，在众多对我的书口诛笔伐的学者中竟没有一个人在这个问题上发表高见，没有一个人批驳我对奥尔梅克头像的观点，也没有一个人就我对充斥于史前美洲神话中的白长须的神祇维拉科查和魁扎尔科尔亚特所表示的看法说三道四。

资料

《华盛顿邮报》，1997年4月15日，星期二。

从西部几个州东至明尼苏达州地下挖出的骸骨正在挑战最早的美洲人都像现在的亚洲人的传统观点。这些骸骨的头颅具有类似欧洲人的特征，这表明，在9000多年前，高加索人种也是移民进入美洲的最早的人类之一。人类学家知道这些骸骨的存在已有数年之久，但对其进行重新鉴定、充分了解其重大意义是几个月之前才有的事。新一轮的分析是去年夏天再次发现新的骸骨后才进行的——这具极不寻常的、完整的、明显是高加索人种的男性骸骨发现于现今华盛顿州肯尼维克市附近，他生活在9300年前……遗体的头部和肩部已经木乃伊化，使该部位的皮肤得到保护……对这具骸骨进行检查的人起初认为（这些骨头）是欧洲移民的遗骸，对其进行放射性碳检测后才知道他的高龄。“那真是一个令人兴奋的时刻，我认为，在北美洲人类的问题上，我们将看到一些具有实际意义的变化了。”斯密森研究所自然历史博物馆的权威丹尼斯·斯坦福德说。

并非所有的学者都赞同那个肯尼维克人是高加索人。但是起码这一发现使人们开始质疑现有的美洲人类问题的既定模式，其他的发现提出了更多的疑问。

在《上帝的指纹》中，我描述了拉文达的一个典型的奥尔梅克头像：

那是一个老人头像，鼻子宽阔而扁平，嘴唇很厚，稍稍有点分开，露出结实的大板牙。他的脸上显露出一种古老的、深沉的智慧，他的眼睛似乎在无所畏惧地凝视着永恒，一如古埃及吉萨金字塔前的狮身人面像。

我想，要一个雕刻家发明出一张面孔上所有的、极具一个真实种族特色的五官几乎是不可能的。所以，刻画一个逼真的、具有一个种族特征的面孔，必定有真人模特。我围着这颗硕大的头颅转了好一阵子。它用一整块坚实的玄武岩雕成，周长 6.7 米，高 2.4 米，重 19.8 吨，清楚地表现出“一个真实的种族的特征”。实际上，与我在圣地亚哥·图斯特拉和特雷斯扎珀特看到的其他头像一样，它毫无疑问是个地地道道的黑人头像。

在我 1998 年出版的《天空之镜》一书中，我再次提起这一谜题。

正统的历史学家不承认哥伦布发现美洲之前有任何非洲人来到过这片地方，他们竭力回避具有 3000 年历史、显示出黑人特征的奥尔梅克头像的含义，现今这种头像已出土达 16 具之多。不过这起码表明在考古学家中不存在种族歧视，在哥伦布发现美洲之前，不也没有高加索人到过这里么！他们在魁扎尔科尔亚特的神话上进行狡辩，对他身材高大、白肤长髯的形象吹毛求疵，视而不见在墨西哥最古老的考古遗址中挖掘出来的众多刻有高加索人面孔的浮雕所蕴含的意义。在奥尔梅克地区，有几个这种浮雕是在同一地层中与黑人头像并排放在一起的，而在西南部的阿尔班山也挖出过高加索人形象的雕塑，这个遗址的年代在公元前 1000~ 前 600 年之间。

1996 至 1997 年间在美洲发现的 9000 年以上的高加索人骸骨仿佛转眼之间证实了魁扎尔科尔亚特的神话。因此，现在我们可以顺理成章地问一下，还要多久，考古学家们的幸运之铲才能挖到可以作为巨大的奥尔梅克头像原型的人类骸骨呢？

“考古学家的幸运之铲”不久之后就找到了证据。1999 年 8 月 22 日，伦敦《星期日泰晤士报》报道了在巴西和哥伦比亚发现的 12000 年前生活在南美洲的五十多具具有黑人特征的骸骨和头骨（几天后 BBC 电视 2 台的纪实节目也播出了这一报道）——比已知的最早来到这里的蒙古人种的年代早 3000 多年。

一个女孩子的遗骸保存得极为完好，科学家们将其命名为“露西亚”，这是“在美洲大陆上发现的最古老的人类骸骨”。圣保罗大学的生物人类学教授沃尔特·内维斯对其进行了研究。

察看结果的时候，我们感到十分困惑，因为我们意识到，这些典型的统计数据表明，他们不是蒙古人种，绝对不是……他们类似今天的土著居民或者非洲人种，与亚洲的蒙古人种和现今的印第安人没有丝毫相似之处。

《星期日泰晤士报》还摘录了曾对露西亚的面孔做过复原图的曼彻斯特大学法医画家理查德·尼夫的话。他是这样评论的：“那是一个黑人的面孔，五官的比例与蒙古人种完全不同。”

时至今日，据我所知，没有一个学者承认巴西和哥伦比亚的发现能够解释奥尔梅克头像的黑人特征。奥尔梅克头像发现于3000～4000年之前的地层中，而巴西和哥伦比亚发现的骸骨比那要早得多，这是事实。但这并不能说明它们之间没有关系。至少里面有些令人感兴趣的巧合：其一，那些显示黑人特征的巨大头像是从美洲的史前流传至今的；其二，出乎他们的意料之外，此前一直不为历史学家们所知的黑人人种显然在12000年前就出现在美洲了。也许，那些“奥尔梅克”头像压根就不是奥尔梅克人的作品，而是他们继承的早期人类遗传下来的传家之宝？

与中国的关系

20世纪90年代末期，作为这段故事的注脚，也是正统派学者关于美洲人种的共识迅速崩溃的标记，学术界甚至酝酿着古中国与古美洲文化之间，尤其是奥尔梅克文化与中国商代的文化之间可能存在某种联系的观点。最先提出这一观点的人是美国俄克拉何马州中央大学的外语系教师迈克·许和中国历史研究所的陈汉平（音译）。

根据《美国新闻与世界报道》及互联网上的帖子，许认为：“中美洲的复杂文化可能是在商朝末期越过重洋来到这里的中国人的帮助下建立的。奥尔梅克文明兴起于公元前1200年左右，正是周武王兴兵讨伐商朝的最后一个君王——商纣王的年代。”

据报道，许拥有写有古文字的“爆炸性”的证据。

在过去的三年间，他在奥尔梅克陶器、玉雕和塑像样本的照片上发现了雕刻在上面的150个文字。他不仅自己查阅了古汉语词典，而且将这些图形交给中国大陆的古汉语专家进行鉴别，他们大都同意这些字符与中国古代刻在龟骨和青铜器上的文字极其相似。“起初，这些专家们对我都退避三舍，说他们不能对外国的文物进行鉴定。”迈克·许回忆道。但是，架不住他屡次恳求，他们无可奈何地看了看他描下的图形。一看到这些东西，他们都问了他同一个问题：“这些文字是在中国什么地方找到的？”当他们听说是来自美洲时，一个个都惊得哑口无言。

“如果这些铭文是在中国考古挖掘时发现的……”中国历史研究所的助理研究员陈汉平说，“它们肯定是秦朝之前的标记。”

但是其他学者的反应几乎都是恶语相向。利哈伊大学的汉语助理教授C. 库克发表的一个帖子总结了几条主要的反对意见：“有人要我就陈汉平发表于11月4日《美国新闻与世界报道》第46~48页上、声称奥尔梅克文物上的字是中国字的文章发表我的看法。我总算看到了附有奥尔梅克图形的文章及陈认为类似中国商代的甲骨文的那些部分。

“其一，被陈单独挑拣出来的那些图形不是中国字。它们是有些类似某些中国古代文字的地方，或者说某些部分相似，但是单独的图形不具备任何意义，而且他所说的对应字也不存在，都是子虚乌有的假设。

“其二，显然，被陈摘出的那些图形或者说刻字应该放在整个‘铭文’的上下文中一起考虑。但是，由于其他的标记除了几个零星的类似符号外什么也没有了，我们不可能这样做。实际上，这些奥尔梅克‘手迹’可能根本就不是什么文字，而是像纳西和其他圣经平稿一样，是一种讲故事的密码而不是语言文本。此外，商代的甲骨文文字是非常先进的文字，而且毫无疑问，具备它自己固有的书写方式。

“其三，那些‘铭文’必须与整个雕塑一起考虑。商朝时期的艺术极少表现人类面部（有些玉雕人物，但都是跪着的，往往是切入式雕刻，且以动物装饰、纹身、布帛等覆盖）。一个著名的青铜器的动物嘴里有一个像萨满教道士似的东西，但是从来没有类似奥尔梅克的艺术作品出土。

“其四，有一点必须纠正：《美国新闻与世界报道》上的文章称陈是接受过古汉语文字教育的全世界仅有的12名学者中最具权威的一位。首先，陈只是一个资历很浅的学者。其次，仅在美国，就有不止12个懂得商朝甲骨文的学者，在中国和其他地方，这种学者还有很多。”

我无从知晓究竟是库克教授和其他批评家说的正确，还是许和陈真的找到了商朝与奥尔梅克之间的某些关系。解决这些问题需要思想开放的研究，然而，与此同时，我要提请大家注意一个证据。1997年1月初我参观大英博物馆神秘的中国古文物展览时看到过这个东西；最近，1999年3月，在参观北京的中国历史博物馆（即现在的中国国家博物馆）时我又看到了它。中国四川省三星堆墓葬坑中出土的文物深深地吸引了我。其中有青铜面具、金饰、许多玉器和象牙制品。这些文物是1986年发现的，是公元前1200～前1000年间繁荣于四川的一个不知名的高等文明制造的杰作。

其中最令人感兴趣的展品是一个被描述为“装饰性前额和突出的瞳仁的面具”，它是三星堆2号坑中挖出的三个面具之一。大英博物馆是这样评论它的：

> 最令人震惊的是眼睛的瞳仁，它们像棒子一样伸了出来……另一个特征是面具的鼻子上有一个长长的高耸的凸出物。这个凸出部分呈涡旋状，顶部内卷，底部有一对环……这个大耳朵、鼓眼睛和鼻部有高高的羽毛管状饰物的面具使它看起来显得格外怪异。

可是，在中美洲，奥尔梅克文化的继承人——古玛雅人的恰克面具也有几乎一模一样的“怪异”而“惊人”的特征：鼓出的眼睛和鼻子上弯曲的凸出物。这是不是偶然发生的呢？而且，有些玛雅神庙的建筑中也融入了恰克面具的一些特征。

也许这些相似仅仅是巧合——虽然我个人对此表示怀疑。咱们姑且放下其他问题和单独的个例不表，可是，美洲现已发现的高加索人和黑人骸骨已经容不得任何先入之见了。美洲人类史的真面目可能极其复杂，踪迹难寻，在不同的历史时期，有着许多不同的少数民族种群和文化。如果说3000多年前，中国人可能来过这里，或者说在同一时期，腓尼基人，或埃及人，或大名鼎鼎的日本绳纹文化，或晚得多的维京人等等来过这里，我都不会莫名惊诧。我相信，自古以来，这些民族，或许还有其他的民族，都可能一次又一次各自“发现”过美洲。这些事情完全有可能发生，实际上，甚至可以说必然发生过。

但是，这些发现是在什么时候呢？

如果我们不断地往前追溯这个问题，直至最早的已知文明史之前，那么，我们最终会得到什么结果？

如果商朝对奥尔梅克的文字和艺术有影响（或者说，奥尔梅克对商朝有影响），那么我可以将这段历史追溯到3000年前，正好是有记载的文明史的范围之内。但是肯尼维克人和卢西亚人将我们带回到9300年和12000年前，后者的年代比苏美尔人和埃及人的历史——最早的人类文明史——还要早7000年，正值最后的冰川时代末期，那时地球刚刚经历了由消融的冰雪汇成的几乎淹没了整个世界的大洪水。

有些学者提出，卢西亚人也许是越过太平洋来到南美洲的，他们可能是澳大利亚土著的亲戚。当然，他们有证据表明，这些土著人在古代就有相当丰富的航海经验。但是迄今为止，在历史学界还没有理论可以解释那么早的时候，不但有黑人土著，而且有高加索人出现在新大陆的现象，遑论保留在神话故事中及埋藏在玻利维亚和墨西哥的荒野雕刻里那些惹人注目的陌生人的记忆了。

无论就人类学还是考古学而言，我们现在所知道的最早的美洲人对正统的学术界是凌厉而棘手的挑战。

在我看来，这场论战还要持续很久很久。

那些金字塔有多古老？

很长一段时间以来，我在埃及吉萨金字塔和狮身人画像的年代问题上所持的观点一直是备受攻击的目标。很多批评家认为，我的《上帝的指纹》肯定了这些建筑有12500年的历史。没错，至少，20世纪90年代初期，在我写作这本书的时候，我欣然采纳了这种观点，虽然我也非常愿意接受其他的观点。而且从那以后，我的立场更为坚定，在吉萨三大金字塔的建造年代上，我自己不再有任何犹豫彷徨。我确信，它们是按照天—地二元性的原则设计和建造出来的，目的是纪念那个特定的时期。同样，由于没有任何学者能够提出有说服力的辩驳，我坚信，狮身人面像的年代可以追溯到公元前第11个千年，我对我在《上帝的指纹》中所提出的关于它古老历史的论点绝无反悔。

下面是1998年我在互联网上参加“埃及新闻”论坛的讨论时发表的一篇文章。这篇文章可以廓清我在这些问题上的看法。

我是《上帝的指纹》一书的作者，也是《创始时代的守护者》（在美国书名为《来自狮身人面的信息》）一书的合著者（另一作者是罗伯特·鲍弗尔）。

首先，我得提醒诸位，凡有意了解本人立场者，事先最好拜读马丁·斯托尔发表在他自己的网页上的对本人拙作的评论，也请看看约翰·安东尼·韦斯特发表在“埃及新闻”上答复马丁·斯托尔的公开信。

1. 关于大金字塔国王室上方减压室中采石场标记的象形文字问题，有人批评我支持泽卡赖亚·希钦的伪造说是皂白不分。他们批评得对。我在《上帝的指纹》（1995年出版）和《守护者/信息》（1996年出版）两书中都对这一学术观点作过报道。

2. 作为一个作家和研究人员，我希望我的作品时时刻刻都在“进步”，永远不要就此止步或者从此寿终正寝。当我看到新的证据，证明我此前赞同的观点是错误的时候，我会乐于改变自己的观点，承认从前的错误。

3. 正如约翰·韦斯特好心地在他答斯托尔的公开信中所说，我已经改变了我对伪造说之合法性的观点。减压室严格禁止对公众开放，而且很难走近。在1996年出版《守护者/信息》这本书之前，我从来没有获准过参观这些地方。但是1997年，赞西·哈瓦斯博士（当时吉萨的文物监察长）让我在那里看了整整一天，想看什么就看什么，没有任何约束，使我得以有充分的时间在强光下仔细地查看那些象形文字。通过一些连接处的裂口可见砌石深处的象形文字，在石块砌好以后，那些地方是不可能将“伪造的”字迹写进去的，而且我得补充说明，这些重量达数十吨、契合紧密的石块根本不可能移动。唯一言之有理的就是正统埃及学家早就得出的结论，即这些象形文字是货真价实的老王国时代的涂鸦，而且在被砌成墙壁之前就已经写到这些石块上了。

4. 在 1998 年及 1998 年前的数次公开讲座中，我早已公开讲明了我在这个问题上观点的转变。在 1998 年 9 月发表的《天空之镜》(内附桑莎·费雅拍摄的照片）中，在与它同时发行的电视系列片《探索失落的文明》中，我都清楚地表明，我完全赞同大金字塔（起码是它的大部分）是在第四王朝期间建成的。

5. 这种观念转变并非一夜之间突然出现的。虽然在我写《守护者 / 信息》这本书的时候，我还相信错误的伪造说的观点，但吉萨大金字塔是第四王朝的产物的正统观点也是我所愿意接受的——即使没有那些采石场标记为证。《守护者 / 信息》一书的中心议题——吉萨的建筑物是为纪念公元前 10500 年前的天空而建造的——并不等于说所有这些建筑都是在那个时代建的。相反，在《守护者 / 信息》中，我写道，“大金字塔必定与公元前 2500 年有着某种极为重大的关联——实际上，所有正统的埃及学家和考古学家都相信大金字塔就是在那个时候建造起来的”。在此之前，在《上帝的指纹》中，我已提出，吉萨建筑的总体布局可能是在公元前 10500 年确定的，但是，那些建筑物本身可能是在 8000 年的时间内（公元前 10500 ~ 前 2500 年）逐步建造起来的。我指出，大金字塔著名的星空通风井明确地将这个建筑与公元前 2500 年联系起来，而且通风井所经过的塔层可以解释为“与公元前 10450 年设计吉萨整体布局的同一历史悠久的教派的信徒们后来的杰作”。

6. 在过去五年的合作中，罗伯特·鲍弗尔和我一起逐渐形成了一套“实验性”的“吉萨理论”。简而言之，这个理论就是：吉萨的三大金字塔和大狮身人面像的建筑布局所象征的天空（古埃及的法老们相信，他们死后，灵魂将通过这里升天），正是公元前 10500 年春分日黎明时的天空。我们这样做，是针对正统派的“坟墓，而且仅仅是坟墓”的假设提出的另外一种严肃的选择。根据约翰·韦斯特和罗伯特·肖赫在地质学上的发现，我们坚持认为狮身人面像和与它相关的巨石建筑可能就是在那个时代建造的。我们还坚持认为，三大金字塔总体说来修建的时间可能比狮身人面年代晚，根据通风井所指向的星空，它们很可能是在第四王朝，而不是其他任何时代建成的。

7. 不过，最后我还是得说，我们的假设并不是确定哪个建筑物建造在哪年哪月。一个仿照公元前10500年的天空的天—地二元性象征性建筑模式，从理论上来说，任何知晓天文岁差周期及其星座位移规律的文明都可以在任何时代（我再说一遍，任何时代）设计出来。

8. 简言之，我们对这种模式的原因比建造的时代更感兴趣。

9. 我可以对着摄像机说，我相信，胡夫确实建造了大金字塔——或者不管怎么说，起码是它的大部分（地下室和其他从石岩中凿挖出来的部分年代可能要早些）。

10. 我可以开诚布公地说，我不相信胡夫建造大金字塔是当作他自己的坟墓的。单从他的名字仅仅以采石场标记的形式偶然存留在不可到达的减压室中这一事实就可以证明，他不是一个这样的自大狂。我认为，他建造大金字塔完全是为了另外的目的——一个高尚得多，也神秘得多的目的。在我后来发表的《天空之镜》和同时发行的电视系列片《探索失落的文明》中，我提出了更为详细的证据。

葛瑞姆·汉卡克

1998年7月22日于英国德文市

南极洲与地壳位移

我经常被问及，在南极洲与地壳位移的内在关系问题上，我是否仍然保持20世纪90年代初期写作《上帝的指纹》一书时同样的观点。正如我在许多场合多次清楚地表明的那样，我的答复是，我个人目前并没有对南极洲或者地壳位移进行研究，但是，我仍然认为，它们是非常敏感、并非空穴来风、值得进一步探索的问题。

我还是从《地平线》节目中摘录我的话以澄清我的观点。

问：你最初是怎么把地壳位移论与南极洲可能是失落文明的发祥地联系到一起的？

答：我所学到的地壳位移知识主要来自两本书。一是查尔斯·哈普古德教授写的内容丰富、讲解详细的有关地壳位移的书，一是兰德和罗斯·弗雷姆－亚瑟的著作。他们赞同哈普古德的观点，而且认为，如果有人要寻找曾经养育过一个失落文明的失落大陆的话，这片失落的大陆可能就是南极洲。他们还提出，南极洲的纬度可能南移了三十多度，从温暖的气候带移入了寒带，因此它上面的冰川是在相对较为近期的时间内形成的。这也可以解释，为什么我们看到的、根据业已失踪的原始地图复制的古地图上的南极洲是无冰雪覆盖的，而且画出了那个时候的文明还没有发现的这片土地。这两种观念在某种程度上可谓相得益彰，并不影响地壳位移论的可靠性，它是值得认真思考的一种理论。说实话，我无法告诉你地壳位移是不是最后的冰川消融之谜的答案。我认为这是一个非常吸引人的理论，而且认为，与其他激进的地质理论，如大陆漂移说等一样，它也可能是一个不能立即为人们所接受，但是将来会被人们赞同的理论。因此，仅仅因为它现在为学者大人们所不齿并不意味着我们就应该对它视而不见。

问：因此，在你看来，即使你自己对南极洲的了解并不十分深入，这种观点仍然具有很重要的意义了？你能解释一下吗？

答：最使我感兴趣的是冰川时代末期的大洪水这一事实。坦白说，我对究竟是什么引发了大洪水并不关心。我觉得那是别人要解决的问题，而且现在已经有很多人在研究这个问题了……我的事情是探索冰川的突然结束给世界造成的后果。这个后果就是，海平面大规模地急遽上升——总共达120米——将原来在水面上、记载着许多历史遗迹的大地都吞没了。了解这一点是非常重要的。

在最近这些日子里，我对彗星撞击的理论也很关注，这个理论也能很好地解释冰原突然消融的原因，而且不会在地质界造成地壳位移论那么大的争论。但是，地壳位移论的确不愧为一个非常有趣的理论，而且，它也确实值得深入研究……查尔斯·哈普古德经过深思熟虑提出的、当即就得到爱因斯坦支持的这样一个令人振聋发聩的理论，就这么备遭奚落，扔进了垃圾箱里，我对此感到非常愤怒。

问：我可否问一下，如果你不介意的话，现在咱们撇开这个理论本身还是一个问题不谈，假设我们接受这个失落的文明来自南极洲的概念，虽然此时我们无法眼见为实，你认为要发生怎样的全球性重大事件才可能造成这样的后果？

答：能够解释造成一个文明消失的全球性重大事件，一个人类历史上已被遗忘的大事件，在我看来，就是最后的冰川时代的结束。它就是我们需要的能够解释这一切的重大事件。公认的、已知的最后的冰川时代的结束，冰原的消融，由此产生的海平面的上升，及随着海平面上升，大量原来可能有人类居住的陆地的沉沦，时至今日，仍为考古学家们力所不逮。它们从来就没有引起过人们的注意。直到20世纪40年代末期，配套水下呼吸器发明，深水潜水技术发达了些后，沿海岸线进行的系统性的潜水考察才可能实施，而且我认为，将来人们会在这个地带有大量新的考古发现。

古代地图

《上帝的指纹》第一部中所讲的那些地图我有什么可说的吗？现在我仍然看好它们吗？

简单的答复是：是的，甚至比以前还要看好，虽然我现在知道整个地图“问题”越来越复杂，比我当初调查它们时更扑朔迷离了。乔治·麦金托什在他2000年发表的《论皮里·雷斯的1513年地图》一书，对皮里·雷斯地图上画的是南极洲的论点发起了重炮猛轰。我大力推荐读者们拜读一下这本书，以获得与我在皮里·雷斯地图，或者说南极洲之谜这个问题上相悖的意见。在这方面，经过我自己后来的研究，我仍然坚信皮里·雷斯地图和其他地图是令人着迷的，里面包含了生活在最后的冰川时代、由不知名的航海民族所绘制的远古地图的“化石”。

在我2002年出版的《地下世界》一书中，我将为这一论点提供进一步的证据。这些论据已为最新的海洋学研究所证实，其中包括绘有远离南极洲大陆和岛屿的地图，看上去很像冰川时代的样子。我再次假设，这些相似之处有可能仅仅是巧合而已……

读者们，自己的主意自己拿。

帕卡尔王

在《上帝的指纹》里我提出的所有论点中，只有一个真正至今使我感到汗颜。那就是第20章中，当我进入帕伦克的碑铭神庙，第一次面对那块大名鼎鼎的玛雅统治者帕卡尔王的棺盖时，胡说八道的那番话。在这段话中，与在我之前的很多人一样，我认为棺盖上雕刻的是一个正在操作某种机器的人。

人们不认为玛雅人有机器，他们甚至连轮子都没有见识过呢！但是，帕卡尔斜倚着的那个装置，从其侧面板、铆钉、管道和其他小配件来看，说它表现的是个科技设备，可比某个权威声称的什么“一个人活着的灵魂去往阴曹地府的过程”，或者另一位讲的这位国王“坠入地府魔鬼的无肉体的口中”要有说服力得多。

现在，我已完全否定这个诠释。琳达·谢尔和乔伊·帕克等学者深辟透彻的研究所揭示的大量事实使我认识到，它实际上是雕刻在棺盖上表现帕卡尔死后的旅行图。我对这幅玛雅人祭祀图的新观念已经写进了我在1998年出版的《天空之镜》一书里（第二章，第36~37页）。在这本书中，虽然我没有提到这个棺盖，但是我讲到了帕卡尔王和帕伦克另外一处以他为主角的建筑——叶饰十字架神庙。我着重讲的是神庙的精神意义。

总的说来，我在帕卡尔棺盖问题上观点的转变适用于整个以往的“机械论”观点。虽然我从不怀疑古人发明过操纵物质世界的方法——有些方法是我们这个技术发达的现代社会至今仍不能企及的——我还是认为，他们的主要目的显然是深远的精神追求和通过对奥秘知识的探索实现思想上的超越。

我相信，这正是我们最需要向我们的前人学习的领域。他们殚精竭虑地探究存在之谜，虽数千年而不辍。

众神的堡垒

倘若没有某种力量，《上帝的指纹》自1995年出版以来就不可能如此畅销，也不可能激起科学界的众怒，惹出这么大的纷争。毫无疑问，我是有错误、不谨慎的地方的，有太过简单或者太过空想的地方。当然，我的许多观点和提出的质疑确实容易招惹是非。但是，《上帝的指纹》之所以坚不可摧，在于它对神话的分析，在于它对世界各地的精神系统的揭示，它们比历史更古老，其中包括天文学、建筑学、数学和地质学的信息，在于将非凡的古埃及文明和建筑更广阔地展示于众，并使人认识到它是继承了更古老的高度发达的科学技术的遗产，在于对公元前15000~前5000年间摧毁这个世界的冰川消融引发的大洪水的调查，在于这些神话与这场大洪水的关联等等。

这本书的这些堡垒没有一个受到攻击，更没有人证实它们是错误的，而最后，正是在这些堡垒上，我屹立至今。

葛瑞姆·汉卡克　2001年于英国德文市

上帝的
指纹
Fingerprints
of
the Gods

目录

c o n t e n t s

第三部　羽毛蛇神：中美洲亚述浮雕

第四部　神话之谜（一）：患失忆症的人类

第五部　神话之谜（二）：天文密码

下册

第六部　来自吉萨的请柬：埃及（一）

第七部　永恒的君王：埃及（二）

第八部　结论：失落的史前文明在哪里

Part Ⅰ

第一部

古地图的谜团

第一章 秘境地图

马萨诸塞州

韦斯托弗空军基地

美国空军第八测绘技术中队（战略空军司令部）

事由：海军上将皮瑞·雷斯绘制之世界地图请求鉴定案

致：新罕布什尔州

基恩市

基恩学院

查尔斯·哈普古德教授

哈普古德教授钧鉴：

本部业已遵照您的要求，完成了对皮瑞·雷斯1513年所绘世界地图中的某些异常之处的鉴定。

来信称该地图下部所绘应为南极洲毛德皇后地马瑟公主海岸和帕尔默半岛地形。这种说法言之有理，我们认为很合逻辑，极可能是对这张地图最正确的诠释。

此地图下部所描绘的地理细节，与 1949 年瑞典—英国南极考察团于冰盖上用地震勘测法测出的地形轮廓极为吻合。

由此可见，此地图在南极海岸线被冰雪覆盖之前就已经绘制出来了。

该地冰盖现在的厚度约为一千六百米。

以 1513 年的地理知识而论，这张地图的绘制确实令人费解。

中队指挥官

美国空军中校

哈洛德·欧尔梅耶

1960 年 7 月 6 日

行文虽然刻板，但欧尔梅耶的信[1]仍不啻为一枚重磅炸弹。如果毛德皇后地在被冰层覆盖前就被画到了地图上，那么，原始地图必然是很多年之前就绘制出来的。

究竟多少年以前呢？

依据目前的范围和形态，人们通常认为南极洲的冰盖应在数百万年之前就开始形成。然而，经过深入研究，这一概念可谓漏洞百出。漏洞之多，使我们完全没有必要去假定皮瑞·雷斯海军上将画的地图是按几百万年前的样子描绘的。最近的证据雄辩地表明，该地图上描绘的毛德皇后地及周边地区曾经历过一段漫长的无冰期。这段时间可能延续到大约 6000 年前才告结束[2]。这一证据使我们不必劳心费神地去解释这样一个谜团：究竟谁有如此高超的技术，在 200 万年前，在我们人类还没有诞生的时候，就对南极进行过精确的地理考察。下一章中，我们将进一步探讨这一证据。但是，地图绘制是个复杂的、“文明”的活动，因此我们仍然不得不解释，6000 年前这一工作是怎样完成的，因为这也远远早于历史学家们公认的、比人类文明更古老的地图真正的早期文明。

古代原始资料

在力图解开这个谜团之前，我们必须弄清下述历史和地理的基本事实：

1. 皮瑞·雷斯地图是个真实的文件，绝非胡编乱造。该地图于 1513 年绘于君士坦丁堡[3]。

2. 该地图的中心点为非洲西海岸、南美洲东海岸及南极洲北海岸。

3. 皮瑞·雷斯不可能从当时的探险家那里获得相关资料，因为直到 1818 年[4]，在他画出这幅地图三百多年后，南极洲才被发现。

4. 该地图所示的、裸露的毛德皇后地是个巨大的谜团，因为地质资料证实，该地区可在无冰状态下进行勘探，绘图的最晚年代是公元前 4000 年[5]。

5. 完成这项工作的最早日期是不可能确定的，但是，有证据表明，毛德皇后地的裸露期延续了至少 9000 年，而后才被日渐扩大的冰盖所吞没[6]。

6. 历史上没有一个文明处于这张地图出现的相关时期——公元前 13000~ 前 4000 年——需要并有能力对这条海岸线进行探测[7]。

换言之，这幅绘制于 1513 年的地图，其真正让人费解之处不是它涵盖了 1818 年才发现的那块大陆，而是它绘出了那块 6000 年前被冰封雪盖的、大陆的海岸线。

这一切应当如何解释呢？好在皮瑞·雷斯亲手书写在地图上的一系列笔记给了我们答案。他告诉我们，他并不是这些勘测和绘图的始作俑者，他承认自己仅仅起了编纂和抄写的作用。那幅地图是根据大量的原始地图汇编而成的[8]。这些地图中，有些是当时或者不久前到过南美洲和加勒比海的探险家们绘制的（包括哥伦布），另一些则可追溯到公元前 4 世纪或者更早[9]。

皮瑞·雷斯没有贸然暗示绘制这些早期地图的是什么人。但是，1963 年，哈普古德教授对这一问题提出了独到的、令人耳目一新的见解。他认为，这位海军上将参考的原始地图，尤其是那些可以追溯到公元前 4 世纪的地图，是根据更为古老的地图绘制的，而这些地图的蓝本则还要古老。他断言，已有确凿的证据表明，早在公元前 4000 年之前，整个地球就已经

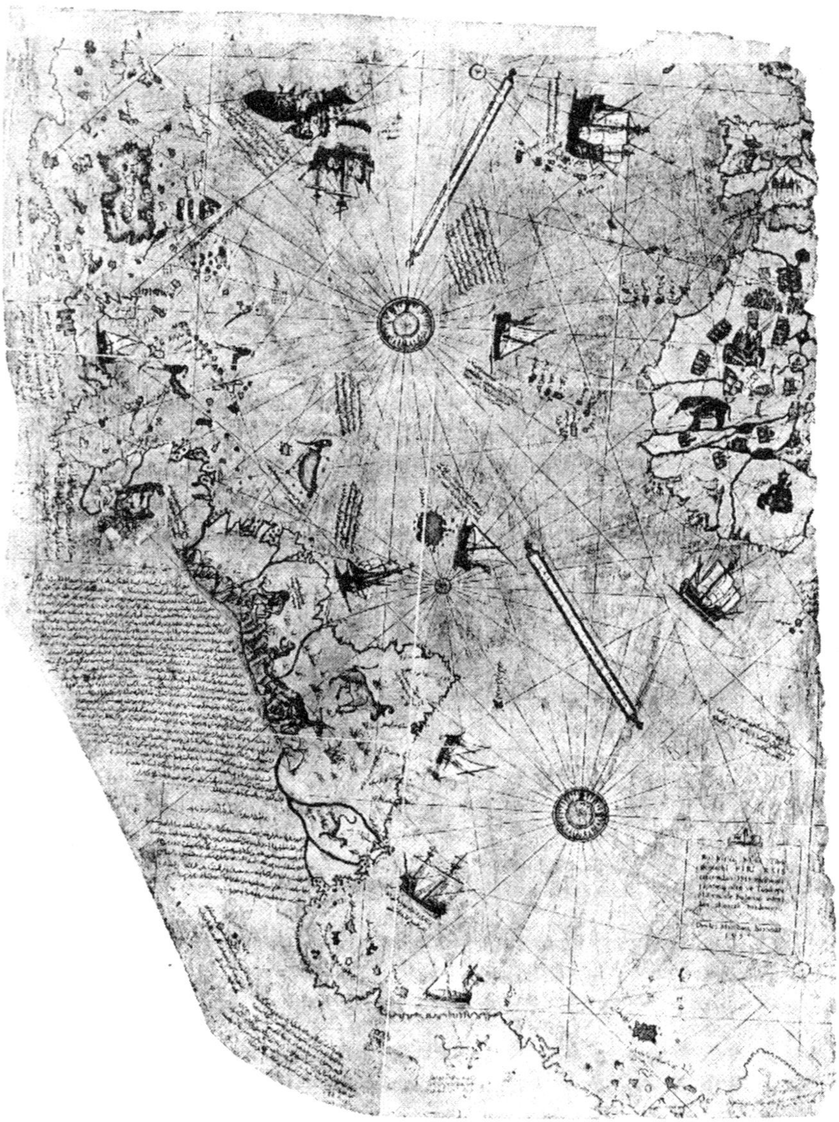

皮瑞・雷斯地图（原图）

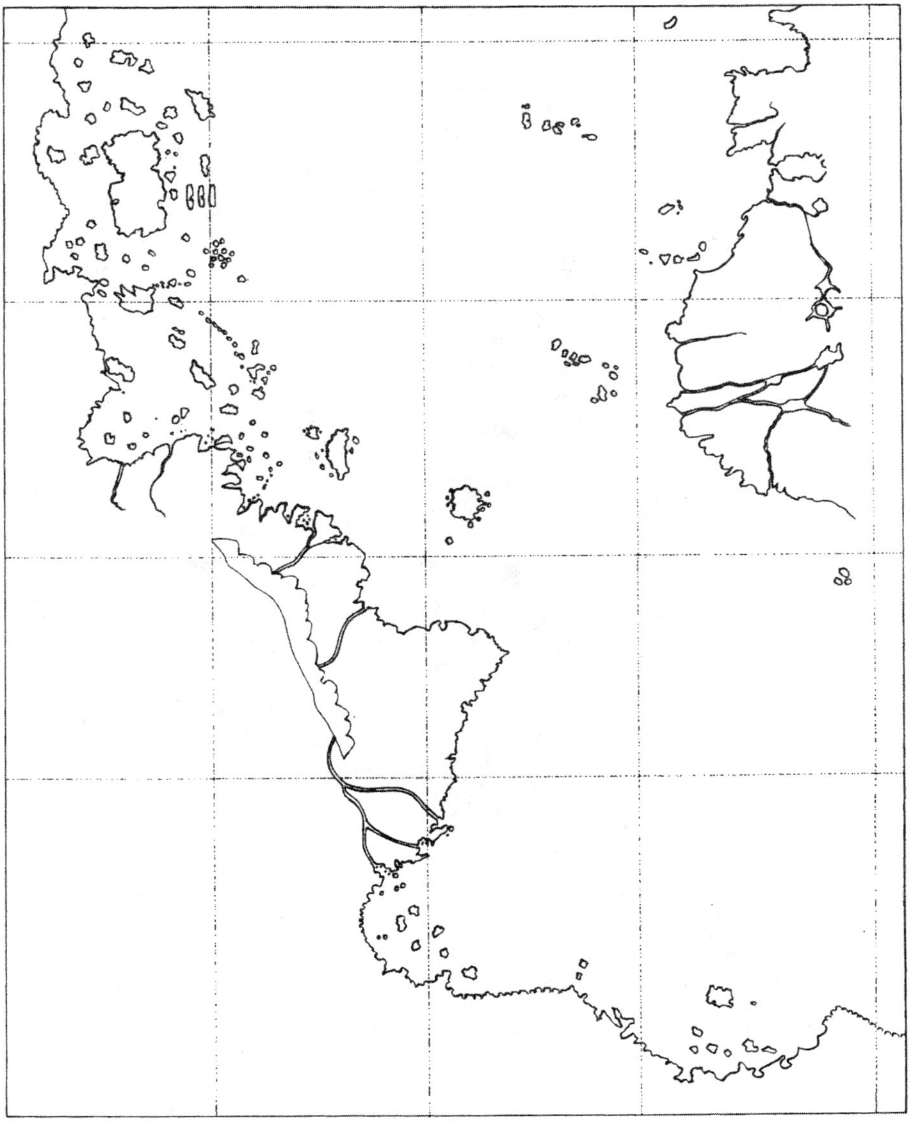

重新绘制的详图

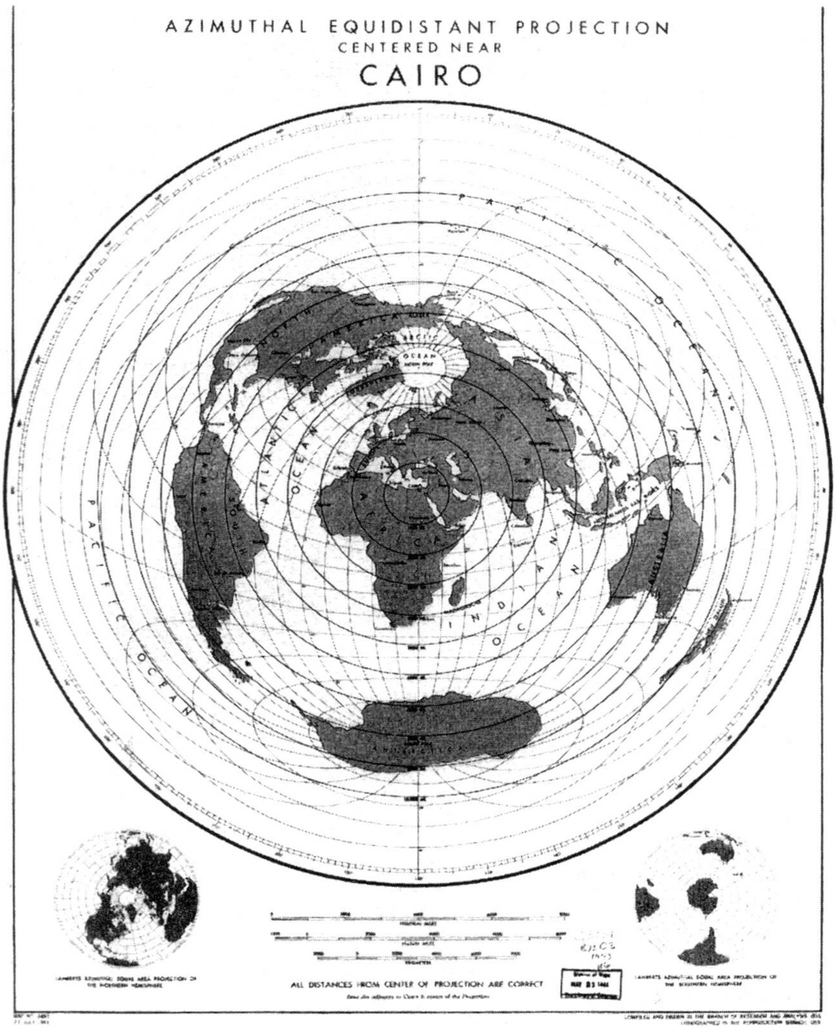

美国空军地图，表明皮瑞·雷斯古地图绘制时可能使用的投影

被一个具有高度技术、至今仍未被发现、尚不知晓的文明全部绘制成图了[10]。哈普古德推断说：

这些精确的地图是由人们代代相传保存下来的。很可能是一个我们所不知道的民族最早绘制了这些地图，然后，经由古代最伟大的航海家、纵横于汪洋之上千载有余的米诺斯人或者腓尼基人将它们传播开来。有证据显示，这些地图曾被埃及亚历山大城的大图书馆收藏，供职于该馆的地理学家对它们进行过研究并编撰成册。[11]

根据哈普古德教授的研究，这些地图集和一些原始地图从亚历山大流传到其他学术中心——尤其是君士坦丁堡。第四次基督教东侵期间，君士坦丁堡于1204年被威尼斯人占领，这些地图最终落入欧洲水手和冒险家之手。

这些地图大部分是地中海和黑海的，但是其他地区的地图也得以幸存，其中包括美洲、南极洲和北冰洋的地图。显然，古代航海家们的足迹曾远达南北两极。尽管难以置信，但仍有证据表明，有些古代的先民们确实在南极洲的海岸线被冰雪覆盖之前对它进行过勘测。不仅如此，他们显然拥有可以精确测定经纬度的导航仪，远远超越了古代、中世纪，乃至18世纪下半叶之前世界各国所拥有的此类仪表。

有人提出，远古时期曾经存在过业已消失的文明，而这一消失的导航仪无疑成为这一假说的有力佐证。学者们往往不屑地将这类证据斥之为无稽之谈，但是，这个证据却绝不可等闲视之。它使学者们不得不以开放的胸襟，对以往其他所有的证据进行重新评估。[12]

尽管有爱因斯坦的大力支持（见下文），尽管美国地理学会会长约翰·莱特后来也承认哈普古德“提出了亟待进一步验证的假说”，但对这些异乎寻常的早期地图至今仍未有学者进行深入的科学研究。更有甚者，哈普古德教授非但没有因他为古代人类文明的研究所作出的重大贡献获得赞扬，反而至死备受冷落。他的大部分同僚对他的研究工作进行了不折不扣的，“毫无道理的嘲笑，挑选一些未经证实的鸡毛蒜皮和细枝末节对他口诛笔伐，企图用这种方法回避最本质的问题”[13]。

爱因斯坦的智慧

已故的查尔斯·哈普古德生前在美国新罕布什尔州的基恩学院教授科学史。他既不是地理学家，也不是古代史学者，但是他的研究不仅震撼了世界历史的基础，而且对世界地理这个庞然大物发起了冲击。他将被后人永远缅怀。

爱因斯坦是最先发现这一点的人之一，所以他破例为哈普古德1953年发表的一本新书作序。几年之后，哈普古德开始了对皮瑞·雷斯地图的调查。

爱因斯坦在序言中说：

> 我经常收到人们的来信，咨询我对他们尚未发表的观点的看法。不用说这些观点大都缺乏科学依据。但是哈普古德先生的第一封信却令我大开眼界。他的观点如此朴实无华，又如此新颖独到，如果能进一步得到证实的话，在所有与地壳历史相关的研究中都将具有极为重要的意义。[14]

哈普古德在1953年的著作中所提出的“观点”，是一个世界地理理论。这一理论对南极洲为什么直至公元前4000年才被冰雪覆盖的原因和过程做了简洁的说明，还讲述了许多其他地球科学的异常现象。其论点可以简述如下：

1. 南极洲并非一直被冰雪覆盖，在某个时期，它的气候曾比现在温暖得多。

2. 当时它的气候温暖，是因为那时它并不位于南极，而是在南极以北约 3200 千米处。这“使它置身于气候寒冷的南极圈之外”[15]。

3. 这块大陆漂移至目前南极圈内的位置是一种叫做“地壳位移”的进程的结果。这一进程与板块构造学和大陆漂移学说不可混为一谈。它说的是地壳，也就是地球的整个外壳，“有时可能发生移位，在它柔软的内体上面移动，就像橘子皮，如果松脱了，仍可以包住橘子，整个儿地在外面转动一样”[16]。

4. 这种观点设想，在地壳位移使南极洲南移的这几千年间，这块大陆逐渐变冷，冰盖形成并大肆地扩展，直至目前的范围和厚度[17]。

本书第八部中将详细讲述支持这一激进观念的进一步证据。然而，正统的地理学家至今仍不肯接受哈普古德的理论（虽然没有一个人能证明它有谬误）。他的理论的确引发了许多问题。

其中最重要的就是：谁能想象得出，什么样的运动能够产生如此强大的冲击力，竟然能使地壳这样的庞然大物产生位移?

爱因斯坦对哈普古德的发现所做的论述极大地开拓了我们的思路：

> 极地的冰层不断加厚，它们分布并不均匀。地球的自转作用于这些分布不对称的冰团，所产生的离心力传输到坚硬的地壳上。由此产生的不断增强的离心力，在达到一定的值时，就会推动地壳在它内体的层面上发生位移……[18]

皮瑞·雷斯地图似乎蕴含着惊人的间接证据，证明地壳突然南移后，南极洲的部分地区才产生冰川这一理论。不仅如此，由于这样一幅地图只可能绘制于公元前 4000 年以前，那么就不得不对人类文明的历史重新审视，因为现在人们的普遍看法是：公元前 4000 年之前，根本就不存在什么文明。

对人类文明的起源，学术界普遍认为：

●文明最早起源于中东地区富饶的新月地带。

●文明发源于公元前4000年之后。最早的真正的文明（两河文明和埃及文明）在公元前3000年前后达到顶点，随之而来的是印度河流域和中国的文明。

●大约1500年后，另一种文明独立地崛起于与其他地区隔绝的美洲。

●东半球自公元前3000年（美洲自公元前1500年）以来，文明一直朝着更精致、更繁复、更丰富的方向稳步发展。

●其结果就是，相对于我们今天的文明而言，所有的古代文明（及其全部成就）都被认为是原始而粗糙的（诸如中东的古天文学家对上天的敬畏毫无科学根据，埃及的金字塔只不过是靠“原始技术”搭建起来的等等）。

皮瑞·雷斯地图所蕴涵的证据似乎与这一切都发生了矛盾。

神秘的绘制技术

在他那个年代，皮瑞·雷斯可是个赫赫有名的大人物。他的历史地位和身份是不可动摇的。作为土耳其的海军上将，他曾参与16世纪中叶无数次海战，而且往往大获全胜。此外，他还是公认的熟知地中海海域的专家。他写过一部航海名著《基达比·巴里耶》，对爱琴海和地中海的海岸、港口、潮流、浅滩、码头、港湾和海峡等做了详尽的描述。尽管他功勋卓著，却不得主子欢心，于公元1554或者1555年被问罪斩首[19]。

皮瑞·雷斯于1513年绘制的地图所采用的地图蓝本，极可能来自君士坦丁堡的帝国图书馆的收藏。据说这位将军享有该图书馆的特许通行权。这些原始资料（可能从更古老的学术中心抄录或转移而来）如今已不复存在，或者说，起码是下落不明了。不过，1929年，正是在君士坦丁堡的王宫图书馆里，皮瑞·雷斯地图被发现。这幅画在羊皮纸上的地图卷成一卷，放在积满灰尘的书架上[20]。

失落的文明留下的遗产

正如困惑的欧尔梅耶在他1960年给哈普古德的信中所承认的那样，皮瑞·雷斯地图呈现的是“看不见的地形”——冰层下的南极洲毛德皇后地的真实地貌。自公元前4000年以来就没有人见过这片土地的真容（不断扩展的冰原将它全部覆盖了）。直到1949年，英国和瑞典组成的联合科考队对毛德皇后地地区用地震勘探法进行全面的勘测时，它才得以重见天日[21]。

如果皮瑞·雷斯是独一无二的见过如此罕见的资料来源的制图人，他所绘的地图就不值得这么重视。人们甚至可以说，“也许它是有那么点意思，不过话说回来，没准也就是瞎猫碰上了个死耗子”。然而这位土耳其海军上将决非当时唯一拥有这种似乎不可能的、难以解释的地理知识的人。至于通过什么样的“秘密渠道”将这种知识世世代代承袭并保存下来，又将其中一些内容从一种文化传播到另一种文化，从一个时代流传到另一个时代，哈普古德已经讲得明明白白，我们就没有必要再去做什么推测了。无论它是怎样流传的，事实是，不少绘图者好像都暗中接触过同样的奥秘。

这些绘制地图的人，也许是不知不觉间，共同享用了一个业已消失的文明留下来的、丰富的科学遗产。有这种可能吗？

第二章 南方大陆上的河流

1959年底至1960年初的圣诞节假期，查尔斯·哈普古德是在华盛顿特区国会图书馆的参考资料室中度过的。他在查阅有关南极洲的资料。一连好几个星期，他钻在成堆的中世纪地图堆里，废寝忘食地工作着。他在报告中写道：

大大出乎我的意料，我发现了许多令人着迷的东西，还有好多画着南方那块大陆的地图。有一天，当我打开一幅地图时，顿时惊得目瞪口呆。那是奥伦提乌斯·费纳乌斯1532年画的世界地图。一看见它上面的南半球图形，我立刻意识到，我终于找到了切实可信的、画出了真实的南极洲的地图。

地图上南极洲的整体形状，与我们现代地图上的这块大陆的轮廓惊人地吻合。南极极点的位置几乎就在这块大陆的中央，也好像差不太多。环绕海岸的群山使人想起近年来在南极洲发现的无数山脉。显然，这不是什么人异想天开的胡涂乱抹。地图上的山脉形状各异，有些临海，有些不是。大部分山间都有河流流向大海，看起来很自然，是令人信服的排水模式。它不容置疑地表明，画这幅原始地图时，南极洲的海岸线是无冰的。但是内陆的情况却不然，既没有河流，也没有山脉。这也许表明，那些地方已是千里冰封的世界了。[1]

哈普古德教授和麻省理工学院的理查德·斯特罗恩博士在对这幅地图作了认真的研究后，肯定了下述几点：

1. 它是依据几幅更早的原始地图，以不同的投影法复制、汇编出来的[2]。

2. 它确实显示了南极洲海岸无冰雪覆盖的状况，尤其是毛德皇后地、恩德比地、威尔克斯地、维多利亚地（罗斯海东海岸）和马利伯德地的状况[3]。

3. 如皮瑞·雷斯地图一样，本图所示地形轮廓、地貌特征都跟地震勘测法测出的冰层下的南极洲地表特征极为吻合[4]。

费纳乌斯地图。绘有未被冰雪覆盖的海岸线、河流和大山

哈普古德教授认为，奥伦提乌斯·费纳乌斯地图显然证实了“一个惊人的观点：南极洲的大部分，或者说并非全部被冰雪覆盖之前，曾经有人造访，甚至有人居住过。这无疑是很久很久之前的事情……费纳乌斯地图将原始地图的制图人所处的文明追溯到了北半球最后一个冰河期结束的时候”[5]。

罗斯海之谜

费纳乌斯地图中描绘的罗斯海的状况给这一观点提供了进一步的证据。今天的彼尔德摩尔和斯科特两大冰川的入海口处，在1531年的地图上遍布河口、宽阔的海湾和河川。这些明显的特征表明，费纳乌斯所采用的原始地图资料在绘制时，罗斯海和它周围的海岸没有冰层。“肯定有一个没有封冻的辽阔的内陆腹地给这些河流提供水源。而今，所有的海岸和腹地都深深地埋藏在1.6千米厚的冰盖下，百米高的冰山在罗斯海的水面上飘荡”[6]。

在公元前4000年之前漫长的无冰期，必定有一个我们尚不知晓的文明绘制了南极大陆的地图。罗斯海的变迁给这一观点提供了强有力的证据。1949年伯德南极探险队用取芯筒从罗斯海海底钻取的沉淀物采样，更是大大加重了这一证据的分量。这些沉淀物有极为清晰的分层，反映不同时期的不同环境状况，诸如粗冰海蚀、中冰海蚀、细冰海蚀等等，但最令人惊奇的是，“其中有多层如同温带地区的河流携带入海洋的均匀细密的沉淀物”[7]。

华盛顿卡内基研究所的研究人员使用乌瑞博士发明的镓年代鉴定法（利用海水中发现的三种不同的放射性元素确定年代的方法）[8]，得出了不容置疑的结论：正如费纳乌斯地图所示，6000年以前，的确是奔腾的河水将这些均匀细密的沉淀物冲进了南极洲海域。直到公元前4000年之后，“冰河类的沉淀物才开始在罗斯海的海底堆积。海底采样表明，此前很长一段时间里，那里曾温暖如春”[9]。

墨卡托和布歇的探寻

皮瑞·雷斯和费纳乌斯的地图让我们有幸一饱眼福，看到历史上没有任何地图学家可能看到的南极洲。当然，仅凭这两幅地图还不足以让我们信服，眼前放着的是一个消失的文明留下的指纹。但是，如果三幅、四幅，乃至六幅这样的地图摆在你面前，你还能固执己见、无动于衷吗？

比方说，我们还能够心安理得地对16世纪最著名的地图学家吉拉德·克雷默（又名墨卡托）绘制的一些地图所蕴涵的历史意义继续视而不见吗？他发明的墨卡托投影闻名于世，至今仍应用在大部分世界地图上。据说，这位谜一般的人物（1563年他曾造访金字塔，谁也不知道他此行的目的）[10]“锲而不舍地探索远古的知识”，花了许多年的时间和精力收集了大量的、包罗万象的古地图藏籍[11]。

值得注意的是，墨卡托将费纳乌斯地图收进了他于1569年编撰的《地

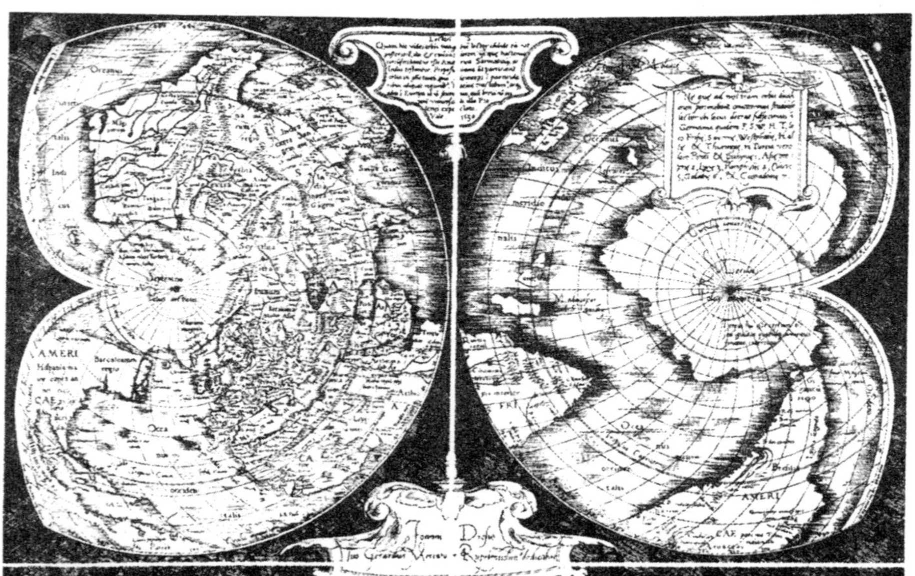

墨卡托地图。绘有冰层下的南极洲的山脉和江河

图集》。同年，他自己绘制的地图中也画出了这块大陆。在这些当时尚未发现的南方大陆的地图上，可供辨认的地方有：马里伯德地的达特岬和赫拉奇岬，阿蒙森海，埃尔斯沃思地的瑟斯顿岛，贝林斯豪森海的弗勒奇群岛，亚历山大一世岛，南极（帕尔马）半岛，威德尔海，诺维基亚岬，毛德皇后地的雷古拉山脉（群岛），穆里格－霍夫曼山脉（群岛）哈拉德王子海岸，哈拉德王子海岸的施雷西冰河河口，吕佐夫－霍姆湾的帕达岛，还有恩德比地的奥拉夫王子海岸。“有些特征比费纳乌斯地图上画的还要清晰。”哈普古德指出，“总之，除了费纳乌斯使用的那些地图外，墨卡托显然还有他自己的原始地图”[12]。

有这种原始地图的人何止墨卡托。

费利普·布歇，18 世纪法国地理学家，也早在这块南方大陆被正式“发现”之前就出版了南极洲地图。最令人惊讶的是，布歇的地图似乎是

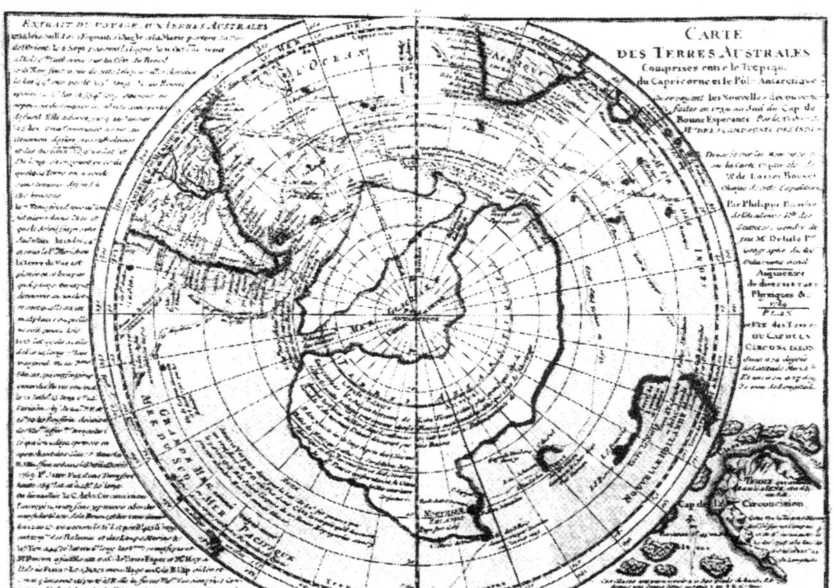

布歇地图。图中所示大陆当为未被冰层覆盖的南极洲原貌

根据更古老的原始地图绘制的，可能比费纳乌斯和墨卡托使用的原始地图还要早几千年。布歇呈现给我们的是一幅精确之极的南极洲地图，一幅完全没有冰雪的南极洲地图[13]。它展现了整个南极大陆冰盖下的地形。而我们，直到1958年——“国际地球物理年”——全面的地震勘测法调查开始后，才了解到南极洲的真实面目。

这项调查只不过证实了布歇1737年出版他的地图时所提出的看法。在他根据已经丢失的古地图资料绘制的地图上，这位法国学者画了一条清晰的水道。它将这块南方的大陆分成东、西两大部分，分别位于现在标记为南极洲贯穿山地的分界线两边。

要是南极洲不被冰层覆盖，这样一条连接罗斯海、威德尔海和贝林斯豪森海的水道也许真的存在。正如1958年国际地球物理年调查表明的那样，这块大陆（现代地图上像是一整块）是由庞大的岛屿构成的群岛，岛屿之间壅塞着漂浮在海面上的1.6千米厚的冰块。

来历不明的史前勘探者学家的时代

我们知道，很多正统的地理学家认为，这些现在冰封雪盖的河道流水奔腾当是几百万年以前的事情。依照这种学术观点，在那么远古的年代，人类还没有进化出来，更别说有精确测绘南极大陆的技术了。而今，布歇地图和国际地球物理年的调查给我们出了一个难题：有证据表明，千真万确，这片大地冰封之前已被人画成了地图。两个相互矛盾的观点摆在了学者们面前。孰对孰错？

如果我们赞同正统地理学家的观点，认为南极的无冰期结束于几百万年前，那么，达尔文以来无数著名科学家千辛万苦收集起来的人类进化的证据就通通是错的。这种情况似乎是不可思议的：化石资料清楚地表明，几百万年前，人类的祖先还没有进化——前额低狭、笨手笨脚的类人猿根本没有能力从事先进的智力劳动，比如绘制地图。

那么我们能不能就此认为，是一些坐在环绕地球飞行的太空船里的天外来客画出了这些精细的、无冰的南极洲地图呢？要么，再考虑一下哈普古德的地壳位移论，让这块南方的大陆在区区 15000 年前，呆在一个布歇描绘的那种没有冰雪的温暖的环境里？[14]

有没有可能，一个公元前 13000 年就先进得足以绘出南极洲地图的人

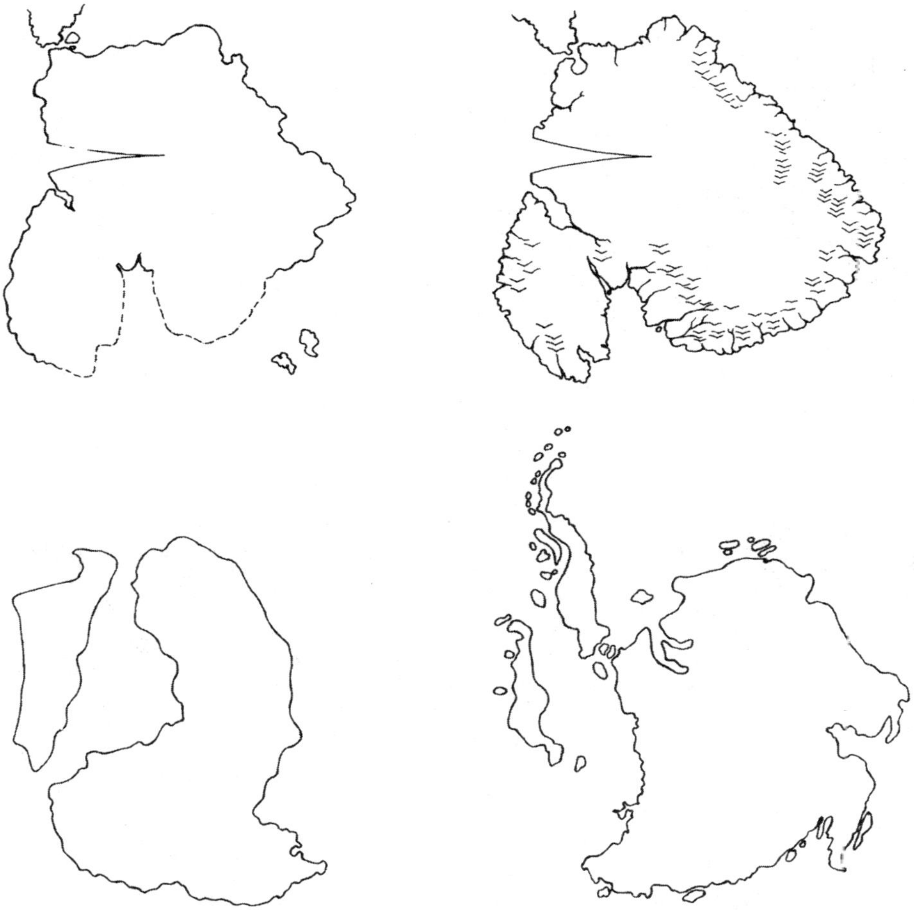

左上图和右上图：重绘的墨卡托和费纳乌斯地图，可见南极大陆逐渐冰山化
左下图：重绘的布歇地图
右下图：现代地震勘测法测定的南极洲冰盖下的地形

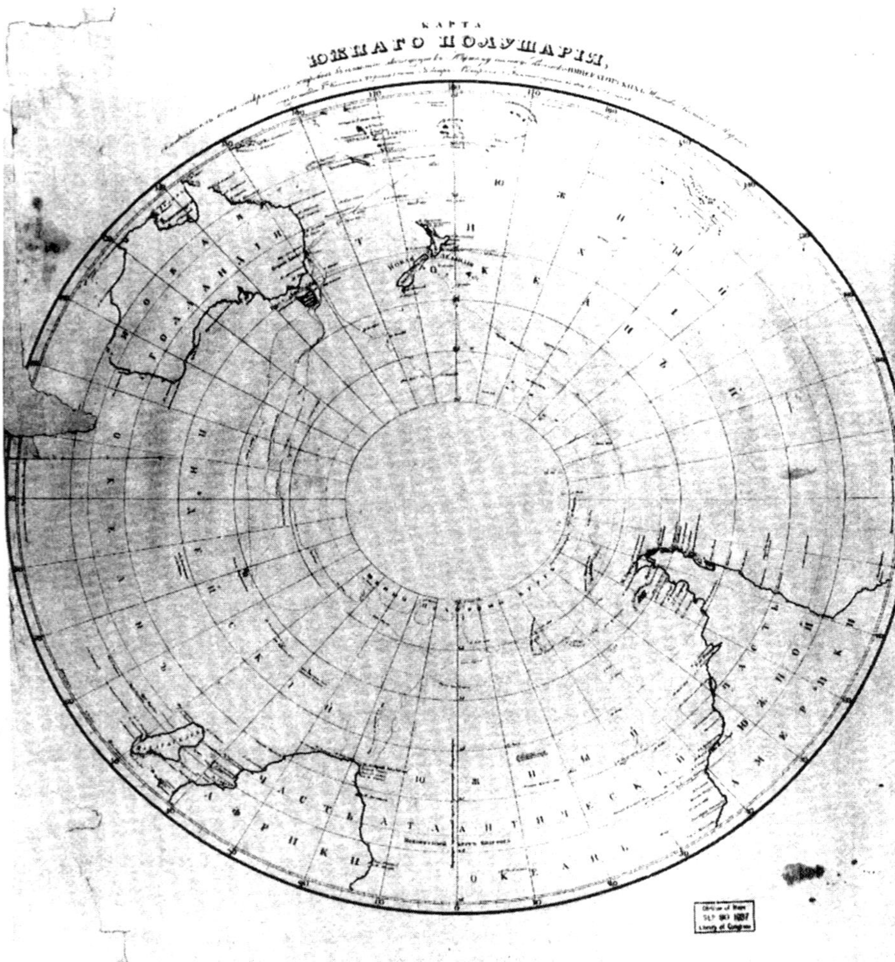

19世纪初的俄国地图。当时还不知道南极洲的存在。这块大陆是1818年"发现"的。然而，它有可能在那之前几千年，被一些来历不明、高度发展的史前文明的制图家们画出来吗？

类文明后来消失了？果真如此的话，什么时候消失的？

皮瑞·雷斯、费纳乌斯、墨卡托和布歇绘制的地图虽然扰乱了我们的思绪，却给我们留下了强烈的印象：在冰盖从内陆逐步扩展，直至公元前4000年覆盖全部海岸线的数千年期间，南极洲可能被不断地测绘过。皮瑞·雷斯和墨卡托地图所依据的原始地图肯定是晚期的，那时只有海岸边没有冰雪；费纳乌斯的地图看样子要早得多，是冰盖出现在这块大陆内陆时的；布歇地图的原始资料则更早（大约公元前13000年），那时候整个南极大陆郁郁葱葱。

南美洲的未来山脉

同在公元前13000～前4000年这段漫长的时间里，有没有其他地方被勘测过，被画成了精确的地图呢？答案又一次写在了皮瑞·雷斯的地图上。这次它涉及的秘密不仅仅是南极洲：

●绘于1513年的皮瑞·雷斯地图对南美洲做了难以置信的图解，上面不仅有它的东海岸，还有这片大陆西部的安第斯山。这都是当时没有人知道的。地图上正确地画出了发源于这座未曾开发的山脉中蜿蜒东去的亚马孙河[15]。

●皮瑞·雷斯地图是依据二十多份来源不同的原始古图绘制出来的[16]。它不是一次而是两次画出亚马孙河（极可能是这位土耳其海军上将不经意间叠加使用了两份不同的原始地图）[17]。第一次画的亚马孙河流入帕拉河河口，但是那个显而易见的马拉若岛却没有出现在图上。在哈普古德看来，这表明相关的原始地图很可能是15000年之前的。当时的帕拉河河口是亚马孙河主要的或者是唯一的入海口，而马拉若岛当时还是河流北岸陆地的一部分[18]。可是第二次画亚马孙河时，马拉若岛却出现了（而且画得极为精细），尽管这座岛屿直到1543年才被发现[19]。这又一次说明，可能有一个不为人知的文明，在几千年的岁月中，一直在勘测并且绘制地球不断变化的面貌，而皮瑞·雷斯使用的正是这个文明遗留下来的不同年代的原始图册。

●皮瑞·雷斯地图上既没有奥里诺科河，也没有它的三角洲。然而，正如哈普古德教授指出的，“两个一直延伸到内陆（约160千米）的入海口却出现在今天这条河流的位置附近。地图坐标方格上的经线与奥里诺科河一致，纬线也相当准确。有没有这种可能：自这些原始地图画出后，这两个入海口已被泥沙填塞，三角洲却大大扩张了呢[20]？

●虽然福克兰群岛1592年才被发现，它却出现在1513年的地图上，纬度丝毫不差[21]。

●皮瑞·雷斯地图所依据的众多原始古图也许能够说明，它为什么在南美洲东海岸的大西洋中画了一个大岛，而现在这个岛根本就不存在。这座“想象中”的岛屿正好位于赤道北边、大西洋中部的海底山脊上，距巴西东部700英里。如今浩渺的波涛上只露出两个名叫圣彼得和圣保罗的小礁石[22]，这难道是纯粹的巧合？要么，或许相关的原始地图是上个冰河时期绘成的。那时候，海平面比现在低得多，在这个地方，可能真的矗立着一个大岛呢！

托勒密的地图

其他16世纪地图看起来也像是根据最后一个冰河期期间所做的全球勘测绘制的。土耳其人哈奇·艾哈迈德1559年的作品就是其中之一。哈普古德相信，这位制图家肯定接触过“极不寻常的原始地图”[23]。

艾哈迈德地图中最奇特、最震撼人心的特点是，上面画着一条连接阿拉斯加和西伯利亚的土地，宽约1600千米。地理学家们称谓的“陆桥”的确曾经存在，就在今天的白令海峡位置。最后一个冰河期结束时海平面上升，把它淹没在波涛之下了[24]。

公元前10000年前后，北半球各地的冰川迅速后退，浩浩荡荡的融水使海平面上升[25]。有趣的是，至少有一幅古地图上画着瑞典南部的冰川残迹。当时这个纬度地区必定是白茫茫的一片冰天雪地。冰川残迹画在克劳迪亚斯·托勒密著名的《北方地图》上。绘于公元2世纪，出自最伟大的地理学家之手的这幅古典珍迹，好几百年间消失得无影无踪，直到15世纪才又出现[26]。

托勒密担任馆长的埃及亚历大城图书馆收藏着大量的古代图籍手稿[27]。他就是在那里参考古代原始资料画出他的那幅地图的[28]。他参阅的原始地图可能至少有一幅是绘于公元前10000年左右的。这样我们就好解释为什么他画出了最具那个时代特点的冰川，还有“具有现今形状的湖泊……与冰川非常相似的溪流……从冰川流入湖泊”[29]。

也许我们根本没有必要在此饶舌，说罗马帝国时代，也就是托勒密画他的地图时，地球上没有人知道北欧地区曾经存在过什么冰川时期，甚至15世纪托勒密地图被重新发现时也没有人知道这回事。事实上，我们根本不可能知道托勒密地图所显示的冰川残迹和其他特征，是怎样被我们自己的文明之前的任何已知文明所勘测、想象或者发明出来的。

托勒密地图的含意是一目了然的。同样蕴意明显的是耶胡迪·伊宾·本扎拉1847年的另一幅地图——《航海图》[30]。这张绘有欧洲和北非地区的航海图可能依据的原始图比托勒密的还要早，因为它绘出的冰川位置在瑞典以南很远的地区（实际上大致与英格兰同一纬度）[31]。它所描绘的地中海、亚得里亚海和爱琴海可能是欧洲冰盖消融之前的样子[32]。当然，那时海平面肯定比今天的低了不少。因此，看这些地图真是件有趣的事情。比方说，看见爱琴海里有比现在多得多的岛屿就会让人很是惊讶一番[33]。第一眼看去这张地图是有点怪怪的，但是，假如自本扎拉采用的原始地图绘成算起，时间已经过去了10000年或者12000年，这种差异就不难解释了：消失的岛屿是被冰川时期末期上升的海水淹没了。

我们似乎又一次面对一个消失的文明留下的指纹——一个能够准确地画出地球上广阔地区地图的文明留下的指纹。

需要什么样的科学技术、要多高的科学文化水平，才能担当这样的工作啊？

我们看到墨卡托1569年的世界地图精确地描绘了南极洲的海岸，与几千年前没有冰雪覆盖时一模一样。令人感兴趣的是，这同一幅地图上画的另一个地区——南美洲——的海岸线，却大不如他早些时候（1538年）画的另一幅地图[1]。

原因可能是，这位16世纪的地理学家先前画那幅图时，参照的是他收藏的原始地图，而画后一幅地图时，依靠的却是第一批去南美洲西部探险的西班牙人的观察和测量。既然这些探险家带回欧洲的是最新的信息，墨卡托听信他们也就无可厚非了。这样一来，他绘图的精确性就打了折扣，因为1569年还没有能确定纬度的仪器。但他绘制1538年那幅地图时所参考的原始地图却似乎使用过那类仪器[2]。

经度之谜

我们现在探讨一下经度问题。所谓经度，就是距离本初子午线以东或者以西的度数。目前国际公认的本初子午线是一条实际上并不存在的曲线。它从北极开始，穿过伦敦格林尼治皇家天文台，一直延伸到南极。因此，格林尼治的经度为 0°，纽约大致为西经 74°，澳大利亚的堪培拉则在东经 150° 左右。

解释什么是经度、怎样确定地球表面上某点的经度可不是三言两语就说得清楚的事情。好在我们在这里关心的不是技术细则，而只是人类如何逐步了解神秘的经度的历史事实。其中最重要的一点就是：直到 18 世纪有了突破性的发明，制图家和航海家们才得以测定经度。他们以前只能靠估计，几百英里的误差是常事，因为当时科学技术还没有发展到可以准确测定经度。

从赤道向南或者向北的纬度测定没有那么难，利用相对简单的仪器，测定太阳和星辰的角度就可以算出来。但测定经度需要全然不同的高级得多的仪器，需要一个能将方位测量与时间测量结合到一起的仪器。在已知的人类历史中，一直没有科学家能够发明这种装置。18 世纪初期，随着航海业的迅速发展，人们如饥似渴地盼望这种仪器尽快发明制作出来。用一句研究这段历史的权威的话来说："对经度的追寻胜过对水手性命的珍惜和对船舶、货物安全的重视。精确的测量似乎是个不可能实现的梦想。'发现经度'在媒体的口中成了'猪飞上天'一样异想天开的事情。"[3]

当时最需要的是一种仪器，一种在漫长的航程中，无论风高浪大、船起船伏，无论干燥潮湿、天热天冷，都能正确无误地表示（出发港）时间的仪器。1714 年，艾萨克·牛顿告诉英国政府设置的"经度委员会"说，"这样的钟表至今犹未问世"[4]。

实际上确实是没有。17 世纪和 18 世纪初的计时器非常粗糙，不是快就是慢，每天误差达一刻钟之多。而有效的航海用计时器所能允许的误差是好几年一刻钟[5]。

直到 18 世纪 20 年代，天才的英国钟表匠约翰·哈里森开始设计一系列航海用计时器时，第一部经线仪才制造出来。他的目的是为了一笔奖金。经度委员会悬赏两万英镑，颁发给"经六星期航海后，所测定经度的误差在30海里以内的装置的发明者”[6]。能满足英国这种条件的经线仪每天的误差不得超过3秒。哈里森花了将近40年时间，做过好几个样机后，才达到这个要求。终于，1761年，他精心制作的经线仪4号安装在了皇家海军军舰“德普特福特号”上。这艘军舰离开英国，驶向牙买加。哈里森的儿子威廉随船同行。航行九天后，威廉根据这台经线仪计算的经度告诉船长说，第二天上午他们会看到马德拉群岛。舰长同意保持航向不变，以5:1的赌注赌他输。结果是威廉赢了。两个月后他们到达牙买加时，这台仪器只慢了5秒钟[7]。

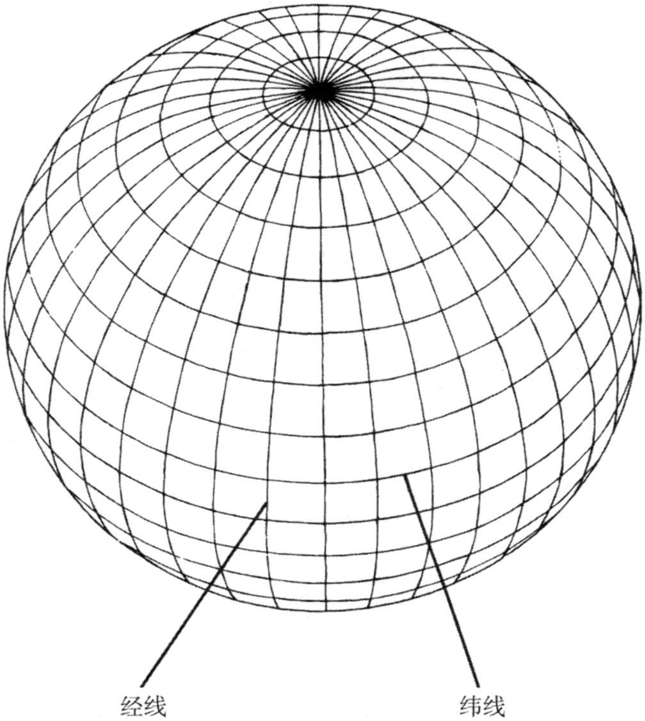

地球经线纬线示意图

哈里森经线仪的精确度超过了经度委员会的标准。但是，由于英国政府官僚机构的疲沓拖拉，直到1773年，他去世前三年，才拿到两万英镑的奖金。哈里森在奖金到手之后才将设计秘密公诸于世，这当然不能怪他。这一延误的后果是，科克船长1768年进行他的首度发现之旅时，没能用上经线仪[8]。不过1778~1779年第三次出航时，他精确地绘制出了太平洋海域的地图，不但确定了每个岛屿、每条海岸线的纬度，也确定了它们的经度[9]。此后，有了科克的海图和哈里森的经线仪，再也没有航海者找不到太平洋中的岛屿，也不会有人再搁浅在突然冒出来的海滩上[10]。

毫无疑问，科克经度准确的太平洋海图肯定是现代制图术的最早典范。此外，这些地图也提醒我们：制作一幅真正的好地图至少必备三大要素：伟大的发现之旅、一流的数学和制图技能、精良的经线仪。

18世纪70年代哈里森的经线仪大量上市以后，上述第三要素才得以实现。这一卓越的发明使制图家们能精确地绘出经线，这是古代苏美尔人、埃及人、希腊人、罗马人，一切已知的18世纪前的文明都难以企及的。难怪，当我们看到一些极为古老、经纬度的精确性却绝不亚于现代的地图时，我们会感到惊奇和不安。

不可思议的精确的古仪器

这些精确得不可思议的经纬度也出现在我已列出的、具有先进的地理知识的同类资料中。

例如，1513年的皮瑞·雷斯地图就已将南美洲和非洲画在了正确的相对经度上[11]。以当时的科技水平，这在理论上是不可能实现的了不起的成就。皮瑞·雷斯坦率地承认，他的地图是参照早得多的原始古地图画的。他地图上的那些精确的经线会不会就取自这些古地图呢？

同样让人惊奇不已的是绘于1399年、以欧洲和北非为中心的杜尔瑟特航海图。在这幅图上，穿越辽阔地域的纬线分毫不差，地中海和黑海的经线的误差也不到半度[12]。

哈普古德教授认为，杜尔瑟特航海图所使用的蓝本地图在“判断经纬度比例上已达到科学的、高度的准确性。古图的绘制者必定对分散在从爱尔兰的高尔韦至俄罗斯的顿河东转弯之间这片广阔的区域内许多地点的相对经度了如指掌。只有这样，他才能做到这一点”[13]。

公元1380年的芝诺地图[14]是另一个谜团。它囊括了北方广大地区，直至格陵兰岛，将遍布其间许多地方的经纬度标示得“精确得出奇”[15]。“这简直不可思议！”哈普古德断言，“在14世纪，居然有人能够发现这些地方的准确的纬度，甚至准确的经度！”[16]

费纳乌斯的地图也值得注意。它正确地画出了南极洲海岸线的纬度和相应的经度，而且整个南极大陆的位置也相当准确。它所体现的地理知识水平是20世纪之前的人难以达到的[17]。

就相对经纬度而言，本扎拉航海图的精确度也不可小觑[18]。西起直布罗陀东至亚速海，该图总经度精确到半度，而全图的平均误差不足一度[19]。

上述例证仅为哈普古德收集的、极具挑战性的大量证据中的一小部分。他不厌其烦、详尽周密、剥茧抽丝地分析、说明，是想告诉我们，如果我们仍然坚持直到18世纪才发明了精确的经度测量仪，那我们就是自欺欺人。实际情况正好相反，皮瑞·雷斯和其他人的地图强有力地证明，这种仪器当时只是被重新发现而已。它们千万年前就已经存在。文明的人们使用过它们。这些人早已勘测了整个地球，将它绘制成图，只不过他们现在从历史上销声匿迹了。不仅如此，这些人不但能设计制造精密的、技术先进的仪器，而且掌握了高度发达的数学知识。

消失的数学家

要明白为什么这么说，我们首先得给自己提个醒：地球是圆的。因此，在画地图的时候，只有球形才能够以正确的比例将它表现出来。将绘图数据资料从一个球体转换到平面的纸张上，必然会产生扭曲。只有使用复杂的、人类制造的机械和数学装置——地图投影等办法，才能完成这一工作。

投影的方法有很多种。至今仍在使用的墨卡托法也许是大家最熟悉的。其他的投影法光听名字就让人发懵："方位角投影""球极平面投影""日晷仪投影""方位角等距投影""心形投影"等等。不过我们还是就此打住。我们只需注意，所有成功的投影法都要求尖端的数学技术，而人们认为古代世界不具备这种技术[20]（尤其是公元前4000年以前，据说当时世界上根本不存在文明，更别提能够发展和使用先进的数学和几何学的文明）。

查尔斯·哈普古德将他收集的古代地图送到麻省理工学院，请理查德·斯特罗恩教授做鉴定。一般的结论是显而易见的，但是他想确切地知道，到底需要多高的数学水平才能绘制出这些原始地图。1965年4月18日，斯特罗恩教授答复他：必须具备非常高的数学水平。例如，其中有些地图似乎呈现出"墨卡托投影法"的踪迹，而当时墨卡托本人还没有出世。这种复杂的投影法（与纬度扩张有关）意味着他们肯定使用了三角坐标转换法。

还有其他证据可以表明，这些古代制图家必定拥有高超的数学才能：

1. 确定大陆上某个地点的位置至少需要几何三角测量术。测量辽阔地域则必须对地球的弧度做出调整，这就涉及球面三角学的运用。

2. 确定几个大陆之间的相对位置要求掌握地球的球形结构，并且会使用球面三角学。

3. 具备这种知识的文明，加上如此精确的定位仪器，在绘制地图和海图中必定要使用他们高超的数学才能[21]。

斯特罗恩教授认为，尽管这些地图经过一代又一代制图家们一再复制，仍然显露出一个古老、神秘、具有先进的科学技术的文明的手迹。看过哈普古德提供的证据后，美国空军的测绘专家们也赞同这一观点。马萨诸塞州韦斯托弗空军基地第八测绘技术中队制图组组长洛伦佐·勃洛斯，曾对费纳乌斯地图进行过极度严密的检验。他断定，这幅地图依据的一些原始地图在绘制时肯定使用过类似现代"心形投影法"的技术。勃洛斯说：

> 这表明，他们具有先进的数学水平。此外，南极大陆的形状也显示，绘制这些原始地图时或许（即使不说必定）采用过涉及球面三角学知识的“球极平面投影法”或者“日晷仪投影法”。
>
> 我们相信，你和你的同事们的发现是有充分根据的，你们的发现将引发极为重要的讨论，会对地理学和古代史产生巨大的影响……[22]

哈普古德教授后来又有了重大发现，那就是1137年雕刻在一块石碑上的中国地图。这幅地图是按照更早时的地图复制下来的[23]。它的经度体现了与上述地图同等高度的精确性。它有类似的坐标方格，采用同样的球面三角学方法绘成。实际上，经过仔细检验，这幅中国地图与欧洲地图及地中海地图有如此多的共同点，以致我们只能做出一种解释：它与它们来自同一个起源[24]。

我们似乎又一次面对一个业已消失的文明遗留下来的、活生生的科学知识的片断。不仅如此，看来这个文明，至少在某些方面，与我们自己的文明一样先进。它的制图家们“以同等的科学技术水平，使用相似的方法，同样的数学知识，大概还有同种的仪器，对几乎整个地球进行了测绘”[25]。

这幅中国地图还意味着一些别的东西：他们必定给我们留下了一笔全球性的遗产，一笔比尖端的地理知识多得多的无价之宝。

传说，一些蓄着大胡子的神秘的外来人，飘洋过海，从一个“黑暗的时代”，来到经历过一场灭顶之灾的地球，重建文明。这些人叫做“维拉科查人”。他们带到史前的秘鲁的那些遗迹，会不会就是这些遗产中的一部分？

我决定去秘鲁看个究竟。

Part Ⅱ
第二部

大海的浪花：秘鲁和玻利维亚

第四章 飞翔的秃鹰

此刻我在秘鲁南部，飞翔在纳斯卡线条上空。

鲸鱼和猴子的图形刚从我脚下滑过，一只蜂鸟扑面而来。它振颤着翅膀，伸出细长的喙，仿佛在吮食花蜜。然后，飞机急剧右转，越过泛美公路荒凉的断崖，飞机细小的阴影仿佛在身后追赶我们。我们沿着一道笔直的印迹飞临神话中的蛇颈图形“阿尔卡特拉兹”上空——一只270米长的、几何学大师头脑中想象的苍鹭。环绕它转了一圈，又一次穿越公路，飞过一组由鹈鹕和它旁边的鱼和三角形组成的奇妙图形，向左转弯，一只展翅欲飞、硕大无比的秃鹰庄严地展现在我们面前。

我还没来得及喘过气来，另一只秃鹰不知从哪儿窜了出来，近得几乎可以用手摸到。这回是只真鹰。它像个君临人间的、高傲的天使，正驾驭着上升的热气返回天堂。驾驶员喘着粗气，企图跟踪这只秃鹰。我窥见一只冰冷锐利的眼睛朝我们一瞥，似乎在权衡我们，看穿了我们的图谋。然后，像古老神话中飞来的神鸟，它身子一侧，斜斜地转了个弯，转身向后滑入了阳光中，留下我们那驾单引擎西斯纳小飞机在低空中苦苦挣扎。

现在我们脚下是两条长达3.2千米的笔直的平行线，一直向前延伸，看不到尽头。右边的地面上是一系列抽象图形，范围那么宽阔，却又那么精细，以致我们无法相信那是人类的作品。

这里的人说，它们不是凡人的产物，而是半神半人的“维拉科查人”的杰作[1]。几千年前，他们在南美洲安第斯山脉其他地区也留下了他们的指纹。

巨大神秘的纳斯卡线条

秘鲁南部的纳斯卡高原是一片贫瘠干燥、五谷不生的地方。这个地方一直人烟稀少，将来人口也不会多。月球表面看起来也不会比纳斯卡高原更荒芜。

如果你碰巧是个艺术家，碰巧又有个极其庞大的设计图，那么，荒凉的纳斯卡高原倒像一张理想的画布。这片广达500平方千米的、辽阔的台地一望无际，可以确保你的大作不会被沙漠风暴刮走，也不会被飞沙覆盖。

高原上时有大风，但由于一种巧妙的物理作用，风在地平面上失去了它们的锋芒。遍布草原的小鹅卵石吸收并储存太阳的热量，形成一个暖空气的保护力场。此外，土壤中含有充分的石膏，可以将小石子黏附在地面上，而且这种粘贴剂在晨露的滋润下，其效力将生生不息。因此，一旦在这块地面上画出了图画，它就将永不消褪。这个地方几乎不下雨，差不多每十年才能下上半个小时的毛毛雨。纳斯卡是地球上最干燥的地区之一。

因此，如果你是个画家，如果你想发表什么大手笔的画作，而且还想让它能永远供人观赏，那么，这些偏远奇特的高原台地就是你梦寐以求的理想画布。

在对嵌在线条上的陶器碎片进行鉴定，并对地下的各种有机物残留做放射性碳检测后，专家们认定纳斯卡地区的文物产生的年代在公元前350~公元600年之间[2]。但说实在的，这些话说了等于没说。因为从本质上讲，这些线条和铺设线条时清除的石头一样，是无法鉴定年代的。我们能肯定的只是，离现在最近的也起码有 1400 年的历史了。从理论上讲，这些线条可能要古老得多。原因很简单：推断年代用的那些文物可能是后人带到纳斯卡来的。

大部分线条都分布在秘鲁南部一片范围明确的地域内，北起英吉尼奥河，南至纳斯卡河。泛美公路从这块深褐色的、近似正方形的沙漠画布的上部正中间纵贯而入，延绵 46 千米，斜斜地从右下端迤逦而出。在这片土地上，随意散布着数以百计、形状各异的图形。有些像飞禽走兽（总共有 18 种鸟），更多的是几何图形，如不等边四边形、长方形、三角形、直线等等。从空中鸟瞰，这些几何图形在现代人眼中就像一些杂乱无章的飞机跑道，仿佛某个患妄想狂的土木工程师被授权在这里尽情炫耀他的想象力而修建出来的机场。

怪不得不少看到纳斯卡线条的人把它当作外星人的飞船降落的跑道了，毕竟人类到 20 世纪初才学会飞行。这种观点富有想象力，可惜纳斯卡可能不是寻找这种证据的好地方。比方说，那些先进得可以穿越数百光年距离进行星际旅行的外星人真的需要什么机场跑道吗？以他们的技术水平，驾驶他们的飞碟垂直起降岂不更好？

此外，虽然有些线条从空中看起来很像跑道，纳斯卡线条从来没有被当跑道用过，无论是飞碟还是别的什么飞行器。这一点现在已经不成问题。从地面上看来，它们只不过是地表上一些轻轻刮擦的痕迹：刮走地表数以千吨的黑色火山砾石，露出下面的黄色沙土而已。所有这样清理过的地面最深不过几英寸，而且土质松软，根本不足以承受飞行器的轮胎碾压。几年前，研究这些线条达半世纪之久的德国数学家玛丽亚·雷谢寥寥数语就推翻了这种外星人理论。她说：“我担心太空人会陷进去拔不出来。”

如果不是外来“天神”们火战车的跑道，那纳斯卡线条会是什么？事实上没有人知道这些线条是干什么用的，一如没有人知道修建它们的真实年代。它们是解不开的千古之谜。你观察得越仔细，就会越困惑。

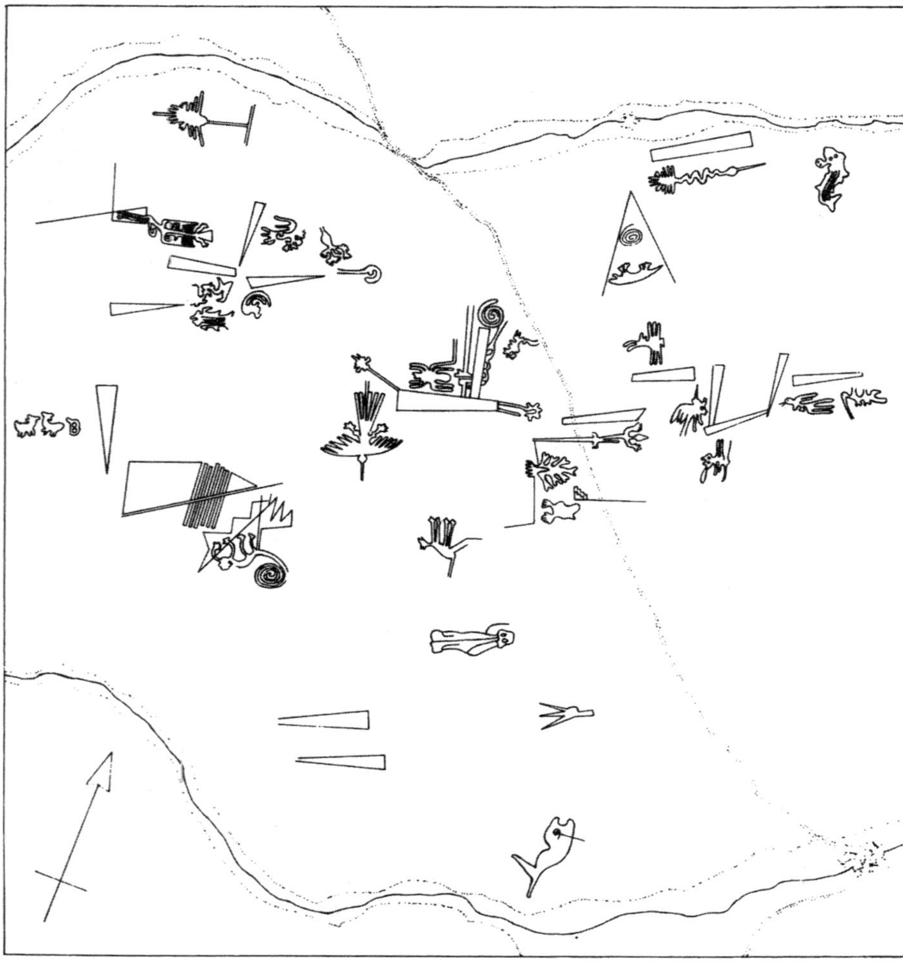

纳斯卡高原上的主要图形

譬如，这里的鸟兽图形在时间上显然要早于“跑道”的几何图形，因为许多不等边四边形、长方形和直线交错于前者更为复杂的图案之上，因而部分地损毁了它们。这无疑表明，我们今天看到的这片荒漠上的艺术品是分两个时期完成的。此外我们还可以推测，虽然这样做似乎有违科技发展的正常规律，前期的作品比后期的更为先进。毕竟制作动物图形比勾勒直线需要更高水平的技巧。但是这两个时期究竟间隔多久呢？

学者们懒得在这个问题上费神。他们把这两种文化捏到一块儿，统称为“纳斯卡文化”，说是些原始部落的人不知打哪儿学来了高明的绘画技巧，自我表现一番之后便从秘鲁消失了。好几百年后，名气更大的继承人——印加人，来到了这片土地。

“原始的”纳斯卡究竟有多么高级的文化？他们具有怎样的知识，才能在秘鲁高原上留下如此气势磅礴的作品？首先他们得精通天象观察，起码芝加哥艾德勒天文馆的天文学家菲丽丝·皮鲁格博士是这么说的。在电脑的辅助下，她对纳斯卡高原的星象图进行了缜密的研究，得出的结论是：那幅著名的蜘蛛图形是画在地面上的猎户星座的图像，连接这个图形的笔直的线条指引着猎户座带纹的三颗恒星不断变化的方位角[3]。

皮鲁格博士的发现的重要性在后来的研究工作中变得越来越明显。与此同时，这个蜘蛛还有值得我们注意的地方：纳斯卡蜘蛛精确地描绘出一种名为“节腹目”的蜘蛛的形象[4]。这种蜘蛛是世界上最为罕见的蜘蛛属动物，实际上只有亚马孙河雨林中最偏远最隐秘的地方才能找到[5]。那些想象中原始的纳斯卡艺术家怎样背井离乡，翻越安第斯山天堑，不远万里去抓一只蜘蛛的？还有，他们怎么会想起干这种事情的？又是怎样画出只有在显微镜下才看得见的节腹目蜘蛛的细微之处，尤其是右脚末端的生殖器的？[6]

纳斯卡充满着这类难解之谜，而且，可能除了秃鹰之外，所描绘的其他鸟兽都不是当地的物种。鲸鱼和猴子像亚马孙蜘蛛一样与这里的沙漠环境格格不入。有一个奇特的人像，右手举起，像在与人打招呼，脚上穿着厚重的靴子，圆圆的眼睛像猫头鹰似的瞪着，说不出他到底属于什么时代、什么民族的人。其他的人形图案也很特别：头上环绕着呈辐射状的光环，模样确实像外星来客。这些图形的体形也同样奇异和醒目。蜂鸟身长50米，蜘蛛身长45米，秃鹰从喙至尾羽长达120米（鹈鹕也差不多），尾巴被泛美公路切成两段的蜥蜴，身长竟达204米。几乎所有的图形都奇大无比，而且以同样困难的方法绘成：以一根连续不断的线条细心地勾勒出整个动物的轮廓。

类似的对细节的关注也体现在几何图形上。有些图形中的直线延绵8千米以上，穿沙漠，过河床，越石坡，从头至尾保持笔直，就像古罗马的道路。

用常识解释如此高的精确度是怎么达到的，并且要让人信服，已经很难了，但不是不可能。比这更让人困惑得多的是那些动物图形。在没有飞机，不能从高处监视整个进程的情况下，那些艺术家们怎么可能把这么大的图像制作得这么完美？从地面上看去，它们什么也不是，只是沙漠上一道道莫名其妙的沟槽而已，要在几百英尺高的地方才能看得出它们的真实形象，但附近没有一个高坡可以提供这样的观景点。

纳斯卡线条的绘制人

我飞翔在这些线条的上空，设法看明白下面所有的图形。

驾驶员罗道夫·埃利亚斯刚从秘鲁空军退役。开惯了喷气式战斗机，开这种慢吞吞的西斯纳单引擎小飞机很没劲，他把它当长翅膀的出租车。我们已经飞回纳斯卡机场一次，取下了一扇窗户，好让我的搭档桑莎能垂直向下拍摄地面上那些诱人的沟纹。此刻，我们正尝试从各种高度取镜头。从两三百英尺的高度俯瞰下去，那只亚马孙蜘蛛好像要暴跳起来，一口将我们咬碎。在150米的高度上可以看到好几个图形：一条狗，一棵树，一双怪手，那只秃鹰，还有好些三角形和不等边四边形。攀爬到450米高时，地面上的庞然大物一下子变成东一块西一块的、被巨大的杂乱无章的几何图形环绕着的小不点儿了。这些图形现在看起来不太像机场跑道，倒有点像巨人们修建的道路——以不同的形状、不同的角度、不同的长度，莫名其妙地纵横交错于高原之上。

地面不断后退，视野越来越开阔，看到的线条也越来越多了。这时我开始感到疑惑：刮刻出我脚下展开的这片深深浅浅的沟痕，到底有没有什么章法可循。我想起玛丽亚·雷谢女士——自1946年以来就一直生活在纳斯卡的数学家——所做的观察。在她看来——

> 这些几何图形就像个手写的密码本，同一个字，有时用大写字母，有时又用小写字母。有些线条组合形状十分相似，尺寸却千变万化。所有的图形都由一定数量的基本成分组成。[7]

在西斯纳的颠簸摇晃中，我又想起，纳斯卡线条是20世纪——人类飞行时代开启之后，才被正确地辨认出来的。这绝非巧合。16世纪晚期，一位名叫路易斯·德蒙松的地方行政官员——第一个旅行到这儿的西班牙人——在他写的报告中描述了他亲眼看到的神秘的“沙漠标记”，收集了当地与纳斯卡图形有关的“维拉科查”的神奇传说[8]。但是，直到20世纪30年代，利马至阿雷基帕的商务航班开通后，人们才得以一睹秘鲁南部这幅世界上最大的平面艺术作品。航空业的发展改变了人类的生活，使凡人能像神仙一样遨游于天空，俯瞰前所未见的神奇美景。

罗道夫驾驶着小西斯纳，缓缓地盘旋于猴子图形之上。这只体形庞大、由谜一样的几何图形组成的猴子，给人一种难以言表的、催眠似的、让人不寒而栗的感觉。它的图形很复杂，具有一种难以描述的、魅人的、近乎邪恶的力量，吸引着你盯着它看。猴子的整个躯体由一根连续的线画成，这根线蜿蜒攀上阶梯，越过一个个锥形沙堆，钻过一系列弯来弯去的障碍，通过一座螺旋状的迷宫（猴子尾巴），然后转过头来，绕着一连串星形的曲线转了一大圈，整个过程没有丝毫断裂。这幅图画即使是画在纸上也是一幅货真价实的艺术杰作。但是，这里是纳斯卡沙漠。这只猴子至少长120米，宽90米。

难道这些画线条的人也是画地图的行家？

为什么叫他们“维拉科查人”？

第五章 古印加人的踪迹

岁月的磨砺使文物、纪念碑、城市和庙宇灰飞烟灭，但是极具弹性的宗教传说却能永世长存。不论是古埃及的金字塔铭文，希伯来人的《圣经》，还是印度人的《吠陀经》，它们记载的传说都是人类创造出来的不朽的经典：它们运载着人类的知识，在时间的长河中穿行。

秘鲁古老宗教传说的最后守护者是印加人。公元1532年西班牙人征服了秘鲁，其后血雨腥风的30年间，印加人的信仰和“偶像崇拜”被灭绝，他们的珍宝被洗劫一空[1]。还好早期到达的西班牙旅行者在印加传说被彻底遗忘之前，用文字将它们如实记载了下来。

一些印加传说提到，人们相信几千年前秘鲁确实存在过一个伟大的文明，但是这些惊人的话语当时却没有引起注意[2]。这个文明留下了不可磨灭的记忆。据说维拉科查人是它的创造者，纳斯卡线条也是这些神秘人的杰作。

“大海的浪花”——维拉科查

西班牙征服者抵达时，印加帝国的疆域沿着大西洋海岸和南美洲的安第斯山脉，从现在的厄瓜多尔北部的边界线向南，纵贯整个秘鲁，直达智利中部的毛尔河。一个庞大而完善的道路系统可以直通这个帝国最偏远的角落：两条分别长达3600千米、南北方向平行的公路，一条沿海岸线南下，另一条则穿越安第斯山脉往南。这两条大道路面铺设平整，横向连接密如蛛网，吊桥和崇山峻岭中的穿山隧道这些极具特色的建筑，尤其体现了高超的设计和工程水平。它们无疑是一个生产发达、法令严明、生气盎然的社会的作品。但具有讽刺意味的是，这些四通八达的道路在这个国家的毁灭中成了敌人手中的利器：弗朗西斯科·皮泽洛率领的西班牙军队充分利用这个道路网，一路畅通、势如破竹地直捣印加帝国的心脏地带[3]。

印加帝国的首都是库斯科城——在当地的奎楚亚方言中，是“地球的肚脐”的意思[4]。传说中，库斯科城是曼科·卡帕克和玛玛·欧克罗兴建的，他们是太阳的儿子。虽然这个地方的印加人祭拜他们，称他们为印帝——太阳神，另一个神祇却被奉为“众神之王”。他就是维拉科查。与他同名的族人据说就是纳斯卡线条的绘制者。维拉科查的意思是“大海的浪花”[5]。

希腊女神阿佛洛狄忒诞生于大海，是浪花变的，她也因此得名。“阿弗洛”就是希腊文浪花的意思。这当然是巧合[6]。在安第斯山区人民的心目中，维拉科查永远是个不折不扣的男子汉。关于这位神祇我们能确定的只有这一点。没有一个历史学家说得清，在西班牙人到来并毁灭这一信仰之前，对维拉科查的崇拜究竟延续了多少年。这是因为这一崇拜似乎一直存在。实际上，有证据表明，在印加人将他尊为创世之神、在库斯科为他修建壮丽的神庙之前很久，至高无上的神祇维拉科查就已经受到秘鲁漫长历史中所有文明的膜拜了。

维拉科查的城堡

离开纳斯卡几天后，桑莎和我来到库斯科城，前往科里坎查——前哥伦布时代供奉维拉科查的神庙。这座神庙当然早就不存在了，说准确点，是被埋在后来修建的几层建筑物下面了。西班牙人保留了它极为坚固的印加式地基和墙基部分，在上面修建起他们自己的、宏伟的殖民地式大教堂。

我一面向这座大教堂的入口处走，一面想象那座曾经矗立在这里的印加神庙的模样。据说整座庙宇覆盖着700叶纯金片，每片重约两千克；宽阔的庭院里栽种着黄金打造的玉米[7]。我不由想起遥远的耶路撒冷的所罗门神殿，据说那也是一个用金片装饰、有种着金树的果园的神奇地方[8]。

1650年和1950年的两次地震摧毁了建筑在维拉科查神庙基础上的西班牙圣多明哥大教堂，以至不得不两次重建。但是，以典型的印加设计——相互紧扣的多边形巨石组成的完美结构——建造的地基和墙基却在这些自然灾害中安然无恙。除了长方形的大庭院中央那个灰色的八角形石头高台（上面曾经覆盖着55千克黄金）外[9]，这些石块以及总体布局几乎就是原建筑所有的遗物了。庭院的两边是前殿，也是在印加神庙的基础上建的，建筑风格优雅，墙壁上端尖细，构成圆椎形穹顶，精雕细刻的神龛就雕琢在整块的花岗石上。

我们漫步在库斯科城狭窄的鹅卵石街道上。当我浏览周围的景物时，我意识到，西班牙人强加在一个早期文明头上的不仅仅是那座教堂，这整座城市都像罹患了轻度的精神分裂症。上部是宽敞淡雅、带阳台的殖民地式住房或豪宅，下部却几乎千篇一律地建筑在印加特色的基础上，或者干脆照抄科里坎查神庙采用的美丽的多角形结构。在一条名为哈同鲁米约克的小巷里，我在一幅石子镶嵌的拼图前流连忘返。那些形状各异、大小不等的无数小石子，以令人眼花缭乱的角度完美地组合到一起。雕凿这一块块石头，将它们组合成如此复杂的结构，只有手艺精湛的大师们才能做到。他们是无数个世纪积累的实际建筑经验的继承人。在一块石头的一个面上，我数出了12个角和12条边。这块石头与周围的石头结合得如此紧密，我连一张薄薄的纸片都塞不进去。

留胡子的异乡人

16 世纪初期，在西班牙人开始全力摧毁秘鲁文化之前，维拉科查的神像似乎一直矗立在科里坎查神庙的至圣之地。根据当时的记载，这座神像用大理石雕成，据说，神像的头发、肤色、五官、衣服和凉鞋极像画家笔下的使徒圣巴托罗缪[10]。也有人把维拉科查的外貌描述得像圣汤玛斯[11]。我特地查阅了不少插图中有关这两位圣徒的基督教经文。他们被描绘成身材瘦削、留着胡子、中年以上的白人男子，身穿飘逸的长袍，脚穿凉鞋。这些记载表明，这正是信仰他的人心目中维拉科查的样子。这么说来，他无论如何也不是美洲印第安人。他们相对而言肤色较黑，脸上毛发较少[12]。维拉科查茂密的胡须和白皙的皮肤使他听上去像高加索人种。

16 世纪的印加人也把维拉科查当白种人。正因为他们的传说和宗教信仰使他们对此深信不疑，当白肤浓须的西班牙人登上他们的海滩时，他们起初以为是维拉科查带着他半神半人的手下归来了[13]。这是一个流传已久的预言，所有的传说都说，维拉科查曾许诺，总有一天他将会回来。这个幸运的巧合给皮泽洛的远征军以决定性的战略和心理优势，使他们能够在后来的战场上战胜人数远远超过他们的印加军队。

谁是维拉科查人的原型?

第六章 他来到这个混沌的世界

安第斯山区各民族的古老传说中都有一个高大、白皙、蓄须，身穿隐身长袍的神祇高视阔步穿行于山间。虽然在不同的地区他有许多不同的名字，但是他的形象却始终如一：维拉科查——大海的浪花。他是智慧和魔力的主宰。他挥舞着可怕的武器，在一个混乱的时期到来，还世界以清平。

安第斯山地民众有各种各样的传说，但基本情节大致相同。开头都生动地描述一段可怕的时期：大洪水淹没了整个大地，太阳消失了，世界陷入一片黑暗。天下大乱，人们苦难深重。就在这时——

> 从南方突然走来了一个白人。他身材高大，庄重威严。他法力无边，可以将山岳变为河谷，在河谷中崛起山峦。他赋石头以生命，让溪水从岩石中潺潺流出……[1]

记录这段传说的早期西班牙史学家说，这是他在安第斯山旅游时，造访过的印地安人讲给他听的：

而他们是从父亲的口中听到的。这个故事世世代代通过古老的歌谣从远古一直流传下来……他们说，这个人沿着高原上的路径一直往北走，沿途创造奇迹，此后再也没有人看见过他。很多地方都留下了他的足迹。他教导人们应该怎样生活，他的话语总充满了爱心和善意。他劝导人们要相互友爱，而不是相互伤害，对天下万物都应以慈悲为怀。大部分地方的人都称他为帝奇·维拉科查……[2]

这同一个神祇也被叫做华拉科查、康恩、康恩·帝奇、苏奴帕、塔帕克、图帕卡或依拉[3]。他是科学家，是技艺高超的建筑师，是雕刻家，还是工程师。"他在陡峭的山坡上开辟梯田，修葺坚固的堤埂支撑田地；他还开凿沟渠，引水灌溉……他四处奔波，操劳不息。"[4]

维拉科查还是教师和医生，是百姓患难之中的救星。据说，"所到之处，他治愈所有的病患，让盲人见到光明"[5]。

然而，这个温文尔雅、诲人不倦的"超人"，慈善家的天性中也有另一面。如果他的生命受到威胁（这种事发生过好几次），他能令天火为其所用：

他的话创造了许多奇迹。一天，他来到喀纳斯地区一个名叫卡查的村庄……附近的人起来反抗他并且威胁说要用石头砸死他。他们看见他跪了下来，举手向天，好像在祈求上天救他脱离危险。印第安人宣称，就在那时，他们看见天上降下一团火光，将他们团团围住。他们吓坏了，来到他们企图杀死的人面前，祈求宽恕……他一声令下，天火顿时熄灭。这时周围的石头已经被火烧化，大块的石头都能一手拿起，轻得像软木一般。印第安人接着说道，他离开了发生过这一切的地方，来到海边，托起斗篷，走进波涛之中，消失得无影无踪。他走的时候，他们给他起了维拉科查这个名字，意思是“大海的浪花”。[6]

这些传说对维拉科查外貌的描述都很一致。例如，在《印加人的传说》一书中，16世纪的西班牙史学家胡安·蒂贝唐佐斯指出，据印第安人说，他是一个满脸胡须、身材高大的人，身穿一袭长及脚面的白色长袍，腰间系着腰带[7]。

从安第斯山脉各地众多的不同民族中收集来的对这位谜一般人物的描述都颇为相似。其中一个传说是这样讲的：

> 他是一个留着胡子、中等身材、身穿长袍的人。他已过中年，头发灰白，身体消瘦，走路时手里握根拐杖。他对当地人十分慈爱，称他们是他的儿女。他周游各地，处处留下奇迹。他伸手一摸就能使病人痊愈。他通晓各地方言，说得甚至比本地人还地道。他们叫他苏奴帕、塔帕卡、维拉科查－拉帕查或帕查坎。[8]

在一个传说中，苏奴帕－维拉科查是“一个高大的白人，他的神态和外貌都令人肃然起敬”[9]。还有一个将他描写为“一个相貌威严的白人，蓝眼睛，蓄须，不戴帽子，穿一件长及膝盖的无袖上衣”。有一个传说提到他的晚年生活，说他作为一个“国家大事的睿智的顾问”备受崇敬。这时，他已是个“身穿长袍，须发飘飘的老者”了[10]。

开创黄金文明

传说中的维拉科查最为人称道的是他是一位师长。据说，在他到来之前，“人们生活在混乱状态之中，野人一样赤身裸体。除了山洞，他们没有任何栖身之地。他们每天从洞穴中爬出来，满山遍野去寻找食物”[11]。

维拉科查改变了这一切。他开创了一个长期的黄金时代，为世世代代的子孙所缅怀。不仅如此，所有的传说都一致认为，他以悲天悯人之心，开展他传授文明的使命，除非万不得已，决不使用武力。他循循善诱，身体力行，将知识和技能传授给百姓，使他们能过上文明、富裕的生活。人们尤其难忘的是他给秘鲁带来了医疗、冶金、农耕、畜牧、文字书写（印加人说维拉科查曾教过他们，但被后人遗忘了）等各种技能。他还教授他们先进的工程和建筑原理。

库斯科城的印加式石头建筑物已经以其杰出的质量给我留下了深刻的印象。但随着我对这座古城的研究的深入，我惊奇地发现，只要稍有一点考古常识就不难看出，这里的所谓印加石造建筑绝对不全是印加人的作品。印加人的确是擅用石头的高手，而且库斯科地区的许多纪念碑无疑也是他们的杰作。然而，城中一些一直以来归功于他们的、较为出色的建筑物，看上去却可能是比他们更早的文明兴建的。这些迹象表明，印加人往往是修复而不是兴建了这些古建筑。

印加帝国高度发展、四通八达的道路系统似乎也是这样。读者们可能还没有忘记，两条平行干道向南自北穿越整个印加帝国全境，一条沿海而建，一条穿越安第斯山脉。西班牙人入侵之前，总长两万五千多千米、路面铺设平整的道路网畅通无阻。原来我一直以为这都是印加人的功劳，但现在我听说，他们更可能是继承了这套系统。他们的贡献在于修复、保养和使一个早已存在的交通体系更完整一些。实际上，没有一个专家（虽然他们不肯承认）能够确认，这些令人叹为观止的公路是什么时候、由什么人修建的[12]。

当地的传说更加深了这些公路的神秘色彩。根据这些传说，不仅交通系统和精美建筑在“印加时期就已经是古迹”了，而且两者都是在那之前好几千年就生活在那里的“红褐色头发，白皮肤的人的作品”[13]。

一个传说描述了伴随维拉科查的两种“使徒”：“忠诚的战士”和“发光的人”。他们的任务是将主人的信息传送到世界各地[14]。

其他地方还有一些传说，如：“孔恩·帝奇在许多随从的簇拥下归来……”，“然后，孔恩·蒂奇将他的被称为维拉科查的信徒召集到一起”，

"孔恩·蒂奇命令所有的信徒前往东方，只留下两个人在身边"[15]，"从湖中走出了君主孔恩·蒂奇·维拉科查与他的民众……"[16]，"于是，维拉科查人奉维拉科查之命前往世界各地……"[17]

魔鬼的杰作

古老的萨克塞华曼城堡坐落在库斯科城北郊。那天下午我们到城堡时天色已经很晚了。厚厚的铅灰色的云层布满了天空，阴冷的寒风抽打着高原的冻土。我在阶梯上攀爬，穿过一道道为巨人建造的高耸的大门，沿着一排排曲折的高墙走进城堡。

我伸长脖子，仰望头顶上那块硕大的花岗石。此刻我正从它下面走过。它 3.6 米高，2.1 米宽，重量肯定在 100 吨以上。它绝不是天然生成，而是经过人工加工的石料。它的棱角切割得如交响乐般和谐流畅，犹如信手拈来（像揉搓一堆蜡或者灰泥）。它就那么竖在那里，上下左右都是鬼斧神工造就的多边形巨石，重叠、衔接得天衣无缝，安稳如山。

这些精心加工的、令人瞠目结舌的石块中，有一块高达 8.5 米，它的重量约为 361 吨[18]，大致相当于 500 辆家用轿车。看着这巨石砌成的墙壁，我心里不由涌出一连串疑问，渴求有人为我解答。

印加人，或者他们的前人，是怎么完成如此规模庞大的石头工程的？他们怎么将这些巨大的石块切割、加工成如此准确的形状的？他们是怎样将这些石块从几十英里外的采石场搬运过来的？他们用什么方法把这些大块石头那么轻而易举地挪来挪去，升高放下，堆砌成墙的？要知道，在人们眼里，那时候他们连车辆还没有发明，更别说拥有能够举起形状不规则、重达数百吨的石块，并将它们排列成迷宫一样的三维空间图案的机械了。

我知道，早期殖民地的史学家也曾被他们亲眼所见的奇迹弄得目瞪口呆。例如，备受敬重的西班牙史学家维加 16 世纪来到这里，谈及萨克塞华曼城堡时，他满怀敬畏地说：

一个人如果没有亲眼看到这座城堡是很难想象它的大小的。而亲眼看过、认真验证过后，它显得那么非同凡响，似乎有股魔力在操纵着它的建造。你会觉得它肯定是魔鬼的杰作而不可能出自人类之手。那些石头如此之大，数量如此之多，你会感到困惑：当初印第安人是怎么采集、怎么搬运、怎么开凿这些石头，并把它们如此精确地一块摞一块地堆砌成墙的？他们没有可以开凿、切割、抛光岩石的钢制或铁制的工具。他们没有能够搬运石块的牛和车辆。实际上，当时全世界都找不到能搬运这些石块的牛和车辆，因为它们实在太大，运输的道路也太崎岖了……[19]

维加也提到一些别的令人感兴趣的事情。他的《印加王朝述评》一书中记载了这样一件事：古时曾有一个印加国王企图效法先人修建萨克塞华曼城堡的丰功伟绩，其中有一项就是从几英里外搬来一块大圆石，为城堡增光添彩："两万多印第安人拖着这块巨大的圆石，翻山越岭，在陡峭的山路上攀爬……途中，这块巨石突然失控坠落悬崖，压死三千多人。"在我查阅的所有史籍中，这是唯一讲到印加人确实曾经修建——或者说试图修建——萨克塞华曼城堡式巨石建筑的书。这段记载表明，他们并不具有相关的技术，以至酿成这场惨剧。

当然，这件事说明不了什么问题。但是维加的故事却加深了我对耸立在头上的这座伟大城堡的疑惑。看着眼前的巨石，我感到，它或许真的是印加时代之前的某个更古老却拥有更先进科学技术的民族修建起来的。

它又一次提醒了我，考古学家鉴定这种不含有机质的道路、石墙之类的工程建筑的确切年代是多么困难的事情。对付这些东西，放射性碳鉴定法行不通，热发光鉴定法也不起作用。新鉴定法，如测定岩石裸露时间的氯-36法虽然正在发展中，但离实际应用还很遥远。因此，在鉴定技术取得突破之前，所谓"专家"对印加文化的观点仍主要是猜测的结果，主观推测而已。由于谁都知道是印加人在使用萨克塞华曼城堡，人们认为是他们建造的就不难理解了。但是，使用和建造这两件事是没有什么必然联系的。说不定，印加人发现有这么多现成的房子空着，就直接搬进去住下了。

果真如此的话，当初兴建这座城堡的人又到底是谁呢？

“发光的人”，“忠诚的战士”，根据古老的神话说，是维拉科查人，长胡须的、白皮肤的异乡人。

旅途中我一直在查阅16、17世纪西班牙冒险家和人种学家的著作。他们对远古的、与世隔绝的秘鲁印第安人的传说有翔实的记载。最引人注意的是，这些传说一再强调，维拉科查的到来与一场淹没了整个世界、消灭了大部分人类的可怕的大洪水有关。

第七章
那时代有巨人吗

清晨6点，小火车骤然一抖，慢吞吞地爬上库斯科河谷陡峭的山坡。窄轨铁路在山里如一连串字母“Z”似的弯来弯去。火车“嚓嚓嚓嚓”地在第一个“Z”下面那“一横”上跑了一段，然后沿着中间那条“斜线”倒行上山，转换轨道，再沿着上面那“一横”跑一段。如此这般，周而复始，开开停停无数次后，终于爬上了兀立于那座古城之上的山巅。此时城里的印加古墙、殖民地式的豪华宅邸、狭窄的街道、蹲伏在维拉科查神殿废墟上的圣多明哥大教堂等等，全都如梦似幻，幽然浮现在灰蒙蒙的晨曦里。街灯依然闪烁，勾勒出一道道光影，地面上晨雾飘渺，炊烟从无数小屋瓦顶上的烟囱中袅袅升起，美得就像童话世界。

火车终于不再留恋库斯科城，转头直奔西北方，开往我们此行的目的地马丘比丘——大约两百千米以外、行车约三小时的一座消失的印加古城。我本想看看书，但是摇摇晃晃的车厢还是将我送入了梦乡。五十分钟后我一觉醒来，发现窗外风景如画：宽阔绵长的山谷间，一条小溪蜿蜒流过，两边碧绿的青草地上，正在融化的晨霜在阳光下闪闪发光。

稍远处，一丛丛灌木点缀着一片广阔的田野，几头黑白相间的奶牛正低头吃草。附近稀稀落落地散布着几间房舍，屋外站着矮小黝黑的克丘亚人。他们身穿毛毡大衣，披着长围巾，头戴五颜六色的呢绒帽。村后是枞树和模样奇特的尤加利树掩映下的山坡。山坡渐升渐高，两座莽莽苍苍的大山在天际画出清晰的轮廓，山口之间可见远方的层峦叠嶂。极目之处，白雪皑皑的山峰直插苍穹。

巨人变回石头

我终于依依不舍地把视线拉回到书上，我觉得我找到了一些把维拉科查的突然出现与印加人及安第斯山区其他民族传说中的大洪水联系起来的珍贵线索，我想仔细地检查一下。

摆在我面前的是荷西·迪亚科斯达神父撰写的《西印度群岛的自然与人文历史》。书中，这位知识渊博的教士讲述了“印第安人自述的他们祖先的来源”：

他们常常提到一场发生在他们国土上的大水……印第安人说，所有的人都在洪水中丧命。这时从的的喀喀湖中走出来了一个维拉科查人。他在蒂亚瓦纳科停了些日子，直到今天，那里还能看到造型奇特的古建筑废墟。后来他又从那里去了库斯科，人类就这样开始繁衍……[1]

为了解更多与的的喀喀湖和神秘的蒂亚瓦纳科城有关的一些情况，我使劲往脑子里塞一些东西。我接着看下面这段库斯科地区传说中的描述：

生活在远古时代的人触犯了天条，被造物主毁灭于大洪水……洪水消退后，造物主以人形出现，从的的喀喀湖中走出。然后，他创造了太阳、月亮和星辰。再后，他让人类在地球上重生……[2]

另一则神话是这么说的：

伟大的造物主维拉科查决定创造一个世界让人类居住。他先创造大地和天空，接着创造生活在这里的人。他把石头雕刻成巨人的形状，再赋予他们生命。起初一切顺利，但是后来巨人们开始相互攻击，不事劳作。维拉科查决定消灭他们。一些被他变回了石头……大部分被洪水吞没。[3]

当然，类似的传说也出现在其他毫无关联的文化中，如犹太人的《圣经·旧约》。《创世记》第六章讲述了希伯来人的上帝对他创造出来的人感到不满，决定毁灭他们。一段有关大洪水前那个混沌时代的描写一直令我颇感兴趣。有句话用谜一般的语言说道："那时候，有巨人在地里……"[4] 这些《圣经》中说的掩埋在中东沙漠里的"巨人"与哥伦布发现之前就已经编织在美洲土人神话中的"巨人"有没有什么不为人知的关系呢？更让人迷惑的是，犹太人的《圣经》和秘鲁人的神话都在描述巨人之后，说到震怒的天神施放出滔天的洪水将一个邪恶的、不敬神的世界毁灭。其中很多细节如出一辙。

我收集的资料的下一页就是印加神话中的洪水记载，保存在一位叫莫利纳的神父写的《印加族神话与礼仪记叙》一书中。

印加人的始祖是曼科·卡帕克，因此他们以太阳之子自诩并且开始了对太阳的偶像崇拜。也就在那时，他们对大洪水有丰富的记载。他们说，那场大洪水将世界上最高的山峰都吞没了，所有的人和飞禽走兽都被淹死，一切都毁灭了，只有一对躲在箱子里的男女幸免于难。大水消退时，风将他们送到……蒂亚瓦纳科。造物主开始让那里的人类繁衍生息……[5]

通过《印加王朝述评》一书，我对维加已经耳熟能详。这位学者的父亲是西班牙贵胄，母亲出身于印加王族。他所记载的他母亲的民族的传说，被公认是最可靠的。他的著作完成于16世纪，在西班牙征服之后不久、印加传说尚未遭受外来影响污染之时。他也证实了一个显然是广为流传的深入人心的观念："大洪水消退之后，一个人出现在蒂亚瓦纳科……"[6]

这个人就是维拉科查。他身穿长袍，魁伟健壮，"仪表堂堂"，步履坚定从容，踏遍危险丛生的不毛之地，救死扶伤，手到病除。他还能令天降神火，惩戒恶人。在印第安人眼里，他就是个来去无踪的神明。

古远的渡海族群

我们已经在前往马丘比丘的路上跑了两个多小时，窗外的景色也已经改变。高耸的大山上没有了反射阳光的晶莹的冰雪，黑黢黢地悬在我们的头顶上。我们似乎行驶在一条狭窄、阴暗的山谷中，正从一个岩石嶙峋的峡道中穿出去。山中空气凛冽，我的双脚冰凉。我打了个寒战，又开始看书。

在一堆乱麻似的时而相互论证、时而相互矛盾的传说中，只有一件事是显而易见的。所有的学者一致同意，印加人在扩张庞大的帝国的几百年间，在征服许多不同的、开化的民族的同时，也借鉴、吸收、传承了他们的文化。从这个角度看来，无论对印加人自己的文物古迹的相关历史的争论如何结论，有一点是不容置疑的：他们是集所有伟大的古代文化和信仰之大成的传承者。不管是海边的还是山地的，已知的还是未知的，只要是这块土地上以前存在过的文化，统统兼收并蓄，并代代相传。

何况，谁又能说得清，在秘鲁尚未开发的地区，以前究竟存在过什么样的文明？每年考古学家都会有新发现，将秘鲁的历史不断往前推进。那么，为什么就不可能有那么一天，他们发现了证据，表明在远古的时候，一些文明人远渡重洋来到安第斯山，完成他们的杰作之后又飘然离去？在我看来，这就是这些传说给我的启迪。它们不遗余力、栩栩如生地刻画亦人亦神的维拉科查的形象，描述他迈步迎风，行走在安第斯山的崎岖小径上，所到之处，总有奇迹出现：

维拉科查带着两个随从，向北进发……他进了大山，一个随从沿海岸走，另一个来到东部森林边……造物主走到库斯科附近的乌尔克斯，命令未来的居民走出大山。视察过库斯科后，他继续北上到了厄瓜多尔。在滨海的曼达地区，他告别了他的子民，踏波踩浪，消失在茫茫大海中。[7]

所有民间传说的结尾都是这样令人心碎的诀别，而这正好印证了这位非凡的异乡人的名字的含义“大海的浪花”：

维拉科查不停地走，沿途召唤他的民众……到达维耶和港时，他先前派出的信徒们前来与他会合。会合后，他在他们的簇拥下走进了大海。他们说，维拉科查一行走在水面上如履平地。[8]

总是这么凄凉的别离……常让你思量这是科学还是魔法。

隔绝时间之舱

火车窗外，景色逐渐改变。左边是黑水滔滔的亚马孙河的支流、印加人敬畏的圣河乌鲁班巴河。气温明显上升，我们已经进入了高度相对低一些、具有独特的热带小气候的山谷。铁轨两旁渐次增高的山坡上覆盖着浓密苍翠的森林。这真是个隐蔽在不可逾越的屏障后面的与世隔绝的地方。但凡能够如此不辞劳苦跑到这种深山老林中建立马丘比丘城的人，必定有强烈的动机驱使他这样做。

无论原因曾是什么，选择这么偏远的地方筑城至少有一点是歪打正着了：在西班牙征服者和随之而来的天主教传教士们疯狂地毁灭古印加文化的日子里，马丘比丘城却没有被发现。实际上，直到1911年，当古老民族遗留下来的绝世之宝开始受到应有的尊重时，一个年轻的美国探险家海勒姆·宾厄姆才将马丘比丘公诸于世。这个令人难以置信的地方随即给我们打开了一扇独一无二的窗口，让我们得以一窥前哥伦布时代的文明。随后这个遗迹受到保护，免遭掘宝人和藏宝人的洗劫。这个体现神秘历史的古城保存完好，让子孙后代永远为之惊叹。

火车穿过一个名叫阿瓜卡连特（热水之意）的小得可怜的镇子，铁道两旁几家破破烂烂的饭店和廉价酒吧仿佛在不怀好意地朝乘客们邪笑。上午 9 点 10 分我们抵达马丘比丘的普恩塔斯·茹因纳斯车站。从这里转乘巴士，沿一条蜿蜒曲折、尘土飞扬的土路，在陡峭险峻的山坡上颠半个小时后，就来到了马丘比丘城，来到了一片废墟，也来到了一个脏兮兮、敲了我们一大笔竹杠、糟糕透顶的旅馆。我们是唯一的客人。虽然当地游击队炸毁通往马丘比丘的火车是好几年前的事情，但现在想来这儿的观光外国人还是不多。

马丘比丘之梦

现在是下午两点。我伫立在古城南端的一个高地上。废墟覆盖着青苔，在我面前层层展开向北延伸而去。山峰笼罩在厚厚的云层中，阳光偶尔破云而出，洒下斑斑光点。

脚下的山谷中，圣河乌鲁班巴像一只发卡，紧贴着马丘比丘城下的岩基流过，犹如护城河环绕着雄伟的城堡。居高临下看去，深绿色的河水波光粼粼，映照着从林掩映下的峭壁上的一片青翠。

我抬头眺望废墟对面高耸的山峰，它的名字叫做华纳比丘，以前常出现在旅行社的海报上，是这个景区的标志。我惊讶地发现，在山顶下方 100 米左右的地方，有一块平整的梯田。显然，有人曾爬到那么高的地方，小心翼翼地挥锄舞耙，将那几近垂直的峭壁修整成一块优美的空中花园。也许，古时候那里真的栽种过五彩缤纷的鲜花。

在我看来，这座城池和它四周的环境宛如一个庞大的雕刻工艺品，一个由苍山、绿树、巉岩和碧水组成的雕刻艺术品。这是一个美得让人心痛的地方，一个我此生此世见过的最美的地方。

尽管整个古城流光溢彩，但我却感到仿佛在俯视着一座幽灵集聚的鬼城。它就像沉没在海底的玛丽·塞莱茨号的残骸，荒凉却并不宁静。城中的房屋鳞次栉比，井然有序，都只有一间小房间，面朝狭窄的街道。建筑坚固实用，朴实无华。相形之下，一些举行祭典的场所的建筑就极尽奢华了。它们用类似萨克塞华曼城堡的巨石建造，其中一块打磨光滑的巨石长约 3.6 米，宽 1.5 米，厚 1.5 米，其重量绝不在 200 吨之下。古代的建筑工人们是怎么把它弄上去的？

这样的巨石，城里还有好几十块，而且都以相互紧扣的角度，组建成一面面我们已经熟悉的如拼图板似的石墙。我数了数，其中一块石头居然有 33 个角。每个角都与相邻石头上的相应的角分毫不差地嵌合到一起。城里有许多边角锐利如刀片的多边形石头和正方形石头。好多地方也有天然的、未经雕凿的大圆石，与整体设计浑然一体。还有些奇特和难得一见的东西，如“英帝华达纳”——“栓日石”。这是个举世无双的制造物，它的底座是一整块水晶般晶莹的灰色巨石，上面镂刻着由各种曲线和角度构成的复杂的几何图形，还雕刻着神龛和外部的扶壁，中央竖着一个粗而短的尖头。

拼图板之谜

马丘比丘古城到底有多老？学术界的一般看法是，它建成的时间可能比 15 世纪早不了多久[9]。然而，一直有不少受人尊敬的、敢于直抒己见的学者对此提出不同意见。如在 20 世纪 30 年代，德国波茨坦大学天文学教授罗尔夫·穆勒就找到了极具说服力的证据，证明马丘比丘城最重要的特征，是这个城市的格局与天文图象绝非偶然的一致性。通过精密计算过去几千年星星在天空中的位置（分点岁差现象使星辰在天空的位置随时间发生改变），穆勒得出结论说，马丘比丘城最初的规划和建设只可能在“公

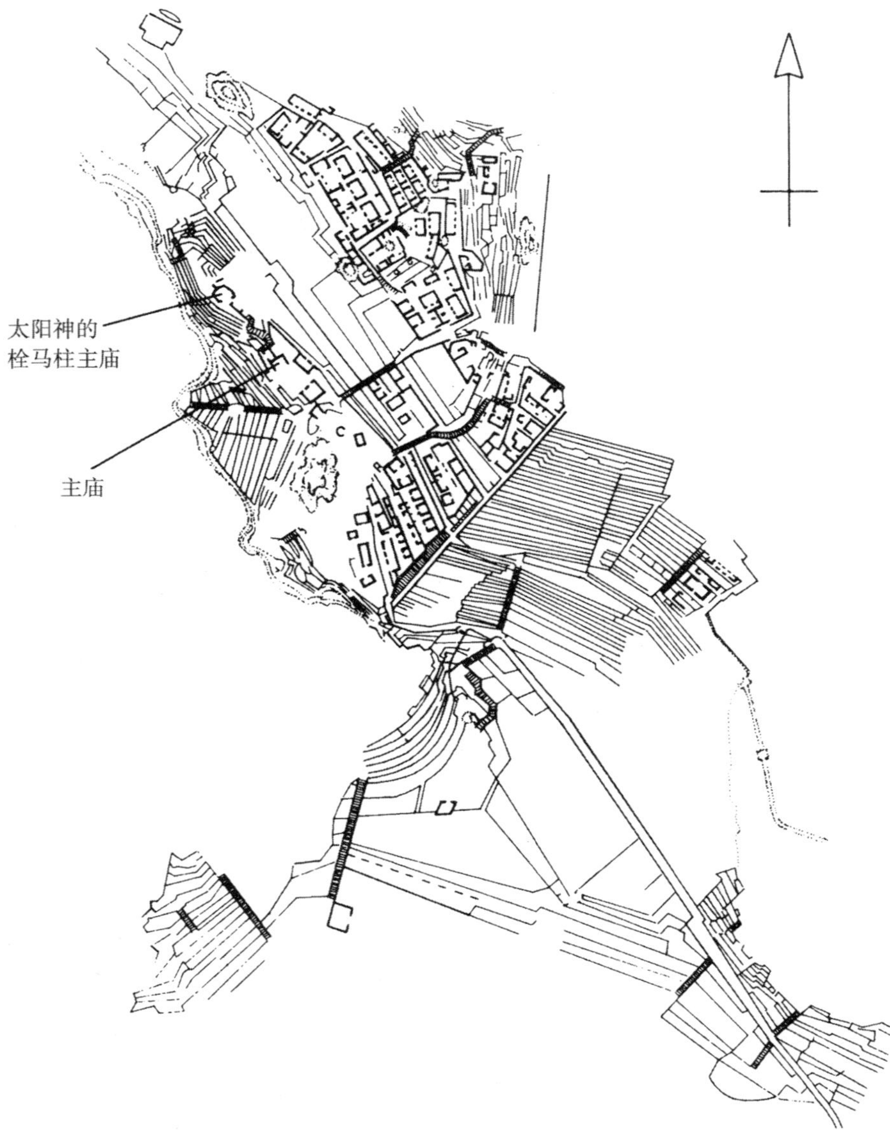

马丘比丘古城

元前 4000 ~ 前 2000 年之间”[10]。

在正统的历史学家眼里，这简直是离经叛道的异端邪说。如果穆勒没算错的话，马丘比丘城的历史就不是短短的 500 年而是可能多达 6000 年，比埃及的大金字塔还要古老得多（当然，这是假定你接受正统的时间推定，认为大金字塔建造于公元前 2500 年左右）。

关于马丘比丘古城的历史还有一些不同的声音，其中大部分与穆勒的观点一样，坚信马丘比丘城的历史比那些正统的史学家们所认为的早几千年[11]。

就像组成马丘比丘城高墙的那些巨大的多边形石块一样，这个观点似乎能够与拼图板中其他板块契合，而这样一来，既往历史的这块拼图板就成了一个难解的谜。维拉科查就是其中的一个板块。所有的传说都说，他的首都在蒂亚瓦纳科。这个伟大的古城的废墟在玻利维亚境内一个叫科劳的地方，距离的的喀喀湖南岸 20 千米。

我算了一下，经由利马（秘鲁首都）和拉巴斯（玻利维亚首都），只要两三天，我们就可以到达蒂亚瓦纳科古城。

第八章 世界屋脊上的湖泊

拉巴斯，玻利维亚首都，蜷伏在一个高低不平的大山窝里，海拔3200米以上。太古时代，一场滔天大水冲走了松散的岩石和沙砾，刻出了这个几百米深的峡谷。

大自然赋予拉巴斯《圣经·启示录》中的景观，使它具有一种独特的、历尽沧桑的魅力。狭窄的街道、阴暗的住宅、高大的教堂、花哨的电影院和直到深夜才关门的汉堡店，这个城市处处洋溢着一种令人着迷的诡秘气氛。不过，在这座城市里漫步可不是件轻松的事，除非你的肺活量特别大，因为整个市中心都建筑在陡峭的山坡上。

拉巴斯机场位于这个地区特有的高原平台边上，比拉巴斯城高出一千五百多米。由于飞机晚点，我和桑莎从利马飞抵这里已经是凌晨时分。我们在冷风飕飕的机场大厅里喝了机场提供的用小塑料杯装的可乐茶，以预防高原病。费了半天劲，耽搁了好长时间，我们才从海关拿到行李，叫了一辆美国造的老爷车，一路摇晃颠簸，驶向山下那座闪烁着黯淡灯光的城市。

的的喀喀湖

传说中的沧桑巨变

第二天下午四点钟左右，我们租了一辆吉普车驶往的的喀喀湖。汽车在拥挤不堪的车流里艰难地挪动，总算驶出了摩天大厦和贫民窟的重重包围，进入了视野开阔、空气清新的高原平台。

出城不远先是荒凉的郊区和乱糟糟的棚户区，路旁排列着修车铺和废品场。离拉巴斯越远，房屋就越少，后来就不见人烟了。空旷、无树的大草原，高低起伏，一直绵延到天尽头的科迪耶拉·里尔山的雪峰脚下，宛如一幅让人永生难忘的、美丽的山水画。但是，这个地方也给人一种离世之感，就像漂浮在云雾中的魔幻王国。

我们最终的目的地是蒂亚瓦纳科。不过那天晚上我们打算到离的的喀喀湖南端不远的悬崖峭壁上的科帕卡巴纳镇过夜。要到那个地方，得先在一个名叫提昆的小渔港搭乘临时拼凑的汽车轮渡，走过一段细长的水路后，再沿着崎岖狭窄的盘山公路，攀爬上陡峭的山坡，登上山脊。这时，天色已经渐渐暗了下来。一幅对比鲜明的画卷展现在我们面前：脚下，隐没在暮色中的湖水黑沉沉的，浩渺无边；远处，参差的雪峰沐浴着耀眼的阳光，晶莹闪亮。

的的喀喀湖一开始对我来说就是一个很特别的地方。我知道它的海拔约为 3800 米，知道秘鲁和玻利维亚的边界线从湖中穿过，知道它长约 220 千米，宽约 112 千米，面积为 8300 平方千米。我还知道它很深，有些地方深达 300 米，而且还拥有一段令人困惑的地质变迁史。

下面就是的的喀喀湖的奥秘，以及一些可供参考的专家学者们的解答。

1. 虽然现在它位于海拔逾 3200 米的高原之上，但是的的喀喀湖周围地区却散布着数以百万吨计的海洋贝壳类化石。这表明整个高原平台是在某个时期从海床抬升起来的，可能是形成南美洲大陆的那次地壳上升运动中的一个部分。在这个过程中，大量的海水携带着无数海洋生物被汲取上来，滞留在安第斯山脉上[1]。这次地壳运动被认为发生在大约一亿年前[2]。

2. 尽管这次地壳运动发生在那么久以前，但是的的喀喀湖中至今仍生存着“海洋鱼类生物”[3]。换言之，虽然现在距离任何海洋至少都极远，它的鱼类和贝壳类生物却体现着许多海洋（而非淡水）生物的特点。渔网里打捞上来的千奇百怪的生物中，居然包括海马[4]！不仅如此，如一位权威人士所言，“该湖的绿钩虾科类和其他类海洋生物毫无疑问地证明，此前某时期，该湖的水比现在咸，或者更准确地说，该湖形成时的水来自海洋。当陆地隆起时，海水被堵截并滞留在安第斯山中”[5]。

3. 最早形成的的喀喀湖的地壳运动我们就讨论到此。的的喀喀湖形成后，这个“内陆海”和它周围的高原平台又经历过几次引人注目的剧烈变动。其中最值得注意的是，这个湖的大小曾发生过极大的改变。这从湖畔地面上随处可见的古代湖岸线印迹就可以看出来。令人不解的是，这个湖岸线居然不是水平的，而是自北向南倾斜。湖的最北端高出湖面 90 米，而 640 千米外的南端，竟比现在的湖面还要低 83 米[6]。根据这个及其他许多证据，地质学家们推断，高原平台至今仍在上升，但并不平衡。北部高度的增加较南部多。这个进程与的的喀喀湖面高度改变关系不大（虽然这种改变确实发生过），而与该湖所在的整个高地的高度变化关系更为密切[7]。

4. 重大的地质变化需要极为漫长的时间，我们很难从这个角度解释下面这个不可辩驳的事实：蒂亚瓦纳科城曾是的的喀喀湖畔拥有多个大码头的港口[8]。问题是，蒂亚瓦纳科城的废墟现在被遗弃在湖南岸 20 千米外，比目前的湖岸线高出 30 多米[9]。这样看来，自这座城市建立以后，必定发生过一两件大事：要么是湖面大幅下沉，要么是蒂亚瓦纳科所在的地面显著抬升。

5. 无论发生上述哪种情况，有一点是显而易见的：这个地方经历过大规模的、剧烈的自然变迁。其中一些，如海底上升为高原平台，当然发生在遥远的地质时代，在人类文明建立之前。而其他的则没有那么遥远，必定是在蒂亚瓦纳科建城之后[10]。因此，现在的问题是：蒂亚瓦纳科城是什么时候建立的?

正统的史学家的观点是：这片废墟不可能早于公元 500 年[11]。但也有另一种编年学，它虽然不被大多数学者所接受，却似乎更符合该地区地质巨变的规模。根据数学和天文学计算，拉巴斯大学的亚瑟·波斯兰斯基教授和波茨坦大学的罗尔夫·穆勒教授将蒂亚瓦纳科城主体建筑的日期追溯到公元前 15000 年（穆勒教授也向公认的马丘比丘城的兴建日期提出过挑战）。这一编年学还指出，公元前 11000 年前后，蒂亚瓦纳科在一场自然灾难中遭到巨大的破坏，此后迅速远离湖岸[12]。

我们将在本书的第十一章中探讨波斯兰斯基教授和穆勒教授的发现。他们的研究表明，伟大的安第斯山的蒂亚瓦纳科城，在一团漆黑的史前历史中，在最后的冰河时期的那些寒冷的日子里曾经繁荣昌盛、辉煌一时。

第九章 过去和未来之王

在安第斯山旅行期间，我把一本讲述维拉科查传说的书看了好几遍。这本书是另一个版本，里面的故事流传在的的喀喀湖畔的科劳地区。这里的人称这位传播文明的英雄和神祇叫苏奴帕。

古时候苏奴帕从北方来到高原平台，和他一起出现的还有五个门徒。这个相貌威严、蓝眼睛、大胡子的白人举止稳重，头脑睿智，生活清苦。他苦口婆心地劝导人们戒除酗酒、多妻、动辄打架斗殴等恶习。[1]

他踏遍安第斯山区，在那里建立了一个和平安宁的王国，传授给百姓文明生活所需要的各种技艺[2]。一帮嫉妒阴险的家伙袭击了他，使他受了重伤。

他们把他的圣体安放在一艘用灯心草扎的小船里，让小船在的的喀喀湖上漂流。看啦……他立刻就飞驶而去，快得让那伙谋害他的人胆战心惊……因为湖里并没有水流。这条船驶到了科恰班巴岸边，也就是今天的狄斯瓜德罗河。印第安人的传说里讲，这艘船靠岸时力量是如此之大，一头撞出了狄斯瓜德罗河，以前那里是没有这条河的。圣体落在水面上，一直漂到很远很远的阿里卡海岸……[3]

船、水与冥府之神

这些传说与俄赛里斯（掌管死者及万物复生的埃及主神）的故事有许多奇妙的相似之处。普卢塔克完整而翔实地记载了有关这位神祇的神话故事[4]。俄赛里斯给他的人民带去了文明和礼教，传授给他们各种有用的技艺，废止了食人和以活人祭祀的恶习，并为他们制定了最早的法规。之后，他离开了埃及，周游世界各地，把文明和教化传播给其他国家的人民。他从不强迫他遇到的蛮族人接受他的准则，而是说服他们，唤起他们的良知。还有记载说，他总是一边弹奏着乐器，一边吟诗唱曲，把他的教诲传达给民众。

他离开埃及后，以他的内弟塞特为主谋的72个朝臣密谋暗杀他。他回国后，这些家伙邀请他赴宴，宴会厅中放着一个用黄金和木材制作的华美的箱子，说是谁躺进去正好合适就奖给谁。俄赛里斯不知道这个木箱是为他量身定做的。其结果当然是，应邀而来的宾客一个个以失败告终，唯有俄赛里斯躺进去大小正好。他还没来得及爬出来，这些阴谋家就一拥而上，将盖子钉死，所有的缝隙都用熔化的铅水密封，不让一丝空气进去。然后他们把箱子扔进了尼罗河。他们原以为箱子会沉没，但是它飞快地飘走了，飘到很远很远的地方，一直到海边。

这时他的妻子——女神伊希斯站了出来。她施出浑身解数，找到了箱子，将它藏在一个秘密的地方。但是，她那邪恶的兄弟塞特去那个沼泽打猎，箱子被发现了。他把箱子打开，狂怒地将俄赛里斯的尸体砍成14块，抛弃到埃及各地。

伊希斯又一次出手拯救自己的丈夫。她用芦苇草做了一艘小船，外面涂上一层沥青，划着它在尼罗河上苦苦搜寻丈夫的遗骸残段。找齐了后，她日以继夜不停地拼合，终于将丈夫支离破碎的尸体复原。俄赛里斯恢复了原有的俊美外貌。经历这番死而复生的苦难后，他成为统治死者的神，冥府的国王。传说里说，俄赛里斯偶尔会从阴间来到阳世，穿着打扮一如常人[5]。

虽然这两个传说之间有很大的差异，但是埃及的俄赛里斯与南美洲的苏奴帕－维拉科查却有着如下惊人的共同之处：

- 两者都是伟大的文明传播者；
- 两者都遭阴谋家暗算；
- 两者都被谋害；
- 两者都被禁锢在某种器物里或者船上；
- 两者都被抛进水里；
- 两者都沿河漂流；
- 两者最终都抵达大海。

难道这些共同点都是巧合吗？它们之间会不会有什么潜在的关联？

苏里奎的芦苇舟

高原上寒风刺骨，何况我还坐在汽艇前头，汽艇正以20海里的时速在的的喀喀湖冰凉的湖面上飞驰。天空湛蓝，湖水倒影着岸边蓝宝石般的碧绿。辽阔的湖面闪烁着金铜色和银色波光，烟波浩渺，无边无际。

传说中有一段讲到芦苇编的小船，我想去探个究竟，因为我知道“灯心草船”是这个湖上传统的交通工具。但是，近年来制作这种船的手艺几乎已经失传，我们现在正朝苏里奎赶，那里是还在造这种船的唯一的地方。

苏里奎岛上一个临湖的小村子里，我看见两个印第安老人正用捆扎成束的灯心草扎船，一条精致的小船马上就要完工。它看起来有4.5米长，船的中部宽阔，两端狭窄，船首和船尾呈优美的弧线高高地翘起。

我坐下来看了一会儿。年长的那位造船人头上戴了一顶奇特的呢绒帽，外面再套一顶棕色的毡帽。他拉紧绳子，把草束固定到位，赤裸的左脚紧蹬着船身加力。我注意到，他时不时地把绳子在自己汗湿的额头上擦一擦——这样来润湿绳子以便捆得更紧。

这艘船放在一座破旧农舍的后院，遍地撒满废弃的草梗，一群小鸡在四周啄食，一只正在吃草的腼腆的羊驼偶尔伸头过来瞧一眼。在岛上的几个小时里，我仔细地看了好几艘这样的小船。虽然我千真万确是在安第斯山的小村子里，但仿佛总有身处另一个时代的另一个地方之感。原因是苏里奎岛的灯心草船无论外形还是制作方法，都像极了几千年前埃及法老们泛舟尼罗河上时乘坐的美丽的纸草芦苇船。我在埃及旅行时，曾经仔细地看过许多画在古墓墙上的这种的船只。现在，在的的喀喀湖的一个小岛上，它们却如此鲜活地现身在我的面前，我感到一股震颤从头顶直贯而下，虽然多年的研究使我已有这样的思想准备。我知道，至今没有人能给出令人满意的说明，为什么相隔这么遥远的两个地方会造出如此相似的船只。不过，一位致力于古代航海术研究的专家曾就这道难题发表过看法：

> 同样小巧紧凑的形状，同样两端尖翘，同样用绳子从甲板绕过船底将船捆扎成一个整体的方法……每一根芦苇的位置都极为精确，以达到完美的平衡和优雅的流线型。草束捆扎得如此紧，它们看上去就像……整根木头弯成的两头翘的镀金木屐。[6]

古尼罗河上的芦苇船和的的喀喀湖上的芦苇舟（当地的印第安人坚持说，芦苇舟的原始设计是“维拉科查人”给他们的）[7]还有其他的共同点。比如，两者都有船帆，都张挂在独特的、两腿跨立的桅樯上[8]。两者都被用来长途运输笨重的建筑材料，如方尖碑和巨石等，只不过一路送去修建吉萨金字塔、卢克索的法老殿或阿拜多斯的城墙，另一路则送往蒂亚瓦纳科建造神秘莫测的巨石建筑。

在那些古老的日子里，在的的喀喀湖的水面比现在高出 30 多米的时代，蒂亚瓦纳科城曾矗立在湖畔，俯瞰神圣而威严的湖上美景。现在，这个港口，维拉科查自己的首都，已被遗弃在荒山野岭之中，任凭高原上的寒风肆虐。

通往蒂亚瓦纳科之路……

从苏里奎岛回来后，我们驾驶租来的吉普车在高原上奔驰，一路卷起高高的尘烟。我们穿过两个小镇，一个叫普卡兰尼，一个叫拉哈。住在那里的是木讷的艾玛拉族印第安人。他们慢吞吞地走在狭窄的鹅卵石铺就的街道上，或静静地坐在小广场上晒太阳。

这些人是学者们坚持的蒂亚瓦纳科城建设者的后代吗？那些传说讲的是真实的事情？那座古城是由那些很久很久以前住在这里的、法力无边的异乡人建起来的吗？

第十章 太阳门之都

西班牙征服玻利维亚时，早期的西班牙旅行者也来到蒂亚瓦纳科城，光是城市建筑物的规模和神秘的氛围就令他们终生难忘。我问当地人这些庞然大物是不是印加时代修建起来的，史学家皮德罗·齐耶萨·德莱昂写道："他们听了哈哈大笑，说印加人入主之前很久就有了……听他们的祖先说，所有的建筑都是一夜之间突然出现的……"[1]同一时期去旅行的另一位西班牙游客记载了另一则传说，说石头奇迹般地从地面升起，"随着号角声，在空中飘行"[2]。

西班牙人征服之后不久，史学家维加曾对这座城市做过详尽的描述。当时对城市的财宝和建筑材料的掳掠尚未开始，虽历尽沧桑，蒂亚瓦纳科的雄伟壮丽仍让维加喘不过气来：

现在我们必须得说说蒂亚瓦纳科那些庞大的、不可思议的建筑了。城里有一座假山，山很高，建在石头地基上，以防下层泥土滑坡。有很多巨大的石像……早已风雨剥蚀，显然是多年以前的老古董了。还有那些墙，砌墙的石头是那么大，你很难想象用人力怎么可能把它们搬上去。此外还有些奇特的建筑遗迹，最引人注目的是那些石门。它们用坚硬的石头雕凿而成，竖在长9米，宽4.5米，厚1.8米的基座上，而且基座和门是一块整石头……他们使用的是什么工具或者器械，又是怎样完成这样的壮举的？这些都是我们回答不了的问题……我们同样回答不了这些巨石搬运的问题。[3]

那是16世纪的蒂亚瓦纳科。400多年以后，在20世纪末期，我的困惑比维加的不曾稍减。尽管现在这座城市已是劫后余生，蒂亚瓦纳科城四周仍然到处散落着巨大的石碑，它们是那么大，那么重，可又是那么精雕细琢，似乎除了超人外，没有人能做到。

地下神庙

犹如匍匐在师父脚下的弟子，我坐在地下神庙的地板上，仰望着所有研究蒂亚瓦纳科的学者们都公认的维拉科查雕像的面孔，这张面孔一直是一个谜。不知道多少世纪以前，不知道是哪位能工巧匠，将这幅肖像刻在一根高大的红色石柱上。尽管已经剥蚀，他的面容仍然那么安详沉静。这是一个拥有无上权力的人的面容……

雕像高额角，圆圆的大眼睛，鼻子挺直，窄鼻梁，渐渐张开的鼻孔，嘴唇丰满。但最醒目的特点是他那造型奇特的威严的胡子。这胡子使他的下颚显得比太阳穴宽些。再仔细一瞧，看得出雕刻这尊像的人刻意塑造出一个嘴唇周围的皮肤剃得很光洁的形象。这样他的小胡子在面颊上会高高翘起，几乎与鼻尖平行，然后夸张地呈弧形沿嘴角往下，在下巴处形成山羊胡，然后再沿下颚线转回到耳朵边。

雕像耳朵上下方的头部两侧都雕刻着奇异的动物图形。也许，将这些雕刻说成是奇异动物的图形更好些，因为这些动物看上去像体型硕大、动作笨拙、长着大尾巴和天生四肢畸形的史前哺乳动物。

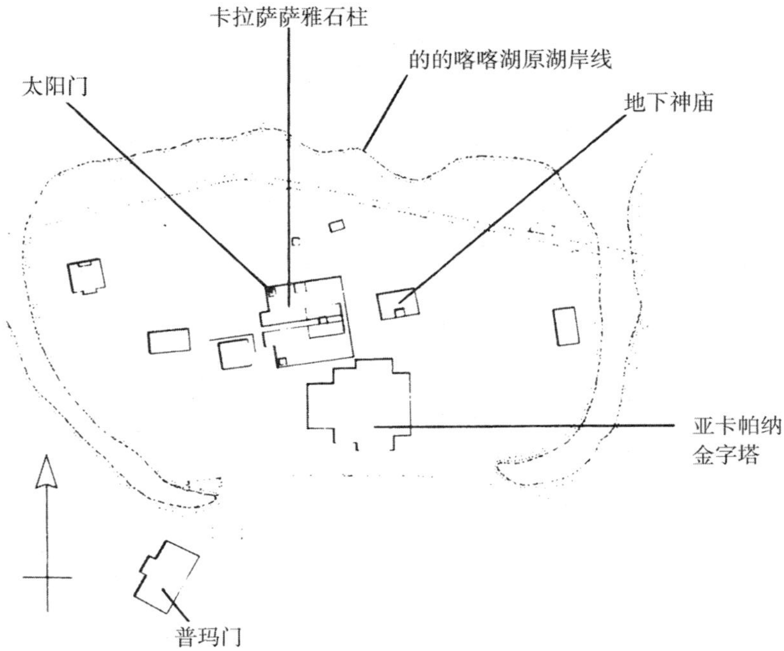

蒂亚瓦纳科古城

有趣的地方还不止这些。比如说，石像的双手和双臂一上一下合拢于胸前，放在他飘逸的长袍上面。长袍的两边各有一条弯曲的蛇形图从地面一直蜿蜒攀爬到肩部。在看这个美丽的设计时（它的原形可能是绣在华贵布料上的图案），我脑子里出现的维拉科查的形象像个魔法师或者男巫，如中世纪亚瑟王传奇中的墨林，这个穿着奇装异服的大胡子正召唤天上的大火降临人间。

供奉维拉科查石柱的神庙是露天的，是个长方形的大坑，像个游泳池，深 1.8 米。地面坚硬、平整，长约 12 米，宽 9 米，用小卵石铺成。墙壁坚固笔挺，由打磨精细的大小不一的方石砌成，嵌合紧密，中间不用任何灰浆。墙间点缀着较为高点的粗糙的石柱。一道石梯通往南墙，我就是从那里走进这座建筑的。

我绕着维拉科查的石像转了好几圈，用手指抚摸被太阳晒暖的石柱，竭力猜想这座雕像的用意何在。它高约两米，面南，背朝的的喀喀湖原湖岸线（当初不到 180 米远）[4]。此外，在这座位于中心的方尖柱后面，还有两个小点的雕像，可能是维拉科查传说中的门徒。我凝视着这三座挺立的雕像，太阳开始西斜，在地面上投下他们轮廓清晰的阴影。

我又在地板上坐了下来，慢慢地打量神庙四处。维拉科查是神庙的主宰，犹如交响乐团的指挥，但是神庙最震撼人心的东西无疑另有所在：布满所有墙壁的、无处不有的、镌刻在石块上的几百个人头像。一个个完整的头颅，呈三维图形凸现于石壁之上。至于这些头像的作用，相互矛盾的各家之言至今犹存。

亚卡帕纳金字塔

从地下神庙西望，可以看到一面巨大的墙，墙上有个用石板砌成的呈几何形状的门，非常引人注目。西下的阳光在门洞中留下一个巨人的剪影。墙里面是一个叫做卡拉萨萨雅（当地艾玛拉方言意为“石头竖立的地方”）的宽阔的广场[5]，而那个巨人就是维加曾提到的古老雕像之一。

我很想去会一会它，但是此刻，我的目光被一座假山吸引住了。假山有 15 米高，我踏着神庙的阶梯出来时，它就矗立在我的正前方。维加的著作中也提到过这座名叫亚卡帕纳金字塔的假山。它像埃及的吉萨金字塔一样，也严格按东南西北四方基点建成。不同的地方是，它的地基有点不规则。不过，单凭它每边约 210 米的长度，就堪称建筑物中的一大巨作，足以傲视整个蒂亚瓦纳科城了。

我朝它走去，围着它转了转，爬上了山。它原本是座泥土堆积、层次分明的阶梯金字塔，表面用大块的安山岩覆盖。但是西班牙征服这里后的几百年间，它成了建筑商的采石场。他们远从拉巴斯赶来攫取这些表面极为光洁的石材，现在余下的只有大约 10% 了。

那些不知姓名的窃贼到底拿走了多少珍贵的线索和证据？当我登上亚

卡帕纳破破烂烂的阶梯，在山顶上杂草丛生的深沟边转来转去时，我感到这座金字塔的真正作用恐怕永远不会有人知道了。唯一能肯定的只有一点：它决不仅仅是用来当点缀或者举行某种仪式的。相反，看样子它似乎是一个神秘的“装置”或者机械。在金字塔深处，考古学家们已经发现一个由曲折的、用细方石砌成的渠道网，渠道的转角和连接都精心计算，误差不超过 6 毫米。其作用是将水从塔顶的大水池中通过闸门一层一层地引流下来，注入环绕整个塔身的水槽，冲洗金字塔南端的地基[6]。

费了那么多心血，花了那么多人力，使用了那么高水平的技术，修建了这套管道系统，如果不是为了某种重大用途，那这个亚卡帕纳金字塔就毫无意义可言了。据我所知，不少考古学家推测，它可能与崇拜雨水或者河流的某个宗教有关，用以对水的巨大力量和奔流不息的特性表示无上的敬意。

另一派观点认为，这个金字塔内不为人知的“科技装置”可能有一种致命的作用。这派观点的由来是根据这座金字塔的名字 Akapana。目前当地人仍在使用的古代艾玛拉族方言中，“Hake 的意思是‘人民’或者‘人类’，Apana 的意思是‘死亡’（很可能是死于水），因此，Akapana 的意思就是人们死亡的地方……”[7]

还有一位评论员另有高见。在对金字塔的引水系统进行仔细研究后，他认为这些有控制闸的水门极可能是“选矿技术的一个组成部分——利用流水冲洗矿石。也许就是这么回事！”[8]

太阳门

我从这个谜一般的金字塔西边朝那个名叫卡拉萨萨雅的围场的西南角走去。现在我终于明白为什么它叫“石头竖立的地方”了，因为它的确名副其实。那道用不等边四边形巨石建造的大墙中，每隔一定距离就有一个高 3.6 米、形如短剑的石柱。这些巨剑剑尖朝天，底部插入高原平台的红土中，起桩柱的作用，围出一个将近 50 平方米的广场，高出地面的高度相当于神庙低于地面高度的两倍。

当时的卡拉萨萨雅是个堡垒吗？显然不是。学者们现在大都认为它是一个先进的天文观测台。它的作用不是拒敌于城外，而在于确定春分、秋分、冬至和夏至，以数学的精确性预测一年的各个季节。墙中的某些装置（实际上也包括墙本身）显然是按照特定的星座布局的，其设计便于测量春夏秋冬太阳的方位角[9]。不仅如此，耸立在围城西北角的举世闻名的“太阳门”，不仅是世界级的艺术精品，而且被对它颇有研究的人们认为是镌刻在石头上的、复杂而准确的历法。

> 越是熟悉这件雕刻品的人，就越相信这套石雕日历独特的设计和图形不可能仅仅是艺术家的奇思妙想。它上面的雕像含义隽永，记载着科学家极有说服力的观察和计算结果……这部历法当时不可能有别的画法和布局了。[10]

我所做的背景调查使我对太阳门特别好奇，当然，也包括整个卡拉萨萨雅。这是因为，我们在下面的章节中讨论的某些天文学和太阳系的位置变化使我们能够计算卡拉萨萨雅大致的始建年代。这些位置变化表明，它的建造年代约是公元前 17000~ 前 15000 年。

第十一章 远古图像暗藏天机

已故的亚瑟·波斯南斯基教授是一位举足轻重的日耳曼裔玻利维亚学者，他致力于蒂亚瓦纳科废墟的研究近五十年。在他的长篇巨作《蒂亚瓦纳科：美洲人的摇篮》一书中，他对怎样用考古天文计算重新确定蒂亚瓦纳科的兴建年代做了详细的解释。他说，这些计算“全部的、也是唯一的依据，就是黄赤交角在卡拉萨萨雅建造时期与现在的差异”[1]。

什么叫做“黄赤交角”？为什么根据它就能把蒂亚瓦纳科的历史推到17000年以前呢？

根据词典定义，所谓“黄赤交角”是指地球运行的轨道与天球赤道之间的夹角，现在的黄赤交角约为23° 27′[2]。

为了把这个深奥的天文学术语说明白点，我们不妨把地球想象成一艘船，航行在天空这个无边无际的大洋中。像所有的船只一样（无论星球还是双桅帆船），它总在随着船底流动的海浪不断摇晃。想象你站在这么一艘摇摇晃晃的船上眺望大海。上升到浪尖时，你的视野会大一些，跌进波谷时视野就会变小。这个过程是有规律的，很准确的，一如节拍器敲打出的节拍声。这种持续不断的几乎觉察不出的波动起伏，永无休止地变动着你与地平线之间的角度。

现在，我们的想象再回到地球。每个小学生都知道，我们这个美丽的、漂浮在太空中的蓝色星球在自转时，它的轴并不垂直于它围绕太阳运行的轨道，而是略微有些倾斜。这样一来，地球赤道与天球赤道（它仅是想象中的地球赤道在天体上的延伸）相对于地球的运行轨道必然有一个角度。任何时期的这个角度，就是当时的“黄赤交角”。但是，因为地球是一艘不停摇晃的船，它的交角每隔一段时期会周期性地发生改变。这个周期是 41000 年，交角改变在 22.1° 到 24.5° 之间[3]，准确性和可预测性不亚于瑞士钟表。角度依次出现的顺序及先前（任何历史时期）所有角度的顺序，用几个简明的方程式就可以计算出来。这种顺序还可以用一个曲线图表示（最早是在 1911 年的巴黎国际天文历大会上绘制出来的）。从这张曲线图上，我们可以准确而且可靠地根据黄赤交角找到与之相应的早先的历史日期。

一个世纪又一个世纪过去了，黄赤交角的变化逐渐导致日出和日落方位的改变，波斯南斯基教授就是根据这一点来推算卡拉萨萨雅修建的日期的[4]。他确定了现在看来“不正确”的某些标志太阳位置的主要建筑物的排列，令人信服地证明卡拉萨萨雅兴建时的黄赤交角是 23° 8′ 48″。在国际天文历大会制定的曲线图上，与这个角度对应的时间是公元前 15000 年[5]。

当然，没有一个正统历史学家和考古学家情愿接受这么早的蒂亚瓦纳科始建时间表。如我们在第八章所提到的那样，他们宁可赞同那个稳妥的公元 500 年的估计。然而，1927~1930 年间，几位其他领域的科学家仔细地审查了波斯南斯基的“天文考古调查”。这些科学家组成的极有权威的精英团队还考察了安第斯山的其他许多历史遗迹。他们是汉斯・鲁登道尔夫博士（时任波茨坦天文台台长）、梵蒂冈行星位置图专家弗里德里克・贝克尔博士，还有另外两名天文学家：波恩大学教授阿诺德・科尔斯舒特博士和波茨坦天体物理研究所的罗尔夫・穆勒博士[6]。

历经三年的调查研究，这些科学家们得出结论：波斯南斯基的测算基本正确。他们根本不在意他们的发现对历史学上占优势的标准观念意味着什么，他们只是阐明蒂亚瓦纳科的各种建筑与天文现象的一致性这些有目共睹的事实。在这些事实当中，最重要的莫过于卡拉萨萨雅的布局是依照很久之前——比公元500年早得多——对星空的观测设计的。波斯南斯基推算的公元前15000年正好在这个时间范围内[7]。

如果蒂亚瓦纳科果真在人类历史的黎明到来之前就已繁荣发达，那么建设这座城市的究竟是些什么人？目的何在呢？

穿鱼鳞衣服的人

卡拉萨萨雅广场有两个巨大的雕像。一个绰号叫“修道士”，站在西南角；另一个伫立在这个围城东头的正中心，就是我在地下神庙中看到的那个巨人。

“修道士”刻在红色砂岩上，饱经风吹日晒已经面目难辨，高约两米，像个雌雄合体的阴阳人。眼睛很大，嘴唇丰厚。他右手握着一柄刀似的东西，刀身呈波浪形，有点像印度尼西亚匕首。左手里拿的东西有点像本精装书、不过“书”的上方伸出来一个刀柄似的东西，好像刀插在刀鞘里。

从腰部往下，这个雕像穿着一件像是鱼鳞做的衣服。而且，仿佛为了加深这种印象，雕刻雕像的人特地把鱼鳞雕得像一串串栩栩如生的小鱼头。波斯南斯基教授很有说服力地将它诠释为代表所有鱼类[8]。因此，这个“修道士”似乎是想象的或者象征性的“人鱼”形象。这个雕像也系了一根腰带，上面刻着几只巨大的甲壳类动物的图形，所以这种结论似乎可能性更大了。为什么要雕刻这个人物呢？

我听到过一个本地的传说，或许有一点启发。故事非常古老，讲“一个湖神的故事。他长着鱼尾，名叫朱鲁亚或乌曼图亚”[9]。这个故事和这个穿鱼鳞服装的雕像，却从美索不达米亚地区的神话那里得到了奇异的、匪夷所思的反响。美索不达米亚神话也很奇怪地、详细地讲述了一种两栖人的故事，说他们很有“理性”，在史前的远古时期曾造访过苏美尔。这些人的首领叫奥安尼斯（或者乌安）[10]。古迦勒底国的巴比伦祭师贝罗索斯是这样描述他的：

（奥安尼斯）整个身体像条鱼，在鱼头的下面有颗人头，鱼尾下面还长着类似人脚的双脚。他的声音言谈都很清晰明白，与人类无异。他的画像一直保存至今……日落以后，他总是回到海里，整夜呆在大海深处。他是个两栖人。[11]

据贝罗索斯的记载，奥安尼斯首先是个传播文明的使者：

白天他总是与民众交谈，不取民众一饭一羹。他教他们写字，教他们科学技术，还教他们绘画音乐。他教他们盖房子，建庙宇；为他们制定法律，为他们讲解几何原理。他让他们学会识别地上的种子，示范如何采摘果实。总而言之，他教给了他们所有能使他们温良恭俭、知书达理的知识。他教给他们的东西无所不包，从此以后，他们的知识已经是应有尽有了……[12]

我在古巴比伦和亚述浮雕上看到过的奥安尼斯像就是清晰的身穿鱼鳞服装的人。与“修道士”的衣服一样，鱼鳞成为他们服装上的主要特色。还有一个相似之处是，巴比伦雕像的双手也握着不明器物。如果我们没记错的话（后来证实确实如此），这些器物与“修道士”手中的东西全然不同，不过，单是他们相似的地方就足以引起注意了[13]。

卡拉萨萨雅广场上的另一尊大“偶像”位于高台的东端，面朝正门，用整块灰色的安山岩雕成，高 2.7 米，雄浑高大，气势逼人。硕大的头颅昂首于宽厚的肩膀上，平板的面孔毫无表情，双目直视远方。他头上戴着王冠或者束发带之类的东西，头发编成一串串整齐的小环，长长地垂在背

亚述浮雕　图为身穿鱼鳞服装的人

后，清晰可见。

这座雕像表面也镂刻着很多复杂的图形和装饰，就像遍体的纹身。与“修道士”一样，它的腰部以下也穿着鱼鳞和有鱼类象征的服装，手里也拿着不明物体。只是他左手里的东西看上去像个刀鞘而不是精装书，里面还伸出来一个叉形刀柄；右手里的东西大致是个圆筒，中间手握住的地方细一些，肩部和底部略宽，再渐渐缩小直到顶部。这个东西看样子分成好几节，或者说几部分，节节相套，怎么也猜不透到底是什么玩意儿。

业已灭绝的动物图像

我终于离开鱼衣雕像走到卡拉萨萨雅广场西北面的太阳门前。

它是用整块的灰绿色安山石雕成，3.8 米宽，3 米高，45 厘米厚，重量估计有 10 吨[14]。颇有点巴黎凯旋门的风范，虽然小了许多。它屹立在卡拉萨萨雅广场，像个连接肉眼看不见的两个世界的门。这件石雕精品是权威们公认的“美洲的考古奇迹之一”[15]。它最神秘的特征是镌刻在东面门楣上的那条所谓“日历中楣”。

这个中楣中间凸起的部分雕刻着一幅画像，学者们认为那是维拉科查[16]，只是这位维拉科查显露的是他作为呼唤天火的神王较为可怕的一面。他温文尔雅的、慈父般的一面也有所体现：怜悯之泪从他的面颊上滚滚滴落。但是他的面色严厉而坚定，王冠华贵而威严，两手各握一支雷电[17]。按照 20 世纪最著名的神话学者约瑟夫·康贝尔的解释，“它的意思是，从太阳门流注入宇宙的恩惠与雷电的力量一样，可以摧毁一切而自身毫无损伤……”[18]

我脑袋转来转去，慢慢地研究中楣上的雕饰。这是件优美匀称的雕刻作品，在中间凸起的维拉科查像两旁各有三排雕像，每排八个，总共 24 个。有人猜测这些雕像有日历功能，很多人试图破译，但是至今没有什么很有说服力的解释[19]。唯一可以真正确定的是，这些图像都有一种特异的、冷酷的卡通画似的特质。他们似乎不带任何感情，迈着精确的、近乎机械的步伐，列队整齐地走向维拉科查。他们有的戴着鸟形面具，有的长着尖鼻子，每个人手里都执有与神王一样的器物。

中楣底部刻满了“回文”饰——阶梯金字塔形的一连串几何图形，以一条连续不断的线画成，正立的、上下颠倒的、右侧向上的金字塔图形更迭交替，连续不断，据说也有日历功能。右面第三列（比较模糊的左面第三列也一样）看得出清晰的象头、象耳、象牙和象鼻的图形。这个发现是出乎意料的，因为美洲的任何地方都没有大象。但很久以后，我证实了在史前时期这里是有大象的。一种学名为“居维象亚科”的与大象很相似的哺乳类动物曾经生活在南美洲，在安第斯山脉南部尤其多，公元前 10000 年前后突然灭绝[20]。这些动物有两只长牙，和一个长鼻子，样子酷似太阳门上的“象”[21]。

我往前走了几步，好把这些象看得更清楚一点。每头象都由两只有羽冠的秃鹰头组成，鹰的喉部两两相对（羽冠构成两只“象耳”，脖颈的上部分构成“象牙”）。这样合成的动物在我眼里仍然是头大象，可能因为用一种东西代表另一种东西是蒂亚瓦纳科的雕刻家们一再玩弄的巧妙而神奇的艺术手法，这样会产生独特的视觉效果。因此，一个人物面孔上的耳朵可能是鸟的翅膀构成的；同样，一顶华丽的王冠可能由鱼头与鹰头交织而成，眉毛用鸟的头和脖颈来表示，拖鞋的鞋尖是一个动物的头颅，等等。因此，大象科的成员用秃鹰的头来组合，不一定是视觉幻象。这种极具创意的组合与中楣的总体艺术风格极为吻合。

雕刻在太阳门上的风格独特的动物狂欢图中，还有其他一些业已灭绝的动物。我在研究中得知，其中一种已被几个研究人员确定为“剑齿兽”[22]——一种三趾两栖哺乳动物，身长 2.7 米，肩高 1.5 米，就像犀牛与河马杂交生下的又矮又胖的怪物[23]。与“居维象亚科”哺乳动物一样，剑齿兽在上新世（160 万年前）曾活跃于南美洲，到更新世末期时已经消亡（约 12000 年前）[24]。

在我看来，既然剑齿兽只可能按写实的方法雕刻出来，那不正好印证了将蒂亚瓦纳科的兴建推算到更新世末期的天文考古证据，进一步推翻了那些认为这个城市只有区区 1500 年历史的正统历史年代学的观点吗？因此，镌刻在太阳门中楣上的剑齿兽头像不下 46 个就格外显得意味深长[25]。这个难看的动物头像还不止出现在太阳门上，蒂亚瓦纳科出土的无数陶器碎片到处可见它的身影。更有说服力的是，还有几件雕塑品以三维立体图像展现它的雄姿[26]。不仅如此，其他业已消亡的动物的图像也被发现，其中包括："四足兽"，一种日间活动的四足动物；"后弓兽"，三趾蹄，比现代的马稍大点的动物[27]。

这些动物图像表明，蒂亚瓦纳科堪称一本记载古代珍稀动物的画册，它让那些比渡渡鸟消亡得更早的生灵活在了永生的石头上。

但是这种记载有一天突然中止了，黑暗已经降临。石头也将这一切记载了下来。太阳门，这件旷世艺术杰作再也没能完成。中楣上没有完成的部分似乎在述说，某种致命的大变故突然到来，使雕刻家的创作戛然而止。按波斯南斯基教授的话说，在他"对自己的作品做最后的润色"的时候，"永远地抛下了他的凿子"[28]。

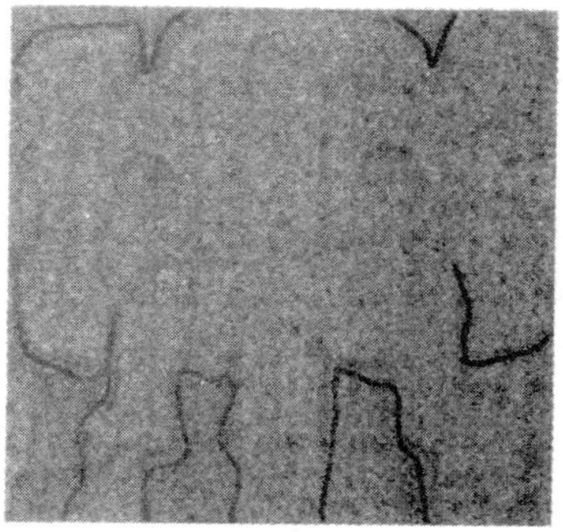
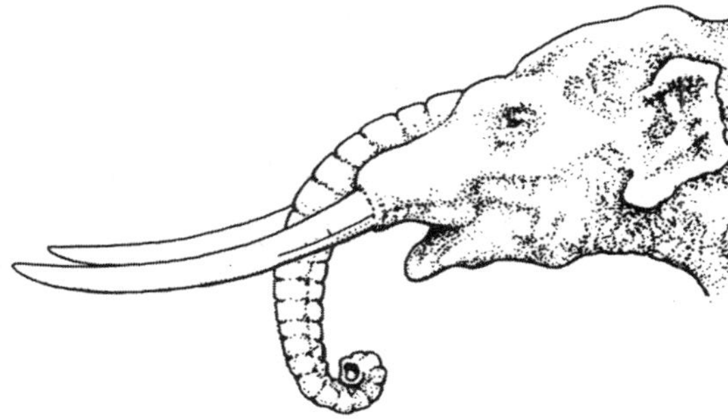

左上图：蒂亚瓦纳科太阳门上图形的细部。显示一个长鼻、长牙，形状如象的动物

右上图：“居维象亚科”的生物学再现图。南美洲长鼻类动物，一度活跃于蒂亚瓦纳科地区，约于公元前10000年消亡

左下图：刻于地下神庙中维拉科查像旁的不明动物。可能是剑齿兽

右下图：蒂亚瓦纳科出土的另一个图像，也可能是剑齿兽。上翘的鼻孔表明它是只半水栖动物，生活习性有点像现代的河马。据说剑齿兽就是这样

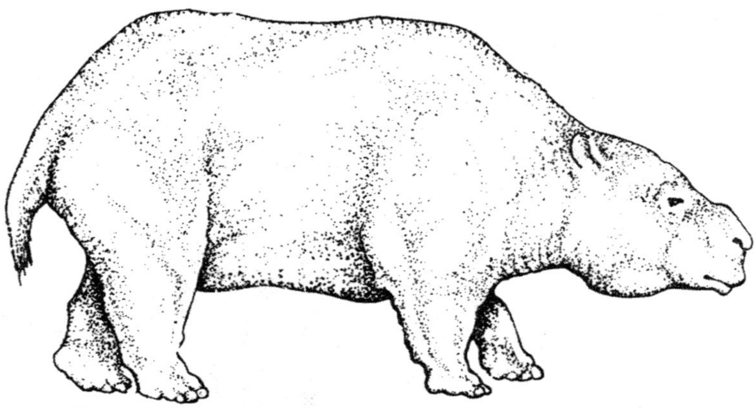

剑齿兽再现图。一种南美洲古物种，公元前 12000 年左右灭绝

第十二章 维拉科查人的末日

在第十章中我们已经看到，蒂亚瓦纳科城原本是建筑在的的喀喀湖边的港口，当时的的喀喀湖面比现在宽得多，湖水也比现在深 30 多米。庞大的港口建筑、码头和堤岸（甚至遗弃在原湖岸线下的石材）都证明这是一个不争的事实[1]。实际上，根据波斯南斯基教授的大胆推测，公元前 15000 年时，蒂亚瓦纳科是个繁忙的港口，卡拉萨萨雅也是在那时建造的，而且在其后的 5000 年间一直兴旺发达。在这段漫长的岁月中，它一直位于的的喀喀湖畔不曾稍移[2]。

在这整个时期中，这个城市的主要港口坐落在卡拉萨萨雅西南几百米外的一个现在叫做普马门的地方。波斯南斯基在这里挖掘出两个人工疏浚的船坞的遗迹。它们位于一个“真正极为壮观的码头”两侧，“数以百计的船只可以同时在那里装卸它们沉重的货物”[3]。

建造整个码头所用的石料现在还遗留在原地。有块石头重约 440 吨[4]，还有无数重 100~150 吨的巨石[5]。更有甚者，很多独块巨石显然是用 I 型金属夹具相互连接的。据我所知，在整个南美洲，这种砌筑工艺只在蒂亚瓦纳科的建筑中发现过[6]。我上一次在废墟上看见使用这种工艺的凹槽印痕是在上埃及尼罗河中的象岛上[7]。

同样耐人寻味的是出现在许多石块上的十字符号。这个标记一再出现，尤其是在通往普马门北边的路上。它们的图形完全相同：线条简洁清晰的双重十字，深深地镌刻在坚硬的灰石上，极为对称，极为和谐。即使那些正统的史学家们也认为这些十字符号的历史不少于1500年。换句话说，在最早的西班牙传教士到达高原平台整整1000年前，一些根本不知道基督教为何物的人，已经刻下了这些十字象征记号。

说到这里，那基督教徒的十字架又是从哪里来的呢？不仅仅是耶稣基督被钉死在这种形状的木架上，我想，还有其他更古老的渊源。比如，古代的埃及人不就使用形状非常类似十字架的象形文字来象征生命、生命的气息和永恒的生命吗？[8]那个符号会不会起源于埃及，或者在更早的时候，起源于别的什么地方呢？

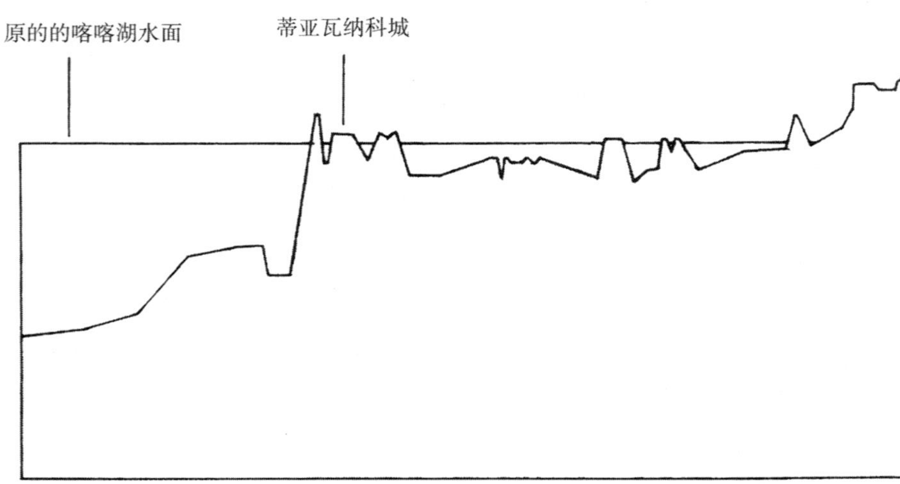

如图所示，12000年前，的的喀喀湖水比现在深30米时，蒂亚瓦纳科城可能是个岛

我绕着普马门慢慢地踱步时，这些想法总在我脑子里盘桓。这是个100多米长的矩形场地，漫长的周界线勾勒出一个低矮的金字塔的轮廓，上面长满了野草。好多巨大的石块乱摊在地上，东一块西一块，到处都是，就像打翻的火柴。波斯南斯基认为，公元前11000年左右，一场毁灭蒂亚瓦纳科的天灾降临：

地震引起的的喀喀湖水暴涨，火山爆发……造成湖水突然上涨的原因也可能是北部地势较高的湖泊堤岸溃决，湖水势不可挡，奔腾直下的的喀喀湖。[9]

波斯南斯基认为洪水是毁灭蒂亚瓦纳科城的原凶。他的证据包括：

在冲击层中发现湖泊中生长的植物与死于这场灾难的人类的骸骨混杂在一起……在同一冲积层内，还发现各种各样的古代鱼类的骨骸……[10]

此外，人类与动物的残骸还散布在——

乱糟糟堆在一起的精细的石雕、器皿、工具和不计其数的其他东西中。所有的东西都被移动、打碎、乱七八糟地混在一起。任何人只要在这里挖上两米深，就可以看到洪水毁灭性的力量。这股力量，加上可怕的地震，必然会将各种各样的骨骸与陶器、珠宝、工具、器皿等搅成一堆……一层又一层的泥沙覆盖了整个废墟，沙砾中混合着的的喀喀湖的贝壳。风化的长石和火山灰堆满了原来被围墙环绕的地方……[11]

毁灭蒂亚瓦纳科的果然是一场可怕的灭顶之灾。而且，如果波斯南斯基没有说错的话，它发生在12000多年之前。从此以后，虽然洪水消退，“高原平台的文化却不再有生机，而是陷入了无可挽回的彻底衰败”[12]。

超越现代的先进农耕技术

地震引发洪水淹没蒂亚瓦纳科城仅仅是个开端，这个地区众多大规模的地质变动加速了这个城市的毁灭进程。起初的变动造成湖水暴涨，溃堤决坝，一片汪洋，但是随后走向反面。的的喀喀湖水渐渐降低，湖面渐渐缩小。年复一年，湖水一寸一寸地往下退，将蒂亚瓦纳科城无情地遗弃。这个伟大的城市与湖水渐行渐远，而湖水曾是城市经济的命脉。

与此同时，有证据表明蒂亚瓦纳科地区的气候也越变越冷，不像从前那样适于农作物生长[13]。主要的农产品如玉米不能正常成熟，马铃薯连芽都发不出来[14]。

发生了那么多的事情，它们组成了一个环环相扣的链条，虽然很难将这链条上所有的、各不相同的环节都逐个理清，但有一点似乎是清楚的：地震引发的山崩地裂使蒂亚瓦纳科陷于灭顶之灾。危险的时刻过去后，随之而来的是一段安静的时期[15]。后来，“气候越来越恶化，越来越冷了。大量安第斯山区的人只好离乡背井，去寻找过日子不那么艰难的地方”。这段进程虽然缓慢，然而确定无疑[16]。

在当地传说中被称为“维拉科查人”的那些具有高度文化知识的蒂亚瓦纳科居民似乎是在经过一番抗争后才离开家园的。高原平台上，比比皆是他们曾在这里曾进行过先进的、科学的农业生产试验的证据。他们竭力以自己的忠诚奉献和聪明才智弥补恶劣天气造成的损失。例如最新的研究显示，在远古时期，这里已经有人对许多含有毒素的高原植物做了需要先进技术才能进行的分析。不仅如此，他们还发明了与之相应的解毒技术，使这些原本有毒但营养丰富的蔬菜变得无害并可以食用[17]。华盛顿大学人类学副教授戴维·布劳曼承认，到目前为止，“没有人能对这些解毒技术的产生提出令人满意的解释”[18]。

也是在那个时候，有人（学者们至今不知是谁）曾竭尽全力在湖水刚刚退去的土地上建造一种抬高的农田，形成了极具特色的一道道波浪起伏、时高时低的地面。直到 20 世纪 60 年代，学者们才对这种形式独特的台田和其间沟渠的作用有所了解。这些工程至今依稀可见，当地印第安人管它们叫哇鲁·哇阿鲁。它们是史前时期就十分完善的、复杂的农耕结构中的一部分，足以“使现代农耕技术甘拜下风”[19]。

近年来，考古学家和农业专家重建了几处这样的农田。这些实验田的马铃薯产量比最高产的传统农田高出三倍。同样，在天气极为寒冷的日子里，严重的霜冻对试验田的影响“微乎其微”。第二年，这些台田里的庄稼平安无事地度过了一场毁灭性的旱灾，“后来，一场洪水将周围农田全部吞没，而它们却安然无恙”。实际上，这种农业技术看似简单却卓有成效。那么古老的一个文明发明了它，而我们今天甚至不记得它的名字。这种技术在玻利维亚的乡村取得了可喜的成果，它已经引起了政府和国际开发组织的重视。现在，在世界的其他一些地方，这种试验也开始了[20]。

世界上最古老的语言

蒂亚瓦纳科的维拉科查人留下的另一个遗产，可能是一种语言——当地的艾玛拉族印第安人说的语言。一些专家认为它是世界上最古老的语言[21]。

20世纪80年代，玻利维亚电脑科学家伊凡·古兹曼·德罗杰斯意外地发现，艾玛拉语可能不仅是极为古老的，而且更重要的是，它可能是一种“人造”的语言——一种精心设计、刻意创造出来的语言。它特别引人注意之处在于：它的句法结构之严密，语义之明确已达到了一般的“有组织的”演讲都难以想象的程度，具有明显的人造的特征[22]。这种人造的、组织严密的句法结构意味着，艾玛拉语很容易转换成计算机规则系统，用来进行各种语言间的相互翻译：“艾玛拉语规则系统可以当做中介语言，一种语言的文件先翻译成艾玛拉语，然后再翻译成任何其他语言。”[23]

一种显然是人造的、具有适用于电脑的句法结构的语言，今天居然是蒂亚瓦纳科一带的印第安人在使用，这难道纯属偶然？艾玛拉语有可能是传说中说的学识渊博的维拉科查人的遗产吗？如果是，还有没有其他遗产？还有些什么古老但已湮没的智慧的产物被抛洒在这片土地上？在被征服之前的10000年里，就在这片土地上，这些智慧可能为这里丰富多彩的文化作出过巨大的贡献。也许，正是拥有了些许这种智慧，才有人画出了纳斯卡线条。也正是这种智慧，使印加人的先辈能在马丘比丘和萨克塞华曼筑起了那些“不可能”建造出来的巨石高墙。

北进墨西哥

维拉科查人离去的景象总是萦绕在我心间：“脚踏”太平洋的“波浪”，或者“神奇地消失”于大海中。很多传说都是这么说的。

这些踏波逐浪的人到底去了哪里？去干什么？好好想一想，为了留在蒂亚瓦纳科，他们付出了那么多艰辛，抗争了那么长时间，为什么后来又甘心认输、远走高飞？他们到底想做成什么事？那件事对他们就那么重要吗？

在玻利维亚的高原平台上调查了几个星期，在拉帕兹和蒂亚瓦纳科之间往返数次之后，旷世奇迹的废墟和首都的图书馆显然都不可能为我提供更多的答案了。实际上，至少在玻利维亚，我的追踪似乎已举步维艰。

直到我抵达3200千米以北的墨西哥，我才又找到了它的踪迹。

上帝的
指纹

Fingerprints
of
the Gods

Part Ⅲ

第三部

羽毛蛇神：中美洲亚述浮雕

第十三章 鲜血世界末日到来的时间

●**墨西哥尤卡坦半岛北部奇真伊扎古城**

我身后，美轮美奂的库库尔坎神庙巍然屹立，高约 30 米。它有四道阶梯，每道 91 级，加上塔顶高台这一级，整整 365 级台阶，十足一个太阳年的天数。此外，这个古建筑的几何形状及方位都经过瑞士钟表般的精准计算，造成了一种既玄妙又富戏剧性的效果：每年的春分或者秋分这一天，准确得像钟表似的，阳光和阴影形成的三角形会在北面阶梯上创造出一条巨蟒，如波浪起伏、蜿蜒蛇行的幻象。这个幻象每次延续的时间都是 3 小时 22 分钟，毫厘不爽[1]。

我从库库尔坎神庙往东走，迎面的是一片白色的石柱森林。这些柱子想必以前曾撑起过巨大的屋顶。那种喋喋不休地说中美洲人从来没有成功地将圆柱运用到建筑上的谬论可以休矣。天空呈半透明的蓝色，没有一丝云彩，耀眼的阳光火辣辣泼洒下来，在石柱间投下一片诱人的阴凉。我绕过柱林，来到旁边武士庙的陡梯脚下。

我举步登梯时才看到顶上巨大的塑像，他就是查克穆尔神。他以一种

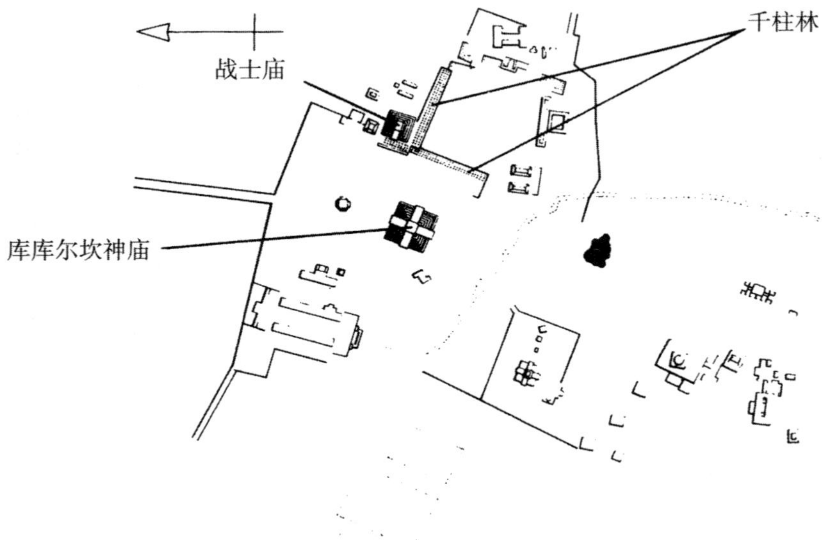

奇真伊扎古城

僵硬的姿势半躺半坐在地上，仿佛在期待着什么。弯曲的膝盖上拱，粗壮的小腿后缩紧贴大腿，脚踝靠着臀部，双肘撑在地面上，两手捧着一个空盘置于腹上。他的后背所呈的角度尤为古怪，像是马上就要一跃而起的样子。要是真的站起来的话，我算了一下，他约有2.4米高。即使这么躺着，紧紧地蜷曲着身子，他仍然显得凶猛无情、杀气腾腾。他的五官方正，嘴唇薄而且冷酷，就像雕刻他的石头，冷漠，坚硬。他的眼睛凝视着西方，那是传统的、通往黑暗和死亡的方向，是黑色的象征[2]。

我继续拾级而上，心里充满了悲伤。一个永远不能忘怀的事实重重地压着我的心：前哥伦比亚时代，这里是专门的杀人祭祀的地方。查克穆尔神肚子上的那个空盘就是盛放刚撕扯下来的心脏的。“一个祭品的心脏被取出来之前”，16世纪的一位西班牙目击者说：

> 他们先把他领出来示众……然后把他放在祭坛上。四个人分别抓着他

的胳膊和腿，把他撑开。这时候手持燧石刀的执刑人走过来，手法老道地在他胸部左侧乳头下方的肋骨之间割开一个切口，把手伸进去，撕扯出他的心脏，放到盘子上……[3]

什么样的文化会滋养和赞美这么残酷的行为？在这里，在奇真伊扎，在可以追溯到1200年前的废墟之间，曾经建立过一个混合着玛雅和托尔特克两个血统的社会。这个社会决不是嗜好这种野蛮残酷的庆典的另类。所有在墨西哥崛起的已知的本土文明，都曾沉溺于这种屠杀活人的祭奠。

屠杀活人祭典

●墨西哥塔巴斯科省

我站在那儿，看着婴儿祭坛。它是奥尔梅克族印第安人——所谓中美洲的“母文化”——的创举，已经有3000多年的历史了。这是一块厚约一米的坚硬的花岗岩石块，两侧的浮雕上刻着四个头戴奇怪头饰的人。每人手里都抓着一个健康的、圆胖可爱的婴儿。孩子正在拼命挣扎，脸上绝望和恐惧的表情历历在目。祭坛的背面没有装饰，正面刻着一个人，怀里抱着一个孩子瘫软的尸身，就像抱着即将奉献的一个祭品。

奥尔梅克人是公认的最早出现在墨西哥的高等文明民族，而活人祭祀也是他们的创举。2500年后，西班牙人入侵，阿兹特克人是本地区的民族中最后（但决不是最少）奉行这种极其古老的、根深蒂固的恶习的民族。他们以疯狂的热忱进行这种屠戮。

例如，据记载，阿兹特克皇朝第八世皇帝，最强大的亚威佐托皇帝“为了庆祝泰诺奇兰城的威奇洛波奇特里神庙建成，命所有的囚犯排成四列，从一队队的祭司面前走过。这些祭司干了整整四天才将囚犯们统统了结。单这一场祭奠就屠杀了8万人[4]。

阿兹特克人喜欢将牺牲品的皮剥下装扮自己。西班牙人征服中南美洲后不久，西班牙传教士纳迪诺·迪萨哈冈曾参加过这样一场典礼：

参加庆典的人剥下了俘虏们的皮，把他们分尸；然后将自己赤裸的身体涂满油脂，把皮套在自己身上……这些裹着人皮、面目狰狞的人在城中奔跑，恐吓被他们追逐的人，鲜血混着油脂往下滴淌……第二天的仪式也包括为所有战士的家人举办的人肉大餐。[5]

西班牙编年史家迭戈·迪杜兰目睹过另一场大规模的活人祭奠。这一次杀的人是如此多，以致鲜血像水一样从台阶上“流到了台阶下面，凝成厚厚的血块，没有人不被吓得心惊肉跳”[6]。总的说来，有人估计，到16世纪初，整个阿兹特克帝国每年被杀了祭神的人约达25万[7]。

这种对人类生命的疯狂屠戮到底为了什么？按阿兹特克人自己的话说，这样做是为了延缓世界末日的来临[8]。

第五太阳纪的子孙

与早先来到墨西哥的不同民族和不同文明一样，阿兹特克人也相信宇宙是以大循环的形式，周而复始地运转的。祭司们说，自从创世以来，已经过去了四个这样的循环周期，或者说“太阳纪”，他们说这是千真万确的事实。西班牙征服时已经进入第五个太阳纪了，而且人类至今仍生活在这第五个太阳纪中。下面的记载摘自一本珍贵的阿兹特克文献集——《梵蒂冈拉丁抄本》：

第一太阳纪，马特拉克特里·阿特兰纪，为期4008年。生活在这一纪的人以叫做阿兹真特里的水生玉米为主食。生活在这一纪的人是巨人……这一纪毁于水，其象征即为“马特拉克特里·阿特兰”，意为“十水”，它被称为“牙帕乔华里兹特里”，就是洪水的意思。这是一种令雨水永不停息的巫术。人类被变成鱼。有人说只有一对夫妻得到水边生长的一棵树的庇佑侥幸逃生。还有的说七对夫妇躲进了山洞，直到洪水消退。他们使人类在地球上繁衍，被他们的国民尊为神……

> 第二太阳纪，伊厄克特尔纪，为期4010年。当时的人吃一种叫做亚科钦特里的野果。这个太阳纪毁于伊厄克特尔——风蛇。人被变为猴子……一男一女立于岩石之上，得以幸免……
>
> 第三太阳纪，特雷奎亚威洛纪，为期4081年。人类，第二个太阳纪仅存的那对夫妻的后代，以一种叫做钦可科克的果实为食。第三太阳纪被大火毁灭了……
>
> 第四太阳纪，宗特里里克纪，为期5025年……一场血与火交织的大灾如洪水席卷全世界，人类死于饥荒……[9]

另一个在西班牙征服后的劫掠中幸存的阿兹特克人的"文献"，是阿兹特克皇朝第六世皇帝克萨亚喀特尔的"太阳石"。这块巨大的石碑于1479年用整块坚实的玄武岩雕成，重24.5吨。碑上刻着一系列同心圆。每个圆圈上都有极为复杂难解的符号说明。就像在《梵蒂冈拉丁抄本》中的那样，这些说明也着重表示一个信念，那就是，世界已经经历了四个时代，或者说四个"太阳纪"。第一个，也是最遥远的一个，用奥瑟洛托纳提乌——虎神的符号表示，"在那个太阳纪中，生活着神创造的巨人，最后全都被美洲虎攻击和吃掉"。第二个太阳纪的标记符号是伊厄克特尔的蛇头，大气之神，"在这个太阳纪中人类被飓风毁灭，变成了猴子"。第三个太阳纪的标志是雨与天火构成的头颅，"在这一纪中，天降大火，熔岩喷出火山，房屋被烧毁，地上万物都焚为灰烬，人被变成了鸟以逃过这场灾难"。第四个太阳纪用水神查秋特丽裘的头像表示，"毁灭以暴雨和洪水的形式到来，高山没于水底，人被变成了鱼"[10]。

第五个太阳纪，我们当前所处的时代，它的标记是托纳提乌的面孔，就是太阳神本人。他的舌头恰如其分地用一把黑曜石刀表示，饥肠辘辘地从嘴里伸出来，以表示渴望人血和心脏的滋养。他满脸皱纹，说明年纪已经很老。他出现在欧林符号中，这个符号的意思是运动[11]。

为什么第五太阳纪是"运动的一纪"？因为，"老人们说，在这一纪中，地球会发生大运动，置所有的人于死地”[12]。

那么这场劫难什么时候发生？快了。阿兹特克祭司说。他们相信，第五个太阳纪已经很老，快到周期的结尾了（所以托纳提乌的脸上才有那么多皱纹）。古代中美洲传说将第五太阳纪的诞生追溯到公元前4000至公元前3000年[13]。然而这种计算时代末期的方法到阿兹特克时期已经失传[14]。既然无法确定末日何时来临，就只好用活人祭祀的办法，希望以此让迫在眉睫的灾难来得晚一些。实际上，阿兹特克人以神的选民自诩，他们自以为负有一种神圣的使命：发动战争，将俘虏的血奉献给托纳提乌，以存续第五个太阳纪的生命[15]。

研究美洲史前历史的权威斯图尔特·费德尔用下面的话归纳了这个问题："阿兹特克人相信，为了防止宇宙的毁灭（从前它已经毁灭了四次），必须向众神不断地供奉人心和人血。"[16]中美洲几乎所有伟大的文明都有类似的、相差无几的信仰。不过，他们与阿兹特克人不同的是，较早的民族已经准确地计算出了地球的大运动什么时候将终结第五太阳纪。

光明的使者

奥尔梅克时代给我们留下的，除了阴森可怖的雕像外，什么其他的记载都没有。但是玛雅人——公认的崛起于美洲的最伟大的文明——却留下了丰富的历法记录。这些谜一样的铭文传送出这样一个不寻常的信息，如果用现代计时用语来表达，那就是：第五个太阳纪看来即将宣告结束[17]。

在20世纪末的理性的学术观念里，把这种世界末日预言真当回事未免太不识时务了。一般人的想法是，这些东西都是迷信脑袋瓜想出来的玩意儿，最好别理会它。但我在墨西哥四处周游时，一种直觉却老让我不得安宁：古代贤哲们的声音多少总得听点儿吧？我的意思是：万一那些人碰巧偏偏不是什么我们认为的迷信不开化的野人呢？没准他们真知道什么我们不知道的东西呢？最要命的是，万一他们设想的第五太阳纪的结束是正确的怎么办呢？换句话说，假如正如那些玛雅人的智者所预言的，真有什么可怕的地质灾难正在地球深处萌动，那将会产生什么后果？

我在秘鲁和玻利维亚时就已经觉察到，印加人和他们的祖先对时间的计算表现出几乎是执拗的、锲而不舍的关注。现在，在墨西哥，我发现那些认为已经计算出世界末日的玛雅人具有同样不可抑制的热情。实际上，在这些人看来，世间一切都可以浓缩到数字里。岁月的流逝，事件的发生，都可以由数字体现。他们的观念是，如果隐藏在事件的表现形式下的数字能正确地解读出来，就有可能成功地预言事件发生的时间[18]。中美洲传说那么生动地描述了使人类数度毁灭的几场大灾难，我感到我很难对其中蕴含的明显的意义视而不见。这些传说中的巨人和洪水，与遥远的安第斯山的那些传说是那么相似，相似得让人心惊肉跳。

不过，这时候，我还忙着追寻另外一条与我的研究有关的线索。这条线索关系到一个白皮肤的、蓄胡子的神祇，名字叫做魁扎尔科尔亚特。据说，在遥远的古代，他乘船渡海来到墨西哥。魁扎尔科尔亚特发明了先进的数学和历法计算公式。玛雅人就是利用这些公式计算出世界末日的[19]。他的外貌也酷似维拉科查，那位安第斯山的皮肤白皙的神祇，那位带着光明和智慧，“在黑暗的时候”来到蒂亚瓦纳科的神祇。

第十四章 蛇神的子民

在对维拉科查——遥远的安第斯山上的那位长胡子的神祇——的传说中沉迷了那么长的时间后，当我发现人们对魁扎尔科尔亚特——古墨西哥万神殿中的主神——的描述是那么似曾相识时，我的好奇心不禁油然而生。

比如，16 世纪西班牙编年史家胡安·蒂托克马达在墨西哥收集的一则前哥伦比亚神话中讲到，魁扎尔科尔亚特是个"肤色白皙、面色红润、长胡子的男子"。另一则神话说他"皮肤白净，身材高大，额角宽阔，大眼睛，长头发，长着连鬓大胡子……"[1] 还有一则把他描写为：

> 一个神秘的人……一个身强体壮的白人，宽阔的前额，大大的眼睛，长须飘飘，身穿一件长及脚面的白色长袍。他谴责用除鲜花和水果以外的任何其他东西当祭祀品。他是尽人皆知的和平之神……当被问及战争之事时，人们说，他就用手指堵住自己的耳朵。[2]

在一则特别动人的中美洲传说中，这位"睿智的导师"——

搭乘一艘无桨的小船远渡重洋飘然而至。他是一个高大、蓄须的白人。他教导人们用火烧煮食物；他建造房屋，让男女结为夫妻共同生活。因为当时人们经常吵架，他劝导他们要息事宁人、和睦相处。[3]

维拉科查的墨西哥孪生兄弟

读者们一定记得，维拉科查在安第斯山间济世救人时有过好几个别名，魁扎尔科尔亚特也一样。在中美洲的一些地方（尤其是基切族玛雅人居住地），他被称为古库马兹。在其他地方，比方说，在奇真伊扎，他叫库库尔坎。这两个字翻译成英语时，它们的意思完全一样：长翎毛（或者羽毛）的蛇。这也是魁扎尔科尔亚特的意思[4]。

还有一些其他的神祇，尤其在玛雅人当中，这些神祇的身份似乎与魁扎尔科尔亚特的身份紧密地融合在一起。一个是佛丹神，他是个伟大的教化者，也被描述为白皮肤、长胡子、身穿白色长袍的人。学者们翻译不出他的名字是什么含义，但是他的徽号与魁扎尔科尔亚特的一样，也是一条蛇[5]。另一个关系紧密的是伊扎马纳，玛雅人的医疗之神，也是个穿长袍、蓄长须的人物，他的徽号还是一条蛇，响尾蛇[6]。

这种现象说明，西班牙征服中美洲期间，史学家们在墨西哥收集和转述的传说往往是混淆不清的，因为它们延续的时间太长，又只有口头讲述。这一点连最权威的学者都有同感。然而，在这一切的背后，似乎必定有些不可动摇的历史的真实性。研究玛雅文化的泰斗西凡纽斯·莫里是这样判断的：

玛雅人敬奉的伟大的库库尔坎神，或者说羽毛蛇神，相当于阿兹特克人侍奉的魁扎尔科尔亚特神——墨西哥人的光明、知识和文化之神。在玛雅众神中，他被视为伟大的组织家、城市建设者、法律的制定人和历法的传授者。实际上，他的个性和他一生的经历是如此人性化，以致说他或许是一个真实的历史人物也不是不可能的。这样一个组织家和法律制定人，他的恩德在他死后也永受人民缅怀，于是他的身份就逐渐被神化了。[7]

所有的传说都毫不含糊地指出，魁扎尔科尔亚特或库库尔坎或古库马兹或佛丹或伊扎马纳都是从远方来到中美洲的（渡过东海），后来，他又悲伤地朝他来时的方向扬帆而去[8]。传说中还说，他庄重地向他们许诺，说总有一天他会回来[9]——这些话仿佛是维拉科查的话语的回声。如果再把它当巧合看就近乎偏执了。此外，我们可能还记得，在安第斯山区的传说中，维拉科查踏着太平洋的波浪远去被描述为不可思议的奇迹，而魁扎尔科尔亚特离开墨西哥的情景也给人同样的感觉。据说，他是乘一条“巨蛇编成的筏子”扬帆远航的[10]。

总而言之，我觉得，在玛雅人和墨西哥人的神话背后寻找历史的真相这一点上，莫里说得没错。这些传说似乎想表明，那些被称为魁扎尔科尔亚特（或者库库尔坎，或者无论什么名字）的长胡子、白皮肤的人不是一个，而可能是几个人。他们来自同一个地方，同属于一个非印第安种族（白皮肤、蓄长须等）。这并不仅是因为他们具有明显的同一种族的外貌[11]，而且因为这些相差无几的神祇们的图徽都是蛇。此外，在很多墨西哥人和玛雅人的记载中都清楚地讲到，魁扎尔科尔亚特或库库尔坎或伊扎马纳身边都有“随从”或者“助手”。

古代玛雅人的宗教典籍《奇兰巴兰书》中的一些神话故事说，“尤卡坦半岛上最早的居民是‘蛇神的子民’。他们乘船从东方而来，他们的首领是伊扎马纳——‘东方之蛇’。他医术精湛，能手到病除，起死回生。”[12]

“库库尔坎在19个人陪同下到来。”另一则传说讲道，“其中有两个鱼神，两个司农之神，一个雷神……他们在尤卡坦呆了十年。库库尔坎制定了明智的法律后，向着太阳升起的方向扬帆而去……”[13]

根据西班牙编年史家拉斯·卡萨斯的记载：“当地人说，古时候有20个人来到墨西哥，他们的首领叫做库库尔坎……他们身穿飘逸的长袍，脚穿凉鞋。他们的胡须很长，头上不戴帽子……库库尔坎教导人们和睦处世之道，各重大建筑物在他的倡导下建成……”[14]

与此同时，胡安·蒂托克马达纪录了一则非常独特的前征服时期的传说，其中对随同魁扎尔科尔亚特一起进入墨西哥的那些外乡人是这样描述的：

> 他们都是举止优雅的人，穿着体面的前开口的黑色亚麻布长袍，低领口，袖不及肘，不带斗篷。
>
> 魁扎尔科尔亚特的伙伴们都是学富五车、无所不精的人。[15]

魁扎尔科尔亚特就像维拉科查——白肤长髯的安第斯山神祇——失散多年的孪生兄弟，他给墨西哥带来了创建一个文明社会所必需的各种技能和科学技术，为他们开创了一个繁荣的黄金时代[16]。比如，人们相信，是他把书写文字的知识引进到中美洲，是他发明了历法。他是一个建筑大师，他传授给人们砌石和建筑技术的秘诀。他是数学、冶金学和天文学之父，而且，据说他已经“勘测了整个地球”。他是发达的农业生产的奠基人，据说玉蜀黍——这片古老的土地上的主食——就是他发现并引进的。他是非凡的医生和药剂师，他为行医者和预言家慷慨解囊；他“给百姓剖析讲解植物的特点和其中的奥秘”。不仅如此，他还被尊为立法者、手艺人的保护神、一切艺术的赞助人。

这样一个文质彬彬、学识渊博的人，当他在墨西哥当权的时候，必然会禁止恐怖的活人祭祀。他离开后，这种血腥的仪式又变本加厉地卷土重来。尽管如此，即使在中美洲漫长的历史中最热衷于杀人祭祀的阿兹特克人也对“魁扎尔科尔亚特时代”充满怀念。“他是一位师长。”一个传说里讲道，“他教导说一切生灵都不该受到伤害，不能用人当作祭品，而只能用鸟或者蝴蝶。”[17]

惊天动地的大决战

魁扎尔科尔亚特为什么会离开？什么地方出了差错？

墨西哥人的传说提供了答案。它们说，是特斯卡特利波卡推翻了羽毛蛇神开明仁慈的统治。那是一个邪恶的神，他的名字的意思是“冒烟的镜子”。他的狂热的信徒们要求恢复以活人为祭品。于是光明和黑暗的力量在古代的墨西哥开始了一场惊天动地的大决战，最后以黑暗势力的胜利而告终……

这场大决战的战场据说是在现在名叫图拉的地方。这个地方并不太古老——充其量也就是一千来年的样子——但是围绕它的传说却将它与极为久远的事件联系到一起。那时候，它的名字叫托兰。所有的传说都认定，就是在托兰这个地方，特斯卡特利波卡打败了魁扎尔科尔亚特，迫使他离开了墨西哥。

火蛇

●墨西哥伊达尔戈省图拉市

我坐在一个四四方方的平坦的金字塔塔顶上。这座金字塔被毫无想象力地命名为金字塔二号。湛蓝的天空中，夕阳依然灼热。我面向南方，四下眺望。

金字塔底部朝北和朝东的塔基上，刻着美洲虎和兀鹰吞噬人心的图像。我身后立着一排四个石柱和四尊高达2.7米的面目狰狞的花岗岩雕像。我的左前方是还没有完全挖掘出来的金字塔三号，一个长满仙人掌的约12米高的土墩。再往前，是几个还未经考古学家考察过的山包。我的右面是一个球场。古时候，在这个I字型竞技场上上演的是可怕的古罗马式的血腥格斗比赛。两队人，有时候是两个人，争夺一个橡皮球，输者就被砍头。

我身后的四尊雕像散发出一种阴森恐怖的气息。我站起来走近观察。雕塑家赋予他们一张冷酷无情的面孔，鹰钩鼻，空洞的眼睛，既没有热情更没有怜悯之心。不过最令我感兴趣的不是他们的狰狞面孔而是他们手里抓的东西。考古学家们承认他们不知道那是些什么东西，但好歹还是试着鉴别了一下。这一鉴别还真管用，现在大家都认为雕像的右手里握的是一种叫做“阿尔特－阿尔特”的标枪投掷器，左手里拿的是标枪、箭，或者檀香袋[18]。那些东西随便怎么看都不像什么阿尔特－阿尔特、标枪、箭，甚至什么檀香袋，不过这无所谓。

读者们可以通过桑莎拍摄的照片自己判断这些古里古怪的东西到底是什么玩意儿。我在看这些东西的时候，心里总有一种独特的感觉：那些东西是想表现一些原本用金属制作的装置。右手里的东西，好像是从刀鞘或者护手里伸出来的、菱形的、具有弧形下刃的兵器。左手里的器物可能是什么工具或者武器。

我记得有些传说里说，古代墨西哥的神祇曾用“火蛇”来武装自己[19]。

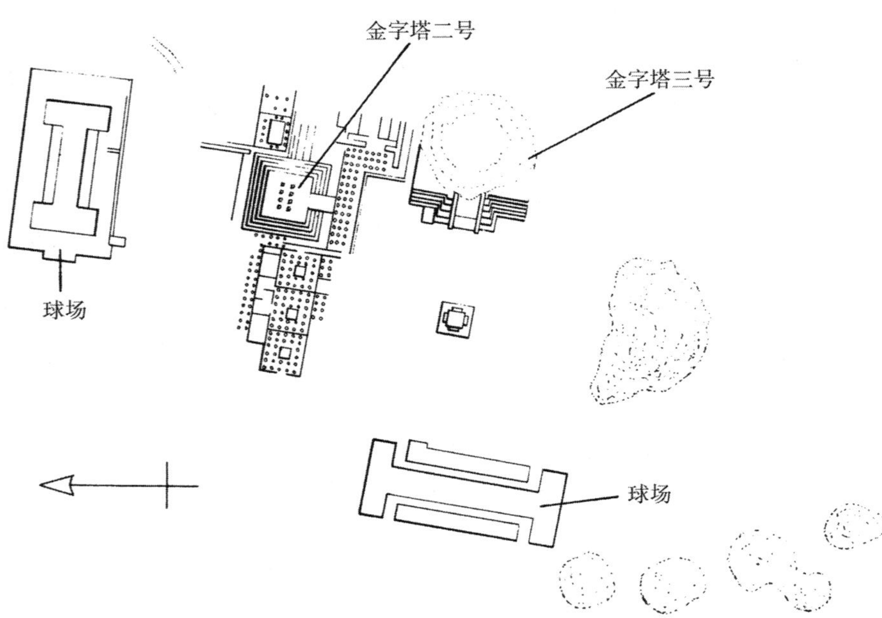

图拉城

这种兵器显然能发出炽热的光，穿透并肢解人体[20]。这些图拉雕像手里拿的东西会不会是“火蛇”？而“火蛇”到底是个什么玩意？

不管怎么说，两只手里的东西看起来都是高科技产品，而且在某个方面与同样神秘的、蒂亚瓦纳科的卡拉萨萨雅广场的雕像手里的东西很类似。

“冒烟的镜子”

桑莎和我来到图拉（托兰），因为这个地方与魁扎尔科尔亚特和他的死敌特斯卡特利波卡——冒烟的镜子[21]——都有着密切的关系。传说中的特斯卡特利波卡总是与夜晚、黑暗和神圣的美洲虎联系在一起。他是个永远年轻、有无限权力、无所不在、无所不知的神[22]。他“既无形又无情，有时化作一道阴影在人们面前一闪而过，有时又变作可怕的厉鬼”[23]。他经常被画成一个怒目而视的骷髅头，据说他有一个神秘的物件——冒烟的镜子，他也因此得名。用这个镜子，他可以从远处窥探人类和众神的所作所为。学者们有理由推测那是一块占卜用的黑曜石镜。“黑曜石在墨西哥人眼里特别神圣，因为祭司杀死牺牲品的刀就是用黑曜石做的……”伯纳尔·迪亚兹（西班牙编年史家）说，墨西哥人管这种石头叫“泰兹喀”。黑曜石打磨的镜子被巫师们用来显示预言之事[24]。

在传说中，代表黑暗和邪恶势力的特斯卡特利波卡与魁扎尔科尔亚特的对决打得难解难分，持续了很多年[25]，有时一方占上风，有时另一方占上风。最后，这场惊天动地的大决斗终于结束了。邪恶战胜了善良，魁扎尔科尔亚特被逐出了托兰[26]。此后，在特斯卡特利波卡可怕的狂热的邪恶势力统治下，杀人祭祀在整个中美洲死灰复燃。

我们已经讲过，魁扎尔科尔亚特逃到海边，搭乘一只蛇编成的筏子远走高飞了。一则传说里讲：“他烧掉了他用银子和贝壳建造的房子，埋藏了他的珠宝。他的随从化为百鸟，在这群羽毛绚丽的鸟儿的引领下，他在东海上扬帆远去。”[27]

这个令人心碎的告别之地据说是在一个叫做科扎科洛斯，意思是“蛇神圣殿”的地方[28]。离别前，魁扎尔科尔亚特向跟随他的人许诺说，总有一天他会回来，推翻特斯卡特利波卡的祭礼，开创一个新时代。到那时，诸神又只会“接受鲜花当祭品”，让那些喝人血的嘴永远闭上[29]。

第十五章 墨西哥的通天塔

我们驱车从图拉市往东南方向行驶，一条乱麻似的高速公路把我们拽到了墨西哥城外。车子在刺得人眼睛流泪、肺部呛咳的重污染空气中慢慢爬过了墨西哥城边。然后一路直上，穿松岗，越雪峰，在一条林荫夹道的公路上飞驰于田野和农庄之间。

傍晚时分，我们到达乔卢拉——一个昏昏欲睡的小城。这个城市只有11000人，但是有一个极宽阔的中心广场。我们穿过狭窄的街道往右拐，越过一条铁路，在特拉奇瓦泰珀特尔人造山的阴影下刹住了车。我们就是来看它的。

这座堪称古代建筑中规模最庞大、气势最雄伟的工程项目，原本是祭奉和平之神魁扎尔科尔亚特的，可是现在被一座花里胡哨的天主教教堂占了。这座古建筑占地0.18平方千米，高64米，占地面积比埃及大金字塔大3倍[1]。虽然岁月的磨砺已使它轮廓模糊，周边野草丛生，但还是看得出它曾经是一座庄严雄伟的塔庙。它直插云天的四道棱角分明的阶梯，边长约半公里的塔基，让它虽然饱受蹂躏却仍保持着自己尊严高贵的美。

历史往往是枯燥模糊的，但不会永远沉默。它有时会呐喊。此时此地，它就在呐喊，倾诉它目睹的墨西哥土著民族遭受的身心创伤和屈辱。那时西班牙征服者赫南·柯特兹“铲除一种文化犹如随手掐掉一朵葵花”一样随心所欲[2]。当时的乔卢拉城是个伟大的朝圣中心，有10万人口。要想彻底根除土著人自古流传下来的传统和生活方式，就必须对这座人们建造的山一般巍峨的魁扎尔科尔亚特圣殿极尽羞辱和践踏。其结果就是，亵渎并且摧毁屹立于宝塔顶上的圣殿，代之以教堂。

柯特兹和他的部下人并不多，而乔卢拉城却有10万之众。但是，西班牙人进城时却拥有一个重大的优势：他们满脸胡须，皮肤白皙，铠甲闪光，就像预言兑现的——不是总说魁扎尔科尔亚特，那位羽毛蛇神，一定会带着他的随从东海回来吗？[3]

满怀着这种期待，天真、轻信的乔卢拉居民允许征服者们登上了塔庙的台阶进入神庙内的大院。盛装的姑娘们在悠扬的乐声中载歌载舞地欢迎他们。侍者们端着堆满面包和佳肴的盘子穿梭往返地伺候他们。

一位随军西班牙编年史家亲眼目睹了这个事件。他报道说，全城百姓，不分贵贱，都对他们满怀敬意。他们“手无寸铁，脸上洋溢着快乐和期盼，成群结队地挤了进来，准备聆听白人的教诲”。从难以置信的热情接待中，西班牙人意识到他们的阴谋没有被察觉。他们派人把守并关闭所有的大门，然后拔出刀剑，开始谋杀好客的主人[4]。在这场绝不亚于阿兹特克人的血腥祭祀的恐怖大屠杀中，6000人成了刀下亡魂[5]。“毫不设防的乔卢拉人中了圈套。他们赤手空拳去迎接西班牙人。就这样，没有得到任何警告，他们被杀戮了。他们死于彻头彻尾的背信弃义。”[6]

秘鲁和墨西哥的征服者们都以同样的方式得益于同样的传说——期待一个白皮肤、长胡子的神祇回归的传说。我想，这真是一种辛辣的讽刺。如果那位神祇真的是一个人的话（很可能是），他必定是一位高度文明的、值得效仿的楷模。他们更可能是来自同一背景的两个不同的人，一个在墨西哥，成为魁扎尔科尔亚特的原型，另一个在秘鲁，成为维拉科查的原型。外貌的酷似使得本当紧闭的大门为西班牙人洞开。但是，来到安第斯山的皮扎罗和来到墨西哥的柯特兹与他们仁慈、智慧的先辈不是一种人，他们是两头凶残的饿狼。他们吞噬了所有捕获到手的土地、人民和文化。他们几乎毁灭了一切……

一场文化大浩劫

眼睛被无知、偏见和贪婪蒙蔽的西班牙人来到墨西哥后，摧毁了人类的一笔珍贵的遗产。他们的恶行使后人将无法深入了解曾在中美洲繁荣一时的辉煌灿烂的伟大文明。

比如，供奉在米斯特克族的都城阿契奥特兰的圣殿中那个发光的“神像”到底有什么来历？我们只能从 16 世纪看见过它的伯格亚神父的转述中，了解这个稀世之珍的一点皮毛：

> 那是一个价值连城的宝贝，因为它是一块有粗胡椒夹（大辣椒）大小的祖母绿宝石，上面有只精雕细刻的小鸟，还盘伏着一条伺机出击的同样精雕细刻的小蛇。宝石晶莹剔透，它体内放射出烛光一样明亮的光辉。这是一件非常古老的珍宝，它受到崇拜和供奉的原因已无据可考。[7]

如果我们今天能够对这件“非常古老的珍宝”进行检测的话，我们会获得怎样的信息？它究竟有多么古老？可是我们永远也不可能知道了，因为天主教派到阿契奥特兰的第一位传教士贝尼托神父从印第安人手中夺取了这块宝石。“虽然一个西班牙人出价 3000 金币，他还是把它磨得粉碎，扔进水里，再泼到地上，用脚狠狠地践踏……”[8]

糟蹋墨西哥历史中隐藏的丰富的知识宝库的暴殄天物的蠢行还有一个典型事例：阿兹特克皇帝蒙特祖马赠送给西班牙统帅柯特兹的两件礼物遭遇了同样的命运。那是两个大如车轮的圆形日历，一个白银打造，一个黄金铸成，上面都有精心镂刻的美丽的象形文字，其间可能蕴含着极为重要的资料。柯特兹大人当即下令将它们熔为金块银锭[9]。

为了更系统地毁灭当地的文化，狂热的修道士们煞费心机地将集古往今来所有知识之大成的书籍和文件收拢起来，然后付之一炬。1562年7月，在曼尼城（现尤卡坦半岛梅里达市南）的中心广场上，成千上万册写在鹿皮和纸卷上的玛雅古籍抄本、药典配方、故事画册和象形文字等被迭戈·迪兰达神父烧毁。他还砸烂了无数的“偶像”和“神坛”，说它们是“魔鬼的作品，是用心险恶的人用来欺骗印第安人，不让他们接受基督教教义的东西……”[10]他还在别的地方干过同样的勾当：

> 我们找到了大量的书籍（用印第安文字书写的），但是因为里面除了迷信和魔鬼的谬论外没有别的东西，我们一把火把它们烧个精光。这让那些土著们如丧考妣，痛不欲生。[11]

感到如此痛苦的岂止“土著人”！任何人，一切想了解历史真相的人，无论是当时的还是现在的，又有谁不感同身受?

很多其他“上帝的仆人”参与了西班牙铲除中美洲记忆库的暴行。其中一些人比迭戈·迪兰达还要干净彻底、残酷无情。这伙人中最为臭名昭著的，就数墨西哥的基督教主教胡安·迪祖马拉加了。他吹嘘说他砸烂了两万个神像，铲平了500座印第安神庙。1530年11月，他将一个已经皈依基督教的阿兹特克贵族绑在火刑柱上活活烧死，罪名是他恢复了原来的信仰，膜拜了“雨神”。随后，他在德克斯科科的集市上将过去11年间西班牙征服者从阿兹特克人手中抢夺来的天文资料、画册、手稿、象形文字书卷等全部付之一炬[12]。当这个无可替代的知识和历史的宝库在冲天烈焰中化为灰烬时，人类摆脱笼罩在对中美洲文化上的群体失忆症的一线机会也永远失去了。

中美洲古代各民族给我们留下的书面记载还剩下些什么呢？答案是，“多亏”了这些西班牙人，余下的抄本和书卷已不足二十本[13]。

听说，许多被焚为灰烬的文件是“千百年历史的记载”[14]。

这些记载中说了些什么？里面隐藏着什么秘密？

畸形巨人与商塔传说

即使在焚书烈焰甚嚣尘上的时候，一些西班牙人也已经开始意识到“在阿兹特克人之前，墨西哥曾经存在过一个真正伟大的文明”[15]。说来也怪，最早意识到这一点的人居然是迭戈·迪兰达。在曼尼上演了他的焚书大戏之后，他好像经历了一番“脱胎换骨之变”。晚年时，他决心拯救他曾不遗余力地摧毁的古代智慧和文化，成了尤坦卡半岛土著神话和口头历史勤奋的采集人[16]。

方济各会的修道士伯纳迪诺·迪萨哈冈是一位值得我们感谢的编年史家。据说这位杰出的语言学家“四处寻访最有学问而且也往往是最年老的印第安土著，请求他们用阿兹特克的图形文字把他们记得的阿兹特克的历史、宗教和传说故事画出来”[17]。迪萨哈冈用这种方法收集了大量详细的、有关古代墨西哥的人种、神话、社会历史等方面的资料。后来他将这些资料汇编成一部 12 卷的学术巨著，但是这本书被西班牙当局查禁了。好在有一份抄本保留下来，虽然已经不完整。

迭戈·迪杜兰是一位勇敢而且真诚的本地传说收集者。他是又一位为了修复失去的历史知识而战斗的方济各会的修士。1585 年，当乔卢拉城正在经历迅猛的、灾难性的、天翻地覆的剧变时，他来到这个地方。他拜访了该城一位备受尊敬的长者（据说已经有一百多岁了）。老人给他讲了那座大塔兴建的故事。

起初，在太阳的光还没有创造出来之前，乔卢拉这个地方笼罩在一片黑暗和混沌之中。大地平坦，没有山，没有坡，没有树木，也没有造物，只有环绕各处的水。太阳和光明从东方升起来了，顷刻间，出现了畸形的巨人，他们拥有了土地。太阳的光明和美丽使他们神魂颠倒。他们决心建造一座高塔，塔顶要直达蓝天。他们开始收集材料，在找到了一种很粘的泥土和沥青后，就赶紧用这些东西造塔……要是这个塔尽可能往上修的话，它就要直达天堂了。天主很生气，他对天堂的居民说，“你们看见地上的那些家伙在建造一座傲慢的高塔吗？他们竟想如此亲近太阳的光明和美丽！快去狠狠地教训他们。这些泥巴里滚的肉体凡胎居然想和我们一起生活，这是绝对不允许的”。天上的居民立即出击。他们疾如闪电，摧毁了这座通天之塔，将造塔之人驱散到世界各地。[18]

正是这个虽不完全、但仍有几分与《圣经》中的巴别塔相仿的故事（巴别塔的故事本身也是从更古老的美索不达米亚传说中演变而来的）吸引我来到乔卢拉。

上面这两个中美洲和中东地区的传说显然关系密切。它们的确有显而易见的相似之处，但是它们的不同之处则更为重要，不容忽视。当然，相似的地方可能因为在前哥伦比亚时期，中东地区与美洲之间已经有了文化交往，只是没有记载而已。但是，有一个理论可以解释两个故事的相同点和不同点产生的缘由：这两个传说的版本各自延续了数千年，但是，在那之前，它们会不会起源于同一个更为遥远的古老的祖先？

会说话的神庙残迹

下面是《圣经·创世记》中讲述的巴别塔的故事。

那时，天下人的口音言语都是一样的。他们往东边迁移的时候，在迦南地遇见一片平原，就住在了那里。他们彼此商量说：“来吧，我们要做砖，把砖烧透了。”他们就拿砖当石头，又拿石漆当灰泥。他们说：“来吧，我们要一座城和一座塔，塔顶通天，要传扬我们的名，免得我们分散在地上。”

耶和华降临，要看看世人所建造的城和塔。耶和华说：“看啦，它们成为一样的人民，都是一样的言语，如今既做起这事来，以后他们所要做的事，就没有成就不了的了。我们下去，在那里变乱他们的口音，使他们言语彼此不通。”

于是，人们就停工了，不造那城了。因为耶和华在那里变乱了天下人的言语，使众人分散在整个陆地。[19]

这段饶有兴味的经文清楚地表明，古代建造巴别塔的人的动机是为他们自己建造一座永恒的纪念碑，即使他们的文明和语言已被遗忘，但他们的名字千古流芳。乔卢拉的通天塔建造者会不会也有同样的想法呢？

考古学家们认为，墨西哥的遗迹中只有几个具有2000年以上的历史。乔卢拉的通天塔肯定位在其中。实际上，没有人能确定它的土基是多少年以前开始垒起来的。公元前300年左右，在这个地方开始大兴土木地扩建之前，那里似乎已经有个更古老的建筑了，一个历经数千年沧桑的建筑。后来的魁扎尔科尔亚特神庙就建在它的旧址上。

中美洲各地可能有着令人感兴趣的古代文明的遗址等待人们去挖掘，一些证据的发现更强调了这一点。例如，紧靠墨西哥城大学校园南面，连接首都和奎尔纳瓦卡市的公路旁，矗立着一个结构复杂的圆形的阶梯金字塔（有四条走廊，一条主楼道）。20世纪20年代，它的一部分从火山熔岩下被挖了出来。地质学家对熔岩年代作了认定并进行了详细的验证。他们的结论令所有的人大跌眼镜：这场将金字塔的三面都掩埋了的火山爆发（后来又将周围60平方千米的地面都覆盖了）肯定发生在至少7000年以前[20]。

历史学家和考古学家们似乎对这个地质证据置若罔闻——他们根本就不相信在墨西哥会存在那么古老的能把金字塔建起来的文明。可是更值得注意的是，曾为国家地理学会挖掘这个金字塔的美国考古学家拜伦·卡明斯，面对金字塔上下界限分明的分层结构（火山喷发前与喷发后的堆积），口服心服地说它是“美洲大陆上到目前为止发现的最古老的神庙”。他比地质学家们走得更远。他断言，这个神庙“约在8500年之前沦为废墟”[21]。

层层叠叠的金字塔

走进乔卢拉金字塔真让人觉得是进了一座人造的山。里面的通道（约 10 千米长）并不古老：从 1931~1966 年，几支考古队在这里辛勤地挖掘，直到经费告罄，留下了这些隧道。这些低矮、狭窄的过道也多少附上了些无处不在的、庞大的、古建筑的古老气息，阴冷，潮湿，一片黑暗，引诱你想看个究竟，却又不让你看清。

跟着一束手电筒的光，我们走进了金字塔深处。考古队的挖掘已经证实，这座金字塔不是一个年代建成的（这点与埃及吉萨金字塔一样），而是经过非常非常长久的时间——保守的估计也有 2000 年左右——逐步建立起来的。换句话说，它是个集体项目，从文明的曙光开始照耀墨西哥起，一朝又一朝，一代又一代，来自不同文化的劳工在这里洒下了他们的血汗。他们是：奥尔梅克人、特奥蒂瓦坎人、托尔特克人、萨波特克人、米斯特克人、乔卢拉人和阿兹特克人[22]。

虽然不知道最早建造这座金字塔的人是谁，但是他们建造的最早的主体建筑却是可以确定的。其中包括一座高大的圆锥形金字塔，形状如一个倒置的水桶，顶部平坦，上面建了一座神庙。多年以后，在原有的土墩上，又建起了第二座类似的建筑。也就是说，建起了第二个翻转的泥巴桶，并用石头结结实实地把第一座金字塔外墙围起来，使神庙的高台一下子比周围的平地高出 60 多米。那以后的 1500 年间，估计有四五个其他文化的民族对这座建筑的外部结构进行过改建，如数次扩建它的基础部分，但是再也没有增加过它的高度。就这样，就像完成一项总体工程计划一样，乔卢拉的人造山逐步形成了它独具特色的四层塔式结构。今天，它的底部边长几乎达到 450 米——差不多是吉萨大金字塔的两倍，而它的总体积高达令人乍舌的 300 万立方米[23]。正如一位专家所言，“这是有史以来在地球上建造的最大建筑”[24]。

为什么修建它?

为什么为它如此不辞劳苦?

中美洲各民族想为他们自己留下什么样的名字?

我走在地道网里，呼吸着里面阴凉的泥土气息，我感到金字塔仿佛沉甸甸地朝我压下来。这种感觉使我不安。它是世界上最大的建筑物，它是为了祀奉中美洲一位神祇修建的。而对于这位神祇，我们几乎一无所知。

我们可真得感谢那些征服者们，感谢那座天主教教堂，让我们坠入对魁扎尔科尔亚特和他的信徒们的真实故事的五里雾中。他们摧毁了乔卢拉城修建的古老的神庙，他们砸烂了神像、祭坛和镌刻在石碑上的日历，他们将手抄本、画卷和象形文字书卷燃成了冲天巨焰，他们想让历史的声音永远静寂，而且他们几乎大功告成了。但是，民间的传说却给了我们一个生动的、有力的信息：人们依然记得，一些畸形的巨人是乔卢拉金字塔的始创人。

第十六章 蛇神圣殿

我们从乔卢拉驱车东行，途经繁华的普埃布拉、奥里扎巴和科尔多瓦等城市前往维拉克鲁斯和墨西哥湾。我们越过云雾笼罩、空气稀薄的寒冷的东马德雷山脉，然后下山，在热带平原的长满棕榈、香蕉树的浓荫碧绿中飞驰，直奔海滨。我们正在走进墨西哥最古老、最神秘的文明的心腹地带，即所谓奥尔梅克人的文明。它的名字的意思是“橡胶人”。

奥尔梅克的文明可以追溯到公元前2000年，在阿兹特克帝国崛起之前500年它就消失了。但是阿兹特克人却保存了世代相传的关于他们的传说，甚至按墨西哥湾沿岸橡胶种植地区的习惯为他们命名，据说他们曾在那儿生活[1]。这一地区位于现在的维拉克鲁斯以东、卡门城以西的这片地域。在这个地方，阿兹特克人找到许多古代的奥尔梅克人制造的祭祀用品，不知道出于什么原因，他们把这些东西收集起来，并且供奉于他们自己庙堂中最重要的神位上[2]。

我看着手里的地图，夸萨夸尔科斯河那条蓝线流入墨西哥湾的地方差不多正是传说中的奥尔梅克人的故乡。如今石油工业在这里遍地开花，取代了一度繁茂的橡胶树，把一个热带植物的天堂变成了有如但丁笔下的地狱的最底层。自从 1973 年石油工业兴旺发达以来，夸萨夸尔科斯这个虽不繁荣却很宁静悠闲的小镇一下子疯长成为运输和炼油中心。空调旅馆建起来了，人口猛增到 50 万。它的位置靠近工业荒原的黑色中心地区，在这里，于西班牙征服期的浩劫中幸存的、具有考古价值的一切，都被贪得无厌、迅速膨胀的石油业摧毁殆尽了。因此，我们已经不可能找到什么过硬的证据，证实或者否定传说中的暗示：这个地方肯定发生过一些极为重要的事情。

我记得，夸萨夸尔科斯的意思是“蛇神圣殿”。在远古时代，这里就是魁扎尔科尔亚特和他的随从初来墨西哥时登岸的地方。他们乘船渡海而来，“船身两侧有像蛇皮一样闪光的花纹”[3]。据传说魁扎尔科尔亚特也是从这里登上他的蛇筏离开中美洲的。此外，蛇神圣殿开始被视为奥尔梅克人的故乡的名字。这片地方除了夸萨夸尔科斯以外，还有几个尚未被开发侵扰的地方。

先是在夸萨夸尔科斯以西的特雷斯扎珀特，然后是在它南边和东边的圣洛伦佐和拉文达，无数独具奥尔梅克特色的雕塑作品相继出土，都是用独块玄武岩或者同样耐磨的石材雕刻而成。有的刻成巨大的头颅，重达 30 吨。其他的是大块的石碑，上面镂刻着两种外貌截然不同的人激战的场面。这些人都不是美洲印第安人。

能制作出这么杰出的艺术品的人显然来自于一个组织严密、生产发达、技术先进、文明礼貌的社会。问题是，这个社会遗留下的就只有这些艺术品了。人们只能从这些雕塑中推断那个文明的特点和来源。所有能廓清的似乎只有一点：奥尔梅克人（阿兹特克人的这个命名，考古学家们倒是乐于接受）在公元前 1500 年前后，带着他们高度发展的精致的文化突然出现在中美洲。

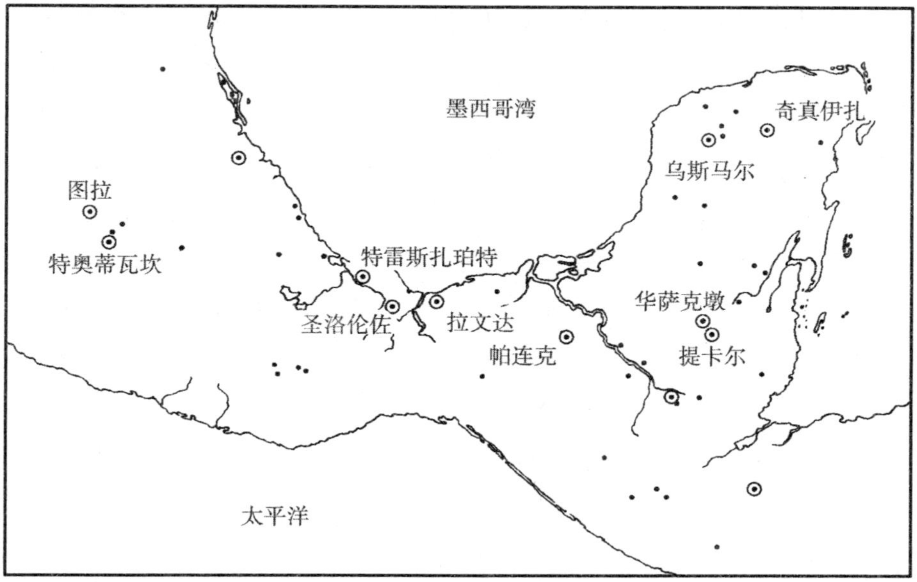

墨西哥湾沿岸奥尔梅克古迹所在地。特雷斯扎珀特、圣洛伦佐、拉文达及其他中美洲考古点

“科巴达”人头巨雕

我们在埃瓦拉多渔港过了一夜，第二天继续赶路向东。公路出没于肥沃的山丘与河谷之间，偶尔可以从空隙处一瞥墨西哥湾的芳容。我们经过长满了凤凰木的绿草地和低凹地里半隐半现的小村庄，不时地看见农家小院里的肥猪在自家的垃圾堆里翻拱。然后我们爬上了一座山顶。辽阔的田野和森林一望无际，远山的轮廓在飘渺的晨雾中若隐若现。

又走了几千米后，就进入一个峡谷。谷底有个殖民地时期留下来的古老的小镇，名字叫圣地亚哥·图斯特拉。这是个五彩缤纷的世界：花哨的店面，红瓦屋顶，黄色草帽，青翠的椰树，香蕉树，再加上花花绿绿的孩子们。几个商店和咖啡店里，大喇叭传出的音乐震耳欲聋。市中心的佐卡罗广场上，眼睛明亮的热带小鸟扑闪着艳丽的翅膀，在闷热的空气中婉转啼鸣。广场的中心有个绿树成荫的小公园。公园的中心，一个约三米高的巨型鹅卵石，被雕刻成戴着头盔的非洲人头颅，直挺挺立在那儿，仿佛被施了定身法。他的嘴唇饱满，鼻子结实，双眼紧闭，神态安详，下巴贴着地面，整个头颅带着一种忧郁而刚毅的庄重气息。

这就是奥尔梅克人的第一个谜：两千多年前完成的一个巨大的雕塑品，表现的是具有明显黑人外貌特征的男子。当然，两千多年之前，美洲根本没有非洲黑人，而且直至贩卖黑奴开始前，没有黑人到达那里，何况贩奴也应该是西班牙征服美洲之后很久的事情了。然而，古人类学的证据表明，在最后一个冰河期，移居美洲的众多民族中有的的确有黑人血统。而这个移民潮发生在公元前 15000 年左右[4]。

这个雕像被命名为“科巴达”，因为它在科巴达庄园被发现。迄今为止在墨西哥出土的 16 尊类似雕像中，佐卡罗广场上的这个是最大的。据估计，它完成于耶稣基督诞生前不久，重量在 30 吨以上。

特雷斯扎珀特

从圣地亚哥·图斯特拉往西南方向走 40 千米就到了特雷斯扎珀特，沿途都是碧绿的原野风光。这里是晚期奥尔梅克文化的中心。在公元前 500~公元 100 年间，曾经非常繁荣发达。如今却只剩下几个稀稀落落地散落在玉米地里的土包。1939~1940 年间，美国考古学家马修·史特林曾在这里进行过大规模的挖掘。

在我的记忆中，当时的历史教条主义者顽固地坚持认为玛雅文明是中美洲最古老的文明。他们坚称，这是绝对不会错的，因为玛雅人的点—线历法（最近才被破译）使他们能够精确地标定大量的碑铭制作年代。在玛雅遗址出土的最早的铭文相当于公元 228 年[5]。因此，当史特林在特雷斯扎珀特挖出来一块刻有更早日期的石碑时，学术界引起了一场不小的震动。玛雅人在上面用我们熟悉的点—线计时法符号标明，它相应的时间是：公元前 32 年 9 月 3 日[6]。

这块石碑令人震惊之处还在于：特雷斯扎珀特并不是玛雅文化遗

址——压根儿不沾边。它是完完全全的、不折不扣的、不容置疑的奥尔梅克人文化。这表明，奥尔梅克人，而不是玛雅人，才是历法的发明者；奥尔梅克人的文化，而不是玛雅人的文化，才应该被尊为中美洲的“母文化”。尽管玛雅学者们暴跳如雷，竭力反对，史特林用铁锹在特雷斯扎珀特挖出来的事实最后还是横空出世。奥尔梅克文化比玛雅文化要古老得多。奥尔梅克人是聪明的、文明的、有先进科学技术的人民。而且，确实是他们发明了点—线日历标记法。这从他们记录的那个谜一般的、不可思议的日期就可以看出来：纪元起始日，公元前 3114 年 8 月 13 日。到公元 2012 年，它预言，世界末日将来临。

史特林在特雷斯扎珀特的日历碑旁边也出土了一个巨大的人头雕像。现在我就坐在这个头像前面。它的雕凿日期约在公元前 100 年[7]，差不多有 2 米高，周长 5.5 米，重 10 吨以上。与圣地亚哥·图斯特拉的那个一样，也是地道的非洲人的头颅。它戴着大小正好的头盔，上面有长长的颚带，耳垂上穿着拴子，鼻子两旁深深的沟纹使它黑人特征的面孔显得衰老。肥厚下垂的嘴唇使整个面孔的重量仿佛都堆积在这里，高高鼓起。他的双眼圆睁，形如杏仁，冷冰冰的，充满戒备。古怪的头盔下，两道浓眉高耸，仿佛在生气。

史特林被挖出的这尊雕像所震惊。他写道：

> 这个头像就只有一个头，用一整块巨大的玄武岩雕成，放在未经加工的石板垒成的基座上……把周围的泥土清理干净后，它顿时显露出令人敬畏的气势。尽管体积庞大，做工却精细入微，比例可谓分毫不差。在美洲土著的雕刻品中，它独一无二的写实手法令人瞩目。它的五官醒目，具有典型的黑人特征……[8]

不久以后，这位美国考古学家在特雷斯扎珀特又有了惊人的发现：儿童玩具，轮盘小狗[9]。这些可爱的小物件与占压倒优势的考古观念发生了正面冲撞：中美洲到被征服以后才有了轮子。“小狗车”至少证明了，中美洲最早的文明民族——奥尔梅克人已经掌握了车轮原理。而且，如果一个像奥尔梅克人这样聪明的民族仅仅将这种原理用来造儿童玩具车，未免也太匪夷所思了。

第十七章 奥尔梅克人之谜

过了特雷斯扎珀特，我们的下一站就是圣洛伦佐了。圣洛伦佐是奥尔梅克文化的遗迹，在夸萨夸尔科斯西南方，正好位于魁扎尔科尔亚特传说中讲的蛇神圣殿的中心地带。考古学家就是在这里使用放射性碳检测法，测定出年代最古老的奥尔梅克人的遗址的（公元前1500年左右）[1]。但是，在那之前，奥尔梅克文化似乎已经发展成熟，而且没有证据表明是在圣洛伦佐一带完成这一发展进程的[2]。

这里面一定有个谜团。

奥尔梅克人毕竟创造出了辉煌的文明。他们实施过庞大的工程项目。他们具有雕刻和熟练处理巨石的能力（几个巨大的独石头像重量都在20吨以上，石材都是在100千米外的图斯特拉山区开采运过来的）[3]。所以，如果不是在古圣洛伦佐地区，奥尔梅克人科技才能和高超的组织能力是在什么地方开始、发展、最后达到极致的呢？

奇怪的是，尽管考古学家们已竭尽全力，在墨西哥，乃至整个美洲，都没有发现任何，哪怕只有一个，可以说成是奥尔梅克社会“发展阶段”

的迹象的遗址。这些人（他们最典型的艺术表达形式就是雕刻巨大的黑人头像）似乎是从天上掉下来的[4]。

圣洛伦佐

我们傍晚时分到达圣洛伦佐。中美洲历史的晨曦初露时，奥尔梅克人就在这里筑起了一座30多米高的人造山。这还只是一个长1200米、宽600米，其大无比的建筑的一部分。我们爬上这个最高的土墩（现在已经长满了密密麻麻的热带植物）。坡顶上，视野可穿越四周乡村达几千米以外。无数矮小的土墩散落于田野间。旁边有几条深沟，那是考古学家迈克尔·科1966年挖掘这个遗址时留下的。

迈克尔·科的考古队在这里有不少发现，其中包括二十多个人工挖凿的蓄水池，用复杂的、玄武岩砌成的水槽网连接。这套系统的一部分甚至是穿山而过的。发现它们时，每逢下大雨，渠道里流水奔涌。三千多年来它们一直保持这种功能。排水系统的主渠道由东向西，设计有先进的接头将三条支渠与主渠道相连[5]。考古学家们把这个地方查了个底朝天，最后还是只好承认，他们实在弄不懂这个精密的渠道系统和水利工程的用途[6]。

他们弄不懂的事情还有一个。五个巨大的、具有黑人外貌特征的人头雕像（现在统称为奥尔梅克头颅），以特定的排列形式埋在地下。他们不知道做何解释。在这些奇特的、有明显的宗教色彩的坟墓里，他们挖掘出了六十几件珍贵的文物，包括美丽的玉器和精雕细刻的小神像。有些小神像在埋进土里之前，被特意截断手脚。

圣洛伦佐雕像的掩埋方式使人们很难确定它们的真实年代。在发现其他埋葬品的同一地层中，也发现了碎木炭屑。这些炭屑与雕像不一样，我们可以对它们进行放射性碳检测。测定的结果是，它们的年代是公元前1200年[7]。但是，这并不意味着这些雕像是公元前1200年制作的。当然这种可能性不是没有，但也可能是在那之前数百甚至数千年以前刻出来的。这些伟大的艺术品是那么美，又具有那么强大的、神秘的力量。它们在被埋进圣洛伦佐的地下之前被其他不同的文化保存和膜拜，也不是完全不可能发生的事情。与它们同时埋葬的炭屑只能证明一个问题：这些雕像至少在公元前 1200 年就已经诞生。它们的古老没有设定任何上限。

拉文达

我们在夕阳的余晖中离开了圣洛伦佐，向东边 150 千米外塔巴斯科省的比利亚埃尔莫萨市进发。我们飞驰在阿卡育坎至比利亚埃尔莫萨的高速公路上，从夸萨夸尔科斯港旁边一穿而过。一路上随处可见炼油厂、高耸的高压电缆铁塔和超现代化的吊桥。从圣洛伦佐所在的无精打采、死水一潭的乡村转眼间到了夸萨夸尔科斯周围拥挤杂乱的工业区，变化之快，着实令人瞠目。惊叹之余，我更加领悟到，在圣洛伦佐还能看到历尽沧桑的奥尔梅克遗址，唯一的原因就是，那里还没有发现石油。

但是，拉文达已经发现石油了。它直接导致了古迹的永远丧失……

我们现在正走在这片土地上。

转向正北，从高速公路的一条岔路下去，就可以看到这座钠光灯照耀下的石油城在黑暗中矗立，像座核灾变后的死城。二十世纪四十年代以来，石油工业使它大大地“发展”起来，原来矗立着一座极为罕见的金字塔的地方，现在成了飞机跑道。漫天的浓烟遮蔽了奥尔梅克天文家观察日月星辰的天空。令人痛惜的是，在必要的考古挖掘进行之前，开发商的推土机实际上已将所有价值连城的遗迹都夷为平地。许多古建筑根本没有得到任何勘查[8]。我们永远不可能知道建造和使用这些建筑的人们想告诉我们什么了。

曾在特雷斯扎珀特进行过考古的马修·史特林，赶在石油工业大发展、石油财阀们把拉文达的遗迹彻底抹掉之前，担当了在这块地方进行考古挖掘的主角。放射性碳年代测定法证明，公元前 1500 年～前 1100 年间，奥尔梅克人曾在这里定居。直至公元前 400 年，他们一直占有这片土地，包括托拉纳和东岸沼泽地中的一个岛[9]。后来，建筑突然停止，已有的建筑物都被故意损坏或者摧毁，几个巨大的人头雕像和一些其他小些的雕塑品按宗教仪式埋葬在奇特的坟墓里，就像在洛伦佐那样。拉文达的坟墓都经过精心的修建和装饰，墓室内部用数以千计的蓝色小瓷砖砌成，里面填满了五颜六色的泥土[10]。有一个地方，他们挖了一个400立方米的深坑，坑底细心地铺上蛇纹岩石块，再将挖出来的泥土全部填回去。他还发现了三条镶嵌砖铺成的路，上面覆盖着好多层相互叠加的泥土和砖坯层[11]。

拉文达的主金字塔位于遗址的南端，底部大致呈圆形，像个有凹槽的圆锥体。凹槽如集水沟，每两个凹槽之间都是垂直的隆起部。这样的隆起部共有十个，组成了金字塔圆形的塔身。这座金字塔高30米，直径约60米，总体积达8500立方米——无论以什么标准衡量，都是一个让人难以忘怀的庞然大物。整个遗迹沿一条轴线延伸约半公里。这条中轴线指向正北偏西8°。以它为中心，两旁井然有序地排列着几座小点的金字塔和广场、高台、土墩，总面积在7平方千米以上。

拉文达遗址上笼罩着一种超然而怪谲的氛围，一种琢磨不透它原有作用的感觉。考古学家把它称为“礼仪中心”。这个称呼很可能恰如其分。不过，平心而论，它也可能派上其他用场。事实是，对奥尔梅克人的社会组织、他们的礼仪庆典、他们的宗教信仰等我们都一无所知。我们不知道他们讲哪种语言，不知道他们给子孙留下什么传统，甚至连他们属于哪个种族都不知道。墨西哥湾极为潮湿的气候条件意味着任何奥尔梅克人的遗骸都不可能保留下来[12]。在现实中，除了我们给他们起的名字，我们对他们的臆想外，这个民族对我们而言完全是个谜。

还有这种可能：他们留下的那些谜一样的雕刻品根本就不是他们的创造，而是比他们还早的、业已消亡的民族的作品，而我们却以为是他们的自画像。我不止一次发现自己彷徨于这些想法之中：我们归拢到奥尔梅克人头上的这些人头像和其他的艺术杰作，会不会是几千年之前的某个民族，将这些传家之宝，一代又一代遗传下来，最后传到在圣洛伦佐和拉文

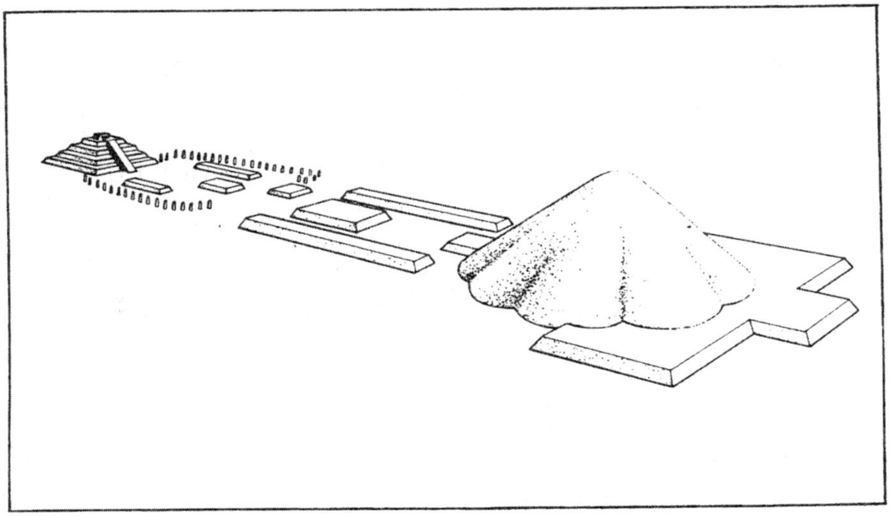

拉文达遗址示意图。注意图中占主导地位的、不同寻常的凹槽式金字塔

达兴建这些土墩、金字塔的人手里的。

果真如此的话，在使用“奥尔梅克”这个称号时，我们指的是什么人呢？那些土墩建造者，还是那些具有黑人特征的、强壮威严的、巨石头像的模特？

幸运的是，有五十来件“奥尔梅克”雕刻品，其中包括三个巨大的人头雕像，被当地一个诗人兼历史学家卡洛斯·佩里瑟·卡马拉从拉文达抢救下来了。当他发现墨西哥石油公司的石油钻井已经危害到这块废墟时，他挺身而出，游说拉文达所在地的塔巴斯科省的政治家们，设法将这些重大的发现转移到省会比利亚埃尔莫萨市郊区的一座公园里。

这些发现组合到一起，构成了一个业已消失的文明留下的、无比珍贵、无可替代的文化记载，或者说，是一个文化记载的图书馆。只可惜没有人能看懂其中的文字。

机器神

●塔巴斯科省比利亚埃尔莫萨市

我在看一个精致的浮雕，在拉文达发现它的那个考古学家管它叫“蛇中人”。专家的观点是，它上面雕着“一个奥尔梅克人，头戴冠饰，手持檀香袋，被羽毛蛇缠住了”[13]。

浮雕刻在一块宽约一米，高约一米半的花岗岩石板上。一个男人坐着，双腿前伸，好像在够脚踏板，右手握着一个不大的桶形器物，左手好像在扳动一个杆。他头上戴的“冠饰”奇特而复杂。虽然我想象不出它的作用，但它决不仅仅用于礼仪场合。冠饰上面，或者说在冠饰上方的一个支架上面，有两个 X 形的十字架。

我转而注意这个雕刻的另一个重要组成部分：那条“羽毛蛇”。公平地说，那的确是一条不折不扣的羽毛蛇。头上有羽冠的，或者说长羽毛的大蛇——由来已久的、魁扎尔科尔亚特的象征。因此，他必定也受到奥尔梅克人的崇拜（退一万步说，起码是被接纳）。学者们对这一诠释并无异议[14]。中美洲人民对魁扎尔科尔亚特的崇拜极为古老，起源于史前时期，此后，在各历史时期中为许多民族所信仰。这一观点现在已成为共识。

不过，在这个浮雕中的羽毛蛇却有某种与众不同的特质。它似乎不仅仅是个宗教的标志。实际上，它身上那种僵硬的、整体构造的东西，使它看上去几乎像台机器。

远古的悄悄话

那天晚些时候，我在卡洛斯·卡马拉从拉文达废墟中抢救下来的一个巨人头像下面乘阴凉。那是一个老人头像，鼻子宽阔而扁平，嘴唇很厚，稍稍有点分开，露出结实的大板牙。他的脸上显露出一种古老的、深沉的智慧。他的眼睛似乎在无所畏惧地凝视着永恒，一如埃及吉萨金字塔前的狮身人面像。

我想，要一个雕刻家创作出一张面孔上极具真实种族特色的五官几乎是不可能的。所以，刻画一个逼真的、具有一个种族特征的面孔，必定要有真人模特。

我围着这颗硕大的头颅转了好一阵子。它用一整块坚实的玄武岩雕成，周长 6.7 米，高 2.4 米，重 19.8 吨，清楚地表现出“一种真实的种族的特征”。实际上，与我在圣地亚哥·图斯特拉和特雷斯扎珀特看到的其他头像一样，它毫无疑问是个地地道道的黑人头像。

读者们在看过本书中相关的照片后可能各具己见。我的观点是，奥尔梅克头像展现在我们面前的是一个刻画极为准确的、真实的黑人的头像。这些具有超凡魅力、体格强壮的黑人三千年前何以出现在中美洲，学者们至今无法解释。学者们同样下不了定论的是这些头像是不是那时候雕刻的。对在同一洞坑中挖掘出来的炭屑做放射性碳检测也只能说明炭的年代。计算头像本身的真正历史是件复杂得多的事情。

我怀着这种思绪，慢慢地徜徉于拉文达废墟奇妙的建筑物之间。他们在悄悄地述说着远古的秘密——蜷缩在机器中那个人的秘密，黑人头像的秘密，还有最重要的，那个已经苏醒的传说的秘密。当我发现拉文达的雕塑中不仅有栩栩如生的黑人头像，也有身材高大、脸部瘦削、高鼻深目的明显的高加索人种的雕刻时，看到他们直发长髯、衣袍飘飘……我感到，魁扎尔科尔亚特的神话的骨骼上，似乎已经有血有肉了。

左上图：埃及吉萨金字塔狮身人面头像侧影

右上图：墨西哥拉文达奥尔梅克头像侧影

左下图：狮身人面像正面

右下图：奥尔梅克头像正面

上图：墨西哥乌斯马尔的双狮像；墨西哥圣洛伦佐出土的狮身人面的雕像。这种可能性是否存在：前哥伦布时期，中美洲的许多文化与埃及文化在极为远古的时代，起源于同一个尚未知晓的，但对这两个相隔遥远的地区影响极为深远的“第三方”文化？

中图：墨西哥乌斯马尔双狮像

下图：描绘代表“昨日”和“今日”的狮神阿克鲁（阿克鲁的象形文字写成 ）。两个地区的宗教还有许多其他共同的图形和观念。值得注意的是，中美洲表示杀人祭祀的词 p'achi 字面上的意思是“张开嘴巴”，这使人想起古埃及一个奇特的葬礼，叫做“嘴巴张开”。同样，两个地区的人都相信，死去国王的灵魂会重生为天上的星宿

第十八章 惹人注目的外乡人

美国考古学家马修·史特林20世纪40年代考察拉文达时曾有许多惊人的发现。其中最引人注目的就是“蓄须男子石碑”。

我已经说过，拉文达的奥尔梅克遗址是沿着一条正北偏西8°的轴线井然有序地规划的。在这条轴线的南端，矗立着30米高、塔体上有凹槽的圆锥形大金字塔。塔边地面上，是约莫30厘米高、看起来像井栏似的东西围起来的一块宽阔的长方形场地，大小相当于一般城区的四分之一。当考古学家们开始挖掘这些井栏时，他们吃惊地发现，它们原来是一道石柱组成的墙的上半部。挖开那些不曾被挖动过的一层层堆积物后，赫然出现的是高3米的一排石柱，总数达600多根，紧紧地排在一起，形成一道坚不可摧的石栅栏。石柱由坚实的整块玄武岩加工而成，从100千米外的地方运到拉文达，每根柱子的重量大约都在2吨以上。

如此煞费苦心，到底为了什么？这道石栅栏要把什么东西圈起来？

挖掘开始之前，这块地方的中央就看得见一块很大的突出于地面的石尖，比周围的“栅栏”大约高出1米多，以很大的角度前倾，上面刻满了图案。其余的部分看不见，埋在约3米深的层层叠叠的泥土里了。这些泥土把这个古代的栅栏圈填了个严严实实。

史特林和他的考古队干了两天，把这块石头挖了出来。这时他们才看出它是一块大石碑，高4.2米，宽2米，将近1米厚，上面刻着两个高大的男人相遇的场景。他们都穿着精工细作的长袍、足尖部微微翘起的漂亮的鞋子。由于腐蚀作用或者故意损毁（这在奥尔梅克的雕刻作品中司空见惯），其中一个人物已经面目不清，四肢断裂，但是另一个人物完好无损。毫无疑问的那是个高加索男子，高高的鼻梁，长须飘逸。看傻了眼的考古学家们旋即给它起名为“汤姆大叔”[1]。

我慢慢地围绕着那块重达20吨的石碑转圈，这可是一块在地下埋了3000年的石碑啊！我不免感慨万分。直到半个世纪之前，史特林的考古队把它挖出来，它才得以重见天日。现在它将面临什么样的命运？它会不会再在这儿站上3000年？会不会作为一个令人敬畏的、辉煌壮丽的物件，让一代又一代的后人为之痴迷，为之倾倒？抑或，在这么长的时间内，周围环境会不会发生如此大的变化，以至再度将它掩埋，不见天日？

可能这两种情况都不会发生。我想起了奥尔梅克人发明的中美洲的古代历法。按照他们，或者比他们名气更大的继承者——玛雅人——的计算，我们剩下的时日已经不多了，根本不可能再有3000年的时间了。第五个太阳纪即将完结，一场大地震正蓄势待发。在公元2012年，圣诞节的前两天，整个人类将毁灭。

我的注意力回到了石碑上。有两件事看来是清楚的：其一，由于某种原因，它描绘的相遇场景对奥尔梅克人来说肯定是极其重要的，因此他们才雕刻出那么庄严华丽的一个石碑，还修建了那么固若金汤的石柱栅栏将它保护起来；其二，与那些黑人头像一样，雕刻这些长须的高加索人的面孔显然也是有活人当模特的，那些种族特征之逼真，绝非任何艺术家可以凭空“发明”得出来的。

拉文达幸存的雕像中，还有两尊清晰可辨的白种人像。一尊以浅浮雕的形式刻在一块沉重的石板上。石板略呈圆形，直径约为 1 米。雕像中的人物好像绑着护腿，五官具有盎格鲁 - 撒克逊人的特征。他蓄着尖翘的络腮胡，头上戴一顶样子古怪的软帽，左手展开一面旗帜，或许是什么武器之类的东西，右手空着，横放在胸前，纤细的腰上系着一条艳丽的饰带。另一个白人刻在一根细长的石柱的侧面，也有胡子，穿着也相仿。

这些惹人注目的外乡人是谁？他们在中美洲干了些什么？他们什么时候来的？他们与那些定居在这片闷热的橡胶丛林中的其他外乡人——那些给黑人头像当模特的人——有什么关系？

一些激进的研究人员反对那种认为公元 1492 年前美洲一直与世隔绝的教条。他们给整个问题提供了一个看似可行的解释：那些蓄须的、高鼻深目的人可能是地中海的腓尼基人。他们在公元前 2000 年就驾船穿过直布罗陀海峡，越过大西洋来到美洲。鼓吹这一理论的人还说，在同一地点出土的黑人是腓尼基人的“奴隶”，是腓尼基人在越过大西洋的航程中在西非海岸顺手掳来的[2]。

我越是琢磨拉文达塑像的特点，就越对这种观点不以为然。可能有腓尼基人和欧洲其他地区的人在哥伦布之前几百年就渡过了大西洋，这已经有了无可辩驳的证据，虽然这不在本书讨论的范围之内[3]。问题是，腓尼基人在古代世界上许多地方都留下了他们风格独特的手工艺品[4]，但是，在中美洲的奥尔梅克人遗址却没有留下任何东西。黑人头像也好，蓄须的白人浮雕也好，它们的艺术风格、创作手法和其他特点都没有任何可以体现古代腓尼基人特色的标记[5]。实际上，就艺术风格而言，这些非凡的作品似乎不属于任何已知的文化、传统，或者艺术流派。无论在美洲还是东半球，它们似乎都前无古人、后无来者。

他们好像是无根无源的……而这，当然是不可能的。任何艺术形式都应该能在某个地方找到它的根。

假设的第三者

以前，许多权威的研究埃及文明的学者在解释埃及历史和考古中遇到的大难题时，都会提出一个“假设第三者”理论。我想，我们是否可以借助这个理论来做一点或许有那么点道理的解释呢？

考古证据表明，古埃及文明并不像一般的人类社会那样，经历过那么缓慢而艰难的发展历程。他们如奥尔梅克文明一样，是突然出现的、成熟的文明。实际上，埃及从原始社会到先进的社会体制这段过渡时期是如此短暂，在历史学上根本就讲不通。不仅如此，需要成百乃至上千年才能发展起来的科学技术，也仿佛一夜之间就运用自如——而且先前似乎毫无征兆。

例如，公元前3500年的前王朝时代还没有任何文字书写的迹象，但不久之后，突然莫名其妙地，许多古埃及废墟中常见的象形文字就以极其完整和完美的形式出现了。它们绝对不是简单的描画物体或动作的图形。打从一开始，它们就有复杂而严密的语法结构，有只代表声音的符号，还有一整套详尽的数字符号，即使是最早的象形文字也已经独具风格而且规范化。到第一王朝初期，先进的草写体已经得到广泛运用[6]。

值得注意的是，根本没有迹象表明古埃及的象形文字有从简单到复杂的发展过程。同样的情况也出现在他们的数学、医学、天文学、建筑学和古埃及丰富而复杂的宗教神话系统中，甚至连《亡灵书》这么精心编撰的作品的中心内容，也早在王朝时期的初叶就已经存在了[7]。

大部分研究埃及文明的学者不肯正视埃及文明的早熟所蕴含的意义，但是一些思想开放的学者却从中得出惊人的推论。王朝早期历史研究方面的专家约翰·安东尼·韦斯特先生问道：

> 一个复杂的文明怎么可能刚一露头就已瓜熟蒂落了呢？咱们看看1905年造的汽车，再把它跟现在的比一比，其中的“发展”进程是一目了然的。但是，类似的现象在埃及却不存在。那里的一切从一开始就那样了。

这个谜团的答案当然是明白无误的。但是，由于它与现在的主流派观点格格不入，所以很少被人眷顾。这个答案就是：埃及文明不是逐步“发展”出来的，它是一笔现成的遗产。[8]

多年来，韦斯特一直是埃及学派的眼中钉、肉中刺。但是现在主流派学者中也有更多的人对埃及文明的突然产生感到困惑。已故的伦敦大学爱德华兹埃及学教授沃尔特·埃默里将这个问题归纳如下：

大约在耶稣诞生前3400年时，埃及发生了巨大的变化。这个国家从一个只有散乱的部落的新石器时代文明一下子突变为组织严密的君主国……

与此同时，文字出现了，建筑技术、绘画艺术、手工艺水平都发展到令人瞠目的水平。所有的证据都证实，一个繁荣昌盛的文明已经到来。这一切都发生在一个相对而言极为短暂的时间内，因为，埃及的文字和建筑获得如此重大的发展似乎很少或者根本没有任何背景。[9]

有一种解释很简单：埃及是从古代世界的另一个已知的文明那里获得这种文化上的突然的、决定性的提升的。美索不达米亚地区、幼发拉底河下游的苏美尔国很可能就是这个已知的文明。尽管有很多基本差异，它们共有的各种建筑工艺和建筑风格[10]的确表明这两个地区之间的联系。但是这些相似点中却没有任何一点足以成为我们推断一个社会直接影响另一个社会的因果关系。相反，如埃默里教授所言：

我们的印象是，这是一种非直接的联系，而且可能存在一个第三者，是它的影响遍及幼发拉底河及尼罗河流域……当代学者们往往对这种从某个假定的、尚未发现的地方向这两个地区移民的可能性嗤之以鼻。（然而）这种将其文化成就分别传授给埃及和美索不达米亚的第三者的理论，却是这两个文明之间的共同特征和它们的重大区别的最好诠释。[11]

除了其他问题以外，这个理论也清楚地解释了下面的神秘现象：埃及人和美索不达米亚的苏美尔人看来都崇拜完全相同的月亮神——他们各自信奉的众神中最古老的神祇（埃及人称其为索斯，苏美尔人称其为西恩）[12]。著名的埃及学者沃里斯·巴奇爵士说，“他们实在太相像了，不可能是单纯的巧合……说埃及人借鉴了苏美尔人的神祇，或者苏美尔人借鉴了埃及人的，都不对。但是有一点必须得承认：两个民族的知识界都曾向同一个极为古老的出处借用过神学体系”[13]。

因此，现在的问题是，那个“共同的极为古老的出处”是什么？那个“假定的、尚未发现的地方”在哪里？巴奇和埃默里都提到的那个先进的“第三者”究竟是谁？如果他能在埃及和美索不达米亚留下那么丰富的遗产，为什么就不可能在中美洲也留下点呢？

说中美洲的文明比中东的文明“起飞”晚得多的言论未免有些不妥。两个地方起始的脉搏可能是同时开始跳动的，只不过后来的结果大相径庭了。

根据这一剧本演绎下去，这些文明使者在埃及和苏美尔创造了持久而伟大的文化，取得了辉煌的成功。但是，在墨西哥（秘鲁也一样）却严重受挫。开始的时候也许一切顺利，巨大的石头人像和长须的白人浮雕就是那时制作出来的，但是后来却急速衰退。文明之光决不会熄灭，不过事情似乎直到公元前1500年前后——所谓“奥尔梅克地平线”上晨曦微露时，才开始有了转机。到那时，那些伟大的雕刻品早已经年历久，成了威力无比的古代遗物。它们全部的但已被遗忘的源头已被包裹在巨人和长胡子的文明人的神话迷雾里了。

倘若事实果真如此的话，我们就可以注视那些遥远得多的历史面孔，而不必呆望着某个黑人头上的杏仁眼，或者“汤姆大叔”的高鼻子深眼窝，在那里胡思乱想了。这些杰出的艺术品很可能保存了一个早已消失的文明留下的人物形象，而这个文明是由几个不同种族的人组成的。

总而言之，这就是应用于中美洲的“假设的第三者”理论：古墨西哥文明的崛起并非没有外来影响，但不是东半球的影响。东半球和美洲的某些文化，都在极为遥远的古代继承了一笔遗产，接受了一个第三者文化和观念的影响。

从比利亚埃尔莫萨到瓦哈卡

离开比利亚埃尔莫萨之前，我去了一趟奥尔梅克与玛雅文化研究中心。我想向那里的学者请教这一带还有没有其他重要的奥尔梅克遗址。没想到他们出主意说我应该跑远点，到荒郊野外去瞧瞧：西南方几千米外，瓦哈卡省的阿尔班山上，考古学家们在那里出土了一些"奥尔梅克式"手工艺品和不少浮雕，据说刻的可能就是奥尔梅克人他们自己的肖像。

我和桑莎决定开车从比利亚埃尔莫萨直奔东北方的尤卡坦半岛。去阿尔班山得兜一个大圈子，不过我们还是决定走一趟，希望它能使我们更清楚地了解奥尔梅克人。何况，这一路穿高山越峻岭直到隐藏在峡谷深处的瓦哈卡城所在地，沿途风景想必壮观无比。

我们几乎是朝正西方向行驶，经过拉文达废墟，又一次经过夸萨夸尔克斯，再往前是萨育拉和洛马波尼达，来到交通枢纽图斯特佩克镇。一路走来，我们渐渐远离了被石油工业污染得满目疮痍、乌黑肮脏的乡村，穿过如波浪起伏的绿草如茵的小山坡，行驶在丰收在望的田野上。

从图斯特佩克往前走才是真正地上了山路。我们朝南转个急转弯上了175号公路，前往瓦哈卡。从地图上看，这段距离还不足我们从比利亚埃尔莫萨到这里的一半，可是这条路实在太难走了。路又窄又陡，盘来绕去，急转弯无数，直开得你精疲力竭，腰酸背痛，就像在爬一道直通云霄的天梯。它带着我们穿行在层次分明的、生长在不同的小气候环境里的高山植被中。当我们高达云端之上时，竟然在一处地方看到了我们熟悉的植物，在那里长得蓬蓬勃勃，宛如英国科幻小说家约翰·温德姆笔下的三叶草。那风景真让人有不知身在何处之感。这700千米路程我开了整整十二个小时。等我们终于抵达瓦哈卡时，我的手因为抓方向盘抓得太紧，走的路太长，转的急转弯太多而打起了水泡。我的眼睛变得模糊不清，脑子里转悠的全是175号公路我走过的令人眩目的深渊绝壁和生长着三叶草的山顶风光。

瓦哈卡市以蘑菇、大麻和作家劳伦斯（十九世纪二十年代他曾在这里写作以瓦哈卡为背景的小说《羽毛蛇》）而闻名。如今它仍旧散发着波希米亚人豪放不羁的气息。酒吧中，咖啡馆里，狭窄的鹅卵石街上，破旧的房子内，宽阔的广场上，激动的人群无处不在，深夜不散。

我们在燕来饭店一间可以俯瞰其三个庭院之一的房间下榻。床很舒服，头顶上星光灿烂，我很累，可就是睡不着。

让我辗转难眠的是那些文明传播者，那些美髯神祇和他们的随从。他们在墨西哥如同在秘鲁一样，似乎遭到了失败，传说中是这么说的。第二天，当我们到达阿尔班山时，我明白了，那不仅仅是传说。

第十九章 天堂地府与生死轮回

根据“假设的第三者”理论，古埃及与古美索不达米亚的文明相似与差异产生的原因，是它们都接受了同一个远古文明的遗产。但是至今对这个远古文明的起源地、兴盛时期、性质特征等都没有进行过认真的研究。它就像太空中的黑洞隐而不见，但是能通过它留在我们看得见的事物上的痕迹——如苏美尔和埃及的文明——推断出它的存在。

这个神秘的始祖，不知所在的文明之源，会不会在墨西哥也留下它的印记呢？如果有，我们就有望在墨西哥的古文明中找到与埃及和苏美尔类似的某些文化特征。我们也有望发现由于历史上长期的分离、各自独立发展而造成的巨大差异。我们期待看到，苏美尔与埃及的文化之间的差异要比这两个中东国家与遥远的中美洲的差异小得多，因为他们之间一直有接触，而中美洲与他们在哥伦布 1492 年发现美洲之前充其量也只有一些偶然的、极少的、时断时续的接触。

食尸兽、魔鬼、星王、侏儒，及其他关系

出于某些说不清道不明的原因，古埃及人对侏儒有一种特别的好感和敬畏[1]。古代中美洲已开化的民族也一样，这种对侏儒的崇敬可以追溯到奥尔梅克时代[2]。两地的民众都相信，侏儒与众神关系密切[3]。两个地方的侏儒舞者都备受欢迎，而且在艺术品中常有他们舞动的身影[4]。

埃及王朝初期，也就是4500年前，由九位法力无边的神祇组成的“九神”极为太阳城的祭司所崇拜[5]；同样，在中美洲，阿兹特克人和玛雅人都信仰由九位神祇构成的全能的神权体系[6]。

墨西哥和危地马拉的基切玛雅人的《圣书》中，有好几段清楚地讲述了他们对“星辰转世”的信仰——死者的灵魂会再生为天上的星辰。比如，一对名叫乌纳普和斯巴兰克的孪生英雄被杀死后，他们“在一片光芒中站了起来，旋即飞升到空中……光明照亮了天穹与地面，他们从此就住在了天上”[7]。与他们同时升天的还有与双胞胎一起遇难的400名伙伴。“这样，他们又与乌纳普和斯巴兰克在一起，变成了天上的星星。”[8]

我们已经看到的大部分魁扎尔科尔亚特的传说讲的是这位神王作为文明的传播者的业绩和他的教导。然而，在古墨西哥，他的信徒们也相信，他的肉身也经历过死亡，然后，他重生为星辰[9]。

因此，发现4000多年以前埃及金字塔时期，埃及的国教也信奉同样的理念就不能不感到惊奇了。他们也相信：法老驾崩后会转世为星辰[10]。祭司在葬礼上诵读经文，祈求法老早日投生天界：“王啊，您就是这颗伟大的星宿——猎户座的伴星。您与猎户座一起跨越苍穹……您从东方的天际升起，在您的吉时复苏，在您的良辰重生……”[11]我们曾在纳斯卡高原上看到过猎户座的的图形，我们还会再看到它们……

同时，再想想古埃及的《亡灵书》，其中部分内容与埃及文明一样古老。它的作用类似于灵魂转世的导游指南。它教导死者如何克服亡故之后的危险，使他们能够化身为几种神话中的怪兽，让他们知道通过阴间各关口或者层次时必不可少的口令等等[12]。

古代中美洲的人同样也觉得人死后会遇到危险，这难道是一种巧合？那些地方的人相信，阴间共分九层，人死后要花四年的时间，克服重重障碍，历经种种危险，才能走完这全部的路程[13]。每一层都有各自的名字，如“碰撞岭”“飞矢地”“刀山”，等等。无论在古中美洲还是古埃及，人们都相信，死者要搭乘一艘由“舟神”驾驶的小船，完成他的一层又一层的地府行程[14]。公元8世纪玛雅城市蒂科尔的统治者“双梳”的坟墓中就有描绘这种场景的图画[15]。上埃及的帝王谷中，此类图画更是比比皆是，其中最引人注目的是第十八王朝法老图特摩斯三世的王陵[16]。去世的法老乘坐三桅帆船，双梳乘坐独木舟作他们最后的航行时，与它们同行的都有狗或者狗头人身的神祇，鸟或者鸟头人身的神祇，猴或者猴头人身的神祇，这难道也是巧合？[17]

古墨西哥阴间的第七层叫做“兽食心之地”[18]。

古埃及的阴间也有一层，叫做“审判堂”，里面画满了几乎完全一样的整套图形。这还是巧合吗？在这关键的一层，死者的心脏与一根羽毛放在一架天平的两端。充满了罪恶的心脏会由于过重而打破平衡。索斯神把裁决记录在他的记事板上，这颗罪恶之心立刻会被一头集鳄鱼、河马、雄狮为一体的凶猛的“食尸兽”吃掉[19]。

最后，再回到金字塔时代的埃及，回到法老的特权地位可以使他免受阴间的审判而直接变为天上的星宿的时候。诵读经文是一个重要的程序，同样重要的还有一个神秘的仪式：“嘴巴张开”。这个仪式在法老死后举行。考古学家们相信，其历史可以追溯到前王朝时期[20]。高级祭司和他的四个助手挥动一种叫做“佩申科赫弗”的祭祀用的切割工具，“打开”去世的神王的嘴，据说这是确保他能在天堂复活的必要步骤。现存的浮雕和壁画证实，木乃伊都受过“佩申科赫弗”这样猛烈的一击[21]。此外，最新发现的证据表明，吉萨大金字塔的一个墓室可能就是用来举行这种仪式的地方[22]。

所有这些仪式都在墨西哥找到了奇特的、扭曲的相似性。我们已经见识过了前征服时期在那里盛行的活人祭祀。举行这种祭祀的地点也是金字塔，执行人也是一个高级祭司和他的四个助手，也是用一把切割刀具，祭祀刀，对当作祭品的尸体一个猛击，让祭品的灵魂直升天堂，免受阴间的磨难。所有这些，难道又是巧合？[23]

随着这种“巧合”的不断增加，我们有理由怀疑其间是不是真的没有什么潜在的联系。当我们了解到整个古代中美洲都管活人祭品叫“帕奇”——张开嘴巴——时，这个问题是必然要冒出来的[24]。

我们现在面对的问题是，尽管这两个地区相隔万里，尽管事情发生在不同的历史时期，上述的这一切有没有可能并不是一连串惊人的巧合，而是植根于远古时代的、模糊的、混乱的共同记忆？埃及人张开嘴巴的仪式似乎不可能直接影响到墨西哥人的同名仪式（反之亦然）。两者之间的重大差别排除了这种可能性。可能性更大的是，它们之间的相似点或许是它们继承同一个祖先留下的遗产的残余。中美洲人用这笔遗产做这件事，埃及人用它来做另一件事，但是都保留了一些共同的象征手法和术语。

我们不打算在这里深入探讨埃及与中美洲的考古证据中出现的古老而又难以捉摸的关系。不过，在讨论其他事情之前，我们应该注意到前哥伦布时期的墨西哥人与美索不达米亚的苏美尔人的信仰系统之间也有类似的关联。有证据表明，他们之间存在着共同的祖先而不是什么直接的相互影响。

以奥安尼斯神为例。

“奥安尼斯”是苏美尔神祇“乌安”的希腊名字。在本书的第二部我们曾描述过这个两栖人。据信是他给美索不达米亚带去了技艺和文明[25]。有关他的传说至少流传了5000多年。乌安住在水底，每天早晨他从波斯湾出水，去教化指导人类[26]。玛雅语中一个单词叫“乌安纳”（uaana），意思是“住在水里的人”。这是巧合吗？[27]

再看一位苏美尔神祇：代表海洋和原始混沌世界的蛮力的女神蒂亚玛特是个饕餮成性的魔鬼。在美索不达米亚传说中，蒂亚玛特与其他神祇为敌，发动了一场毁灭性的大屠杀。最后她被天神马尔杜克打败了——

> 蒂亚玛特张开大嘴，想吞噬他。
> 他祭起一场巨风，使她的嘴欲闭不能。
> 可怕的大风灌满了她的肚子。她的心脏仿佛停止了跳动。
> 她的嘴大张着。
> 他放出一箭，直穿她的肚腹。
> 他掏出她的内脏，把她的心撕成两半。
> 她早无招架之功，死于他的脚下。
> 他挺立于她的尸体之上。[28]

然后怎么办呢？

马尔杜克知道怎么办。他注视着这个女魔头的尸体，心里“构想着他的艺术创作”[29]，一个创造世界的伟大计划开始在他的头脑中形成。他先劈开蒂亚玛特的头颅，切断她的动脉，然后“像撕开一条干鱼一样”，把她的尸体一撕两半。一半当作天空的穹顶，另一半当作地面。她的乳房做成山丘，口水化为云雾，让底格里斯河和幼发拉底河从她的两只眼睛流出[30]。

一个怪诞而血腥的传说，一个古老的传说。

中美洲的古代文明对这个故事有他们自己的版本。在这里，造物之神魁扎尔科尔亚特替换了马尔杜克的角色，扮演蒂亚玛特的是“大地女妖”西帕克特丽。“当她在原始的汪洋大海中游泳时”，魁扎尔科尔亚特抓住她的四肢，“将她的身体拧成两段，一段造天，一段造地”。用她的头发和皮肤，他创造了青草、鲜花和药草；“她的眼睛变成了井和泉，她的双肩变成了高山”[31]。

苏美尔人与墨西哥人的神话何其相似！这还是纯粹的巧合吗？或许两者都是同一个消失的文明留下的文化指纹？如果是这样，祖先的文化中描述的英雄们的面孔，实际上就有可能被凿刻在石头上，而且几千年来被当作传家宝代代相传，有时呈现于世，有时掩埋于地，直至有一天，被今朝今世的考古学家挖掘出来，贴上诸如“奥尔梅克头颅”“汤姆大叔”之类的标签。

这些英雄的面孔也出现在阿尔班山。可是他们讲述的却是一个悲惨的故事。

阿尔班山：英雄末路

阿尔班山遗址坐落在一个人工推平的山顶上，从那里可以俯瞰瓦哈卡城，据悉已有近3000年历史[32]。遗址的中心是个长方形的大广场，广场周围是以精确的几何关系排列的几座金字塔和其他建筑。总体上给人的感觉是和谐、匀称、有条不紊。我离开比利亚埃尔莫萨前曾造访过奥尔梅克与玛雅文化研究中心，按照他们的指教，一到阿尔班山我就直奔最西南角。那里，松散地堆靠在一座低矮的金字塔的边墙上的物件，就是我跑这么远的路特地来看的东西：几十块雕刻着黑人和白人的石碑……他们生时不分

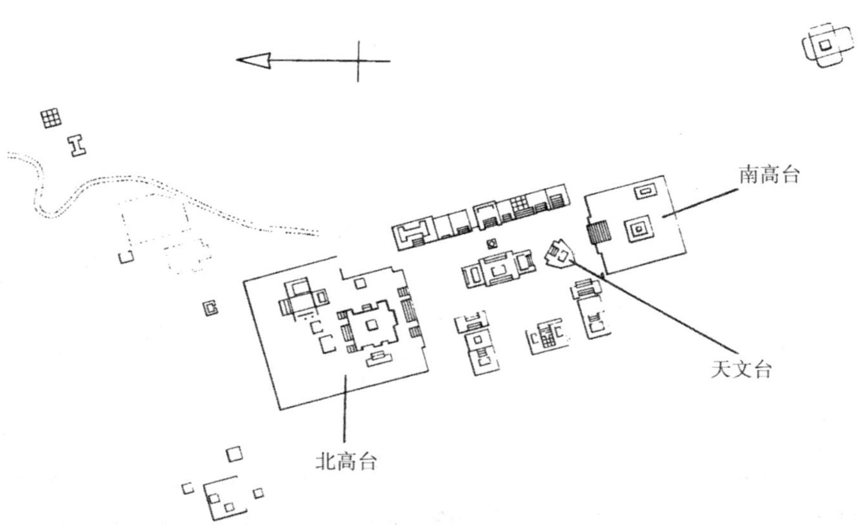

阿尔班山

尊卑……死后亦相互平等。

如果一个伟大的文明真的从历史上消失了，如果这些雕像讲述的是这个文明的故事，那么，它们传出的信息是，这是一个种族平等的文明。凡是在拉文达看到过那些满脸高傲、自信的黑人头像的人，决不会把这些威严傲慢的雕像的原型人物想象成奴隶。而那些脸庞瘦削的蓄须的白人男子看起来也绝非卑躬屈膝之辈，那也是些行为举止充满贵族气息的人。

然而，在阿尔班山，这些石头上刻画的却似乎是这些贵人的陨落。它们看起来不像是雕刻拉文达雕像的那些手艺人的作品。这儿的工匠水平要低很多。但是，有一点是明白无误的：无论他们是谁，无论他们的作品多么低劣，这些艺术家都在竭力描绘与我在拉文达看到的一样的黑人和长山羊胡子的白人。拉文达的雕像充满了权威和力量，生气盎然。这儿，阿尔班山，这些非凡的外乡人却成了尸体：全部一丝不挂，大部分遭受宫刑，一些人蜷缩如胎儿，仿佛在躲避拳击，其余的四肢摊开，仰面朝天。

考古学家们说，这些雕像表现的是战俘的尸体[33]。

哪一场战争的俘虏？这场仗在什么地方打的？

战争的地点无疑是在中美洲，在西半球，在哥伦布发现美洲之前几千年。那么，这些雕像表现的战场上的伤亡者，竟没有一个当地土著，全部都是东半球的人种。这种情况你不觉得奇怪吗？

出于某些原因，正统的学者大人们不觉得这有什么大惊小怪的，尽管他们推算出这些雕像极为古老，可以追溯到公元前1000年～前600年[34]。与其他遗址出土的文物一样，这个时间范围也是根据对相关的有机物进行检测确定的。这不是雕像本身的年代，因为它们是刻在花岗岩石碑上的，很难进行客观的年代鉴定。

遗产

阿尔班山出土了一套精美而完备的象形文字，至今没有被解读出来[35]。文字大部分都刻在有粗糙的白人和黑人的石碑上。专家们认为它们是“墨西哥迄今发现的最早的文字”[36]。有证据清楚地表明，住在这里的人不仅有建筑才艺，更有过人的天文知识。一个形状奇特如箭镞的天文台以与主轴线成45°角的方位矗立在废墟中（主轴线刻意与正南北方向有几度偏差）[37]。钻进这个天文台我才发现，里面布满了狭窄的小通道和陡直的楼梯，每个地方看出去都是不同的天空区域[38]。

阿尔班山人和夸萨夸尔科斯人一样，给我们留下了确凿无疑的、证实他们高超数学水平的证据：他们的线—点计数法[39]。他们也使用那部奇特的历法，那部由奥尔梅克人引进、又与后来的玛雅人密切相关的[40]、预言世界末日将在2012年12月23日到来的历法[41]。

如果这套历法和对时间的专注是一个古代的、被遗忘的文明留给我们的遗产的一部分，玛雅人必定是这笔遗产最忠实、最热忱的继承者。考古学家埃瑞克·汤普森1950年说：“时间是玛雅宗教里至高无上的奥秘。时间对玛雅人的思想渗透程度之深，在整个人类历史上无出其右者。”[42]

在我后来的中美洲行程里，我感到自己在这座奇异而可畏的迷宫中越陷越深了。

第二十章 始祖的孩子们

●恰帕斯省帕伦克

天渐渐暗了下来，我坐在玛雅人的碑铭神庙东北角下。层层叠叠的丛林缓缓低落一直绵延到乌苏马辛塔河形成的冲积平原。我的目光越过暮色苍茫的丛林，遥望北方。

这座神庙有三间殿堂，矗立在一个九级金字塔顶上，高约30米。这个建筑物线条简洁匀称，给人以柔美而非柔弱之感。它让人觉得它是那么强大、稳重，而且历久弥坚。它是一座纯几何学加上想象力的产物。

向右可以看见帕伦克宫。那是一栋建筑在金字塔顶上的、复杂而气势恢宏的长方形建筑。一个狭长的四层塔楼傲然兀立，也许曾是玛雅祭司们观测天象的处所。

羽毛艳丽的鹦鹉在我周围的树梢上掠过，森林步步紧逼，几乎将另外几座宏伟的建筑吞没。它们是叶饰十字架神庙、太阳神庙、伯爵神庙和狮子神庙。这些名字全都是考古学家们起的。玛雅人所代表的、关心的、信仰的、传承的那么多祖先们遗留下来的东西都已经无可挽回地失落了。虽然我们很久之前就看到过他们的日历，但是对他们复杂的象形文字的解读却刚刚开始。

我站起来，登上最后几级台阶，进了碑铭神庙的主厅。大厅的后墙上有两块很大的灰色石板，上面刻着620个玛雅象形文字，排列整齐得像棋盘上的棋子。这些象形文字看起来像人的面孔，奇形怪状的，还有一张神秘怪兽的扭曲的脸。

这些碑铭在述说些什么？没有人真的知道。因为它的文字图形和发音符号是混编的，至今没有完全破解。不过有一点可以确定：不少文字提到了过去几千年的时代，也讲到了参与史前事务的人与神[1]。

帕卡尔陵墓

象形文字碑的左面，在巨石铺成的地板上有一个楼梯口，一道陡峭的

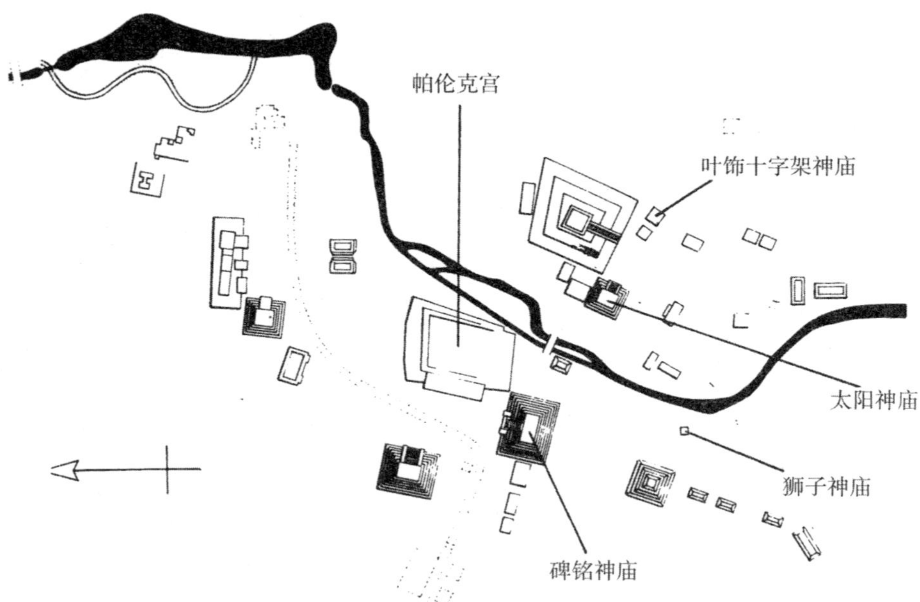

帕伦克遗址

楼梯直通下面隐藏在金字塔深处的一个房间。这就是帕卡尔王的陵寝所在地。楼梯是打磨得极为光洁的石灰石块铺成的，又窄又潮，滑得要命。我打开手电筒，像螃蟹似地张开手脚，身体紧靠着南墙，战战兢兢地摸进这一片漆黑中。

公元683年，这道湿漉漉的楼梯被封闭后，它就成了一个秘密。直到1952年6月，墨西哥考古学家阿尔伯托·鲁兹掀开神庙的地板，它才大白于天下。虽然1994年在帕伦克又发现了一座这样的陵墓[2]，鲁兹还是被誉为发现美洲金字塔内部秘密的第一人。楼道被工匠们故意填满了瓦砾。考古学家们花了四年多的时间才清除了这些垃圾，下到了塔底。

到了塔底后，他们进了一间狭窄的梁托拱顶房间。地面上散落着五具，也可能是六具孩子的腐朽的骨骸。他们是陪葬的祭品。房间的另一头有一块巨大的三角形石板。把这块石板移开以后，鲁兹面前出现了一个奇异的墓室。他把它描述为"一个仿佛用冰雕凿的极大的房间，又像一个四壁和天花板都极为平整的洞穴，还像一座废弃的小教堂，圆形的屋顶上悬吊着钟乳石帷幔，地面上长满了石笋，像滴下的蜡泪"[3]。

墓室也是梁托拱顶结构，长9米，高7米。四周墙壁上的灰泥浮雕上刻满了昂首阔步的夜神——统治黑暗时刻的"九神"的形象。墓室的中央，在九位神祇的俯瞰下，是一个独块巨石雕成的灵柩，上面盖着重达5吨的刻满了图纹的石板棺盖。棺材里躺着一具高大的骷髅，身上盖满了玉器珍宝，脸上戴着一个200块玉片镶嵌成的死亡面具。估计这就是帕卡尔——公元七世纪帕伦克的统治者——的遗体。碑文上说他死时已八十高龄，但是考古学家们在棺材中发现的这具盖满了玉器的骷髅看起来只有这个岁数的一半[4]。

我总算下到了大约深入到神庙下面26米的梯底，穿过放置陪葬人的房间，直接朝帕卡尔的墓室望去。这里空气阴湿，充满了发霉和腐烂的臭味，而且还冷得出奇。灵柩直接嵌进地板，形状很奇特。它的底部如衣裙张开，很像古埃及的木乃伊匣。木乃伊匣是木制的，而且往往是竖置，因此底部要做得宽一些。但是帕卡尔的棺材是坚固的石头刻出来的，而且不折不扣地平放。为什么玛雅的工匠们明知无用还要苦心孤诣地搞这么宽的一个棺材底？会不会是他们盲目照搬某些古代模型，而根本就不知道原设计的目的？[5]就像相信死后要经磨历劫一样，帕卡尔的灵柩会不会也是连接古埃及和中美洲古文化的共同遗产的一种表现呢？

长方形的、沉重的石棺盖有25厘米厚，1米宽，3.8米长。它似乎也与古埃及人用过的精雕细刻的石板一样，是仿照同一来源的模型打造的专用品。实际上，如果把它用到国王谷去也没有什么不合适的。不过区别还是有的，而且不小：棺材盖上面刻绘的场景在埃及是看不到的。在我的手电筒的光照下，可见一个胡须刮得很干净的男子，穿着很合体的紧身衣，袖口和裤腿的翻边紧收在手腕和脚踝处，做工十分精巧。他半靠在一张凹背椅上，后背和大腿紧贴着座椅，头颈舒服地靠在一个头靠之类的东西上。他正专心地注视着前方。他的手好像在动，像在操纵杠杆或者控制器之类的东西。脚上没穿鞋，微微地缩拢在身前。

这就是他们假定的帕卡尔，那个玛雅国王？

果真如此的话，为什么他好像在开什么机器？人们不认为玛雅人有机器，他们甚至连轮子都没有见识过呢！但是，帕卡尔斜倚着的那个装置，从其侧面板、铆钉、管道和其他小配件来看，说它表现的是个科技设备，可比某个权威声称的“一个人活着的灵魂去往阴曹地府的过程”[6]，或者“坠入地府魔鬼的口中的情景”[7]要有说服力得多。

我想起了第十七章中提到过的奥尔梅克浮雕中的“蛇中人”。它看起来也像用幼稚的手法描绘的科技产品。此外，“蛇中人”是在拉文达发现的，在那里也发现过蓄须的、显然是白种人的雕刻。帕卡尔的坟墓比拉文达出土的珍宝至少要晚一千多年。在帕卡尔的灵柩中，紧挨在他的骸骨旁边，也发现了一块玉制小雕像，看样子比其他随葬品要古老许多。它呈现的是一个年长的高加索人，身穿长袍，山羊胡子[8]。

巫师金字塔

●尤卡坦半岛乌斯马尔

这是一个天色阴霾的下午。我在帕伦克遗址以北 700 千米的地方，攀登另一座金字塔。这座金字塔很陡，呈椭圆形而不是正方形，塔基长 73 米，宽处为 36 米。这座金字塔还挺高，比周围的平原高出 36 米。

不知道打什么时候起，这座看上去很像巫师城堡的大块头就被叫做“巫师金字塔”了。它还有个名字叫“侏儒之家”。这些名字来自一个玛雅传说，说是一个有超自然法力的侏儒在一夜之间修起了这座建筑[9]。

越往上走，梯子越窄，好像有点不怀好意似的。我的本能应是弯腰向前，紧靠墙壁，以保安全，可是我却在仰首望天。天上乌云密布，一群群飞鸟在空中盘旋悲鸣，仿佛大祸将临，在寻求避难处。几个小时前就遮天蔽日的黑压压的云团在狂风中如波涛翻滚。

巫师金字塔不是唯一与侏儒的超自然法力联系到一起的建筑。在中美洲，侏儒们的建筑技术和砌墙本领是赫赫有名的。“对他们而言，盖房子简直不费吹灰之力。”一个典型的传说里讲，“他们只消吹一声口哨，那些大石头块该上哪儿就自个儿上哪儿。”[10]

读者们可能还记得，一则非常相似的传说里说，安第斯山中的蒂亚瓦纳科城在修建时，那些巨大的石块“随着号角声，在空中飘行”[11]。

在中美洲和遥远的安第斯山地区，奇特的声音都能使巨大的石块不可思议地飘起来。

我能从中得出什么结论？也许，地理位置相隔万里之遥的两个地方就有那么巧，各自编造出了这么相似的、离奇的神话。不过这种说法也未免太玄了。另一种可能性是不是也值得考虑一下：两个地方的传说都保存了对古代某种建筑技术的记忆。这种技术能够轻而易举地将巨大的石块从地上举起，容易得“不可思议”。古埃及的传说也有几乎一模一样的奇迹记载，这里面是不是也有些关系呢？古埃及的一个传说里，一个巫师让一块“长 200 库比特（古埃及长度单位，1 米 =1.57 库比特）、宽 50 库比特的

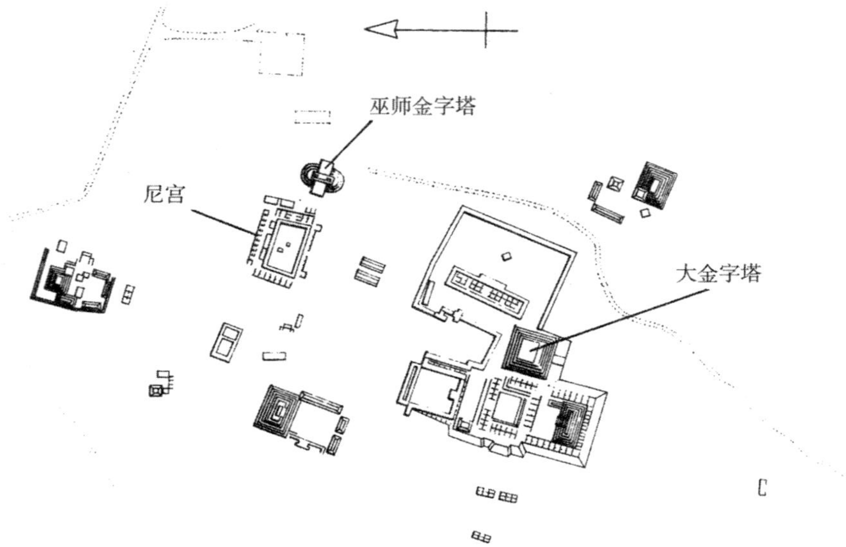

乌斯马尔遗址

巨大的石拱"拔地而起[12]。

我脚下的这道阶梯的两边装饰着很多十九世纪美国探险家约翰·劳埃德·斯蒂芬斯所谓的"雕刻的镶嵌拼花图案"[13]。怪异的是，虽然巫师金字塔是在西班牙征服中美洲前好多个世纪修建的，但是在这些镶嵌图案中出现得最多的却是与基督教十字架极为近似的图形。实际上，这里有两种"基督教"十字架。一种是12、13世纪的圣殿骑士团和其他十字军组织护卫的宽掌十字架，另一种是X形的圣安德鲁十字架。

又爬了几级极陡的阶梯后，我终于来到巫师金字塔顶上的神殿。它只有一间梁托拱顶结构的厅堂。天花板下悬挂着许多蝙蝠。这些蝙蝠也和乌云、群鸟一样，为即将到来的暴风雨感到不安。它们扑棱着翅膀，头朝下不停地蠕动着，乱糟糟地挤成一团。

我在环绕神殿的高台上坐下休息了一会儿。从这个地方往下看，能看到更多的十字架图形。毫不夸张地说，在这个古老的、异乎寻常的建筑里，十字架无所不在。我记得在安第斯山的蒂亚瓦纳科城也曾见过十字架图形。在哥伦布发现美洲之前很长的时间，它们已经刻在普马门四周散乱的巨大石块上了[14]。拉文达奥尔梅克的“蛇中人”浮雕上，也早在耶稣出生之前就刻上了两个圣安德鲁式十字架。而现在，在乌斯马尔玛雅遗址的巫师金字塔上，我再一次看到了十字架。

蓄须的男子……

羽毛蛇……

十字架……

具有如此鲜明特色的符号，居然在不同的历史时期，出现在相隔如此遥远的文化中，如果还说是巧合，可能性有多大？为什么这些符号会这么频繁地被镌刻在那些精美的建筑物和艺术品上？

预言科学

我不止一次地怀疑我看到的可能是某个秘密组织或者宗教派别留下的符号或者圣像。在千百年的漫长时间中，他们兢兢业业，守护着文明之火继续燃烧在中美洲（也许还有其他地方）。我认为有一点是值得注意的：凡在先进的科学技术和尚未确定的文明曾经与本地文化有接触迹象的地方，凡是这种情况发生的时候，总会有蓄须男子、羽毛蛇、十字架这些基本图案突然出现。而且这些接触都发生在很久很久之前，久远得几乎已被遗忘。

我又一次想起，大约在公元前1500年左右，奥尔梅克文明是怎样从史前的一片黑暗和混沌中突然喷薄而出的。所有的考古证据都表明，打从一开始，他们就参拜那些巨大的人头雕像和有蓄须男子的石碑。我感到自己越来越相信有这么一种可能：这些非凡卓绝的雕刻品中有一些是大量的文明遗产的一部分。公元前1500年之前的千万年前，这笔遗产就留给了中美洲的人民，后来交由一个秘密的贤人哲士团体——可能就是魁扎尔科尔亚特教派——来保管和守护。

很多很多的遗产都丢失了。不过，这个地区的一些部落——尤其是玛雅人，帕伦克和乌斯马尔古城的建设者——保存了比那些谜一样的石碑更为神秘、奇妙的东西，一些可以永远立于不败之地的、证实它们是一个更古老文明的遗产的东西。在下一章中，我们将看到，古代星象学家的神秘科学，一种时间、测量和论证的科学——甚至可以干脆称之为预言科学的学问，玛雅人保存得最完整。利用这些学问，他们继承了对一场可怕的、毁灭了整个地球的洪水的记忆，继承了一笔特有的遗产。这笔遗产是在丰富经验的基础上积累起来的知识，是玛雅人不可能真正具备的、高层次的知识，是我们自己最近才再度获得的知识……

第二十一章 计算世界末日的电脑

玛雅人知道他们的学问是从哪里来的。那是传下来的。他们说，是最早的人传给他们的。这些人是魁扎尔科尔亚特的仆从。他们的名字是：巴兰姆－奎泽（笑面虎），巴兰姆－阿卡布（夜行虎），马乌库塔（豪门）和伊奎－巴兰姆（月亮虎）[1]。据《圣书》记载：

> 这些先辈们聪明智慧。他们目光敏锐，具有远见卓识。他们能洞悉一切，对世间万物无所不知。他们能足不出户而知天下之事。他们的知识是如此渊博，森林、石崖、湖泊、海洋、山脉、峡谷，无不尽收眼底。他们真是值得赞美、值得敬佩的人……他们通晓一切，他们探测过苍穹的四角和四极，也探测过圆形的地球表面。[2]

这些人的成就引起了几个最有权势的神祇的忌恨。“奴仆们懂得这么多不是什么好事。”神祇们认为，“他们怎敢与我们平起平坐？我们创造了他们，我们才是无所不知、无所不见、无所不能的……难道他们也想当神仙么？”[3]

这种局面显然不能继续下去了，一番考虑之后，众神颁下一道谕旨并采取了相应的行动：

让他们的眼睛只看到眼前的事物；让他们只看到地球上的一小点地方……让天堂之心将迷雾吹进他们的眼睛，使它们变得模糊不清，好像镜子蒙上了水汽。他们的眼睛被挡住了，因而只能看见近旁的东西，只有这些东西才清晰可辨……只有这样，这些最早的人的智慧和知识才能被毁弃。[4]

任何熟悉《圣经·旧约》的人都知道，亚当和夏娃被逐出伊甸园的原因也是上帝有了类似的顾虑。在人类的始祖吃了智慧树上结出的果实后——

上帝说："那人已与我们相似，能知道善恶。现在恐怕他伸手又摘生命树的果子吃，就能永远活着了。"上帝便打发他们出伊甸园去。[5]

《圣书》被公认为是集哥伦布之前最纯正的印第安传说之大成的一本经典之作[6]。因此发现其中的传说与《圣经·旧约》中的故事如此相似确实令人困惑。一如我们已经提到过的东半球和西半球的许多关联事物。这些相似点并不能说明是哪种宗教直接影响了哪种宗教，而只能说明是对同一事件的两种不同的诠释。例如：

●《圣经》中的伊甸园看起来很像是对拥有知识后的极乐的“神仙似的”状态的一种隐喻。这正是《圣书》中的始祖们感同身受的。

●这种知识的要点是“洞察一切”和“知晓一切”的能力。这不正是亚当和夏娃吃了“智慧之树”上的禁果后所获得的能力吗？

●最后，正如亚当和夏娃被逐出伊甸园，《圣书》中的四个始祖也被剥夺了“远见卓识”的能力。此后，“他们的眼睛被挡住了，因而只能看见近旁的东西……”

《圣书》和《圣经·创世记》讲的都是人类失宠的故事，而这种失宠都是与知识密切相关的。读者无疑可以从中领悟到，这些知识是如此卓越非凡，以至能使拥有这种知识的人具有神一般的力量。

《圣经》除了晦涩含糊地说这种知识是“知道善恶的智慧”外，再也没说别的。但是《圣书》讲的就详尽得多。它告诉我们，人类始祖的知识包括“足不出户而知天下之事”。他们上通天文，“探测过苍穹的四角和四极”，他们下知地理，“也探测过地球的圆形表面”[7]。

地理学是与地图有关的科学。在第一部中我们已经看到很多证据，一个神秘的文明曾派遣他们的制图师们对整个地球进行彻底的勘测并绘制成图。《圣书》情深意切地缅怀他们的始祖和他们所具有的神奇的地理知识时，是不是讲的是对同一个文明的、最为精要的记忆呢？

地理学与地图有关，天文学则牵涉到星辰。这两门学问往往齐头并进，因为远洋航行离不开星星指路（而远洋航行对于绘制精确的地图又至关重要）。

《圣书》中的始祖们不仅研究“地球圆形的表面”，而且也观测过“苍穹”。这是偶然的吗？[8]玛雅文明的最杰出的成就是他们的天文观测。在此基础上，通过先进的数学计算，它们建立了一套精巧、复杂、深奥，而且极为准确的历法。这些难道也是巧合？

失衡的知识

1954年，在中美洲考古问题上首屈一指的权威J·埃里克·汤普森坦言他发现玛雅文明中明显的矛盾时心中的困惑。玛雅文明从整体上看水平非常一般，但是他们的天文、历法知识却极为先进。“玛雅知识分子能绘制出精确的天文图，却不懂得轮子的原理；他们比任何半开化民族都热衷于实现永恒，却不肯迈出从梁托拱门到拱门这小小的一步；他们计数动辄以百万计，却从来不学怎样称一袋玉米的重量。”他问道，“这到底是什么思维怪癖？”[9]

也许答案要比汤普森想象的简单得多。天文知识、对时间的理解、复杂的数学计算等等，可能根本就不是什么“怪癖”，而是玛雅人从一个更为古老、更为智慧的文明那里继承来的、多少还算完整的、相互关联但又各具特色的知识体系的组成部分。这样汤普森观察到的那些矛盾的东西就好解释了，而且也没有必要再在这些事情上进行无谓的争论。我们已经知道玛雅人继承了奥尔梅克人的历法（1000多年以前，奥尔梅克人就在使用一模一样的历法系统）。真正的问题应该是，奥尔梅克人从哪里得来的这部历法？一个文明需要具有多高的科学技术水平，才能发明出如此精确的历法？

以太阳年为例。现代西方国家至今仍然在使用1582年创始于欧洲的太阳历。那是建立在当时最高科学技术水平上的一部历法，即著名的格里高利历。被这部历法替代的儒略历，将地球围绕太阳运行的周期计算到365.25天。教皇格里高利13世将它修正到更为精细准确的365.2425天。由于1582年以来的科学进展，现在我们知道太阳年的准确长度应为365.2422天。格里高利历的误差只多了0.0003天。这在16世纪已经是相当精确的了。

玛雅历法比16世纪早得多。它的来源已经古老得成了一片朦胧，但是它的精确度却更高。它计算出来的太阳年为365.2420天，只有0.0002天的误差[10]！你不为此感到惊讶吗？

同样，玛雅人知道月亮围绕地球运行的周期，他们算出来的时间是29.528395天，与现代最精密的方法计算出来的结果29.530588极为接近[11]。玛雅祭司们还拥有精确的时间表，可以预测日食和月食发生的时间。他们知道日食和月食只发生在交点（月亮与太阳的运行路线相交点）前后18天之内[12]。玛雅人还是造诣高深的数学家。他们拥有先进的运用棋盘格装置进行度量计算的技术。而我们自己直到20世纪才发现（或者可以说是重新发现）这种方法[13]。他们谙熟零的抽象概念及其用法[14]，并且精通数位计数法。

这些都是深奥的知识。正如汤普森所观察到的：

零及数位计数法在我们的文化中是基本的构成成分，使用起来十分方便。我们很难理解它们的发明怎么会这么晚。无论是拥有伟大的数学家的希腊人还是古罗马人，对零和数位计数法都一无所知。用罗马数字写1848这个数需要十一个字母：MDCCCXLVIII。当罗马人还在用他们笨拙的方法计算时，玛雅人早就在用非常类似于我们现在使用的数位记号进行运算了。[15]

如果说，这个在别的方面实在不怎么样的中美洲部落，居然能在那么早的时候“偶然发现”了这么个创新——科学史学者奥托·纽格鲍尔誉为“人类最富想象力的发明之一”[16]，是不是有点太蹊跷了？

别人的科学

现在我们不妨探讨一下金星的问题。金星对中美洲古代各民族人民都具有格外重大的象征意义。他们把它看成是魁扎尔科尔亚特的化身（或者是玛雅土语中对这位羽毛蛇神的称呼古库马兹、库库尔坎的化身）[17]。

与古希腊人不同，但与古埃及人一样，玛雅人知道金星既是“晨星”又是“暮星”[18]。他们还懂得其他有关金星的知识。一个行星的“会合周期”指的是这个行星运行一周，回到从地球上看去某个特定点所需要的时间。金星每224.7天环绕太阳旋转一周，地球的轨道要稍微大些。这两个行星的运动相结合的结果就是，金星大约每584天升起在地球天空中的同一个地方。

玛雅人继承的精密的历法系统无论是谁发明的，都一定了解上述现象，而且找到了巧妙地将它与其他相关的周期结合起来的办法。此外，通过将这些周期结合到一起进行的数学计算，古代的历法大师们显然已经知道，584天只是个近似值，而且知道金星的运动并不是非常规则的。因此，他们计算出了金星在一个很长的时期内的会合周期准确的平均值（已经得到现代科学的确认）[19]，它就是583.92天。这个数字已经以无数极其复杂、极其难懂的方式融入了玛雅的历法中[20]。例如，为了让它配合所谓的“圣年”（260天，分为13个月），历法家们硬将每61个金星年修正4天。此外，每五个这样的周期，要在第57个会合周期结束时再修正8天。玛雅历法师将圣年和金星的会合周期结合得如此紧密，以致这个方程式所产生的误差小到令人惊愕的每6000年才一天[21]。更让人佩服的是玛雅的历法师们还有一套精心计算的调整方案，使金星周期不仅与“圣年”相互协调而且与太阳年的关系也恰到好处。而如此殚精竭虑的目的，就是确保他们的历法在极其漫长的时间内都能够精准无误[22]。

这个“半开化”的玛雅部落用得着这么高精度的历法吗？还是他们只不过是继承了一个运转正常的，适用于一个更古老、更先进文明的一套历法？

玛雅历法皇冠上的宝石是所谓的“长算”。这套计算日期的系统也表示对过往历史的信念：那个广为玛雅人所信奉的、著名的大周期理念。他们相信，时间是以大周期运作的。这些周期都从世界的创造到毁灭周而复始地循环。在玛雅人看来，当前的大循环始于4 Ahau 8 Cumca。这一天相当于我们日历上的公元前3114年8月13日[23]。他们还相信，在4 Ahua 8 Kankin这一天，也就是我们的2012年12月23日，在一场全球性的毁灭性的灾难中，这个周期将走向灭亡。“长算”的作用是记载目前这个大周期开始以来时间的流逝，说准确点，就是一年一年地扣掉分配给现今人类的5125年[24]。

我们或许最好能把“长算”设想为上天的计算器。它在不断地计算着我们对宇宙欠下的不断增长的债务。当计算器仪表上的读数到了5125时，我们欠下的每一分钱都要收回。

不管怎么说，玛雅人就是这么想的。

“长算”计算器上的运算当然不是用我们的数字进行的。玛雅人用的符号是他们从奥尔梅克人那里传承下来的，而奥尔梅克人则是从——天晓得哪里。这套符号是：点（表示 1，或者计数单位，或者 20 的倍数），横线（表示 5 或者 5 乘以 20 的倍数），一个贝壳形的象形文字（代表 0）。计算时间长度的单位是：金（kin，天），乌伊纳尔（uinal，20 天），盾（tun，计算年，360 天），卡盾（katun，20 盾），巴克盾（bactun，20 卡盾）。处理更长时间计算的单位还有皮克盾（pictun，8000 盾）和卡拉布顿（calabtun 16 万盾）[25]。

所有这一切清楚地表明，虽然玛雅人知道他们自己生活在一个必定会遭到暴力毁灭的周期内，但是他们仍然相信时间是无穷无尽的。无论个别生命的死活还是文明的兴衰，它都会以它神秘的循环形式周而复始地运转。考古学家汤普森就这一问题进行过大量的研究。他做出了这样的总结：

> 在玛雅人的数学图表中，时间行进的路线向过去延伸得如此久远，以致人类的头脑根本无法想象和领悟。但是玛雅人还是义无反顾地沿着这条路线去追寻时间的起点。每往过去前进一步，都会打开一个新的局面。世纪累积成千年，千年累积成万年。这些不知疲倦的探索者就这样一步步走进了永无穷尽的过去。危地马拉的季里古阿遗址出土的一块石碑上镂刻着他们计算出来的 9000 万年前的一个日期，另一块石碑上记载着那之前三亿年的日子。它们都是一步一步算出来的，哪月哪日一清二楚，好比我们以同等距离按我们的历法算出来过去的复活节降临的月份。
>
> 这种天文数字真令人头昏目眩……[26]

这一切对一个在许多方面都乏善可陈的文明而言是不是太前卫了？玛雅人的建筑就其本身而言也还算不错，但是除此以外，再也找不到什么可以证明这些居住在丛林中的印第安人具有（或者需要）想象这么久远时间的能力。

西方大部分知识分子摒弃厄谢尔主教的世界是公元前4004年创造的观点才一百年多一点儿，他们总算承认这个世界不知道要古老多少了[27]。说白了，在达尔文提出进化论之前，古代的玛雅人比英国人、欧洲人和北美人都更为准确地了解我们这个星球有多么古老，地质时间实际上是多么久远。

这一下问题来了：玛雅人是怎么对上亿年的时间那么运算自如的？是文化发展的反常现象呢，还是他们继承了那些历法和数学工具，促进并帮助他们发展了这种复杂的运算？如果真是继承了什么遗产，我们自然想知道发明这种电脑线路图似的玛雅历法的人目的何在了。他们想用它来干什么？难道真如一位权威所言，设想出这么复杂精密的东西只图一个“挑战智力，就像玩字谜游戏一样”？[28]他们脑子里会不会有更为实际、更为重大的目标呢？

我们已经看到玛雅社会最痴迷的，实际上也是中美洲所有古代民族最关注的，是计算世界末日的时日。如果可能的话，尽量推迟它的到来。这会不会是这部神秘的历法预期的使命？它会不会是一台预示某种可怕的宇宙或者地质大灾难的机器？

第二十二章 众神之都

大量的中美洲传说中都充斥着第四太阳纪的悲惨结局的故事。铺天盖地的大洪水消退后，随之而来的是漫长的黑暗。太阳从天空中消失了，大地一片漆黑。然后——

众神聚集在特奥蒂瓦坎（众神之地），焦急地商量谁去当下一个太阳。黑暗中，唯见圣火（韦韦泰奥特神的替身，赋予万物生命之始的神祇）浩劫之后仍在闪烁。“必须有人牺牲自我，投身火中。”他们喊道，“如此太阳才得以出世。”[1]

接下来是两位神祇，纳纳瓦钦和特奇兹泰卡特尔，为了公众的利益而献身的悲壮场景。他们一个投身圣火，旋即化为火柱，另一个躺在余火旁边，慢慢地忍受炙烤。“众神守候良久，天空终于红光曦微，如黎明来临。东方旭日初升，光芒万丈，万物复苏……”[2]

就在宇宙万物重生的时刻，魁扎尔科尔亚特现身了。他的使命与第五太阳纪的人类有关，所以他化身为人——一个长胡子的白人，就像维拉科查。

在安第斯山，维拉科查的首府是蒂亚瓦纳科。在中美洲，魁扎尔科尔亚特的首都是特奥蒂瓦坎，第五个太阳出生之地，众神之都[3]。

堡垒、神殿和天界地图

●墨西哥市东北方 50 公里，特奥蒂瓦坎

我站在特奥蒂瓦坎城堡垒的空荡荡的大院子里，遥望朦胧晨曦中的太阳金字塔和月亮金字塔。在远山环绕、草木葱茏的原野上，伸展着一条笔直的所谓"亡灵之路"。以这条主轴道为中心，有一片废墟。太阳金字塔和月亮金字塔这两座宏伟的建筑就是这部雄浑的废墟交响乐中的两大乐章。这条宽阔的"亡灵之路"长达 4 公里以上。堡垒大约位于路的中段，月亮金字塔雄踞路的北端，太阳金字塔在路东。

按几何方位建造的城市布局，建筑物通常都是正南北或者正东西方向。但是特奥蒂瓦坎的建筑师却刻意让亡灵之路指向北方偏东 15° 30′。这实在让人不解。对这个问题有好几种解释，但是都不是很有说服力。越来越多的学者开始怀疑这种布局是否与天象有关。例如，有一种观点说，亡灵之路可能是修来"面对当时的昴宿星团七星"的[4]；杰拉尔德·霍金斯教授则认为，这个方向可能与"天狼星—昴宿星团轴线"有关[5]；但是斯坦斯伯里·黑格（布鲁克林文理研究所人种学部主任）却指出，这条路可能代表银河[6]。

实际上黑格看到的还不止这些。他在许多金字塔、土墩和其他建筑上看到了某些特定的行星的身影。它们像凝固的卫星，环绕在亡灵之路两旁。他的总的观点是，特奥蒂瓦坎是按照某种"天空地图"设计的，"它是想象中的神祇和亡灵居住的天界在地上的再现"[7]。

在 20 世纪 60 年代和 70 年代，住在墨西哥的美国工程师小休·哈里斯顿对特奥蒂瓦坎进行了全面的、精确的调查，以验证黑格的直觉。1974 年

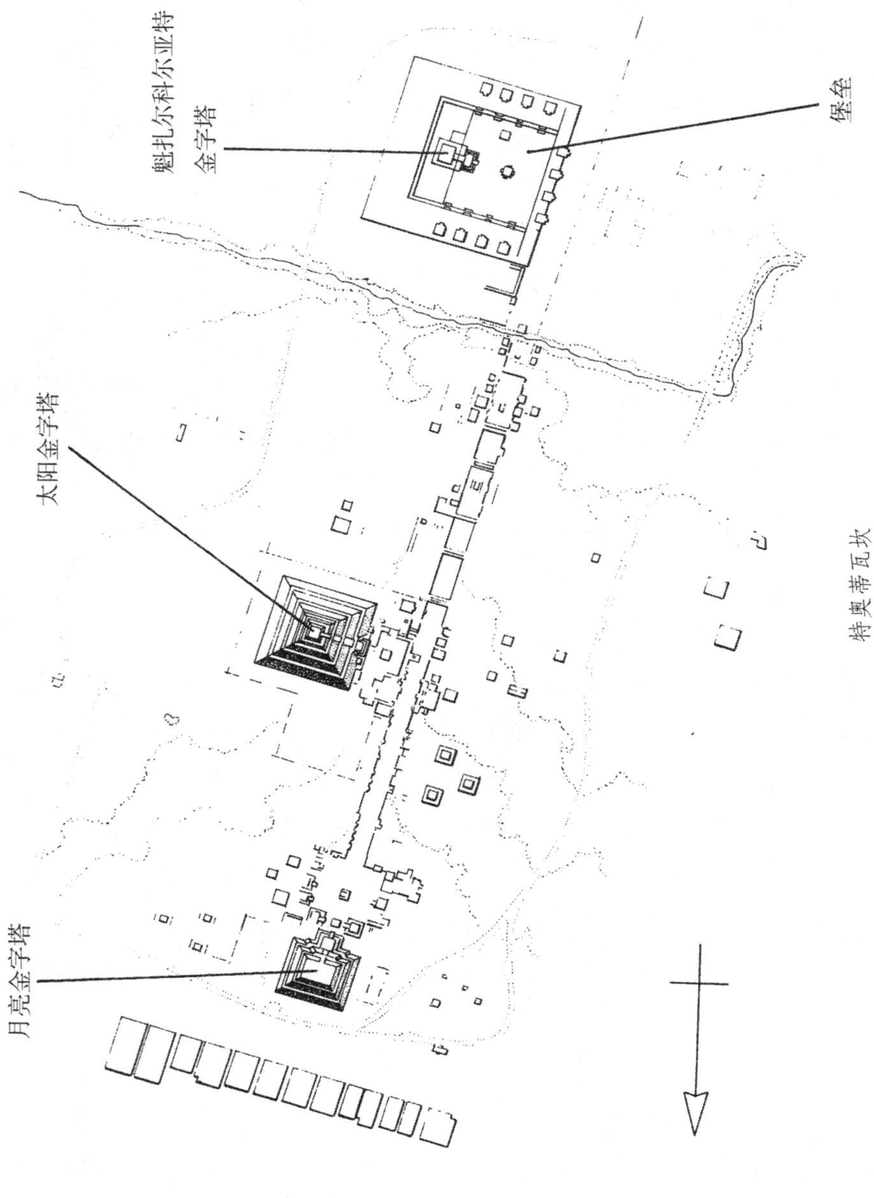
魁扎尔科尔亚特
金字塔
保垒
太阳金字塔
特奥蒂瓦坎
月亮金字塔

10月，哈里斯顿在“美洲原住民文化学者国际会议”上报告了他的发现[8]。他的论文中充满了大胆而新颖的观点，包括一些有关特奥蒂瓦坎城堡垒和位于堡垒的正方形大院东端的魁扎尔科尔亚特金字塔的格外新奇的信息。

这座金字塔被学者们认为是中美洲保存得最好的考古建筑之一[9]。之所以如此是因为这座史前的原始建筑被后来兴建的、紧靠它前面（稍微偏西一点）的一个土墩埋掉了一部分。在挖掘那个土墩时才发现了现在我面前这座漂亮的六层金字塔。它高22米，底部面积7600平方米。

当初这座神庙外部的缤纷色彩至今痕迹犹存。这座挖出来的神庙是一道美丽而奇特的风景。正面的石壁上和宽阔的中央阶梯两边刻满了一联串呈三维图像突兀出来的蛇头。这些怪模怪样、具有人类特点的爬行动物的嘴伸得长长的，里面长满了尖利的牙齿，上嘴唇上有一撇自行车把手似的胡子。每条蛇的粗脖颈上都有一圈精雕细刻的羽毛——魁扎尔科尔亚特最经典的标志[10]。

哈里斯顿的调查表明，排列在亡灵之路两边（实际上还有更远处的）的主要建筑物之间显然存在着一种复杂的数学关系。这可不是一般的关系。具体地说，就是特奥蒂瓦坎始建之初可能是按照比例精确的太阳系的结构设计的。至少，如果把魁扎尔科尔亚特神殿的中线当作太阳的位置，从这里向北，沿着亡灵之路这根轴线所修建的建筑物似乎呈现出太阳系内各大行星的正确轨道距离，系内四大行星，小行星群，木星，土星（由太阳金字塔代表），天王星（月亮金字塔代表），海王星和冥王星由两个尚未挖掘出来的北面数公里外的土墩代表[11]。

如果这种相互关系不仅仅是巧合，那么，它们最起码可以证实特奥蒂瓦坎曾经有过非常先进的天象观察术。现代科学到晚得多的时候才赶上他们的技术水平。我们的天文学家到1787年才知道天王星，1846年认识了海王星，至于冥王星，到1930年才被发现。对比起来看一看吧，按最保守的估计，特奥蒂瓦坎城区的主要组成部分（包括堡垒、亡灵之路、太阳金字塔和月亮金字塔）的建造日期最晚也可以追溯到耶稣出生的时候[12]。在那个年代，在东、西两半球，没有任何文明知晓外层行星，更不用说它们的轨道相互之间的距离及它们与太阳之间的距离了。

埃及与墨西哥——更多的巧合

在完成他对特奥蒂瓦坎的金字塔和道路的研究后，黑格做出这样的结论："我们还不了解以特奥蒂瓦坎为中心、以天象图为特征的天象崇拜的重要性、精确程度及其在古代美洲盛行的范围。"[13]

但是，这仅仅是种"天象崇拜"吗？还是更接近我们应该称之为"科学"的东西？而且无论是"崇拜"还是"科学"，说它只是在盛行于古代美洲是实事求是的吗？要知道，古代世界的其他地方有很多证据表明它们之间有着千丝万缕的联系。

例如，利用最新的天文图绘制电脑程序，考古学家证实：举世闻名的埃及吉萨高原上的三座金字塔的位置精确地反映了猎户座中三颗明星最精确的方位[14]。古代埃及祭司们在尼罗河西岸的沙漠中创造的天文图决不止这一个。在本书的第六部和第七部中，我们将看到，一个大自然的造物——尼罗河，在他们的整体规划中，显现的正是银河[15]。

埃及人和墨西哥人在按照天象图设计他们的城市主体建筑规划时，决不会将其宗教功能排除在外。相反，这无疑是他们考虑的、仅次于体现天文图的事情。特奥蒂瓦坎的建筑物与吉萨高原上的建筑物一样，都曾在当地的民众生活中发挥过重要的宗教作用。

例如，16 世纪西班牙神父伯纳迪诺·迪萨哈冈收集的中美洲传说雄辩地揭示了一个广为流传的观念：在远古时代，特奥蒂瓦坎至少有一次发挥过重要的、特定的宗教作用。这些传说里说，这座众神之城因"君王死后安葬于此，他们不会灭亡而是转世为神"而闻名[16]。换句话说，这是个"人变为神的地方"[17]。不但如此，这里还是"有通神之路的人居住的地方"[18]和"创造神明的地方"[19]。

吉萨的三座金字塔似乎也有宗教作用。这是不是巧合呢？世界上最古老的文献，用象形文字写成的《金字塔经》明确无误地表明，在这些庞大的建筑物中举行的仪式就是为了给去世的法老“打开天堂之门，接通天界之路”，以便他能够“与诸神为伴”[20]。

在我看来，将金字塔设计成为一种“转人为神”的装置（大概从形而上学的观点来看）实在太独具个性，太特别，不可能是古埃及人和古墨西哥人各自独立想出来的主意。同样，按照天象图来安排庄严神圣的地方的建筑格局也不可能是各行其是搞出来的名堂。

不仅如此，还有其他奇怪的相似的东西值得我们思考。

特奥蒂瓦坎与吉萨一样，也建造了三座金字塔：魁扎尔科尔亚特金字塔、太阳金字塔和月亮金字塔。这三座金字塔的布局也不像人们想的那样对称，其中两座虽说在一条直线上，但是第三座好像是特意偏在一边。这一点也像吉萨金字塔。再有一点，吉萨金字塔中的大金字塔和海夫拉金字塔的塔顶是水平的，尽管前者的塔身比后者的要高。在特奥蒂瓦坎也一样，太阳金字塔与月亮金字塔的塔顶持平，即使前者的实际高度超过后者。原因相同体现在两个方面：大金字塔所在的地面比海夫拉金字塔所在的地面低，太阳金字塔的地面也比月亮金字塔的地面低[21]。

这些都可能是巧合吗？如果将它们归结为墨西哥和埃及有某种古代的关联是不是更合逻辑一些？

基于我在第18和第19两章中列出的理由，我对这两地之间有直接的、密切的交往持怀疑态度，起码有历史记载以来是没有。在此，我不得不再说一遍，正如对玛雅历法和南极洲的早期地图的看法一样，我们能不能保持一个开放的头脑，考虑一下是否有这种可能性：埃及的金字塔、特奥蒂瓦坎的废墟都是一个古老的外来文明的科学技术、几何知识、天象观测（还可能有宗教）的体现。这个古老的文明曾经，如《圣书》所言，“探测过苍穹的四角和四极，也探测过地球的圆形表面”。

关于吉萨金字塔的历史，学术界已基本达成共识，认为有4500年左右[22]。特奥蒂瓦坎的年岁就没有这种荣幸了。亡灵之路也好，魁扎尔科尔亚特神殿也好，太阳、月亮金字塔也好，都没有做过准确的日期鉴定[23]。大部分学者认为这座城市的兴盛时期在公元前100～公元600年间。另有人则坚称它崛起的时间要早得多，应在公元前1500～前1000年间。更有人在地质学的基础上对此进行探索。他们把特奥蒂瓦坎建城的日期追溯到公元前4000年，附近的西特里火山爆发之前[24]。

在这些对特奥蒂瓦坎的历史说法不一的观点中，我发现，没有一个人对这座前哥伦布时期美洲最庞大、最宏伟的大都会的真正缔造者的身份有丝毫了解。对此我并不吃惊[25]。现在可以肯定的只有一点：公元12世纪，在阿兹特克人建立他们强大帝国的征程中，他们脚步初次踏进这个神秘城市的时候，这里的恢宏建筑物和宽阔的道路就已经老旧残破得不辨真迹了。上面覆盖的莽莽丛林和凄凄芳草使它看起来像一片大自然的荒野而不是人造的都市[26]。只有当地一个世代相传的神话还提到它：这是一座巨人建造的城市[27]，这些建筑是为将凡人转化为神祇而兴建的。

被遗忘的古代智慧

走出魁扎尔科尔亚特神殿，我又一次穿过西边的堡垒。

没有任何考古证据表明这个大院子曾经被当作堡垒用过，或者说，起过任何军事或者防御作用。与其他众多情况一样，这座建筑的设计显然煞费苦心，建造时也工程浩大，但是它的真正作用当代的学者们至今仍不甚了了[28]。甚至那些给太阳金字塔和月亮金字塔（没人知道建造这两座塔的人原来管它们叫什么）命名的阿兹特克人都不知道该叫它什么好。这个名字就只好留给后来的西班牙人给它起了。就冲它四周环绕7米高，450米长的厚厚的围墙和面积达93平方千米的大院，他们叫它“堡垒”倒也名副其实[29]。

我漫步走到院子的西头，沿着一道陡梯上到围墙顶，转身朝北走上了亡灵之路。我再一次提醒自己，这不是特奥蒂瓦坎人对这条宽阔、壮观的大道的称呼。西班牙人叫它“亡灵之路”是根据阿兹特克人的称呼来的，而阿兹特克人显然是把这条路两旁无数的土包当成坟墓了（实际上它们不是）[30]。

我们已经思考过亡灵之路会不会是银河在地面上的复制品的问题。在这里我要提到另一个美国人，艾尔弗雷德·施莱默（与小休·哈里斯顿一样，也是个工程师），他从事的是技术预测工作，尤其是地震预测[31]。在1971年10月墨西哥城举行的第十一届全国化学工程师会议上，他就这个问题发表了一篇论文。

施莱默的论点是，亡灵之路可能根本就不是一条路。它原来可能是一排相互连接的、起反射镜作用的水池，里面蓄满了从最北端的月亮金字塔流出来，通过一系列水闸，最后进入南面的堡垒的水。

我一面往北方的月亮金字塔走，一面想，他的观点确实有几点是颇能站得住脚的。首先，这条“路”每隔同等距离就用高隔离墙分开。在这些隔离墙的底部，做工精细的水闸残迹清晰可辨。其次，地势的情况也便于水流从北向南流动，因为月亮金字塔所在的地面比堡垒前面的地面高出约30米。隔离墙分隔开的一个个水池很容易蓄满水，而且可能真的被当成反射镜用，创造出比泰姬陵或者子虚乌有的沙利马花园更令人神魂颠倒的美景。最后，“特奥蒂瓦坎测绘项目”（由华盛顿国家科学基金会提供资金，罗切斯特大学教授雷内·米隆领导）已提出确凿的证据，表明这座古城拥有“许多精心设计的渠道和分流系统，一条人工挖掘的截弯取直的河流，在特奥蒂瓦坎城内形成了一个水道网，直通现在离城16千米，古时可能更近些的特斯科科湖”[32]。

围绕这个庞大的水力系统的作用问题有过很多争论。施莱默的论点是，他发现的特殊水道是有实际用途的。它作为一个“长期地震监视器”，是“现在没人懂得的古代科学的一个组成部分”[33]。他指出，远方的地震能使“地球各处的水面形成驻波”，亡灵之路上那一个个精心设计、层层分隔的反射水面可能是用来“让特奥蒂瓦坎人从形成的驻波上观察全球地震发生的地方和强度，从而预测本地可能发生的地震”[34]。

当然，施莱默的理论找不到证据。不过当我想到充斥于墨西哥人的神话中的地震和洪水的永恒的话题时，想到玛雅历法中同样的、对预测未来事件的痴迷时，我感到，我对这位美国工程师的貌似牵强的结论的怀疑开始动摇。如果施莱默是正确的，如果古特奥蒂瓦坎人真懂得共振原理并将其付诸实践，运用到地震预测上，那就意味着他们是拥有先进科学技术的

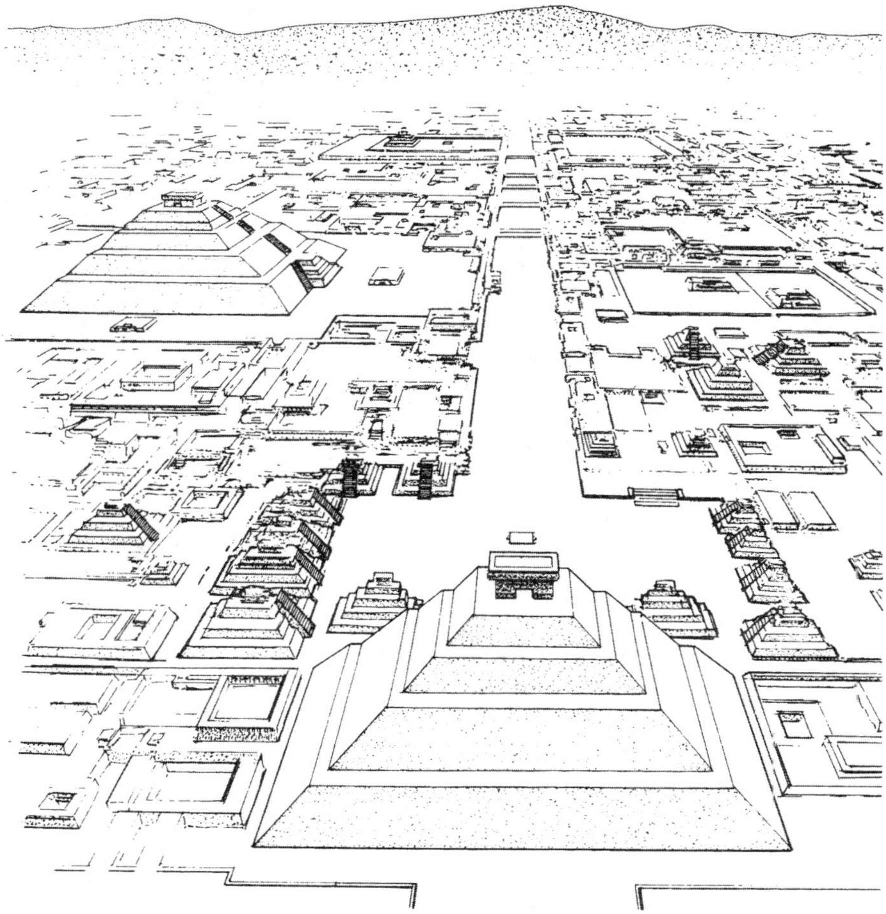

特奥蒂瓦坎古城复原图。从月亮金字塔背后俯瞰亡灵之路。太阳金字塔在路的左面。太阳金字塔前方，远处的堡垒大院内，依稀可见的是魁扎尔科尔亚特金字塔

人。再者，如果黑格和哈里斯顿是正确的，在特奥蒂瓦坎城的几何规划图中确实融入了太阳系的结构，那也说明这座城池是由一个具有先进科学技术、我们尚不得而知的文明建造的。

我继续在这条亡灵之路上往前走，然后向右转，去太阳金字塔。途中，我在一个废弃的庭院前停下了脚步。它的主体结构是一座古“神庙”。在这座神庙的石地板下，隐藏着一个难解的谜团。

第二十三章 太阳、月亮与亡灵之路

有的考古发现未等开张便大肆鼓噪，有的则由于各种原因悄无声息。1906 年在特奥蒂瓦坎太阳金字塔上发现的、夹在顶层中间又厚又大的云母板无疑属于后者。它是在对金字塔进行修复前的探查时发现的。它的发现没有引起人们的注意，也没有对它的作用进行任何后续研究。原因很好理解：由于云母具有高度的商业价值，一出土后立即被运走卖掉了。干这件事的千古罪人显然就是里奥珀多·巴特雷斯，墨西哥政府任命的、修复这座饱经沧桑的金字塔的负责人[1]。

最近在特奥蒂瓦坎又发现了更多的云母（在“云母神殿”），但是也没有引起多少注意。原因很难解释，因为这一回云母并没有被盗，仍旧在遗址中[2]。

云母神殿是一个建筑群中的一座，在太阳金字塔西墙的南面 300 米左右的地方，中间有一个庭院。在神殿沉重的石板地面下，维金基金会资助的考古队挖掘出了两块巨大的云母板。它们是在遥远的古代，由一个擅长处理和切割这种材料的民族刻意而小心地安放在这里的。两块云母板上下相叠，面积达 8 平方米[3]。

云母不是成分完全相同的物质，不同岩层中的云母含的微量金属也不同。这些金属最常见的有钾和铝，还有含量不一的二价铁、三价铁、镁、锂、锰、钛等。特奥蒂瓦坎云母神殿中这两块云母板的微量元素显示，它们是 3200 千米外的巴西的特产[4]。神殿的建造者们必定有特定的要求非要这种云母不可，所以才不远千里去弄来，否则他们可能会就地取材，既便宜又方便。

云母不是常用的地板材料。把它放到地板的下面任何人都看不见的地方，这种稀奇古怪的建筑方式在美洲，在世界任何其他地方都是绝无仅有的[5]。

令人沮丧的是 1906 年被巴特雷斯从太阳金字塔挖掘、卖掉的那块大云母板原来所在的准确位置已经无法确定了，它的作用就更无从谈起。云母神殿的这两块完整无缺的云母板，所处的位置显然不具装饰作用，看起来似乎另有某种特殊功能。这里我们顺便提一下，云母所具有的特性，使其特别适用于一些科技领域。在现代工业生产中，它被用于制造电容器，是极好的隔热体和绝缘体。在核反应堆中，它是快速运动的中子的不透明体，堪当减速器的作用。

灾难性的“修复”

●特奥蒂瓦坎太阳金字塔

我在石梯上攀爬了约 60 米后，终于到了金字塔顶上。我从这里仰望天空。这一天是 5 月 19 日，时间是中午，太阳直射头顶。7 月 25 日的太阳也会这样。在这两天，这座金字塔的西面都会正对日落的位置，亘古不变[6]。

在昼夜平分日，也就是 3 月 20 日和 9 月 22 日，这里还能看到更为奇特但同样是特意制造的效果。那一天中午，阳光从南向北移动，渐渐抹掉沿西边下层台阶延伸的一道笔直的阴影。从阴暗到明亮，整个过程 66.6 秒，分毫不爽。年复一年，从金字塔建起，年年如此，一直延续到大塔倾圮，化为尘土的那一天[7]。

当然，这意味着，在金字塔的众多功能中，至少有一项充当“万年钟”，准确地报告春分、秋分的来临，方便像玛雅人那样的、关注时间流逝和计算的人们，在必要的时候修正他们的历法。此外，它还意味着，特奥蒂瓦坎的建筑大师们拥有丰富的天文和测地数据资料。根据这些资料，他们确定了金字塔的精确方位，以发挥报告春分、秋分的功能。

这是第一流的设计和建筑水平。数千年的沧桑巨变没能使它坍塌。但20世纪初的一场外墙全面翻修却差点让它毁于一旦。这也是那位以“修复家”自诩的里奥珀多·巴特雷斯干的好事。除了盗卖本可以帮助我们破解这座神奇建筑物谜团的珍贵文物之外，这个墨西哥腐败的独裁者迪亚斯的可憎帮凶还将金字塔北、东、南三面外墙上的石块、灰泥和石膏全部扒掉，厚度达6米！这番“修复”的结果是场浩劫：下面的土坯表层在大雨中消融，土石大量流失，整个金字塔随时有可能坍塌。虽然补救措施阻止了滑移，但是太阳金字塔原有的表面特征已全部破坏殆尽、无可挽回了。

以现代考古学标准衡量，这当然是不可饶恕的亵渎。因为这样一来，我们再也不可能知道随着那被刨去的6米厚的外墙而永远消失的诸多雕刻、铭文、浮雕和其他物品所蕴含的意义了。这还不是巴特雷斯肆意摧残造成的最令人痛惜的后果。现在已有惊人的证据表明，建造太阳金字塔的那些不知名的建筑师们很可能特意将科学资料保存在这座伟大建筑中的某些关键环节里。我们已经在保存完整的西墙上采集并研读出这类证据。这面墙是我们至今还能看到的刻意制造出的春分、秋分阳光效果的地方。由于巴特雷斯随心所欲地更换了其他三面墙的外层结构，这些墙面再也不可能发送出类似的信息了。事实上，这位墨西哥“修复家”对这座金字塔的外形和规模进行了那么剧烈的扭曲，他已经断送了我们的子孙后代从它那里获得信息的通道。他们可能永远都不会知道特奥蒂瓦坎有什么重要的事情要告诉他们了。

永恒的数字

圆周率 π 是先进数学的基础。它是圆周与直径之比，其值略大于 3.14。举例说，如果一个圆的直径为 12 米，这个圆的周长就是 12 × 3.14 = 37.68 米。同理，因为圆的直径是其半径的两倍，我们也可以用 π 来计算任何已知其半径的圆的周长。在这种情况下，就用半径乘以 2π。再以直径为 12 米的圆为例，它的半径为 6 米，周长则为：6 × 2 × 3.14 = 37.68 米。半径为 10 米的圆，其周长为 62.8 米（10 × 2 × 3.14）；半径为 7 米的圆，其周长为 43.96 米（7 × 2 × 3.14），以此类推。

有了 π 这个数值后，我们就可以用这些公式计算直径或半径为任何数的圆，无论其大小。π 也适用于所有的球体或半球体。事后看来，这区区一个数字似乎再简单不过，但是它的发现却是数学上一个革命性的突破，是人类历史上很晚的时候才实现的。正统的观念认为，公元前 3 世纪，阿基米德首次将 π 的值计算到 3.14[8]。学者们对美洲有人在 16 世纪欧洲人到达之前计算出接近于 3.14 的 π 值一贯持否定态度。因此，当发现吉萨大金字塔[9]（阿基米德出生前两千多年建造）和特奥蒂瓦坎的太阳金字塔[10]（时间比西班牙征服早许多）的结构中都揉进了 π 的数值时，难怪他们要晕头转向了。不仅如此，大西洋两岸的古代建筑家们在建造这两座伟大的建筑时采用几乎同样的方式，表明他们对这个超越历史的数早已运用自如。

金字塔几何构造的两大基本要素是：（1）塔顶距地面的高度；（2）地面上塔底的周长。就大金字塔而言，它的塔高（146.6 米）与底边周长（920.648 米）之比正好是半径与圆周之比，即 2π[11]。这样，如果我们以金字塔的高度乘以 2（就像以半径求圆周一样），我们就可以得出这座建筑物准确的周长（146.6 米 × 2 × 3.14 = 920.648 米）。反之，如果我们把这个等式倒过来，以地面周长求塔高，也可以得到金字塔的准确高度（920.648 米 ÷ 2 ÷ 3.14 = 146.6 米）。

由于这样精确的数学关系几乎不可能出于巧合，我们不得不做出这样的结论：大金字塔的缔造者们确实熟悉 π。他们刻意将它的数值应用到他们建筑物的结构上了。

现在我们再来看特奥蒂瓦坎的太阳金字塔。它各边的倾斜角是43.5°[12]（大金字塔是52°[13]，墨西哥金字塔的坡度要缓一些，因为它的底边周长为893.917米[14]，不比它的埃及对手少多少，而它的高度却要低许多（巴特雷斯“修复”前约为71.17米）[15]。

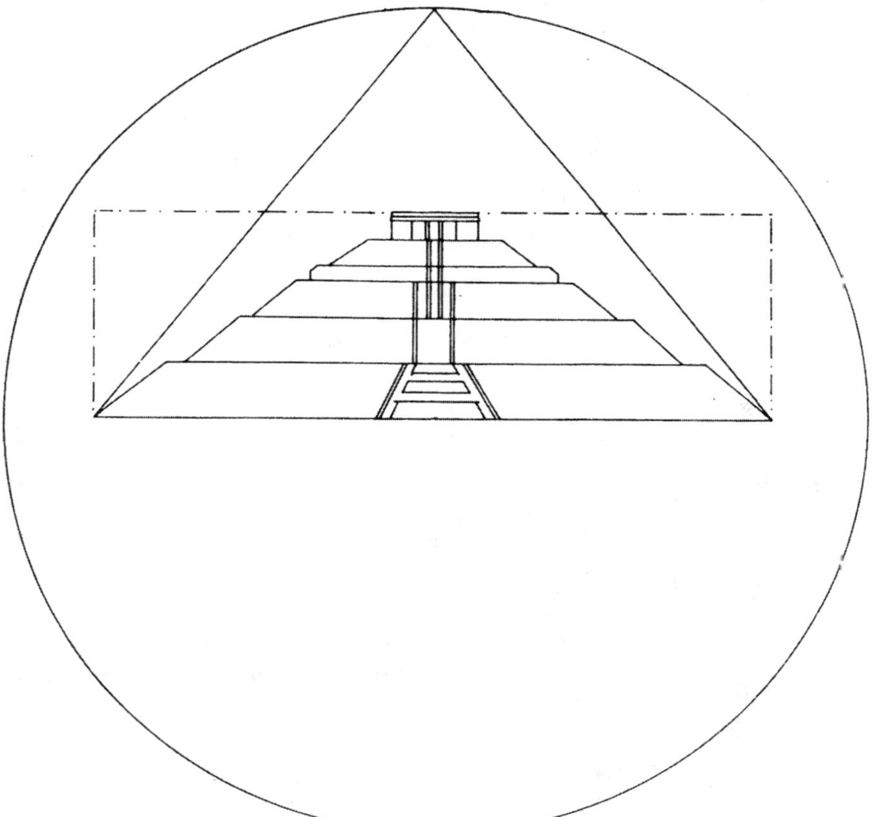

太阳金字塔高度 ×4π =底边周长
吉萨大金字塔高度 ×2π =底边周长

适用于大金字塔的 2π 公式在这些数据面前无能为力了。但是 4π 公式却正好。如果我们以太阳金字塔塔高（71.17 米）乘以 4π，我们又一次得到一个精确的周长读数：71.17 米 ×4×3.14 = 893.8952 米（与实际数字 893.917 米相差不到 3 厘米）。

与埃及的大金字塔一样，这个尺寸与 π 的关系也不可能是巧合。不仅如此，这两座建筑物与 π 的密切关系（大西洋两岸其他金字塔都没有这种情况发生）强有力地表明，在远古时代不仅有先进的数学知识，而且还有某种潜在的共同目标。

我们已经知道，大金字塔要求达到的高与底边周长之比为 2，这种比例使得各面的坡度必须是非常特殊的、很难处理的 52°。同样，太阳金字塔的高度与底边边长之比要求为 4π，所以，它的各边的坡度也必须得是同样不同寻常的 43.5°。如果没有什么隐秘的动机，古埃及和古墨西哥的建筑师们采用 45° 的角度肯定省事得多，将直角一分两半就行，好做也好检查。

到底是为了什么共同目的，使大西洋两岸的金字塔建造者们如此苦心孤诣地一定要把 π 的数值精确地构筑进这两座非凡的建筑物中去呢？由于金字塔建造期间，古埃及与古墨西哥这两个文明之间似乎没有什么直接联系，我们据此推断这两者可能在某个遥远的时候，从一个共同的来源，继承了一些共同的理念。这种说法难道不言之有理吗？

体现在大金字塔和太阳金字塔上的共同理念可不可能与球体有关呢？因为球体与金字塔之类的结构一样，是三维体，而圆只是一个平面。以象征方式将球体表现在三维空间的、由平面构成的建筑物中，这种愿望可能正是古代建筑师们为了确保这两座建筑物中都融入这个决不会弄错的关系而不嫌其烦的原因。而且，这两座建筑的建造者们想呈现的似乎并不是一般的球体。他们刻意体现的，是一个特定的球体——地球。

一些古代民族具有先进的科学技术，他们对地球的形状和大小有着清楚的认识。要正统的考古学家们接受这样的观点可是件耗费时日的事情。

然而，根据美国科学史教授、研究古代度量技术的知名专家里维欧·施特奇尼的计算，这种异常的科学知识在古代的确存在的证据是无可辩驳的[16]。施特尼奇根据公认的、无懈可击的数学和天文学数据资料做出的结论（三要与埃及有关）给人的印象极为深刻[17]。在本书的第七部，我们将对这些结论和数据资料的性质做全面的验证。这里先引用施特奇尼的几句话以帮助我们了解大金字塔的奥秘：

> 大金字塔的基本理念是，它应该代表地球的北半球，像画地图一样，用投影法画到地面上的北半球……大金字塔是在四个三角平面上制作出来的投影。金字塔的塔顶象征着北极，底部周长代表赤道。这就是底部周长与塔高的比为 2π 的原因。大金字塔以 1:43200 的比例再现了北半球。[18]

我们将在第七部中探讨为什么选择这个比例。

数学之城

我在亡灵之路上继续向北漫步，月亮金字塔在我面前拔地而起。这座金字塔侥幸逃过修复者的魔爪，保存了原来的四层阶梯式结构。太阳金字塔原来也是四层，但是巴特雷斯异想天开地在原来的第三层和第四层之间挖土弃石，硬生生地抠了个第五层出来。

幸好太阳金字塔还有一个原有的特征巴特雷斯没能破坏掉：从西墙下面一个天然洞穴通进塔底的地下通道。1971 年偶然发现这个通道后，考古学家便对它进行了彻底的考察。这个通道高 2 米，向东延伸了约 90 米后，到达距离金字塔的几何中心点很近的另一个洞穴[19]。洞穴地面开阔，挖掘成酷似四叶苜蓿的形状。这些“苜蓿叶”其实是一个个的房间，每个房间的周长都有大约 18 米，里面放着各种各样的手工艺品，如雕工精美的石盘、打磨光洁的镜子等等。金字塔内部还有一个用石刻水管相连的复杂的排水系统[20]。

这个排水系统令考古学家们大惑不解，因为金字塔内根本没有水源[21]。但是水闸的存在却不容置疑地表明，这个地方古时候是有水的，而且很可能还不少。这使我想起了早些时候在堡垒北面、亡灵之路上看到的那一道道水闸和隔离墙，想起了施莱默的反射镜水池和地震预测理论。

说实话，我越琢磨就越觉得水是特奥蒂瓦坎城里最主要的基本特征。如今回想起来，我发现魁扎尔科尔亚特神殿上装饰的不仅有羽毛蛇的雕像，还有确定无疑的水的象征：起伏如波浪的纹饰和大量美丽的海贝雕刻。我带着这些想法来到月亮金字塔脚下宽阔的广场上。我想象着这里可能曾是一片深达 3 米的汪洋。那景色看起来该是多么壮丽，多么宁静，又多么醉人啊。

在遥远的蒂亚瓦纳科城，城里有一个亚帕卡纳金字塔，塔的周围也萦绕着水。水也曾是那里占压倒性优势的基本特征，与我此刻在特奥蒂瓦坎看到的一样。

我开始攀登月亮金字塔。它比太阳金字塔小，一半都不到，估计用 100 万吨泥土和石块垒成。太阳金字塔估计要用 250 万吨。也就是说，这两座建筑动用的泥土和石料加起来共达 350 万吨。这么大量的建材没有 15000 个工人是不可能拿得下来的。有人计算过，即使用这么多人力，至少也要 30 年才能完成如此浩大的工程[22]。

周围一带可以募集到充足的劳力。“特奥蒂瓦坎测绘项目”显示，这个城市的人口在全盛时期曾达到 20 万，比恺撒时期的古罗马城高出许多。该项目还指出，目前人们可以看到的建筑物只占特奥蒂瓦坎古城总面积的一小部分。巅峰时期，这座城市的面积广达 31 平方千米，2000 个公寓大院里有 50000 套民居，600 座小型金字塔和神庙，500 家专门制造陶器、雕像、贝壳装饰品、黑瓷器物和进行宝石加工、石材加工的工厂[23]。

我在月亮金字塔塔顶驻足四望，脚下的山坡缓缓向南倾斜，整个特奥蒂瓦坎城此刻都伸展在我面前。这是一座整齐规范得如同几何图形的城市，史前时期不知名的建筑师们设计建造了它。东面，太阳金字塔傲然耸立，俯瞰着笔直的亡灵之路，仿佛在“打印”它千百年前就编程运算好的数学信息，一条似乎在引导我们注意地球形状的信息。缔造特奥蒂瓦坎的文明似乎执意选择将复杂的信息编成密码，储存在坚实的建筑物中，而且使用的是数学语言。

为什么使用数学语言？

可能是因为，无论人类历史要经历怎样的沧桑巨变，一个圆的半径乘以 2（或者半径的一半乘以 4）永远都会提供一个该圆周长的绝对正确的数据。也就是说，他们可能出于实际原因选择了数学语言。它与文字语言不同。这种语言任何时候都能译解，即使几千年后的人们都会懂得。

我又一次感到自己眼前一片茫然。人类历史中可能有一大段已经被忘却。当我站在月亮金字塔之巅，遥望这座神祇居住的数学之城时，我真切地感觉到我们这个种族可能已经感染了可怕的健忘症。在那段模糊的、被我们轻率地、不屑一顾地称为“史前时期”的时间里，可能隐藏着我们自己历史上的一段难以想象的史实。

所谓“史前时期”，不就是被遗忘的一段时间——一段没有留下记载的时间吗？不就是我们的祖先们曾经经历过的，但是我们没有清醒的记忆，看不清楚的、朦胧的时代吗？就在那个朦胧的时代，按照天文学和地测学的线条、蕴含着数学密码的特奥蒂瓦坎城建成了。它带着它所有的谜团呈现在我们面前。也是在那个朦胧时代，出现了奥尔梅克人伟大的雕塑品，出现了玛雅人继承前人的极度精密准确的历法，出现了纳斯卡高原上不可思议的图形，出现了安第斯山中神秘的蒂亚瓦纳科城……还有那么多我们不知其起源的奇迹。

我们仿佛从漫长的、噩梦连连的长夜中醒来，来到历史的白昼，但是梦境中那一缕缕微弱的、挥之不去的回音仍使我们思绪难安……

P a r t Ⅳ

第 四 部

神话之谜（一）：患失忆症的人类

第二十四章 梦的回音

在一些从古流传至今的最震撼、最有生命力的神话中，我们人类保存了对远古时代一场可怕的全球性大灾难的记忆。这段记忆虽然混乱，却世世代代引起全人类的共鸣。

这些神话是从哪里来的？

这些神话源自各不相干的文化。可是为什么它们的故事如此雷同？为什么它们都承载着共同的象征？为什么大都具有同样的主角和情节？如果它们果真是人类的记忆，为什么对它们描述的全球性灾难没有历史记载？

会不会这些神话本身就是历史记载？这些史前的无名天才创造的、动人的、不朽的神话故事，会不会就是记载这种信息并将其传诸后世的媒体呢？

方舟漂流在水面上

从前，古苏美尔有一个国王，他的名字叫吉尔戈梅西。吉尔戈梅西国王一心想长生不老……我们今天知道这位国王的故事，是因为这些美索不达米亚的神话和传说用楔形文字镌刻在了烘干的泥板上，并且流传至今。在伊拉克的沙漠中出土的数千块泥板中，有的可以追溯到公元前3000年的初期。它们向我们发送了一幅无可比拟的、业已消失的文明的画面，并提醒我们，即使在那时候，我们古老、尊贵的先人们仍在保存更为古老的记忆——被一场可怕的、巨大的洪水隔绝了的时代的记忆。

我将向世人宣讲吉尔戈梅西的事迹。这是一个无所不知的人，这个人就是国王吉尔戈梅西。他了解世界上所有的国家。他聪明睿智，任何神奇隐秘的事都逃不出他的眼睛。他给我们带来了洪水之前的故事。他走了很远的路，已经累得筋疲力尽了。他回到家园，将整个故事刻到一块石头上。[1]

吉尔戈梅西带回来的故事是一个叫做乌特纳皮西汀的国王讲给他听的。这个国王在数千年之前曾是一国之君。他在一场大洪水中幸存，并获得永生之赐，因为他保存了人类和所有其他生物的种子。

很久很久之前，乌特纳皮西汀说，神祇们都住在地上。他们是安努，苍天之神；恩里尔，护法之神；伊什塔尔，战争及性爱女神；还有人类天生的朋友和保护者：水神埃阿。

那时候，世界上物产丰饶，人口众多，世间吵闹得像野牛吼叫，弄得苍天之神不得安眠。恩里尔听到了这些喧嚣，他对参与商议的众神说："人类的喧闹简直难以忍受，吵得我们再也不能安睡。"因此，众神决定消灭人类。[2]

可是水神埃阿不忍看乌特纳皮西汀死。他隔着国王房屋的芦苇墙告诉他人间即将发生的惨剧，叫他建造一艘大船，以让他和他的家人逃生。

拆掉你的房子，造一艘船。财产都抛弃吧，但求活命。摒弃世俗的财物，拯救你的灵魂……拆掉你的房子，听着，建造一艘比例适度的船——就是长宽比例要协调，将所有生物的种子都装到船上。[3]

乌特纳皮西汀赶紧遵命造好了船。“我把所有的东西都装到船里。”他说，“将所有生物的种子都放了进去。”

我让一家老小上了船，还让家畜、野外的走兽、各行各业的手艺人也上到船上……大限之日终于到了。天刚破晓，天边升起一团乌云，暴风雨之神阿达德所到之处电闪雷鸣……他将白昼变成了黑夜，摧毁大地如砸烂一只杯子。人们绝望无助之惨状动地撼天……

第一天风暴雨疾，江河横溢……人们被冲得四散飘零。滔天的洪水中已经看不清哪里是天，哪里有人。甚至众神都被洪水吓坏了。他们退缩了。他们来到安努的天堂，在天堂外低头弯腰，惶惶然如丧家之犬。伊什塔尔仰天长啸：“我让这些人出生难道就是为了让他们像鱼儿一样被大海吞噬吗？”[4]

这时候，乌特纳皮西汀接着说道：

整整六天六夜，狂风呼啸，激流、暴雨和洪水涤荡了整个世界。暴风雨和洪水交相肆虐，如战场上厮杀的军队。第七天的黎明到来时，南方刮来的风暴渐渐平息，大海恢复宁静，洪水也不再汹涌。我瞭望这个世界，天地间了无生息。眼前是白茫茫一望无际的汪洋。所有的人都归于尘土……我打开了舱门，阳光照到我的脸上。我弯腰坐下，泪如泉涌。我周围仍是未消退的大水。……14 里格（长度单位，1 里格相当于 4.83 公里——译注）之外出现了一座高山。我的船在那里靠了岸。我把船系在尼希尔山上。我把船系得紧紧的，再也不让它漂来漂去了……第七天的早晨，我放飞了一只鸽子。它飞走了，可是没有落脚之处，又飞了回来。然后我放飞了一只燕子，它飞了出去，可是没有落脚的地方，也飞回来了。最后我放飞了一只乌鸦，它看到水在消退，它四处翻飞觅食，它欢声啼叫，再也没有回来。[5]

乌特纳皮西汀明白，现在他可以平安登岸了。

我倒了一杯酒在山顶祭神……我将木头、藤蔓、雪松和爱神木堆到一起……众神闻到了香气纷纷赶来，像苍蝇闻到了祭祀品的血腥……[6]

这个故事不是古苏美尔流传下来的唯一的文字记载。在伊拉克出土的其他泥板上——一些有5000年的历史，其他的不到3000年——乌特纳皮西汀这个“诺亚”式的人物以各种名字出现，如齐苏德拉、希苏西洛斯、阿特拉哈西斯等等。纵使如此，人们还是立刻就看出来他们是同一个人，总是有个同样仁慈的神预先告示他，他总是乘坐同样的风雨飘摇的舟船，逃出了同样遍及天下的洪水大难，让他的后代在世界上重新繁衍。

美索不达米亚的洪水神话与《圣经》中诺亚方舟的故事有许多显而易见的共同之处[7]。对于这些共同之处，学者们至今争论不休。然而真正重要的是，这些出处各异，但内容相同的、严肃的传说，这些用生动的语言讲述全球性的大灾难和人类几乎全部灭亡的传说，都被保留下来，传诸后世了。

中美洲

同样的信息也保存在墨西哥河谷。这个在世界另一面的、远离阿拉拉特山和尼希尔山的地方。在那里，无论文化还是地理位置都远离犹太教和基督教的影响。在西班牙人到来之前很久，大洪水的故事就已经流传甚广。我们在第三部中已经讲过，人们相信，在第四太阳纪结束时，洪水扫荡了全世界：“毁灭以暴雨和洪水的形式到来，山峦消失了，人变成了鱼……”[8]

按照阿兹特克神话，只有两个人活了下来：男的叫柯克斯柯克斯特利，他的妻子叫苏齐奎泽尔。一位天神预先警告了他们。他们按照神的指示建造了一艘大船得以逃生，在一座高山顶上见到了陆地。他们在那里下船，生儿育女。他们有很多孩子，但都是哑巴，直到有一天，一只鸽子飞到树梢上，给他们带来了语言这个礼物。但是给每个人的语言各不相同，孩子们相互之间都无法沟通[9]。

还有一则同样内容的中美洲神话流传在梅丘卡尼塞克族印第安人中。这个故事更像我们在《创世记》和美索不达米亚的泥板上读到的神话。在这个故事里，天神泰兹卡提尔博卡决定用洪水毁灭整个人类，只饶过泰兹皮一家。泰兹皮带上他的妻子、孩子和大量的动物、飞鸟、粮食和种子登上了一艘大船。这些东西是将来人类生存不可或缺之物。这艘船停靠在一个露出水面的山顶旁，直到天神命令洪水消退的那一天。泰兹皮想知道下船是否安全，他放出一只兀鹰，兀鹰只顾饱啖遍布地面的腐尸，没有回来。然后他放出其他飞鸟，只有蜂鸟衔回来一根长满绿叶的树枝。这是大地复苏的标志。泰兹皮和他的家人走出了方舟。他们繁衍后代，让地球上又有了人烟[10]。

《圣书》中也有关于这场由于天神震怒而引发的大洪水的记忆。根据这部古老的圣典，天神在鸿蒙初辟之始便决定创造人类。这是一个实验，他用木头制造了形体像人、说话如人的造物。这些造物后来失宠了，因为“他们忘记了是谁创造了他们”。

于是天堂之心发起了一场洪水，大水倾泻在这些木头制造的人身上……浓稠的树脂从天而降……

地面一片阴黯，黑雨倾盆，昼夜不息……木头人被砸烂，被粉碎，被毁灭，被杀死。[11]

然而，还是有人幸免于难。与阿兹特克人和梅丘卡尼塞克人一样，尤卡坦半岛和危地马拉的玛雅人相信，一个诺亚式的人物和他的妻子，“大父和大母”，从洪水中逃生，为新生的世界生育后代，最后成为世世代代后人的祖先[12]。

南美洲

现在我们转向南美洲。我们先看看哥伦比亚中部的齐布卡族印第安人。据他们的传说，他们原来是野蛮人，没有法律，不事农桑，也无宗教信仰。后来，有一天，他们那里来了一个异族人。他长着浓密的胡须，名字叫做波奇卡。他教导他们建造茅屋，大家住在一起组成一个有组织的群体。

但是，他美丽的妻子齐雅随后就来了。这个生性邪恶的女人百般阻挠丈夫的善举。因为她无法直接与他的法力抗衡，于是就施展魔法，发起一场大水。大部分人都淹死了。波奇卡大怒，他将齐雅放逐到天上，让她变为月亮，照亮夜空。他平息了洪水，把躲在山上侥幸逃生的人带下山来。他给他们制定了法律，教他们种地，教导他们崇拜太阳，用牺牲定期举行祭拜。然后，他将统治权力分交两个首领，自己在地球上过着苦行僧般的日子，在默祷中度过余生。他升天后变成了神[13]。

再往南，厄瓜多尔一个叫卡纳里安的印第安人部落也流传着一则关于洪水的古老故事。这个故事里逃生的是两兄弟。他们爬到一座高山顶上，水往上涨，山也往上升，他们才得以躲过这场灾难[14]。

巴西的图皮南巴族印第安人早就在敬奉给他们带来教化的、造物众人的英雄。这些英雄之首便是莫南（古老的意思）。据说是他创造了人，但是后来又用水和火摧毁了这个世界……[15]

秘鲁，如我们在第二部中所见，是个有关洪水的传说特别丰富的地方。其中一个典型的故事讲述了一个印第安人事先得到一头羊驼的警告。那人和羊驼一起逃到一座叫威尔卡－科托的高山上。

他们到达山顶时，看见已经有各种各样的飞鸟和走兽在那里避难了。大海开始陡涨，淹没了平原，淹没了高山，只有威尔卡－科托山顶还高出水面。即使在这里，汹涌的波涛也把动物们逼到一片很窄的地方。他们吓得挤成一团……五天过后，水退了下去，海水回归海床。但是所有的人都淹死了，只剩下他一个人逃生。地球上所有的民族都是他的后代。[16]

哥伦布发现美洲之前，智利的阿劳克奈安族印第安人中有一个传说，讲的是曾经发过一场大水，只有几个印第安人逃过这场浩劫。幸存的人在一个叫做瑟格瑟格（雷霆或闪电之意）的高山上藏身。这座山有三个山峰，能漂浮在水上[17]。

在这块大陆最南端的火地岛上，亚马纳族人中流传着这样一则神话："月亮女神引起了这场大水。当时正是天下大乱之时……月亮女神恨透了人类……所有的人都葬身水底，只有几个人逃到五座没有被大水淹没的山顶上。"[18]

火地岛的另一个印第安部族皮瑱契族人的神话将洪水与一段漫长的黑暗时期相连："太阳和月亮从天上坠落，世界上没有了光明。直到有一天，两只巨大的秃鹰将太阳和月亮送回天上。"[19]

北美洲

此时，在美洲的另一端，在阿拉斯加的因纽特人中也有一个关于可怕洪水的传说。洪水与地震一起到来，大水霎时间铺天盖地而来，只有几个人乘独木舟或爬到最高的山顶上躲过这一劫，一个个吓得发呆[20]。

在加利福尼亚南部的鲁伊瑟诺族印第安人的传说中，洪水淹没了高山，毁灭了大部分人类，只有几个人幸免于难，因为他们躲到了没被淹没的最高的山顶上，直到洪水消退才敢走下山来[21]。鲁伊瑟诺族北面的呼伦族也有类似的神话[22]。蒙泰格奈人——阿尔冈昆族印第安人中的一支——的神话讲述了米查波，也就是伟大的野兔，怎样在一只乌鸦、一只獭和一只麝鼠的帮助下，重建灾后世界的故事[23]。

林德著的《达科他州历史》一书是19世纪的权威著作。其中保存了许多当地的传说和神话，使它们免遭流失。书中一则伊洛科伊族神话说，“从前，大海和洪水淹没了大地，所有的人都被溺毙了”。齐卡索人的神话则说，世界被水摧毁了，“只有一家人和各种动物中的一对得救”。苏族的神话也提到没有一块干地，人类杳无踪迹的时代。[24]

水，水，到处是水

在人类的神话记忆中，这场洪水的涟漪到底波及得有多宽，多远？

非常宽，也非常远。世界各地有500多个有关洪水的传说。专门从事这种调查工作的理查德·安德里博士对他调查的86个（亚洲20个，欧洲3个，非洲7个，美洲46个，澳大利亚和太平洋地区10个）这类故事做过分析，其中62个独立形成，与美索不达米亚和希伯来文化毫无关系[25]。

例如中国的传说。早期的耶稣会学者是最早来到中国的欧洲人之一。他们获准进入御用图书馆，查阅了一部长达4320卷的鸿篇巨制，据说是汇集了从古至今的、“无所不包”的文献。这部伟大的书中有许多传说，讲述人类造天帝的反，宇宙陷于混乱的后果：“天柱折，地维绝。天倾西北，故日月星辰移焉；地不满东南，故水潦尘埃归焉。”[26]

生活在马来西亚热带丛林里的奇旺族人相信，他们生活的这个叫做“第七地”的地方经常颠倒翻转，因此一切都被洪水冲走、毁灭。后来，通过造物主托汉的努力，将原来平坦的“第七地”的底面当成了新的地表，在上面造起了高山、峡谷和平原，种上了新的树木，新的人类开始出生[27]。

老挝和泰国北部有关洪水的神话是这么说的。很久很久以前，上界居住着一些叫做“天士”的人，下界的主人则是三个伟人。他们分别叫做普连松、昆坎和昆杰。有一天，“天士”昭告凡人，每次进餐之前都务必奉献部分食品给他们以示尊敬。凡人拒绝服从。“天士”大发雷霆，发起一场大水，淹没整个大地。三个伟人造了一个筏子，在上面造了一间小屋，带着许多妇女儿童上了筏子。这样他们和他们的后代得以从洪水中逃生[28]。

缅甸卡伦族的传说中，两兄弟也以类似的方法乘坐筏子逃出洪灾[29]。越南的传说中也有洪水的故事，说是一对兄妹带着各种动物（各一对）躲进一只大木箱里活了下来[30]。

几个澳大利亚的土著民族，尤其是原来住在北部热带沿海地区的部落的人说，一场大洪水冲走了他们的土地和住房。他们的祖先是洪水中的幸存者。许多其他部落的原始神话则将发动洪水的罪过归咎于天蛇作乱（与彩虹有关）[31]。

根据日本传说，大洋洲的太平洋岛屿是大洪水消退后才形成的[32]。大洋洲的夏威夷土著人的神话则描述了一场大水怎样毁灭了世界，后来又被一个叫做唐格罗亚的神祇重建。萨摩亚人相信曾经发生过一场几乎消灭了全人类的大洪水，只有两个人活了下来。他们坐在一艘小船里在海上漂流，最后总算在萨摩亚群岛停了下来[33]。

希腊、印度和埃及

在世界的另一面，希腊的神话里也常有洪水出没。不过，这里的洪水（与中美洲一样）不是孤立的事件，而是一连串毁灭和重建这个世界的事件中的一环。阿兹特克人和玛雅人说的是一个又一个的“太阳纪”或者纪元（按他们的说法，我们现在所处的是第五个，也是最后一个太阳纪）。公元前8世纪赫西奥德收集并记载下来的古希腊的口头传说也有类似的说法，说在现今的造物之前地球上曾有四种不同的人类出现。每一种都比后来出现的人类先进，而且都在注定的时刻在地质灾难中被“吞噬”。

最早的，也就是最古老的人类是“金族”。他们“过着神仙一样的日子，无忧无虑，无怨无仇……他们肢体永不衰老，终日饮宴狂欢……他们死去时亦安详如入睡”。随着时间的流逝，宙斯一声令下，这个金族人类最终“坠入地底深处”。随后是“银族”，继之以“铜族”，再后是“英雄族”，最后就轮到我们自己这个族——铁族，也就是第五族了[34]。

在这里，我们最感兴趣的是铜族的命运。神话中把他们描述为“力大无穷，健壮的臂膀上长着有力的双手”[35]。这些彪悍的汉子被众神之王宙斯结果了，作为对普罗米修斯——这位将火种送给人类的巨人的惩罚[36]。报复心极强的众神之王扫荡世界的工具就是铺天盖地的洪水。

一个妇孺皆知的故事中说，普罗米修斯让一个人间的姑娘有了身孕。她为他生了个儿子，叫做丢卡利翁。他成为塞萨里地区希亚国的国王。他娶“红发美女”琵拉为妻。她是埃皮米修斯与潘多拉的女儿。当宙斯做出他致命的决定时，丢卡利翁事先已经得到普罗米修斯的警告，做好了一个大木箱，存进了“所有必要的东西”，和琵拉一起爬了进去。众神之王让暴雨从天而降，将世界的大部分都淹没了。人类大都葬身水中，只有几个逃到高山上的人得以幸免。“此时，塞萨里山崩地裂，从地峡到伯罗奔尼撒半岛，一片汪洋。”

丢卡利翁和琵拉躲在箱子中，在这片汪洋中漂流了九天九夜，终于在帕纳瑟斯山靠了岸。暴雨停息后，他们在那里登岸祭神。宙斯派来赫尔墨斯，许诺说丢卡利翁可以要求得到他想要的一切。丢卡利翁希望人类重生。宙斯令他捡起石头向身后扔。丢卡利翁扔的石头变成了男人，琵拉扔的变为女人[37]。

就像希伯来人缅怀诺亚一样，古希腊英雄时代的人们也缅怀丢卡利翁——他们民族的始祖和无数城市、神殿的缔造者[38]。

3000 多年以前，一个类似的形象也曾出现在吠陀教兴盛时期的印度。有一天（故事里说）：

一位名叫曼努的智者正在进行沐浴仪式时，发现手心中的一条小鱼正求他饶命。他可怜它，把它放进了一只罐子。第二天，它长得那么大了，他只好把它送到一个湖里。不久，这个湖也容不下它了。“把我扔进海里去吧。”鱼说（它实际上是维希努神的化身），“这样我会好受些。”然后，它警告曼努提防即将到来的洪水。它送给他一艘大船，命令他将各种动物中的一对以及所有植物的种子都装上船，然后自己也上到船上。[39]

曼努刚刚执行完这些命令，海水就开始上涨，将一切都淹没，除了维希努神化身的鱼外，什么都看不见了。现在它已经变成了一条头长独角、遍体金光灿烂的巨大的鱼。曼努将方舟系在它的角上，维希努神拖着船穿过无边无际的大海来到“北山”裸露在水面上的山顶边停下[40]：

鱼说：“我救了你们，把船系到树上，以免你们在山上时它被水冲走。见水退后你们就下山去。”水退后曼努下了山，大水带走了所有的造物，只有曼努孤身一人活了下来。[41]

于是，曼努与他从洪水中救出的动物和植物一起，开始了一个新时代的生活。一年后，一个自称“曼努之女”的女人凌波而出。他们结为夫妻并开始生儿育女。就这样，他们成为现今人类的始祖[42]。

最后还有一个很值得一提的是，古埃及传说中也有洪水的故事。例如，法老塞提一世的陵墓中发现的一篇祭文中就提到洪水将罪恶的人类消灭的事情[43]。古埃及《亡灵书》第175章对这场灾难的原因是这样讲述的。月亮之神瑟斯说：

他们打架斗殴，行凶作恶；他们挑起仇恨，涂炭生灵；他们惹是生非，倚强凌弱……（因此）我即将把我创造的这些家伙一举毁灭。我将发起一场汹涌的大水，将这个世界变成一个深不见底的水狱，让它像混沌未开时那样。[44]

奥秘追踪

瑟斯的话将我们又带回到苏美尔神话和《圣经》中的洪水故事里。《创世记》里说：

世界在神面前败坏，地上充满强暴。神观看世界，见是败坏了，凡有血气的人，在地上都败坏了行为。神就对诺亚说："凡有血气的人，他的尽头已经来到我的面前。因为地上充满了他们的强暴，我要把他们和地一并毁灭。"[45]

就像丢卡利翁、曼努所经历过的及毁灭阿兹特克人的"第四太阳纪"的洪水一样，《圣经》中讲述的洪水也结束了世界的一个时代。一个新的时代接替了它，这就是我们现在所处的时代，诺亚的子孙后代生活的时代。然而，打从一开始，人们就知道，这个时代也是注定要在一场灾难中毁灭的。正如一首老歌中唱的："神向诺亚展示彩虹，预示下一次不再是水，而是火。"

《圣经·新约·彼得后书》第三章预言这场世界性的浩劫：

第一要紧的，该知道在末世必有好讥诮的人，随后自己的私欲出来讥诮说："主要降临的应许在哪里呢？因为从列祖睡了以来，万物与起初创造的时候仍是一样。"他们故意忘记，从太古凭神的命令有了天，并从水而出借水而成的地，故此，当时的世界被淹没就消灭了。但现在的天地还是凭着那命存留，直留到不敬虔的人受审判遭沉沦的日子，用火焚烧……主的日子要像贼来到一样，那日天必有大响声废去，有形质的都要被烈火销化，地和其上的物都要烧尽了。[46]

由此看来，《圣经》面对的是两个世界，我们自己所处的是第二个，也是最后的一个世界。在其他的文化里，世界的毁灭和创建次数不尽相同。

比方，在中国，已消失的时代被称为“纪”，据说自鸿蒙初辟到孔子出世，其间人类已经历十纪。每一纪结束时，“乾坤颠倒，地裂山崩，海水倒灌，河水倒流，人畜万物皆遭涂炭，一切古迹荡然无存……”[47]

佛教典籍中说的是“七个太阳纪”，每一个都被水、火或者风毁灭[48]。第七个太阳纪，也就是现在这一个“世界轮回”结束时，将会“大地崩裂，烈焰四起”[49]。马来西亚沙捞越和沙巴地区的土著传说回忆说，从前天空非常“低沉”，说“六个太阳消失了……现在的世界被第七个太阳照亮”[50]。与此同时，《西卜林书》也提到“九个纪元的九个太阳”，预言还有两个纪元——即第八个和第九个太阳纪[51]。

大西洋彼岸的亚利桑那州的霍皮族印第安人（阿兹特克人的远亲）[52]的传说里讲，以前有过三个太阳，每个都以毁灭告终，其后，人类才逐渐复兴。阿兹特克人的宇宙观则认为，在我们这个太阳纪之前，过去了四个太阳。形形色色的神话中出现的人类灭亡和复兴的次数上的些微差别，不应该成为无视这些古代神话明显的共同点的理由。世界各地流传的神话显然都在提醒人类不要忘记这又一次的浩劫。在很多情况下，这一场场洪水的性质被诗一般的华章和隐晦的比喻象征弄得扑朔迷离，而且往往至少有两种灾难同时发生（大部分是洪水和地震，有时是大火和可怕的黑暗）。

这一切使得灾难的真实面目混淆不清。不过霍皮族印第安人的神话倒是清晰而简洁。它们是这样说的：

作为对人类不端行为的惩罚，第一个世界被天降地喷的毁灭之火烧光了。第二个世界崩溃时，地球从它的轴线上倾覆，一切都冻成了冰。第三个世界毁灭于洪水。现今为第四个世界。它的命运取决于人类的行为是否遵从造物主的安排。[53]

我们在追踪一个奥秘。我们或许没有希望了解造物主的安排，但是，对这些神话中不约而同地讲述的地球毁灭之谜做出判断，应当是能够做到的。

通过这些神话，古人们在直接向我们诉说。他们在说些什么？

第二十五章 《圣经·新约·启示录》的多种表现形式

与北美洲的霍皮族印第安人一样，信奉波斯袄教（拜火教）的雅利安人相信，在我们这个时代之前，有过三个造物时代。第一时代的人纯洁无邪，身材高大，而且长寿。但是后来“恶魔”向至高之神阿胡拉·马兹达发动战争，导致大难降临。第二时代“恶魔”还是以失败告终。到第三时代，善恶双方势均力敌。到第四时代（世界当前所处的时代），邪恶一开始便大获全胜，而且此后一直保持优势[1]。

第四时代的结束即将到来，不过我们这里感兴趣的是第一时代结束时发生的大灾难。那不是洪水，但是在许多方面却与世界各地的洪水神话极为相似，使人感到其中必有某种联系。

袄教古经将我们带回到一个人间天堂的时代。伊朗人的远古祖先们生活在神话般的“雅利安纳乐园”中。这是至高之神阿胡拉·马兹达在世界的第一时代创造的繁荣而幸福的福地，也是雅利安人神秘的出生地，是他们最早的家。

那时候，“雅利安纳乐园”气候温和，适于万物生长。每年有七个月夏天，五个月冬天。这块碧草青青，流水潺潺，年年五谷丰登，四季野物出没的极乐之地，由于安格拉·曼纽，这个“恶魔”的攻击，变成了一年有十个月冬天，只有两个月夏天，人类无法生存的不毛之地。

我，阿胡拉·马兹达，创造的第一块福地是雅利安纳乐园……但是，安格拉·曼纽，这个全身散发着死亡气息的恶魔将它变成了地狱。他创造了邪恶的毒蛇和冰雪。现在那里十个月是寒冬，只有两个月夏天。水结冰了，地冻硬了，树木也冻僵了……那里漫天大雪，那是一场可怕的灾难呀……[2]

读者们一定赞同，这表明雅利安纳乐园的气候发生了突然的、剧烈的改变。祆教古经让我们对这一点深信不疑。它描述了灾变发生前阿胡拉·马兹达召集天上的众神举行的一个会议，告诉我们“雅利安纳德高望重的牧羊人、公正的伊玛”偕同所有优秀的凡人也参与其中。

这时候，一些与基督教的洪水故事类似的奇怪的事情开始显现。因为马兹达乘开会之机警告伊玛恶魔的法力可能会产生些什么后果。

阿胡拉·马兹达朝伊玛走来，说道：“正直的伊玛，……致命的严冬就要降临人间了，它会带来剧烈的、毁灭性的霜冻。人世间将被邪恶的寒冬笼罩，茫茫大雪会下个不停……

“三种动物将会灭绝：生活在野外的，生活在高山的和生活在峡谷里的牲口棚中的。因此，给你们自己造一个地窖吧，造得和跑马场一样大。各种牲畜都带上几只，不管大小。牛、驮运东西的牲畜、狗、鸟、人，还有火种，都带进去。[3]

“你们要让水在那里流动，让百鸟在水边常青的树枝上栖息，将最美丽、最芬芳的植物的种子、最甜美多汁的果树都种在地窖里。只要它们在那里，就不会死亡。但是，凡身体畸形的、不能生育的、狂暴的、邪恶的、欺诈的、充满仇恨的、善妒的人和动物都不能带进去，牙齿不整齐的人和麻风病人也不能带进去……”[4]

除了规模不同之外，伊玛按照神的指令造的地窖与诺亚奉上帝之命建造的方舟实际上只有一点差别：方舟用来逃避一场要淹死全世界一切生灵的可怕的洪水，而地窖用来躲避一个将冻死一切生灵的可怕的寒冬。

琐罗亚斯德教（即袄教）的另一部典籍《本达希欣》（据信琐罗亚斯德教的经典收编了原《阿维斯陀》，即《波斯古经》中失散的部分）提供了更多雅利安纳乐园遭受冰雪之灾的情况。当安格拉·曼纽在乐园降下“猛烈的毁灭性的冰霜”时，他还“攻击并扰乱天堂”[5]。《本达希欣》告诉我们，当冰雪步步紧逼人间的时候，恶魔攻占了“天空的三分之一，让黑暗充斥其间”[6]。

严寒、火、地震和天变

据说古代伊朗信奉袄教的雅利安人是从很遥远的地方迁移到西亚地区的[7]。他们的传说中有许多与大洪水类似的基本情节，而且这些情节绝对不可能是巧合。但是雅利安人不是唯一拥有这种传说的民族。虽然这类神话大都与洪水有关，但是，在世界上许多其他地区发现的、讲述突发的冰冻灾难的传说中，也有着诸如神的警示，救助少数人逃脱全球性灾难之类的熟悉的主题。

比方在南美洲，生活在现在的巴拉圭、阿根廷和智利三国交界处的大查科地区的托巴族印第安人，至今仍在讲述一个古老的、他们所谓的“严寒”的神话。警告是半神半人的英雄阿辛发出的：

阿辛叫一个人收集尽可能多的木材，并且在他的屋顶上盖上厚厚的茅草，因为一段极冷的日子即将到来。屋顶一盖好，阿辛和那人就关上门在家里等候。当严寒来临时，冻得瑟瑟发抖的人们赶来，乞求给他们一根柴火。阿辛不为所动，只给原来的朋友一点剩下的余烬。那些人被冻僵了，啼哭之声终夜不绝。到午夜时分，那些人都死了，男的、女的、老的、少的，都冻死了……

这一段冰雪和冰雹肆虐的日子延续了很长时间，所有的火都熄灭了。霜冻厚得像皮革。[8]

与祆教神话一样，黑暗似乎伴随着严寒一起降临。按托巴老人的说法，这场灾难的发生是“因为地球上挤满了人，它不得不改变。人口必须减少，这个世界才能得救……在漫长的黑暗时期，太阳消失了，人们都忍饥挨饿。因为没有吃的，他们开始吃自己的孩子。最后还是都死光了……”[9]

在玛雅人的《圣书》中，与洪水结伴而来的，还有“大量的冰雹、黑雨、黑雾，和难以形容的寒冷”[10]。书中还说，在那些日子里，“满天乌云，全世界都在昏暗中……太阳和月亮的脸被遮住了”[11]。其他的玛雅神话证实了这段话。它们说，人类经历的这段反常而可怕的现象“出现在古时候。那时大地变暗了……事情发生在中午。那天阳光高照，可是突然间天就暗了下来……[12]大洪水发生后二十六年，太阳才重新露面”[13]。

读者可能还想得起来，许多洪水和其他灾难不仅伴随有黑暗还有其他天变现象。如火地岛的传说中，太阳和月亮“从天上坠落”[14]。在中国，则是“日月星辰移焉”[15]。印加人相信，“古时候，天空与地面发生了战争，安第斯山裂为两半”[16]。墨西哥北部的塔拉胡马拉族印第安人保存的传说中，世界毁灭的灾难是由于太阳改变了运行轨道[17]。非洲刚果河下游的土著中流传的神话说，“很久之前，太阳遇到了月亮，朝它扔了一把稀泥。月亮不再光彩照人。这时候，大洪水来了……”[18]加利福尼亚的卡托族印第安人干脆利索就三个字：“天垮了。”[19]古希腊—罗马神话中，丢卡利翁遇到的洪水发生前也曾有过可怕的天象预示[20]。太阳神之子法厄同的故事将这类事件讲述得最为生动。他是太阳神的儿子。这一天，他套上父亲的金车，但是他不会驾驭它按照父亲的例行路线行驶：

> 不久，这些烈马就感觉到挽缰绳的是一个生手了。它们身体一仰，突然转向，离开了惯常的路线。看见平时可亲可敬的太阳突然一反常态，歪歪扭扭地在头上狂奔，像流星一样恶狠狠地直冲下来，地上的人都惊呆了。[21]

这里我们且不分析世界各地的灾难传说中天象剧变的原因。我们的目的仅在于说明，这些传说中，似乎都有伊朗《阿维斯陀》经描述的、与那个致命的寒冬里的漫天冰雪同时发生的“天空的混乱”[22]。还有其他一并发生的事情。比如说火灾就经常在洪灾之后或之前发生。法厄同驾金车闯祸后，“青草枯萎了，稼禾烤焦了，树木浓烟滚滚，烈焰烘烤下的土地爆裂坍塌，烧焦的石头四分五裂”[23]。

与洪水同时发生的还有火山爆发和地震。这在美洲的神话中尤为常见。智利的奥拉卡利亚族印第安人说得很明白：“洪水是火山爆发和强烈地震造成的后果。”[24]危地马拉西部高原圣地亚哥·齐马特南戈地区的玛姆族玛雅人至今记得，“燃烧的沥青洪流”是毁灭世界的手段之一[25]。在阿根廷的大查科地区，马塔克族印第安人说的是“洪水来临时，从南边飘过来一朵乌云，它遮蔽了整个天空。霎时间电闪雷鸣，但是落下来的不是雨滴而是火球……”[26]

追逐太阳的魔鬼

有一个古代的文化，它的神话中可能保留着最生动的记忆，这就是居住在德国和斯堪的纳维亚半岛的所谓“条顿族”人的文化。他们的文化通过古代北欧的吟唱诗人和圣贤的歌谣得以完整保存。这些歌谣将他们的根追溯到学者们难以想象的古老岁月。它们将我们熟悉的形象与奇异的象征手法和比喻相结合，让我们想起一场可怕的大灾难。

在遥远东方的大森林里，一个年迈的女巨人给这个世界带来了一群狼崽。它们是芬利尔的孩子。这些狼崽中有一只追逐太阳，想把它据为己有。它很长时间都没有得逞。但是，小狼一年年变得强壮，它终于抓住了太阳。太阳的光芒一道一道地熄灭了，它变成了一个血红的球，然后全部消失。

从此以后，世界笼罩在漫长的严冬里。暴风雪铺天盖地而来。人世间到处都在混战，人伦道德沦丧，兄弟相互屠戮，儿女不敬父母，人与恶狼无异，皆以杀人为乐。这个世界就快陷入无底深渊了。

这时，一直被诸神禁锢的老狼芬利尔终于挣脱锁链逃跑了。它摇摇身体，全世界都跟着发抖，连支撑宇宙的白蜡树伊格德拉西尔都从树根一直振颤到树梢。高山坍塌崩裂，世世代代住在山洞中的小动物惊慌失措，找不到它们回家的洞口。

人类被众神遗弃，无家可归，从地面上扫荡殆尽。大地开始扭曲，星辰在天空飘忽，然后坠落得无影无踪，就像远飞的燕子，累得一头栽进了海中。

巨人苏尔特焚烧了整个地球，地球成了一个炼狱。火焰从岩缝中喷出，到处是蒸汽的嘶鸣。所有的生灵，所有的植物，统统荡然无存。大地寸草不生，像天空一样沟壑纵横。

所有的河流和海洋都在泛滥，四面八方的波涛相互冲击，卷起滔天巨浪，将一切慢慢泡烂，像沸水一样翻滚。大地沉落到海底……

但是在这么大的灾难中仍然有人幸存。他们躲进了伊格德拉西尔白蜡树——这棵燃遍全世界的大火也烧不死的树——的树身里，逃过一死，成为后世人类的祖先。在这个避难之处，他们唯一能享用的只有晨露。

于是，在旧世界的残骸上，一个新世界诞生了。地面渐渐从波涛中升起，高山重新挺立，淙淙流水又开始从山中淌出。[27]

条顿神话讲述的新世界就是我们这个世界。一如阿兹特克人和玛雅人的“第五太阳纪”，它早就创造出来，现在已不再“新”。许多中美洲神话中讲到“第四纪，即第四场洪水”，其中有一则并不是让诺亚式的人物躲进方舟，而是钻进一棵像伊格德拉西尔一样的大树里，这会不会是巧合呢？“第四纪被洪水毁灭了，高山杳无踪迹……两个人活了下来，因为一个神祇命令他们在一棵大树上钻个洞，当天空垮塌下来时就躲在里面。这对夫妻躲进树里。他们活了下来。他们的子孙让世界又有了人烟。”[28]

如此相似的象征性语言不断地出现在世界许多互不相关的地区的传说中，这个事情是不是太不可思议了？我们怎么解释？是地域辽阔的、潜意识的、跨越文化的心灵感应波呢，还是某些聪明人，在远古时代，为了某种目的，特意创造出来这些遍布世界各地的、非凡的神话情节？这两种未必确实的说法，哪一种真实性要大一点儿？抑或，对这些神话之谜还可能有其他的解释？

适当的时候我们将回到这些问题上来。我们讨论这些神话中讲述的末日景象：烈火、冰雪、洪水、火山、地震等等，究竟想得出什么结论呢？这些情景萦绕在我们心中，那么熟悉，那么真切，总也挥之不去。难道是因为它们讲述的是我们的历史，我们怀疑自己曾经亲历、记不清楚却又不曾全然忘记的历史？

第二十六章 在地球漫长的冬季中诞生的物种

我们所谓的“历史”，就是对我们自己这个物种全部的、清晰的记忆。在我们的历史中，人类还不曾濒临彻底毁灭。在各个时期，各个地区，可怕的自然灾害确实时有发生，但是，在过去的五千年间，人类作为一个整体，可以说还没有遭遇过一次全部灭绝的危机。

事情从来就是如此的吗？如果我们追溯到足够远古的时代，有没有可能发现我们的祖先，在某个时候，几乎被全部消灭？这个时间，似乎就是那些讲述大灾难的神话的焦点。学者们往往把这些神话说成是古代诗人的幻想。可是，万一学者们错了呢？如果的确曾有一连串的自然灾难，将我们的史前祖先缩减到寥寥数人，分散到地球的四面八方，相隔万里，断绝音讯，事情会怎么样？

我们在寻找一个时间，这个时间正是这些神话发生的时候，合适得就像灰姑娘脚上的鞋子。在这个探索中，显然没有必要去追寻公认的、我们这个星球上的现代人类出现之前的那些日子。在这里，我们感兴趣的不是能人，不是直立人，甚至也不是尼安德特智人，我们的兴趣仅在于现代人，我们自己所属的物种，而且我们生活的日子还不算太长。

研究早期人类史的学者们对我们这些现代人出现的时间一直有争议。有些人宣称，100000 多年前的人类残骸可能就是“十足的现代人”了。也有人提出反对意见，认为是 35000~40000 万年。还有人来个折衷：50000 年。可是谁也没有把握。“被命名为现代人亚种的、完全进化的现代人类的起源，至今是古人类学难解的谜团之一。”一位权威学者承认[1]。

根据化石记录分析，人类的进化史大约在 350 万年左右。这个记录始于 1974 年在埃塞俄比亚境内的东非大裂谷中发现的一个矮小、双脚行走的人科动物的化石（起名为露西）。露西的脑容量只有 400 毫升（不足现代人平均数的三分之一），肯定还算不上人类，但她也不是猿，而且她具有某些引人注目的“似人”特征。比如她直立的步态，骨盆和臼齿的形状等。基于这些理由，她所属的物种——南方古猿——大部分古人类学家已承认为我们人类最早的直系祖先[2]。

大约 200 万年前，我们自己所属的人类这个物种的最早始祖能人开始留下头颅和骨骼化石。随着时间的流逝，这个物种显示出清晰的、向着更纤细“优美”的体型、更大更聪明的大脑方向进化的迹象。与能人交叠，继而接替了能人的直立人，出现在大约 160 万年前。他们的脑容量达到 900 毫升（能人的为 700 毫升）[3]。这以后 100 万年间，大约至 40 万年前，都没有什么重大的变化，或者说没有化石证明有什么变化。然后，直立人穿越绝灭之门进入人科动物的天堂。缓慢地，非常非常缓慢地，古人类学者称之为“智慧级”的人类开始出现。

人类究竟什么时候开始进化到具有更高智慧的形态很难准确界定。这种进化包括脑容量的扩大和颅骨变薄。有些人相信这个过程早在 40 万年前就已经开始。不幸的是，这个重要的时期没有足够的化石留下来佐证当时发生的事情。[4]

40 万年前肯定没有发生的事情倒是可以确定的，那就是，像我们这样会讲故事，会编神话的现代人亚种还没有影子呢。“有智慧的人类肯定是从直立人进化而来”已成了大家的共识[5]，而且，100000~400000 年前，确实有不少“古代的智慧的”人类曾经存在。可惜这些过渡物种与我们现今人类的关系仍然模糊不清。前面提到，一些学者认为，最早出现的现代人产生的日期，可以追溯到这段时间的晚期。但是，他们的遗骸都是支离破碎的，而且他们的身份也没有得到广泛的认定。其中时间最早的一块头盖骨残片，被推定为约在公元前 11.3 万年留下来的现代人的标本[6]。大约就在这个时候，尼安德特智人，一个具有明显特征的亚种开始出现。这就是我们大部分人都知道的尼安德特人。

尼安德特人身材高大，肌肉结实，眉骨高耸，面部前突。他的脑容量为 1400 毫升，比现代人的平均值（1360 毫升）还大[7]。这么大的大脑无疑是这些“智慧的、敏锐的、足智多谋的造物”的宝贝[8]，化石记录表明，距今 100000~40000 年前这段时期，他们是这个星球的主宰。在这段漫长的时期中，现代人开始崛起。他们遗留下来的 40000 年前的遗骸化石无可争辩地表明，他们已经是现代人了。到 35000 年前，他们已经完全取代了尼安德特人[9]。

总而言之，长得跟我们一样，如果剃掉胡须，穿上现代服装，走到街上，我们连眼皮都不会朝他们抬一下的人类，最早出现的时间不会超过 11.5 万年前，甚至很可能不超过 50000 年。这样一来，如果我们讲的那些灾难神话确实反映了人类经历过的某种地质剧变的话，这些剧变必然发生在过去的 115000 年，甚至就在过去的 50000 年这段时间内。

灰姑娘的鞋

地质学与古人类学有一个令人惊讶的巧合：最后一个冰川期的起始和发展期与现代人类的出现和兴旺的时期多多少少有些重合。同样令人惊奇的是，我们对两者都几乎一无所知。

在北美洲，最后一个冰川期被称为威斯康星冰期（根据对威斯康星州的岩层研究而得名），地质学家将它的初期阶段推定为115000年前[10]。那以后，冰帽有进有退，冰雪堆积速度最快时期当在60000~70000年前之间。在“塔兹威尔大推进”时期，这个进程达到顶点。到公元前15000年左右，冰川扩展到最大范围[11]。然而，由于至今都无法解释的原因，到公元前13000年，上千万立方千米的冰川消融，到公元前8000年时，威斯康星冰蚀全部消失[12]。

冰川时期是全球现象，北半球和南半球都受到影响，因此，相同的气候和地质情况遍布世界各地（尤其是亚洲东部、澳大利亚、新西兰和南美洲）。欧洲的巨大冰川从斯堪的纳维亚半岛、苏格兰起，一直延伸到英国的大部分，丹麦、波兰、俄罗斯、德国许多地区，瑞士全境，到奥地利、意大利和法国的大部分地区[13]。这个被地质学界称为“玉木冰期”的欧洲冰川时期大约开始于70000年前，比美洲的冰川时期稍晚一点，但在同一时期——17000年前——到达顶点，然后，同样迅速消退，而且在同一时期结束[14]。

这样看来，冰川时期的几个关键阶段应该是：

1. 约60000年前，玉木、威斯康星和其他冰川大规模推进；

2. 约17000年前，东、西两半球的冰原都达到最大范围；

3. 随后的7000年，冰川消融。

现代人的出现正好与这段地质和气候大变动时期吻合。这一时期的最大特征就是极度的寒冷和凶猛的洪水。在冰雪无情地扩张的那数千年时间里，我们的祖先必然心惊胆战。但是，最后那7000年冰川消退，尤其是迅速的、大规模的冰雪消融的那些日子，想必更加惨不忍睹。

我们不要忙着推测生活在那个惊惶混乱、危机四伏时代的人类的社会组织、宗教信仰、科学技术、知识水平等等。人们一贯认为他们是住在山洞里的原始人的陈腐观念可能是错误的。事实上，我们对他们的了解少得可怜。我们能说得出来的只有：无论在身体上还是在心理上，他们都是与我们一模一样的人。

在他们经历那些剧变的时期，他们有可能几度面临全部灭绝。被学者们认为毫无历史价值的那些描述大灾难的神话，有可能是准确的记载和目击者对真实事件的记录。在下一章里我们将看到，如果我们在找寻一个与我们的神话匹配得像灰姑娘脚上的鞋子一样的、恰如其分的时代，这个时代似乎就是最后的冰川时期。

第二十七章 天昏地暗，黑雨倾盆

在最后的冰川时期，所有的生灵都受到可怕的暴力的摧残。从其他大型物种的毁灭所提供的确凿无疑的证据中，我们可以推断这些灾难对人类会产生怎样的影响。这类证据经常让人百思不解。查尔斯·达尔文在南美洲观察到的现象就是这样的。

> 面对物种的灭绝，没有人比我更感到惊异了。在阿根廷的拉普拉塔，我居然在乳齿象、大地懒、箭齿兽和其他已经灭绝的古生物（它们都是相当晚期的地质时代的动物）的残骸中发现一枚马齿。当时我心中的讶异真是难以形容。因为我知道，自从西班牙人把马引进南美洲后，这片土地上就到处驰骋着它们的身影。它们以无可比拟的速度在这里繁衍。我自问，是什么力量，在这么晚的时候，将原来的马在这片如此适于它们生长的土地上消灭了？[1]

答案当然是冰川时期。就是它毁灭了美洲马和其他许多原本活跃于此地的动物。这种毁灭不仅限于美洲。在漫长的冰川时期，世界各地（由于不同的原因，在不同的时间）都发生过非常明显的灭绝事件。各地的大部分被灭绝的物种都是在最后的7000年内，也就是公元前15000~前8000年这个期间内消失的[2]。

我们现阶段的调查不涉及由于冰川的进退造成的气候、地质、地震和动物死亡等事件的特性。我们有理由猜测海啸、地震、飓风和冰川的骤进骤退都曾猖獗一时。但是更重要的是，无论具体的原因是什么，最后的冰川时期的大混乱的确造成了大量动物的灭绝。这是铁定的事实。

这场混乱，如达尔文在他的《考察日记》一书中所说，必定动摇了“地球的整个架构”[3]。例如，在美洲，在公元前15000～前8000年期间，70多种大型哺乳动物灭绝，其中包括7个科的所有北美洲成员和一整个目——长鼻目动物[4]。这场致使4000多万头大型动物死亡的浩劫并非均匀地分布在整个时期内。大部分灭绝发生在公元前11000～前9000年这两千年期间[5]。仔细想想吧！在这之前的30万年中，只有20个属的动物从地球上消失[6]。

相同模式的、晚期的、大规模的动物灭绝遍布欧、亚两洲，连遥远的澳大利亚也不能幸免。在那里，在相对较短的时期内，19个属的大型脊椎动物消失了，其中有些不是哺乳动物[7]。

阿拉斯加和西伯利亚：突发的冰冻

11000~13000年前的那场杀气腾腾的大动荡中，阿拉斯加和西伯利亚的北部可算受害最惨重的地区。无数大型动物的尸骸在环绕北极圈的死亡地带被发现，许多尸体上的肌肉还保存完好，还有多得令人乍舌的、完整无缺的猛犸象牙。实际上，这两个地方至今有人将猛犸象的尸体解冻后喂拉雪橇的狗，猛犸象排也一直是费尔班克斯市餐馆中的特色菜[8]。一位权威人士曾评论说：“成千上万的动物死亡后就立即冻结了，而且再不曾化解，否则它们的肉和象牙就会腐败变质……带来这场大灾难的必定是某种极其强大的、总体的力量。”[9]

北极生物研究所的戴尔·格思里博士曾经做过一个有趣的课题，专门论证公元前 11000 年前生活在阿拉斯加的动物的多样性。

当知道多得异乎寻常的动物，如剑齿猫、骆驼、马、犀牛、驴、巨角鹿、狮子、雪貂、驼羚等等，都曾在这里生活过时，人们对这片土地的好奇之心油然而生。面对与今天差别这么大、品种又这么多的物种，一个显而易见的问题摆在我们的面前：当时的环境可能也不同吧？[10]

掩埋这些动物遗体的阿拉斯加腐殖土像黑灰色的细沙。在这种泥土中冻得硬邦邦的东西，按新墨西哥州立大学希本教授的话说，有动物扭曲的残骸和树枝，混杂着冰晶和一层层泥煤与青苔……美洲野牛、马、狼、熊、狮……显然有什么强大的力量压倒了它们，将整群整群的动物同时杀死……这一堆堆动物和人的尸骸，根本不可能是任何普通的自然力量能够做到的……[11]

各个地层中都发现了石头制作的手工艺品“冻结在地下深处，与冰川时期的动物遗骸在一起。这说明，人类与现已绝种的动物曾经共同生活在阿拉斯加”[12]。

遍布于阿拉斯加腐殖土中的还有：

极为剧烈的大气扰动留下的证据。猛犸和野牛仿佛被狂怒的、天神般力大无比的手撕裂、扭曲。在一个地方，我们看到一只猛犸象的前腿和肩胛，焦黑的骨殖上还黏附着肌肉、兽毛和趾甲。猛犸象的旁边是野牛的头颅、头颈和由筋腱与韧带连接在一起的脊柱。牛角上的角质素外层完好无损。没有刀伤或者其他任何利器的痕迹（诸如猎人可能造成的伤痕）。这些动物是被活生生撕扯开来，像扔一把草一样抛洒出去的，尽管它们的重量数以吨计。堆积如山的骨骸堆里还有树木，也被扭曲、撕烂、乱七八糟堆在一起，上面覆盖着一层像通过筛子筛落下来的细细的腐殖土，然后冻结成坚实的冰。[13]

同样的景象也出现在西伯利亚。大约在同一时期，那里也发生了灾难性的气候变化和地质剧变。这里冰冻的猛犸象坟场，自罗马时代以来就成了人们取之不尽的象牙“矿”。到20世纪初，十年内采出的象牙多达两万对[14]。

在这么大规模的灭绝中，我们似乎又一次看到了某种神秘的因素在起作用。遍体长毛、皮肤厚实的猛犸象，一般都认为是适应寒冷气候的，因此在西伯利亚看到它们的遗骸本不是什么奇怪的事情。难以解释的是，与猛犸象的遗骸在一起的还有人类及许多其他完全不适于寒冷气候生活的动物的尸体[15]。

西伯利亚北部的平原曾经养育过大量的犀牛、羚羊、马、野牛和其他食草动物。它们是各种食肉动物——包括剑齿猫——捕食的对象……与猛犸象一样，这些动物的活动范围曾达西伯利亚的最北端，到了北冰洋岸边，甚至更往北，到达里亚科夫和新西伯利亚群岛等距离极点很近的地方。[16]

研究人员已经证实，公元前11000年大灾难发生前，在34种生活在西伯利亚的动物中，有奥西普猛犸象、巨鹿、穴居的鬣狗和狮子等，其中至少28种以上是只能适应温暖环境生活的[17]。于是，这场大灭绝中最令人困惑的现象之一出现了：与我们按照今天西伯利亚的气候和地质条件做出的推理截然相反，越往北走，猛犸象和其他动物的遗体就越多！[18]最早发现位于北极圈内的新西伯利亚群岛的探险家说，那里的一些岛屿实际上几乎全是用猛犸象的骨头和象牙堆积起来的[19]。对这种情况，唯一合乎逻辑的解释，如19世纪法国动物学家乔治·居维埃所说，就是“在这些动物被冰冻和埋葬的地方，从前并不存在永久性的冰霜，因为它们不可能在那种温度条件下生存。在这些动物倒毙的那一刻，它们生活过的土地也冻结成冰”[20]。

还有大量的证据表明公元前11000年前后西伯利亚的气候突然变冷。北极探险家爱德华·冯托尔男爵说，在他对新西伯利亚群岛进行调查时，曾发现过“一只剑齿虎的遗骸和一棵果树。这棵树如果直立起来，高可达27米以上。这株树完好地保存在冰冻层中，树根和种子都在，碧绿的树叶和成熟的果实仍然挂在树枝上……而现在，这个岛上唯一生长的木本植物只有2.5厘米高的柳树”[21]。

绝种的动物生前所吃的食物同样可以证实西伯利亚的气温骤降造成的灾难性变化。“在严寒中，猛犸象大量地、迅速地死亡。死亡的来临如此快速，连吃下去的植物都来不及消化……在它们的嘴里和胃里，我们找到了清晰可辨的野草、风铃草、金凤花、柔嫩的菖蒲和野豆等等。”[22]

不消说，现今西伯利亚的任何地方都不可能生长这些花草了。公元前11000年它们在那个地方的出现使我们不得不承认，那个地区的确曾经有过温暖宜人的、草木葳蕤的好气候[23]。为什么最后一个冰川时期在别的地方是冰川的结束，而在这个原先的人间天堂却是致命的严冬的开启？这个问题我们留到第八部再谈。这里要确定的是，在12000~13000年前的某个时刻，一场毁灭性的霜冻以可怕的速度横扫西伯利亚，而且一直盘桓至今。讲到这里，我仿佛听到一个怪异的回声在祆教传说中响起。在那个传说中，一块原来一年七个月夏天的乐土，一夜之间变成了一年十个月酷寒隆冬的冰雪之地[24]。

千座火山同时爆发

许多灾难神话都提到可怕的寒冷、黑暗的天空、漆黑滚烫的沥青雨，而这些灾难必定在西伯利亚、加拿大的育空地区和阿拉斯加这片广袤的死亡圈内肆虐了几百年。“这里地下深处，有时候就在尸骨和象牙堆底部就是一层层火山灰。毫无疑问，与动物灭绝一起到来的，还有大规模的火山爆发。”[25]

有许多证据表明，在威斯康星冰川消退期，火山活动格外活跃[26]。在远离阿拉斯加冻土地带的南方，在洛杉矶，成千上万的史前动植物顷刻之间一齐陷入著名的拉布利亚焦油坑。那里挖掘出来的动物有：野牛、马、骆驼、树懒、猛犸象、乳齿象及至少七百多头剑齿虎[27]。其中还有一具关节断离的人类骨架，全身裹满沥青，与一种已经灭绝的秃鹰的骨骼混在一起。拉布利亚遗骸（“断裂，破碎，扭曲，一片狼藉”）[28]雄辩地表明，这里曾经发生过一场突如其来的、可怕的火山之灾[29]。

加州其他两个地方（卡平特里亚和麦基特里克）的沥青坑下面，也挖出来过典型的冰川时期末期的鸟类和哺乳动物遗骸。在圣佩德罗谷，乳齿象的骨架在挖掘时仍然直立，全身包裹在大堆的火山灰和沙土中。在科罗拉多州的弗洛里斯坦冰湖和俄勒冈州的约翰戴盆地中发现的化石，也都是从火山灰筑成的坟墓中挖掘出来的[30]。

在威斯康星冰川末期制造出这种大型坟场的火山喷发可能是因为其活动正处于最剧烈的阶段。实际上，在整个冰川时期的大部分时间里，火山爆发都司空见惯。不仅在北美洲，中美洲、南美洲也一样，北大西洋、亚洲大陆和日本也是如此[31]。

我们很难想象，这种到处发生的持续不断的火山喷发对生活在那些恐怖的、变化莫测的时代的人类意味着什么。但是，对 1980 年圣海伦斯火山爆发时喷入高空的，由尘埃、烟雾和灰烬形成的，花椰菜形的云朵仍记忆犹新的人一定会赞同这个见解：大量的这种喷发（在世界各地，在一段连续不断的时期内，接二连三地爆发）所造成的破坏绝不仅限于当地。它们会造成全球性的、严重的气候恶化。

圣海伦斯火山喷出的熔岩估计为 1 立方千米，与冰川时期的火山相比只能算小兄弟[32]。1883 年的印度尼西亚克拉卡托亚火山爆发更能说明问题。那场灾难夺走了 36000 人的生命，4800 千米外的地方都能听到它爆发时的吼声。从震中巽他海峡卷起的海啸高达30米，汹涌澎湃，咆哮着穿越爪哇海和印度洋，把轮船冲到近十千米远的陆地上，在遥远的东非和美洲西海岸引发洪水。18立方千米的熔岩和大量的火山灰被喷进大气层，其后两年多的时间里，全世界的天空都阴暗了许多，落日也变得更红。由于火山灰粒子将阳光反射回了太空，在这段时间，全球气温显著下降[33]。

在以火山活动频繁为特征的冰川时期，我们要想象的不是一座克拉卡托亚火山，而是许许多多克拉卡托亚火山。这些火山相继爆发的综合效应首先就是令冰川的情况更加恶化。因为火山炙热的灰尘会遮挡阳光，使本已很低的温度降到更低。但是火山爆发同时又将大量的二氧化碳注入大气，形成温室效应。因此，我们可以推测，当火山恢复平静时，火山灰会落下来，全球的气温就会回升。有些学者因此将冰川的进退无常归结为这种火山与气温的"拉锯战"的相互作用[34]。

全球大洪水

地质学家一致认同，到公元前8000年时，威斯康星和玉木冰盖都已经消退，冰川时期宣告结束。然而这之前的7000年却是气候和地质变动最剧烈的时期。规模之大，范围之广，都难以想象。那寥寥无几、七零八落的幸存的人类部落刚躲过这个灾，又碰上那个祸，就像跳出了火坑又进了油锅，那种没完没了的恐惧和惊惶就是他们的生活。他们盼望能过上几天平静日子，然而，巨大的冰川开始融化，这种短暂的安宁又一次被狂暴的洪水打断。原来被数以十亿吨计的冰层挤压到软流圈的地壳随着消融的冰雪开始抬升，有时上升十分迅速，结果引发强烈的地震，发出山崩地裂的啸声。

有时候情况会极度恶化。大部分动物的灭绝发生在公元前11000~9000年期间。这段时期不明原因的气候变化非常剧烈[35]（按地质学家约翰·英布里的说法是"11000年前，气候发生了一场大革命"[36]）。这段期间，沉积作用的速度大大加快[37]，大西洋表面水温突然增高6℃~10℃[38]。

造成大规模动物灭绝的另一个大动荡时期是在公元前15000~前13000年。我们在前一章看到，大约17000年前，“塔兹威尔大推进”将冰原的覆盖面扩张到最大，然后，又戏剧性地持续不断地迅速消融，在不到两千年的时间内，北美洲和欧洲广袤的冰原消退得一干二净。

但是有些地区的情况却很特别：阿拉斯加的整个西部地区、加拿大的育空地区、西伯利亚的大部分地区，包括新西伯利亚群岛（现在是世界上最寒冷的地方）直到冰川时期将近结束前还是一片郁郁葱葱。大约到12000年之前那些地方的气候才变得像现在这样寒冷，而且变得非常突然。猛犸象和其他大型哺乳动物就是在那个时候被活活冻死的[39]。

其他地方的景象就不一样了。欧洲大部分地区被埋在3千米厚的冰盖下面[40]。北美洲大部分地区也差不多。冰盖从中部的哈得逊湾一直绵延到加拿大东部、新英格兰，到美国的中西部大部分地区，再往南到北纬37°地带，最后直抵密西西比河谷的辛辛那提南端，都快到赤道了[41]。

在17000年前的高峰期，有人估算了一下，覆盖北半球的冰盖总体积达2500万立方千米。当然，我们已经说过，南半球的冰盖也小不了。形成如此庞大的冰盖的水源就是海洋。当时的海平面比现在低约120米[42]。

就在这个时候，气候的钟摆开始朝相反方向猛甩。冰雪融化如此突然，面积如此辽阔，以至被描述为“一种奇迹”[43]。地质学家们称，这种情况在欧洲是温暖气候的“波林阶段”（Bolling phase），在北美洲则是“布拉迪间冰段”（Brady interstadial）。

一个40000多年发展起来的冰盖在2000年内就消融其大部分，显然不可能是我们通常用来解释冰川时期气候因素逐步作用的结果……冰川的迅速消融说明，有些反常的因素在影响气候。这种因素大约在16500年前开始显现，到2000年后，它已经消灭了大部分，可能有四分之三的冰川，而且其主要进程是在1000年甚至更短的时间内完成的。[44]

冰川消融的第一个后果就是海平面的急剧上升，上升幅度可能达100米[45]。岛屿和陆桥隐到水下，大量低洼的海岸被淹没。巨大的海啸一次又一次卷起，吞没更高的土地。海啸退去了，可是陆地上仍然留下了它们来过的痕迹。

在美国，“冰川时期海洋生物的遗骸出现在密西西比河东的墨西哥湾周围，有些地方高度可达海拔60米以上”[46]。在密歇根州的沼泽下面发现过两只鲸鱼的骨骼。在佐治亚洲，海洋淤积物堆积在海拔50米的地方。而在北弗罗里达，发现海洋淤积物的地方至少在海拔730米。德克萨斯州，在威斯康星冰川的最南端，冰川时期的陆地哺乳动物的遗骸却在海洋淤积物中被发现。另外一个海洋动物遗骸堆积的场所是加拿大东北各省及北极海岸，其中有海象、海豹和至少五种鲸鱼的遗骸。北美洲太平洋沿岸的许多地方，冰川时期的海洋生物淤积延伸到“内陆320多千米的地方”[47]。在高出海平面130米的安大略湖北岸发现过鲸鱼的骨骼，另一副鲸鱼骨架发现在弗蒙特州高于海平面150米的地方，在加拿大的蒙特利尔－魁北克地区的一个海拔180米的地方也发现过鲸鱼骨架[48]。

世界各地的神话都反复描述洪水逼来时人类怎样与动物一起往山顶逃命的典型场景。化石记录证实这些都是冰原消融期间的真实写照，而且有的山高根本不足以拯救这些遇难的生灵。例如在法国中部，一些孤立的山丘顶上的岩缝中塞满了被称为“骨状角砾岩”的东西，里面有猛犸、长毛犀牛和其他动物的碎骨。高达440米的法国东部勃艮第的吉奈山山顶上“覆盖着含有猛犸、驯鹿、马和其他动物遗骸的角砾岩”[49]。远在欧洲南端的直布罗陀，同样“在动物的骨骸中，发现一颗人类的臼齿和原始人使用的燧石石器”[50]。

在普利茅斯市附近的英吉利海峡边发现过混杂在猛犸、犀牛、马、熊、野牛、狼和狮子残骸中的河马骨骼[51]。在西西里岛巴勒莫市周围山上挖出来的“河马骨骸多得出奇，赶上古罗马的‘百牲祭’了”[52]。在这些及其他证据的基础上，牛津大学前地质学教授约瑟夫·普雷斯特维奇做出如下论断：欧洲中部、英格兰及地中海的科西嘉、撒丁和西西里等岛屿在冰川迅速消融期间都曾几度被洪水全部淹没。他说：

洪水向前推进时，动物自然会撤退到更深的山里，直到无路可退……大量的动物挤成一团，冲进尚可容身的洞穴，直到被水追上、淹死……山边的沙砾和岩石被水流冲刷下来，将它们的骨头砸烂、粉碎……早期人类的某些部族在这场普遍的大灾难中必定苦不堪言。[53]

类似的洪水灾难很可能在同一时期也袭击过中国。北京附近的山洞中，猛犸和水牛的骨骸与人类的遗骨混在一起[54]。不少权威将西伯利亚的猛犸遗骸与碎裂的树木混杂的现象归结为“巨大的海啸将森林里的树木连根拔起，与成堆的动物尸体一起被泥石流埋葬。在北极地区，这些遗骸冻得很结实，因此这些证据得以在永久冻土中保存至今”[55]。

南美洲各地也都发现过冰川时期的化石。“在这些化石中，原本是生死冤家的动物（食肉动物和食草动物）与人类的骨骼都混杂在一起。同样引人注目的是，在非常辽阔的区域内，陆地动物与海洋动物的化石也乱七八糟地堆在同一地质层中。”[56]

北美洲也深受洪水之害。庞大的威斯康星冰川消融时形成了巨大的、临时的湖泊。水流以无可比拟的速度倾泻到这些湖里，将一切都淹没在湖底。几百年之后湖泊才干涸。例如西半球最大的冰川湖阿格西兹湖，它的面积曾达 28 万平方千米。今天的加拿大马尼托巴省、安大略省、萨斯喀彻温省，美国的北达科他州和明尼苏达州的一部分都曾是它的水域[57]。这个湖维持了不到 1000 年。这表明，在冰川突然融化造成洪水灾难后，继之而来的是一段平静的时期[58]。

信念的象征

很久以来人们一直相信，人类直到大约 11000 年前才到达美洲，但是新近的发现已经确认，这个时间要早得多。在阿拉斯加的育空地区，加拿大研究人员在老乌鸦盆地里找到了25000年前的石器[59]。在南美洲的秘鲁和火地岛这些最南端的地方发现的人类遗骨和遗物可以准确地追溯到公元前12000年，另有一批遗物在公元前23000～前19000年之间[60]。根据这些和其他的证据，“我们可以得出结论，至少在35000年之前，人类开始进入美洲，其后又不断地有移民潮涌向那里”。[61]

那些冰川时期新到的美洲人，从西伯利亚通过白令陆桥，千辛万苦地来到美洲，面对的却是17000~10000年前那令人魂飞魄散的环境条件。那正是威斯康星冰川骤然融化，造成全球海平面暴涨100米，引发前所未有的气候和地质动乱的时候。一连7000年，地震、火山爆发、滔天的洪水你来我往，间或出现些怪谲的宁静，这些就是美洲人日常生活的主体。也许正因为如此，他们的神话才如此坚信不疑地讲述烈火、洪水和黑暗的时代及太阳的创造和毁灭的故事。

此外，如我们前面已经看到的，并不是只有美洲才有这些神话，东半球的神话照样如此。世界各地的神话都在不约而同地讲述洪水、严寒，或者天翻地覆的故事。这不仅仅是对同样经历的一再转述，就其本身而言，冰川及其后果毕竟是全球性的现象。更令人称奇的是同样的标志性的主题不断在这些神话中出现：一个好人和他的家人，神仙的警示，一切生物的种子得救，救命的船，避寒的住处，未来人类的祖先藏身的树洞，洪水过后放飞去寻找陆地的小鸟和其他动物，等等。

令人称奇的还有，那么多的神话中都有对一个类似魁扎尔克尔雅特和维拉科查式的形象的描述。说他们是在洪水之后的黑暗时代到来的，他们教这些劫后余生、四散飘零的部落人民建房造屋，给他们讲解天文地理，科学知识，为他们制定法律。

谁是这些先进文明的英雄？难道他们仅是一种纯朴的想象？他们是人还是神？如果是人，会不会就是他们造就了这些神话，让它们成为知识的载体，穿越时空，传诸后世？

这些念头似乎有些异想天开。但是，我们将在第五部中看到，在某些神话中反复出现了科学、准确得难以置信的天文数据资料，而这些神话与大洪水的传说同样古老，同样广为流传。

他们的科学知识是从哪里来的？

Part Ⅴ

第五部

神话之谜（二）：天文密码

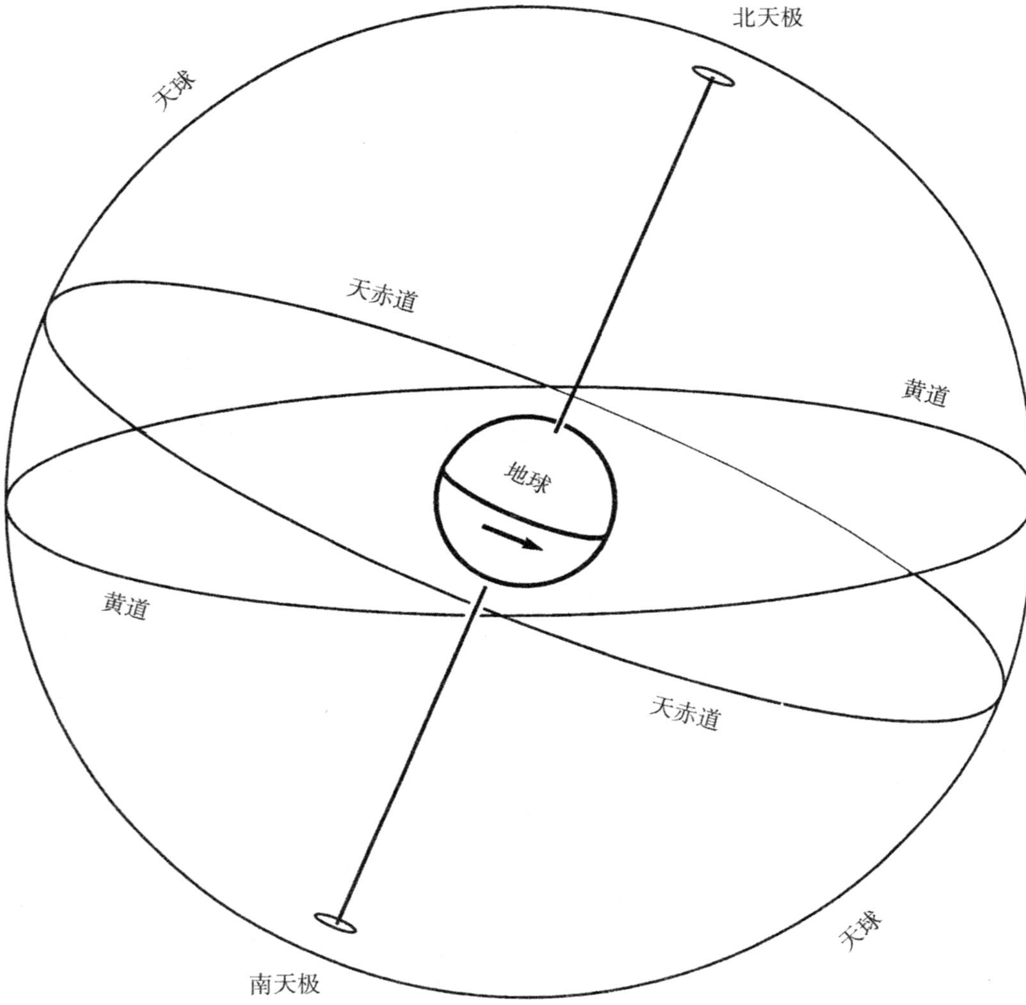

天球图之一

第二十八章 天空的机制

现代读者并不指望论述天体机制的文章能像看摇篮曲那么浅显，但是他们对自己理解神话式的“形象化的描绘”的能力却是坚信不疑的。因为他们只把长达一页纸的近似值公式之类的东西才当“科学”看。

他们没想到早就有人用日常用语来表述同样的科学知识了。他们从来不设想这种可能性，尽管古代文化已经有许多一目了然的成就，如金字塔和冶金术等。这些杰作无可辩驳地表明，舞台后面有着认真而智慧的人在工作。这些人必定精通科技语言……[1]

这段话出自已故麻省理工学院科学史教授乔吉奥·桑提拉纳。在下面的几章中，我们将学习他对古代神话所做的革命性的研究。他的观点，用一句话归纳起来就是：很久之前，一些又认真又有智慧的人发明了一个办法，用神话常用的语汇来表现先进的天文学术语。

桑提拉纳说得对吗？如果说对了，谁又是这些既认真又聪明的人？这些天文学家、科学家，这些在史前舞台的幕后辛勤工作的人是谁呢？

让我们从一些最基本的常识开始。

狂野的天空之舞

地球每二十四小时围绕自己的轴旋转一圈，地球的赤道为 40075.7 千米。因此，即使一个人一动不动地站在赤道上，他实际上还是在运动，在随着地球以每小时 1600 千米以上的速度旋转[2]。从外太空俯瞰北极，地球自转的方向是逆时针的。

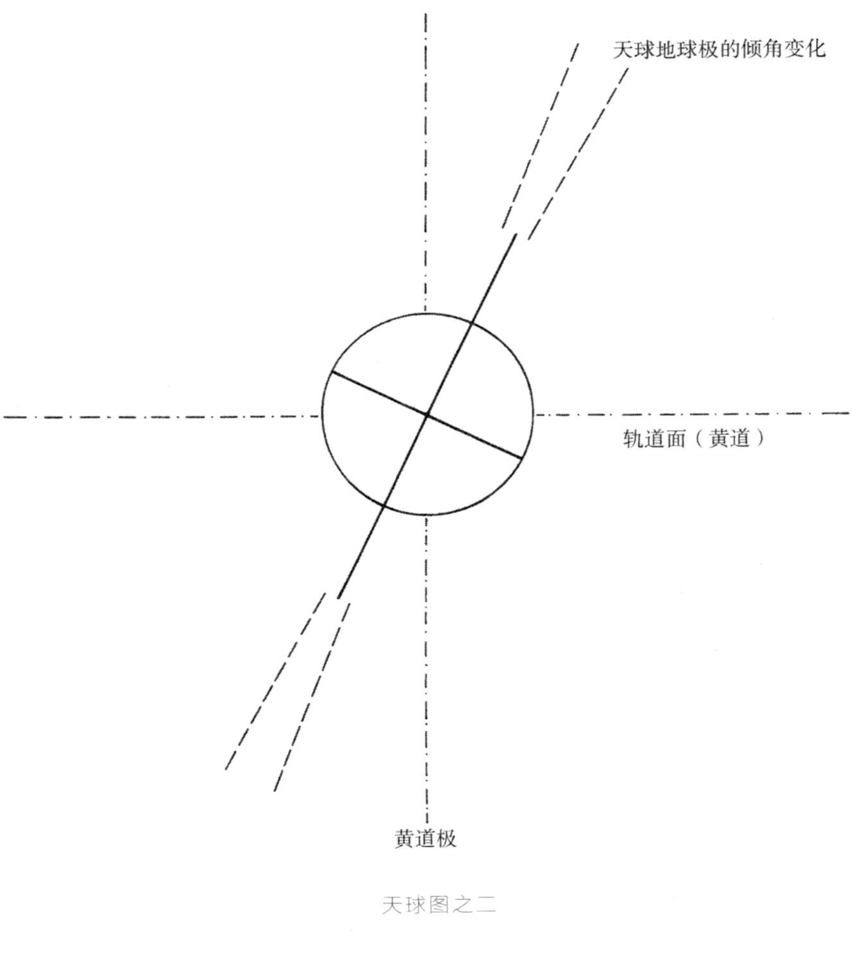

天球图之二

在以自己的轴为中心做旋转的同时，地球还在围绕太阳转（同样是逆时针方向）。地球围绕太阳旋转的轨道略呈椭圆形，而不是正圆形。地球在这条轨道上的运行速度可是大得要命，每小时107182千米——一般人开车六年行程的总和。也就是说，我们正以每秒29.78千米的速度在太空中飞旋，比任何子弹都快多了。在你看完这段文字的功夫，我们已经在地球环绕太阳的轨道上跑了880多千米[3]。

地球转完这一圈要一年的时间，而我们只能根据四季的更替才能感觉到我们自己也参与到这场飞速的太空轨道赛跑中去了。也正是四季的更替使我们看到，一个奇异的、公正的机制正在运转，将春、夏、秋、冬公平地分配给世界各地，从南半球到北半球，年复一年，从无差错。

地轴以23.5°的角度（与垂直线）倾斜于它围绕太阳运行的轨道面。这种倾斜是四季形成的原因。每年，当它“指向”北极时，整个北半球就偏离太阳六个月（这时南半球就是夏天）；而它指向南极时，就轮到南半球偏离太阳六个月（这时候北半球就该是夏天了）。这一年一度的、在

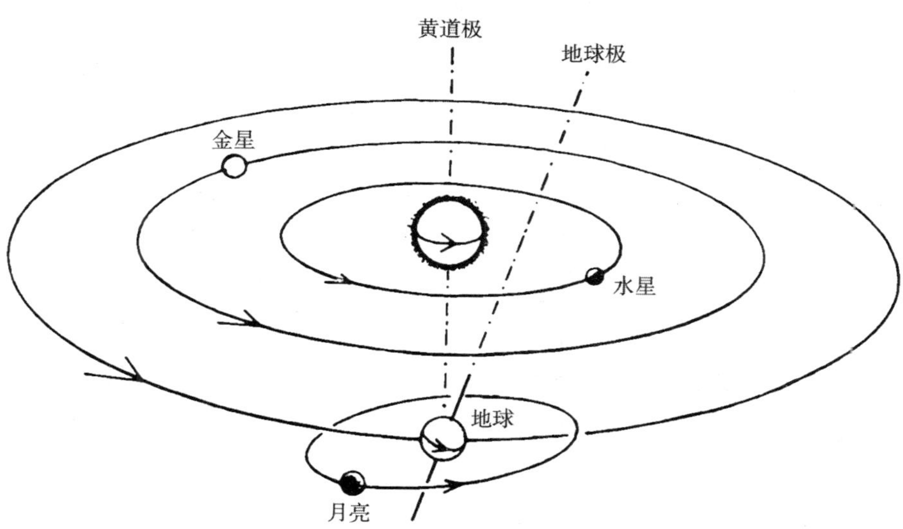

太阳系的内行星

不同时间、阳光照射到地球表面上任何一个特定点的角度和时间长短的变化，就造成了季节的更替。

地球的这种倾斜用天文学术语来说就是“斜交”，而它的轨道面延伸出去，在天球中形成一个巨大的圆，这个圆叫做“黄道”。天文学家说的“天赤道”，是将地球的赤道延伸到天球形成的一个圆。现在，天赤道与黄道的夹角为 23.5° 左右，因为地球的自转轴与垂直线有约 23.5° 的角。这个用术语说叫做“黄赤交角”，黄赤交角的角度并不是一成不变的。我们在第十一章已经看到安第斯山的蒂亚瓦纳科城的建造日期是怎样确定的。黄赤交角是不断地改变的，虽然很慢。这种改变的幅度不超过 3° 。从 22.1° 开始，到 24.5° 。完成一个周期的时间约为 41000 年[4]。

我们这个脆弱的地球就这样，在沿着轨道围绕太阳运行时，自己还在不断地旋转着、摇摆着。绕太阳跑一圈要一年，自转一圈是一天，摇摆一个周期要 41000 年。我们跳跃着、滑行着，在永恒的时空中飞旋，仿佛在表演一场疯狂的太空热舞。我们心里激荡着矛盾的冲动，我们渴望投入太阳的怀抱，却又想挣脱它的约束，飞往黑暗的外层空间。

奇妙的影响力

现在已经知道，太阳的引力范围在太空中达 24 万亿千米，几乎是到达最近恒星一半的距离，而地球就是被它掌控在内圈的俘虏[5]。它对我们这个星球的引力之大是可想而知的。太阳系中其他行星的引力对我们也有影响。它们都在吸引地球，使它改变绕日运行的轨道。这些行星大小不一，环绕太阳运行的速度也不相同。因此它们对地球的共同引力也在随着时间，以复杂但可以预测的方式改变，而地球绕日运行轨道的形状也在不断地发生变化以作回应。由于这个轨道是椭圆形的，这些改变会影响到它的伸长度，就是天文学上的“离心率”。离心率最低时可以接近零（当轨道的形状接近于正圆时），有时高达 6%（这时的轨道形状最像椭圆形）[6]。

黄赤交角在 22.1° 与 24.5° 之间变化，周期为 41000 年，还有其他形式的星体影响。当木星、土星和火星排成一条直线时，无线电波频率会受到干扰，虽然不知道是什么原因[7]。现在已有证据表明：

> 木星、土星和火星绕日运行的位置与地球高空的强烈的电波干扰之间存在着奇怪的、出人意料的关联。这似乎说明，行星与太阳共享一个从太阳系的中心延伸数十亿千米的宇宙——电子平衡结构。这种电子平衡在目前的天体物理学中还找不到原因。[8]

登载这篇报道的《纽约时报》没有对这个问题进行深入探讨。写这篇报道的作者很可能不知道这些话听起来多么像公元前 3 世纪迦勒底的历史学家、天文学家和预言家贝罗索斯说过的话。他曾对世界末日来临前的预兆做过深入的研究。他说："我，贝罗索斯，在此断言，当五大行星聚集于巨蟹宫，排列成一条直线的时候，地球上所有的人都会葬身火海。"[9]

一个可预期的、有巨大的引力效果的五星会合将于 2000 年 5 月 5 日发生。这一天，海王星、天王星、金星、水星和火星将与地球在太阳的另一面排成一条直线，形成一种太空的"拔河比赛"的架势[10]。我们还必须注意，有现代天文学家将玛雅人第五太阳纪毁灭日用图标测算，他们计算的结果是，到那一天，行星将会出现一个极为奇特的排列形式，奇特到"45200 年才可能发生一次……这种极不寻常的排列可能会产生极不寻常的效果"[11]。

凡是神经正常的人都不会听风就是雨，真把这种预言当回事。但是，不可否认，多种影响力，其中还有许多是我们尚不十分了解的，似乎都在我们的太阳系内起作用。在这些影响力中，最强大的就是我们自己的卫星——月亮。例如，地震就通常发生在满月时，或者是地球在太阳和月亮之间的时候；新月时，月亮在地球与太阳之间的时候；月亮穿过地震发生地区的子午线的时候；月亮在轨道运行离地球最近的时候[12]。实际上，当月亮到达这个最近点的时候（天文学术语叫做“近地点”），它的引力增强大约 6 %。这种情况每 27 天发生一次。这时候，月亮引力造成的潮汐作用不仅影响到地球海洋的运动，而且影响到禁锢在脆弱的地壳内炙热的岩浆的活动。有人描述我们这个地壳，好比“一个装满了蜂蜜或者糖浆的纸袋，在赤道上以每小时 1600 千米的速度旋转着，晃晃悠悠地在绕日轨道上以每小时 107182 千米的速度狂奔着”[13]。

一颗变形的行星的摆动

所有这些圆周运动当然都会产生巨大的离心力。而这些离心力，如牛顿在 17 世纪就已经证明的，使地球的“纸袋”在赤道处向外膨胀，其必然结果是地球的两极变得扁平。这样一来，我们的地球就有点不那么圆了，说得准确点就是个“扁球”。地球在赤道的半径（6378.137 千米）比两极的半径（6356.752 千米）要多出 21 千米左右[14]。

亿万年以来，地球扁平的两极和鼓胀的赤道一直与引力的奇妙影响进行着悄悄的确定无疑的互动。“地球是扁平的。”一位权威专家解释说，“所以月亮的引力就会使地轴发生倾斜以使它垂直于月亮的轨道，太阳也有类似的作用，只是程度要小些。”[15]

而与此同时，赤道的膨胀，即赤道周围增加的体积，却起着陀螺仪的轮辋的作用，使地轴保持原位[16]。

年复一年，在星际运动中，正是这种陀螺仪效应使地球没有在月亮和太阳的拔河赛中从根本上改变自己自转轴的方向。然而，这两大星体的巨大拉力的共同作用，还是会使地轴“按岁差向前运行”。也就是说，地轴要非常缓慢地向顺时针方向做摆动，与地球自转的方向正好相反。

这个重要的运动是我们的星球在太阳系中独具特色的专利。凡是玩过陀螺游戏的人都不难理解其中的道理。陀螺其实就是个简单的陀螺仪。当不间断地旋转时，它保持直立。但是，只要它的轴一斜，陀螺就开始它的第二种动作：环绕一个大圈，缓慢地、顽固地做反向摆动。这种摆动就是

“岁差”，它改变地球的轴所指的方向，同时使地球按照更改过后的角度继续它的运转。

我们再换个比喻的办法来讲，以便大家看得更明白一点。

1. 想象地球漂浮在太空中，与垂线成约 23.5° 角，每 24 小时绕着自己的轴旋转一周。

2. 把这个轴想象成一个极为结实的枢轴或者轮轴。它穿过地球的中心，两端分别从北极和南极伸出。

3. 想象你是个巨人，肩负着特殊使命，迈步走进太阳系。

4. 想象你走近了倾斜的地球，由于你身材高大，现在它看起来和水车的轮子差不多大小。

5. 想象你伸手抓住了轮轴伸出的两端。

6. 想象你开始慢慢地在里面转动轴的两头，一手推，一手拉。

7. 你走到的时候，地球已经在转动了。

8. 你的使命并不是干扰地球围绕自己的轴自转，只是赋予它另一个运动而已：缓慢的、顺时针方向的摆动，即所谓“岁差”。

9. 为了完成这个使命，你务必一手抓紧北极的轴端往上推，让它绕着北半球转一大圈，同时另一只手拉住南极的轴端，让它绕着南半球转同样大的一个圈。

10. 不过还是得提醒你一下，这个地球“水车轮”比看上去的要重得多。实际上，你得花 25776 年的时间才能扳住这个轴的两头让它们转完这一个“岁差周期”[17]。任务完成时，轴的两端在地球中所指的方向与你刚走到时完全一样。

11. 哦，顺便说一句，既然你已经开始干这个活了，我们就得跟你讲清楚，你从此就别想离开了。一个“岁差周期”完成后，另一个马上开始。一个，一个，又一个……永无休止。

12. 如果你愿意，可以把这当作太阳系的基本机制，也可以当作神的旨意，随你的便。

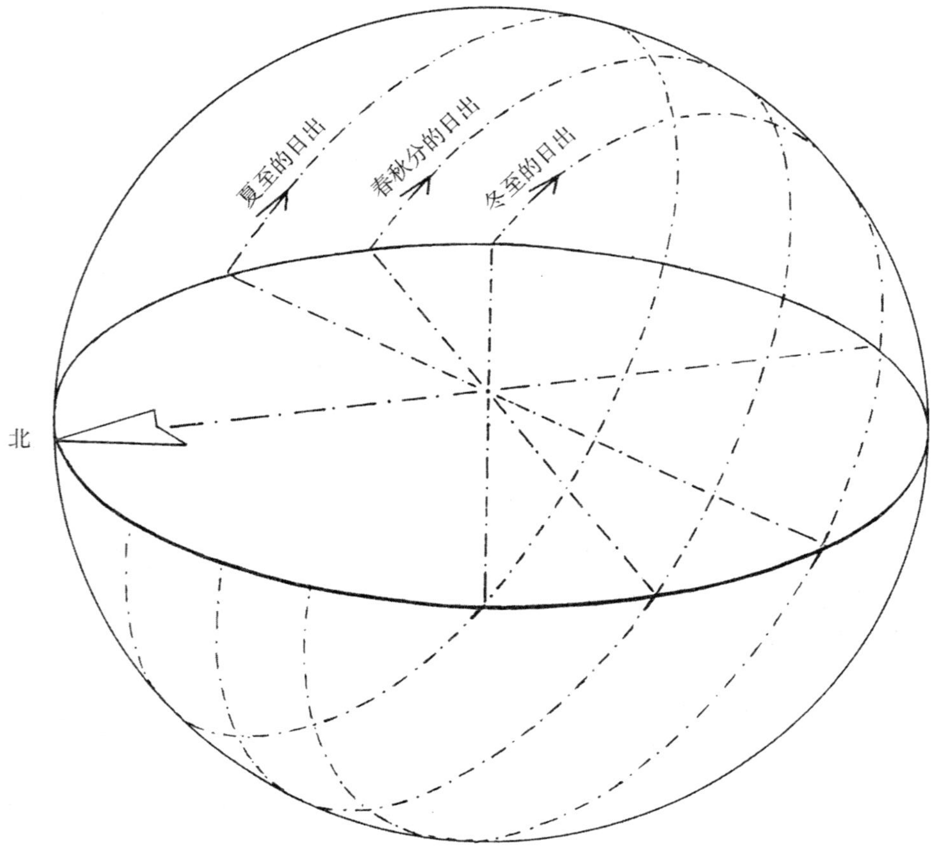

春秋分和夏冬至

在这个过程中，当你慢慢地推着这根轴环绕着天空转动时，它的两端会各自依次指向南天极的不同星宿（当然有时候是虚空）和北天极的不同星宿。我们在这里讲的好像是围绕天极的群星的抢座位游戏。而使这一切不断移动的就是地球的轴向“岁差”——一种在巨大的引力和回旋力双重作用下发生的运动。这种运动是规律的、可预测的，在现代设备帮助下相对而言是不难计算出来的。比方说，现在的北极星是小熊星座的 α 星，但是通过电脑计算，我们可以确切地知道，到公元 3000 年，占据北极星位置的将是天龙座的 α 星。古希腊时代的北极星是小熊星座的 β 星，到公元 14000 年，它将变成织女星[18]。

往昔的秘密

重温一下地球在太空中运行及其定位的一些最重要的数据会有助于我们的理解。

● 它与垂直方向约有 23.5° 的倾斜，在 41000 年的周期中，这个角度的两边各有 1.5° 的改变。

● 每 25776 年，地球完成一个“岁差周期”[19]。

● 它 365 天环绕太阳一周（精确地讲应该是 365.2422 天）。

● 对地球的季节影响最大的是它在绕日轨道不同的点上接受的阳光照射角度的不同。

我们还必须记住，一年有四个关键的天文时刻，正式宣告四季的光临。这些时刻对古人而言极为重要。它们就是：冬至、夏至以及春分、秋分。北半球的冬至，白昼最短的一天，是 12 月 21 日；夏至，白昼最长的一天，是 6 月 21 日。南半球正好倒个个儿，他们的冬天从 6 月 21 日开始，夏天在 12 月 21 日到来。

春分和秋分则是一年中全球各地都昼夜平分的日子。与冬至、夏至一样，在北半球标志春天来临的春分（3 月 20 日），在南半球则是秋天的开始；而北半球的秋天来临日（9 月 22 日）在南半球标志着春天到了。

与季节的微妙变化一样，这一切都是地球的倾斜带来的福分。北半球的夏至到来时，地球在轨道点的位置是北极最朝向太阳的时候；六个月过去后，冬至标志的是北极偏离太阳最远时地球在轨道上的位置。春分和秋分这两天全球平分昼夜的原因，是这两天地球在轨道上的位置使它的自转轴正好侧向太阳。

现在我们来看一个天体机制的美丽而奇妙的现象。

这个现象叫做“岁差”。它循规蹈矩、周而复始、精确无误，可以被分析和准确地预测。然而，想观察到它极其困难，如果没有精密的仪器，准确的测定就更难。

但偏偏就在这个“岁差”里面，可能隐藏着解开往昔一大秘密的线索。

第二十九章 古代密码的第一道裂缝

地球绕日轨道面向外投射，在天球中形成一个大圆，就是黄道。黄道向南北方向各延伸大约7°，形成一条群星密布的黄道带。它们就是黄道带十二宫：白羊座、金牛座、双子座、巨蟹座、狮子座、处女座、天秤座、天蝎座、射手座、摩羯座、宝瓶座和双鱼座。这些星座的大小、形状和范围都不尽相同，然而它们在黄道周边的分布却相当均匀，赋予每天的日出日落一种宇宙秩序的感觉。

为了更清晰形象地说明我们在此要讲解的问题，请按下面的办法做：（1）在白纸的中间点一个圆点；（2）环绕圆点画一个圆，半径约为半英寸；（3）环绕这个圆圈，在外面画一个更大的圆。

圆点代表太阳，小同心圆代表地球的轨道，大同心圆代表黄道的边沿。现在，将这个大圆等分为十二格，代表黄道带十二宫。一个圆为360°，因此，每个星座各在黄道带占30°空间。圆点是太阳，同心圆的内圈是地球的轨道。我们知道，地球在这个轨道上以逆时针方向，从西向东运行，而且每二十四小时围绕自己的轴转一圈（也是从西向东）。

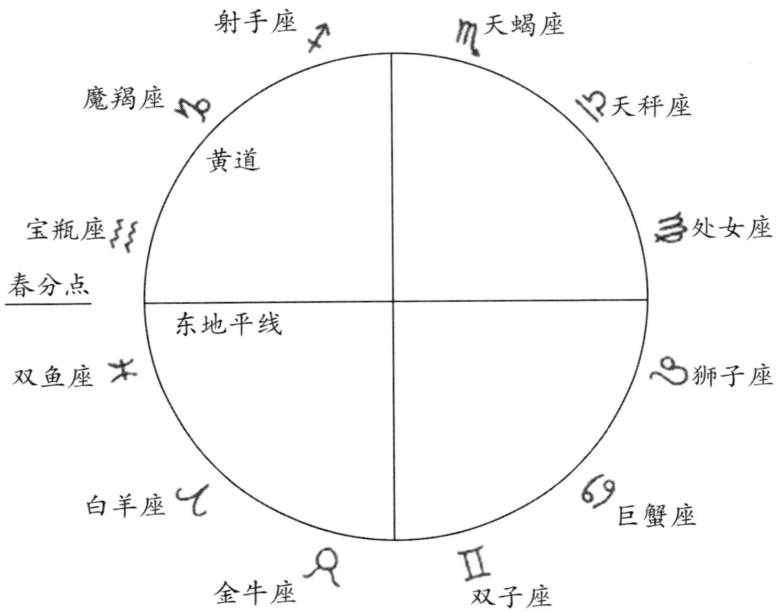

地球在轨道上运行的一年中，人们看见日出的星空背景在逐月改变：宝瓶座→双鱼座→白羊座→金牛座→双子座→巨蟹座→狮子座→魔羯座。等等。现在，春分的日出在双鱼座和宝瓶座之间。岁差效应使“春分点”在轨道上每年都要提早那么一点点到达，然后在黄道带十二宫中缓慢地移动，在每个星座“中”溜达 2160 年，用 25920 年完成整个行程。这个“岁差漂移”的方向与太阳每年的“行程”相反，从魔羯座→狮子座→巨蟹座→双子座→金牛座→白羊座→双鱼座→宝瓶座。举个例子来说吧，“狮子座时代”的 2160 年期间，春分的太阳升起时的星空背景是狮子座，这个时代是从公元前 10970 ~ 前 8810 年。我们今天生活在占星学上的无人地带，正是“双鱼座时代”结束而宝瓶座“新时代”刚刚要迈进门槛的时候。传统上，两个时代交接的过渡时期历来不被看好

上述两个运动，会让人产生两个幻觉：

1. 每天，由于地球自西向东转动，看起来却像太阳自东向西“走过”天空，而实际上它是个固定的点。

2. 当旋转的地球沿着它的轨道环绕太阳运动时，好像是太阳在慢慢地依次“通过”黄道带十二宫（它们的位置也是固定的），大约每三十天走过一宫，而且也像是从东向西的方向。

换言之，在一年中的任何一天，（对应我们图上代表地球轨道上的任何一个点），太阳都会位于地球上的观测者与某一个星座之间。在那一天，只要在黎明之前起床，这个观测者就能看到太阳从哪个星座占据的天空升起。

不难想象，人类在古代世界清澈明净、没有污染的天空下，看到日月星辰如此井然有序地运转，心中该是多么踏实。也不难想象为什么四个基点——春分、秋分、冬至、夏至在各地都那么受到重视，尤其受重视的是这些点与黄道带星座的关系。但是最受关注的是春分那天清晨日出时所在的星座。由于地球的轴向岁差，古人们发现，这个星座不是永远固定不变的，而是由黄道带的所有星座轮流在春分那一日“接待”或者说“迎送”日出的大驾，虽然这种轮流非常非常慢。

按桑提拉纳教授的话说，“春分那天太阳在十二星座中的位置是一个表示岁差周期‘时刻’的指针。这个‘时刻’实在太长了。春分的日出在每个星座呆的时间都差不多有 2200 年”[1]。

地球缓慢的轴向岁差是顺时针方向（即从东往西）的，与它的绕日运行的方向相反。相对于黄道带十二宫（在天空中的位置是固定的），春分点“固执地朝着与太阳运行相反的方向沿着黄道移动。也就是说，逆黄道带十二宫‘正确’顺序而行（金牛座→白羊座→双鱼座→宝瓶座，而不是宝瓶座→双鱼座→白羊座→金牛座）”[2]。

这就是“（分点）岁差”总的含意。音乐喜剧《秀发》中有句著名的台词“宝瓶座的黎明已经到来”说的就是这个意思。它表明一个事实，在过去的两千来年里，每年春分，太阳都是从双鱼座升起。但是，现在双鱼座的时代快走到尽头了，春天的太阳很快就要走出“鱼”宫，在宝瓶座崭新的背景下升起。

25776年的岁差周期是驱动这个壮丽的天文现象以不可抗拒的力量沿着它没有尽头的天际行程前进的发动机。但是岁差到底怎样推动春分点从双鱼座进入宝瓶座，然后沿着黄道带一路前行，也都是值得注意的。

大家还记得，每年的昼夜平分日只有在地球倾斜的轴正对太阳的那两天。这两天，太阳从正东方升起，全世界的白昼与夜晚的长度都相等。由于地轴缓慢然而不断地按岁差向前运行，方向与它自己的轨道正好相反，它在轨道上正对太阳的那个点每年都必定要提早那么一点点。这种年度变化小得难以觉察——在黄道上一度的位移（相当于举起你的小手指伸向地平线的那么点儿宽度），要走72年。然而，正如桑提拉纳指出的那样，正是这点微不足道的改变逐年相加，在不到2200年的时间里可以累计到30°，正好走完黄道带上的一宫，在将近26000年的时间里，完成360°的全部行程，即一个岁差周期。

古人什么时候算出岁差

这个问题的答案中有一个人类历史的大秘密，也是一个大谜团。在解开这个谜团之前，我们先了解一下这个问题“官方”有些什么说道。《不列颠百科全书》堪称集传统历史知识之大成的博物馆。下面就是它告诉我们的有关大学者喜帕恰斯——岁差的发现者的内容。

喜帕恰斯，名字也拼写为HIPPARCHOS（出生于古比希尼亚王国尼西亚城，约在公元前127年之后去世于罗德斯岛），希腊天文学家和数学家。他发现了岁差……这一重大发现是一个敏锐的头脑辛勤观察的结果。喜帕恰斯观察星辰的位置，然后将他的观察结果与150年前亚历山大的学者提摩卡利斯以及更早的古巴比伦人的观察结果相比较。他发现他们观察的黄经出现了差异，而且这种重大的差异绝非观察误差所造成。他据此提出了岁差的概念以说明这种差异产生的原因。他提出的年度岁差值为 45″ 或者 46″（秒）。这个数据非常接近现在公认的 50.274″……[3]

首先解释一个术语。秒是最小的划分弧度的单位。1 分有 60 秒，1 度有 60 分。地球环绕太阳一周是 360°。每年改变的这 50.274″ 所代表的距离连六十分之一度都不到，因此，春分这一天的日出在黄道上挪一度都要 72 年（差不多一个人一生的时间）。正因为测定这种蜗牛速度之难，喜帕恰斯在公元前一百多年计算出的数据才被不列颠百科全书称为“重大发现”。

但是，如果这项发现最后被证实为重新发现，它还有那么重大吗？如果我们能证明，早在喜帕恰斯之前几千年，测定岁差的艰巨工作就已经完成了，希腊人的数学及天文成就还会那么灿烂夺目吗？如果这个长达几乎 26000 年的天文周期早在所谓科学思想的黎明来临之前很久很久就已经成为科学研究的目标，人们会怎么想？

在寻求这些问题的答案时，有很多相关的然而任何法院都不会当作确凿证据的东西。我们也不采信这些东西。我们已经知道喜帕恰斯提出的一年的岁差值为 45″ 或 46″。因此，除非能够在有效的、更为古老的资料记载中找到有效的、更为精确的数据，否则我们绝不能动摇这位希腊天文学家——岁差发现者受人尊敬的地位。

当然有很多潜在的资料来源。不过，为了简明起见，我们的查询只限于世界各地的神话。我们已经详细地探讨过一组神话了（第四部中的洪水和其他大灾难的神话），我们发现它们具有一系列令人感兴趣的特征。

1. 毫无疑问它们都已经非常古老。以美索不达米亚的洪水故事为例。公元前 3000 年，苏美尔古国初期的泥板上就刻着这个故事。这些泥板是从人类有记载的历史刚刚开始时遗留下来的。它们上面镌刻的毁灭世界的大洪水的传说必然是在当时看来也很古老的时代流传下来的，因此这个故事的起源无疑比人类开始有记载的历史要早得多，虽然我们不知道究竟有多古老。事实是没有一个学者能够确定任何一个神话创作的年代，更不消说这些历史悠久广为流传的传说了。毫不夸张地说，它们似乎无所不在，已经成为人类文化积累一个永久的部分。

2. 这些极为古老的传说可能并不是幻想。相反，许多讲述大灾难的神话似乎是最后一个冰川时期的人对亲眼目睹的灾难的准确描述。因此，理论上，这些神话的初创阶段可能与我们现代人的出现在同一时期，大约 50000 年以前。但是地质证据表明的年代要晚一些，公元前 15000 ~ 前 8000 年可能性最大。在人类的全部经历中，只有在那个时候才有神话中生动描述的、急速的、令人魂飞胆丧的气候剧变。

3. 冰川时期及其消退时引发的无数灾难是全球性的现象。因此全球各地不同文化的有关灾难的传说显示出高度的一致性和趋同性也就不足为奇了。

4. 然而，神话描述的不仅是相同的经历，所用的象征性语汇也都似乎相同。层出不穷的、同样的“文学主题”，同样的典型“道具”，同样特征鲜明的人物，同样的剧情结构，这不能不让人感到讶异。

按照桑提拉纳教授的说法，这种一致性表明，有一只手在指导这一切。他和法兰克福大学科学史教授赫瑟·范戴琴德合著的《哈姆雷特的石磨》是一部研究古代神话的极有启发作用和独到见解的著作。他在书中指出：

具有某种固定模式的普遍性本身就是一种检验标准。比方说，在中国发现的什么东西也出现在巴比伦的占星书中。如果它们是对一些罕见的事物的形象描绘，而且没有人能够证实它们是独自生成的，那么，我们就应该设想它们之间是有关联的。以音乐的起源为例。奥尔甫斯和他的惨死也许是不同地方的诗人不同想象力的创作成果。但是，神话中的主角不是弹奏七弦琴，而是吹着笛子，因为各种各样莫须有的罪名被活活剥皮，而且他们完全相同的悲惨结局在几个大陆上都不断复述时，我们就会感到这些故事之间一定存在着某种外在的关联。当德国的汉姆林地区和哥伦布之前很久的墨西哥神话中都出现了穿杂色衣服的吹笛人，而且两地的吹笛人都与某些象征，比方红色有关联，这就不大可能是巧合了。……同样，如果一个人发现108，或者9×13，或者其他表达9的倍数的数字一再出现在印度《吠陀经》中，在吴哥窟的庙宇里，在古巴比伦的泥板上，在古希腊哲人赫拉克利特的隐晦的话语间，甚至在北欧神话中的英灵殿都反复出现时，那就绝对不是偶然现象了。[4]

联想到世界各地的灾难神话，如果那么多巧合不是巧合，而意外也并非意外，那么，这是不是意味着，可能有一只古老的，虽然不知道是谁的手，在掌控着这一切，对全世界施加影响呢？如果是，在最后的冰川时代之后，是不是也是这只手，绘出了我们在第一部中看见的那些蕴含着高科技的极为精确的世界地图呢？世界上还有一类神话，它们讲述神祇的生死轮回，讲述天地都围绕它旋转的大树，讲述旋涡、搅乳器、钻头和类似的转动的碾磨装置等等。在这些神话中，会不会也留下它那幽灵般的指纹呢？

在桑提拉纳和范戴琴德看来，所有这些形象化的比喻都涉及天文现象[5]，而且是以精练的、古代的，然而“尖端”的天文和数学术语讲述的[6]。“这种语言超越地方信仰和教派。它只涉及数字、运动、度量、整体结构和天象图。也就是说，它只注意数字结构和几何结构。”[7]

这种语言从哪里来的？《哈姆雷特的石磨》是一个辉煌的但是含糊其辞的学术迷宫。它没有直截了当地给我们提供这个问题的答案，却随处留下令人捉摸不定的、似是而非的暗示。例如，在一个地方，作者说他们相信，已经识别出来的这种科学语言或者说密码“古老得吓人”[8]。在另一个地方却将这种古老的语言准确地锁定到8000年或者更长的时间之前，至少在“古罗马诗人维吉尔出生前6000年”[9]。

在已知的文明中，有谁能在八千多年之前就发展并且运用这么尖端的科技用语？实事求是的答案只有一个：没有。然后再老老实实地承认，现在只能猜测史前时代可能有过一个具有高度发达的科学技术的文化，但是这个事现在没人记得了。到该亮相的时候桑提拉纳和范戴琴德又开始语焉不详，只说是“某个几乎难以置信的古文明”给我们的遗产。那些古人是“敢于挺身而出，探索这个按照数字、度量和重量建立起来的世界的真谛”的人们[10]。

这笔遗产显然牵涉到具有数学特性的科学思想和复杂信息。可是因为它实在太古老了，时间的流逝已经将它冲刷得无影无踪。

> 当希腊人出现在舞台上时，数千年的岁月沧桑已经将这个遍及世界的伟大的古文明淹没在尘土之中。然而，这个文明中的一些东西仍然活在传统的仪式中，活在神话和童话故事中。只是我们还不理解罢了……它们是一个消失的文明的撩人碎片。他们使人想起中国画大师们的山水画。他们在这边画一块石头，在那边画一角山墙，又画几枝树梢，剩下的地方由你去想象。即使有朝一日，这些密码被破解了，这些科学技术也懂得了，我们仍然无法评价我们这些遥远的老祖先的思想。它们包裹在符号中，而自从这些符号创造出来后，指挥设计这些符号的聪明人就已经永远消失了。[11]

两位任教于大西洋两岸名校的著名科学史教授宣称，他们已经发现比公认的最早的人类文明还要早几千年的科学语言密码的残余。不仅如此，一贯谨慎小心的桑提拉纳教授和范戴琴德教授还声称，他们“已经破解了部分密码”[12]。

这是两位严肃的学者发表的非同寻常的声明。

第三十章 宇宙树和诸神的磨坊

桑提拉纳和范戴琴德两位教授在他们通过深入研究写出来的皇皇大作《哈姆雷特的石磨》一书中，提出了大量的神话和图解证据，向我们展示了一个奇特的现象：出于某种不能说明的原因，在某个不知道的日期，世界各地的某些神话似乎被“指派”为（其他的词都不合适）与岁差相关的复杂的科技数据的载体。这个惊人的理论的重要性，正如一位研究古代测量术的领军人物所言，是打响了第一炮，宣告“对当前的人类文化发展观的一场哥白尼式的革命的爆发”[1]。

《哈姆雷特的石磨》出版于1969年，是二三十年前的事情，因此这场革命开始已经很久了。但是在这段时间里，这本书既没有在一般公众中广泛发行，也没有引起古代史专门学者普遍的共鸣。事情发展成这种局面并不是作品本身有什么问题或者缺陷，而是像康奈尔大学公共行政学教授马丁·伯纳尔所说，这种情况的发生是因为“很少有考古学家、埃及学家和古代史学者既有时间，又肯费精力，还具备必不可少的才能来对付桑提拉纳提出的非常专业的论点”[2]。

桑提拉纳的论点绝大部分都是关于世界各地的古代神话中源源不断地发送出来的“岁差信息”。而且，特别耐人寻味的是，这些描写“天堂的混乱”的神话中出现的许多关键景象和象征，也出现在我们在第24、25两章讲述的那些古代灾难传说中。

例如，在北欧神话中，有个被神小心拴住的恶狼芬利尔最后挣脱锁链逃跑的故事：“它摇摇身体，全世界都跟着发抖，连支撑宇宙的白蜡树伊格德拉西尔都从树根一直振颤到树梢。高山坍塌崩裂……大地开始扭曲，星辰在天空飘忽……”

在桑提拉纳和范戴琴德看来，这则神话将大家熟悉的灾难主题与另一个压根不相干的主题——岁差，揉和到一起了。一方面，这是一场比诺亚碰到的还要大的水灾；另一方面，天堂也在显示不祥之兆：飘忽的星辰“坠落得无影无踪”[3]。

这种天象在世界各地的神话中一再出现，彼此之间差异很小。《哈姆雷特的石磨》一书将这种天象归结为：“不仅仅是讲述一个平平常常的故事。”[4]北欧讲述恶狼芬利尔的神话说，它使白蜡树伊格德拉西尔都振颤了之后，接着说，一场“启示录”式的决战开始了，英灵殿的勇士们宣布站在“秩序”的一方，参加了这场可怕的诸神之间的大决战——一场最终将以“启示录”式的毁灭告终的战争。

> 我看到，在英灵殿，
> 五百五十四个大门洞开，
> 每个门里走出八百壮士，
> 奔赴与恶狼决战的疆场。[5]

这几句诗带着一丝淡淡的伤感色彩，使我们情不自禁要数一数从英灵殿走出的战士。他们的总数是：$800 \times 540 = 432000$。这个数字与岁差现象有关，我们将在第31章讲到这一点。它不像是偶然走进北欧神话中的，尤其是在前面提到了“天堂的混乱”使星辰从它们原来的位置漂移的情况下。

要了解这是怎么回事，先得领会桑提拉纳和范戴琴德宣称的、他们偶然发现的古代“信息”的基本形象到底是什么样子。在这些古代信息中，天球闪闪发光的穹顶被想象成为一架庞大、复杂的机器，如水车轮、搅奶器、漩涡、石磨等等。这台机器不停地转呀转，永无休止。太阳随时校正它的转动。它先从黄道带十二宫中的一个升起，然后依次轮流，一年正好轮完一整圈。

一年的四个基点是春分、秋分、冬至、夏至。在各个点上，太阳自然是从不同的星座中升起来的。比方说，在目前的春分点上，太阳从双鱼座升起，到秋分点时必定会在处女座，冬至点时在双子座，夏至点时就到了射手座了。在过去的两千来年中，太阳都是这样运作的。然而，在不久的将来，由于岁差作用，春分点的位置将由双鱼座转移到宝瓶座。这时，其他三个基点所在的星座也随之改变，由处女座、双子座和射手座转移至狮子座、金牛座和天蝎座。这种转移就像这台庞大的天空机器在笨重地换档。

桑提拉纳和范戴琴德解释说，在他们确认的古代科学语言中，白蜡树伊格德拉西尔“代表了世界之轴”，这根轴向外延伸直至北天极（对于北半球观察者而言）。

> 这会让人立即联想到一根笔直向上的支柱……但是这也未必太简单化了。在神话故事中，我们最好还是别死啃字眼，把轴的定义就局限于一根直棒，而是把它和它所连接的整个框架看成一个整体……如同说起半径就立即想到圆一样，提到这根轴也应该联想到天球上的两个大圆：二分圈和二至圈。[6]

二分圈和二至圈是天文学家假想的圆圈。它们在天球北极相交，分别连接地球在绕日轨道上的两个昼夜平分点（即3月20日和9月22日所在的位置）和两个至日点（即 6 月 21 日和 12 月 21 日所在的位置）。这种形象化描绘的含义在于："极轴的自转决不能与在天上和它一起移动的两个大圆脱离。这个框架与轴是一个整体。"[7]

桑提拉纳和范戴琴德确信，我们在这里看到的不是一种观念而是一个比方。他们坚持认为，由两个有趣的大圆圈悬挂在一根轴上组成天球的框架绝对不是古代科学家设想的宇宙结构。我们只能把它看成一种"思维工具"。聪明人一看到它就明白该从哪里下手解开难解的天文现象——岁差——的密码。

这是一个以变换无穷的面貌，从世界各地的古代神话中不断涌现出来的思维工具。

磨坊与奴隶

中美洲的神话也存在着奇特的、象征性的岁差神话和灾难神话相互交叉的例证。16 世纪西班牙学者迭戈·迪兰达就收集到这么一则神话：

> 这些人（玛雅人）信奉的众多神祇中有四位被他们称为巴卡布。他们说这是四兄弟。上帝创造世界时，将这四兄弟放到世界的四角，让他们托起天堂不使其坠落。他们还说，当世界被洪水淹没后，巴卡布兄弟们乘机脱逃。[8]

桑提拉纳和范戴琴德的意见是，玛雅族人的天文学家兼祭司们从来就不认同世界是四四方方的一块。他们认为巴卡布四兄弟的形象只是一个旨在表示岁差现象的科技比喻而已。简言之，巴卡布四兄弟代表的是占星时代的坐标体系。他们象征着二分圈和二至圈，把将近 2200 年一个周期中，太阳在春分和秋分时升起的星座及在冬至和夏至时升起的星座连接到一起。

当然，在天空机器换档的时候，旧的时代会消亡，新的时代会诞生。所有这些，到目前为止，都是例行的岁差景象。但是明确地把它与一场全球性的灾难——一场洪水，巴卡布兄弟逃脱的那场洪水——联系起来，事情就有些特殊。墨西哥奇真伊扎古迹的浮雕所描绘的巴卡布四兄弟都留着胡子，具有欧洲人的外貌，或许也有些关系[9]。

即使如此，巴卡布的形象（与一些被极端误解的出处有关联，如“天的四角”，“四边形的地面”等等）仅仅是众多表达岁差的思维工具之一。其中最接近原型的，当然莫过于桑提拉纳的《哈姆雷特的石磨》中的那盘大磨。

哈姆雷特这个莎士比亚戏剧中的角色，是“诗人创造出来的、悲伤的知识分子之冠”，究其根源，却是一个传说中的人物。他的特征已经被流传已久的神话所限定[10]。在他众多的化身中，哈姆雷特始终保持他特有的性格。他起源于冰岛神话。那时他的名字叫安姆洛迪，“表现了同样忧郁的个性和高度的才智。他也是一个一心为父报仇的儿子。他用隐晦的词语讲述无法规避的事实，他肩负着命运的重负，谁也不知道他在做什么。一旦他完成自己的使命他就将屈服……”[11]

在意象粗糙然而生动的北欧神话中，安姆洛迪有一个神奇的能磨出金子和各种珠宝的石磨或者说手推磨。在很多传说中，两个女巨人芬妮雅和梅妮雅是推磨的雇工，因为这个神磨凡人是推不动的。不知出了什么差错，这两个女巨人被逼着夜以继日、无休无止地干活：

> 她们被带到石磨旁的凳子前，
> 推动那块灰色的石头；
> 他倾听着磨盘的碾压声，
> 不许她们稍停。
> 她们大哭大叫，
> 打破了天地间的宁静。
> “放下谷箱，减轻石磨吧！”
> 他却要她们干得更多。[12]

芬妮雅和梅妮雅奋起反抗。等到大家都入睡后，她们把石磨推得疯转，直到装在铁套里的支柱都爆裂[13]。磨坊顿时一片混乱，海王麦辛格偷走了石磨，将它和两个女巨人一起装上了船。麦辛格命令她们继续磨，但是这回磨出来的是盐。他让她们接着磨下去。她们只磨了一会儿，船就沉了：

> 巨大的支柱飞离谷箱，
> 铆钉开裂，
> 磨轴摇摇晃晃，
> 谷箱坠落。[14]

沉入海底后，石磨继续转动，但是磨出来的东西变成了石头和沙粒，形成了一个巨大的漩涡，就是如今的挪威迈尔海峡[15]。

桑提拉纳和范戴琴德声称这些景象所显示的就是岁差现象[16]。石磨的轴和铁柱代表——

> 天球的坐标体系，并且代表一个世界时代的架构。说准确点，就是这个架构决定了这个时代。由于极轴和分至圈形成了一个看不见的整体，因此如果其中一个部分脱离，整个架构就会摇摇欲坠。一旦这种事情发生，一颗新的北极星连同与它相应的分至圈就会将废弃的结构取而代之。[17]

此外，那个大漩涡——

> 是古代寓言的惯用手段。在荷马史诗《奥德赛》中，它是墨西拿海峡中的卡里布底斯达漩涡，在印度洋和太平洋的其他文化中它也有出现。而且特别奇怪的是，与漩涡一起出现的还有一株无花果树。当船沉没时，它的树枝总能将故事中的英雄救出危难。无论这位英雄是印度的萨提亚夫拉达还是汤加岛上的凯伊……雷同的细节一再出现，排除了随意编造的可能

性。这些故事自古以来就属于宇宙志文学的一部分。[18]

荷马史诗《奥德赛》（三千多年前的希腊神话汇编）中出现漩涡不足为奇。因为冰岛神话中的大石磨也出现在了希腊，而且也出现在类似的环境里。那是决战前夕的最后一个夜晚，复仇心切的奥德修斯来到了伊萨卡。在雅典娜女神的魔咒的保护下，没有人认得出他。奥德修斯向宙斯祈祷，请求他在生死决战之前给他鼓励的信号：

> 宙斯立即从光芒四射的奥林匹斯山上发出雷鸣……好人奥德修斯心中大喜。附近一栋房子里发出一个女工诅咒的声音。那是岛主的磨坊，十二个女工辛苦劳作，将大麦、小麦磨成食粮好让男人吃了长力气。其他的人都睡了，她们已经完成了分内的工作，只有这一个还在推磨，她是女工里面身体最羸弱的一个。这时她停下手里的磨，说道："……让今天成为（奥德修斯的敌人）在大厅里欢宴的最后的日子！那些让我为他们磨面累得膝盖发软的家伙们，但愿这是他们最后的一餐！"[19]

桑提拉纳和范戴琴德认为，"像石磨一样旋转不已的、时不时干点坏事的天穹"[20]出现在《圣经》里参孙的传说中不是偶然现象。"双目失明的参孙和奴隶一起在磨坊干活"[21]，一天，那些残酷无情的人解开他的锁链，让他在他们的神庙里"表演"，供他们取乐。参孙用尽了最后的力气，抱住神庙中央的大柱，奋力一摇，整个神庙顿时坍塌，将所有的人都埋葬在里面[22]。像芬妮雅和梅妮雅一样，参孙终于为自己报仇雪恨了。

类似的主题也出现在日本[23]、中美洲[24]和新西兰的毛利族人的神话中[25]。在芬兰的神话中，这个哈姆雷特、参孙式的人物叫做库勒沃，石磨也有个特别的名字：桑珀。与芬妮雅和梅妮雅的石磨一样，这块石磨最终也被偷走，放进一艘船里，最后破裂成碎片[26]。

"桑珀"（Sampo）这个词来自梵文 skambha，意思是"柱子"或者

“支撑”[27]。在《阿闼婆吠陀》这部印度北部最古老的颂诗和咒语集中，我们发现了一首完整的赞美它的颂歌：

地球和大气在其间，天空在其间，火、月亮、太阳、风都各在其位，不得越雷池半步……这个擎天柱撑起天，撑起地，撑起大气，撑起六方，万物生活在擎天柱撑起的天地间。

惠特尼，这首颂歌（《阿闼婆吠陀》第 10 卷第 7 章）的英译者困惑不已：“Skambha，可以译为柱子、支撑，或者栋梁，但是在这首赞歌里，它却成了一个撑起宇宙的框架。”[28]然而，一旦了解了与宇宙之磨、漩涡、世界树等相关的复杂理念，古老的《吠陀经》中用它做比喻就不值得那么大惊小怪了。与其他寓言一样，这首赞歌标志的也是世界周期的框架——那个旋转不停的天空机器，在两千多年中，它让太阳总是在相同的四个基点上升起，然后慢慢移动这些宇宙坐标，转换到另外四个星座，再进行一个新的两千多年的回合。

这就是石磨经常粉碎的原因，支柱经常脱离的原因，铆钉爆裂的原因和磨柄晃动的原因。用它们比喻岁差堪称名副其实，因为在这么漫长的时间间隔里，它的确改变，或者说破坏了整个天球的稳定坐标。

开路者

在所有这一切中，最值得注意的是，石磨（作为宇宙进程的比喻）在世界各地一再不断地出现，甚至有些故事的上下文都已经残缺不全。实际上，在桑提拉纳和范戴琴德看来，神话是否完整关系不大。他们认为“神话用语最独特的长处就在于，它能够作为一个载体，无论讲故事和寓言的人的见识水平如何，都能将一些扎扎实实的知识传承下去”[29]。这就是说，不管这些神话传来传去离原来的故事情节有多远，只要某些核心比喻在故事的转述中依然生动、能代代相传就行。

有个例子可以说明这种情节虽然偏离，但是最重要的比喻和信息却被保留下来的情况。在切尔洛基族印第安人的神话中，银河（我们自己所在的星群）叫做“狗逃跑的路”。古时候，他们的神话说，“南方的人有个玉米磨房”，这个磨坊里的粮食老是丢失。后来，主人终于发现了这个贼：一条狗。“它嗥叫着朝它北面的家里跑，一面跑，嘴里的玉米粉一面往下掉，在它身后留下了一溜白色的印迹。这就是我们现在看见的银河，也就是切尔洛基人至今称呼的‘狗逃跑的路’”[30]。

在中美洲，在众多与魁扎尔科尔亚特有关的神话中，有这么一则讲述在毁灭第四太阳纪的洪水之后，他在人类的复兴工作中所起的关键作用。他和他的狗头人身的随从索罗特尔下到阴间，去取回被淹死的人的骸骨。他们骗过了死神米克兰特朱特里，拿到了骸骨，把它们带到一个叫做塔莫安钦的地方。他们像磨玉米一样，把这些骨头磨成了粉。然后，这两位神祇将血洒在这些骨粉上，当今这个时代的人类就此诞生[31]。

桑提拉纳和范戴琴德认为，犬出现在上述两个宇宙石磨神话的变体中绝非偶然。他们指出，库勒沃，芬兰的哈姆雷特，也总有“黑狗姆斯蒂”陪伴着他[32]。奥德修斯回到伊萨卡时，最先认出他来的也是他忠心耿耿的狗[33]。星期日做礼拜的人都会记得参孙的故事里有 300 只狐狸[34]，而狐狸属于犬科动物。丹麦的阿姆雷斯、哈姆雷特传奇中，“阿姆雷斯继续前行，一头狼穿过丛林中的小路”[35]。最后再举一个很有意思的例子，在芬兰的库勒沃的故事的修订版中，这位英雄（非常离奇地）被“遣送到一个叫爱索尼亚的地方，在篱笆下学狗叫，他叫了整整一年”[36]。

桑提拉纳和范戴琴德深信，所有这些“犬类”的出现都是有目的的。这是又一个古代密码，它从一个地方到另一个地方，不断地发出信息，可惜我们至今没有破译。他们例举出在一系列“形态学标示物”中的犬类标示，并且认为，它们可能在古代神话中表示与岁差相关的科学信息[37]。这些标示可能具有自身的意义，也可能是提醒有心的读者，一个重要信息在后面的故事中即将出现。有意思的是，有时候，它们的作用可能是“开路人”，是一根管道，使初学者能够从一个神话进入另一个神话追踪科学信息的踪迹。

这样，即使看不到我们熟悉的石磨或者漩涡，当听到希腊神话中伟大的猎人奥里安有一条狗时，我们就该提起神来，集中注意力了。当奥里安企图强暴狩猎女神阿尔忒弥斯时，她把泥土变为巨蝎，咬死了奥里安和他的狗。奥里安死后升天，成为现在的猎户座；他的狗变成了天狼星，也就是“狗星”[38]。

古埃及人对于“天狼星”也有类似的说法[39]。他们将猎户座与主神俄赛里斯联系到一起[40]。也是在埃及神话中，这条忠实的天狗的特性得到了最完美、最淋漓尽致的发挥。这种发挥是以“乌普奥特”的形式来体现的——一个豺首人身的神祇，他的名字的意思就是“开路者”[41]。如果我们随着这个开路者来到埃及，将我们的目光转向猎户座，走进震撼人心的俄赛里斯的神话，我们会发现自己进入了一个密如蛛网的、熟悉的象征记号圈里。

读者们想必还记得俄赛里斯成为一场阴谋的受害者的那则神话吧。那些阴谋家们把他密封在一口箱子里，扔到尼罗河上，任其随波逐流。就这点而言，他是不是有点像乌特纳皮西汀、诺亚和柯克斯柯克斯特利等乘坐方舟（或箱柜）逃过洪水之劫的英雄？

俄赛里斯的神话中还有一个我们熟悉的经典的岁差象征：世界树和（或）支柱（在这个故事中是两者的结合）。这个神话讲述俄赛里斯被关在箱子里，飘到大海上，最后被冲到比布罗斯湾。箱子搁浅在柽柳树枝间，柽柳树飞快长成一棵参天大树，将这口箱子藏进了它的树干中[42]。那个国家的国王看中了这棵大树，将它砍倒，把藏有俄赛里斯的这段树干锯下来做成支撑他宫殿的支柱。后来俄赛里斯的妻子伊西斯将丈夫的尸体从柱子中取出，带回埃及，设法使他复活[43]。

俄赛里斯神话中也有一些关键数据。无论出于巧合还是精心设计，这些数字都通向岁差“科学”之门。下一章中我们将看到这一点。

第三十一章 俄赛里斯数字

芝加哥大学东方学院研究埃及学的考古天文学家珍·塞勒斯每年冬天都在缅因州波特兰市度过，夏天就到里普利——缅因州岩石嶙峋的海岸线东南角上一片仍具十九世纪遗风的小镇。“那里的夜空像沙漠里的一样清澈明净。”她说，“而且，即使你向海鸥朗诵金字塔铭文，也没人会大惊小怪……”[1]

在为数不多验证过桑提拉纳和范戴琴德在《哈姆雷特的石磨》中提出的观点的严肃的学者中，塞勒斯是其中一员。塞勒斯将天文学，尤其是岁差的概念运用到对古埃及及其宗教的研究中。她的研究引起了学界的重视，而且备受好评[2]。用她的话来说，“考古学家大都不懂岁差知识。这影响到他们对古代神话、古代神祇和古代神庙的布局等的理解……对天文学家而言，岁差是个早已确认的事实，研究古代人类历史的人应该掌握这门知识。”[3]

塞勒斯在她的新书《古埃及神祇之死》中雄辩地表明了她的论点。她认为，俄赛里斯的神话故事中可能刻意地输入了一组关键数据。这些数据对叙事而言可谓“累赘”，但却是一套永存的算式。通过它们，我们可以算出下列准确得惊人的数据：

1. 地球缓慢的岁差方向摆动造成的春分日出位置在黄道上移动 1° 所需要的时间（与星空背景相关）。

2. 太阳走过一个黄道带宫（30° ）所需要的时间。

3. 太阳走过两个黄道带宫（60° ）所需要的时间。

4. 完成一个“大回转”[4]，即太阳在黄道上走完 360° 度，完成一个岁差周期或者说“大年”所需要的时间。

计算大回转

塞勒斯在俄赛里斯神话中强调的数据是 360、72、30 和 12。这些数字大都出现在神话中讲述各种人物的生平细节的章节中。大英博物馆埃及文物部的前主管 E·A·沃里斯·巴奇没费多大功夫就将这些数据归纳到了一起：

> 大地之神盖布爱上了太阳神瑞的妻子女神努特。瑞发现了他们私通，他诅咒他的妻子，让她在任何一年中的任何一个月都不能生养孩子。计算与知识之神透特也爱努特。他与月亮玩牌，赢了她整整五天的时间。他将这五天加到当时的一年 360 天上。在这五天中的第一天，俄赛里斯出生，而且就在他出生的那一刻，一个声音就宣布造物主已经降生。[5]

这个神话还告诉我们，当时的一年 360 天分为“12 个月，每个月 30 天”[6]。塞勒斯指出，一般说来，俄赛里斯神话在关键处会“说上那么三言两语，让你不由自主地注意到其中的数字，并进行简单的心算”[7]。

现在我们已经得到了塞勒斯的三个岁差数据：360、12 和 30。第四个出现在后面的故事里。这是一个极为重要的数字。我们在第 9 章中已经看到，那个叫做塞特的邪恶的神纠集了一批共谋，杀害了俄赛里斯。这些阴谋家的数目是 72 个。

有了最后这个数据，塞勒斯说，我们就可以启动一套古老的电脑程序了：

12：黄道带里星座总数；

30：黄道带上各星座所占度数；

72：春分日太阳在黄道带上完成 1° 岁差移动所需要年数；

360：黄道总度数；

72×30 = 2160（太阳在黄道上走完 30°，即黄道带十二宫任何一宫所需的年数）；

2160×12（或 360×72）= 25920（完成一个岁差周期，或者“大年”所需的年数，也就是实现一个“大回转”的年数）。

其他数字及数字组合也会出现，如：

36：春分太阳在黄道上完成 0.5° 的岁差行程所需要的年数；

4320：春分太阳在黄道带上完成 60° 岁差行程所需要的年数（即移动两个黄道带星座所需时间）。

塞勒斯认为，这些数字构成了岁差密码的基本组成部分。它们怪异地、执拗地一再出现在古代神话和庄严的建筑中。与许多玄妙的命理学中的数字一样，这些密码允许人们随意向左向右移动小数点，也可以运用这些密码中的基本数字（都与岁差率紧密相关）组成几乎任何可以想象得到的组合、排列、乘除和分数。

这个密码中首要的数字是 72。古人神话常在这个数字上加 36，使之成为 108；然后用 100 乘以 108，等于 10800；或者用它除以 2，等于 54，再乘以 10，就是 540（或 5400、54000、540000 等等）。还有一个重要的数字是 2160（春分太阳走过黄道带一个星座所需年数）。古代神话经常将这个数字乘以 10 或者 10 的 n 次方，得 216000、2160000 等等；有时乘以

2，得 4320、43200、432000、4320000……无穷无尽。

比喜帕恰斯更精确

塞勒斯认为，组成这些数字的数据被刻意转变成密码编进俄赛里斯的神话中，目的是将这些岁差数据传导给尚待启蒙的人们。要是她的假设没有错，我们就必须得面对一个耐人寻味的、反常的现象。如果它们真的是与岁差相关的数字，这些数字在出现的时间上就太不可思议了。它们的科技含量实在太高，古代任何已知的文明都不可能计算出来。

别忘了，这些数字出现在古埃及刚有文字书写之初的神话中。实际上，俄赛里斯故事中的一些内容在公元前 2450 年左右的金字塔铭文中就有记载。根据上下文看，这些情节即使在当时也已十分古老[8]。所谓的岁差发现者喜帕恰斯生活在公元前 2 世纪。他提出一年的岁差移动是 45″ 或者 46″ 。按这些数字计算，在黄道上移动 1° 的时间是 80 年（以每年 45″ 计），或者是 78.26 年（以每年 46″ 计）。根据 20 世纪的科学计算，正确的时间应是 71.6 年[9]。如果塞勒斯说得对，那么，提出 72 这个数字的“俄赛里斯数据”可比喜帕恰斯的精确得多。实际上，由于叙事体裁的不言而喻的限制，72 这个数字确实很难改进了，即使编写古代神话的人知道更精确的数字也没有办法。人们在讲故事的时候总不能说有 71.6 个逆贼吧，说成 72 个就正合适。

根据这个整数，俄赛里斯神话就能够推算出岁差在黄道带上移动一宫所需的 2160 年这个数值。现代计算的正确数值是 2148 年[10]，喜帕恰斯的数字分别是 2400 年和 2347.8 年。最后，俄赛里斯数据算出来走完整个黄道带十二宫的行程，即完成一个岁差周期所需要的年数是 25920 年，而喜帕恰斯是 28800 年或者 28173.6 年。按现代的计算，正确的时间当为 25776 年[11]。因此，喜帕恰斯计算的“大回转”误差达 3000 年左右，而俄赛里斯数据只有 144 年的误差。这还是由于神话的叙事体裁使它不得不采用 71.6 这个精确数字的整数形式 72，否则误差将会更小。

然而，这一切都是建立在假设塞勒斯的观点是正确的这个基础上的。塞勒斯认为，360、72、30、12 等这些数字不是偶然出现在俄赛里斯的神话里，而是有人特意设置进去的。这些人懂得并且精确地计算过岁差。

塞勒斯说得对吗？

衰微的时代

俄赛里斯的神话不是唯一暗藏岁差天机的故事。以各种形式、倍数、组合出现的相关数字在古代世界无处不有。

在第 30 章中我们就看到过一个例证：北欧神话中的 432000 勇士从英灵殿出发与“恶狼”决一死战。回顾一下这个神话就可以看出里面包含着几个“岁差数据”的排列组合形式。

在第 24 章中，我们同样看到，讲述中国古代洪水传说的那部鸿篇巨制共有 4320 卷。

数千千米外，巴比伦历史学家贝洛苏斯（公元前 3 世纪）说，在大洪水之前，神话式的君王们统治苏美尔国达 432000 年之久。这是不是巧合？这位贝洛苏斯还说，从创世起始至宇宙毁灭于大灾难，为期共 2160000 年。这还是巧合吗？[12]

古代美洲人民，如玛雅人的神话也包含或者使我们能够计算出 72、2160 或者 4320 之类的数字吗？我们也许永远都不得而知了，因为中美洲的传统文化遗产都随着那些征服者和狂热的传教士们的烈火而灰飞烬灭，让我们几乎没有只字片语可循。我们能说的只是，相关的数据的确大量出现在玛雅人的“长算”历法中。这种历法的细节我们在第 21 章中已经讲过。与岁差计算相关的必不可少的数据在下列等式可以找到：

1 卡盾＝ 7200 天；

1 盾＝ 360 天；

2 盾＝ 720 天；

5 巴克盾＝ 720000 天；

5 卡盾＝36000 天；

6 卡盾＝43200 天；

6 盾＝2160 天；

30 卡盾＝2160000 天[13]。

塞勒斯发现的密码似乎不仅仅存在于神话之中。在柬埔寨的丛林中，吴哥古城里形形色色的神庙看上去就像是特意建造出来隐喻岁差的。例如，这个古迹有五个大门，每个门都通向一条路，跨越鳄鱼出没的、环绕整个遗址的护城河。每条路两旁都竖立着巨大的石像，各有石像 108 座，每边 54 座，总共 540 座。每列石像都托着一条那伽巨蛇。不仅如此，正如桑提拉纳和范戴琴德在《哈姆雷特的石磨》中指出的那样，这些雕像不是在"托着"蛇，而是在"拉扯"它，表明这540个雕像正在"搅动银河"。整个吴哥神殿群就这样"成为一个以典型的印度教的离奇图案建造的、风格各异"的其大无比的模型，以表达岁差的概念[14]。

中爪哇岛上那举世闻名的、有 72 座佛塔的婆罗浮屠可能也表达了岁差的概念。同样的情况黎巴嫩巴勒贝克城的巨石——据说是世界上最大的切割石块，其历史比遗址上的古罗马和古希腊建筑要古老得多——组成所谓"三石壁（Trilithion）"的三块巨石高达五层楼。每一块巨石的重量都在 600 吨以上。还有一块巨石长达 2 千米，重量足有 1100 吨。更不可思议的是，这些石块都是在几千米外的采石场被切割、加工完毕后运到巴勒贝克城来的。当时的工匠将这些巨石嵌进神殿的墙壁，与整个宏伟壮丽的建筑浑为一体。这座神庙的四周环绕着 54 根又高又粗的圆柱[15]。

在印度次大陆，猎户座被称为喀尔－普鲁什，意思是时间－人[16]。在这里，我们发现塞勒斯的俄赛里斯数字以更不可能是巧合的方式，通过各种渠道散发出它们的信息。比方说，阿格尼卡亚纳——印度人的火祭坛——由 10800 块砖头砌成；吠陀经文中最古老的、收藏了丰富的印度神话的《诗篇吠陀》有颂诗 10800 节，每节诗由 40 个音节组成，整个篇章正好不多不少 432000 个音节[17]。在《诗篇吠陀》第 1 篇第 164 节中（很典型的一节），我们可以看这样一句诗："在 12 根装有辐条的轮子里，住着火神阿耆尼的 720 个儿子。"[18]

在犹太神秘教义中有 72 个天使，知道他们的名字和号码的人便可以通

"搅动银河"——我们在古代文化中发现的岁差"思维工具"之一

过他们接触或者召唤天神[19]。玫瑰十字会相信108年（72+36）周期，这个秘密的兄弟会组织据此施展他们的影响力[20]。72这个数字和它的各种排列组合在古代的“三合会”中意义特别重大。古时的入会仪式上，所有要求入会的人必须缴纳一笔费用，其中包括“360文‘置装费’、108文‘荷包费’、72文‘敬师费’和36文处决‘叛徒’的费用”[21]。现在，往年的铜钱当然不再流通，但是数字却通过秘密帮派的仪式自古至今传承了下来。

在所有这些秘密会社中，最神秘、最古老的莫过于中国的“洪帮”了。西方学者称其为“中国古老宗教的宝库”[23]。“洪帮”的入门仪式上有这样一段问答：

问：你在路上看见了什么？
答：两个罐子和一根红色竹竿。
问：你知道罐子里装了多少草木吗？
答：一个罐子里36种，另一个罐子里72种，总共108种。
问：你拿了点自己回家用吗？
答：拿了。我带了108种回家。
问：何以为证？
答：有诗为证。
问：将诗念来。
答：羊城红竹天下奇，
　　36、72各成林。
　　欲知为何为此数，
　　入会自解个中谜。

这种对话中的诡秘气氛正是洪帮强调的行事隐秘的行规。这个组织在很多方面很像中世纪欧洲的圣殿骑士团（和层次更高的、当今的共济会）。说这些已经超出了本书的讨论范围[24]。还有一点特别让人着迷：中国的“洪”字，是由“水”与“共（共同之意）”组成，意思是泛滥成灾的大水，就是说，洪水。

最后我们回到印度，把我们的注意力集中到那部叫做《往事书》的神圣典籍上。书中提到四个“大地时代”，叫做“由迦”。四个“由迦”加起来，为12000“天年”。这四个时代的“天年”长度各为：吉利多由迦4800天年，特雷多由迦3600天年，德伐波罗由迦2400天年，迦利由迦1200天年[25]。

《往事书》还告诉我们“凡人的一年等于神祇的一天”[26]。此外，我们还发现，与俄赛里斯神话一样，在这部书中，无论人间还是天堂，一年都刻意设定为360天。这样，神祇们的一年，就等于凡人的360年[27]。

这么一算，有1200天年的迦利由迦就有432000个人间年[28]。由四个由迦合成的一个为期12000天年的马哈由迦（或者大由迦）相当于人类的432万年。一千个大由迦构成一个卡尔帕，或者叫梵日，合人类的43.2亿年[29]。这些数字都是岁差计算的基本数据。这本经书还告诉我们，梵日分为若干曼梵达拉期（摩奴时期），每个曼梵达拉期“包括四个由迦的71个体系”[30]。读者想必记得，岁差在黄道上移动一度需要71.6年，这个数字在印度被约简为71，如在埃及被约为72一样。

顺便说一句，为期432000年的迦利由迦，就是我们现在所处的时代。“在迦利由迦时代——”经书说，“繁荣将走向衰微，直至人类消亡。”[31]

狗、叔父与复仇

带领我们来到这个衰微时代的是一只狗。

我们经由天狼星，也就是狗星来到这里。它站在浩瀚的猎户座脚旁，俯瞰着夜色中的埃及。在那个地方，我们知道，猎户座就是俄赛里斯——死亡与复活之神——变成的。他的数字是12、30、72和360。你可以说那是碰巧了。但是，如果这些数字和其他的重要岁差数据屡屡出现在世界各地毫不相干的神话及庄重而历久的其他载体中，如历法和建筑等当中，那都是碰巧了吗？

桑提拉纳、范戴琴德、塞勒斯和越来越多的其他学者否认这是巧合。他们认为，关键细节的不断重现表明，有一只手在指挥这一切。

如果他们错了，我们就得找到别的理由，解释这些明确的、相互关联的数字（唯一明显的作用就是计算岁差）是怎么可能那么凑巧地在人类文化上打下那么广泛的印记的。

但是，要是他们没有错呢？要是在这一切的幕后真的有一只手在指挥呢？

有时候，当你徜徉在桑提拉纳和范戴琴德的神话和秘境世界中时，你几乎能够触摸到那只手的影响……就说那只狗……或者豺，或者狼，或者狐狸吧。这只鬼鬼祟祟的犬科动物悄悄地从一个神话溜进另一个神话，刺激着你，迷惑着你，引诱着你亦步亦趋跟着它走下去。

也正是这种诱惑使我们从北欧的安姆洛迪的磨坊来到埃及的俄赛里斯的神话世界。我们按照古代传奇（如果塞勒斯、桑提拉纳和范戴琴德是正确的）的路走来，首先在头脑中形成一个清晰的天球图像。然后，再给我们一个机械模型，以便我们能够构想岁差在天球坐标中带来的周期性的巨大影响。最后，在天狼星——狗星的引领下，我们找到了大致能准确计算岁差的数据。

依偎在猎户座脚下的天狼星并不是俄赛里斯身边唯一的犬类动物。我们在本书的第 11 章中看到伊希斯（他的妻子和妹妹）[32] 在他被塞特（也是她和俄赛里斯的兄弟）谋杀后，怎样寻找丈夫的尸体。根据古代神话，她在寻找中曾得到狗（有说是豺）的帮助 [33]。同样，埃及历史上各个时期的神话和宗教典籍都认为，俄赛里斯死后，照料和引导他的灵魂进入阴间的就是豺头人身的安努比斯神 [34]（现存的小故事将安努比斯刻画得与“开路神”天狗乌普奥特几乎一模一样）。

最后，很重要的一点，当俄赛里斯从阴间出来，帮助他的儿子何露斯与塞特进行最后决战时，他化身为狼 [35]。

研究这些资料时，有时候会有一种毛骨悚然的感觉，好像有一位古代的智者穿越时空操纵着我们，而且为了某种目的，用神话的语言给我们出了一个难解之谜。

如果神话中跳出来的只是狗，排解这种怪异的直觉倒也不难。狗的出现似乎比其他的东西更像是偶然。但是，神话中出现的并不只是狗。

两个迥然不同的神话——俄赛里斯和安姆洛迪的石磨的神话——除了似乎都包含着岁差的准确而科学的数据之外，还有一个共同的、特殊的情节将它们联系到一起。这就是家族血缘关系。在欧州的传说中安姆洛迪（或者是安姆雷斯、哈姆雷特）总是一个为父报仇的儿子。他设下圈套，最后杀死了谋害父亲的凶手。而这个凶手，总是这位父亲的亲兄弟，也就是说，是哈姆雷特的亲叔叔[36]。

这也正是俄赛里斯神话中的情节。俄赛里斯与塞特是亲兄弟[37]。塞特谋杀了俄赛里斯。何露斯，俄赛里斯之子，杀死叔叔为父报仇[38]。

在北欧神话中哈姆雷特这个角色还有一个古怪的地方，就是他往往与他的妹妹有乱伦关系[39]。如芬兰式的哈姆雷特库勒沃，在离家多年后回来时，在树林里遇到一个采浆果的姑娘。两人一见钟情之下有了肌肤之亲。后来才知道是兄妹，姑娘立即投水自尽。库勒沃在他的黑狗穆斯迪的陪伴下走进森林，拔剑自刎[40]。

俄赛里斯的神话中没有自杀的场面，但是他与妹妹伊希斯也有乱伦关系。复仇者何露斯就是他们的儿子。

因此，我们似乎又有理由问一句：这是怎么回事？为什么会有这么多明显的关联？为什么这些神话表面上看来是迥然不同的故事，但是都能够以自己的方式说明岁差现象？为什么这些神话中都有条跑来跑去的狗，其中的角色似乎都一反常态地或乱伦，或兄弟间相互残杀，或杀亲复仇？如果说这么多相同的文学手段在这么多不同的故事中不断出现都纯属偶然，那么这种疑心病也未免太过头了。

如果不是出于偶然，那么，到底是谁创造了这些复杂而巧妙的连接模式？谁是这些谜团的始作俑者？他们的目的何在？

科学家们有话要说

不管他们是谁，他们必定都极聪明，聪明到能观察到岁差在黄道上极为细小、极其缓慢的移动，而且能够计算出移动的速度，其准确度与现代先进的科技手段获得的相差无几。

因此，我们可以顺理成章地认为，他们是高度文明的人，是一些当之无愧的、堪称科学家的人。而且，他们必定生活在一个极为远古的时代。因为，我们确信，大西洋两岸这笔共同的、含有岁差信息的神话遗产，绝对不可能是在有历史记载的时期内创作和传播的。相反，所有的证据都表明，这些神话在5000年前，在我们称之为历史的时期开始之时，就已经“老态龙钟”了[41]。

古代故事的强大力量在于：它们永远可以随取随用，不受版权限制。它们像知识的变色龙，灵巧而多变，任人随心所欲地诠释。它们能够随环境改变自己的颜色。在不同的时代，不同的地方，这些古老的神话都以不同的方式复述着，但是它们总能保持自己最本质、最重要的象征性符号，永无休止地发送着起始时就已经编入的岁差数据密码。

但是，这是为了什么？

我们在下一章中将看到，漫长而缓慢的岁差周期影响的不仅仅是天空的面貌，这个由地轴摆动而产生的天文现象对地球本身也有直接的影响。事实上，它显然是冰川时期的突然来临和它灾难性的突然消退的主要相关因素之一。

第三十二章 警示后人

世界各地都有大量生动、细致地描绘地质灾难的古代神话。这种情况不难理解。人类经历过最后一次冰川的苦难，公元前 15000~ 前 8000 年间冰川急遽融化所造成的天翻地覆的大动荡引发的洪水、冰冻、火山喷发和毁灭性的地震等必然会成为人类不朽传说的根源。冰川的消融及其引起的全球海平面 100 米上涨就发生在人类有文字记载前的几千年间。因此，我们所有的早期文明必然对这场让他们的祖先心惊胆颤的大灾难保有鲜明的记忆。

但是这些灾难神话都带有一种奇特的、清晰的、似乎有一只聪明的操控一切的大手的印记，这就比较难解释了[1]。这些古代故事之间的趋同程度实在太高，确实让人不得不怀疑，它们是由同一个“作者”“写”出来的。

这位作者与神话中说的那位救苦救难的神祇或者超人有关系吗？在神话故事中，他总是在世界遭受可怕的地质灾难后立即现身，给惊恐万状、彷徨无措的幸存者带来安慰和文明的礼品。

白肤长髯的俄赛里斯是这位全球性人物在埃及的化身。神话中说，他在埃及最早的德政之一就是禁止尼罗河谷的原住民食人肉[2]；南美洲的维拉科查在洪水刚刚退去，便开始了他传播文明的使命；发现玉米的魁扎尔科尔亚特，在大洪水毁灭了第四太阳纪之后，将农耕、数学、天文学和文明礼仪带到了墨西哥。

这些奇异的神话所记载的，会不会是在最后的冰川期侥幸逃生、散布于世界各地的旧石器时代的人类与同时代的、我们尚不知晓的高等文明的接触？

而这些神话会不会是一种交流沟通的工具？

时间之瓶中的信息

伽利略曾经说：

> 如果有人能想出来一个办法，可以将自己最隐秘的思想与他人交流，无论时间和空间相隔多远；他能够与远在西印度群岛的人交谈，与现在还没有出生的人交谈，甚至与千万年之后才出生的人交谈，而且简单得如同在纸上画出二三十个小小的符号不同的排列组合。在所有伟大的发明中，还有比这更令人崇敬的吗？但愿它能成为所有令人钦佩的人类发明的象征。[3]

如果桑提拉纳、范戴琴德和塞勒斯等学者确认的“岁差信息”，实际上正是古代某个未知的文明殚精竭虑造就的一种信息交流的尝试，为什么他们不直接写下来留给我们去发现呢？那不比把它们编成密码输送到神话里简单得多吗？没准这样也成呢？

可是，万一写下来的东西被毁掉了，或者在千万年的岁月沧桑中损坏了呢？万一书写这些信息的语言后来被忘得一干二净了呢（如印度河谷出土的高深莫测的手稿，虽然经过半个多世纪的潜心研究，至今仍不知所云）？遇到这种情况，写在纸上留给未来世界的遗产就毫无实际价值了，因为谁也不知道它说了些什么。

因此，人们在寻找的是一种“万能语言”，一种几千年，乃至上万年之后，任何时代、任何科技发达的社会都能理解的语言。这种语言很少，而且差别很大，但是数学是其中的一员。特奥蒂瓦坎古城可能就是一个消亡的文明以永恒的数学语言书写的名片。

测定一个固定的几何点的准确方位、地面的形状和大小的测地学数据，也是一种成千上万年后仍然清晰可辨的、有效的万能语言，而且能够以绘图的方式，或者以巨大的、大地测量学标识性建筑，如埃及的金字塔等方式，非常方便地表达。

我们太阳系还有一个“常数”就是时间语言：漫长然而规则的、像尺蠖爬行般缓慢的岁差标定的周期。现在，或者一万年后，只要看到一个带有 72，或者 2160，或者 4320，或者 25920 之类数据的信息，一个文明立即就会明白这是什么意思，只要它具有起码的数学知识，能够对照固定的星座，发现并计算沿着黄道带所做的几乎难以觉察的逆向摆动（71.6 年移动 1°，2148 年移动 30° 等等）。

还有一个因素使我们觉得古代神话之间存在着一种相互关系。它不像《诗篇吠陀》的音节那么清晰明确，然而就是使你有这种感觉。通过极具感染力的叙事风格和共同的象征体系，讲述全球性的灾难和蕴含岁差信息的神话故事经常交织在一起。这两个传说之间存在着千丝万缕的内部关联，两者都带有明显的、特意设计的指纹印记。因此，它们自然会激发我们去探索岁差与全球性灾难之间会不会有什么重大的联系。

带来苦难的石磨

这个问题似乎牵涉到天文和地质的自然力几种不同的作用过程，而且人们并非对所有这些作用力都已经充分了解，但是，岁差周期与冰川的形成和消融的确有着非常密切的关系。

并不是所有天文时代的转换都会带来灾难，必须是几个能激发反应的因素碰到了一起，才能产生这种后果。不过，岁差确实在相隔非常遥远的周期间对冰川化和非冰川化产生了影响，这一点已经得到公认。现代科学是在20世纪70年代末期才开始获得这方面知识的[4]。然而，神话中的证据却表明，可能一个不知名的文明早在最后一个冰川时期就已经掌握了同等水平的知识。我们可以清楚地看到，神话中所描述的可怕洪水、烈火和严寒等灾难以某种方式偶然关联到天球坐标沿着黄道带的大圆圈的缓慢移动。用桑提拉纳和范戴琴德的话来说就是："古人认为，众神的石磨缓慢地转动，而他们磨出来的大多是苦难，这并非捕风捉影。"[5]

现在我们知道，有三个因素在冰川时期的形成和消退中（当然也包括突发的冰冻和消融引起的灾难等）起着重大作用。这三个因素都是我们已经看到的：

1. 黄赤交角（即地轴的倾斜角，也是天球赤道与黄道的交角），我们已经知道，这个交角在极为漫长的时间内，在22.1°（地轴最接近垂直线时）与24.5°（地轴距离垂直线最远时）之间摆动；

2. 轨道离心率（即在某个特定时期，地球的绕日椭圆形轨道的长短）；

3. 轴向岁差，造成地球轨道上的四个基点（两个昼夜平分点和冬至、夏至点）非常缓慢地在轨道上反向移动。

话到此处，我们已经开始涉足严格的、专业的科学培训了，这本书可不敢担当此任。想了解更多情况的读者们可以参阅美国国家科学基金会CLIMPA计划的多项训练课程，和J.D.海斯和约翰·英布里两位教授写的专题论文《地球轨道的变化：冰川时期的进程》[6]。

简而言之，海斯、英布里和其他学者已经证实，下述三种天球周期的汇合就是冰川时期开始的不祥之兆：（1）离心率到最大值，把地球带到"远日点"，即地球轨道离太阳最远的点，比它平时的距离多出几百万千米；（2）黄赤交角到最小值，即地轴，也就是南、北极比平时更接近垂直线；（3）分点岁差在大回转的过程中，使北半球的冬天在地球抵达近日点（地球在轨道上离太阳最近的点）时到来。这就意味着，北半球的夏天会出现在远日点，气温会相对较低，结果使冬天的积雪在来年的夏天不能消融，最终造成冰雪堆积的情况发生。

在地球轨道的几何图形发生变化这根杠杆的撬动下，“全球日射率”（在某个特定时期，地球各纬度所接受的不同的日照时数和强度）也会成为冰川形成的重要因素。

古代神话的作者将遍及全世界的大灾难带来的苦难与天堂里石磨的缓慢旋转如此紧密地结合到一起，他们会不会是在警告我们注意即将来临的灭顶之灾？

这个问题我们将在后面进行探讨。现在我们知道这些就够了：一个消失的文明的一些不知名的科学家，他们证实了地球轨道形状的改变对地球气候及人类的生死祸福产生的影响，并且将这一影响与对岁差的精确测量相结合。他们似乎从中找到了引起我们注意的方法，使他们可以跨越时间的断层，直接与我们交流。

当然，听不听他们的，还是我们说了算。

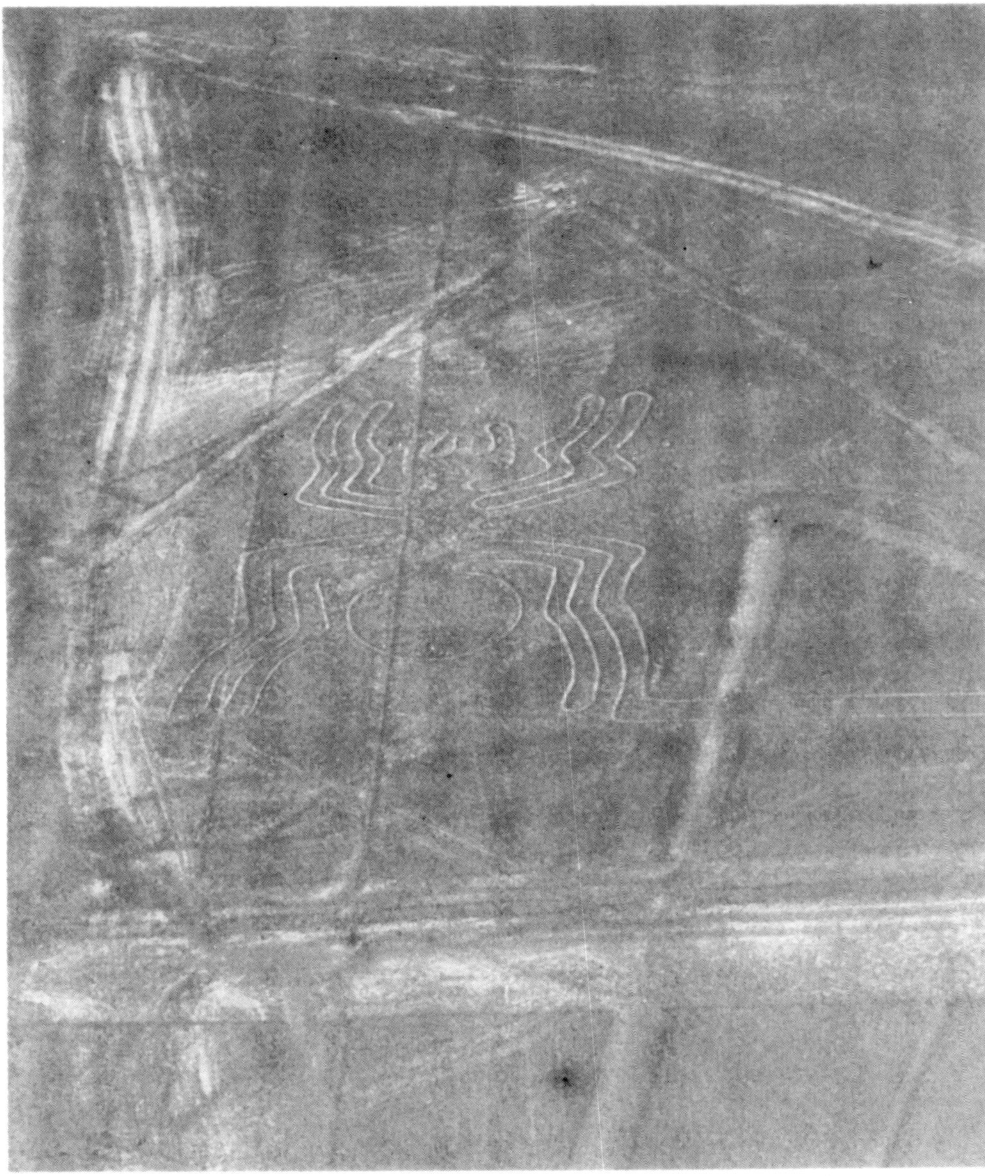

图 1　秘鲁南部纳斯卡蜘蛛。芝加哥艾德勒天文馆资深天文学家菲丽斯·皮格鲁博士最近的研究表明，它与埃及吉萨大金字塔一样是按照“猎户星座”设计的体现在地面上的形象（见本书第六部及第七部）。古时候，世界上不同地区的许多神秘的建筑物都呈现某种“天象”结构，而且特别着重表现猎户星座的三颗恒星（在纳斯卡蜘蛛的细腰部）。这会不会是远古时代一个业已消失的文明在世界各地留下的遗产的一个组成部分？

图 2　纳斯卡高原上的猴子图形

图 3　蜂鸟图形。整个图形由一根连绵不断的线画成，图形极大，只有在空中才可看清

图 4　马丘比丘城。这个重峦叠嶂中的古城遗迹的总体布局体现了当时的天文图像。这意味着它可能比印加文明要早数千年，而原来人们以为是印加人修建了这座古城。有没有可能，这座城市根本不是印加人建造的，他们只不过是在许多年以后鸠占鹊巢而已？

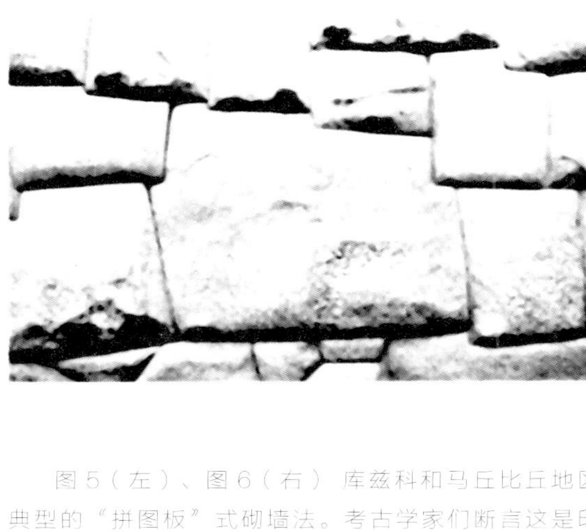

图 5（左）、图 6（右）　库兹科和马丘比丘地区典型的“拼图板”式砌墙法。考古学家们断言这是印加人的风格。但是，请将它们与第七部中的图 66、图 67、图 68 做比较

图7　马丘比丘“拴日石”

图8（左）、图9（右）　作者在萨克塞华曼神庙的巨石前显得格外渺小。这些巨石每一块的重量都相当于500辆家用小汽车。有证据表明，这些城堡与马丘比丘一样，不是印加人修建的，而是由一些不知名的、比他们早几千年的人修建的。将图9与第七部中的图65做比较

图 10（左）、图 11（右） 玻利维亚蒂亚瓦纳科。矗立在卡拉萨萨雅广场上的这两具“偶像”手里都持有不明器物

图 12 从北端看卡拉萨萨雅广场。根据天文计算法算出，这个巨大建筑的布局和设计可能是按照当时的春、秋分日出时间设定的，时间是公元前 15000 年

图 13　从西面看过去的蒂亚瓦纳科的太阳门。用整块坚硬的安山岩雕成，重量在10 吨以上

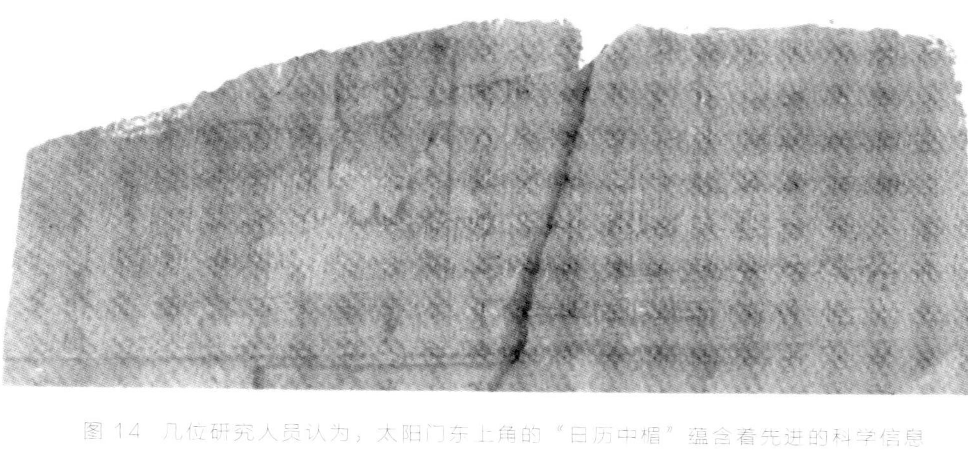

图 14　几位研究人员认为，太阳门东上角的“日历中楣”蕴含着先进的科学信息

图 15　矗立于蒂亚瓦纳科地下神庙中的这尊神像描绘了一个蓄须男子的形象。他被认为代表了维拉科查——安第斯山神话中传播文明的英雄

图 16　蒂亚瓦纳科的一块石碑。上面刻着蓄须的人头像（在人物的右臂上方和体侧的腰带上）。这块石碑和维拉科查石柱上的人物外形都不像南美洲土著人

图 17　典型的用I形金属夹具连接的石块上留下的凹槽。这种砌造工艺在南美洲其他任何地方都没有见过，但却出现在4000年前的古埃及建筑中

图 18　基督教传入南美洲前几千年，十字符号就已出现在蒂亚瓦纳科了

图 19　的的喀喀湖中的苏里奎岛上，当地人正在编造芦苇船。更大的，但是设计几乎完全相同的芦苇舟曾在金字塔时代航行于埃及的尼罗河上（见第六部图 53、图 54、图 55）

图 20　泛舟在的的喀喀湖上。蒂亚瓦纳科原本是这个巨大的内陆海的港口，但是后来湖面下降了 30 多米，原湖岸向北后退了约 20 千米。地质学家估计，完成这个进程所需的时间当在 10000 年以上

图 21　墨西哥尤卡坦奇真伊扎古迹武士庙。前面是一尊“查克穆尔”神像，眼睛凝视西方——传统的、表示死亡的方向。神像背后的神庙后部，可见一个矮柱支撑的祭坛。神像双手捧于腹前的盘子用来盛放刚刚被扯下来的人心。当时的土著人相信，活人祭祀可以延缓世界末日的来临

图 22　奇真伊扎的库库尔坎或魁扎尔科尔亚特神殿。确定这座庄严的塔庙的方位时采用了先进的大地测量技术，以在春分、秋分日产生准确得有如时钟的光影效果。在这两天，这种效果在北面的阶梯上创造出一条巨蛇如波浪起伏，蜿蜒爬行的幻象

图 23（左）、24（右）　拉文达发现的婴儿祭坛的正面和侧面。杀婴祭神与奥尔梅克人有关。奥尔梅克文化被称为中美洲的“母文化”，因为它是目前所知的最早的文化

图 25（左上）、图 26（右上）、图 27（左下）、图 28（右下） 各种“奥尔梅克头像”。每尊重达 60 吨。头像显然不是美洲本地人种

图 29（右上）、图 30（右中）、图 31（左）、图 32（右下） 发现于拉文达和阿尔班山，与具有典型黑人特征的头像同一考古地层出土的浮雕像。看起来像蓄须的白种人。传说中的中美洲神祇魁扎尔科尔亚特与安第斯山的维拉科查一样，身材高大，皮肤白皙，满脸胡须

图 33　拉文达奥尔梅克遗址出土的“蛇中人”雕像。注意人物头饰上的 X 形十字纹，将其与其他地区发现的基督教诞生之前的十字架和蛇形图像做比较，如安第斯山的蒂亚瓦纳科和古埃及发现的十字图形。注意雕刻中人物所乘坐的酷似机械装置的“羽毛蛇”的奇特形象

图 34　帕伦克玛雅遗址中的碑铭神殿。一座精美的阶梯式金字塔

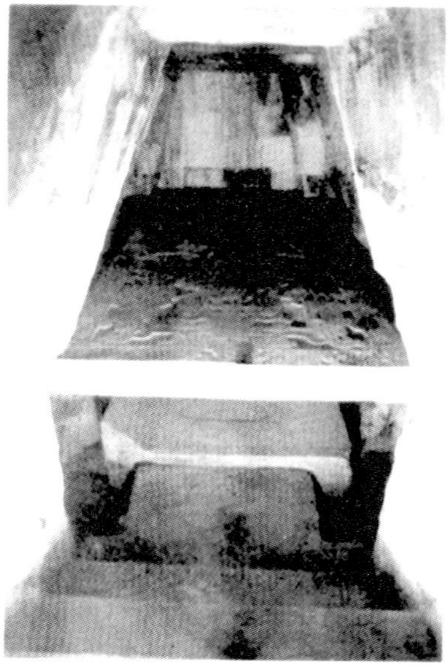

图 35（左上） 碑铭神殿下的墓室。据说是帕伦克的统治者帕卡尔的寝陵

图 36（右上） 石棺棺盖拓片。图中男子好像坐在某种奇特的机械装置内

图 37（左下） 墨西哥图拉古城金字塔高台上的群像

图 38（右下） 其中一尊神像手中所执武器。中美洲传说中有一种名为“火蛇”的武器，它发出的燃烧的射线可以令人粉身碎骨

图 39　乌斯马尔废墟的“巫师金字塔”。玛雅传说里说，一个侏儒以其超凡的法力一夜之间造起这座高达 36 米的建筑

图 40　从墨西哥城来做一日游的观光客聚集在特奥蒂瓦坎的月亮金字塔顶上，遥望城中依照天文图形设计的宽阔的中枢大道——亡灵之路。路的东侧的巨型建筑为太阳金字塔。建造特奥蒂瓦坎的文明已从历史上消失

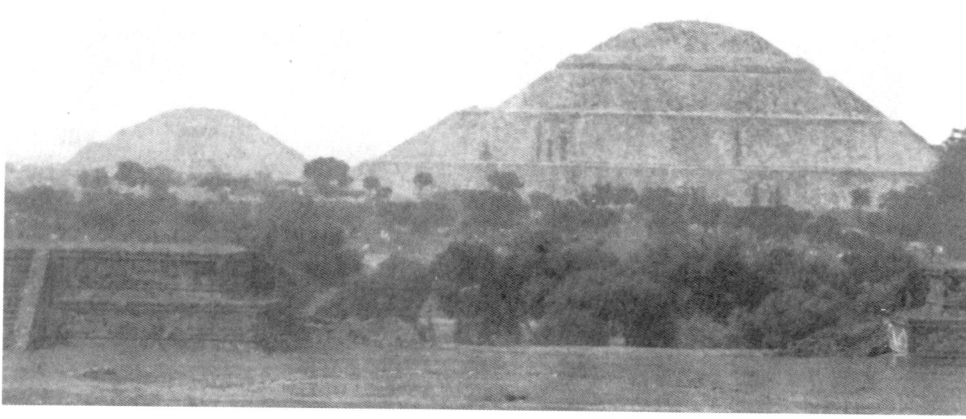

图 41　从魁扎尔科尔亚特神殿看太阳金字塔（前方）和月亮金字塔

图 42　从西南方向看埃及吉萨金字塔群。在三座小“卫星”金字塔后，是三大金字塔中最小的第三金字塔：门卡乌拉金字塔。它后面是顶部仍然覆盖着原始面石的海夫拉金字塔。最后面塔顶被截去的金字塔便是胡夫金字塔，即被称为世界第七大奇迹的大金字塔。一般认为这三座金字塔为埃及第四王朝的三位法老所建，但是证据并不充分

图 43　吉萨的狮身人面像。面向正东，眺望着春分和秋分的日出。最新的地质学和考古—天文学证据表明，这座由整块巨石雕成的塑像可能比当前考古学界认为的年代早几千年

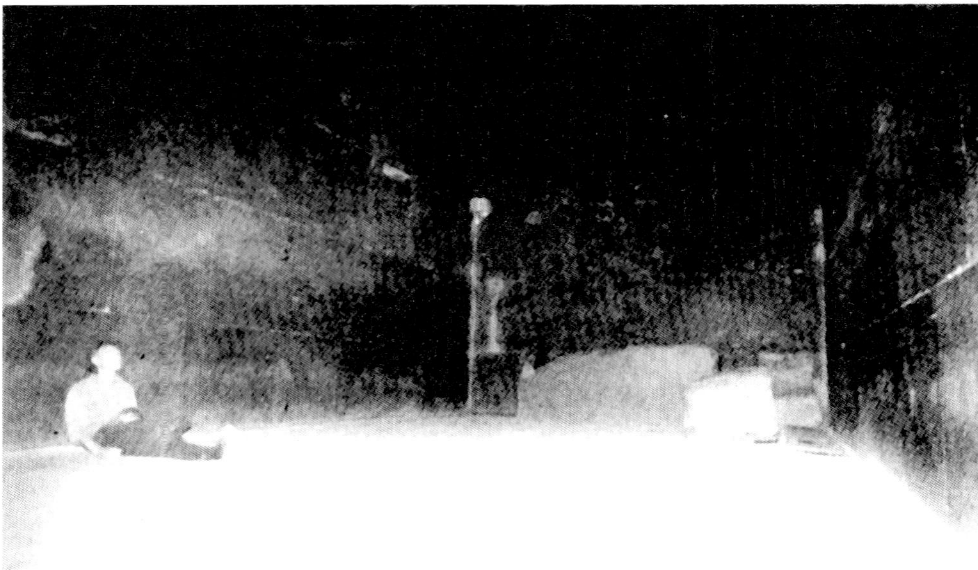

图 44　作者坐在大金字塔中心的国王殿内。这座大殿的两壁由 100 块巨石垒成，每块重约 70 吨。屋顶由横跨在两墙上的石块搭建，每块重约 50 吨。在高出地面 45 米的地方建造这样一间殿堂，其工程计算之高超令人瞠目

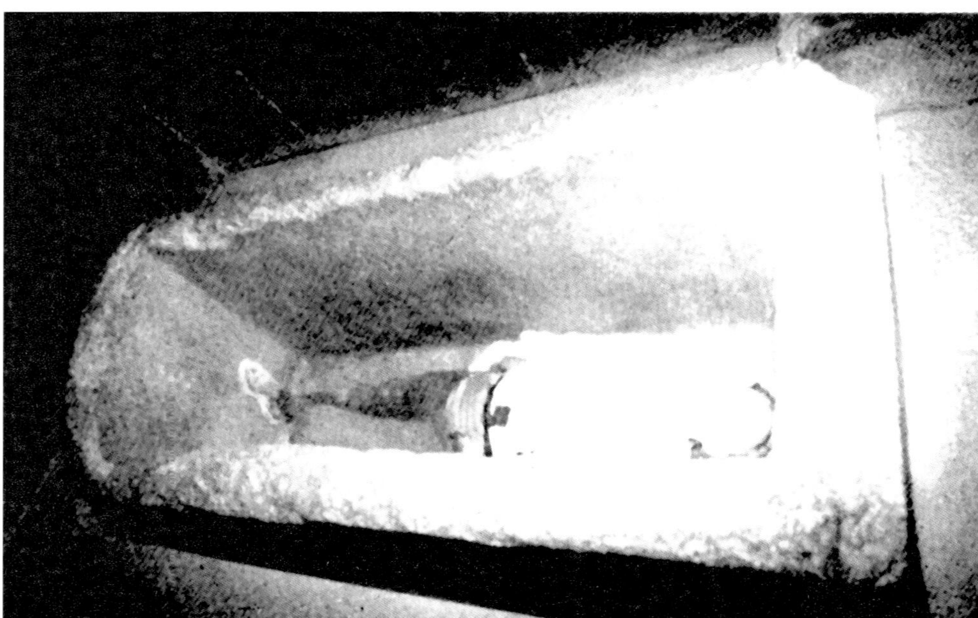

图 45　作者躺在国王殿的石棺中。这个石棺是 4500 年前用坚硬的独块花岗岩雕凿而成的。掏挖这个石棺所使用的管形钻头（至今未发现过实物）的切割速度是现今的金刚石电动钻头的 500 倍

图 46　大通道。我们是在朝上看，还是在朝下看？这条长 46 米，高 8.5 米的通道，其梁托式拱顶的坡度角为 26°，堪称建筑学和工程学上“几乎不可能”的奇迹，令人不得不生敬畏之心

图 47（左上） 王后室一瞥。东墙上有用翅托支撑的壁龛，南墙上有通向通风管道的入口。在这个陡坡形的通风管道的 60 米处，有一扇隐藏的吊门。这扇门是 1993 年 3 月德国人用机器人摄像机发现的

图 48（右上） 门卡乌拉金字塔三间墓室中最下面的一间。屋顶由 18 块巨大的花岗岩板两两相对组成人字形拱顶，产生一种凹面的半圆形屋顶的效果。上面的涂鸦为现代人的耻辱

图 49 作者弯腰行走在最下面墓室的屋顶上，脚下便是构成该室极有特色的天花板的花岗石板。至今没有任何机械能够在那么有限的空间里将那么大的石板安装到位

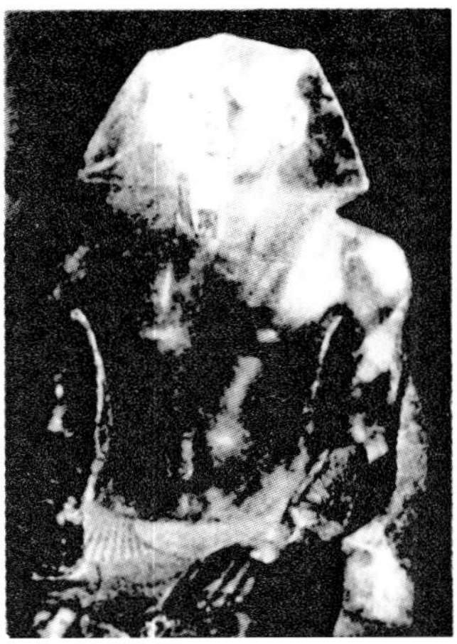

图 50（上） 唯一现存的胡夫法老像。据说他是大金字塔的建造者

图 51（中） 海夫拉法老的美丽的闪长岩雕像。据说他是第二金字塔的建造者

图 52（下） 第二金字塔的主墓室。贝尔索尼的胡写乱画仍在墙上

图 53　有 4500 年历史的流线型船只，设计之先进足可用于航海，但是却埋在大金字塔旁边的地下。最近在上埃及阿比多斯城郊外的沙漠中，还发现了年代更为古老的、形状相似的船只（见第七部）

图 54　前王朝时期图画残片。现存于开罗博物馆。绘图虽然粗拙，但仍可看出是艘类似的船只

图 55　这种船只必然使人想到遥远的第一时代给埃及带来文明的诸神。与第一部图 19 和图 20 做比较

图 56　大金字塔完美的几何图形。这座高度接近 150 米的建筑据说是公元前 2550 年前后由第四王朝法老胡夫建造的。这座金字塔的功能之一是，它是以 1∶43200 比例缩小的北半球的数学模型

图 57　附近的第五王朝的萨胡尔法老（公元前 2450 年左右在位）的已经坍塌的金字塔废墟。在只有区区一百年间，建筑物的修建标准、工程知识和技能竟然滑坡到如此程度，该如何解释？

图 58 塞加拉的左塞金字塔群。考古学家认为这是最早的人类建造的大型石砌建筑。这座著名的阶梯金字塔高 60 米，建造日期可追溯到第三王朝，约为公元前 2650 年

图 59 塞加拉第五王朝乌纳斯金字塔的墓室。这是神秘的金字塔铭文最重要的保存地。注意天花板上饰满了星星

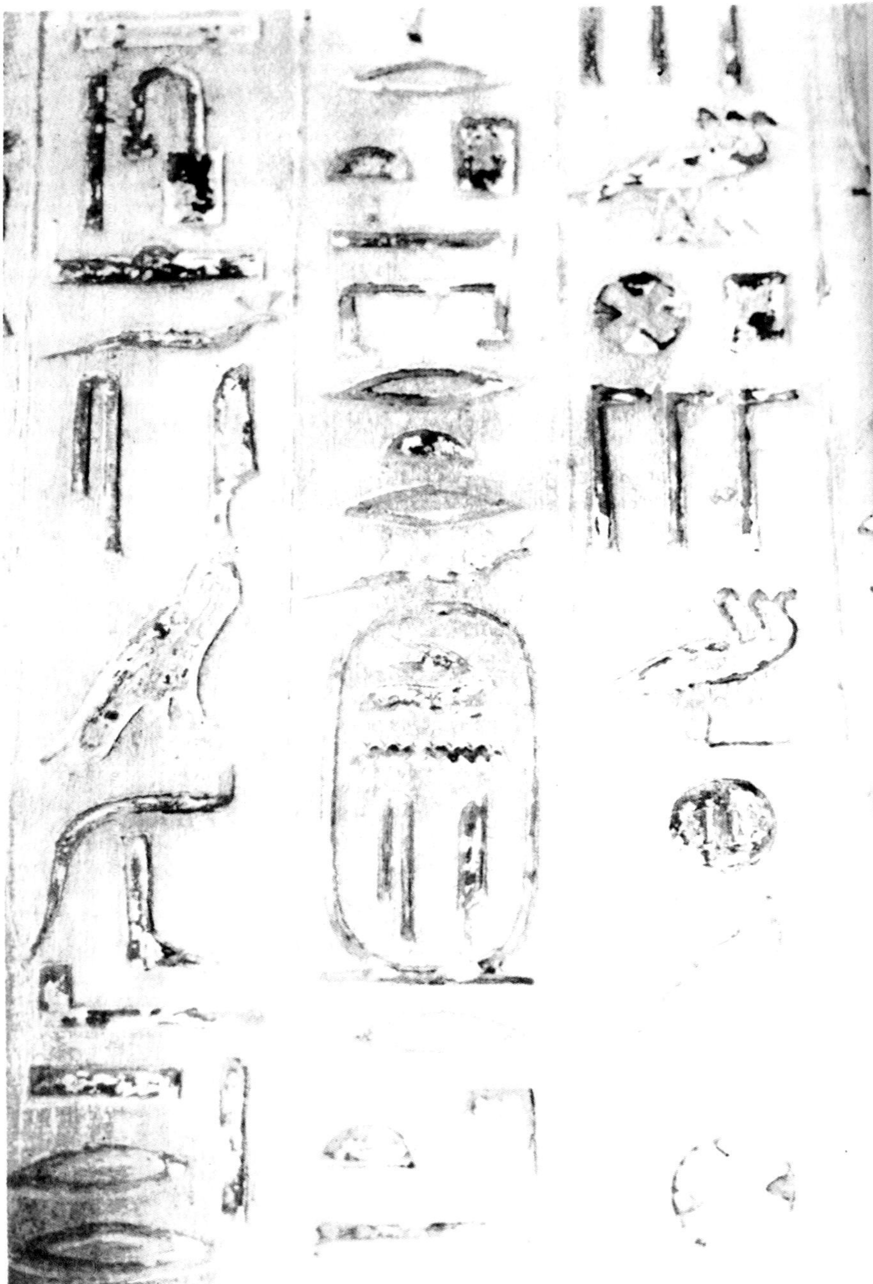

图60　塞加拉第五王朝乌纳斯金字塔墓室中的金字塔铭文。乌纳斯王的徽号在正中的椭圆形旋涡花饰内。铭文讲述法老死后，灵魂重生为猎户座中的星星。其中也包含许多异乎寻常的科技内容

图 61　阿比多斯塞提一世神殿中的国王名单。左侧浮雕为塞提一世（公元前 1306~前 1290 年在位）指示其子（未来的拉美西斯二世）看 76 位在他之前统治埃及的法老的名字

图 62　塞提一世神殿是奉献给“永世之主”俄赛里斯的。此图正中坐者即为俄赛里斯，头戴阿提夫王冠。他颇具特色的胡子令人联想到安第斯山中的维拉科查及中美洲的魁扎尔科尔亚特

图 63　俯瞰俄赛里斯庙。从阿比多斯的塞提一世神殿后面的泥沙中挖出的地下建筑。埃及学家认为它也是塞提一世时的建筑（公元前 1300 年左右），但地质学家则不以为然。他们认为这座比塞提一世神殿低 15 米的建筑表明，它的建筑年代要比神殿早 10000 年，后来逐渐被沉积物掩埋

图 64　俄赛里斯庙的巨石建筑物。与站在前面的作者相比更见石块之巨大。他与任何塞提一世时期的建筑物都无相同之处，却与吉萨的河谷神殿和御庙简洁的巨石建筑风格极为相似。这些建筑物本身的证据就足以表明，它们的年代比考古学家认为的要早得多

图 65　进入俄赛里斯庙的主要入口。请与第一部的图 9 及下页的河谷神殿相对照

图 66（左上）、图 67（右上） 吉萨的所谓海夫拉河谷神殿内景。注意在后来外贴的花岗岩石块上方露出的风雨剥蚀的石灰岩巨石。花岗岩外壁会不会是后来的时代中加到原来的石灰岩建筑上的呢？

图 68（左下） 河谷神殿的这种“拼图板”式结构与文明在秘鲁看到的何其相似。这是巧合吗？参阅第一部中的图 5、图 6

图 69（右下） 从南方远眺狮身人面像。狮身人面像身上的侵蚀痕迹在地质学家看来是明显的降雨侵蚀。而该地区最晚的多雨时期也在公元前 11000 年左右

图 70（上） 河谷神殿的巨石外墙。每块巨石的重量都相当于一个柴油机火车头，具有明显的雨水侵蚀痕迹

图 71（下） 狮身人面像周围挖出的深沟的后部。狮身人面像就是在这整个石山上凿出来的。沟壁上有典型的降雨侵蚀造成的纵向沟壑及扇形内凹等痕迹。狮身人面像的后部也有这种痕迹，部分已被现代的修补所覆盖

图 72　朝霞中的第二座金字塔。塔顶被初升的第一缕阳光照亮

图 73　吉萨第三金字塔冬至日的日落。最新的考古研究表明，吉萨的三大金字塔和狮身人面像都是在地面上再现的公元前 10500 年时的天文图的组成部分

上帝的指纹

FINGERPRINTS OF THE GODS

下

[英] 葛瑞姆·汉卡克 著
胡心吾 译

北京联合出版公司
Beijing United Publishing Co.,Ltd.

图书在版编目（CIP）数据

上帝的指纹 / (英) 葛瑞姆·汉卡克
（Graham Hancock）著；胡心吾译. —北京：北京联合
出版公司, 2016.9
ISBN 978-7-5502-8325-1

Ⅰ. ①上… Ⅱ. ①葛… ②胡… Ⅲ. ①世界史—文化
史—通俗读物 Ⅳ. ①K103-49

中国版本图书馆CIP数据核字（2016）第185292号

上帝的指纹

作　　者：（英）葛瑞姆·汉卡克
译　　者：胡心吾
出版统筹：精典博维
选题策划：曹伟涛
责任编辑：孙志文
装帧设计：博雅工坊·肖杰/程海林

北京联合出版公司出版
（北京市西城区德外大街83号楼9层 100088）
北京环球画中画印刷有限公司印刷·新华书店经销
字数585千字　710毫米×1000毫米　1/16　39.25印张
2016年9月第1版　2016年9月第1次印刷
ISBN 978-7-5502-8325-1
定价：88.00元

本书若有质量问题，请与本公司图书销售中心联系调换。
电话：010-82061212转8050

Part Ⅵ
第六部

来自吉萨的请柬：埃及（一）

第三十三章 方位基点

●埃及，吉萨，1993年3月16日，凌晨3：30。

我们穿过旅馆空无一人的大堂，上了等在外面车道上的一辆白色菲亚特车。开车的是一个紧张兮兮的、瘦瘦的、叫做阿里的埃及人。他得帮助我们通过大金字塔的卫兵这道关卡，并在太阳升起之前带我们离开。如果事情出了问题，我和桑莎将被驱逐出境，而他将要坐6个月的牢，难怪他会这么紧张。

当然不该出什么问题，让阿里随我们一起去就是为的这个。我们头天给了他150美元，让他兑换成埃及镑分给了我们会碰到的卫兵。作为回报，他们将在随后的两三个小时中对我们视而不见。

车开到距大金字塔还有800米的地方就停下了。我们得步行走完剩下的路程——绕过纳兹勒萨曼村上面隐约可见的陡峭的堤岸，直奔大金字塔的北面。我们艰难地跋涉在探照灯外的柔软沙地上，没有多说话，心里又是兴奋又是担心。阿里没有把握他的贿赂是否能让我们一路畅通。

有好一会儿，我们一动不动地站在金字塔的阴影下仰望巨大的金字塔的身影。它高高地耸立于黑暗的夜空，遮住了南边天空的星星。这时，从东北角走过来三个持霰弹枪的巡逻卫兵。他们裹着毯子以抵御夜晚的寒气。在距我们约45米的地方他们停了下来，分着抽一支香烟。阿里示意我们留在原地不动，他走出阴影，径直向卫兵们走去。他跟他们谈了几分钟，看起来争论得很激烈。最后，他招手让我们过去。

“出了点儿问题。”他解释说，“这位队长（他指了指一个胡子拉碴、满脸不高兴的小个子男人）非要再加30美元不可，不然，我们的交易就告吹。你看怎么办？”我在钱包里摸来摸去，点够了30美元交给阿里。他把钱折起来交给了队长。队长一脸受到冒犯似的表情，悻悻然把钱塞进了衬衫口袋，最后，我们握手告别。

“搞定了。”阿里说，“咱们走吧。”

无法解释的精确

卫兵们沿着大金字塔的北面向西巡逻，我们则绕过东北角沿着东面的墙基往前走。

我很早以前就养成了通过建筑物的边来确定自己所在方位的习惯。金字塔的北面几乎丝毫不差地朝着正北方；东面也丝毫不差地朝着正东；南面朝着正南；西面朝着正西。它们的平均误差只有三弧分（南面的误差少于两弧分）[1]，不论在哪个时代，这种精确度都是不可思议的。而在4500年前的埃及，公认的大金字塔建成的年代，这种异乎寻常的精确度简直是超自然的技艺。

三弧分意味着误差已经小到不足0.015%的程度。我曾经跟建筑工程师们讨论过大金字塔，他们很难理解这样高的精确度是出于什么需要。从他们这些实用建筑师的角度看来，为了达到这种精确度所耗费的金钱、时间及所要克服的困难，似乎很不值得。因为即使金字塔的塔基有两到三度的误差（就是说1%的误差），肉眼也看不出来。而施工时要把精确度从三度减小到三分所需花费的人力物力却是巨大的。

显然，在人类文明的曙光乍现时，建造金字塔的这些古代的建筑大师们，一定是为了某种极其重大的目标，才如此不惜工本地把它的方位确定得如此精准。而且，他们既然能够达到这种不可思议的精确度，他们也一定是些拥有精良的测绘设备，技巧高超、知识渊博的能工巧匠。这个印象也在金字塔的许多其他的特点上得到了证实。比如，塔基的边长几乎是一样的，其误差幅度远小于今日的建筑师建一个平均大小的办公楼的误差。但它不是一座普通的办公楼，它是埃及的大金字塔，是人类建造的最大的，也是最古老的建筑之一。它的北边长为 230.2505 米，西边长 230.3805 米，东边长 230.3805 米，南边长 230.4535 米[2]。也就是说，它最长的边和最短的边相差只有 20 厘米，相对于每边平均 230.3663 米的长

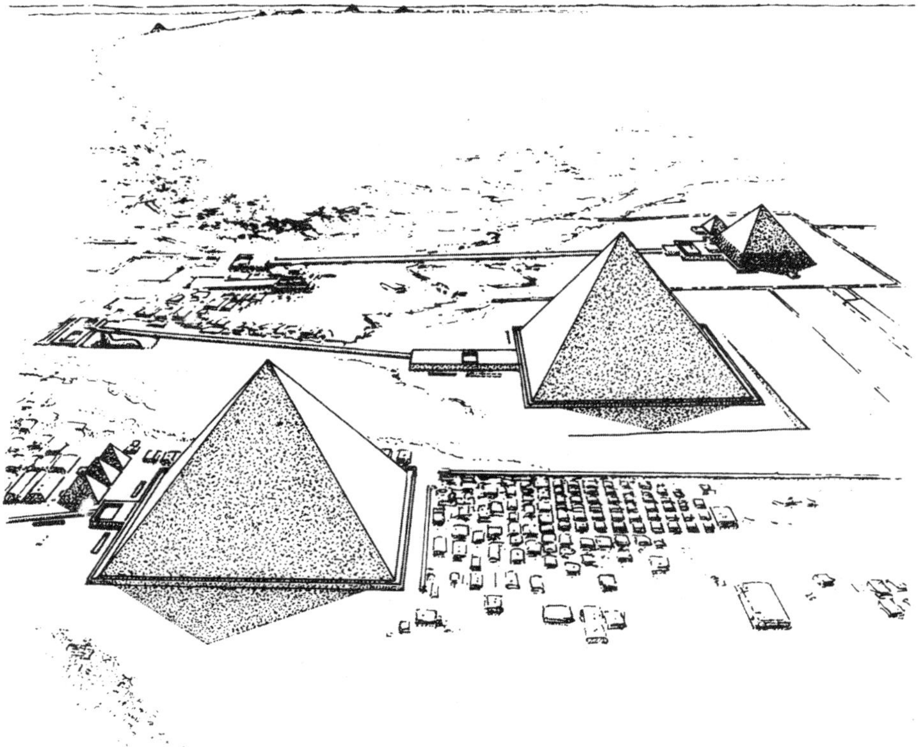

度，这个误差小到不足0.1%（按所给尺寸计算，当为此数，就是说，不足千分之一，而不是原文说的百分之一）。

我同样从一个工程师的角度了解到，单从数字上看无法正确估计达到这种精确度所需何种难以计量的精细和技巧。我也知道，学者们至今无法令人信服地解释，金字塔的建筑者们究竟是如何保持这么高的精确度的[3]。

然而，我感兴趣的是画在另外一个问题上的更大的问号：他们为什么要给自己定这么高的标准？如果他们允许自己的误差幅度在1%～2%范围内，而不是小于0.1%，他们就可以大大简化他们的工作，而且并不影响质量。他们为什么不这样做呢？他们为什么要把事情弄得那么困难呢？简单地说，为什么在一个4500年以前修建的“原始”的石头建筑物上我们会看到这样奇怪的、令人百思不解的、堪与机器时代的标准媲美的精确度呢？

历史的黑洞

我们计划攀登大金字塔，这种行为从1983年以后就被严格禁止了。当时有几个鲁莽的游客在攀登的过程中摔了下来，埃及政府被迫发布了这项禁令。我发现我们也很鲁莽，何况还是在晚上攀登金字塔，而且我也不愿意破坏任何一条合理的法律。但是此时，我对大金字塔的强烈兴趣和我想了解一切可能了解到的与之相关信息的欲望，令我不顾一切。

我们在金字塔的东北角跟巡逻的卫兵分开以后，便悄悄地沿着金字塔的东面，向着东南角的方向移动。

浓黑的阴影笼罩着这段弯弯曲曲、破破烂烂的铺石路。它把大金字塔同紧靠在它东面的三个小得多的“次等”金字塔分隔开来。这里还有三个又深又窄的在岩石中掏挖出来的大坑，好像三个巨大的坟墓。考古学家们经挖掘后发现它们是空的，但是它们的形状看起来好像是原打算要放进去一艘艘船头高翘的、流线型的船。

在金字塔的东面走到一半的时候，我们碰到了另一个巡逻队。他们有两个人，其中一个恐怕已经有80岁了，他的同伴是一个长青春痘的十几岁的毛孩子。他们说阿里付的钱不够，如果我们要继续往前走的话，需要再付 50 埃及镑才行。我手里早就准备着钱，赶紧给了他们走路。我已经不在乎花钱多少了，我只想快点爬上去，然后下来，在黎明来到之前离开，别让人抓住。

我们继续往前走，4 点 15 分刚过到达了东南角。

现代建筑，即使是我们住的房子，其角度也很难正好达到 90° 的直角；多一点或者少一点儿是很正常的，在结构上不会造成太大的差别，而且也没有人会注意到这点小小的误差。然而，这个大金字塔让我明白，古代的建筑大师们发现了一种办法可以把误差幅度减少到几乎为零。因此，虽然他们没有达到完美的 90° 角，但是东南角达到了令人惊叹的 89° 56′ 27″，东北角是 90° 3′ 2″，西南角是 90° 0′ 33″，西北角只误差了两秒，达到 89° 59′ 58″[4]。

就像关于大金字塔的其他任何事情一样，这种超乎寻常的精确度也很难解释。这样精确的建筑技巧——这是我们今天所能见到的最精确的建筑技巧——需要上千年的发展和试验才能演化出来。但是没有证据显示在埃及曾经存在过这个过程。吉萨大金字塔和它周边的建筑物从建筑史的黑洞中冒了出来。这个黑洞是如此之宽，如此之深，没有人知道它的底端和远侧在哪里。

沙漠中的船

阿里汗流满面地带着我们，他没有向我们解释为什么在攀登之前先得绕金字塔兜一圈。现在我们开始沿着金字塔的南面向西边走。这儿有两个船形的坑，其中一个虽然仍是封住的，但它已被光纤照相机探测过一遍，发现它里面装着一艘长 30 多米的高船头的远洋船。另外一个坑在 20 世纪 50 年代被挖掘过，埋藏在里面的长达 43 米的更大的远洋船现在就安放在所谓的船只博物馆里。这个博物馆就在大金字塔南边的下面，是一个丑陋的现代建筑[5]。

现存于博物馆中的这艘美丽的船是用雪松木造的，在被建成4500年以后的今天，它仍然保存完好。它的排水量为40吨左右，其设计及其具有的航海特征都发人深思。用一个专家的话来说，这艘船“具有所有远洋船的特点，它上翘的船头和船尾，比北欧海盗船还要高大的船身，使它能安然度过大海上的惊涛骇浪，决不是用来对付尼罗河小小的涟漪的”[6]。

另外一位专家觉得这艘设计缜密和精巧的金字塔船很可能“比哥伦布的装备更适合航海”[7]。而且，专家们一致认为这艘船的模式只可能“出自那些拥有长时间的、丰富的在外海航行传统的民族”[8]。

在埃及3000年历史的初期，是谁建了这样一艘神秘的船只呢？当时他们耕耘于四面环陆的尼罗河谷，还没有积累起“长时间的、丰富的在外海航行的传统”。那么他们是于何时何处学来的航海技巧呢？

还有一个谜。我知道埃及人非常善于制作模型和各种各样的标示物以作为该物的象征[9]。因此我觉得埃及人的动机非常难以理解：如果这艘船真的如埃及学家所说的那样，只是一只带着故去的国王的灵魂去天堂的灵船[10]，那埃及人为什么要花这么大的力气制造并埋藏这样大、这样复杂的船呢？造一只小船会同样有效地达到这个目的，而且一只就够了，不需要好几只。从逻辑上讲，这只巨大的船只可能有其他的使命，或者具有一个非常不同但仍然不为人所知的象征意义……

我们差不多已走到大金字塔南面的中间，这时我们才明白为什么要兜那么大一圈儿。原来这是要我们在每一面都散点财。我们在大金字塔的北面付了30美元，在东面掏了50埃及镑，现在我又要给阿里本该头天就打点好的另一个巡逻队再奉上50埃及镑。

“阿里！”我轻轻地问，“我们什么时候才能爬大金字塔？”

“马上，葛瑞姆。”我们的导游说。他非常有信心地在前面走，指着前方说：“咱们从西南角上去。”

第三十四章 永恒的大厦

你有没有过在晚上爬金字塔的经历？一边爬，一边还担心着被捕，心都要提到嗓子眼了。

这件事真的是难得吓人，特别是爬大金字塔。虽然顶部有 9.45 米已经荡然无存，但是它现在暴露在外面的最顶部的平台仍然比地面高出 137 米[1]。它由 203 级石头台阶组成，每一级石阶的平均高度是 0.69 米[2]。

当我开始攀登的时候，我很快发现平均高度并不能说明问题。这些石阶的高度是各不相同的。有的还没有人的膝盖高，有的几乎齐胸，高不可攀。同时，每一个石阶的平面也都非常窄，常常只比我的脚宽一点儿。而且许多巨大的石灰台阶，从下面看起来非常结实，但实际上已经断裂和破碎了。

爬了大约 30 级台阶的时候，我和桑莎就开始尝到自讨苦吃的滋味。我们的肌肉酸痛，膝盖和手指变得僵硬，并且伤痕累累，可是我们爬了还不到全程的 1/7，还有 170 多级台阶要爬。另一个让我们担心的是悬空在脚下的那令人晕眩的落差。当我沿着西南角那条断裂的轮廓线往下看时，我自己也对我竟然爬了那么高感到吃惊。我感觉到自己头皮一阵阵发麻：我们很容易大头朝下栽下去，在巨大的石阶上连碰带撞，最后摔个脑浆崩裂、陈尸塔底。

阿里允许我们停下几分钟喘口气，但是很快他就打手势示意我们得一鼓作气接着往上爬。他还是以这条边角线当路标，迅速地消失在上面的黑暗中。

我和桑莎有点儿怯场，但还是跟了上去。

时间和任务

第35级石阶非常难以攀登，它比我们刚刚爬过的任何一个石阶都要大（除了最下端的那个石阶外），估计每块重达10到15吨[3]。这有违工程学的逻辑和常识。按理说金字塔越到上面，石块的尺寸和重量越小，要逐级递减，以便于石头运输到上面。第1到18级遵循了这个道理：石块的高度从地面的141厘米逐渐缩小到第17级的58厘米。但是在第19级，石块的高度陡升至91厘米。同时，石块的重量也在增加。在第1至18级这些石块的重量只有2~6吨，但在19级以上则增加至10 ~ 15吨[4]。石块是从坚硬的石灰岩石中挖出来，被吊到离地30多米的高度，准确地放在预定位置的。

要完成如此艰巨的工作，金字塔的建筑师们需要有钢铁的意志、山羊的敏捷、狮子的力量和训练有素的高空作业的信心。此时凌晨的冷风吹打着我的耳朵，呼啸着要把我扔到空中。我想象着那些工人在这样危险的高度（也许还要更高），把巨大的石块——最小的也有两个现代家庭轿车那么重——吊起、放下，形成一个不停歇的生产流水线，会是什么样子。

金字塔是花了多少时间修完的？有多少人为此工作？埃及研究学者们达成的共识是10万个劳力，工作了20年[5]。人们也普遍同意，这不是一年到头的建筑工程。因为受到劳力的限制，实际上每年只进行三个月。这三个月受尼罗河水泛滥的影响，是农闲季节[6]。

我一边爬一边提醒自己这些数据意味着什么。让建筑者担忧的不仅仅是成千上万15吨或者更重的巨石，还有如何长期地将这些平均每块2.5吨的巨石，搬运至现场。据可靠估计，大金字塔一共由230万块石头组成[7]。假设石匠一天工作10个小时，一年工作365天，根据数学计算，如果要在20年之内建成金字塔，他们每小时需要把31块巨石摆放到位（每两分钟一块巨石）。假设建筑工作只局限在每年三个月内进行，那这个数字还要加倍：每分钟要运送4块巨石，差不多是每小时240块。

这种情景恐怕常常会出现在工头的噩梦中。比如，采石场必须和木匠紧密合作，以确保巨石源源不断地运到建筑现场。还有，如果有一块2.5吨重的巨石从第175层掉下来的话，将会是怎样一个惨剧。

施工和管理上的障碍让人望而却步，此外还有金字塔本身所包含的几何上的挑战：金字塔的顶端必须正好对准底座的中间。任何一边的倾斜哪怕只有极小的误差也会导致无法对齐。因此，金字塔的每一级台阶，每一块巨石从底座一直到数百英尺以上，都必须保持极高的精确度。

斜面的讨论（倾斜的愚蠢，斜面的愚蠢）

这么精密、艰难的工作，当时的埃及人是如何做到的?

到目前为止，有三十多个彼此对立、互相争辩的理论试图回答这个问题。大多数埃及研究学者认为埃及人一定使用了这种或那种斜面。比如，大英博物馆的埃及文物收藏家I. E. S. 爱德华就持这种观点。他斩钉截铁地说："埃及人只可能使用一种办法来传送重物，那就是用砖和土做斜面。这个斜面从地面开始一直延伸到他们想要的高度。"[8]

约翰·贝恩斯，牛津大学的埃及学教授同意爱德华的分析，并进一步阐述说："随着金字塔高度的增加，斜面的长度和地面的宽度也在增加，以便使其斜度（大概是1:10）保持不变，并且防止斜面倒塌。埃及人很可能从金字塔的不同侧面搭建了不同的斜面。"[9]

要以1:10的斜度铺设一条路直达大金字塔的顶部，需要1460米长而且所需的砖块和泥土的体积是大金字塔的3倍（它的体积估计有800万立方米而大金字塔的体积是260万立方米）[10]。不论用什么正常的方法，把重物从比这个坡度更陡的斜面拖上去都是不可能的[11]。如果选择一个更小的斜度，这个斜面可能会大得不合常规，不成比例。

问题是如此之长，又高达146米的斜面不可能像爱德华和其他埃及研究学者们假设的是用“砖和土”做成。相反，现代的建筑设计师和建筑者们已经证明，斜坡道必须用比石灰岩更坚固的材质建成，否则斜面就会塌方[12]。

斜坡说显然不能成立。因为工程完成之后，那剩余的800万立方米的砖石放到哪里去呢？所以有埃及研究学者提出埃及人在大金字塔的侧面使用了泥砖做成的螺旋斜面。这样所需的材料自然较少了，但是它们却很难到达金字塔的顶端[13]。而且螺旋斜坡面越到顶端越窄，搬运如此巨大体积的石块会越加困难，以至最后连转运都成问题。还有就是这种斜面会覆盖整个金字塔，使得建筑师无法在建筑的过程中测量整个工程的精确度[14]。

但是金字塔的建筑者们实际测量了整个工程的精确度，他们得出了正确的结果：金字塔的顶点正好投影在底座的中央。它所有的角度和角落都分毫不差。它的每一块石头都放在正确的位置，它的每一级台阶都是水平的——近乎完美地对称。这些古代的建筑大师们似乎想告诉人们，建造如此精密的金字塔，这些绝技只是小意思。他们巧妙地使用他们的想象，金字塔虽然不是建造在北纬30°，却在非常接近的29° 58′ 59″[15]。正如一位前苏格兰皇家天文学家观察到的，这个纬度，是一个“可察觉的对北纬30度的偏离”，但不一定是错误。

> 因为如果最初的设计者希望人们用他们真实的眼睛，而不是思维的眼睛在北纬30°从大金字塔的底部看天极的话，他就需要考虑到大气的折射。这样的话，这个建筑就需要建在北纬29° 58′ 22″上，而不是北纬30°上。[16]

跟实际的北纬29° 58′ 51″ 相比，这个误差小于1弧分。这意味着埃及人展现出来的勘测技巧是非常高的。

我们心中充满敬畏，继续向上爬，经过这个巨大的、令人着迷的建筑的第44和45级台阶。我们到第46级台阶的时候，突然听到下面传来一个阿拉伯人愤怒的声音。我们向下看，看到一个小小的男人，戴着头巾，穿着一件带着波浪的土耳其衬衫。尽管射程很远，他还是取下了短枪，准备向我们瞄准。

卫兵和晨曦

原来，他是大金字塔西面的卫兵，他没有从他在南北和东面的同事那里收到额外的钱。

我可以从阿里满脸的汗水中看出我们处在一个很微妙的状况中。那个士兵命令我们立刻下来，以便逮捕我们。“如果再给一些钱就没事了。”阿里解释说。

我叹了一口气说：“给他100埃及镑吧。”

“太多了。”阿里说，“这样会得罪其他人。我们给他50埃及镑就够了。”

阿里继续和他用阿拉伯语讨价还价。实际上，在其后的几分钟里，阿里和那个卫兵在大金字塔的西南角上上下下持续地进行着对话，直到凌晨4点40分左右。这时，响起了哨声。南边的卫兵们出现了。他们站着和西边的士兵在说些什么，西面另有其他两个巡逻卫兵加入了进来。

正当我们以为阿里的交涉失败时，他空然长嘘了一口气，面带微笑地说：“我们回到下面时，你需要再额外付50埃及镑就可以了。”他解释说，“他们会让我们继续爬的，但是如果让哪个官儿看到了，他们就没有办法帮助我们了。”

我们在随后的10分钟里沉默着，继续挣扎着向上爬，直到我们爬到了第100级台阶——我们离开地面已有76米，几乎爬了一半。我们转过脸向西南角望去，看到了一生难得一见的震撼人心的美景。挂在西南天空的一轮弯月刚刚从云层中探出脸来，幽灵一般的光芒直逼第二座金字塔的北面和东面。第二座金字塔是第四王朝的法老海夫拉王修建的。这个令人赞叹的金字塔仅次于大金字塔（比前者矮几厘米，其底座也比前者窄120厘米），它看起来在闪闪发亮，好像里面有神奇而又微弱的火焰照耀着它。在它身后不远处的第三座金字塔在黑暗中略为逊色一点儿，底座每边长108.5米，塔高65.5米[17]。

在闪闪发亮的夜空下，有一刻，我有一种在电影中的错觉。我觉得自己好像站在天堂里一艘巨大船只的船尾，回首望其他两艘船。它们在我的身后排成一列，呈战斗队形，跟着我的大船前行。

这支被护航的金字塔“海军中队”要去哪里呢？这群庞大的建筑群是否就是妄自尊大的法老们所有的工程呢？还是他们被一只神秘的手设计制造出来要穿越时空走向某个未知的目的地？

从我现在所站的高度望去，尽管南面的天空有一部分被巨大的金字塔遮挡了，我仍然能够看到整个西边的天空，从北极顶点到地球弯拱的轮廓全在我的视野之内。北极星在我右边的高空上，在小熊星座中闪亮。在遥远的地平线顶端，西边偏北10°处，狮子座中的轩辕十四星正要徐徐降落。

在埃及的星空下

刚刚爬过第150级台阶，阿里示意我们低头向下看。一辆警车从大金字塔的西北角开过来，沿着金字塔的西边前进，车顶上的蓝色警灯徐徐闪烁。我们站在黑影里一动不动，直到车开走了，然后继续向上爬。我们有一种紧迫感，用最快的速度朝着顶点爬上去。我们想着可以看到它在黎明前的薄雾中挺立。

好像有五分钟，我们不间断地向上爬。但是当我向上看时，大金字塔的顶点依然远在天边，就好像传说中的威尔士山那样遥远。挥汗气喘中，我们继续攀登。就在我们被内心不断涌出的失望感淹没时，我们发现自己竟然到了顶点。我们正站在群星笼罩的苍穹下，在高出地面 137 米的地方，在一个世界上最美妙的观赏平台上。在我们的北面和东面，开罗城沿着倾斜、宽阔的尼罗河谷缓缓展开，黑暗的污路和狭窄的街道将高楼大厦和传统的平顶房屋隔开，其间点缀着 1001 座清真寺的塔尖。开罗因整体被覆盖在街市的灯光下，所以市内的人反而无法享受美丽星空的夜景。从金字塔顶端俯看开罗，宛如来到一个散发着绿色、红色、兰色、黄色光芒的仙境一般。

我站在古代世界最后幸存下来的奇迹——金字塔的顶端，在一个不可思议的至高点上观赏这个奇特的、电子的海市蜃楼，感到非常荣幸。我感到自己好像坐在阿拉丁魔毯上，来到开罗的上空。

但怎能用魔毯来形容大金字塔的第 203 级台阶！这层台阶每一边的长度不超过 10 米（底座的每一边长度为 230 米左右），它由几百块齐腰高的石灰石建成。每一块石灰石约有 5 吨重。这一层也不是完全水平的：有几块石块丢失了，有的破损了，在南端大约还残留着相当于半个台阶高的经过处理的石块。此外，在平台的中心，有人放了一个三角形的木头脚手架，中间插了一根粗壮的竿子，约有 9.4 米长。它标识着金字塔最初的高度是 146.7291 米[18]。在这下面的石灰石上有游人随意刻下的留言[19]。

像巨人一样思考

大金字塔底面积 53013 平方米，总重量为 600 万吨，比伦敦市区所有的建筑物加起来的总重量还重[20]，由大约 230 万块石灰岩和花岗岩石块砌成。整个金字塔的外墙，曾经覆盖着 115000 块打磨得像镜子一样光滑的包面石，每块重量都在 10 吨以上，总面积达 89030 平方米[21]。

1301 年地震时，这些包面石松脱，随后大部分都被搬去建造开罗城了[22]。不过我知道，在塔基四处还散落着这样的石块，足可以令 19 世纪伟大的考古学家 W.M. 弗林德斯・皮特里对它们进行详细的研究。这些石块的误差不足四分之一毫米。它们之间用胶合剂连接得如此紧密、如此精确，连把小刀的刀尖都休想插进去。“单是将这些石块放到准确的位置上就是一大工程。”皮特里承认，“何况中间还要加上胶合剂。这几乎是不可能完成的事情，其难度不亚于制作几万平方米大的精密的光学仪器。”[23]

当然，金字塔的“几乎不可能”之处决不仅仅限于包面石的连接。它的正北、正南、正东、正西四个基本方位的精确性是“几乎不可能”的；几近完美的四个九十度角是“几乎不可能”的；四条底边不可思议的对称是“几乎不可能”的；将数以百万计的巨石运到几百英尺的空中的技术后勤是“几乎不可能”的，等等。

因此，无论是谁建造了金字塔，凡参与这个令人叹为观止的伟大建筑的设计、建造的建筑师、工程师和石匠，都是“像100米高的巨人一样高瞻远瞩”的人。现代埃及学的奠基人，琼－法兰克斯·商博良曾这样评价他们。他已经清楚地看到他的晚辈不肯正视的事情：金字塔的建造者必定是知识的巨人。站在古代的埃及人旁边，他说，“我们欧洲人只是小人国中的小矮人”[24]。

第三十五章 坟墓而且只是坟墓

下金字塔比上金字塔还让人胆战心惊。我们不再与地心引力作战，因此不必再消耗那么大的体力。可是现在我们的注意力全都集中到地面而不是空中，那要命的坠落的可能性似乎立即放大了许多。我们在这庞大的石山上万分小心地选择下山的路，在那些巨大的、居心叵测的石块中往下处溜，只觉得自己变得像蚂蚁一样渺小。

等我们下得塔来，夜色已经收尽，天空露出了鱼肚白。我们如约付了守卫金字塔西面的卫兵 50 埃及镑，然后，我俩如释重负，得意洋洋地朝西南方几百米外的海夫拉金字塔开拔。

叫胡夫、海夫拉、门卡乌拉也好，叫基奥普斯、基夫拉恩、马西里努斯也罢，无论用埃及名字还是希腊名字称呼它们，事实都是一样的：人们普遍认为，第四王朝（公元前 2575~ 前 2467 年）的这三位法老是吉萨三大金字塔的建造者。至少自埃及导游告诉希腊历史学家喜帕恰斯大金字塔是胡夫建造的以后，这就成了既定事实。喜帕恰斯将这一信息写进了现存的、最古老的有关金字塔的文献。他还说：

> 他们说，基奥普斯统治了50年，他去世后，王位由他的兄弟基夫拉恩接替。他也造了一座金字塔……比他哥哥的金字塔低12米，但是其他的规格都相同……基夫拉恩统治了56年……然后，基奥普斯之子马西里努斯继位……这个人留下的金字塔比他父辈的要小得多。[1]

喜帕恰斯看到这些金字塔的时间是公元前5世纪，在它们已经造好之后两千多年。后来整个历史的书写都建立在他这几句话的基础之上。直到如今，所有的评论家都盲目地随着这位希腊历史学家亦步亦趋。虽然起初差不多是道听途说得来的传闻，可是这么多年以来，大金字塔是胡夫造的，第二金字塔是海夫拉造的，第三金字塔是门卡乌拉造的已经成了铁板钉钉的事实。

空室之谜

与阿里道别后，我和桑莎继续往沙漠里走。我们的目光掠过第二金字塔巨大的西南角，投向它的顶端。我们又一次看到顶上完好无损的第22层包面石。我们也看到了塔基最下面的几层，每层都有一个占地巨大的“脚印”，都是用不折不扣的石灰岩巨石砌起来的，每块长6米，厚1.8米，高得几乎爬不上去。我后来发现，在吉萨墓葬地，有好几个地方都散落着这种重200吨，属于同种加工工艺的其大无比的石块。

第二金字塔建立在从周围的岩基中切割出来的平台上，西面和北面围着一道宽阔的、有些地方深达4.6米的壕沟。我们沿着这条壕沟边往南走，400米外，就是位于沙漠中的第三金字塔。

胡夫……海夫拉……门卡乌拉……根据所有正统的埃及学家的观点，这三座金字塔都是修来给这几位法老当坟墓用的，而且只用于做坟墓。然而这种观点却有着一些显而易见的费解之处。比方说，1818年，欧洲探险家基奥维尼·贝尔佐尼打开海夫拉金字塔宽大的墓室时，里面竟空无一物。实际上，说空无一物都不足以形容那个光秃秃的毫无装饰的墓室。除了一个嵌进地下的、打磨光滑的花岗岩棺椁外，什么都没有，连棺椁里都是空的，棺盖被打碎了扔在一边[2]。这些情况怎么解释？

对埃及学家而言，这种情况很好解释：早些时候，很可能就在海夫拉死后几百年内，盗墓贼可能钻进墓室，把里面的东西一扫而光，包括法老的木乃伊。

小一些的、据说是门卡乌拉修的第三金字塔似乎也发生了类似的情况。我和桑莎此刻就是往那儿去。第一个进到这个金字塔内的欧洲人是一个叫做霍华德·维斯的英国上校。1837 年他进入墓室时，看见的只有一个空空的玄武岩石棺，一个木头棺盖，和一些骸骨。人们马上想到的自然是门卡乌拉的遗骸。但是现代科学后来证实，这些骸骨和棺盖都是公元初期的。也就是说，是金字塔时代之后两千五百多年的人和物。这表明，这仅仅是一个“侵入式埋葬”，是古埃及历史中经常发生的事情。至于那个玄武岩石棺，它有可能是门卡乌拉的，只可惜谁都没法对它进行核实了，因为它已经葬身海底。维斯用来将它运回英国的船在西班牙海岸边沉没了[3]。根据维斯的记载，这个棺材被发现时也是空的，于是人们再次假定法老的遗体被盗墓贼偷走了。

由于胡夫的遗体也丢失了，因此同样的假设也用到他身上。大英博物馆的乔治·哈特说的话，代表了众多学者一致的观点。他说，“胡夫下葬后不到 500 年”，盗墓贼就打开了大金字塔，“以盗窃随葬的珍宝”[4]。这句话的意思是，这次盗墓发生的年代应该在公元前 2000 年或者之前，因为据信胡夫死于公元前 2528 年[5]。此外，主持这个研究项目的 I.E.S. 爱德华兹教授还肯定说，随葬的珍宝都是从现在被称为“国王室”的那个圣所中被偷走的，而圣所西端的那个空空如也的“花岗岩棺椁”，“曾经盛殓过国王的遗体，可能放在棺椁里面的一个木棺材里”[6]。

所有这些都是正统的、主流的现代学术观点。它们已经成为不争的历史事实，堂而皇之地载入了全世界的大学教材[7]。

但是，它们可能不是事实。

空碗柜

胡夫法老的木乃伊失踪之谜始于卡利夫·阿尔－马蒙的记载。这位公元9世纪开罗的伊斯兰教统治者组织了一队采石工，从金字塔北面凿开一条隧道进入大金字塔，跟他们说进去准能找到宝贝。经过一系列的巧合，这个被考古学家称为“马蒙洞”的隧道与大金字塔内的一条通道打通了。这条通道是从原来北面隐蔽的入口起始的“下行通道”。这个入口的位置在古代是众所周知的，但是到马蒙的时代已经被人忘记。这回他们又交了好运。这帮阿拉伯人的撞锤和钻头引起的震动将下行通道顶上的一块石灰岩石块震得掉了下来。通过察看，他们发现这里原来藏着另一个通道的入口，而且是一条直通金字塔内部的上行通道。

不过还是有个问题。入口被好些巨大而坚硬的花岗岩石块堵死了，显然是建造金字塔时就故意堵上的。通道下端的入口又窄又小，把这些石块卡得死死的[8]。采石匠们砸不破也凿不穿这些堵路石，只好在旁边稍软的石灰岩上另开一条路。累死累活干了几个星期之后，他们总算又接通了那条上行通道——绕过了从未被打开过的封堵的入口。

明眼人一看就知道，既然从前的盗宝人从来就没有钻到这么深的地方，金字塔内部必然仍是一片处女地。凿石开路的人们必定对即将到手的无数金银珠宝垂涎欲滴，而马蒙肯定与他们一样急不可耐地想第一个冲进墓室，虽然原因可能不同。据说他搞这次调查的首要目的不是为增添他本已拥有的巨额财富，而是希望找到埋藏在金字塔中的、存放着古代智慧和科学技术的宝库。根据一个古代传说，金字塔建造者们将“不会生锈的铁制工具和武器、能够弯曲而且不会破裂的玻璃制品和奇异的符咒”等都放进了金字塔[9]。

但是马蒙和他的工人们什么都没有找到。没有真金白银的财宝，当然也没有高科技的东西，没有超时代的塑料，没有铁制工具，没有不生锈的武器……更没有什么奇异的符咒。

被错误地命名为“王后室”的墓室中（位于从上行通道分出去的一条

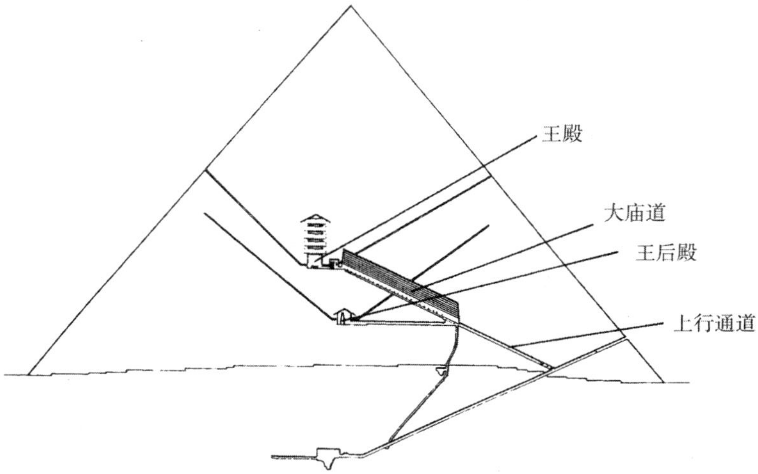

大金字塔的内部通道和房间

水平通道尽头）空无一物，仅是个朴素的、具有几何图形的小房间[10]。

国王室则更令人失望。那些阿拉伯人爬过了庄严的大甬道后进到那里，却看不到任何令人感兴趣的东西。里面唯一的物品是一个花岗岩棺材，大小恰可容人。后来，无凭无据地，这个石头箱子就被命名为“石棺”。想当初，马蒙和他的手下怎样紧张得哆哆嗦嗦地走近这个毫无装饰的石箱子，结果却发现这个连盖子都没有的箱子里竟与金字塔其他地方一样空空荡荡[11]！

大金字塔里面的东西是什么时候被掏空的？为了什么目的？怎么弄出去的？真的是埃及学家们讲的那样，是胡夫死后500年被偷走的吗？还是更像这些证据所表明的，打从金字塔被密封的那一天起，这些墓室中本来就一无所有？毕竟，在马蒙和他的手下到来之前，没有人到过上行通道上面。而且，肯定也没有人曾经打通过被花岗岩封闭的上行通道的入口。

按常理推断，此前不可能有人进去过，除非他们另外有路。

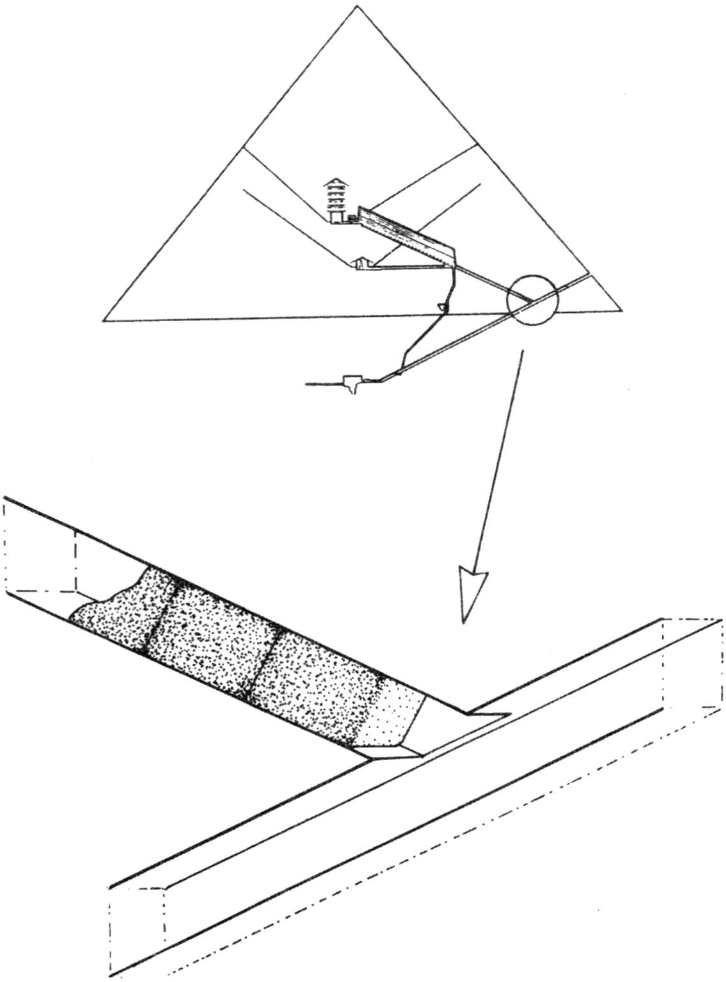

大金字塔的入口及向上的通道设计

井筒中的瓶颈

真的另外有路。

从下行通道往下走，在离被堵塞的上行通道入口处 61 米的地方，隐藏着另一个直达吉萨高原的地下岩基深处的通道的入口。如果马蒙早发现这条通道，那可省了他老大的麻烦。因为这里面有一条现成的可以避开那些花岗岩的通道可走。他当时是和那堆石头较上劲了，顾不上到下行通道的下头另找出路，反而把那里当成了垃圾场，堆放他的采石匠从金字塔上挖下来的数以吨计的石头渣[12]。

其实这条下行通道早在古代就已经为人所知，而且彻底地被调查过了。希腊—罗马地理学家斯特拉博对通道下端的地下大墓室（距塔顶约183米）做过清楚的描述[13]。这个地下墓室中有不少罗马人占领埃及时留下的胡写乱画，显然当时经常有人光顾这儿。在这条通往西墙的下行通道的三分之二处，有一道封闭的密门，由于一开始就隐藏得极为巧妙，直到19世纪才被发现[14]。

这道门通往一个狭窄的竖井，长约49米，几乎以垂直的角度穿过岩基和大金字塔塔体内二十多层石灰岩巨石一直向上，直至大甬道的起点，与整个塔内通道系统连接。没有证据可以说明这一奇怪的建筑目的何在（虽然有人曾做过大胆的推测）[15]。

实际上，唯一清楚的只有，它是大金字塔建造时就造好的，不是盗墓贼挖出来的[16]。然而问题仍然悬而未决，有没有盗墓贼发现过这个隐秘的通道，并且利用它将国王室和王后室中的珍宝通通偷运出去了呢？

这种可能性不能排除。不过，历史记载说明这种可能性不大。

例如，1638年，牛津大学的天文学家约翰·格里夫斯从大甬道旁这个井筒的上端进去，他往下走了大约18.3米就回头了。1765年，另一个英国人纳撒尼尔·戴维森往下走了46米，结果发现路被大量的石头和沙砾堵住了。后来，1830年，意大利探险家卡维格里亚船长下到同样的深度，也被这些沙石挡住。他没有像他的前人一样打退堂鼓，而是雇了些阿拉伯人清理洞中的沙石，希望能在下面找到点感兴趣的东西。经过几天差点让人得幽闭恐怖症的挖掘后，他们总算发现了与下行通道相连的那道密门[17]。

通过这么窄小的、封闭的、井筒似的通道，有可能将传说中第四王朝最伟大的法老的宝藏都运出去吗？

即使它的下端不被沙石和那道密门封堵，充其量也只可能运出一个典型的国王陵墓中埋藏的珍宝中的一小部分。这是因为，这个井筒似的通道直径只有90厘米，而且有好几个地方是完全垂直的。

因此，公元820年，当马蒙和他的手下砸开通往大金字塔的国王室的路时，人们会期待，至少一些随葬的个大些的、重些的物品会仍在原地——如晚得多也寒酸得多的图坦卡蒙陵墓中那些雕像和大得几乎占了整个房间的棺椁等[18]。但是，在胡夫金字塔中没有发现任何东西。海夫拉的金字塔也一模一样。如果有盗墓贼的话，这些盗墓贼可成了埃及历史上干得最干净彻底的贼。没有留下一丝烂布条，一块破陶片，一个不要的人俑，一点点遗漏的珠宝，搜刮得一干二净，只剩下光秃秃的地板，光秃秃的墙，和空洞洞的石棺椁。

不一样的陵墓

现在已经是早晨六点多钟，初升的旭日给胡夫金字塔和海夫拉金字塔的塔顶镀上了一层浅浅的粉红色。门卡乌拉金字塔比它们矮六十来米。我和桑莎通过西北角，往周围沙丘走去时，它还在没有沐浴到阳光。

盗墓说仍在我脑子里挥之不去。就我所知，支持这一观点的唯一"证据"就是坟墓里的东西都没有了，连木乃伊都荡然无存。其他所有的事实，尤其是与大金字塔相关的事实，似乎都在令人信服地证明没有发生过盗墓。这不仅仅是一个井筒太窄，不宜将大件珍宝运出的问题。胡夫金字塔还有一大特征，那就是这个金字塔的任何地方，在它庞大的由大大小小的通道、甬道、走廊、过道等组成的网络里、墓室里，没有留下一个字的铭文，也没有任何装饰。海夫拉金字塔和门卡乌拉金字塔也一样。在这些谜一样的建筑物里，没有留下一个字赞颂长眠于此的法老王。

这可太匪夷所思了！埃及其他的王陵没有一个是不经装饰的。在整个埃及历史中，所有法老的坟墓无不极尽奢华之能事，从上到下画满了美丽的图画（如卢克苏尔的国王谷中的国王墓），密密麻麻地写满了祭奠的祷文和符咒，以保佑过世的国王走向永生（如离吉萨南边只有32千米的塞加拉第五王朝的金字塔）[19]。

胡夫、海夫拉、门卡乌拉为什么就这么独出心裁？难道他们建造金字塔根本就不是当做陵墓，而是为了其他秘而不宣的目的？抑或，像一直流传于阿拉伯的神秘传说中讲的那样，在比第四王朝早得多的时候，吉萨金字塔就已经由一个更早、更先进的文明建起来了？

不难理解，这两种假设在古埃及学家中都行不通。而且，尽管他们不得不承认海夫拉金字塔和门卡乌拉金字塔内片墨皆无，甚至连两位法老的名字都没有，这些学者们还是有办法在金字塔里找到某些“石场标记”（石块运离采石场前采石工的涂鸦），说上面的象形文字似乎是胡夫的名字。

变味的证据

发现“石场标记”的人是霍华德·维斯上校。1837年他在吉萨进行的毁灭性的挖掘中找到了这些所谓证据。他将一条原有的极为狭窄的通道延伸，凿挖出了一条隧道，进入几个窄洞。这几个叫做“减压室”的小洞就在国王室的顶上。“石场标记”就写在上面四个洞的天花板和墙上。这些文字的意思大致是这样的：

> 石工队，库鲁姆－胡夫的白色王冠是多么强大
> 胡夫
> 库鲁姆－胡夫
> 第十七年[20]

这可真是天上掉下来的一个大馅饼。就在一个靡费巨资却几乎一无所得的考古季度即将结束的时候，就在急需一个重大的发现以证实这次考古物有所值的时候，维斯偶然碰上了这个十年一遇的大发现，第一个无可辩驳的、证实胡夫是大金字塔的建造者的证据。

人们可能会想，这种可以一锤定音的发现也许能够一了百了地解决纠缠在这个神秘的建筑物上的诸多疑问，如他是为谁建造的，建造的目的何在等等。但是不然。问题依然存在，主要是因为打从一开始，维斯的证据上就弥漫着一股“怪味”。

怪事 1　诺大的大金字塔内，其他任何地方都没有发现过写有胡夫名字的标记[21]。

怪事 2　这些标记竟然写在人们根本看不到的这么偏僻的小洞里。

怪事 3　在没有任何其他铭文的建筑物中，居然发现这几行字。

怪事 4　在五个减压室中，只有上面的四个中发现了这些“石场标记”。那些爱打破沙锅问到底的人自然会感到纳闷，如果最下面那个减压室也是维斯发现的话，里面会不会也有这些标记呢？[22]（那个减压室是这次考古之前 70 年，被纳撒尼尔·戴维森发现的）

怪事 5　最后还得提一提，在这寥寥数字的“石场标记”中，有好几个象形文字写倒了，有的难以辨认，有的写错了，而且还有语法错误[23]。

维斯在造假吗

我就知道这是一件似乎可以证明他的确是在造假的事情[24]。在我看来，决定性的证据可能永远都找不到，但是学院派古埃及学家们不假思索就接受了石场标记的可靠性未免轻率。何况还有其他象形文字记载表明胡夫不可能是大金字塔的建造者，虽然对它的纯正性尚有争议。奇怪的是，把维斯的石场标记的重要性捧上了天的同一批古埃及学家，对铭刻在开罗博物馆中一块长方形石灰岩石碑上的、意思与它相反的象形文字却迫不及待地加以贬低[25]。

这块被称为“库存表碑”的石灰岩石碑是 19 世纪法国考古学家奥古斯特·马里埃特在吉萨发现的。它的发现犹如引爆了一颗炸弹，因为它的文字清楚地表明，在胡夫登基之前很久，狮身人面像和大金字塔（及高原上的其他建筑）就已经存在。碑文中还说伊希斯女神是“金字塔的女主人”，表明这座金字塔是献给女神的，没胡夫什么事。最后，碑文还强调，大金字塔东面的三座附属建筑之一才是胡夫的金字塔[26]。

所有这些证据看来对正统派的古埃及史编年表都极具破坏力，而且对吉萨金字塔是坟墓而且只是坟墓的正统观念发出挑战。然而，古埃及学家们不是对库存表碑的“时代差异”内容进行调查，而是直接贬低它的历史价值。以颇具影响力的美国学者詹姆士·亨利·布雷斯特德的话来说就是，“如果这个石碑与胡夫是同时代的话，这些碑文的意义无疑是非常重要的。但是，从碑文中不难看出，它的年代晚于那个时代……”[27]

布雷斯特的意思是说，石碑上的象形文字的书写形式与第四王朝时代的书写形式不符，而是属于后来的时代的。所有的古埃及学家对这一分析都举双手赞成，而且他的最后结论至今被奉为金科玉律：这个石碑是第二十一王朝时期雕刻的，在胡夫统治之后 1500 年，因此，它讲述的只能是杜撰的历史[28]。

就这样，仅仅因为象形文字的书写形式有问题，整个学院派就将库存表碑上的铭文堂而皇之地一脚踢开，而且根本不考虑它是否可能是根据真正的第四王朝的铭文翻刻的（如新版英语《圣经》是根据老得多的原文翻译的一样）。可是，也就是这些学者们，对那套疑点重重的“石场标记”却毫不犹豫地照单全收，对其中出现的诸多疑问一概视而不见。

为什么搞双重标准？是不是就因为“石场标记”的内容符合正统学派关于大金字塔是胡夫陵墓的观点，而库存表碑却唱了反调？

总的看法

早晨 7 点，我和桑莎已经走进了吉萨金字塔西南面远处的沙漠。我们在沙丘的背风面舒舒服服地坐下来，饱览整个古迹的全景。

今天是 3 月 16 日，离春分只有几天了。一年中只有春分和秋分这两天，无论你站在地球上什么地方，太阳都是从正东方升起。它像一个巨大的节拍器，有节奏地报告着白昼的到来。今天早晨，它从正东偏南头发丝那么一点点的地方跃出地平线，此刻，它已经抖落掉尼罗河上的轻纱，高高地照耀在晨雾依然弥漫的开罗上空。

胡夫，海夫拉，门卡乌拉……基奥普斯，基夫拉恩，马西里努斯。无论你用埃及名字还是希腊名字称呼他们，这三位第四王朝的法老无疑都会因世界上最光辉、最荣耀、最美丽、最庞大的建筑而名垂青史。不但如此，这些法老实际上的确与这些建筑有着千丝万缕的联系，不仅因为希罗多德记载的民间传说将他们的故事代代相传（这些传说必定有些事实根据），而且因为在三大金字塔外面，在吉萨墓葬地的其他好几个地方，都发现了众多的对胡夫、海夫拉和门卡乌拉的记述和与他们相关的物品。在六个附属金字塔中，里里外外都是有关三位法老的记事。

由于这些外表看到的证据往往是模棱两可、含混不清的，使得埃及学家们仍然能够坚持已见，主张金字塔为“坟墓，而且只有坟墓一个用途”。这一点使我不解。

问题在于这些证据也能够支持许多不同的、相互矛盾的诠释，而且同样站得住脚。我仅举一例加以说明。三大金字塔与第四王朝的三位法老“关系紧密”，可能因为这三位法老的确修建了这三座金字塔来当作他们的坟墓。但是，如果早在埃及的文明史——即它的王朝时代开始之前很久很久，吉萨高原上就已经耸立着这些巨大的建筑，那么这种“密切关系”照样可能成立。在那种情况下，我们只消假定，胡夫、海夫拉、门卡乌拉在适当的时候来到这里，围绕着原有的三大金字塔边上建造了一些附属建筑——这些事情他们肯定乐此不疲，因为这样他们就能假那些无名大金字塔之无上荣光以炫耀抬高自己，而且几乎可以肯定，他们将被子孙后代当作是它们的建造者。

其他的可能性也存在。然而，问题的要点是，根本没有确凿无疑、雄辩有力的证据可以证明，是谁建造了哪一座金字塔，什么时候建造的，为了什么目的，以使正统派的“唯陵墓论”立于不败之地。实事求是地说，谁建造的金字塔还不清楚，他们什么时候建造的也不清楚，它们到底是做什么用的是一点儿都不清楚。

诸如以上原因，金字塔周围始终迷雾重重。当我在沙漠中凝视着它们时，我仿佛看到它们正越过沙丘迈步向我走来……

第三十六章 反常的金字塔

从我们站立的地势较高的西南边往三座大金字塔的方向看过去，吉萨三大金字塔的布局显得既威严壮丽又异乎寻常。

门卡乌拉金字塔离我们较近，海夫拉金字塔和胡夫金字塔在它后面东北方向。这两座金字塔构成一条近乎完美的对角线——将连接海夫拉金字塔西南角和东北角的直线向东北方向延伸出去，正好穿过胡夫大金字塔的西南角和东北角。这应该不是什么巧合。但是从我们坐的地方看去，如果这条想象中的直线向西南方向延伸，肯定会把第三金字塔撂在一边，它的整个建筑都在这条主对角线的偏东方。

古埃及学家们拒绝承认这中间有什么反常之处。干吗它们非得在一条直线上不可？在他们看来，吉萨根本就不存在什么整体布局。金字塔就是个坟墓而已，是在 75 年的时间内，为三个法老建造起来的[1]。法老们希望通过自己的建筑物来表示自己的个性和独特的风格不行吗？门卡乌拉乐意“出线”，没准正好表现他的个性呢。

可是古埃及学家们错了。1993 年 3 月的那个早晨，我还不知道，一个不容置疑的突破性进展已经证实，吉萨高原上的建筑的确是有整体布局的。不仅三大金字塔的位置相互之间有关系，它们与吉萨高地东面几公里外的尼罗河也有关系。这个巨型的、极具宏观大略的布局，以不可思议的精确性，再现了一幅天文图[2]，而这可能正是古埃及学家们没有看到的地方。他们总是以专注于脚下的土地而自豪。我们在以后的章节里将会看到，金字塔的建造者们怎样在这么大范围的布局内，对每一个建筑的方位和尺寸都关注到了令人困惑的程度。

特异的压抑感

●埃及，吉萨，1993年3月16日，上午8点。

第三金字塔高60米多一点（底边周长108.5米），高度不及大金字塔的一半，总体积也不足它的一半 。但是它却具有自己独有的、令人望而生畏的庄严。当我们走出沙漠的烈日步入它三角形的阴影中时，我想起了伊拉克作家阿卜杜尔·拉提夫在12世纪参观这座金字塔时说的话：“与那两座金字塔相比，它显得小了许多。但是，当你近距离观看它时，你再也感觉不到这一点，它给你一种特异的压抑感，而且当你注视着它时，你会情不自禁对它产生一种刻骨铭心的爱……”[3]

当时，这座金字塔的下面十六层仍然像刚刚新建的一样完好，红色的花岗岩包面石，用拉提夫的话来说，“是那么坚硬，铁器要在上面留下一点印记都要使好大的劲，费半天功夫”[4]。有的石块很大，也是以极其复杂的拼图形式巧妙地紧密嵌合到一起，令人想起远在南美洲的秘鲁的库斯科、马丘比丘和其他地方的建筑。

与其他金字塔一样，第三金字塔的入口也是开在北面高出地面很多的地方。入口处有一条角度为26° 2′ 的向下的走廊，笔直地通往黑暗世界[5]。这条走廊是正南北方向的，截面呈长方形，狭小得几乎要把自己对折过来才能进得去。走廊的上顶及两旁墙壁都是嵌合得严丝合缝的花岗岩石块。更令人吃惊的是，直到地下好远，都是这样的花岗岩结构。

大约到离入口21米处，走廊改为水平方向，通向一条通道，在这里我们总算可以直起身来了。这条通道直达一个小前厅，室内的墙上有镶板，墙里刻有沟槽，显然是装吊门门板的。走到这个小房间头上，我们不得不再弯腰曲背走进另一段走廊。我们就这样，以一躬到地的姿势，再往南走了12米后，走进了三个主墓室中的第一个——如果它们曾经是墓室的话。

这些幽暗而静寂的房间都是从坚实的岩基中挖凿出来的。我们现在站的这一间是长方形，东西方向大约长9米，宽4.5米，高4.5米。天花板是平的，室内结构很复杂。西墙上有一个不规则的洞，通向上面一个黑黢黢的好像是个洞穴一类的地方。靠近地板的中央也有一个开口，从那里可以进入一条往西南方向的坡道，通往下面更深的地方。我们从这个坡道下去，尽头是一段很短的水平走道，走道的右边，通过一个小门，进入一个空空的小房间。房间里的墙上挖了六个小穴，东面四个，北面两个，就像中世纪的修道士的卧室。古埃及学家称这里是“橱柜……存放亡故的国王希望放在身边的东西”[6]。

从这个房间里出来，我们再向右转，回到那条水平过道。这条过道的顶头是另一个空房间[7]。这个房间的设计在整个埃及的金字塔中都是独一无二的。它长约3.7米，宽2.4米，南北方向。它的墙壁和破烂不堪的地板都是颜色特别深的巧克力色的花岗岩，好像能吸纳光波和声波。房顶用同样材质的18块巨大的石板构成，每边9块，两两相对成人字屋顶。这些石板的下面凿挖成明显的凹面，构成了一个完美的桶状穹顶，很像罗马式大教堂的地下室。

循着我们来时的足迹，我们离开下面这两个房间，沿坡道回到上面那个装有平天花板的、从岩石中凿出来的大房间。通过它西墙上一个破孔，可以直接看到构成下面那个房间穹顶的18块花岗岩石板的上部。从这里看过去，它们两两对接构成的人字屋顶的原形一目了然。可是，这些石板是怎么运进这里面来的就不那么清楚了，是怎么把它们安装到位的就更别说了。每块石板都好几吨重，搬动它们绝非易事。何况这里的情况还极为特殊。建造金字塔的人好像故意把事情搞得更复杂（要么这些事对他们而言实在简单不过），他们不屑于在石板与上面的岩基之间留下充足的工作空间。我爬进那个空穴确认了一下，南头的间隙大约有60厘米高，到北头就只有十几厘米了。在这么狭窄的空间中是不可能将那些大石板从上往下安装到位的。因此，按照逻辑推理，这些天花板只能是从那个房间的地上抬举上去的。可是这些石板怎么可能举上去？那个房间那么小，只能容几个人同时在里面工作，而单靠这几个人的体力绝不可能将那么重的石板举起来。滑轮在金字塔时代还没有发明（即使有，也没有架滑轮车的空间）[8]。他们是不是使用了什么我们不知道的杠杆装置？要么，那些讲述祭司或者魔法师只要轻轻念动“大力魔咒”，巨大的石块便会拔地而起的古代埃及传说，真的比学者们认为的无稽之谈具有更多的实质性内容[9]。

面对金字塔中的不解之迷，我不知道多少次为那些不可能达到的高水平、高精度的工程技艺而惊叹。而且，如果古埃及学家们所言不虚，这些工程竟然是在人类文明刚刚启蒙之时，由一些没有任何大型建筑工程知识积累的人建造起来的。

这当然是一个自相矛盾的文化观念，而且是迄今为止没有一个正统派学者能够自圆其说的矛盾的观念。

无字的墓室

从第三金字塔内犹如连接多条血管的怪兽心脏的地下室走出，通过那么一条低矮狭窄的走廊，我们来到第三金字塔的外面。

现在我们的目的地是第二金字塔。沿着它西边（216米不到）往前走，然后右转弯，到它的北面，在它的南北中心轴往东12米的地方是这座金字塔的两个主入口。一个入口在金字塔外9米的地面上，从那里直接凿开一条通路，通往金字塔的岩基底下；另一个入口开在北墙15米高的地方，那里有一道以 25° 55′ 的角度向下倾斜的楼梯走道[10]。我们选择了前者进入金字塔。这又是一条下坡道，先深入到地下，然后是一小段水平方向的通道，在这里有一个地下室，然后，陡然向上，再又变为一条长长的水平通道直通正南方向，从金字塔北墙的入口下去的通道也在这里

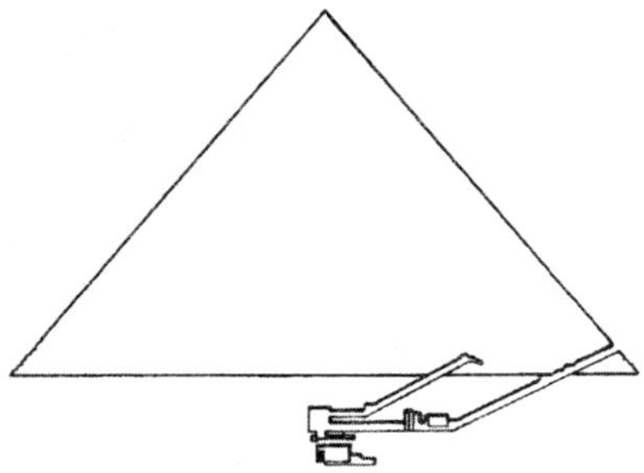

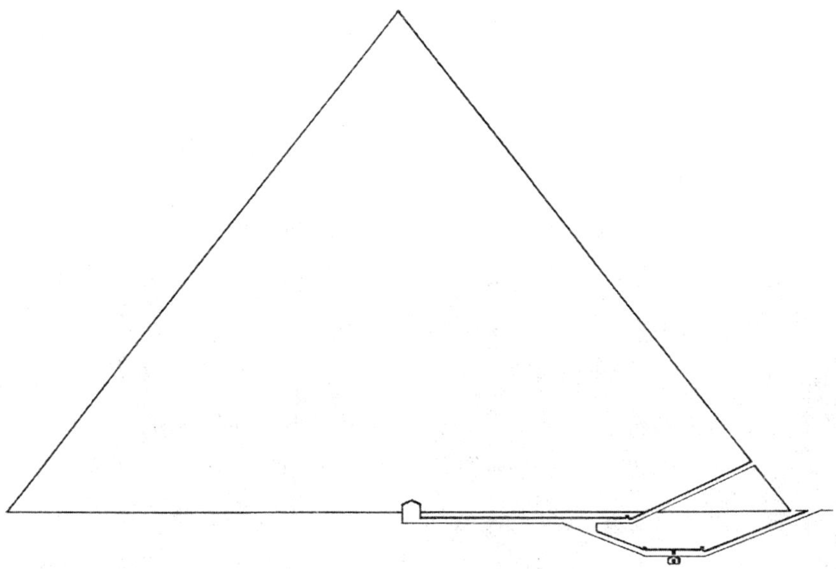

门卡乌拉金字塔的墓室及通道系统图

并入。

这条水平通道有一人多高，前半段用花岗岩，后半段用打磨得极为光洁的石灰岩砌成，基本与地面在一个水平面上。也就是说，在金字塔底部砌起来的第一层石块下面。这条通道极长，一直到头有60多米，那里有一个标牌，写着“墓室”。那里是金字塔的中心。

正如我们已经看到的，在后面这个墓室里没有发现过木乃伊，也没有铭文，其结果就是，这个所谓的“海夫拉金字塔”实际上是无名氏建造的。后来的探险家把他们的名字刻在了它的墙上，如前杂耍强人乔万尼·巴蒂斯塔·贝尔佐尼（1778~1823）。1818年他强行进入金字塔，将他的名字用黑漆龙飞凤舞地、高高地涂抹在墓室的南墙上。这反映了人类的本性：人人都渴望自己被他人认出，被他人怀念。海夫拉本人也不可能超然物外，因为在周围的建筑物中不断发现与他相关的物证[11]。如果这座金字塔真的是他建的，他这个人似乎不可能不在金字塔内的某个地方标记上他的名字和身份。我又一次感到困惑，为什么埃及学家这么不愿意考虑这样一种可能性：这个墓葬区可能是海夫拉的作品，而金字塔则可能是别人建造的？

别的什么人可能建造起金字塔呢？

从许多方面看来，坟墓内缺乏海夫拉存在的证据倒不是问题，坟墓是谁的才是首要的问题。胡夫、海夫拉和门卡乌拉之前的法老，没有一个够资格列入这个名单。胡夫的父亲，第四王朝的第一代法老斯奈夫鲁在吉萨以南约50千米的达斯尔修建了所谓的“弯塔”和“红塔”两座金字塔。这两座金字塔的命名本身就是一个谜。如果金字塔真是陵墓的话，一个法老要分葬在两个金字塔里岂非咄咄怪事？有些古埃及学家们还认为，梅达姆的“崩溃”金字塔也是斯奈夫鲁造的（虽然有不少学者认为那个金字塔是第三王朝最后一位法老胡尼的陵墓）[12]。古王国时代另外的金字塔建造者能够说得出来的就只有两位：第三王朝第二任法老左塞，据说塞加拉的阶梯金字塔是他造的[13]；还有就是左塞的继承人塞亨克特法老，他的金字塔也在塞加拉。如此这般一推理，尽管没有铭文，吉萨的这三大金字塔就必定是胡夫、海夫拉和门卡乌拉修建的，而且必定是他们的陵墓了。

我们没有必要在这里重提“唯陵墓论”的诸多漏洞。不过，这些漏洞不仅存在于吉萨金字塔，而且存在于上面提到的第三和第四王朝所有其他的金字塔。这些建筑中没有一个里面有法老的遗体，也没有任何皇家墓葬的标记[14]。有的甚至没有棺椁，如梅达姆的“崩溃金字塔”就是这样。塞加拉的萨亨克特金字塔中倒是有一个棺椁，自从被放进“陵墓”中后就一直密封着无人触动[15]。盗墓贼从来没能进入这个金字塔。但是，当它被打开时，里面空无一物[16]。

这是怎么回事？在吉萨、塞加拉、梅达姆、达斯尔，多达25000万吨的石块被堆积起来垒成金字塔，难道就只是为了在一个空空如也的墓室里放上一个空空如也的棺材吗？假定一两个法老是夸大妄想狂也还说得过去，但是说所有这些法老都如此劳民伤财也太离谱了。

潘多拉的盒子

我和桑莎走进第二金字塔宽阔的地下内室，头上顶着500万吨的石头。这个房间也许是个墓室，但同样可能派上我们不知道的、别的用场。它东西长14米，南北宽5米，赤裸裸的没有任何装饰。顶上是巨大的石板架起的人字形天花板。天花板最高处离地面6.8米。这些石灰岩石板每块重达20吨，构成的天花板角度为53° 7′ 28″，与金字塔各边的角度一模一样[17]。这里没有大金字塔国王室上方的那种减压室，四千多——甚至更多——年来，这个人字形天花板就一直这样承载着世界上第二大石砌建筑的无与伦比的重负。

我慢慢地环顾室内，它反射着一种略带黄色的白光。墓室是直接从岩石中开凿出来的，墙壁没有经过任何打磨抛光，显得非常粗糙和不规则。地板也很特别，东、西两头高度不一样，中间有个3米高的台阶将房间一分为二。那个假定的海夫拉的棺椁在房间的西头，嵌进地面。长度 1.8 米多一点，很浅。如果要放置一个经过防腐处理、包裹严密的、珍贵的法老的木乃伊，它的宽度也不够。它的光洁的红色花岗岩侧边高仅及膝。

当我凝视着它黑暗的内部时，它仿佛向我打开了一扇通往另一个空间的大门。

第三十七章 神造金字塔

我头天晚上才爬上过大金字塔，但是当我在白天耀眼的阳光下走近它时，我没有丝毫胜利的喜悦。我站在它北面的墙脚下，以我一个血肉之躯面对一个令人敬畏的辉煌壮丽的永恒之作，我只感到自己渺小、卑微如蝼蚁。我感到它将永远屹立于此，就像希腊历史学家狄奥多罗斯·希古拉斯在公元前 1 世纪说的那样，“它是神祇的造物，令其屹立于沙漠之中”[1]。但是，如果它不是一代又一代的埃及学家所说的是神王胡夫建造的，会是哪一位神祇将它造起来的呢？

在 12 个小时内，我第二次登上这座建筑。在光天化日之下，它仍如一个可怕的、面目狰狞的巉岩巍然矗立于我头上。人世的沧桑无损它的毫毛，只有漫长的地质年代的侵蚀方能在它身上留下印记。好在这回我只消爬六层石头的高度，而且还有现代化的阶梯相助。马蒙洞，现在是这座金字塔的主入口。

公元 9 世纪马蒙砸开隧道进入金字塔时依然藏而不露的原始入口还要上去 10 层，离地面 17 米，在金字塔的南北主轴线往东 7.3 米的地方。

这个被巨大的石灰岩石块构成的山形墙保护着的入口处，有一条角度为26° 31′ 23″ 的下行通道。奇怪的是，尽管这个通道的长和高分别是1.07米和0.95米，但是它顶上的石块厚2.59米、宽3.66米，脚下的石块厚76厘米，宽10.06米[2]。

大金字塔内这种隐藏的建筑特色比比皆是，复杂得难以想象却又不知目的何在。没有人知道这么大的石块是怎么安装上去的，没有人知道它们是怎么排列得如此整齐划一，角度又如此精确（因为，读者也可能已经意识到，下行坡道的26° 角是特意设计的模式），没有人知道为什么要这样做。

灯塔

通过马蒙洞进入金字塔给人的感觉很不舒服，就像走进一个在山边掏出来的洞窟。它丝毫没有那条原始的下行通道所具备的精心设计的意境和几何学上的美感。更糟的是，这条阴森森的通往金字塔深处的水平隧道是那么丑陋和扭曲。那些阿拉伯工匠暴力入侵留下的斑斑伤痕依旧历历在目，记录了他们轮番以烈火猛烧，冷醋浇泼，然后榔头、凿斧、撞锤、钻头齐下的施暴过程。

一方面，这样的摧残显得野蛮粗暴和不计后果，另一方面，会不会有这样一种也许会惊世骇俗的可能性：金字塔的设计本身似乎就有意引诱智慧的、好奇的人类来一窥它的神秘？假如你是一个法老，你不想你的遗体受人打扰，你会选择下列哪一种办法：（a）在你当代和子孙后代的人们中广而告之你身葬何处；（b）选择一个秘密的不为人知的地点，不告诉任何人，也永远不会被人找到。

答案显然是：你会选择秘密和隐蔽。古埃及的大部分法老就是这样做的[3]。

那么，如果大金字塔真的是国王的陵墓，为什么它要搞得这么显赫张扬？为什么要占52609平方米这么大的地方？为什么要建152米这么高？

换句话说，如果它的目的就是安葬和保护胡夫法老的遗体，为什么把它设计成这种必定招致万众注目的样子。在任何时代，任何可能想象到的情况下，都会令财迷心窍的冒险家和好奇而想象力丰富的有识之士蜂拥而至。

建造大金字塔的、才华横溢的建筑师、石匠、测量师、工程师们，不可能不知道这些最起码的人类心理。金字塔雄伟的气势，出类拔萃的壮丽，强大的力量和卓越的艺术技巧，表现了他们精湛的技术、深邃的洞察力和他们对象征符号和原始图形的透彻的理解力。他们知道这些符号和图形能在人类头脑中产生什么结果。因此，在那远古的、伟大的时代，那些金字塔的建造者们必定胸有成竹。他们在尼罗河西岸，在这个风吹日晒的高原上，以如此高度的精确性堆砌起来的是将怎样一座亘古不灭的灯塔。

总而言之，他们必定想要这座非凡的建筑能够施放出一种持久不断的魅力，让人们不惜以暴力入侵它，以日益增加的精密度测量它。它紧紧地攫住人类共同的想象力，像一个固执的幽灵，始终在唤起人们注意那些深藏的、被遗忘的秘密。

金字塔建造者的智力游戏

马蒙洞与那条 26° 的下行通道的交汇点被一个现代铁门锁住了。门的那一头，那条通道一直往北上去，就可以到达金字塔原来的山墙形入口。往南，就是我们看到的，将近 107 米的下坡道，直达金字塔的岩基底下、位于塔尖之下 183 米深处的巨大的地下室。这条笔直通道的精确性令人瞠目。从顶至底，两壁与直线的平均误差不到 0.6 厘米，而顶部的误差不到 0.76 厘米[4]。

经过铁门，沿着马蒙凿出来的隧道继续往前走，我一面呼吸着里面古老的空气，一面调整自己的视力以适应低瓦数灯泡造成的阴暗，然后低下头，开始爬那些发财心切的阿拉伯人乱砍乱凿开出来的坡道。这段绕过上行通道路口的花岗岩路障的坡道又窄又陡，爬到顶上时可以看见，原来的两块堵路的花岗岩石块仍在原地，只不过被阿拉伯人挖得有些地方已经露出来了。古埃及学家们认为，这两块石头是从上面滑到现在位置的[5]。也就是说，由大甬道从下向上移动了整整 39 米的距离，才将这两块巨大的花岗岩石块滑到这个位置[6]。但是工程师和建筑工人们考虑问题可能更实际。他们认为这种方式在物理学上是根本行不通的。因为它们与通道两壁及顶部的间隙小得微乎其微，摩擦力将使任何“滑动”寸步难行，更别说滑 30 多米[7]。

这样一来，令人困惑的结论就出来了：上行通道肯定是在金字塔建造过程中就堵上了的。可是为什么在刚刚开始修建的时候就将这么一个主要入口给堵死呢（那时候金字塔内部的墓室正在施工过程中）？而且，如果设置路障的目的就是为了不让人进入的话，直接堵住从北面入口进来的下行通道，一直堵到与上行通道相接的部位岂不更省事，也更有效？那才是封闭金字塔的最合逻辑的办法，而且这样一来，上行通道就根本用不着堵了。

只有一件事是可以确定的：花岗岩石块没有能够堵塞入侵者的道路，而是像蓝胡子故事中锁住的房门一样，障碍只能更加引起马蒙的注意，更加激发他的好奇心，使他不顾一切地另开出一条路来绕过它们向前走。因为他相信，障碍后面必定有价值连城的宝贝。

金字塔的建造者会不会有意让最早的入侵者有这种感觉？先不要忙着排除这种奇怪而又扰乱视听的可能性。不管怎么说，托马蒙的福（和可以预料的人类永恒的天性），我现在可以让自己置身于没有障碍的原始上行通道的上部了。一条光滑的、宽 104 厘米、高 119 厘米（与下行通道的尺寸完全一样）的通道，以 26° 2′ 30″ 的坡度一直往上[8]，直通黑暗的深处（下行通道的坡度为 26° 31′ 23″ ）[9]。

如此谨慎地遵循 26° 这个角度有什么特别的用意吗？它恰好是金字塔四个面的斜角（52° ）的一半，会不会事出偶然？

读者也许记得 52° 这个角度的意义。它是一个复杂而先进的公式中的关键数字。大金字塔的设计就是通过这个公式的计算才达到精确地对应球面几何学的基本原理的。大金字塔的原高（146.7291 米）与它的底边周长（921.4591 米）之比，与球体的半径与圆周之比正好相等。这个比例就是 2π（2×3.14）。为了得到这个数字，金字塔建造者特意将它的四个面倾斜的角度设计为微妙而特异的 52°（大于或小于这个坡度都会使塔高与底边周长之比发生改变）。

在本书第二十三章里，我们看到，墨西哥特奥蒂瓦坎的太阳金字塔也显示了建造者特意将超越数的知识运用于金字塔的建造里。这个金字塔的高（71.17 米）与底边周长（893.905 米）之比是 4π[11]。

于是下面这个关键问题出现了：早在希腊人“发现”超越数之前[12]，在远离希腊的地方，古埃及最伟大的建筑和古墨西哥最伟大的建筑中就已经蕴含着与 π 相关的数字了。而且这一证据引出这样一个结论：π 的运用必定是有所指的，而且几乎可以肯定，两者所指的内容相同。

不是第一次，也不会是最后一次，我被我所感触到的古代智慧所震慑，无论是古埃及人的还是古墨西哥人的。它们像一个灯塔，可以穿越时代的夜空，将人们吸引到它们身边。有的人是为了寻找财宝，有的人是被古人貌似不经意地使用 π 的智慧所吸引，前来寻找更多的数学灵感。

怀着这些念头，我把自己几乎折成两半，背蹭着光滑的石灰岩天花板，爬上了上行通道那 26° 的坡道，让这条运用三角函数计算出来的道路，把我带入 600 万吨石块的中心。脑袋在天花板上碰了几次之后我就开始纳闷了，那些设计金字塔的天才干吗不把通道设计得高上那么七八十厘米。如果当初他们能够造出来这么了不起的建筑（这当然不成问题），而且在里面修上通道，把这些通道修得大点，让人站得起来应该也不在话下。我又一次不得不做出这样的结论：这是金字塔建造者故意造成的结果。他们把通道建成这个样，是因为他们想让它成为这个样子，而不是谁把这种设计强加于他们身上。

这种貌似疯狂的古代智力游戏的动机何在？

深不可测

我爬到上行通道顶端，见到了金字塔至今无法解释的另一个特别结构："自古王朝以来保存至今的最值得赞美的建筑"——大甬道[13]。它保持着 26° 的角度继续向上延伸，消失于远方的幽暗之中。它的高大的梁托穹顶让人目瞪口呆。

我现在还不打算爬上大甬道。从这里向南，一条高 1.1 千米、长 38.7 米的水平通道直通王后室[14]。我想再看一看这个房间。自从几年前我开始了解大金字塔时起，我就对它的粗犷之美心怀敬意。可是今天，这条通道被拦住了，我的懊恼可想而知。

虽然当时我不知道，谢绝参观的原因是一位叫做鲁道夫·甘登布林克的德国机器人工程师正在里面工作。他小心翼翼地操纵着一台价值 25 万美元的机器人，慢慢地爬上王后室狭窄的南通风井。埃及古迹保护组织聘请他来改善大金字塔的通风情况。他已经用他的高科技设备清除了国王室狭窄的南通风井（埃及学家们相信这些通道起初是设计用于通风的）中的瓦砾，在开口处装了一个电扇。3 月初，他移师王后室，调动起他的乌普瓦特——一台小型遥控机器人摄影机对王后室的南通风井进行探查。3 月 22 日，在这条陡峭的坡形通风口的 60 米左右（以 39.5° 的角度上升，但高度只有 20 厘米，宽仅 23 厘米）[15]，当乌普瓦特爬到一段用光洁的图拉石灰岩砌成的部位时，通道的底面和两壁突然变得十分光滑。这种石头通常仅用于建造某些神圣地方的内壁，如教堂或坟墓等。光这一点就够让人惊讶的了，可是好戏还在后头。在这个通道的头上，有一道结实的、带有全套金属配件的石灰岩门，它封闭的显然是通往金字塔深处的一个密室……

无论是这个南通风井，还是与它对应的北墙上的通风井，都没有出口可达金字塔的外面，这早已是一个众所周知的事实。此外，同样费解的是，这两条通风井原来都没有全部打通。出于某种原因，建造者们将这两个通风井的开口处上方最后那块石头都留下了 13 厘米原封不动，这样，偶尔进来的人就看不见也就不可能进入这两个通道了。

这是为了什么？确保它们永远不被发现吗？还是确保它们总有一天，到了时机来临的时候，会被发现？

毕竟国王室打从一开始就有两个明显的通风井，分别穿过它的南墙和北墙。金字塔建造者一定不难猜到，迟早有一天，会有好事者到王后室去设法寻找同样的通风井。后来，公元820年，马蒙打开了金字塔。但在其后的一千多年里，没有人寻找过它们。1872年，英国工程师韦曼·迪克逊，一个共济会会员，"受到上面的国王室通风井的诱导，开始怀疑这里是否也存在这样的结构"[16]。他在王后室的墙壁上四处敲击，确定了它们的位置。他先打开南面的通风井，让他的"木匠兼多面手比尔·格伦迪先用榔头和钢凿凿了一个坑，然后，这个信心十足的家伙就一鼓作气地凿了下去。果然是有志者事竟成，他很快就碰到了软石头（石灰岩），再后来，你猜怎么着？没敲几下，'噗'地一声，凿子扎进什么东西里面了！"[17]

比尔·格伦迪的凿子扎进去的这个"什么东西"就是"一个长方形的水平管形通道。宽约23厘米，高约18厘米，深入墙内2米，然后以一个角度弯向上面漆黑的不知道什么地方……"[18]

121年后，鲁道夫·甘登布林克就是让他的机器人以那个角度，进入那个"漆黑的不知道什么地方"的地方。我们人类的科学技术终于发展到可以满足我们强烈的窥探天性了。1872年时，这种天性显然绝不亚于1993年。这台遥控摄像机在王后室通风井内捕捉到的有趣的镜头中，有一个是19世纪制作的长金属棒的端头。它就是韦曼·迪克逊和他忠实的比尔·格伦迪秘密塞进那个诱人的通道里去的[19]。他们先前以为，如果建造金字塔的人如此不遗余力地先是建造，然后又将这个通道堵住，里面必定藏了一些值得寻找的东西。

如果认为金字塔的建造者从一开始就有意识地刺激后人进行这种调查，可是，对通风井的探索的最终结果只是发现了一个死胡同，那么这种观点就显得难以服人。然而，现在一个门被发现了，一个具有奇特金属配件的滑动吊门。在它的底部有一道诱人的缝隙，甘登布林克的机器人发射到缝隙下面的激光点竟然消失得无影无踪……

进一步进行探索的诱惑似乎又一次出现了。这是众多的诱惑中最新的一个。那些诱惑曾使马蒙和他的石匠们砸开了通向这个建筑的内部通道和墓室的道路，曾等待迪克逊测试王后室的墙壁以确定有没有秘密通风井，也曾激起甘登布林克的好奇心，让他的高科技机器人揭示出一扇隐藏的门。无论那扇门后面是什么，似乎都伸手可及。是秘密，是失望，还是又一个诱惑？

王后室

鲁道夫·甘登布林克和乌普瓦特的故事我们在后面的章节中还要再讲，反正1993年3月16日那天我对此是一无所知的。看到王后室被关闭我无比沮丧，除了怒气冲冲地瞪上那金属隔离栅一眼外别无他法。

我记得通往王后室的那条水平通道的高度是1.14米，但它不全都是这么高。从我现在站的地方往南33.5米，也就是离王后室的入口4.6米的地方，有一个突然下降的台阶，把人体站立的空间一下子提高到1.73米[20]。没有人对这一奇特的构造给出一个令人信服的说法。

王后室显然从建成的那天起就是空无一物的。这个房间南北长4.32米，东西长5.74米，优美而精致的人字形天花板，高6.22米，正好在金字塔东西方向的中轴线上[21]。可是地板却反其道而行，看起来像没有完工似的。粗糙的、灰白色的石灰岩墙面终年有盐渍渗出，引起许多推测，却都是无果而终。

北面和南面的墙上，仍然留着韦曼·迪克逊1872年凿开的那两个长方形的洞口，通向那个神秘的通风井黑暗的深处。西墙上面什么都没有，东墙上离中线往南约60厘米多的地方有一个梁托穹顶形状的壁龛，高4.67米，底部宽1.57米，原深1.04米，中世纪前来寻宝的阿拉伯人在找寻隐藏的密室时，把它挖得更深了些[22]。他们一无所获。

古埃及学家对这个壁龛原有的用途一直提不出一个有说服力的结论，

对整个王后室的作用也是一样。

一切都混淆不清，一切都似是而非，一切都神秘莫测。

神秘的机构

大甬道也是迷雾重重。实际上，它是金字塔内部结构最神秘的地方。它的底部宽 2.06 米，墙壁垂直向上部分高 2.29 米，从那里往上，还有七层石块，每一层都比它下面的那一层往外伸出 76 厘米的样子。它们托架起的穹顶至地面高度为 8.5 米，顶部宽 1.04 米[23]。

别忘了，这个大甬道的结构要永远地支撑着这个地球上最大、最重的石建筑。这个建筑的四分之三、几百万吨的重量都压它的身上。4500 多年以前，一群公认的“技术原始人”，不仅能够构想、设计出这种极具特色的结构，而且还能将它成功建造出来，这不是太匪夷所思点了吗？

即使这条大甬道只有 6 米长，即使将它建在平地上，这项任务都是够困难的，实际上可以说极为困难。但是他们选择了将它建造在 26° 的坡道上，而且长达 47 米[24]。不仅如此，还全都是用巨大的、打磨光洁的石灰岩石块建造。每块石块都切割成与坡度一致的平行四边形，排列得如此紧密、如此精确，以至用肉眼难以看出其接缝。

金字塔建造者还在建筑中加进了许多有趣的对称结构，如大甬道顶部宽度为 1.04 米，地面的宽度为 2.06 米，地面上，两边各留出半米宽的平面坡道，中间却是一条深 0.6 米，宽 1.04 米的沟槽。这条沟槽是干什么用的？有什么必要把它造得与天花板一样宽？那个架在两道托梁上的天花板看上去也那么像一条槽沟。

我知道，我不是第一个站在大甬道之下，感觉被“夹在某种巨大的机构中间”而晕头转向、不知所措的人[25]。谁能说这种直觉是错的？在大甬道的问题上，谁又能说自己是对的？没有留下任何记载能够说明其功能，只有古埃及的经文里留下的一些神话和符号，意思似乎是金字塔是让亡故之人变为不朽之神的装置——“打开天国之门，开通往天国之路”，以便去世的法老“升天与神祇共舞”[26]。

我同意这种信仰系统可能曾在这里发挥其作用，而且很可能为整个艰巨的工程提供动力。但我还是不明白，就为了实现那么一个神秘的、精神上的、象征性的目的，有必要建造这么一个600多万吨的、实实在在的庞然大物，还在里面设计和建造那些纵横交错、错综复杂的隧道、管道、通道和密室吗?

走进大甬道真如走进了一个巨大的机构里。它无可否认的美压迫着我，那么沉重，那么不可抗拒，可是它却没有任何装饰，没有任何具有某种特征或者诸如神像、浮雕、经文之类表明赞美什么人或者某个宗教的东西。它给人的首要印象就是严格的机能主义和目的性——好像它的建造就是为了做某件事情的。同时，我感到，它凝聚的庄严风格和庄重外貌，似乎同样能唤起人们的关切和注意。

到现在我已经爬完了大甬道的一半。身前身后，阴影和光线在阴暗的墙壁间构成光怪陆离的图形。我停了下来，仰头看支撑着金字塔的沉重、幽暗的穹顶。

突然间我感到它已经老得那么吓人，那么令人不安。此时此刻，我的生命安全完全依靠古埃及建设者的技术。那沉甸甸的石块构成的、撑托起天花板的两边的托梁就是他们技艺的例证：每一块都比大甬道的坡道稍陡一点。正如伟大的考古及测量学家弗林德斯·皮特里所观察的，这样一来：

> 每块石头的下面一层都会像卡进棘轮的棘爪一样勾紧墙顶。这样，石头的重量就不会压到它的下一层上，从而使累积的压力沿着穹顶向下分散，而且每块石头都由两边的墙体支撑。[27]

这是刚走出狩猎和采集果实为生的新石器时代生活的人能够创造出来的建筑技艺吗?

走在60厘米深的地板中央的沟槽上，我继续向大甬道上面走去。现在沟槽上面盖上了木板，木板上钉有板条，两旁还有扶手，爬起来容易多了。但是在古时候，地面是打磨得极为光洁的石灰岩石块，加上 26° 的坡度，几乎是不可能爬上去的。

它是怎么建造出来的？它是人造出来的吗？

大甬道的尽头，隐约可见国王室黑暗的入口，召唤着每一个心存疑虑的朝圣者进入这个不可思议的庞然大物的心脏。

第三十八章 三维互动游戏

我爬到大甬道顶部，登上了一个 90 厘米高的花岗岩台阶。我记得它的位置与王后室的屋顶一样，都正好在大金字塔东西主轴上，因此成为这个建筑的南北分界标志[1]。这个坚实的水平台阶看样子像个祭坛，它的前面，低下去的正方形隧道就是进入国王室的入口。

我在那里停了一会儿，回首俯瞰大甬道，再看一眼那毫无装饰，没有宗教圣像，没有与任何古埃及人的信仰系统相关的象征符号的走廊。放眼望去，整整 47 米长的壮观的几何空间，呈现的是无一例外的规则和惊人的机械般的简洁。

抬起头来，我看到东面墙顶上一个黑乎乎的孔洞。没人知道这个阴沉沉的洞口是什么时候，被什么人凿开的，也不知道它究竟有多深。它通往国王室顶上的第一个减压室。1837 年，霍华德·维斯将它延伸，利用它打开了通往另外四个减压室的道路。然后我又低头往下看去，依稀可以分辨出大甬道底靠西墙的地方，那个几近垂直的井筒式通道的开口处。那个通道从那里往下 50 米，通过金字塔的塔身，直达地底深处与下行通道相连。

为什么需要建筑这么复杂的管道和通道机构？乍看上去，这似乎毫无道理可言。如果你不是特别留神，金字塔几乎没有任何东西是讲得通的。但是，如果你是个有心之人，它就会以你预料之外的方式不断地提醒你。

例如，你要是一个对数字特别感兴趣的人，像我们已经知道的那样，它会“打印”出这个数据，以回应你对它的高和底边周长的关注。如果你打算进一步深入调查，你将看到，它将下载其他有用的数学珍品给你，每一个都比前一个更复杂一点、深奥一点。

人类探索金字塔的整个进程都使人感到它像是编好的程序，仿佛一切都早已精心安排。我不止一次地考虑，金字塔会不会是特意设计用来挑战我们智力的装置，或是教导我们学习的机器。——说得更贴切一点，是一个建造在沙漠上、有待人类去揭秘的三维互动猜谜游戏。

前厅

国王室的入口高仅 1 米，任何正常身高的人想进入都不得不弯腰。往前走 1.2 米，我来到“前厅”，屋顶一下子增高到 3.7 米。前厅的东、西两面墙都用红色花岗岩石块砌造，各凿有四道平行的宽槽，两两相对。古埃及学家们认为那是安放石板吊门的地方[2]。其中三组槽沟直通到地板，里面什么都没有，第四组（最北面的一组）槽的高度与入口处的顶部一样高（即离地面 1 米），上面仍然装着一块厚约 23 厘米、长约 1.8 米的巨型花岗岩石板。这块石头吊门与我刚刚经过的北面入口之间的水平间距只有 53 厘米。吊门的顶部与天花板之间的距离也只有 60 厘米多一点。这种特殊的结构无论原来设计的功能是什么，我对于古埃及学家认为的是用来阻挡盗墓贼入侵的门禁的观点都不敢苟同。

我满怀不解地俯身穿过这道石板进入了前厅的南部。在这里我又可以站立起来了。它约有 2.1 米长，高度仍为 3.7 米。东、西两面墙上凿刻的另外三组“吊门”槽沟虽已破旧，但仍然清晰可辨。但是石门却杳无踪影。实际上，很难想象，在这么有限的作业空间里怎么将那么笨重的石板安装到位。

我记得19世纪曾对整个吉萨墓葬区进行过系统勘测的弗林德斯·皮特里曾对第二金字塔内类似的谜团说过这样的话："下面的通道中花岗岩吊门的安装显示出他们移动巨物的高超技能，因为抬起那石块需要40~60人，但是在一个极为狭窄的通道里，在仅仅能容纳几个人的地方，它不仅被移动，而且被举起来安放到位。"[3]大金字塔中国王室的吊门的情况与它一模一样。如果它们是吊门的话，这些门应当能够升起和放下。

问题是，如果它们是吊门的话，将门升起和落下需要一定的空间。门的长度应该小于前厅的高度，这样它们才能被提上去，以便整个坟墓关闭之前让施工人员进出。可是这必然意味着，一旦让石板落地以封堵前厅，那么，门的上沿与天花板之间必定会留下同等宽度的空隙，任何盗墓贼都可以从那里爬进爬出。

吊门显然是金字塔的又一个别出心裁的谜团，一个结构复杂却不知用途何在的谜团。

门厅的出口在南墙上，与入口同高同宽，以红色花岗岩建造。南墙也是花岗岩石块砌成的，但在顶部有12英寸厚的一层石灰岩。曲身走过9英尺长的隧道，国王室豁然开朗，那是一间全部用红色花岗岩砌成的阴暗的大房间，一个辐射着惊人的能量和威力的房间。

石头之谜

我走到国王室的中间，这个房间的长轴为正东西方向，短轴为正南北方向，高5.8米，长10.5米，宽正好是长的一半：5.25米。地上铺着15块巨大的花岗岩石块，墙壁则由100块巨大的花岗岩石块砌成，每块重70吨以上，共5层。天花板是9块横跨在两壁上的花岗岩石板，每块重50吨以上[4]。走进这样的房间会让你感到自己的卑微和渺小，压得你气都喘不过来。

在这个房间的西头，如果古埃及学家们说的话可靠的话，就是修建这座金字塔所要容纳的东西：用一块深巧克力色的花岗岩雕凿出来的棺椁，上面布满了坚硬的长石、石英和云母颗粒。这个没有盖子的石箱就是被学者们认定的胡夫法老的灵柩[5]。它的内径长 2 米，宽 0.68 米，深 0.87 米，外廓长 2.28 米，宽 0.98 米，高 1.05 米[6]，宽度超过被堵住的那条上行通道的入口 2.5 厘米，因此它不可能是通过那个通道搬上来的[7]。

这个灵柩在尺寸上也玩了些常见的数学游戏。比方说，其内容积为 1166.4 升，而外廓体积为 2332.8 升[8]。这种丝毫不差的“巧合”不可能是偶然发生的：经技术极高明、经验极丰富的手艺人凿刻出来的棺材的内壁，其公差达到了机器时代方能达到的精确度。而且，正如弗林德斯·皮特里完成对大金字塔的艰难勘测后不无困惑地承认，这些手艺人似乎拥有“我们现在又重新发明的工具”[9]。

皮特里对这个棺椁进行了极为精确的检测。他报告说，它肯定是用“2.4 米或者更长的锯子”从花岗岩岩床上切割下来的。由于花岗岩极为坚硬，他只能假设，这些锯子是装有更坚硬的宝石“切点”的青铜锯条（估计为当时最硬的金属）：“这项工作的特性要求切点的宝石只可能为钻石。考虑到钻石的稀少而埃及并非产钻石之地，我们不敢贸然做出结论……”[10]

更大的疑难问题在于将花岗岩石棺掏空，这显然是比将它从岩床上剥离下来还要难得多的事情。皮特里认为古埃及人肯定是这样做的：

> 他们将锯条做成圆形，而不是长条形。锯条不停地旋转，在石块上切割出一个圆形的沟槽，中间留下圆柱形的石芯，然后再将这个石芯敲碎取出即可。这样他们掏挖起来就会省时省力得多。这些管状钻头的直径在 6 毫米至 127 毫米之间，厚度为 0.8 毫米至 5 毫米……[11]

当然，正如皮特里所承认的，古埃及学家从来没有发现过任何镶嵌宝石的锯子或者钻头的实物[12]。但是进行过类似的切割和钻取的证据迫使他不得不做出这种工具必然存在的结论。他从此特别专注于这项研究，而且将他的研究范围从国王室的棺椁扩展到许多其他的花岗岩石棺及他在吉萨采集到的花岗岩制品和花岗岩“石芯”。然而，他的研究越是深入，古埃及人的石头切割技术就越使他困惑：

钻头和锯子快速切入坚硬的石头中所需的压力是惊人的，在一个10厘米的钻头上所施的压力可能至少在1~2吨之间。在7号花岗岩石芯上，切割留下的螺纹线深达2.5厘米，而外环的圆周线为15厘米。这种凿挖的速度实在令人瞠目……如此快速的螺旋状沟槽只可能是钻头在巨大的压力下钻入花岗岩才可能形成……[13]

在4500多年以前，在公认的人类文明的曙光刚刚露出地平线的时候，古代的埃及人就已经获得了类似工业时代才有的、可以施加一吨以上压力的钻头，切割起坚硬的石头来犹如热刀切奶油一样容易，这种故事听起来是不是太荒唐了点儿？

皮特里找不到这个难题的答案。他也不知道如何解释他在吉萨发现的那些闪长岩石碗上的第四王朝铭文的象形文字是如何刻上去的：“那些象形文字是用刀刃极其锋利的工具镂刻出来的，不是凿刻或者研磨，而是割进闪长岩中，线条上的毛边都在……”[14]

这可扰乱了贯会逻辑思维的皮特里的思维，因为他知道，闪长岩是地球上最坚硬的岩石之一，比铁都硬得多[15]。但是在古埃及，这是用至今不知为何物的切割工具，以不可思议的力量和精确度刻出来的东西。

由于这些线条只有0.17毫米宽，切点的硬度肯定比石英要坚硬得多，而且要十分结实，这样它尖细的、很可能只有0.13毫米厚的刀锋才不至在切割中碎裂。每两条平行线之间的距离只有0.85毫米。[16]

换句话说，他是在想象一种工具。它有针尖一样的锐利，而且具有非凡的硬度，可以在闪长石上勾勒自如，还能够经受住整个操作过程中所施加的巨大压力。这是一种什么样的工具？压力以什么方式施加？怎么保持间距只有 0.85 毫米英寸的那些平行线的精确度？

皮特里假设的用来掏挖国王室中的棺椁的那种工具，至少我们还可以在脑子里大致想象出那么一种圆圈形的、装有镶钻锯齿的机械的样子。但是，我发现，凭空去想象一把公元前 2500 年的、可以在闪长石上镂刻象形文字的刀子可没有那么容易，起码在研究古埃及的专家和学者们不肯承认当时存在着高度发达的科学技术的情况下，很难想象这把刀是什么样子。

这不仅是几个象形文字和几个闪长石碗的问题。在埃及旅行期间，我仔细观察过许多石制器皿，有些可以追溯到王朝时代之前。它们都是用闪长石、玄武岩、石英水晶和变质片岩等极为坚固的石头雕挖成的[17]。

例如，在塞加拉第三王朝的左塞阶梯金字塔的地下墓室中发现了三万多件器皿[18]。这表明，这些器皿的年代至少与左塞本人一样古老（即公元前 2650 年左右）[19]。理论上说起来，它们可能还要古老。一是因为现在已发现与它们完全相同的容器是前王朝时期的，可以追溯到公元前 4000 年甚至更早[20]，二是因为自古以来，埃及就有将传家之宝由子孙世代相传的习俗。

无论它们是公元前 2500 年，还是公元前 4000 年甚至更早时候制造出来的，阶梯金字塔中出土的石制器皿都堪称美妙绝伦的、手工精湛的工艺品，而且似乎也都是用至今难以想象的（实际上，可以说是无法想象的）工具制作出来的。

之所以说它无法想象，是因为里面有许多高大的花瓶，它们脖颈细长而优雅，瓶体圆大如衣裙张开，而且内部中空。至今还没有发明出可以制作出这种形状花瓶的工具。因为这种器具必须十分狭窄，才可能通过瓶颈。它还必须十分结实，形状十分恰当，才可能将花瓶的肩部和圆形瓶体里的石头都掏挖出来。这种工艺所必不可少的向上、向外的压力怎样产生，又如何运用到花瓶里面去以造出如此美丽的尤物？

那些高大的花瓶还不是左塞金字塔和其他考古遗址中出土的唯一神秘的石制器皿。还有汇聚着石匠们心血、有着精雕细刻的把手和外部雕饰的壶，以及有着与花瓶一样的细颈、罐子一样的大肚子的大口碗，还有小得几乎要用显微镜才看得清的花瓶。偶尔还有用独块片岩雕刻出来的奇特的轮状物件，它的内卷的边沿刨得薄如蝉翼，呈半透明状[21]。最令人叹为观止的是，这些器物的内、外加工是如此精确，曲线配合得如此天衣无缝，在它们光亮平滑的表面上竟然看不见一点加工工具留下的痕迹。

这些器皿，无法以今日所知的古代埃及工艺技术水准复制，即使现在已经有了钨钢工具，也无法做出如此高水准的艺术品。因此，这无疑表明，古埃及人曾经使用过我们所不知晓的，或者说秘密的高等技术。

石棺仪式

我站在国王室中，面朝西方——古埃及人和玛雅人共同视为死亡的方向——手轻轻地扶在那个埃及学家声称为胡夫法老定制的花岗岩石棺的疙里疙瘩的边沿上，凝视着它阴暗的深处。墓室里幽幽的灯光似乎照不到那里，浮尘如金色的云雾在里面飘动。

当然，那只是光和影造成的错觉，但是国王室里充满了这样的幻象。我记得，18 世纪末拿破仑征服埃及后曾独自一人在这里呆过一个晚上。第二天他出去时脸色灰白，浑身发抖。他肯定经历过什么使他极为不安的事情，但是他后来从未提起过[22]。

他可曾试着躺在这个棺材里？

我突然心血来潮，爬进棺材，头北脚南仰面朝天地躺了下去。

拿破仑是个小个子，因此他躺下去应该很舒服。我躺下去也觉得很宽松。可是这真的是胡夫睡过的地方吗？

我竭力让自己放松，不去想万一来个金字塔的保安，发现我在干这种令人尴尬而且很可能违法的事情该怎么办。我双手交叉放在胸前，口中念念有词，说些我在国王室的其他地方曾经说过几遍的话，一心只想这样躺上几分钟，谁也别来打搅我。我曾经注意到，当我站在国王室的中心，用这样低沉的声音说话时，墙壁和天花板似乎能够将声音集中起来，加以放大，然后反射回到我的身上，因此我可以通过我的脚底、头顶及皮肤感受到这种反射回来的震动。

此刻我躺在石棺里，我感受到了同样的效果，而且声音似乎集中和放大了好几倍，就像躺在一个巨大的、永远只回响一个音调的乐器的共鸣箱里。这个声音激烈而令人不安，我想象着它从石棺中升起，在花岗岩的墙壁和天花板中回响，通过南北墙上的通风井直冲云天，像一朵声音的蘑菇云，响彻吉萨高原的上空。

脑子里充满着这样的狂想，耳朵里回荡着自己喃喃低语的回音，身体感觉到石棺的震荡，我闭上了眼睛。几分钟之后，当我睁开眼睛时，所看到的事情却大煞风景：六个不同年龄、不同性别的日本游客将石棺团团围住：两个站在东面，两个站在西面，南北各站一个。

他们都显得很……吃惊。我看到他们也同样吃惊。我本以为国王室里就我一个人。

这下子可怎么办？

我故作尊严状，站起身来，微笑着拍打着身上的灰尘。日本人赶紧朝后退，我趁机爬出棺材，摆出一副一本正经的样子，好像这是本人惯常的行事风格，不慌不忙地走到北面墙下三分之二的地方。那里是埃及学家们所谓的“北通风井”的开口处，然后开始我的观察。

我知道，这个通风井宽 20 厘米，高 23 厘米，长 61 米，一直向上，至第 103 层石阶处通到金字塔外，以 32° 30′ 的角度朝向北方的天空。这个角度，在金字塔建造的公元前 2500 年，可能正对着处于最高点的天龙座主星的位置。这显然是出于精心的设计而不是偶然的巧合[23]。

日本游客迅速地结束了他们的国王室之游，头也不回地弓腰走掉了。我这才算松了一口气。他们一走，我就转身走到对面，查看那个南通风井。我几个月前才来过这里，它的样子变得好厉害。开口的地方装了一个好大的电动空调装置。做这件事的人就是鲁道夫·甘登布林克。他此刻正一门心思地对付王后室中那个被人忽视的通风井呢。

由于古埃及学家认为国王室那个井筒似的结构是用来通风的，他们认为采用一点现代化的技术来提高它的通风效率没有什么不妥。然而，如果仅仅是为了通风的话，修成水平的不是更为有效，而且省事得多吗？[24]南通风井以45°的角度指向南面的天空。在金字塔年代，那里正是猎户座带纹上最低的那颗星[25]——尼塔克星所在的位置。这也不太像是偶然现象。在后来的调查中，我发现，这一位置对在未来的金字塔研究中具有极其重要的意义。

游戏主人

现在这个墓室又只剩下我自己了。我越过棺椁，走到最西头，然后转身，面向东方。

这个硕大的房间内，隐藏了无数的数学谜题。如，它的高（5.8米）正好是地面对角线（11.6米）的一半[26]。而且，它的宽与长之比形成了一个完美的1×2比例的长方形。难道金字塔建造者不知道他们是在用它来表示和举例说明“黄金分割”？

黄金分割又称 ϕ，与 π 一样，它也是一个永远也除不尽的无理数。它的值为5的平方根加1，再除以2，约等于1.61803[27]。这就是“费班纳赛序列中相连的数字之间的极限中间比——这个序列从0开始，0，1，1，2，3，5，8，13，……序列中每个数字都等于前面两个数字的和”[28]。

ϕ 这个数字也可以用绘图法得到。将线段A–B从C点分开，令A–C部分长于C–B部分，如果线段A–B与A–C的比值和A–C与C–B的比值相同，那么这条线就是按黄金比例分割的[29]。这个比例在视觉上最为和谐，据悉是希腊的毕达哥拉斯教团发现的。他们将这一数据融入了雅典的帕特龙神庙的建筑中。然而，至少在那之前2000年，ϕ 就已经出现在大金字塔的国王室里了。

在王朝历史开始之初，埃及人从不知名的前人那里继承了一套测量技术。按照这种方法，国王室的面积（10.5 米 ×5.2 米）为 20×10“大腕尺”，两侧的墙高为 11.18 大腕尺，地面对角线的一半（从 A 点至 B 点）也是 11.18 大腕尺。将 A–B“转上去”至 C 点正好是房间的高度。φ 的数学定义为：$(\sqrt{5}+1)\div 2=1.618$。从 C 点至 D 点（即墙高加地面宽的一半）的距离正好是 16.18 大腕尺，与 φ 完全一致。这难道是巧合？

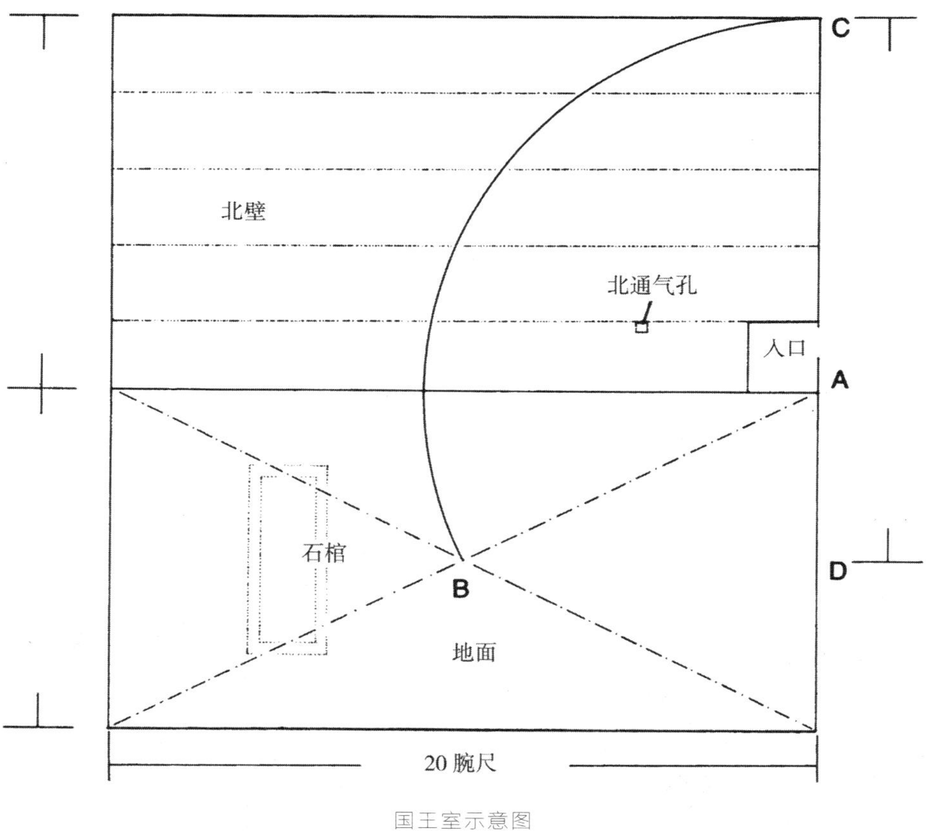

国王室示意图

要了解这一点，先要在想象中将它的长方形地面分为两个相等的正方形，将它们每边的边长设定为 1，其中任何一个正方形如果从中间分开，就又形成两个新的长方形。将靠近国王室中心线的那个长方形的对角线旋转到墙脚，它的顶点所在位置就是黄金分割点 φ，相对于原正方形的边长（即 1），就是 1.618[30]。另一个可以得到 φ 的方法，也可以在国王室中找到，如上图所示。

古埃及学家认为这一切都纯属偶然。但是，金字塔建造者做任何事情都不是偶然的。无论他们是谁，我很难想象还有比他们做事更讲究系统化，更具数学头脑的人。

这一天中我脑子里装的他们的数学游戏已经够多的了。可是我离开国王室时，我还在念念不忘有关它的其他数据：它位于第 50 层石阶上，在高出地面 46 米的地方[31]。也就是说，正如弗林德斯·皮特里不无惊讶地发现的，那些建设者们将它建造在“高度正好为金字塔的高度的一半，水平面积正好为底面积的一半，对角线的长度正好等于底边的边长，每边的长度正好等于底部对角线的一半的地方”[32]。

将 600 余万吨石头玩弄于股掌之上，造甬道、走廊、墓室、井筒等如信手拈来，达到几近完美的对称，完美的直角，完美的基本方位，神秘的大金字塔的建造者还游刃有余地在这个巨大的建筑物的尺寸中间玩出许许多多数学花样。

他们的脑子里到底是怎么想的？他们想说什么？做什么？在它建成几千年后，为什么还有那么大的魔力，吸引那么多各行各业的人前来与它打交道？

它的旁边就是狮身人面像，我将把这些谜语交给它去解答……

第三十九章 鸿蒙初辟之地的卫士

●埃及，吉萨，1993年3月16日，下午3:30。

我离开大金字塔时已到下午时分。沿着昨晚我和桑莎爬大金字塔所走过的路线倒回去，先沿着金字塔的北边向东，然后再沿东面的路向南，经过一堆堆散乱的碎砖烂瓦和古墓，来到吉萨高地这片黄沙覆盖的石灰岩岩床上。这里的岩床逐渐向东南方向倾斜下去。

慢坡的底下，离大金字塔东南角800米，狮身人面像蹲伏在一个从石头中凿出来的坑里。狮身高20米，长73米，头部宽4.2米。它是当之无愧的世界上最大的单个雕塑，也是最有名的雕塑。

人面狮身。

双目空茫，无情如日。[2]

从西北方向往狮身人面像方向走，要穿过古代连接第二金字塔与所谓的海夫拉河谷神殿的堤道。河谷神殿是一座非凡的建筑，在狮身人面像南

15 米，位于吉萨古墓葬区的最东边。

早就有人认为这个神殿比海夫拉的时代早得多。实际上，在 19 世纪，学者们一致认为它是史前时代建造的，与王朝时代的埃及建筑无关[3]。但是在神殿内挖掘出的刻有海夫拉名字的雕像颠覆了这一观念。这些雕像大部分都已经破败不堪，可是其中一个倒栽葱埋在前厅地下深坑里的却保存完好。它是一座精美的、坚硬如宝石的黑色闪长石雕像，与真人同等大小。这位第四王朝的法老端坐在它的宝座上安详而平静地注视着远方。

于是乎，古埃及学家们以这个锐不可当的理由为根据，得出了一个令人臣服的光辉结论：既然在河谷神殿中发现了海夫拉的雕像，该神殿必然由海夫拉建造。连一向明智的弗林德斯 · 皮特里都说，“神殿中发现的唯一

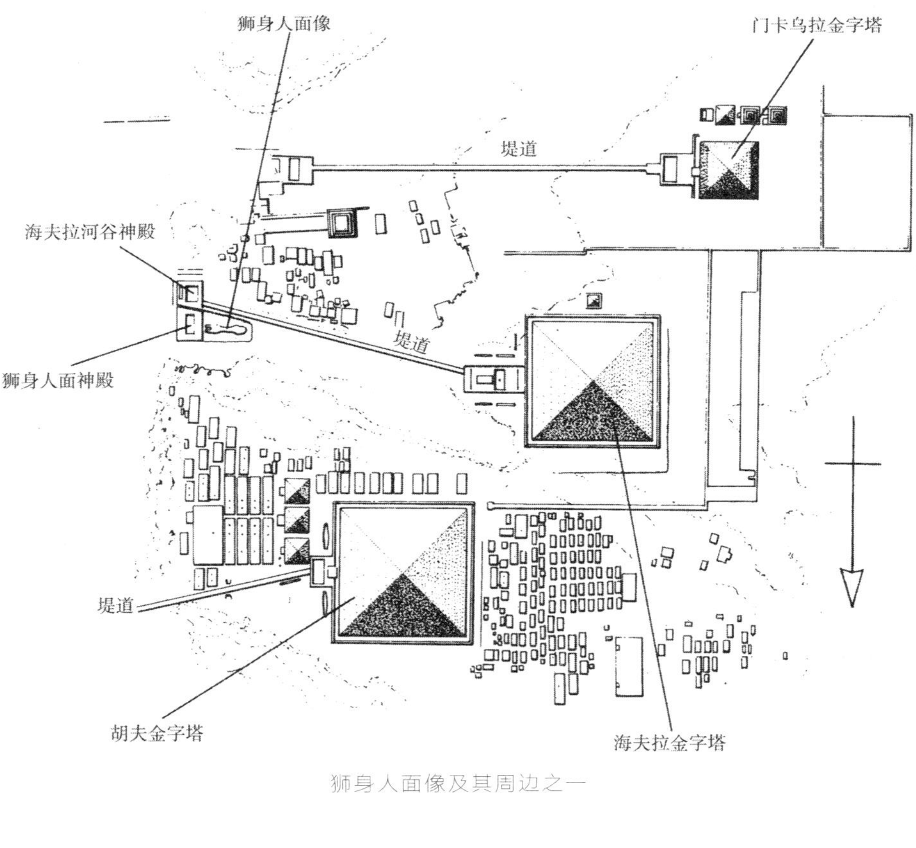

狮身人面像及其周边之一

能够确认年代的物品是海夫拉的雕像。这一事实表明，神殿是他那个时代的建筑，认为他盗用早先的建筑的观点是靠不住的”[4]。

凭什么说这个观点是靠不住的？

在埃及历史上，法老们盗用他们祖先的建筑的例子比比皆是，有时甚至干脆将原建造者的国王名字及周围的花饰统统砸掉，用他们自己的徽号取而代之[5]。没有充分的理由说明海夫拉不敢僭越先人遗物，不将自己与河谷神殿联系起来。尤其是在他的思想中，他与之前任何历史上的统治者没有瓜葛，却与古埃及人传说的、在遥远而神秘的“第一时代”给尼罗河谷带来了文明的伟大的“神祇”有关[6]。海夫拉可能会想，在这样一个古老而具有神秘力量的地方，一个他显然没有任何其他方法涉足的地方，竖起自己的一个美丽的等身像，必将给他带来受用不尽的好处。而且，要是河谷神殿跟俄塞里斯（他可是每位法老都盼望身后能够追随的目标）[7]还有点沾亲带故的话，海夫拉用自己的雕像来伪造一个有力的象征性关联就更好理解了。

巨人的神殿

过了堤道之后，我穿过一条经“玛斯塔巴”古墓群的碎石路，朝河谷神殿走。古埃及的贵族坟墓用石头砌成凳子一样的高台，“玛斯塔巴”便是阿拉伯语里的“凳子”的意思，此后便用玛斯塔巴来称呼这一类坟墓。我沿着神殿的南墙，边走边想，这座古老建筑的方位与大金字塔一样，也是近乎完美的坐北朝南方向（误差仅为 12 弧分）[8]。

神殿的基座为正方形，每边长 44.8 米，建在高原的斜坡上，西边比东边高些。这样一来，虽然它的西墙只有 6 米多高，东墙却高达 12 米以上[9]。

从南面看过去，神殿像一个楔子，矮壮而有力地牢牢扎在岩基上。走近些细细观察，它的一些特征在现代人看来显得古怪和难以理解，在古代埃及人看来肯定同样奇异和不可理喻。首先，里里外外没有一字铭文和其他任何可识别的标识记号。在这方面，读者可能已经意识到，河谷神殿与吉萨高原上其他既无名号又不知年代的建筑一模一样，包括大金字塔（和阿比多斯的俄塞里斯庙，我们在后面的章节中将详细讨论它的问题）。它们与其他著名的古代埃及艺术品和建筑物截然不同——那些建筑无不装饰得富丽堂皇，刻满了铭文[10]。

河谷神殿的另一个特征是，它的核心建筑完完全全是巨大的石灰岩石块建造的。这些石块大部分长5.2米，宽3米，高2.4米，有的长达9.1米，宽4.3米，高3米[11]。重量通常都在200吨以上，比现在一个柴油机车头都重，而这样的石头这里有好几百块[12]。

这难道还不够神奇吗？

古埃及学家可不这么想。实际上，他们从不肯为这些石头之大和如何将这些石头砌起来的令人费解问题劳神，充其量只轻描淡写地一语带过。我们已经看到，身为古埃及学家的衮衮诸公们从不置喙于评说大金字塔国王室中那些重达70吨，相当于100部家用轿车总重的石块何以搬上去的，因此，他们禁口不谈河谷神殿的神奇之处也不值得大惊小怪。然而那些大石头却是实实在在非比寻常的东西。它们似乎不仅属于另一个时代，而且属于另一种道德观——它体现了我们难以理解的美学观念和对建筑物结构的关切，表明了与我们截然不同的对事物的选择标准。比方说，在可以轻轻松松地将那些大石块分解为10块、20块、40块，甚至80块小点的、便于搬运的石块时，为什么非要用重达200吨的又大又笨的家伙来盖房子？在满可以少花许多力气，还能达到同样的视觉效果时，为什么非要自讨苦吃？

河谷神殿的建设者们是怎么把那些其大无比的石块升到12米多高的地方的？

目前世界上只有两台可以将这么重的石块提起来的吊车。这两台属于建筑技术前沿设备的吊车都是大型机械，吊臂长67米，吊车上要加载160吨的重量以防倾翻，每进行一次作业需要准备六个星期，而且需要二十个技术熟练的工人组成的专业队才能进行操作[13]。

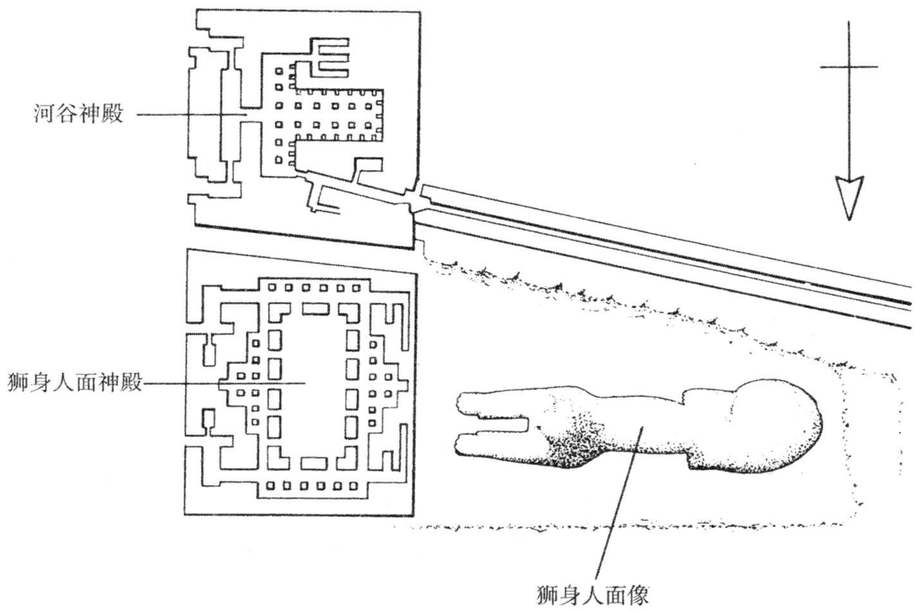

狮身人面像及其周边之二

换言之，即使借助先进的、高科技的工程机械，现代的建筑工人提升200吨的重物都是难乎其难的事情。可是，吉萨的建设者们搬运起来却如家常便饭，这难道就一点儿不让人感到吃惊吗？

我走近神殿巍然屹立的南墙，在那些巨大的石灰岩石块上我意外地发现，它们不仅出奇得大，而且被切割成多角的拼图块安装到墙上，手法类似萨克赛华曼和马丘比丘的那些巨石建筑（见本书第二部）。

另外我还注意到，神殿的墙看来是分为两个阶段建成的。第一个阶段的墙壁是用结实而沉重的200吨石灰岩石块修建的，它们是墙壁的中心部分，大部分保存完好（虽然侵蚀严重）。在这道墙的两面又覆盖上了一层经过打磨的花岗岩石块，在神殿内壁花岗岩石块基本原封不动，但是外壁大部分已经剥落。仔细观察那些残存的从石灰岩墙体上脱落的花岗岩石块，我发现了一种奇怪的情况。古时候将它们安装到墙体上时，为了使它们更好地契合进石灰岩墙体上的那些沟槽和扇形凹洞，这些石块的背面根据当时的侵蚀状况进行过凿刻。这些凿刻的痕迹似乎表明，在用花岗岩石块覆盖之前很久很久，石灰岩构成的中心墙体就已经矗立在这里听凭风吹雨打了。

罗斯陶的主人

现在我开始往河谷神殿的入口走去。入口靠近13米高的东墙的最北头，这里的花岗岩石块仍然很完整。这些巨大的石板的重量也在70 ~80吨之间。它们像一层铠甲，保护着里面的石灰岩墙体。进入这个阴暗而威严的入口，先是通过一条东西向的又高又狭、没有屋顶的走廊前行，然后右转向南，进入一个开阔的前厅。海夫拉的闪长岩等身雕像就是在这里发现的。雕像头朝下，明显是按照礼仪规定埋进一个很深的坑里。

前厅的内壁全部用打磨光滑的花岗岩石块如拼图板似的镶嵌而成（整个神殿的内壁都延续了这种结构），酷似秘鲁印加帝国时期的一些建筑，只是那里的建筑更大、更奇特一些。这些石块有多个契合得天衣无缝的边角，组成一个个复杂的图案。尤为引人注目的是，有些拐角的地方竟然是将石块做成凹角，包转过来与其他石块契合而成的。

从前厅，经过一条优雅的走廊向西，我来到一个宽大的T形大厅。我站在字母T的顶端，面前是两排方型独石石柱组成的壮观的通道，每根石柱高4.6米，1米见方，石柱上面架着石梁，也是1米见方。T形大厅的南北轴向也有一排六根同样的顶着石梁的石柱。整个T形大厅给人的印象是浑厚而洗练。

这个大厅是干什么用的？按古埃及学家的说法，它的用途很明了。他们说，这是为海夫拉法老的葬礼进行涤罪和重生仪式的地方。可是古埃及人却没有留下什么铭文来证实这一点。相反，唯一留下的证据表明河谷神殿不可能（至少开始时）与海夫拉法老有任何关系。原因很简单：它建成于他登基之前。这个文字证据就是“库存表碑”（参见第39章）。这个石碑还表明，大金字塔和狮身人面像的年代也古老得多。

库存表碑上说，河谷神殿在海夫拉法老之前的胡夫法老时就已经矗立在这里了，而且那时候就已经把它当作太古时代留下的建筑。不仅如此，从上下文中还可以清楚地看到，它不是任何一位法老的作品，而是由“第一时代”生活在尼罗河谷的“神祇”们建造的。碑文中清楚地写明，它是“罗斯陶的主人俄塞里斯的家”[14]（罗斯陶是古埃及时吉萨地区的名字[15]）。

我们在第七部中将看到，俄塞里斯在很多方面都像维拉科查和魁扎尔科尔亚特这两位曾在安第斯山和中美洲传播文明的神祇。他不仅与他们有共同的使命，而且遗传下来许多共同的象征符号。因此，在吉萨为这样一位德高望重、聪明睿智的导师和法律制定人修建一个可以看到大金字塔，又与狮身人面像比邻的“家”（或者说圣地、神殿）似乎适得其所。

无边无际的、遥远的、难以置信的古老

按照库存表碑所指示的方向——狮身人面像应位于“俄塞里斯家的西北面”[16]——我走到 T 形大厅西墙的最北端，穿过一个用独块巨石凿成的门，顺着一条长长的雪花石膏地板的坡形走廊（也是朝西北方向的），走到了通往第二金字塔的堤道的下方路口。

从堤道边可以毫无遮拦地看到北面的狮身人面像。它长如一个街区，高似一幢六层楼的大厦，面向正东方，凝视着每年春、秋分这两天冉冉升起的朝阳。这头狮身人面的巨像蹲伏在这里，仿佛经过千万年的沉睡之后已经醒来，终于要提腿迈步了。它是在一个石灰岩山脊上整体雕凿出来的，它的位置事先必定经过精心挑选。这个地方除了可以俯瞰尼罗河谷外，还有一个高出石灰岩山脊其他部分至少 9 米的山包。狮身人面像的头部和颈部就由这个山包雕凿而成。头部下方的石灰岩山体被雕凿成了他巨大的身体。为了将它与周围的岩床分隔开来，建造者们在它的周围挖了一条宽 5.5 米、深 7.6 米的鸿沟，令它傲然独立于世。

狮身人面像给人的总体印象就是它非常非常古老——不是埃及第四王朝的法老那样只有四五千年的古老，而是一种无边无际的、极其遥远的、难以置信的古老。这就是各个历史时期的古埃及人对它的看法。他们相信它是尼罗河谷这个“鸿蒙初辟之发祥地”的守卫者。它凝聚着“延伸至整个地区的巨大的神奇的力量”[17]。

这就是库存表碑传达的总的信息。公元前1400年，图特摩斯四世——第十八王朝的一位法老——竖立在此地的“狮身人面像石碑”更为明确地表达了这个信息。这个花岗岩石碑立于狮身人面像两爪之间，记载着图特摩斯即位之前，狮身人面像的颈部以下全部被沙砾掩埋，图特摩斯法老下令清除了它周围所有的沙砾，使它得以重现，仅立此碑以兹纪念[18]。

在过去的5000年间，吉萨的气候没有什么重大的变化[19]。因此，在这几千年中，狮身人面像围场必定如图特摩斯四世清理它的时候一样，易受周围沙漠的侵袭。实际上，至今仍是如此。近代史证明，如果没人清扫，狮身人面像四周的沙用不了多久就会满坑满谷。1818年，为了他的考古挖掘，卡维格利亚上尉就叫人清理过沙砾。到1886年，当加斯顿·马斯佩罗再来进行考古时，他不得不又做清理。39年以后，1925年，卷土重来的沙砾又将狮身人面像埋到了脖子根，埃及文物部门只好再一次将那些沙砾清理出去[20]。

这难道不能说明当初在凿刻狮身人面像及其围场时，气候很可能大不相同吗？如果它的命运就是被东撒哈拉移动的沙丘吞噬的话，建造这么大的雕像有什么意义？但是撒哈拉是个年轻的沙漠，11000~15000年之前，吉萨地区是个水草丰腴的好地方。我们能不能想象出另外一番场景？在那遥远的年代，当狮身人面像被雕刻出来的时候，它的周围一片苍翠。高原地表的土壤被碧绿的青草和灌木的根系牢牢地固定于山坡之上，如今黄沙漫天的地方宛如肯尼亚和坦桑尼亚高低起伏的大草原，这难道就不可能吗？

在这样舒适惬意的气候条件下，创造一个狮身人面像这种半地下雕像就合乎常理了。建造者们不可能预料到高原后来的气候会变得如此干燥乃至整个地区沙漠化。

然而，我们有理由去设想，很久很久之前，当狮身人面像还在建造的时候，吉萨高原上真的有一个郁郁葱葱，生机盎然的世界。

我们知道，当代的埃及学家对这种假设深恶痛绝。不过他们也不得不承认（我们在这里摘引吉萨测绘项目主持人马克·莱纳博士的话来说），“没有直接测定狮身人面像年代的方法，因为它就雕凿在天然生成的岩石上”[21]。在缺乏更为客观的检测方法的情况下，莱纳接着指出，考古学家只好“凭周围环境来推断年代”。而狮身人面像的周围环境就是吉萨墓葬区——赫赫有名的第四王朝遗址。于是，狮身人面像就顺理成章地也成为第四王朝的建筑了[22]。

莱纳著名的19世纪的先辈们对如此这般推理可不认账。他们坚信，狮身人面像的年代比第四王朝早得多。

究竟是谁造的狮身人面像

著名的法国埃及学家加斯东·马伯乐曾对狮身人面像石碑的内容进行过专门研究。在他1900年发表的《帝国的兴衰》一书中，他说：

> 狮身人面像石碑第13行空白地方的正中有一个海夫拉的徽号标记……我认为，它表明在这位王子的主持下对狮身人面像进行了一次（修复和清扫），因此，这多少可以成为在胡夫和他的祖先的时代狮身人面像就已经被沙砾掩埋的证据……[23]

与他齐名的法国考古学家奥古斯特·马里埃特和他持有同样的观点。这是毫无疑义的，因为库存表碑就是他发现的（我们已经看到，这个石碑如实讲述了狮身人面像在胡夫法老在位之前早就矗立在吉萨高原上的情况）[24]。当时，布鲁格施（《法老统治下的埃及》，伦敦，1891年出版）、皮特里、塞斯等许多其他的著名学者都赞成这一观点[25]。旅行作家约翰·沃德认为“狮身人面像不知道比金字塔要老多少年”。直到1904年，大英博物馆埃及文物部的主任，尊敬的沃利斯·巴奇爵士也毫不犹豫地断言：

> 最古老，最精致的狮身人面像就是著名的吉萨的“狮身人面像”。这座不可思议的雕像在海夫拉——第二金字塔的建造者——时代就已经存在，而且，极有可能在那时就已经十分古老了……一般认为，狮身人面像在某些方面与可以追溯到王朝时代之前的外来人或者某种外来的宗教。[26]

然而，从20世纪开始至20世纪末，古埃及学家对狮身人面像的年代问题发生了戏剧性的改变。狮身人面像可能在海夫拉在位之前几千年就已经建成这个共识，现在成了疯狂的、不负责任的胡说八道，没有一个正统的古埃及学家愿意讨论它，更别说对它进行认真的思考。

比如，按照埃及文物部门负责吉萨和塞加拉地区事务的主任赞赫·霍沃斯博士的看法，许多诸如此类的理论都已经“随风而去”，因为“我们埃及学家有确凿的证据表明狮身人面像是海夫拉时代的”[27]。

同样，加州大学柏克莱分校的考古学家卡罗尔·雷德蒙特对狮身人面像可能比海夫拉早几千年的推测表示怀疑。她说：“那绝不可能是真的。在海夫拉之前几千年，那个地区的人根本没有技术、没有政府部门甚至没有愿望建造一座那样的雕像。”[28]

当我开始研究这个问题时，我与霍沃斯的看法一样，认为一定发现了某些颠扑不破的新证据以证实这个雕像的建造者的身份。但是实际情况并非如此。实际上，将这个既无姓名又无铭文的谜一般的建筑信心十足地归到海夫拉名下，仅仅根据三个“环境性的”原因：

1. 因为图特摩斯四世竖立的狮身人面像石碑的第13行中有海夫拉的徽号标志。马伯乐对这个徽号的出现曾经做出过言之有理的解释：图特摩斯是狮身人面像的修复者。他对原先也曾修复过这一建筑的先人——第四王朝的法老海夫拉——表示应有的敬意。这一解释显然意味着，狮身人面像必然在海夫拉的时代就已经很古老了。但是现代埃及学家反对这一观点，以他们惯常的众口一词的态度一致认定，图特摩斯将海夫拉的徽号刻到石碑上就是为了确认海夫拉是狮身人面像的建造者（而不仅仅是个修复者）。

由于只有这一个徽号出现，由于石碑出土时这个徽号的上下文已全部缺失，做出这么武断的结论是不是太早了点儿？仅凭一个第四王朝法老的徽号（而且是出现在第十八王朝的一个法老竖立的石碑上）就确定了一个全然没有名字的建筑者的身份，这种做法“科学”吗？何况这个徽号现在已经剥落得难以辨认了……

2. 因为隔壁的河谷神殿也是海夫拉建造的。这种表示归属的方法（以一尊完全可能是为了侵占而放置的塑像为依据）起码是站不住脚的，但是它却得到了古埃及学家的全力支持，而且顺便捎带把狮身人面像也算成他修建的（因为狮身人面像与河谷神殿具有明显的关系）。

3. 因为他们认为狮身人面像的面孔很像河谷神殿中出土的海夫拉雕像的面孔。这当然是见仁见智的问题。我就从来没看出来两者有什么相似之处。最近专门请来对狮身人面像和海夫拉雕像做相貌对比的纽约警察局的法医画家也认为不一样[29]（我们在第七部中还将谈到这一点）。

因此，无论如何，1993 年 3 月 16 日，当我站在夕阳中远眺狮身人面像的时候，我心里想，在这个建筑的归属问题上陪审团还没有做出最终裁决。一方面是海夫拉，另一方面是史前时代的一个至今不知姓甚名谁的高度发达的文明的建筑师[30]。无论古埃及学家这个月或者这个世纪乐意承认哪一个是狮身人面像的建造者，事实是两种剧情似乎都可能发生。因此，我们现在需要的，是找到真正能够从这样那样的角度解决这个问题的、过硬的、毫不含糊的证据。

上帝的
指纹

Fingerprints
of
the Gods

Part Ⅶ
第 七 部

永恒的君王：埃及（二）

第四十章 埃及还有秘密吗

1922年11月26日，薄暮时分，英国考古学家霍华德·卡特和他的赞助人卡纳文爵士走进了公元前1352~前1323年间统治埃及的第十八王朝的一个年轻国王的陵墓。这位国王的名字，就是后来举世闻名的图坦卡蒙。

两天后的晚上，11月28日，陵墓的“藏宝室”被撬开，里面有一个巨大的黄金棺椁，房间的尽头还有一个墓室。令人惊异的是，这个房间里虽然堆满了金光灿烂的奇珍异宝，却没有一扇门。它的入口处由一只栩栩如生、豺首人身的死神阿努毕斯雕像看守。它的双耳直竖，像狗一样蹲伏着，两只前爪伸出，搭在一个约1.2米长，0.9米高，0.6米宽的镀金木箱的箱盖上。

● 1993年，开罗埃及博物馆

前爪仍然搭在箱子上，可是现在阿努毕斯被闭锁在一个布满灰尘的玻璃展示柜里了。我在阿努毕斯的雕像前流连了许久。这个塑像是用木头雕刻的，外面刷上漆黑的树脂，然后再仔细地嵌入金、银、雪花石膏、方解石、黑曜石等珠宝。这些装饰给它的眼睛创造出一种奇特的效果。它那炯炯有神、充满戒备的眼神，给人一种凶猛的、如芒在背的不安之感。而它雕刻精细的肋骨和柔软的肌肉则散发着一种引而不发、强壮有力、精力充沛和宽厚仁慈的气息。

这个木雕像仿佛有一股强大的力量，使过去几年间我潜心研究的世界各地的岁差神话都鲜活般地在我脑子里生动起来。犬科动物的形象在这些神话中跑来跑去，好像是文学作品的设定情节。我早就感到，诸如狗、狼、豺之类奇怪的象征可能是已故去的神话作者特意邀来给我们这些初学者带路的，引领我们走出迷津，找到一个已经消失的科学知识宝库的线索。

我想，俄赛里斯的神话也是这些宝藏之一。它不仅仅是一个神话，它早已被编成了神话剧，每年在古埃及的舞台上演。这个“情节跌宕起伏”的文学作品成为从史前流传下来的宝贵传说[1]。正如我们在第五部中所看到的，这个传说包括许多岁差运动的数据。它们是如此精确，形成如此坚实的一个整体，决不可能是偶然凑成的。在这部神话剧中，豺神作为俄赛里斯在冥府行程中的精神指导，扮演着一个极为重要的角色，这也绝非偶然[2]。古时候，埃及的祭司把阿努毕斯当作秘密和圣典的守卫者，这中间是不是有什么特别的意义也是一个十分令人感兴趣的问题[3]。阿努毕斯的木雕像守护着的镀金木箱的凹槽边缘下方有一行字“进入秘密”[4]。这几个象形文字有好几种翻译，如“秘密之上的他”或“秘密的守护者”等，不一而足[5]。

可是埃及还有什么尚未发现的秘密吗？

经过一百多年紧锣密鼓的考古挖掘，这片古老的沙石地下还能隐藏什么惊人的秘密吗？

鲍弗尔的星星和韦斯特的石头

1993 年，一个惊人的新发现表明古埃及还有大量值得研究的东西。这个发现不是哪个散光眼的考古学家在岁月的尘埃中又筛出了什么宝贝，而是一个外行，比利时的建筑工程师罗伯特·鲍弗尔看到的。这位颇具鉴别力的工程师观察到了天空中的一种关联现象，而我们的考古专家只专注于脚下的沙土顾不上抬头看天。

鲍弗尔看到的是：当猎户座带纹上的三颗明星照耀吉萨的夜空时，它们在南方的天穹上并非呈一条直线。较低些的两颗星，尼塔克星和尼兰星组成一条完美的对角线，而第三颗星敏塔卡却偏左，就是说，在有些朝东的位置上。

奇怪的是（正如我们在第 36 章中看到的），这也正是吉萨高地上那三座莫测高深的金字塔的布局。鲍弗尔意识到，如果从空中俯瞰吉萨古迹，胡夫大金字塔正好处在尼塔克星的位置，海夫拉的第二金字塔在尼兰星的位置上，而门卡乌拉的第三金字塔在它们形成的对角线偏东——这三颗星辰在地面上组成了一幅一目了然的巨大构图。

这会不会就是吉萨金字塔真正的意图所在？我知道，鲍弗尔后来的研究得到了数学家和天文学家的全力肯定，证实他颇具灵性的直觉是正确的。他的证据（第 49 章中将有全面介绍）表明，这三座金字塔就是猎户座带纹上的三颗明星在地球上的图形，精确得难以置信。它们准确地反映了它们之间的角度，甚至连它们各自的光度都以相应的金字塔的大小表示了出来[6]。此外，这幅地图向南北延伸，将吉萨高地其他几座建筑物包含在内，同样准确无误[7]。然而，鲍弗尔的天文计算所揭示的秘密中真正令人吃惊的是：尽管大金字塔本身从天文学的观点看来与金字塔时代有些关系，但吉萨建筑群的整体布局所显示的天空（由于岁差作用会随着时间发生改变）不是公元前 2500 年左右第四王朝时的面貌，而是公元前 10450 年前后，而且只可能是那个时候看上去的样子[8]。

我来埃及的目的就是与鲍弗尔一起重返吉萨，请教他有关他的星座对应理论的一些问题。此外我还想征询他的意见：怎样一个社会（如果有的话），才能够具有那么高的科学技术水平，在那么多年以前，那么精确地测定星辰的方位，而且能计划建造像吉萨古迹这么气势磅礴，又能这么精确地体现天象图的建筑群。

我还想见到另外一位学者，一位找到以公元前10000年时尼罗河谷就具有高度文明的过硬证据，而挑战正统派古埃及学年表的研究员。与鲍弗尔的天文学资料一样，他的证据也是唾手可得的，只可惜从来没有引起那些功成名就的古埃及学家的注意。发表这个证据的人就是美国学者约翰·安东尼·韦斯特。他说专家们没有看到它，不是因为他们没有发现它，而是因为他们虽然发现了，但没能正确地进行诠释而已[9]。

韦斯特的证据集中在几座关键的建筑物上。这些建筑物就是：狮身人面像，吉萨的河谷神殿和靠南面的、阿比多斯古城神秘的俄赛里斯庙。他说，这些沙漠里的建筑物有着科学证明的、不容置疑的被水冲刷的痕迹。其侵蚀力表明，这些痕迹只有暴露于大量、充沛雨水的情况下才可能形成，即公元前11000年左右最后的冰川末期时潮湿的洪水期[10]。这种鲜明的、极具特性的“降雨量导致的”侵蚀，意味着俄赛里斯庙、狮身人面像和其他相关建筑早在公元前11000年之前就建造起来了[11]。

一位英国专题记者在总结韦斯特的理论产生的效果时说：

> 韦斯特真是学者们最可怕的噩梦，因为这个搞旁门左道的家伙深思熟虑、旁征博引、滴水不漏的理论充满了无可辩驳的证据。这简直就是在他们脚下使绊子要他们的好看。可他们又能怎么样呢？他们只好装作视而不见，希望他不了了之……而他却不会就这么拉倒。[12]

尽管诸位“才华横溢的古埃及学学者”们只把它当成一碟小菜，这个新理论在任何情况下都不会就此拉倒，因为它在另一个科学领域——地质学中获得了广泛的支持。波士顿大学地质学教授罗伯特·肖赫博士在确认韦斯特对狮身人面像的真实年龄的推定中功不可没，而且他的观点在1992年美国地质学年会上得到300多名同行的一致赞同[13]。

从此以后，地质学家与古埃及学家激烈的地下论战就开始硝烟不断了[14]。虽然除了韦斯特以外，没有什么人肯开诚布公地说出自己的见解，

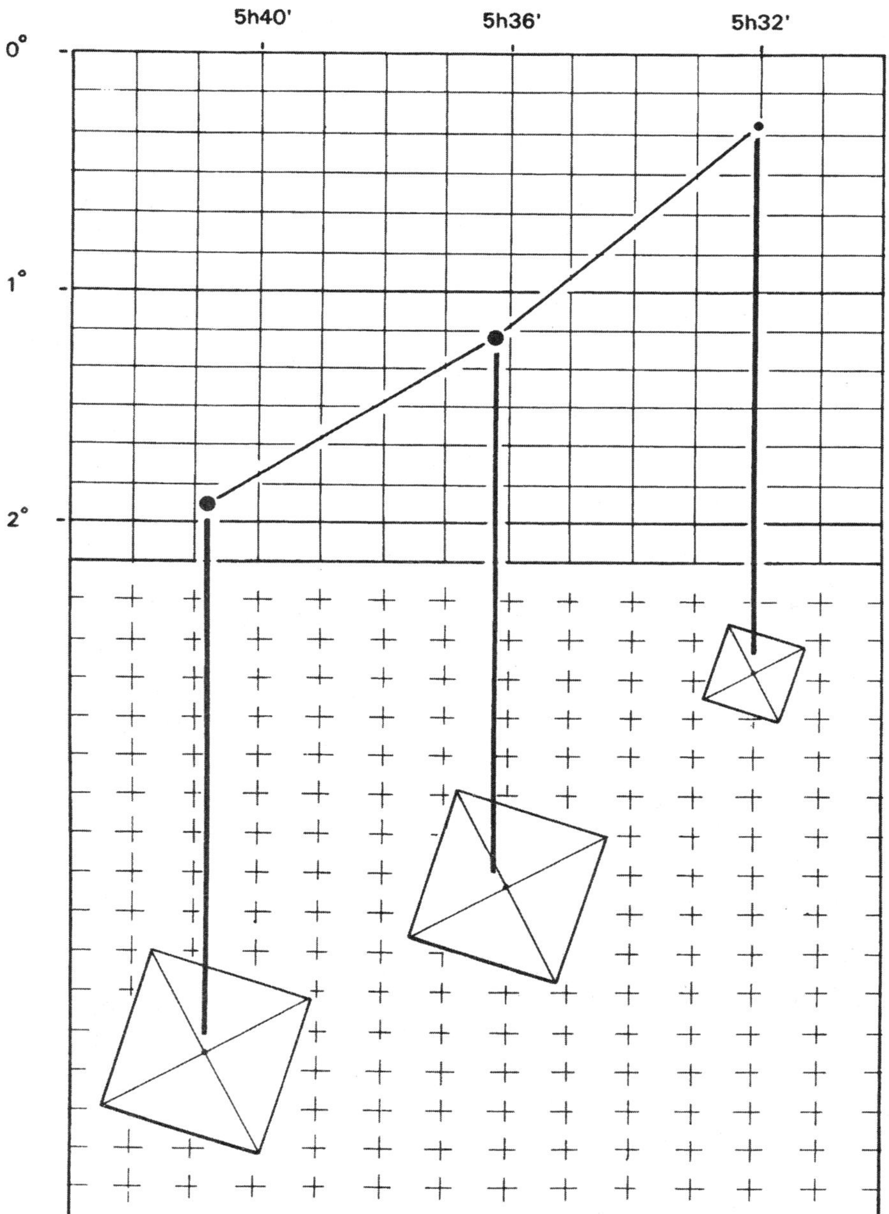

吉萨的三大金字塔与猎户座带纹上的三颗明星相对应

但这场论战却关系到能否全盘推翻公认的人类文明进程的观点。

韦斯特说：

> 别人一直教导我们，人类文明的进程是呈直线发展的——从愚笨的穴居人一直发展到我们这些会造氢弹和彩条牙膏的聪明人。但是，证明狮身人面像比考古学家们认定的年代早好几千年，甚至比埃及王朝还要早好几千年的证据却意味着，正如传说中讲的那样，在极为远古的历史中的某个时刻，肯定有过一个高度发展的、极为先进的文明。[15]

过去四年的旅行和研究已使我大开眼界，使我认识到那些传说极有可能是真实的事情，所以我才赶来埃及与韦斯特和鲍弗尔一晤。他们的研究工作打动了我。他们两人从全然不同的角度进行探索[16]，最后却殊途同归，找到了令人信服的、一个消失的文明留下的天文学和地质学的指纹。这个文明可能起源于尼罗河畔，也可能不是，但是在公元前11000年时，它已经出现在这片地方了。

豺狗指引的路

阿努毕斯，秘密的卫士，墓室之神，亡者的豺首开路人，俄赛里斯的向导和陪伴……

下午五点，开罗博物馆闭馆的时候到了。桑莎说她已经拍到了那个凶巴巴的黑色木头雕像足够多的照片。楼下的警卫在吹口哨拍巴掌，将最后的游人请出大厅。但是在这幢百年老宅的二楼上，古老的阿奴毕斯仍然带着千年如一日的警觉蜷伏在地，一切都那么安静，那么沉稳。

我们走出昏暗的博物馆，来到熙来攘往的开罗塔希瑞尔广场。这里阳光依然灿烂。

我心里仍想着阿努毕斯，它的职责是指引灵魂和守护秘籍。另一个神祇乌普奥特——开路神——与它一样，也是豺首人身，也担当同样的责任[17]。

远古以来，这两个犬类神祇就与上埃及的阿比多斯古城结下了不解之缘。这座城市原来的守护神叫做肯提－阿曼图（意思很奇怪：最早的西方人）也被描绘成俯卧在黑色灯台上的犬科动物形象[18]。

这种神秘的、具有象征性的犬类形象一再出现在阿比多斯城里，加之传说中他们守望的有待发现的奥秘，这中间有没有什么特别的含义呢？阿比多斯城广袤的废墟中就有俄赛里斯庙，韦斯特的地质学调查表明其年代比考古学家认为的要早得多，我何不去那里看个究竟？此外，我本来就安排了几天后去上埃及的卢克苏尔城见韦斯特，那地方在阿比多斯南边，只有不到200千米距离。我本来计划飞过去的，现在满可以走陆路，顺道可以拜访阿比多斯和其他好几个古迹。

我们的司机穆罕默德·瓦利利就在塔希瑞尔广场旁边的地下停车场等着我们。身材高大、好脾气的瓦利利已经上了点年纪，他有一辆白色的旧标致牌计程车，平时总是在吉萨金字塔旁的美纳屋饭店外面排队等客。过去几年间我们经常去开罗搞调研，和他有了交情，此后只要我们去埃及都是他给我们开车。我们为这趟去阿比多斯和卢克苏尔大致来回费用讨价还价了一阵子。最后我们还是谈妥了一个价钱，讲好第二天一早上路。

第四十一章 太阳城，财神的房间

清晨六点，天才蒙蒙亮的时候，穆罕默德就来旅馆接我们了。

我们在路边的小摊上喝了一杯浓浓的黑咖啡后，就沿着几乎空无一人的灰蒙蒙的街道向西直奔尼罗河。我要穆罕默德带我们从梅丹－马萨拉广场走，因为那里有全世界最古老的、完整无损的方尖碑[1]。这座粉红色的花岗岩方尖碑，高52米，重量估计在350吨左右，是塞苏斯特里斯一世法老（公元前1971～前1928在位）建立的。它原来是赫利奥波利斯古城太阳神殿入口处的一对方尖碑之一。历经4000年的岁月沧桑，原来的神殿和另一座方尖碑都早已倾圮无踪。实际上，古老的赫利奥波利斯的遗址现在已经荡然无存。它的雕饰精美的石头和现成的建筑材料早就被无数代开罗市民洗劫一空了[2]。

赫利奥波利斯（太阳城）在《圣经》里面叫"安"，但是在埃及语中叫做"尤努"或者"尤努－梅瑞特"，意思是"柱石"或者"北方的柱石"[3]。这是一个神圣之极的地方，由太阳神和其他星神组成的神奇的"九神"与此地关系密切。当塞苏斯特里斯一世选定此地树立方尖碑时，它就已经古老得记不清年岁了。实际上，人们相信尤努或赫利奥波利斯，吉萨和南方的阿比多斯古城都是大洪水后最先露出水面的土地，是“创世之初”，诸神在地球上施展他们法力的地方[4]。

赫利奥波利斯神学的创世神话有不少独特而怪异之处。它说起初宇宙只是一个充满了黑暗和水的虚无世界，叫做“南”。后来在这片死气沉沉的宇宙大洋中（被描述为“没有形状，像最黑暗的夜晚一样黑暗的地方”）升起了一片干燥的土地。太阳神瑞按照自己创造的形象现身，叫做阿图姆（有时候被画成杵着拐杖的长胡子老人）[5]：

天空没有创造出来，大地也没有创造出来，那个地方没有孩子，甚至没有爬虫……只有我阿图姆孤零零一个……没有一个人和我一起劳作……[6]

这位备感孤独的不朽之神设法造出来两个神仙后代：舒，大气与干燥之神；泰夫纳特，湿气之神——“我紧握我的生殖器，让我的种子流到我的手里。我把它们倒进我的嘴里。我排便，舒成形；我排尿，泰夫纳特成形。”[7]

虽然出生的方式不太体面，舒和泰夫纳特（他们往往被描述成一对孪生兄妹，而且画成狮形）长大了。他们结为夫妇，生下了自己的孩子：盖布，大地之神；努特，天空女神。他俩也结合生下了俄赛里斯、伊希斯、塞特和讷普瑟斯，九神家族就此形成，成为赫利奥波利斯古城的“九神”。在这九神中，据说瑞、舒、盖布和俄赛里斯都当过埃及国王，后来王位传给了何露斯，最后，传位给透特——统治埃及达 3226 年之久的鹮首人身的智慧之神[8]。

这些人，或者说造物、生灵、神祇，究竟是谁？他们是祭司们想象中的虚构，是象征标志，还是密码暗号？讲述他们故事的神话会不会是几千年前真实故事的生动记忆？抑或，他们会不会是从远古时代流传下来的密码信息的组成部分？这些信息从一个时代到下一个时代自动传袭下来，直到现在，才有人将它解密，才被人所理解？

这种见解似乎有些凭空想象。但是，从赫利奥波利斯传说中衍生出来的伊希斯和俄赛里斯的神话故事中所传送出来的那些精确之极的岁差运行数据却使我无法释怀。此外，尤努的祭司的职责就是保护这些传说，使它们生生不息。这些人在全埃及都以他们的聪明才智著称。他们不但长于预言，而且精通天文、数学、建筑和魔术。他们还以拥有一个名为“本本”的威力无比的神器而声震天下[9]。

埃及人称赫利奥波利斯城为尤努——柱石，因为传说里讲，从遥远的前王朝时期起始，“本本”就保存在这里，放在一根粗糙的、砍劈而成的石柱顶上。

据说“本本”是从天而降的。不幸的是，“本本”早已丢失，公元前1971年塞苏斯特里斯获得王位时，已经没有人记得它的样子了。那时候（第十二王朝），人们只记得它的形状是金字塔形的，后来的方尖碑（“本本”连同它下面的石柱）就此定型。“本本”的名字还用到金字塔型和金字塔顶石上[10]。它还是瑞－阿图姆的象征符号。古书里说，“你（瑞）高高在上，如本本之石在不死鸟的宅邸……”[11]

“不死鸟的宅邸”讲的是赫利奥波利斯原来存放“本本”的一座神庙。这表明，这个神秘的器物也是不死鸟的象征——据信，这只神鸟的出现和消失与影响剧烈的宇宙周期及世界的毁灭和再生有着密切的关系[12]。

关联与相似

清晨六点半，汽车在古城赫利奥波利斯的郊外飞驰。我闭上眼睛，竭力构想出一幅创世之初，瑞－阿图姆的创世之岛从“南”的黑暗的汪洋中破水而出的画面[13]。我不由自主地想，这个画面与安第斯山中传说的灭世的洪水后，文明之神维拉科查从的的喀喀湖中凌波踏浪而来是多么相似。不但如此，还有俄赛里斯这个人物形象——一个蓄须的男子，像维拉科查，也像魁扎尔科尔亚特——他废止埃及人的食人恶习，教他们农耕、畜牧技术，还传授他们文字、建筑和音乐知识[14]。

东、西两半球的传说之间的类似之处不难看出来，难的是对它们进行诠释。它们有可能纯属一连串的迷人眼目的偶然，但也可能体现了一个极为古老的、不为人知的世界性文明的指纹——无论它们出现在中美洲、安第斯山还是埃及的神话里，这些指纹都一模一样。赫利奥波利斯的祭司们将创世的故事讲给人们听，可是他们又是从谁那里听来的？是无中生有地冒出来的吗？还是更像祭司们在漫长岁月中千锤百炼而成的、以复杂的符号表示的宗教观念？

如果是这样的话，这些观念又是从哪里来的？

我抬起头来，发现我们已经走出了赫利奥波利斯，正在开罗嘈杂而拥挤的街道上拐来拐去。我们穿过十月六日大桥到达尼罗河西岸。十五分钟后，大金字塔巨大的身影从我们右面掠过。汽车向南转上了去上埃及的路。这条路沿着世界上最长的河流迤逦南行，穿过椰树婆娑的绿洲，将步步紧逼的无情的红色荒漠抛在身后。

古埃及的世俗和宗教生活各方面都受到赫利奥波利斯祭司的影响。但是，祭司们的想法和观念是本地发展起来的呢，还是从别的地方传到尼罗河谷的？古埃及的传说给这些问题提供了明确的答案。赫利奥波利斯所有的智慧都是一笔遗产。它们说，这笔遗产是神传给人类的。

是神的礼物吗

在大金字塔以南约16千米处，我们下了干道进入萨卡拉古迹参观。这片古迹在沙漠边沿拔地而起，一座六层塔庙——第三王朝的法老约塞尔的阶梯式金字塔傲然耸立。这座高达61米的庄严建筑物可以追溯到公元前2650年，周围有一道优雅的围墙环绕，被考古学家们认为是人类最早的大型石砌工程[15]。传说中讲，它是一位传奇式的人物：赫利奥波利斯的高级祭司伊姆霍特普，“魔术巨匠”的杰作。他还有其他的称号，如圣贤、占星家、天文学家和神医等等[16]。

我们将在后面的章节中再讨论这座阶梯金字塔和它的建造者。我此番来到萨卡拉不是为了看它。我的唯一目的是在它附近的乌纳斯金字塔的墓室里呆一会儿。乌纳斯是第五王朝的法老，公元前 2356 ~ 前 2323 年统治埃及[17]。他的金字塔墓室我已经造访过多次。墓室的四壁，从地板到天花板刻满了最古老的金字塔铭文。这些用象形文字书写的祷文极尽赞美渲染之能事，犹如铺张华丽的表演，与吉萨第四王朝金字塔的无言和朴素形成鲜明的对照。

将金字塔铭文刻在金字塔内部是第五和第六王朝（公元前 2465 ~ 前 2152 年）特有的现象。这些铭文是具有魔力的祷文，据说有些是赫利奥波利斯的祭司在公元前 2000 年左右写成的，有些则是他们从前王朝时期传承下来的[18]。几个月前，当我开始研究后面这一部分铭文的时候，这些可以追溯到遥远的、无穷古老的时代的文字激起了我的好奇心。19 世纪法国考古学家似乎是在一个神话中的“开路者”的指引下找到有金字塔铭文的密室的。这件事的来龙去脉使我感到好玩，也激起了我的兴趣。根据可靠的文件记载，有一天，天刚刚放亮时，一个参与萨卡拉考古挖掘的埃及工头起床后四处转悠，他发现自己来到了一座金字塔废墟旁，一头孤独的沙漠豺狗睁着明亮的琥珀色眼睛盯着他：

这个动物仿佛在嘲笑面前的人类……好像在邀请这个困惑的人跟着它走。豺狗慢慢地、不慌不忙地朝金字塔北面走去，停了一会儿，然后消失在一个洞里。好奇的阿拉伯人决定跟着这个向导走一遭。他在狭窄的洞窟里一路滑下去，发现自己爬进了黑暗的金字塔内部，不一会就进了一间墓室。他举起手中的灯，看见墙壁从上到下布满了象形文字的铭文。这些铭文都是精雕细刻在坚硬的石灰岩壁上的文字，再用黄金和绿松石镀层。[19]

法国考古队在这个工头的惊人发现之后，随即打通了一条很长的下行通道。现在要进这个金字塔废墟低下的象形文字铭文室就要通过北面的这条通道。这个墓室由两个长方形的房间组成，中间有道隔墙，墙上有一道很矮的门。两个房间的人字形天花板上画满了无数的星星。我和桑莎弯腰曲背地走过狭窄低矮的通道，进了第一个房间，然后穿过那道矮门，走进第二个房间。这个房间才是真正的墓室。乌纳斯巨大的黑色花岗岩石棺置于房间的西端，四面墙上的金字塔铭文都在讲述自己的故事。

与大金字塔素面朝天的墙壁上的那些谜团和数学难题的表达方式不一样，金字塔铭文在直接对我们说话。它们在说些什么？我知道，答案在某种程度上取决于你采用谁的译文。这主要是因为金字塔铭文包含了太多的古文形式和太多陌生的神话典故。学者们不得不靠猜想来填补他们这方面的欠缺[20]。不过，一般说来，已故的伦敦大学古埃及语言教授福克纳（R. O.Faulkner）的翻译被认为是最有权威的[21]。

我已经逐字逐句地研究过福克纳的译文。他将金字塔铭文描述为涵盖了“现存的埃及宗教和墓志铭的最古老的文集”，还说“在所有的这类文集中，他们是最纯正的，是研究埃及宗教不可或缺的重要文献”[22]。这些铭文之所以这么重要（许多学者一致同意），是因为相对漫长的、早已被人类遗忘的远古历史而言，它们是最后的、完全开放的，连接相对而言较短的、人类尚有记忆的历史的渠道。“它们语焉不详地为我们揭示了一个消失了的思想和语言的世界，揭示了史前人类经历过的不可胜数的永世的延续，直到人类……终于进入具有历史意义的时代。”[23]

我们不能不赞同这种感觉：金字塔铭文确实让一个消失的世界展现在我们面前。但是这个世界最让我感到困惑的是，生活在这个世界里的可能不仅有原始的野蛮人（如一提到远古时代，人们便会想到的那样），还有对宇宙万物有着科学的理解的男男女女，而这几乎是冰炭不同炉的事情。它们给人的总的印象就是这样模糊不清：金字塔铭文中，地道的原始成分与高级的思想体系并存。然而每当我沉浸于古埃及学者所谓的“这些古代咒语”里时，我总是被里面的那些高度智慧的闪光所打动。它们从一层层缺乏理解的壁垒后面发出耀眼的光芒。它们在讲述“史前人”不可能拥有的经验，在表达史前人绝对不可能系统地阐述的概念。总而言之，以象形文字为媒介的金字塔铭文与以建筑物为媒介的金字塔产生了同样的效果。两者都给人留下这样一个深刻的印象，那就是时代错误——在一个人们认为根本不存在科学技术的人类历史时期，它们却在讲述着或者使用着高度发达的科学技术。

第四十二章 时代错误和暧昧不明的铭文

我在乌纳斯灰色墙面的墓室里，目光俯仰于写着金字塔铭文的象形文字之间。它们是用一种已经死亡了的文字书写的，但是在这些古老的文章中，永恒不变的、一再重复的主题却是生命——永恒的生命——通过法老再生为猎户座的星辰而实现的永恒的生命。读者们可能还记得第十九章的内容（我们在该章中将埃及人的信仰与墨西哥人的信仰做了对比），这些铭文中也清楚地表明了对永生的渴望：

> 王啊，您就是那伟大的明星，猎户座的伴星。您与猎户座一起遨游太空……您从东方升起，适时而更新，适时而返童……[1]

诗句无疑很美，但是没有什么特殊之处，而且根本不可能是法国考古学家加斯东·马斯皮罗说的“始终处于半野蛮状态”的人们的作品[2]。此外，由于马斯皮罗是第一个进入乌纳斯金字塔的古埃及学者[3]，而且还被认为是解读金字塔铭文的大权威，因此，19 世纪 80 年代，当他开始发表他的译文时，他的观点势必会左右学术界对铭文的诠释[4]。马斯皮罗将金字塔铭文大白于天下（豺狗也助了他一臂之力），此后，他的历史偏见的垄断地位便像个过滤器，将所有不同观点排除在外，只有他的观念渗透到更加晦涩难懂的、让人不知所云的、形形色色的译文中。至少可以这样说，这对我而言似乎是太不走运了。我的意思是，不管吉萨大金字塔等建筑物引发了多少科学技术难题，学者们对金字塔内铭文中的某些惊人的段落所蕴含的重大意义始终置若罔闻。

这些段落读起来像是竭力以完全不合适的习语表达复杂的科学技术形象，让人疑虑丛生。它们可能是偶然现象。但是，如果我们用乔叟式的英语翻译爱因斯坦的《相对论》，用中世纪的德文词汇来描述超音速飞机，其结果也会大致如此。

失落技术的破碎形象

以法老羽化成星的旅途中所使用的特殊器材和附件为例：

> 天上的神祇来到你身边，地上的神祇也聚集在你身旁。他们用手托起你的身体，为你架起一架天梯。你可以拾级而上直登天堂。天堂之门已经为你打开，群星闪烁的星空之门也为你打开。[5]

升天的法老与俄赛里斯被混为一谈，经常被称为“一个俄赛里斯”。而俄赛里斯本人则总与猎户座息息相关。据说俄赛里斯——猎户星座就是最早登上神祇制造的天梯的人。铭文中还有几节文字说天梯不是从地上架到天上的，而是从天上垂下来的。它被描述为一架绳梯[6]，而且他们相信，这架绳梯是挂在悬浮于空中的一块“铁板”上的[7]。

我简直想不通，这些东西难道是那些半野蛮的祭司的稀奇古怪的想象吗？对诸如此类的隐喻，能不能有别的解释？

铭文的第 261 节写道：“国王是一团火，风吹送着他直到天的尽头，直到地的尽头……国王遨游于天，畅行于地……他有上天之路……”[8]

现在我们看看对话。铭文第310节说：

“啊，这个正脸和头背后都有视力的你，把这个给我拿来！”

“把哪个渡船拿给你？”

“拿那个‘飞行—降落’的。”[9]

第332节应该是国王本人说的话。他吐露自己的心声：“我是那个从巨蛇的缠绕中逃脱的人。我转过身，在爆发的火焰中上升。两个天空朝我扑面而来。”[10]

第669节里有这样一句问话：“在哪里让国王飞起来？”

答案是这样的：“他们会给你带来Hnw—小船（Hnw无法翻译）和……（铭文遗失）hn鸟（hn无法翻译）。你将乘船与它同飞……你将能飞起和降落。”[11]

其他一些段落似乎也值得好好研究一下，而不是像现在这样被学者们等闲视之。仅举几例如下：

啊，伟大的父王，天窗的入口已经为你打开。[12]

地平线上，天空之门已经向你开放，众神高兴与你会面……请坐到你的铁宝座上，就像赫利奥波利斯的伟人一样。[13]

啊，王啊，你升天吧，……天空在为你回旋，大地在为你颤抖，永不熄灭的星辰也对你深感畏惧。我来到你的面前，啊，你的座位已经收藏，我将在天上与你拥抱……[14]

大地在说话，大地之神的门已经打开，天神盖布之门为你打开……愿你坐在你的铁宝座上升天。[15]

啊，我的父王，你就这样羽化而去，像神仙一样游走……你站在天地之交的会所……你坐在众神都为之惊叹的铁宝座上……[16]

这个不断提到的铁宝座，虽然容易被人忽视，却着实令人迷惑。铁，我知道，在古埃及的确算得上稀有金属，尤其是在金字塔时代。当时的铁只可能在陨石中找到[17]。但是在这里，在金字塔铭文中，铁似乎多得让人感到惶惑：天空中的铁板，铁宝座，别的地方还有铁权杖（铭文第665节），甚至还有国王的铁骨头（铭文第325、684和723节）[18]。

在古埃及语中，铁被称做布加，这个字的意思是“天堂的金属”或者“神的金属”[19]。因此人们将铁当作神赐的礼物。

失落的科学宝库

这些神祇在金字塔铭文中还留下了别的指纹吗？[20]

我读铭文的时候，在最古老的段落中竟然看到好几处似乎在比喻岁差运动时间周期的内容。这些比喻从周围的材料中脱颖而出，因为它们是以我熟悉的、清晰的术语表达的：桑提拉纳和范戴琴德在《哈姆雷特的石磨》一书中确认的古代科学用语[21]。

读者可能还记得，四根擎天柱撑起的宇宙“示意图”是标准的古代科技用语所采用的思维工具。它的目的是帮助人们想象四根虚拟的纽带组成的框架，支撑并限定着按岁差计算的世界的时代。它们就是天文学上的“二分圈”和“二至圈”。你想象它们从北天极向下，形成四根经线，以此为背景，确定太阳在春分和秋分、冬至和夏至这几天升起时所在的星座，每2160年一换[22]。

金字塔铭文中显然包含着好几处这种示意图的描述。不仅如此，这种情况还多次出现在史前神话中。它们传达出过硬的天文学数据，将岁差的象征紧密地编织进神话中地球遭受剧烈毁灭性灾难的描述中，好像在暗示我们“天空石磨的破裂”。即每2160年从一个黄道带星座到另一个黄道带星座的过渡时期，可能是不祥的、会给地球带来灾难性影响的时候。

因此有这样一段记叙：

瑞－阿图姆，创造自己之神原是众神及人类之王，但是人类阴谋反对他的统治，因为他已经老了，他的骨头变成银色，肌肉变成金色，头发变成了天青石色。[23]

当他知道正在发生的事情时，这位上了年纪的太阳神（让人想起阿兹特克人嗜血的第五太阳神托纳提乌）决定杀死大部分人类以惩罚这些造反的叛逆。他的杀手锏就是塞赫迈特女神。她的象征有时是一头站在血泊中暴怒的母狮，有时是可怕的狮头女身的女神。她“嘴里喷火”，屠杀人类，而且乐此不疲[24]。

可怕的屠戮肆无忌惮地延续了很长时间。最后，瑞才出面挽救“剩下的”人类——现代人类的祖先。他以洪水的形式介入。口渴的母狮喝饱了水后睡着了。待她醒来后已经厌倦了杀人，和平终于来到这个满目疮痍的世界[25]。

同时瑞决定从他创造的这个世界“抽身”了：“在我的有生之年，我心里充满了对人类的厌恶。我已经将他们杀得（几乎）只剩下最后一人，因此我再也不管剩下的那些（无足轻重的）家伙了。”[26]

太阳神骑着天空女神努特变成的母牛回到了天上（努特是接下去的岁差的比喻）。不久之后——与安姆洛迪疯狂旋转的石磨上“颤抖”的“磨轴”极为相似——母牛感到“头昏，开始摇晃和发抖，因为她离地面太高了”[27]。当她向瑞抱怨这种危险的状态时，他下令“把我的儿子舒放到努特下面，保护我平安地生活在天空的支柱上。这些支柱就在曙光之中。让她立于你的头上，不要移动”[28]。舒刚一站到母牛身下，稳住了她的身体后，“上面的天空和下面的大地就开始成形”。与此同时，如古埃及学者沃里斯·巴奇在他的经典著作《埃及人之神》中所写的那样，“母牛的四条腿变成了四个基点上撑起天空的四根支柱”[29]。

与大部分学者一样，巴奇把这个古埃及神话中的“基点”理解成世俗的涵义，认为“天空”也不过是我们头顶上这片蓝天。他想当然地以为，这个比喻的要点是让我们把母牛四只腿的位置想象成指南针上的四个基点——北、南、东、西。他还以为——甚至现在也没有几个古埃及学家会表示反对——头脑简单的赫利奥波利斯的祭司们真的相信天有四角，由四条腿支撑着；而舒，“忠于职守的天空的托架”，则如支撑整个大厦的中心支柱，纹丝不动地托举着这个世界[30]。

然而，根据桑提拉纳和范戴琴德的发现，这些传说就得重新阐释了。舒和天牛的四条腿看起来更像古代科学符号的组成部分，表示以岁差计算的时代的框架——天极轴（舒），和分至圈（四条腿，或者“支柱”，标志着每年两个昼夜平分日和两个至日的日出基点）。

此外，分辨这些描述究竟标志着哪个时代也是一件很引人入胜的事情。

既然里面有条母牛，那就可能与金牛座有关。虽然埃及人与任何人一样，不会连公牛母牛都分不清。但是，它有个更相像的竞争者（至少从纯粹的象征意义上来看），那就是狮子座，时间从大约公元前 10970 ~前 8810 年[31]。因为神话中讲的毁灭人类的那个代理人——女神塞赫迈特的形象就是一头母狮。狮子座年代正值最后一个冰川时代末的急剧消融期，正是地球上大量动物种类突然地、惨烈地灭绝的时候[32]。人类虽然从洪水、地震、气候骤变中死里逃生，但是很可能因此数量剧减，生存空间也极度恶化。在这种情况下，还有什么比一只暴跳如雷的狮子能更准确地预示这个麻烦不断的时代的开启呢？

太阳神的随从和天狼星的居民

古埃及人能够识别和确定神话中地球的岁差时代，这无疑表明他们拥有比其他任何古代民族更高的天文观测水平，对太阳系运转机制也更为了解[33]。而且，如果他们真的具有这么高水平的知识，这些知识必定会受到古埃及人的高度重视，并以极其秘密的方式代代相传。它们会成为赫利奥波利斯高贵的祭司们执掌的最高机密，主要通过口传等传统方式将它们传承下去[34]。如果祭司们意外地发现了将这些知识记载入金字塔铭文的方法，那么，比喻和寓言会不会就是他们采用的形式呢？

我慢慢地走过乌纳斯的墓室布满灰尘的地面，在凝重的氛围中，观看着那些已经退色的蓝色和金色的铭文。在哥白尼和伽利略出生前几千年，这些墙壁上以密码语言刻写的文字似乎就在讲述太阳系的日心本质了。

例如其中有这么一段文字，描写太阳神瑞坐在一把铁宝座上，周围环绕着低级别的神祇。他们不停地围着他转，据说都是“他的随从”[35]。还有一段文字也说，他们让故去的法老“站在分成两半的天顶，权衡诸神的是非，这些老态龙钟的神祇都围着太阳神瑞转圈”[36]。

如果能证明，那些围着瑞转的、“老态龙钟的”和“周围环绕的”神祇，是指我们太阳系行星的专用术语，那么金字塔铭文的原作者必定掌握了极为高深先进的天文学资料。它们必然知道，是地球和其他行星绕着太阳转，而不是太阳绕着地球和行星转[37]。这样就产生了一个问题：任何历史时期的古埃及人，以及继承他们文明的希腊人，乃至文艺复兴时期的欧洲人，都从来没有过这么高水平的宇宙结构资料。那么，怎么解释这些可以追溯到埃及文明初期的文献所展示的现象呢？

另外还有一个（可能）与天狼星有关的谜题。埃及人总把天狼星与伊希斯——俄赛里斯的妹妹和配偶，何露斯的母亲——联系到一起。金字塔铭文中有一段写俄赛里斯的话是这样说的：

> 你喜欢她，她也爱你的妹妹伊希斯来了。你将她放到你身上，流出物进入她的身体。她有了孩子，肚子大得像塞普特星（即天狼星）。何露斯-塞普特来自于你，以何露斯现身，住在塞普特星上。[38]

这段文字当然可以做多种解释。不过使我感兴趣的是，这些话清楚地表明，天狼星被认为是个双重身份的统一体，好比一个“怀孩子的大肚子”女人。此外，在何露斯出生以后，这段铭文特意提醒我们，他仍然“住在塞普特星上”，大概表示他与母亲呆在一起。

天狼星是一颗不寻常的星辰，在北半球冬夜的星空里尤为明亮夺目。

它是一颗联星，就是说，确实如金字塔铭文所说，是一个“双重身份的统一体”。主体部分，天狼星A，是我们平时看到的天狼星，而天狼星B——一颗环绕天狼星A旋转的矮星——却是我们用肉眼根本看不到的。直到1862年美国天文学家阿尔万·克拉克通过当时最先进、最大的望远镜发现了它，西方科学界才知道它的存在[39]。书写金字塔铭文的抄写人怎么可能知道天狼星是一颗合二为一的星辰的？

1976年美国作家罗伯特·坦普尔出版了一本重要的著作《天狼星之谜》。据我所知，作者在此书中给这个问题提供了一些不同凡响的答案[40]。他的研究着重于西非多贡部落的传统信仰。他们信仰的宗教对天狼星的联星特征做了明晰的描述，而且提出了天狼星B在轨道上环绕天狼星A旋转一周的正确时间——50年[41]。坦普尔雄辩地说明，这么高水平的科学信息是古埃及人在文化传播的进程中传授给多贡人的。因此要解开天狼星之谜，我们还是得在古埃及人中寻找答案。同时他还得出一个结论：古埃及人肯定是从来自天狼星的智慧生物那里获得这些信息的[42]。

与坦普尔一样，我也认为古埃及人先进和精准的科学技术超越了他们当时的实际水平，只有将其归结为接受了一笔科学的遗产才能言之成理。与坦普尔不一样的是，我看不出非说这笔遗产来自外星人的理由。在我看来，将赫利奥波利斯祭司们拥有的这种超常的天文知识解释为一笔消失的文明留下的遗产似乎更为合理。在悠久的历史长河中，在遥远的古代，这个文明就具有了高度发展的科学技术。依我看，对于那些不知名的、能够绘制我们在第一部中探讨过的那些不可思议的史前地图的开拓者和科学家而言，建造一台能够探测到天狼星B的仪器可能不是什么难事。这种区区小事当然也吓不倒那些将复杂得惊人的日历传授给古代玛雅人的、不知名的天文学家和时间计量人员。要知道那可是积几千年的观察所做的精确记录才获得的天体运动的数据库，其间的大量数据似乎只适用于拥有复杂的科学技术的社会，在“原始的”中美洲王国根本就无用武之地[43]。

几百万年和星辰的运动

大数字也出现在金字塔铭文中，例如，太阳神乘坐一艘“百万年之舟”在黑暗的、没有空气的星际空间航行[44]。智慧之神透特（他是天堂的计算之神，他清点星星，也测量大地）拥有授予亡故的法老几百万年生命的权力[45]。“永恒的国王，永生之主”俄赛里斯的一生中也东奔西走几百万年[46]。“几千万年”和更让人头大的“一百万个一百万年”[47]之类数字的频繁出现足以说明，古埃及人的文化中，至少有那么一些成分肯定已经十分发达，使具有科学头脑的人们可以方便地关注时间的无穷。

这样一个民族当然需要一部极好的历法，便于进行复杂、准确计算的历法。因此，当我了解到古埃及人像玛雅人一样拥有这样的历法时，我一点儿也不感到吃惊。然而随着时间的推移，他们对它的功能的理解似乎日趋下降，而不是逐步加深[48]。这些继承来的极为久远的知识主体渐渐消亡的现象使人总想一探究竟。古埃及人自己的话证实了这种印象。他们开诚布公地说他们的历法是“来自诸神”的遗产。

在以后的章节中我们将进一步对这些神祇的身份做详细的探讨。无论他们是何方神圣，他们都必定花费了大量的时间观察星空，积累了丰富的、特别是有关天狼星的资料。古埃及人有一部很有用的历法，据说是神祇送给他们的礼物：天狼星周期历。这部历法很能说明这个问题[49]。

天狼星周期历用技术行话来说，就是“天狼星与太阳同时升起的周期性回位”。经过一段季节性的消失后，这颗星第一次露面是在黎明时分、刚刚在日出之前升起在东方[50]。天狼星出现这种与日同升的现象的时间间隔是准确的 365.25 天——一个悦耳的、简洁的数字，小数点后面就两位数，与太阳年的时间只差 12 分钟[51]。

在人类肉眼可以看见的约两千颗星星中，天狼星是独一无二的，它与太阳同时升起，而且出现的周期间隔又是那么准确的，不多不少正好 365.25 天的星辰，这正是天狼星的特异之处。这是它“恰到好处的运动”（在太空中它自己的运动速度）与岁差作用相结合产生的独特效果[52]。此外天狼星与太阳同时升起的那一天——古埃及日历上的元旦——传统上都由赫利奥波利斯这个编撰金字塔铭文的地方计算出来，然后提前通知尼罗河上下所有主要的神殿[53]。

我记得，在金字塔铭文中，天狼星被直截了当地称为“新年之名”[54]，加上其他相关段落（如第669节[55]）的佐证，我们可以确定，天狼星历至少与金字塔铭文的历史一样久远[56]，而它们的源头则笼罩在远古的迷雾里了。因此，我们不禁要问，在那么古老的时候，谁能拥有那些必不可少的科学技术，观察并且记录天狼星与太阳同时升起的这个365.25天的周期？法国数学家史瓦勒·鲁比兹形容这种巧合是“意想不到的天作之合”[57]。

> 我们不得不对发现这种巧合的伟大的科学表示钦佩。天狼星双星被选中，是因为在群星灿烂的星空中，它是运行距离和方向都恰到好处的唯一星星。这一成果的获得显然必须对天空进行长期的、坚持不懈的密切观察。这一事实早在四千多年以前就已被发现，可是我们到现在才记起来。[58]

正是这笔遗产——经过数百年密切的天象观察和科学的记录整理出来的财富——使埃及在人类历史的初始时期获益匪浅，并且被记载于金字塔铭文之中。

由此引发了另一个谜团。

原文抄录还是翻译之作？

大英博物馆古埃及文物部的前主管，权威的象形文字词典的作者沃利斯·巴奇，在他去世的那一年——1934年[59]——在文章中坦率地承认：

> 金字塔铭文的解读真是困难重重。里面有大量的文字意义不明……句子的结构经常让译者焦头烂额，一旦全是不认识的词汇时，整句话就成了天书。我们能有把握地推定的只是：这些铭文常常用于葬礼。但是，它们在埃

及的使用年代显然只有一百年多一点。至今无人知晓为什么这些铭文突然出现于第五王朝末期，而后在第六王朝末期又突然中止使用。[60]

答案会不会是这样的：它们是一个早期文学作品的抄录本。第五王朝的最后一位法老乌纳斯，加上第六王朝他的几位继任人，竭力将这些作品永远地保留于他们自己坟墓里的石头上？巴奇认为是这么回事，而且还认为，许多证据显示，铭文中有些原始资料肯定非常非常古老。

有几个章节表明，临摹这些文字以便刻写人镌刻到金字塔墓室的墙上的人，根本不懂他们在写些什么……它们给人的总印象是，抄写这些文章的祭司是将不同时代、不同内容的文章东一段西一段拼凑到了一起……[61]

上述所有观念都是假定那些原始文件，无论它们是什么，都是以古埃及语的古体形式书写的。然而巴奇没有想到还有另一种可能。祭司们的任务可不可能不仅仅是抄写，还有将另一种语言书写的原文翻译成象形文字？如果那种文字中有科技术语、涉及科技产品和科学概念，而古埃及语中根本没有相应的表达方式，那么就可以解释铭文中某些段落给人留下莫名其妙印象的原因了。不但如此，如果这种抄写和翻译到第六王朝末期已经完成，人们就很容易理解为什么此后再也没有刻写过“金字塔铭文”：这个项目所有的工作已经结束了。公元前 2356 年，当乌纳斯在位时，这部圣典已经因经年历久而破损不堪，现在他们可能已经将它完整地用象形文字抄录并保存了下来。

创世之初的最后记录

因为我们急于在天黑之前尽可能多赶点路，我和桑莎只好无奈地决定离开。虽然我们原本只打算在乌纳斯的陵墓中呆一小会儿，但是墓室中那阴郁的氛围和来自古代的声音使我们浮想联翩，一呆就是两个小时。

我们走出了墓室，弯着腰，沿着陡峭的过道向出口走去。我们在那里停了一会儿，好让眼睛适应上午刺眼的阳光。这时我趁机扫视了一下这个金字塔，它已经崩坍损毁得面目不清了。原来的主体砖石建筑，垮得就像一堆难以名状的碎砖烂瓦。这些都证明金字塔的质量之糟糕。甚至它的表面石板——其中有些还完好无损——都不像历史更古老的吉萨金字塔那样精细。

这很难用令人信服的历史进程进行解释。按正常的建筑技术和建筑观念的发展，人们预计情况应该相反：乌纳斯金字塔的设计、施工和石砌工艺等都应该超过吉萨金字塔建筑群。按正统学派的观点，后者的建造比乌纳斯金字塔要早两百年[62]。

但是事实却不是这种令人欣慰的情况（也就是说，吉萨比乌纳斯“好”，而不是相反）。这一事实是令埃及学者感到棘手的挑战，提出的问题至今没有令人满意的答案。在这里，我重申一下核心问题：胡夫、海夫拉和门卡乌拉这三座极为壮观、极为华丽的金字塔无处不表明它们是集几百年乃至上千年建筑和工程技术的经验之大成的终端产品，但是考古研究证实的事实却恰恰相反：它们是埃及建造得最早的金字塔。这就是说，它们不是那个国家金字塔建造工程成熟阶段的产品，而是它的初期产品。这实在太反常了。

还有一个谜团也需要破解。埃及第四王朝建造的吉萨三大金字塔已达到登峰造极、永世长存的境界——石块的大小，一百多米的高度，数以百万吨计的重量等等，全都空前绝后，而且具有许多极为先进的特征。此后没有一座金字塔能望其项背。但是没过多久，在规模比它们小、建造比它们简陋的第五和第六王朝的金字塔下面，却好像建造出了一种“文卷殿堂”：这里永久地展示着古代文件的抄本或者译作，同时也是空前绝后的书法艺术和象形文字艺术的极品展览。

总而言之，如吉萨金字塔的建筑一样，金字塔铭文毫无预兆地突然出现在舞台上，占据舞台的中心约一百年之后，突然停止了表演，此后再也无人能够超越。

也许安排这一切的古代君王和圣贤们知道他们在干什么。如果是这样，他们的头脑中一定有个全盘计划。他们肯定希望人们能够看到存在于巍峨但无字的（而技术上辉煌灿烂）吉萨金字塔与书写得美轮美奂（但技术上马虎潦草）的第五、第六王朝金字塔之间的微妙联系。

我也认为，在代赫舒尔的金字塔群至少可以找到这个问题的部分答案。那里离沙卡拉只有十五分钟车程，是所谓的“弯腰”金字塔和“红色”金字塔所在的地方。这两座建筑都为斯奈弗鲁——胡夫法老之父所建，保存很好，多年前就不对公众开放了。金字塔周围建了一个军事基地，很久都没有人能去参观——任何情况下都不许。

在我们南下的路上，在十二月的艳丽色彩中，一种感觉排山倒海似的向我涌来：早在人类开始有记载的历史之前，尼罗河谷就已经是人类重大事件的发生地。埃及所有最古老的记载和传说都提到这类事件，并将它们与一个时代联系起来。在那个时代，大地由诸神统治，那个时代就是寓言中的第一时代，它叫做“创始时代”[63]。在后面的两章中，我们将对这些记载来个刨根问底。

第四十三章 寻找第一时代

下面就是古埃及人说的第一时代的故事。当时，也就是创始时代，他们说，诸神统治着他们的国家，那是一个黄金时代[1]。那时候，深渊之水消退了，原始的黑暗消失了，重见光明的人类获得了文明作为礼物[2]。他们还讲述了介于人与神之间的“乌须”人。他们是次等级的神。“乌须”的意思是“守望者”[3]。他们对神祇保留着极为鲜明的记忆。这些叫做“纳特鲁”的神祇有权有势而且英俊漂亮。他们与人类一起居住在地上，从赫利奥波利斯和上下尼罗河的所有圣殿向全国发号施令。纳特鲁男女都有，他们都具有超凡的能力，可以随心所欲地变成男人、女人、飞禽、走兽、爬虫，甚至树木和花草。他们的言行举止似乎也如人类，有喜怒哀乐也有短见偏执。虽然他们比人类更强壮、更聪明，但是他们也会生病，在某些情况下，甚至会死亡或被杀掉[4]。

史前的纪录

考古学家们坚称，诸神的时代，也就是古埃及人所谓的第一时代，只不过是神话故事而已。然而，对自己的过去可能比我们更了解的古埃及人却不以为然。他们历史悠久的神庙保存的历史资料中有完整的历代国王的名单，清清楚楚地列出每个王朝、每个法老的姓名，而且得到当今学者的公认[5]。有些名单记载的甚至有第一王朝之前很久很久的太古时代统治者的名字。

有两套这样的名单历经岁月的磨难得以幸存，它们离开了埃及，保存在欧洲的两个博物馆里。我们将在本章的后面详细讨论这份名单。它们就是巴勒莫石刻（日期为第五王朝，公元前2500年左右）和都灵纸莎草纸（第十九王朝的神庙文档，用简体象形文字书写，日期为公元前1300年左右）[6]。

此外，我们还有赫利奥波利斯的祭司曼内托的证词。公元前300年他完成了一部内容极为详尽的、备受推崇的《埃及史》，里面提供了整个埃及王朝时代所有国王的年表。与巴勒莫石刻和都灵纸莎草纸一样，曼内托的《埃及史》也延伸到了极为久远的过去，直至诸神统治尼罗河谷的时代。

虽然到公元900年末期曼内托的《埃及史》的抄本好像还广为流传，但是现在它的全文已经散失[7]。幸好犹太人，编年史家约瑟夫（公元60年）和基督教作家阿非利加努斯（公元300年）、优西比乌斯（公元340年）、乔治·辛瑟勒斯（公元800年）都在他们的著作中引用过《埃及史》的内容[8]。这些片断，用南卡罗来纳州立大学的米歇尔·霍夫曼教授的话来说，提供了“现代人研究埃及史的框架”[9]。

霍夫曼教授的话非常中肯[10]。然而埃及学者们选取曼内托著作的历史时代（即王朝时代）那一部分作为他们的资料来源，却否定了他对遥远的黄金时代（第一时代）的史前历史不可思议的洞悉和描述。为什么信任曼内托却又这么挑剔？在接受他的三十个王朝的“历史”事实的同时却将他讲述的更早期的历史全盘否决，这是什么逻辑？何况，既然我们知道他的王朝时期年表的真实性已经被考古学家所证实[11]，仅仅因为考古挖掘还没有找到证据，就认定他写的前王朝的编年史是错误的，这种结论是不是也下得太早了点儿？[12]

神、半神和亡者之灵

如果我们允许曼内托为自己辩护，除了在保留他的著作片断的史料中去寻找证据外，别无选择。其中最重要的史料之一就是优西比乌斯的《编年史》的亚美尼亚文版。这本书开宗明义地告诉我们，它节选自“曼内托的《埃及史》，该书分为三册，分别论述神、半神、死者的亡灵及统治埃及的人世间国王……”[13]优西比乌斯一开始便直接引用曼内托的众神名单，最主要的就是赫利奥波利斯的“九神家族”——瑞、俄赛里斯、伊希斯、何露斯、塞特，等等[14]。

> 他们是埃及最早的统治者。此后王位便无间断地一个个继承下去……延续了13900年……众神统治的年代过去后，半神统治了1255年，后来，另一支血脉的国王统治了1817年，然后又是30多个国王，他们统治了1790年；再又有10个国王，统治了350年。随后是亡者之灵的统治……总共5813年……[15]

这些朝代加起来共24925年，把我们带到了远远早于《圣经》上的创世纪年代（公元前5000年的某个时候）[16]。由于这表明《圣经》的年代有误，它给坚定的基督徒优西比乌斯带来了麻烦。但是，他灵机一动想出一着高招：“我把他的年按月球的运转来算，这样一年就只有30天。我们现在的一个月，就是埃及人原来的一年。”[17]

埃及人当然不是这样算的[18]。但是经过优西比乌斯这么一鼓捣，他和别的一些人就成功地将曼内托书写的前王朝25000年恢宏的历史压缩为万无一失的2000年稍多一点儿的那么一小坨，正好在《圣经》上讲的亚当面世与大洪水发生之间的2242年间[19]。

消除曼内托的证据中那令人不安的年代所表达的含义还有一招，那就是僧侣乔治·辛瑟勒斯的破口大骂。他写道："曼内托，埃及那个受诅咒的神庙里的祭司头儿，（跟我们说）什么根本就不存在的神灵，胡说他们统治了 11895 年……"[20]

在这些片断中还出现了几个奇特而相互矛盾的数字。特别值得一提的是，曼内托多次讲到，从众神起始，至人世间国王统治的第三十王朝（也是最后的王朝）结束，埃及整个文明史为漫长的 36525 年[21]。这个数字无疑与 365.25 天的天狼星历年有关系（在上一章中我们讲过，每次天狼星与太阳同时在东方升起的时间间隔为 365.25 天）。可能出于特意设计而非凑巧，这个数字正好是 1460 个天狼星历年的 25 个周期，也是 1461 个太阳历年的 25 个周期（因为古埃及人的日历是"模糊年"，严格按 365 天为一年计）[22]。

这些数字如果有意义的话，那它们代表什么呢？谁也不能确定。然而，无论这些数字与诠释造成了多么大的混乱，曼内托原有的一个要旨却是不可能混淆，也不可能被淹没的。那就是，他似乎在向我们宣告，在公元前 3100 年第一王朝建立之前很久，文明的生灵（包括神祇与人类）就已经出现在埃及了。这与我们以前学习的历史是循序渐进的观点反其道而行之。

狄奥多罗斯和希罗多德

曼内托的这些观念获得了最优秀的作家的支持。

希腊历史学家狄奥多罗斯就是一例。公元前 1 世纪，他曾访问过埃及。最新翻译他作品的译者奥德法德给他做了一个恰如其分的评价："他是一个利用好的原始资料并忠实地再现原文的、不加批判的资料收集者。"[23] 这句话说白了就是，狄奥多罗斯不将他的个人见解和先入为主的观念强加于他收集的资料。因此，他收集的有关埃及祭司的资料对我们就格外有价值。他曾经就他们国家神秘历史请教那些祭司。下面是他们对他说的话：

起初，众神及英雄们统治着埃及，为期近 18000 年。最后一个统治埃及的神祇是何露斯，伊希斯的儿子……他们说，人世间的国王统治他们的国家将近 5000 年。[24]

现在，我们不妨也“不加批判地”算一下这些数字，看看最后是什么结果。狄奥多罗斯写这些东西时是公元前 1 世纪，如果从那个时候倒回去 5000 年，就是人世间的国王开始统治埃及的时间，那便是公元前 5100 年。如果再往前倒，到“神祇与英雄们”开始统治埃及的时代，我们就回到公元前 23100 年了。这正是最后的冰川时代在全世界盛极之时。

在狄奥多罗斯之前很久，另一位希腊作家和杰出的历史学家就造访过埃及，他就是公元前 5 世纪伟大的希罗多德。他好像也曾拜访过祭司们，也曾聆听过在遥远的古代的某个时候，高等文明出现在尼罗河谷的传说。希罗多德将太古时期埃及文明的传说写进了他的巨著《历史》的第二卷。在这部著作中，他不带任何评论地录入了赫利奥波利斯的祭司讲的一段奇异的璞玉浑金之言：

在这个时代，他们说，太阳有四次不在它应该起落的地方起落——两次在它现在落下的地方升起，两次在它现在升起的地方落下。[25]

这话是什么意思？

根据法国数学家史瓦勒·鲁比兹的说法，希罗多德要告诉我们的是一段时间（可能是无意的）——一段太阳按岁差向前运行，完成了在黄道带上运行一个半周期的时间[26]。

正如我们已经知道的，春分点日出走完黄道带十二宫中的一宫所需的时间大约为 2160 年。因此，完成一个岁差周期所用的时间差不多要 26000 年（2160×12 年）。一个半周期所需要的时间就是 39000 年（2160×18 年）。

在希罗多德的时代，春分那一天，旭日东升时对应的星空是白羊座。这时候，位置在正西的星座是天秤座，12 个小时后，太阳将从那里西沉。但是，如果把岁差运动的时钟倒回去半圈——即在黄道带上倒回去六宫，或者说倒回去大约 13000 年——我们就会发现，整个结构就正好颠倒过来：春分的日出背景成了天秤座，而白羊座到了正西。再倒上 13000 年，这种情况又会翻一个个儿，太阳又会升起在白羊座，天秤座又回到了西边。

这把我们带到了希罗多德之前 26000 年。

如果我们在那个时候再往回退 13000 年，再来半个岁差周期，就是说，希罗多德所处时代的 39000 年前，春分的日出又回到天秤座，白羊座又跑到反面去了。

现在的要点是：在 39000 年这么长的一段时间中，太阳有"两次在它现在落下的地方升起"，就是说，两次在希罗多德所处的时代的天秤座升起（在那之前的 13000 年和 39000 年），及"两次在它现在升起的地方落下"（在那之前的 13000 年和 39000 年）[27]。如果史瓦勒的翻译没错（我们有充分的理由说明他没有），希腊历史学家记载的祭司之言说明，他们肯定接触过在他们之前至少 39000 年前就开始进行的精确的岁差运动记载。

都灵纸莎草纸和巴勒莫石刻

39000 年这个数字与都灵纸莎草纸提供的证据接近得令人乍舌。都灵纸莎草纸是仅存的两份古埃及国王年表之一，其时间延伸到第一王朝之前的史前时期。

纸莎草纸原是撒丁国王的收藏。这份又皱又脆的、已经有三千多年历史的纸莎草纸文件，就那么不加任何保护地搁在一个盒子里，送达现在存放它的都灵博物馆。哪怕是个小学生都可以预料得到，它送到那里时已经几成齑粉。学者们花了好多年的时间将这些碎片拼合到一起，竭力弄懂这些残片中的意思。尽管他们干得非常出色[28]，这份珍贵的文件半数以上的内容已经不可能复原了[29]。

如果纸莎草纸能够完好无损的话，我们能够从中得到有关第一时代的什么信息呢？

残留的文件已经十分令人心痒。例如，在其中的一段记录中，我们看到了10个纳特鲁（神王）的名字。每个名字周围都有涡卷形边框，与后来埃及历史上国王的名字所使用的几乎一样。还有每个纳特鲁统治的年表，只可惜大部分年代都因文件的损毁而无据可考了[30]。

在另一栏中，我们看到了一个统治上埃及和下埃及的国王的名单。他们似乎是在诸神之后，在美尼斯建立统一的埃及王国之前的国王（美尼斯于公元前3100年成为第一王朝的第一任法老）。从残片中可以辨认出前王朝时代九个“朝代”的法老的名字，如“尊敬的孟斐斯之王”“尊敬的北方之王”及歇姆苏赫（何露斯的同伴，或者说随从）等等。这些人统治着埃及直到美尼斯统一埃及。这一栏的最后两行似乎是个总结，或者说是归纳总数，这些数字可能会大大刺激某些人的神经：“尊敬的歇姆苏赫，13420年，歇姆苏赫之前，23200年，总数为36620年。”[31]

另外一份涉及史前历史的国王年表是巴勒莫石刻。它不像都灵纸莎草纸那样能把我们带回到那么久远的过去。在它的残留记录里，最早的是在前王朝时期的晚期统治上埃及和下埃及的120个国王的年表，即公元前3100年这个国家统一之前的几个世纪中，埃及统治者的名单[32]。可是在这里我们又一次感到惶惑。在这块谜一般的黑色玄武岩石板上，原来到底镌刻着多少远古时代的资料？因为它留传到今天时已是七零八落了。自从1887年最大的一块石板被保存在西西里的巴勒莫博物馆以来，第二块在开罗博物馆展出，第三块残片要小得多，现存于伦敦大学的皮特里收藏馆[33]。考古学家推断，这些残片原来是一块整石，原件长度可能有2.13米，高0.61米，横着摆放的[34]。此外，如一位权威学者所言：

> 也许，这种可能性很大，这块无价之宝还有许多其他的残片，要是我们知道到哪里去寻找该多好啊。即使现在这样，我们也已经看到了许多令

我们振奋的内容。上面记载着所有王朝时代最初阶段的国王的名字、他们统治的年代和任期内发生的重大事件。这些事件记录于第五王朝，离埃及统一不到700年，因此，误差的程度应该是非常低的……[35]

上述这段话是已故的沃尔特·埃默里教授说的。他对散失的巴勒莫石刻残片始终耿耿于怀，里面有他求之若渴的王朝时期的最初阶段，即公元前3200年~前2900年的详细情况[36]，这是他自己研究的专题。然而，我们还应该想得更开阔一点儿。想一想，一块完整无缺的巴勒莫石刻能够告诉我们什么有关更早的时期，即创始时代——神祇们的黄金时代的什么信息。

越是深入到神话和对埃及漫长历史的记忆中，离传说中的第一时代越近，我们周围的这片土地就变得越发陌生，越发奇异……我们将会看到这一点。

第四十四章 第一时代的神祇

按照赫利奥波利斯的神学观念，第一时代出现在埃及的九位神祇是瑞、舒、泰夫纳特、盖布、努特、俄赛里斯、伊希斯、纳普瑟斯和塞特。这些神祇的后裔包括大名鼎鼎的何露斯和阿努毕斯。此外，其他诸神的同伴也同样大名在列，特别是在孟斐斯和赫尔莫波利斯，在那些地方有非常重要、非常古老的专为卜塔和透特两神修建的神庙[1]。这些第一时代的神祇在某种意义上说，都是创造之神，通过神的意志，将混沌造化为万物。他们在一片混沌中造出了埃及这块圣地，造出了人类并使之繁衍[2]。他们作为神王统治这片地方成千上万年[3]。

那么，“混沌”到底是个什么东西？

公元前1世纪，赫利奥波利斯的祭司们在与希腊历史学家狄奥多罗斯交谈时说的话令人三思。他们说“混沌”就是洪水。狄奥多罗斯证实，就是那场毁灭全世界的、希腊的诺亚式人物丢卡利翁遇到过的大洪水[4]。

总而言之，他们说，如果发生在丢卡利翁时代的洪水几乎毁灭了世间一切生灵的话，生活在埃及南部的人可能比其他任何地方的人都幸运得多……或者说，如果真如有些人坚持的那样，洪水将一切生命都毁灭了，然后大地上才又有了新的动物，即使根据这种假想，他们的国家也是创造最早生命的最合适不过的地方……[5]

为什么埃及就这么得天独厚？他们告诉狄奥多罗斯，这与埃及的地理位置有关。它的南部地区大都暴露在炽热的阳光下。神话中说，世界经历了大洪水后，降雨量骤增，“充沛的雨水造成了大量的水蒸气。这些水蒸气与其他地方的高温结合到一起就会闷热难耐。但是，在埃及只会使空气变得非常温和适中，宜于所有第一代生物的生长……”[6]

说来也怪，埃及的地理位置的确特殊：正好在大金字塔旁边交会的经纬线（北纬30°，东经31°）穿过世界上最干燥的地方。不但如此[7]，在最后的冰川时代，当数百万平方千米的冰源在北欧消融，当上升的海平面淹没了世界各地的沿海地区，当冰原化为大水，大气中过量的水蒸气化为倾盆暴雨的时候，在全世界都饱受洪水之苦时，埃及却得到了几千年的滋润和带来丰收的好气候[8]。不难看出，埃及人对这种“温和适中，宜于所有第一代生物生长”的气候怀有怎样深情的记忆。

因此我们不得不问：狄奥多罗斯听到的这些远古的故事究竟是什么人传下来的？那些对最后一个冰川时期末期，埃及风调雨顺的好气候的准确描述，仅仅是巧合，还是一个极为古老的传说——或许是对第一时代的记忆？

神蛇在上

瑞是第一时代的第一位神王。当他年轻力壮的时候，他把国家治理得井井有条，国泰民安。可是消失的岁月夺走了他的青春和健康。在他统治的末期，他已经成了一个满脸皱纹、步履蹒跚、口唇颤抖、涎水滴答的老者[9]。

舒继位当了人世间的国王，但是他在任职期间阴谋、纷争不断。虽然他消灭了他的敌人，可是病痛使他变得暴戾凶狠，以致最忠诚的部下都忍无可忍："在九天可怕的骚乱之后，舒厌倦了治理国事，禅位于儿子盖布，自己回到天上躲清静去了。"[10]

第三任神王盖布正式继位登上法老宝座。他在任期内也是麻烦连连。有些讲述盖布统治期内的神话故事使人想起金字塔铭文中那些怪诞的语言，那些用非专业技术用语对付复杂的高科技产品所做的形象化的描述。其中一个给人印象特别深刻的传说讲到一个"金匣子"。瑞放了些东西在里面，有他的"棒"（或者说权杖），一缕头发和他的乌拉尔斯（王冠上的饰物，黄金打造的颈部怒张的眼镜蛇形象）[11]。

这个匣子是个威力强大而又十分危险的法宝。在瑞升天后，匣子和里面异乎寻常的宝物被密封在埃及"东部边界"的一个要塞里，多年无人敢动。盖布继位后，他下令将匣子取来，在他面前打开。就在匣子被打开的瞬间，一股烈火猛然喷出（被形容为神蛇的呼吸），盖布身旁所有的人当即倒地而毙，神王自己也被严重灼伤[12]。

这些描述让人怀疑，这会不会是对一个失灵的人造装置的扭曲记载：一个失落文明的科学家设计制造出来的怪异装置给人们留下的可怕而混乱的回忆。在我们的记忆中，这并不是古代世界唯一的、致命的、难以预料的机械作用的金匣子。明眼人一看就知道，它与希伯来人的高深莫测的"约柜"有许多相似之处：它也在瞬间爆发极大的能量伤害无辜，也是镀金的。据说里面不但有刻有《十诫》的两块石板，还有盛放圣食吗哪的金罐和祭司亚伦的权杖[13]。

对所有这些神秘而奇妙的箱子（和其他古代传说中的"科技产品"）的蕴意进行研究已经超出了本书的范围。我们的目的仅在于提醒大家注意，赫利奥波利斯的九神周围似乎笼罩着一种危险的、类似科技魔力的奇特氛围。

伊希斯（俄赛里斯的妹妹和妻子，何露斯的母亲）就堪称一个科学实验室。根据大英博物馆切斯特·贝蒂纸莎草纸记载，她是一个"聪明的女人……智慧高过无数的神祇……她上知天文下知地理"[14]。她以精通巫术和魔法而闻名。古埃及人对她的“伶牙俐齿”尤为称道。她擅长辞令，说起话来“铿锵有力，滔滔不绝。即使是发号施令，她的遣词造句也完美得无可挑剔”[15]。总而言之，据说，单凭她的声音，就能够改变现实，违背自然规律，以至无所不能。

智慧之神透特也具有同样的力量，而且更大。他虽然不属于赫利奥波利斯的九神家族，但在都灵纸莎草纸和其他古代文档中，他都位列古埃及的第六位（有时为第七）神王[16]。在神庙和墓壁上，他经常以鹮首人身的形象出现。透特具有管理才能，负责天上所有的计算和注释工作；作为掌管时间的主人，他有增加时间的权利；他发明了文字；他是魔术的庇护人。他精通天文、数学、测量和地质学，被誉为“上算星辰，下测大地”之神[17]。人们认为他“了解天底下所有隐藏的”不解之谜，将智慧传给选定的人。据说他把自己的知识写成秘籍，藏在世界各地，希望后代子孙去寻找，但是“只有那些配得上的人”才能发现。这些人将用它们造福人类[18]。

显然，透特除了是个言之凿凿的古代科学家以外，他还是科学和文明的保护者[19]。在这方面，他很像之前的俄赛里斯——金字塔铭文中位居高位的神祇、埃及的第四位神王。“他的名字是萨赫（猎户座），腿很长，步伐很大。他主管南方的一切……”[20]

俄赛里斯与永生之王

在铭文中，俄赛里斯偶尔被称为 neb tem 或者“宇宙之王”[21]。他被描述为一个凡人，但也是个超人。他忍受凡人的痛苦，同时又施发天神的号令。他的双重性体现在：他是天空的主宰（作为猎户星座），又是人间的国王。与安第斯山的维拉科查和中美洲的魁扎尔科尔亚特一样，他的方法也神秘而巧妙。与他们一样，他的身材也格外高大，蓄着神祇才有的蜷曲的胡子[22]。与他们一样，他也有召之即来的超自然的法力，但是，除非万不得已，他绝不使用[23]。

我们在第十六章中看到，墨西哥的神王魁扎尔科尔亚特在海边乘一只蛇编成的筏子离开了中美洲。因此当我们在埃及的《亡灵书》中看到，俄赛里斯也住“在水边”，墙壁是“活蛇”编织成的房子里时，我们不能不有似曾相识之感[24]。起码，将两位神祇和两种截然不同的宗教联系到一起的象征符号的一致性着实令人震惊。

还有其他显而易见的相似之处。

俄赛里斯故事的主要细节我们在前面的章节中已经讲过，在这里就不再重复了。读者不会忘记，与魁扎尔科尔亚特和维拉科查一样，他也是人类的恩人。他是蒙昧人类的启蒙者，是引导他们走向文明的领袖[25]。例如，人们赞誉他废止了食人恶习，给埃及人引进了农业，特别是教会他们种植小麦和大麦，教他们制作农业生产工具。由于他喜好葡萄酒（神话中没说他是在哪里养成这种嗜好的），他“向人类传授酒文化，教他们采摘葡萄和储存葡萄酒的方法”[26]。他不但让他的臣民过上好日子，还帮助他们扬弃“粗鄙野蛮的行为举止”，为他们建立法律条文，带来了埃及的宗教信仰[27]。

把一切都安排就绪后，他把王国的权力交给伊希斯，离开了埃及，奔走于世界各地。他的目的只有一个，祭司们对狄奥多罗斯说：

> 他去到所有人类居住的地方，教导他们种植葡萄、小麦和大麦。因为他知道，只要他能使人类脱离野蛮状态，过上有礼教的生活，他就会因他给人类带来的福祉而获得不朽的荣耀……[28]

俄赛里斯先到了埃塞俄比亚，教导他碰到的原始的狩猎人农耕和饲养家畜。他还进行了大规模的工程和水利建设，“他修建了有排洪闸和调节器的渠道……他筑高河堤以防尼罗河洪水泛滥……”[29]后来他到了阿拉伯，又从那里去了印度，在那里修建了许多城市。抵达色雷斯后，他杀了一个拒不实行他的治国之策的野蛮人国王。这样做有悖他的行事风格，在埃及人的心目中，俄赛里斯——

从不强迫别人听从他的教导，而是循循善诱，以理服人，因此人们乐于按他说的去做。他的很多忠告都是通过咏诗和歌唱的形式传送到听众中的，而且是在乐器的伴奏声中进行。[30]

又一次，我们无可回避地想起了魁扎尔科尔亚特和维拉科查。在那黑暗和混沌的时代——很可能与洪水相关——一位蓄须的神祇，或者说男子，在埃及（或玻利维亚、墨西哥）现身，他拥有高度发达、成熟的文明社会才有的，既科学又实用的技能。他用这些技能无私地为人类造福。他温文儒雅，但是必要的时候坚定果敢。他有着不达目的誓不罢休的毅力。在赫利奥波利斯（或者蒂亚瓦纳科、特奥蒂瓦坎）建立了他的总部以后，他带着他的同伴继续前行，建立秩序，恢复世界的平衡[31]。

我们暂且把他们是神还是人，是原始的想象还是血肉之躯的问题放一放，现在来谈谈神话中经常提起的文明人的团队：维拉科查有他的“同伴”，魁扎尔科尔亚特和俄赛里斯也有。有时候，这些团队内部会有激烈的冲突，也可能有权位之争，如塞特与何露斯之间、魁扎尔科尔亚特与泰兹卡提波卡之间的战争就是明显的例证。不但如此，无论这些神话故事发生在中美洲、安第斯山还是埃及，最后的结局也几乎完全一样：弘扬文明的使者被阴谋家推翻，不是被赶走就是被杀害。

神话里说，魁扎尔科尔亚特和维拉科查再也没有回来（虽然我们知道，当西班牙人征服美洲时，人们曾以为是他们的回归）。但是俄赛里斯回来了。虽然他周游世界，完成教育人民“抛弃野蛮”的使命后不久就被塞特谋杀，但是他却羽化为猎户星座，从而获得了永生，成为无所不能的亡者之王。从此以后，他就是灵魂的审判者。他树立了不朽的、勤政爱民的王者风范。在整个已知的古埃及历史中，他都是它的宗教和文化的核心。

祥和的稳定

如果安第斯山和墨西哥也能像埃及一样，有这么强有力的象征的传承，那里的文明会发达到什么程度呢？没有人知道。在这方面，埃及是绝无仅有的。虽然金字塔铭文和其他古代文史资料都记载了塞特（和他的72——“岁差数字”——同谋）阴谋篡权曾引起的混乱，但是他们描述的法老权位在何露斯、透特和后来的神王传接中，都是平稳过渡，照章办事。

几千年的埃及凡人国王的继位也效仿了这种传统。从头至尾，他们都把自己当作神的后代，是何露斯——俄赛里斯的儿子——在人世间的代表。王位代代相传，每个逝去的法老都是一个“俄赛里斯”，在天上获得重生，每个王位继承人都成为又一个“何露斯”[32]。

公元前3100年前后，第一王朝开始之时，这种简单、文雅而又稳定的体制已经形成而且尽善尽美了[33]。这一点学者们没有异议，而且大部分都赞同这是一种高度发展的复杂的宗教[34]。奇怪的是，没有什么埃及学家和考古学家对这种宗教什么时候，在什么地方形成提出质疑。

对俄赛里斯的崇拜已经成了一种无所不至的、社会的、形而上学的观念。如果认为这种观念是在公元前3100年便已一蹴而就，未免太不合逻辑。某些埃及学者勉为其难地给了这种观念的形成和发展总共300年时间[35]，这似乎也不可能办到。在那之前，必然有一段漫长的发展时期。这段时期应该是几千年而不是几百年。何况，在所有保存至今的文档中，古埃及人都直言不讳地谈论他们的历史，坦陈他们的文明是“神祇”的遗产，而这些神祇是“埃及最早的统治者”[36]。

这些文档记载的内容并不完全一致，讲述的古埃及文明史有长有短。但是，所有这些记载都毫无疑义地将我们的注意力引向一个很远很远的时代——第一王朝建立之前8000~40000年。

考古学家们坚持认为，没有发现任何实物可以证实，在那么早的时候埃及已经有了发达的文明。但是事实并不尽然。正如我们在第六部中看到的，有不少物件和建筑物至今没有以任何科学方法进行过确定性的年代鉴定。

古城阿比多斯就有这样一座无法确定其年代的非凡之极的建筑……

第四十五章 人类与神的工程

在古埃及不计其数的古迹废墟中，有一个独一无二的神殿。它不仅保存着完好的屋顶，而且在其巍然耸立的墙壁上、面积达数万平方米的精美的装饰浮雕依然栩栩如生。这实在太难得了！它就是塞提一世神殿。在阿比多斯，尼罗河西岸13千米，为埃及王朝极盛时期的第十九王朝法老塞提一世所建（公元前1306～前1290年在位）[1]。

塞提法老之所以出名主要是因为他大名鼎鼎的儿子——拉美西斯二世（公元前1290～前1224年），就是《圣经·出埃及记》中的那位法老[2]。不过，在他自己当权时，他曾数次大规模出国征讨，建造过几处优美的建筑，并且用心整修、重建过许多老建筑[3]。他在阿比多斯的神殿被别出心裁地命名为"万年宅"，是奉献给俄赛里斯[4]，这位"永生之主"的。在金字塔铭文中，这样描写他：

> 你走了，但是你将回来；你睡了，但是你将醒来；你死了，但是你将活着……你逆流而上……以神赋的神灵之身，在阿比多斯四处游荡。[5]

阿提夫王冠

早晨8点，在这个纬度上正是阳光明媚、空气清新的好时候，我走进了寂静、昏暗的塞提一世神殿。殿内只有部分地方用低瓦数的地灯照亮，其他的照明则按照法老的建筑师们原先的设计办理：几束阳光穿过外层砖石结构的缝隙射进来，犹如神光灿烂。巨大的柱石支撑着多柱厅的高大的屋顶，徘徊在光束中舞动的尘埃粒子间，浸润在弥漫于柱石间凝重的空气里，人们很容易想象到俄赛里斯的“神灵之身”可能仍在这里游荡。实际上，这不仅仅是想象，因为俄赛里斯的的确确神态毕肖地出现在墙壁上由浮雕组成的、令人回肠荡气的交响乐章中。这些浮雕刻画着这位过去和未来传播文明的使者和君王，在他美丽而神秘的妹妹伊希斯的陪伴下，加冕为冥府之王的场景。

在这些场景中，俄赛里斯戴着各种不同的、装饰华丽的王冠。我从一幅雕塑走向另一幅雕塑，仔细地打量每一顶王冠。王冠是古埃及法老服饰中一个重要的组成部分，在这里也一样，从浮雕里就可以看得出来。但是奇怪的是，在这么多年的大规模考古挖掘中，从来没有找到过一顶王冠，哪怕只是王冠的一部分都没有，更别说与第一时代的神祇们有关的那种复杂的、礼仪上用的头饰了[6]。

阿提夫王冠尤其令人感兴趣。除了皇家蛇形图徽（墨西哥是响尾蛇，埃及是颈部怒张准备发起攻击的眼镜蛇），这个奇秒装置的中心部分活像上埃及的白色柱形头盔（也是只在浮雕中看到）。王冠的两侧高耸，像是两片薄如蝉翼的金属叶片，前面有两片波浪形的刀片左右展开，中间有个固定装置。学者们通常把它们解释为公羊的两只角[7]。

有几幅浮雕中俄赛里斯就戴着这个好像有60厘米高的阿提夫王冠。按照古埃及的《亡灵书》记载，这顶王冠是瑞给他的：“但是他戴上它的第一天，俄赛里斯就感到头痛难忍。瑞晚上回来时，发现由于阿提夫王冠的高热，俄赛里斯的头已经脓肿发炎。瑞随后给他放出脓血。”[8]

所有这些都是平铺直叙地讲出来的，但是——且慢，好好想想——那

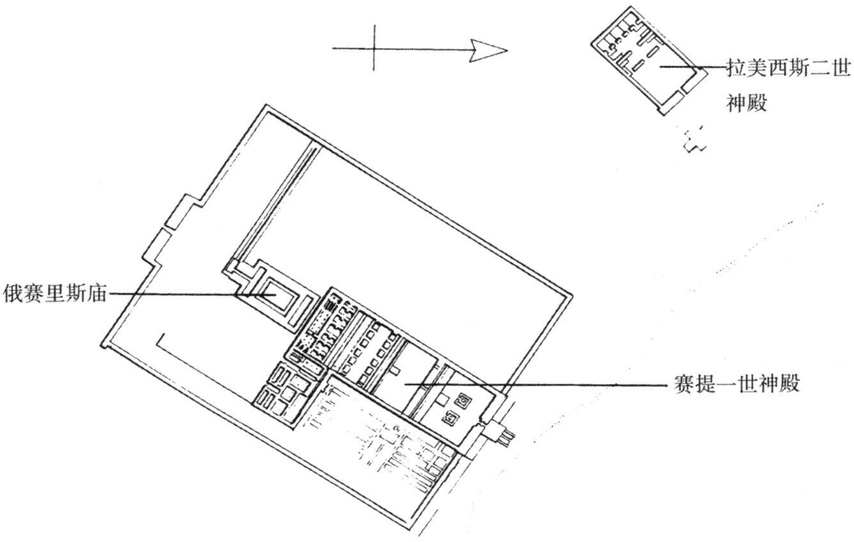

阿比多斯

是一顶什么王冠，能辐射出热量，造成皮肤出血、长脓包？

17 个世纪的国王

我一直往前，走到更暗的地方，终于找到了国王走廊。它在多柱式大厅最里头的东侧，离神殿的入口处大约有 60 米。

走过这条走廊犹如穿行在时间的长廊。左面墙上是古埃及 120 位神祇的名字和他们各自管辖的圣地。右面是塞提一世之前 76 位法老的名字，用象形文字雕刻在椭圆形的漩涡花饰中间，面积约为 3×1.8 平方米。

这个图像被称为“阿比多斯国王年表”。表上的名字金光闪闪。从左往右念，纵向五行，横向三列为一表。它的年代跨越了 1700 年，从公元前 3000 年左右起，第一个名字是第一王朝的第一个法老美尼斯，以塞提自己的名字结尾 ，时间跨度大约为 1300 年。最左面的高浮雕刻画着两个站立的、优美高雅的形象：塞提和他年轻的儿子，未来的拉美西斯二世国王。

地宫

阿比多斯国王年表与都灵纸莎草纸和巴勒莫石刻是同等珍贵的历史文献，都证实了王位继承传统的延续性。这种传统的核心就是对远古的第一时代，诸神统治埃及时代的信仰和记忆。在这些神祇中，最重要的就是俄赛里斯。可能正因为如此，“国王走廊”才有第二个通道，直通神殿后部。那里有一个奇迹般的建筑——自埃及有记载的历史开始就与俄赛里斯相关的建筑[9]。希腊地理学家斯特拉博（公元前1世纪）说它“是用坚实的石头建造的一个非凡的建筑物……在深深的地下有一条溪流，通过巨石建造的、做工精细的拱顶走廊才能来到这里。有一条水渠将尼罗河水引进来……”[10]

斯特拉博之后几百年，古埃及的宗教被新兴的基督教所取代，河流的淤泥和沙漠的沙粒也开始流入俄赛里斯庙，一点一点地将它蚕食。一个世纪又一个世纪过去了，挺立的巨石，巨大的过梁都被埋葬，被遗忘了。从此以后，再也没有人看见它，再也没有人想起它，直到20世纪初叶，考古学家弗林德斯·皮特里和玛格丽特·默里开始他们的考古挖掘。1903年，他们在塞提一世神殿西南60米的沙漠中发现了一部分大厅和走廊，建筑风格显然是第十九王朝的。在这些遗迹与神殿中间，他们发现了确凿无疑的“大型的地下建筑”的迹象[11]。“这个地宫”，玛格丽特·默里写道，“在皮特里教授看来，就是斯特拉博说起的地方，通常被称为‘斯特拉博泉’”[12]。皮特里和默里猜得没错。可惜因为经费不足，他们的猜测一直没有得到证实。直到1912~1913年度，在埃及开发基金会的内维尔教授的主持下，清理出了一个狭长的房间。在房间东北面的尽头处，发现了一个用巨大的花岗岩和砂岩石块建造的巨型门廊。

在1913~1914年的第二挖掘期，内维尔和他的考古队带来了600个当地人帮忙。通过他们的辛勤工作，整个庞大的地下建筑都清理出来了。

我们所发现的（内维尔写道）是一个巨大的建筑。长约30米，宽约

18 米，用埃及所能见到的最大的石头建造。围墙的四周是很小的房间，总共 17 间，只有一人高，没有任何装饰。建筑物内分为三个中殿，最当中的那个比旁边的要宽一些，由两列廊柱将它们分开。廊柱是巨大的独块花岗岩，支撑着同样大小的过梁。[13]

内维尔不无惊讶地描述他测量北面中殿角上的一个石块的情景。那块石料长达 7.6 米[14]。同样令他惊讶不已的是，围墙四周开出的斗室根本没有地板，而且，越往下面挖，里面的沙土就越发潮湿。

这些小房间由一道 60~90 厘米宽的突出于墙壁的壁架相连，中殿的对面也有一道壁架，但是没有地板。挖到 3.7 米深时，我们看到了渗进来的水。即使高大的门廊下也没有地板，当前面有水时，也许可以乘小船到那些小房间。[15]

埃及最古老的石砌建筑

水，水，到处是水。这好像是俄赛里斯庙的主题。1914 年，它就在内维尔和他的手下挖出来的那个大坑底部。比塞提一世神殿的地面低 15 米，几乎与地下水位同高。现在可以从东南面一条现代化的楼梯走下去。我下到楼梯底部，从内维尔和斯特拉博描述过的高大的门廊上巨大的横楣石下走过，穿过一道窄窄的木桥（也是现在架设的），我来到一个很大的砂岩平台上。

平台长约 24 米，宽 12 米，由巨大的铺道石建成，四周全是水。以平台的长轴为中线，两个水池，一个长方形，另一个正方形，就挖在平台当中的这条中线上。中线的两端都有阶梯通到水面以下 3.7 米的地方。平台上还支撑着内维尔在报告中提到的两排大廊柱，每排由五根结实的玫瑰色花岗岩石柱组成，柱高 3.7 米，2.4 米见方，平均重量在 100 吨左右[16]。花岗岩过梁就架设在这些巨大的石柱顶上。这表明，整个建筑先前肯定有更

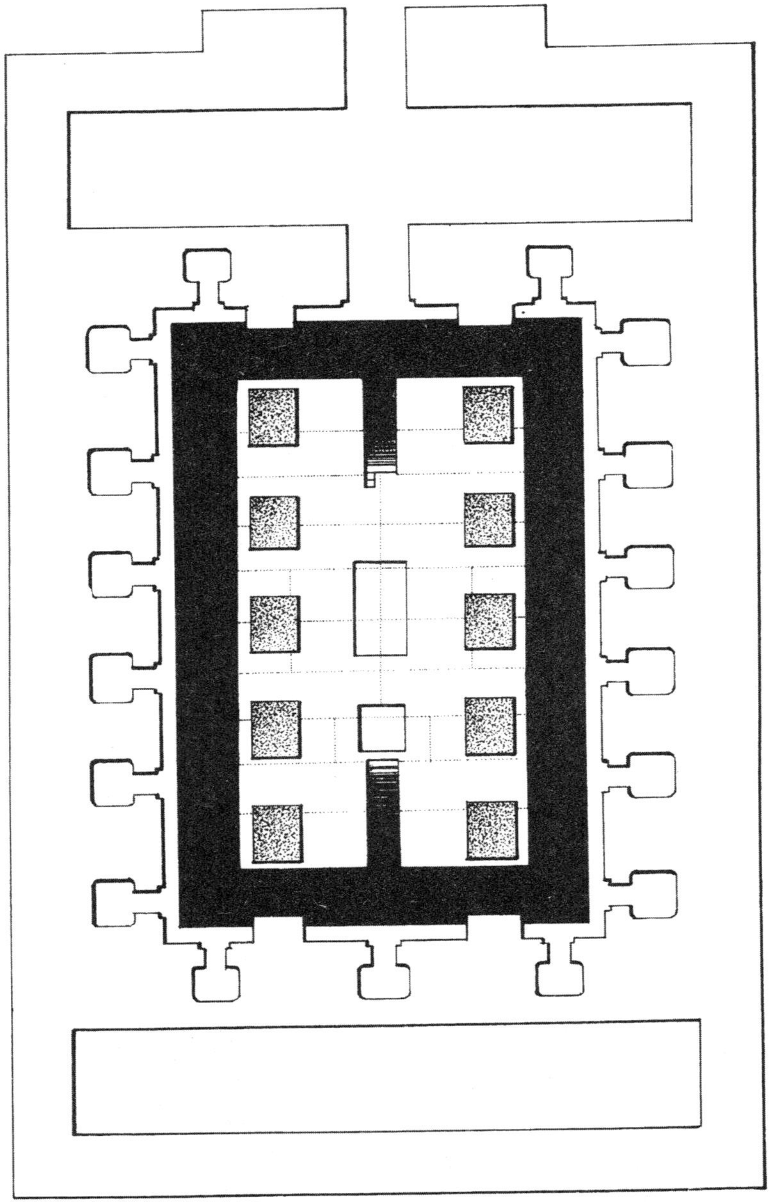

俄赛里斯庙平面图

大的石块架设在房顶上[17]。

为了更好地了解这个建筑，我想象着自己现在凌驾于俄赛里斯庙之上，正在俯瞰着它。现在它已经没有了原来的屋顶，在心目中构想它的整体结构也就更方便。何况现在建筑物内的水池、小房间和渠道都注满了水，直到离中央平台的边沿几厘米的地方，颇有点符合原设计者的意图[18]。

这样往下看马上就一目了然了。中央平台是个长方形的岛，四周环绕着约 3 米宽的水沟。水沟的周围环绕着一道巨大的围墙，墙厚在 6 米以上[19]，用硕大的多边形红色砂岩石块砌成拼花图形。在这厚厚的石壁中，嵌入了内维尔描述的 17 间斗室。东面 6 间，西面 6 间，南面 2 间，北面 3 间。与北面 3 间小房间隔开一点距离，有一间横向的长条形房间，房顶及周围墙壁都由石灰岩砌成。紧靠高大的门廊南面也有同样用石灰岩砌成的横向长条形房间，只是房顶已经不完整了。最后还有一点，整个建筑的外面，有一道石灰岩筑成的外墙。这样就形成了一个套一个的长方形，从外往里看，其顺序是：墙，墙，水沟，平台。

俄赛里斯庙的另一个特异之处在于它不是按照基本方位建造的，与墨西哥特奥蒂瓦坎古城的亡灵之路一样，它朝向正北偏东的方向。以古埃及文明发展的程度，它的建筑物能够，而且实际上已经达到了精确测量方位的程度。在我看来，这种明显的偏斜似乎不可能事出偶然。不但如此，塞提一世神殿虽然比它高出 15 米，但它居然是完全按照俄赛里斯庙的中轴线方向建造下去的。当然这也绝非偶然。现在的问题是：哪一个建筑在先？是俄赛里斯庙按照塞提一世神殿的轴线方向建造，还是倒过来，塞提一世神殿按照俄赛里斯庙的方向修建？这个问题从前曾经引起相当大的争论，只是现在早被人们淡忘了。在一场围绕狮身人面像和吉萨的河谷神殿建造年代的论战中，一些著名的考古学家开始就坚持认为俄赛里斯庙是一座真正极为古老的建筑。1914 年 3 月 7 日，内维尔教授发表在伦敦《泰晤士报》上的一篇文章中说：

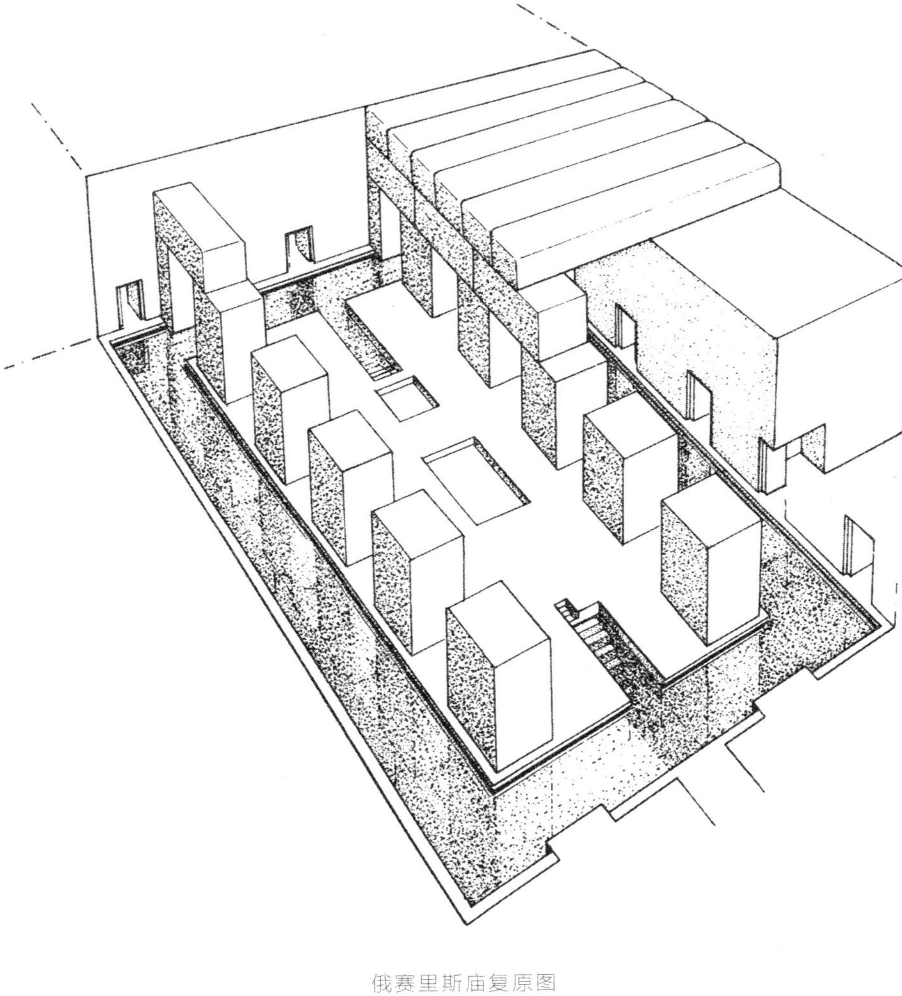

俄赛里斯庙复原图

这座建筑提出了几个重要的问题。至于它的年代，它与狮身人面像神殿（即河谷神殿当时的名称）大量的相似之处表明，它们是属于同一时代的。当时的建筑物都以巨石建造，且无任何装饰。这是埃及最为古老的建筑风格。我敢说，我们甚至可以称它们为埃及最早的石砌建筑物。[20]

内维尔描述了这个建筑的中央大厅那“庄严和极度的简洁”和那些巨大的花岗岩廊柱在他心灵中引起的震撼，表达了对那些“运送巨石并用它们修造了这座建筑的古人的才能”的敬意，然后说出了他对俄赛里斯庙的功能的看法。他认为俄赛里斯庙原来可能的作用是：“证据表明，这个巨大的建筑是个大水库，是在尼罗河涨水时蓄水用的……我们所认为的建筑史初期的作品不是神庙，也不是陵墓，这种情况确实有些匪夷所思……”[21]

的确是匪夷所思，而且非常值得做进一步调查。这也是内维尔原本希望在后来的考古期内做的事情。可惜第一次世界大战中断了他的工作。好多年间，在埃及的考古都无法进行。后来，直到1925年，埃及开发基金会才派出了另一支考古队。这次领队的人已经不是内维尔，而是一个年轻的埃及学者，名叫亨利·法兰克福。

法兰克福的事实

伦敦大学的古典期前古代史教授法兰克福在同行中享有盛名并且影响颇深。这当然是后来的事情。在1925~1930年这段期间，他曾几度带队对俄赛里斯庙进行再清理和彻底的考古挖掘。这段时间的考古工作使他有了新的发现。正如他所言，这些发现“确定了俄赛里斯庙的建造时间”。

1. 中央大厅主要入口处南端的顶部有一个花岗岩鸠尾榫，上面有塞提一世的漩涡花饰；

2. 中央大厅东墙内也有同样的鸠尾榫；

3. 北面横向房间的天花板上有天文图象和塞提一世题词的浮雕；

4. 南面横向房间的残迹上也有类似浮雕；

5. 在入口处发现的一块石灰岩残片上刻有“塞提为俄赛里斯效劳”[22]。

读者也许会记起，在狮身人面像和河谷神殿这两个古迹的年代问题上，学者们的意见所发生的旅鼠式大自杀（由于发现了几个塑像和一个似乎有点像海夫拉法老的漩涡花饰）。法兰克福在阿比多斯的发现同样引发了在俄赛里斯庙的时间问题上的大变脸。1914年它还是“埃及最古老的石砌建筑”，到 1933 年，这个观念就被导向到塞提一世统治时期——公元前 1300 年左右。现在大家都相信，这是为他建造的衣冠冢了[23]。

在不到十年的时间内，标准的古埃及史教材就将这座建筑归到了塞提一世名下，仿佛这已经是个事实，经过经验和观察的考验了。但是它不是事实。它只是法兰克福对他所发现的证据所做的诠释。

唯一可称为事实的只有：在一个全然不知名的建筑物上，留下了塞提一世的题词和装饰。其中一个解释是，这座建筑肯定是塞提一世建造的，这就是法兰克福的结论。另一个可能性是，法兰克福发现的那些寥寥可数的、做工马虎潦草的装饰、鸠尾榫和题词，可能是塞提一世时期对这座建筑进行修缮时放进俄赛里斯庙的（也就是说，如内维尔和其他一些人的观点，这座建筑是更古老的时代建造的）。

在确定俄赛里斯庙的建造时间这个问题上，有两种相互矛盾的见解，它们是：（a）埃及最古老的建筑；（b）相对较晚的新王朝时期的产品。它们孰是孰非？

观点（b）认为，它是塞提一世的衣冠冢。这是埃及学者们赞同的唯一归属。然而如果对这种观点进行进一步分析就可以看出，它是建立在不能证明任何问题的鸠尾榫和题词这类虽然有关，但非主要证据之上的。实际上，这些证据有的甚至与法兰克福的论辩发生矛盾。那块写着“塞提为俄赛里斯效劳”字样的石灰岩块，听上去不像是对原建造者的颂扬，反而像是在颂扬修复或者增建与第一时代的神王俄赛里斯有关的古建筑的人。还有一件被人们忽视的、可能会令某些人感到窘困的小事。那就是南北两端的“横向房间”。这两个刻有塞提一世的装饰花纹和铭文的房间位于那道 6 米厚的墙壁外面。这道厚墙坚强地捍卫了整个建筑不加任何装饰的、巨石结构的核心。内维尔因此有理由怀疑（虽然法兰克福选择了忽略），这两个房间“与该建筑其余部分不属于同一时期”，而是在晚得多的时候，塞提一世执政的时候加上去的，“很可能是在他建造自己神殿的时候干的”[24]。

长话短说，那就是，观点（b）所有的依据，都建立在法兰克福并非全然可靠的，对零星的、可能是外来证据的推断上。

观点（a）：俄赛里斯庙的核心部分是塞提一世之前数千年建成的。这种观点是根据建筑物本身的特征确定的。内维尔看到，俄赛里斯庙与吉萨的河谷神殿的相似性“表明它是在用巨石修造建筑物的同一时代修建起来的”。同样，玛格丽特·默里至死都坚信俄赛里斯庙绝不可能是个衣冠冢，更不可能是塞提一世的衣冠冢。她说：

> 它是为赞美俄赛里斯的神迹而建造的，因此它才在埃及所有现存的建筑中那么一枝独秀。它的建筑年代显然非常早，因为建造它的石块是老王朝时代的风格，而建筑物本身的简洁性也说明了它所具有的时代特点。那些装饰是塞提一世加上去的，他以这种方式表明他对这座建筑物的所有权。看看有多少法老以加上自己的名字的方式，将前辈的创作收归己有吧！这种事实的分量简直轻如鸿毛。只有建筑物的风格、砖石建筑的类别和凿石工艺才是鉴别埃及建筑物年代的依据，而决不是哪个国王的名字。[25]

这是法兰克福本该好好聆听的谆谆告诫，因为在评述自己的“衣冠冢”论时，他也一片茫然，“不得不承认，没有见过第十九王朝还有类似的建筑”[26]。

实际上这不仅仅是十九王朝的事情。除了吉萨高原的河谷神殿和其他巨石建筑外，在埃及漫长的历史中，再也没有任何其他建筑与俄赛里斯庙有一点、哪怕只是依稀的相似之处了。这几座屈指可数的、假定的老王朝的建筑物，都用巨石砌成，具有独特的建筑风格。它们之间的相似之处比它们与其他任何已知建筑的风格要多得多，而且它们的建造者至今疑点重重。

这不正是货真价实的、人们期待看到的、可以追溯到史前时代，而不是由哪位有历史记载的法老建造的建筑物吗？这不正好说明狮身人面像、河谷神殿，加上现在的俄赛里斯庙的建造方式为什么那么神秘吗？而它们却与某个法老（海夫拉和塞提一世）牵扯上了一些莫须有的关系，虽然拿不出任何一件可以明确地证实是他们建造了这些建筑的证据。那些不堪一击的关联只能说明修复者希望自己能沾上一点令人敬畏的古代建筑物的荣光，而不能说明他们是原建筑师——无论他们是谁，无论他们生活在什么时代。

穿越沙漠与时间之海的航程

离开阿比多斯之前，我想起来这里我还有不解之迷。它埋在沙漠里，离俄赛里斯庙北面只有一公里的样子，要穿过起伏不平的、布满乱葬岗似的古坟场的一片沙漠地带。

许多墓地可以追溯到王朝初期和前王朝时代，豺神阿努毕斯和乌普奥特占最高统治地位的时代。这两位开路者，亡灵的守护神，我知道他们在俄赛里斯的神秘剧中的主角地位。在整个古埃及的历史中，这种节目年年都在阿比多斯上演。

我仿佛感到他们至今还在守护着这些秘密。如果俄赛里斯庙不是一个巨大的未解之谜，那它又是什么呢？它需要的是更加详尽的调查而不是该干这件事的学者们现在给它安上的名头。沙漠中埋藏的那12艘船首高高翘起的航海船不也是亟待破解的秘密吗？

我此刻正穿越这两位豺神的领地去往掩埋这些船只的地方。

伦敦《卫报》1991年12月21日讯：在距尼罗河13千米的地方，发现了一支埋在地下的、具有5000年历史的皇家舰队。美国和埃及考古学家在阿比多斯发现了12艘大型木船……专家称，这些船只每艘大约15~18米长，已有约5000年历史，堪称埃及最早的皇家舰队，亦属现在发现的世界上最早的船只之列……专家称，它们是在9月份被发现的。这些船只之所以埋在地下，可能是法老的灵魂乘坐的御驾。“真想不到会发现这样一支船队，尤其是在离尼罗河这么远的地方。”考察队队长，宾州大学博物馆埃及部主任戴维·奥康纳说。[27]

这些船埋在一道泥砖砌成的巨大的围墙内。这里被认为是埃及第二王朝法老哈塞赫穆伊的御庙。这位法老公元前 27 世纪在位[28]。但是，奥康纳确信，这些船只与这位法老没有什么直接关系，而是与附近的（大都已坍塌）“第一王朝法老杰尔的王陵有关。船冢的年代似乎与它相仿，实际上可能就是为杰尔法老建造的，不过有待证实”[29]。

沙漠上大风骤起，沙粒铺天盖地。我在围墙的背风面躲了一下。这里离宾州大学考古队 1991 年偶然发现 12 艘船只的地方不远了。为了保护它们，他们将这些船又埋回了地下。他们本希望 1992 年内回来继续他们的挖掘，但是遇到各方面的制肘，到 1993 年都没能成行。

在我的调查过程中，奥康纳送给我一份他们 1991 年度考古的正式报告[30]。报告称，有的船可能长达 22 米[31]。他还提到，在王朝时代初期，那些砖砌的船形墓冢可能大大高于周围的沙漠地面。想当初，这些新造的船冢所构成的当是怎样一幅壮丽的奇观！

每个船冢的外面原来都覆盖着厚厚的泥层并加以粉刷，因此它们看上去就像 12 艘（可能更多）停泊在沙漠中的巨“船”，在埃及灿烂的阳光下发出夺目的光辉。它们的停泊意识表现得非常认真。我们在几个墓冢中的船首和船尾处都发现了形状不规则的大块砾石。这些砾石不可能是偶然或者自然地出现在那里的。它们的摆放似乎也是特意的而不是随意的。我们可以认为它们是帮助船舶“停靠”的“锚”。[32]

与吉萨大金字塔旁掩埋在地下的 43 米长的远洋船一样（见第三十三章），阿比多斯船的一个特征是一目了然的：它们的设计先进，足以抵御大海上最狂暴的风浪和最恶劣的天气。按德克萨斯州 A & M 大学（A and M University）的航海考古学家谢里尔·霍尔丹的说法，他们显示了“技术与优雅的完美结合”[33]。金字塔船也是这样，因此（但是至少早500年）阿比多斯舰队似乎表明，一个具有多年远洋航行经验的民族，在埃及3000年历史的初期，就已经出现在那里了。此外，我知道，在尼罗河谷发现的，可以追溯到阿比多斯船队被埋入地下之前1500年（公元前4500年）的壁画就描绘着同样的、长长的、船首高翘的豪华船只在水上游弋的情景[34]。

可不可能在公元前3000年前后，在正式的历史尚未开始之前，一个古代精通航海的民族与在尼罗河畔土生土长的当地人就有了交往呢？这是不是埃及奇特而自相矛盾的（然而绵长的）痴迷于沙漠中的船只的原因呢（金字塔铭文中也有像是描述复杂的船只的文字，有一处提到的船长达600米）？[35]

我提出这些疑问并不是怀疑古埃及存在的宗教象征，如学者们反复指出的，船是载运法老灵魂的御驾。不过这种象征之说并不能解释埋船所具有的高度发达的技术水平的问题。如此复杂而先进的设计需要经过长时间的发展才能取得。难道不值得探究一下，是否有这种可能性——哪怕就为了否定它——吉萨和阿比多斯船只也许是一种文化遗产，它不属于热爱土地、身居河畔、专事农耕的古埃及当地人，而是属于一个先进的、航海的民族？

这些水手必定是善于观察星象以确定航向的航海家。他们也可能拥有必不可少的、将他们跨越的海洋绘制成精确的地图和海图的技能。

没准他们还是建筑师、砌石匠，河谷神殿和俄赛里斯庙这种多边形巨石建筑或许就是他们别具风格的，告诉世人他们曾经来过的信物？

也许他们还以某种方式与第一时代的众神打过交道，他们不但给埃及带来了文明和天文、建筑、数学知识及文字，而且传授给他们其他有用的技能，其中最明显、最重要的就是农业技术？

有证据表明，北半球冰川时代末期，尼罗河畔曾经有过令人惊奇的早期农业突飞猛进和大规模农业实验的时段。埃及这一大“飞跃”的特征表明，这种情况只可能产生于外来的、全新的观念——一个至今仍然云遮雾罩的文明的来源。

第四十六章 公元前的第11个千禧年

假如没有俄赛里斯的生命力那么强大的神话，假如这个传播文明、精通科学、制定法律的神祇不是因他在遥远的神话中的第一时代将已驯化的农作物引进埃及而备受古埃及人怀念，公元前13000～前10000年间的某个时候，埃及经历的那段“过早的农业发展”时期很可能就不会有人感兴趣了。而这可能是历史学家能够确认的世界上最早的农业革命[1]。

我们在前面几章中已经看到，各种史料来源，如巴勒莫石刻、曼内托的《埃及史》、都灵纸莎草纸等等，都包含一些不同的，有时候甚至是相互矛盾的历史年代。然而所有这些文档对古老的、俄赛里斯的第一时代的年代确定却完全一致，那是神祇们治理埃及的黄金时代。另外，这些资料都表示了对公元前第11个千禧年的特别关注[2]。那段时间从岁差运动来看是狮子座的时代，正是北半球的冰川最后急剧消融的时候。

可能出于巧合，20世纪70年代，地质学家、考古学家和史前史历史学家如迈克尔·霍夫曼、费克里·哈桑及弗雷德·文道夫教授等发现的证据都证实，在埃及的史前历史上，公元前的第11个千禧年确实是一段非常重要的历史时期。在这段期间，巨大的毁灭性的洪水多次洗劫了尼罗河谷[3]。据哈桑推测，长期的、一系列的灾难在公元前10500年左右达到顶峰，其后又周期性地不断卷土重来，直至公元前9000年左右方才稍歇。这种灾难可能扼杀了早期的农业实验[4]。

无论如何，这种实验的确走到头了（无论因为什么原因），至少在其后的5000年间，再也没有重振的气象[5]。

反冲启动

埃及的所谓“旧石器时代农业革命”有一些费解之处。我们对最后的冰川时代末期发生的如此突然的大飞跃了解得实在太少，下面我们摘选一些标准的教科书（霍夫曼的《法老时代之前的埃及》、文道夫的《尼罗河谷的史前史》）中的最重要事实。

1.“公元前13000年后不久，旧石器时代晚期的工具中出现了碾磨石器和刀刃边沿闪亮的石镰（砍劈树干粘上了硅类物质的结果）……碾磨石器显然是为烧煮植物类食物用的。”[6]

2.同一时期许多位于河边的遗址中，鱼类残骸消失，说明鱼不再是重要的食物来源，成为可以忽略不计的成分。“食用鱼类的减少与地面上生长的新型植物类食物有关。通过对有关的花粉检测证实，这种谷物是大麦。尤为引人注目的是，这种大型草本花粉（暂定为大麦）是这个地方最早的村落建立之前不久突然出现的……”[7]

3.“尼罗河谷原始农业的衰退与其在旧石器时代晚期令人瞩目的兴起一样突然，没有人知道其中的缘故。但是在公元前10500年后，早期使用的石镰和碾磨石器在埃及各地全部消失，取而代之的是旧石器时代之前从事狩猎、捕鱼和采集用的石器。”[8]

证据虽然不充分，但给人的总体印象还是清楚的：公元前13000年前后，埃及开始了农业大发展的黄金时代，到公元前11世纪中期时戛然而止。尼罗河谷引进已经驯化的大麦的种植如反冲启动，急速地加快了历史的进程。随之而来的是众多的、以种植这种农作物为业的农耕村落的建立。村民们使用的是简单然而高效的农用器具和一应物件。但是，在公元前 11 世纪后，在一段漫长的时期内倒退回更原始的生活方式。

解释这种现象必然令人浮想联翩，而且所有这类解释都只能是猜测。唯一可以确信的是：没有证据表明旧石器时代埃及的“农业革命”可能是本地发起的。相反，它的方方面面都让人觉得像是一种移植。这种移植毕竟发生得太突然。如果环境发生改变，它受到的抵制就可能来得同样迅急。公元前 11 世纪尼罗河大泛滥之后，古埃及本已生根发芽的农业终于被抛弃，可能就是这种情况。

气候的变化

当时的气候怎样？

在前面几章中我们已经知道，相对而言，撒哈拉是个年轻的沙漠。直到公元前 10 世纪，它还是一片绿洲。这片湖泊晶莹、百兽兴旺的沃原绵延了大半个上埃及。再往北去的三角洲地区，灌木丛生，点缀着许多富饶的大岛。总的说来，气候比现在凉爽，云彩和雨水也比现在多[9]。实际上，在公元前 10500 年之前的 2000~3000 年到之后的 1000 年这段时间内，雨就一直不停地下呀下。然后，好像是想来个生态大逆转似的，大洪水来了。洪水过去后，更加没有生机的环境到来[10]。这段干燥的时期一直延续到公元前 7000 年左右，“新石器时代次多雨时期”开始。一千年的大雨之后，是三千年雨量适中、宜于农业发展的理想时期，“在那段时间里，沙漠里鲜花盛开，人们住进了原来根本养不活那么多人口的贫瘠的地方”[11]。

然而，在公元前 3000 年左右，王朝诞生前，气候又发生了转变，一段新的干燥时期开始，一直延续到了现在。

这大致就是埃及文明的神秘剧上演的环境舞台：公元前 13000 年至公元前 9500 年，大雨和洪水；然后是延续到公元前 7000 年的干旱期；其后又是多雨期（虽然次数逐渐减少），直至公元前3000年前后；此后是新一轮持久的干旱期。

年代的跨度的确太大了。但是，你若是在寻找一个第一时代，在这个时代中寻找符合神话中描述的诸神的黄金时代，你的思想自然就会转向那个神秘的早期农业试验的时候，你会不由自主地想起公元前13000~前10500年之间的暴雨与洪水。

隐藏的联系

这段时期不仅对古埃及人，对其他地区的许多民族都是一样严酷。实际上，正如我们在第四部中看到的那样，它是一个气候急剧变化的时期。迅速上升的海平面、地震、洪水、火山爆发、黑雨和阴沉的天空等等，可能是全世界众多描述全球大灾难神话的根源。

它会不会真的像神话中说的那样，也是“神祇”们降临人间的时代呢？

在玻利维亚的高原平台上，这些神祇被称为维拉科查人。他们与一座用巨石建造的、令人叹为观止的蒂亚瓦纳科古城有关。这座古城可能在公元前11世纪的大洪水之前就已经矗立于安第斯山中。此后，根据亚瑟·波斯南斯基教授的看法，虽然洪水退去，“高原平台的文化再也没有重振当年的雄风，从此一蹶不起”[12]。

当然，波斯南斯基的观点引发了许多争论，其间的是非曲直自当另有公论。有趣的是，玻利维亚的高原平台和埃及都在公元前11世纪遭受洪水之灾。这两个地区都有杰出的早期农业试验的迹象，都建立在明显的引进技术之上，都曾经努力但最后放弃[13]。这两个地区建筑物的日期都存有诸多的疑问。例如，波斯南斯基认为蒂亚瓦纳科的普玛门和卡拉萨萨雅广场可能早在公元前15000年就已经有了[14]。在埃及，约翰·韦斯特和波斯顿大学的地质学家罗伯特·肖赫，根据地质学原理推定，俄赛里斯庙、吉萨的海夫拉狮身人面像和河谷神殿等巨石建筑的年代为公元前10000年之前。

这些美丽的、不可思议的建筑，公元前13000～前10000年间进行的异乎寻常的农业试验，关于俄赛里斯和维拉科查这些传播文明的神祇的传说等等，它们之间会不会有隐藏的联系呢？

其他的文明在哪里

在我们离开阿比多斯前往卢克苏尔的路上（我将在那里与韦斯特见面），我突然有一种直觉，如果这些建筑物的年代这个中心问题能够得到解决，那么它们之间的联系就会不言自明。换句话说，如果韦斯特的地质学证据证实了狮身人面像的历史在12000年以上，人类的历史势必重写。这该是多么激动人心的进程！这样，世界各地不断出现的、奇异的，仅因其不合时代就被认为是错误的“诸神的指纹”的真相就会大白于天下，而我的直觉——在表面上毫无关联的文明之间流动着一股亘古以来的潜流——就会得到证实……

1992年在美国科学促进协会的年会上，韦斯特发表了他发现的证据。这一下可捅了马蜂窝。芝加哥大学古埃及学者、吉萨绘图勘测项目主任马克·莱纳当即对他发起公开抨击。但是令人大跌眼镜的是，这位学者竟然拿不出一个有说服力的反驳证据。最后他只好说：

> 在你说狮身人面像的年代是公元前9000～前10000年这么复杂的问题的时候，你的意思，当然，就是说那个时候有一个非常高级的、能够创作出狮身人面像的文明。因此，作为考古学家，我就不得不问你一个问题，那就是：如果狮身人面像是那时候建造的，那么这个文明的其他部分到哪里去了？这个文化又体现在其他什么地方？

可是莱纳先生走题了。

如果狮身人面像的年代的确是公元前9000～前10000年，不该由韦斯特来提供其他的证据以证实建造狮身人面像的文明的存在，而该由古埃及学者们、考古学家们来说道说道，他们怎么会错得这么离谱，而且固执己见，时至今日，死不改悔。

那么，韦斯特能证实狮身人面像有那么古老吗？

第四十七章 狮身人面像

“古埃及学家是世界上最不愿意看到任何反常事情的人。”约翰·韦斯特说。

在埃及，反常的事情当然是多了去了。韦斯特在这里说的是第四王朝的金字塔：说它们反常，是因为与第三、第五、第六王朝的金字塔相比。位于塞加拉（第三王朝）的国王左塞的阶梯金字塔是座宏伟的大建筑，但是它使用的石块相对较小，五六个人就能搬动，而且其内部墓室的建造也相当简陋。第五和第六王朝的金字塔（虽然墓室内镌刻着美丽的铭文）简直是粗制滥造，现在已经坍塌得像一堆碎砖烂瓦了。但是吉萨的第四王朝金字塔却如此巍峨壮丽，虽经数千年的岁月沧桑，风采依旧不减当年。

韦斯特觉得正是这种事物发展的顺序，或者说它所蕴含的意义，应该引起古埃及学者们的注意：“剧本的情节出了问题，看起来是这样的：‘建造了结构上很不稳固的糟糕的金字塔后，突然间造出了结构上完美得不可思议的、简直难以置信的金字塔，然后马上又回到结构不稳固的金字塔。’这让人看不懂……这好比在汽车制造工业中，发明并且制造出了福特—T 型车后，突然之间就发明并且制造出了 93 年型的保时捷，造了几辆之后，一下子忘记了怎么造保时捷了，又转过头去造福特—T……文明的进程不该是这样的。"

"那你的意思是什么呢？"我问，"是不是说第四王朝的金字塔根本就不是在第四王朝建造的？"

"我的直觉是这样的。它们与前面的玛斯塔巴墓（古埃及的一种长方形的平顶斜坡墓——译注）一点都不像，也不像第四王朝的其他任何墓葬……它们好像与第四王朝的东西格格不入……"

"狮身人面像也这样吗？"

"没错。但是最大的区别在于，狮身人面像的问题不是直觉，我们可以证实，第四王朝之前很久，它就矗立在那里了……"

约翰·韦斯特

自打我们踏上埃及的土地，桑莎和我就成了约翰·韦斯特的崇拜者。他的《旅行者之匙》对这个古老、神秘的国度进行了详尽的介绍，是一本不可多得、不可或缺的导游书。我们至今带在身边。与此同时，他的学术著作，如著名的《天空之蛇》，大开了我们的眼界，使我们看到古埃及文明的另一种可能性：它多处闪现的与时代不合的高科技水平表明，它可能不完全是尼罗河谷发展起来的文明，而是继承了另外的、时间更早的、更伟大的文明的遗产。这个未知的文明"先于埃及王朝及所有其他已知的文明数以千万年计"[1]。

韦斯特高大健壮，六十出头，雪白的络腮胡修剪得整整齐齐，身穿咔叽布猎装，头戴一顶古怪的 19 世纪的软木遮阳帽，两眼闪烁着调皮的光芒，显得年轻而且精力充沛。

我们三人坐在一艘尼罗河游艇的上层甲板上，停泊在卢克苏尔的悬崖下，离冬宫饭店的下游只有几米远。河对岸，我们的西边，太阳在空气的折射下显得又大又红，正渐渐从国王谷的峭壁后坠落。我们脚下的河水正沿着子午线方向流向遥远的三角洲。透过船舱，我们可以感觉到河水的拍击和流动。

韦斯特先是在《天空之蛇》一书中发表了他认为狮身人面像的年代应该更古老的见解。在这本书中，他全面地介绍了法国数学家施瓦勒·卢比兹的发现。卢比兹从1937~1952年一直在卢克苏尔神庙进行研究工作。他发现的数学证据可以证明，古埃及的科学和文化比现代学者们乐于接受的要复杂得多，也先进得多。但是，正如韦斯特所说，这些证据的“语言实在太深奥、复杂和过于专业化了……没有几个读者啃得动施瓦勒的原著。这就有点像没有经过任何基础训练就想直接接触高能物理一样艰难”。

施瓦勒的主要著作有两部，都是用法语写的。一部是三卷本的长篇大作《人类的神殿》，集中讲卢克苏尔的神庙，另一部是通俗点的《法老的殿堂》（Roi de la theocratie Pharaonique）。后者的英译本名为《神圣的科学》。在这本书中，施瓦勒附带地提了一下公元前11世纪吞没了埃及的暴雨和洪水。有点像事后的思考似的，他加了这么一句话：

> 在这场横扫埃及的巨大的洪水之前肯定有一个伟大的文明。这个文明使我们假定狮身人面像已经存在，就凿刻在吉萨西面峭壁的岩石上；假定狮身人面像的狮身上（除了头部以外）显示的是无可争议的被水侵蚀的痕迹。[2]

韦斯特在写他的《天空之蛇》时，正是被施瓦勒写的这段话所蕴含的潜在的重要性所打动，才决定追踪下去：“我意识到，如果我能以事实证实施瓦勒的简单观察，它势必成为太古时期存在一个未知的高等文明的铁证。”

“为什么？”

“一旦你确定了水是侵蚀狮身人面像的主要因素，答案就简单得连小孩子都明白了。凡是看《自然探索》或者《世界新闻》的人都会一听就懂。

几乎弱智的人都知道是怎么回事……现在人们都假定狮身人面像是海夫拉在公元前 2500 年左右建造的。但是，自从王朝时代以来，就是说公元前 3000 年以来，吉萨高原上就没有过那么多雨水，足以造成我们在狮身人面像身上看到的那么大面积的侵蚀。你只有追溯到公元前 10000 年之前，埃及才有那么潮湿的气候，有可能造成这种类型的、这么大范围的侵蚀。这样一来，狮身人面像必然建造在公元前 10000 年之前。由于它是一个巨大的、复杂的艺术工作，因此，也只有高度发达的文明才能把它造出来。”

桑莎问道：“但是约翰，你怎么确定这些侵蚀是雨水造成的？沙漠里的风暴不也能造成侵蚀吗？毕竟连最正统的古埃及学者都承认狮身人面像已经有近五千年的历史了。在这么长的时间里，风沙就不能造成这种侵蚀吗？”

“这自然是我要排除的第一个可能性。我只有在证实风沙的磨砺不可能造成狮身人面像目前的状况之后，才有望进一步研究雨水侵蚀造成的影响。”

罗伯特·肖赫：解密狮身人面像

最后他发现，最关键的问题是狮身人面像四周的深沟。“狮身人面像位于凹地中。”韦斯特解释道，“如果没人清理，只要几十年功夫，沙子就会埋到它脖子下面……在历史上，它经常处于无人清理的状态。实际上，有据可查的文字记载和有关历史的推断可以证实，就从公认的海夫拉建造狮身人面像的时候起，到现在的 4500 年间，它被沙子埋到脖子的时间多达 3300 年[3]。就是说，在这段期间中，总共只有大约一千年它的躯干可能受到风沙的侵蚀。其余的时间，他被包裹在厚厚的沙毯里，不受沙漠风暴的打扰。现在的要点是，如果狮身人面像是旧王国的海夫拉建造的，如果风沙的侵蚀能够在这么短的时间内造成这么大的损坏，那么，这个地区其他的、用同样的石灰岩建造的老王朝建筑物，就应该显示出同样的侵蚀痕迹。但是，它们一个都没有。那些确凿无疑的、刻满了象形文字和图画的老王朝时代的陵墓，没有一个有与狮身人面像一样的侵蚀痕迹。”

事实就是，它们都没有这样的侵蚀痕迹。波士顿大学的地质学家、岩石侵蚀问题专家罗伯特·肖赫教授，在证实韦斯特的证据上起了关键性的作用。他非常赞同韦斯特的观点。狮身人面像及它周边的岩石凿成的围墙遭受的侵蚀不是刮风形成的，而是几千年的雨水冲淋形成的，那应该是老王朝建立之前很久很久的事情。

肖赫的观点在1992年的美国地质科学大会上得到同行们的一致赞同[4]。然后，他又在美国科学促进协会1992年年会上，向更广泛、更无偏向的听众（包括古埃及学家）阐述他的见解。他首先向代表们指出，“狮身人面像的躯干和狮身人面像四周的围墙都深受气候因素的侵蚀……有些地方这种侵蚀深达两三米，至少在围墙壁上是这样的。这种侵蚀很深，在我看来，它发生在非常久远之前，形成了波浪形的高低起伏的外形……”[5]

地层学家和古生物学家很快就接受了这种波浪形起伏是“降雨侵蚀”。在桑莎拍摄的狮身人面像和它周围围墙的照片上可以看到这种侵蚀造成的深深的纵向裂纹和波浪起伏及横向的凹洞。“这是标准的教科书范例。”按肖赫的话说，“石灰岩结构经受数千年的暴雨侵袭后就是这个样子……它清楚地表明雨水侵蚀产生的性状特征。”[6]

风沙侵蚀造成的外表形状是完全不一样的，受到侵蚀的岩石，只会在岩层较软的部位形成边角锐利的横沟，在任何情况下都不会出现斯芬克斯周围石墙上的醒目的纵向裂隙。这些裂隙的产生只能是“水从墙上往下流造成的结果”[7]。无穷尽的暴雨如瀑布一样倾泻在吉萨高原上，雨水流下山坡，直冲下面的狮身人面像周围的石壁。“流水专往岩石上薄弱的地方冲”，肖赫详尽地阐述道，“直至这些地方形成这种裂隙——在我这种地质学家的眼里，这种侵蚀的痕迹就是降雨形成的、再清楚不过的证据”[8]。

在过去的几千年间，狮身人面像曾被无数次修复，填补的石块使有些地方已经难辨原形，但是遍布于狮身人面像躯干的波浪起伏、挖痕和扇形孔洞同样说明问题。这些也是降雨侵蚀的特征，因为只有长期的暴雨冲击在这个巨大的结构的上部（再从两旁倾泻而下），才可能造成这种结果[9]。这种情况也是因为凿刻狮身人面像的石灰岩的组成成分并不完全一致，它由软硬不同的岩层组成，耐磨的岩层比不耐磨的岩层缩进的距离会更大些。这种外形不可能是风蚀形成的（风蚀在较软的岩层上造成的是凿刻似的侵蚀痕迹）。它“与水、雨从上往下流造成的侵蚀完全一致。高出部位的岩石较耐磨，但是它们缩进的距离却大于一些不耐磨的、较低的、受到保护的部位”[10]。

在美国科学促进协会的年会上，肖赫这样结束他的发言：

众所周知，在撒哈拉沙漠这样的环境条件下，狮身人面像周围的围墙内只要几十年功夫就会被沙子填满，因此必须定期清理它周围的沙堆。自古以来就是这样做的。但是在狮身人面像周围的围墙上，诸位仍然能够看到这种戏剧性的波浪形的侵蚀外貌……这只能证明我的观点，我所说的就是，狮身人面像身上和围墙上的这些波浪形外貌特征，将它的年代追溯到一个早得多的时代，一个该地区的降雨量更多的时代，一个吉萨高原上更为潮湿、更为多雨的时代。[11]

肖赫也承认，他不是第一个发现“狮身人面像躯干上的降雨侵蚀的异常特征”的地质学家，但是他是第一个被卷进关于这一问题的具有历史意义的公开论战的地质学家。他的态度是，他将坚持他的地质学立场。

我已经无数次听人们说，古埃及人在前王朝时代既没有技术，也没有开凿狮身人面像所必需的社会组织……可是，这不是我这个地质学家的问题。我不是推卸责任，只是找出是谁凿刻了狮身人面像的确是古埃及学家和考古学家的事情。如果在文明的兴起这个问题上，我的发现与他们的理论发生了冲突，那么，也许他们应该重新评价他们的理论了。我又不是说什么亚特兰蒂斯人、火星人或者外星人造出了狮身人面像。我只是遵循科

学的规律，是科学引导我做出这样的结论，狮身人面像的建造是比原来人们认为的要早得多……[13]

传说的文明

早多少？

韦斯特告诉我们，他和肖赫就狮身人面像的具体年代有过“友好的争论”。“肖赫认为至少是在公元前7000～前5000年之间的某个时候（即新石器时代次多雨期）。这主要是根据现有的资料做出的最谨慎的估计。身为大学的地质学教授，他持有这种稳健的观点也理所当然，何况公元前7000～前5000年之间埃及的确多雨。但是，无论出于直观还是学术原因，我认为这个日期要早得多。狮身人面像大部分的暴雨侵蚀发生在公元前10000年之前的多雨期……坦白地说，如果发生在相对较晚的公元前7000~前5000年期间，我想，我们很可能已经发现了其他能够证实凿刻狮身人面像的文明的证据了。埃及已经发现了大量那个时期的证据。我承认[14]，那里面是有一些异常的东西，但是大部分——主要部分——都太不成熟。”

“如果不是前王朝时期的古埃及人，那会是谁建造了狮身人面像？”

“我的推测是，这整个谜团多少与世界上所有的神话故事中都提到的那些神秘的文明有关系。你知道的，在那些大灾难的传说里，总有少数人死里逃生，他们漂流到世界各地。他们的知识这儿落一点，那儿留一点……我的预感是，狮身人面像与这一切都有关系。如果有人要我下赌注的话，我会说是在最后的冰川时期的冰消雪化期间，可能比公元前10000年还要早，甚至可能比公元前15000年还早。我相信，说准确点，是我坚信，它是极为古老的。”

这也是我越来越相信的。而且，我提醒自己，大部分19世纪的古埃及学者也相信这一点。然而狮身人面像的外表却向这种直觉提出了挑战。毫无疑问，他的头部看上去的确像法老时代的产物。“如果它真如你说的那么古老——”我问约翰，“你如何解释凿刻狮身人面像的人怎么会让它戴上王朝时代特有的圣蛇头饰呢？”

“我不会为这件事犯糊涂。实际上，你知道的，古埃及学家还说狮身人面像的脸像海夫拉的脸呢，而且这还成了他们振振有词地说它肯定是海夫拉建造的原因之一。肖赫和我仔细地查验过这一点。我们认为，从头部与身体其他部分的比例来看，头部在王朝时期曾被重新雕刻过。这就是它看上去像王朝时代的产物的原因。但是我们不认为它代表海夫拉。作为对这个问题深入研究的一部分，我们曾请纽约市警察局的法庭画家弗兰克·多明戈上尉专程过来，请他将狮身人面像与开罗博物馆保存的海夫拉雕像的面孔进行逐点对比。他的结论是，狮身人面像决不可能是仿照海夫拉的面孔刻的。它不仅是一张不同的脸，甚至连种族都可能不同[15]。因此，这是一个被非常晚期的后人重新雕刻过的、极为古老的纪念碑。原来它可能不是人面。也许，它起初曾是一个狮头狮身的雕塑。”

麦哲伦和第一块恐龙骨

在我自己对吉萨进行调查之后，我很想知道，韦斯特是否对高原上其他建筑物正统的日期确定也有疑虑，尤其是所谓的海夫拉河谷神殿。

“我们认为好多东西的年代都比现在认定的要古老。”他告诉我，“不仅是河谷神殿，还有山上的御庙，它可能与门卡乌拉组合有关，甚至可能与海夫拉有关……”

“门卡乌拉组合里有什么？”

“有御庙。说实话，我这里用的惯用金字塔冠名只是为了说话方便……”

“没问题。这么说，你认为这些金字塔和狮身人面像一样古老吗？”

“难说。我认为，从几何学的角度看，在现在金字塔的位置上，从前有过什么东西。狮身人面像是整体规划中的一个组成部分。海夫拉金字塔也许是最有趣的部分，因为它肯定是分两个阶段建成的。如果你看着它，没准你已经注意到了，你会发现它的基础部分有好几层是用巨石建造的，风格很类似河谷神殿的建筑内部用的石块。基础之上其余部分的石头块不仅小，而且加工也粗糙得多。只要你看见它，知道自己在找什么的话，你会立刻发现它建造于两个不同的时期。我的意思是，我没法不认为底部大石块的时期要早些，与狮身人面像同时，而第二部分是晚些时候加上去的，即便如此，也不一定是海夫拉加的。你要是老琢磨这些事情，慢慢就会明白，知道的东西越多，事情就变得越复杂。比方说，可能有那么一个过渡性的文明，这种推测正好对应上了埃及经文中的记载。他们自己也说有两个很长的前王朝时期，一个是众神统治的的纳特鲁时期，一个是何露斯的伙伴们——贤苏荷统治的时期。所以我说，问题是越搞越复杂。好在底线还很简单明了。这个底线就是，狮身人面像不是海拉夫造的。地质学证实它要老得多……”

“可古埃及学者根本不接受这个观点。他们反驳你的一个论点，按马克·莱纳的说法，好像是这么个意思：‘如果狮身人面像是公元前 10000 年前造的，你为什么举不出这个文明建造的其他东西的例子？’换句话说，除了吉萨高原上的几座建筑以外，为什么你提不出其他证据来证实你的传说中的失落文明。你对他的问题是怎么看的？”

“首先，在吉萨以外的其他地方，有这种建筑，如阿比多斯的俄赛里斯庙，你刚从那里过来的。我们认为那座迷人的建筑与我们的研究工作有关系。不过，即使没有俄赛里斯庙，我也不会为没有其他证据担心。我的意思是，在目前没有发现其他证据上大做文章，避而不敢在狮身人面像真实年代的问题上进行辩论，这种做法真是岂有此理。这就像是对麦哲伦说：‘还有谁绕着这个世界转了一圈？那么这个世界当然就是平的。’1838 年发现第一根恐龙骨骼的时候，他们也会说出这种话来：‘当然不存在什么灭绝的大型动物，不然其他的骨骼都到哪儿去了？他们只不过找到了一根骨头而已。’但是，一旦有几个人开始意识到这根骨头只可能来自灭绝的大型动物，在二十年内，全世界的博物馆都放上了整副的恐龙骨架。狮身人面像的事情就有点像这么回事。现在是没有人考虑过该到哪里去寻找证据。我敢断言，一旦有那么些人找对了地方，比方说，古尼罗河两岸，那里离现在的尼罗河几千米，甚至地中海海底，在最后的冰川时期之前那里海是陆地，证据是一定能够找到的。”

传承的问题

我问约翰·韦斯特，为什么古埃及学者和考古学家不愿意考虑狮身人面像或许是人类历史上存在的一个被遗忘的文明的线索。

“我想，原因是他们的思想已被禁锢在对文明进程的线性思维模式里了。他们很难接受一万两千多年前就有人拥有比现在还高等的文明这一观念……很难接受创造狮身人面像涉及的技术在很多方面超越了我们的能力的事实等。这些都与他们的信念发生了冲突。他们认为文明和科学技术是以一条直线向前发展的……因为即使采用最好的现代科学技术，我们都完不成这项工程的所有任务。狮身人面像本身倒还在其次。我的意思是，只要能找到足够的雕刻师来敲石头，一千米长的石像他们也不愁雕。关键的技术在于，为了让狮身人面像从岩基上脱颖而在石崖上必须进行的开凿、挖掘、切割，并且把切割下来的石块运到七八百米外的地方去建造河谷神殿……”

这我可是第一次耳闻。“你是说河谷神殿墙上那些两百多吨重的石块是从狮身人面像周围切下来的？”

“是的，这是不成问题的。从地质学分析看，他们属于同一块石头。这些石块被切割下来，运到神殿所在的地方——天晓得怎么运过来的——然后把它们砌成 12 米高的墙，怎么砌的也只有天知道。我说的是那些巨大的、中间的石灰岩块，不是外面的花岗岩面层。我认为花岗岩是很久以后加上去的，很可能是海夫拉干的。但是只要瞧一眼里面的石灰岩块，就会看到与狮身人面像身上一模一样的降雨侵蚀。所以狮身人面像和河谷神殿的主体是在同一时间、由同一批人建造起来的——不管他们是什么人。”

“你认为那些人与后来王朝时代的古埃及人相互之间在某些方面有联系吗？在《天空之蛇》中你说肯定有一笔遗产留传了下来。”

“这只是一种揣度。根据我们对狮身人面像进行的研究，我能肯定的是，在极为遥远的过去，有一个非常非常高级的文明出现在埃及。他们能够建造大规模的工程项目。后来暴雨成灾。然后，几千年后，在同一个地方，一个成熟的、知识完备的法老文明突然冒了出来，没人知道打哪儿来的。这就是我们有把握的一切。但是古埃及人拥有的知识是不是和创造狮身人面像的知识一样，我就真的不好说了。”

“会不会有这种情况——”我推测道，“创造狮身人面像的文明的基地并不在这里，至少并不起源于这里……它不是埃及本土的。它把狮身人面像造起来，作为某种标记或者驻外站点……”

“完全有可能。或许狮身人面像对那个文明而言犹如阿布辛拜勒（在努比亚）之于埃及王朝。”

“然后那个文明结束了，被某种大灾难消灭了，那个高等文明的知识遗产就在这个时候被传递下来……由于他们在这里留下了狮身人面像，他们了解埃及，他们知道这个地方，知道这个国家，他们与这里有联系。也许有人在那个文明灭绝时活了下来，也许他们来到了这里……你觉得这种推测说得过去吗？”

“这也算是一种可能性吧。咱们再说说世界上的神话和传说。很多的神话和传说都讲到这类灭绝性的大灾难和少数幸存者，如流行于无数文明中的诺亚式的故事。这些人以某种方式保存了知识并且把它传递下去。在我看来，其中最大的问题是这种传承的过程：从狮身人面像建成到繁荣昌盛的埃及王朝之间的成千上万年中，这些知识到底是怎样传承下来的。从理论上如何阐释这段漫长时期内的知识传递让你头疼了吧，对不对？想从这个烂泥塘里脱身可不容易。可是另一方面，我们知道，我们说的这些遗产的确是经过无数代人一字一句地传下来了，而且实际上，口头传递比书面传承的方式更为有效。因为语言是在变化的，但是讲故事的人却总是用当时实用的语言把故事原原本本地讲述出来……虽经5000年的转述仍保原汁原味。所以说，办法可能还是有的——如通过秘密社团或者宗教，或者神话故事，将知识保存和流传下去，直至它再度开花结果的那一天。我想，关键是，对待这么复杂、这么重大的问题，在没有经过非常彻底的调查之前，千万不要轻易放过任何可能性，无论它乍看起来多么难以接受……”

第二个意见

约翰·韦斯特在卢克苏尔，带领着一个研究小组在埃及的圣地做考察。第二天一早，他和他的研究生就去了南边的阿斯旺和阿布辛拜勒。桑莎和我回头往北，回到吉萨，再探狮身人面像和金字塔之谜。我们将在那里与考古天文学家罗伯特·鲍弗尔见面。我们将看到，他关于星座与金字塔之间关系的研究从另一个角度提供了惊人的证据，进一步确认了吉萨古迹的地质学论证。

第四十八章 测绘地球的人们

请按照下列说明认真作图：

在纸上画两条相互平行的垂直线条，长约 18 厘米，间距将近 8 厘米。在这两条线的正中间，再画一条同等长度的、与它们平行的垂直线条。在图的上端写下“S”，表示南方，图的下端写下“N”，表示北方，再在图的两侧表明正确的东、西方位，左面写“E”，东方，右面写“W”，西方。

现在你看到的是埃及地图的几何轮廓，它体现的透视图跟我们自己的大不一样。在我们的地图上，北方总是在上面。这幅“上面”是“南方”的地图是太古时期某些对我们这个星球有着科学了解的绘图家们画出来的。

现在，在这幅图中间那条线的北端往南（即往上）2.5 厘米左右的地方画一个点，从这个点画两条直线，一条往西北方向，一条往东北方向，与另外那两条平行线的最北端相连。最后再画两条水平的、东西向的连线，将图上这三条平行线的南、北两端连接起来。

我们画出了一个子午线方向（南北方向）的矩形，这个矩形长 18 厘

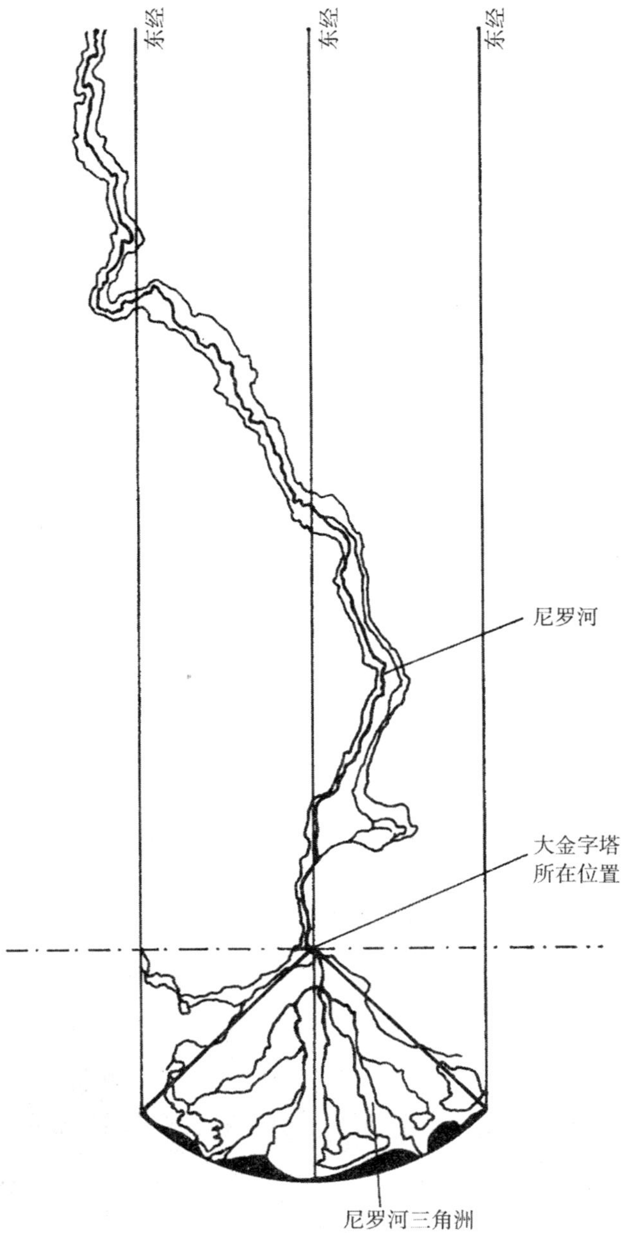

埃及地图的几何概念。大金字塔位于尼罗河三角洲的顶点。埃及人传统以上南方为“上”

米，宽将近 8 厘米，在它的北端（下部）有一个三角形。这个三角形代表尼罗河三角洲。三角形的顶点代表三角洲的顶点。这个点在地面上是北纬 30° 6′，东经 31° 14′，就在大金字塔旁边。

大地测量学的标示物

无论大金字塔还能充当别的什么，数学家和地理学家们早就把它当作大地测量学的标示物了（大地测量学是确定地理学上某个点的精确位置及地球的形状和大小的一门科学）[1]。18 世纪末期拿破仑率领的法国远征军入侵埃及。对金字塔之谜早就心驰神往的拿破仑带来了多达 175 名学者，其中有几位是从各个大学里找来的“对埃及古迹有深入研究”的声名卓著的“白胡子”老学者，还有更有用的一队数学家、制图员和测绘人员[2]。

占领埃及后，这些随行人员的任务之一就是绘制埃及的详细地图。在绘图过程中，他们发现大金字塔的方位是不折不扣的正北方，当然，也是正南、正东、正西方。我们在第六部中已经看到这一点。这意味着，这座神秘的建筑物可以充当极佳的参照物和三角测量的基点。因此，他们决定以穿过大金字塔顶点的子午线作为所有其他测量和方位确定的基准线。这个测绘队就这样绘制出了现代第一幅精确的埃及地图。地图画好后，他们惊讶地发现穿过大金字塔顶点的子午线正好将尼罗河三角洲分为相等的两半。他们还发现，如果从大金字塔顶点往西北和西南两角的斜线延伸出去（形成地图上直至子午线顶端的、分别朝向西北和西南方向的两条线段），形成的三角形几乎将整个尼罗河三角洲地区涵盖在内[3]。

现在咱们回到自己画的地图上，这里也有一个代表三角洲的三角形，其他的主要组成部分就是那三条平行的子午线了。东面那条在东经 32° 38′，比王朝时代初期的正式东部边界线要再往东一点。西面那条位于东经 29° 50′，是古埃及的正式边界线，中间那条子午线的位置是东经 31° 14′，正好在那两条线中间，与每条的间距都是 1° 24′[4]。

现在我们手里的是代表地球表面上宽 2° 48′ 的这么一块地方。这块地方有多长呢？古埃及南、北边界线分别为北纬 31° 6′ 和 24° 6′ [5]。北部边界线为北纬 31° 6′ ，将尼罗河河口湾外侧的两个出海口连接起来。南部边界线为北纬 24° 6′ ，是阿斯旺城旁边尼罗河中的埃利潘蒂尼岛的准确纬度，那里是埃及整个历史上最重要的天文和太阳观测站所在地 [6]。这块古老的土地好像是块天生的圣地，是神祇的造物，是他们居住的地方，是原本就设计好的、占地球正好 7° 地面的一个几何图形。

在这个几何图形中，大金字塔是经过精确的选位确定的三角洲顶点的大地测量学标示物。我们的地图上已经标示出来的三角洲顶点位于北纬 30° 6′ ，东经 31° 14′ ，在现在的开罗市城北边上的尼罗河的中心。而大金字塔则位于北纬 30° （校正大气折射后），东经 31° 9′ ，与三角洲的顶点仅在南面和西面有几分地球弧度的误差。然而，这个“误差”不是由于金字塔建造人的马虎草率造成的。相反，在对这个地区的地形进行仔细的勘查后，这个“误差”的产生，是建造金字塔的人精挑细选的结果。他们需要的地方，既要便于各类天文观察、进行准确的测定，又必须具有稳定的地质结构，足以承载永远停放在上面的 150 米高、底面积 52000 平方米、重 6 百万吨的庞然大物。

吉萨高原符合这个订单上的所有条件：接近三角洲顶点，屹立于尼罗河谷之上，具有坚实的石灰岩基底。

依度行事

我们坐在穆罕默德·华利利的标致 504 的后排座位上离开了卢克苏尔，北上吉萨。这一段行程中间要穿过 4 条纬度线，也就是说，从北纬 25° 42′ 至北纬 30° 。

我从车窗往外看尼罗河那一成不变的风景，它肥沃的、碧绿的河岸和东、西两面几千米外的红色沙漠。这就是埃及。是今天和昨天的、真实的、活生生的埃及，它覆盖在（但是大大超越了）那幅奇异的、正好纵贯 7 个纬度的长方形“正式”地图上。

19世纪著名的埃及学者路德维格·博查特讲的一句话至今被他的同行视为至理名言："必须绝对排除古人可能曾以度为单位测量过地球的可能性。"[7]现在这种判断似乎越来越站不住脚。无论原来设计、建造吉萨古迹的人是谁，他们显然属于一个知道地球是个球体的文明，与我们一样知道它的大小，与我们一样，将地球分为了360°。

证据就是他们创造了一个象征性的正式"国家"，它的长度正好是地球的7个纬度，处于极佳的大地测量学的位置，正好对准大金字塔的基本方位。同样有说服力的是大金字塔的尺寸，我们在第二十三章中已经触及到这个问题。大金字塔的底边长度与它的高度之比为2，而且整个建筑似乎是以1:43200的比例精心设计的，是我们这个星球的北半球在地面上的"投影图"。

大金字塔是四个三角平面的投影图。塔顶代表北极，底边代表赤道。这就是底边与高度的关系为2的原因。[8]

金字塔与地球之比

我们已经介绍过π在金字塔中的用途[9]，这里就不再赘述了。此外，所存在的与π之间的联系，虽然正统派学者们将它的出现解释为偶然现象，好歹也算是被他们认可了[10]，可是我们应该认真地接受金字塔代表了北半球，以1:43200的比例在地面上的投影这种论断吗？我们不妨温习一下下面一些数据。

根据卫星的观测所做出的最新、最准确的测算，地球赤道的长度为40076.6千米，至极点的半径为6356.78千米[11]。大金字塔的底边周长为921.46米，高度为146.73米[12]。算下来的比例并不完全一样，但是非常接近。此外，如果考虑地球赤道带上的膨胀部分（我们的星球不是一个正圆球体，而是一个椭圆球体），金字塔建造者们达到的结果就更接近1:43200。

接近到什么程度？

如果我们将地球的赤道周长 40076.6 千米除以 43200，得到 0.9277 千米。1 千米等于 1000 米。然后，以 1000 乘以 0.9277 千米，得 927.7 米。就是说，地球的赤道周长缩小 43200 倍就是 927.7 米。我们知道大金字塔底边周长为 921.46 米。两者相比，“误差”仅为 6.24 米，或者说，仅为一个百分点的三分之一。尽管如此，就我们已知的金字塔建造者的极度精确性，这种误差的产生也不像是建造这个庞大的建筑物时产生的差错，而是他们把地球的赤道周长少算了 262 千米。这很可能是他们没有把赤道带的肿胀部分计算在内的缘故。

现在我们再来看极点的半径，这个长度是 6356.78 千米，用 43200 除，得 0.147 千米，即 147 米。把它与金字塔的高度 146.73 米相比，只少了 27 厘米，这个误差为一个百分点的五分之一。

这种误差几乎为零，因此，大金字塔的底边周长实际上就是 1:43200 比例的地球赤道，而它的高度就是 1:43200 的地球极点的半径。换言之，当西方文明尚处在对地球的大小懵然无知的黑暗里时，我们只消测量一下大金字塔的底边周长和高度，将它们乘以 43200，就可以获得这方面的知识了。

其间的“偶然性”到底有多大？

按常识，这个答案是“根本不可能”。任何有理性的人都看得出来，放在我们面前的，是刻意的、经过精心计算的设计和规划才能产生的结果。不过埃及学者向来不把常识看在眼里，所以，我们必须问一问，在这些数据里，还有没有别的东西可以证实，1:43200 这个比例是金字塔建造者特意选用的、体现了他们智慧和知识的数据，而不是天上掉下来的大馅饼。

这个比例本身似乎就是一个证明，因为 43200 不是一个信手拈来的数字，如 45000、47000、50500 或者 38800 之类。它是一系列数字中的一个，也是其中一些数字的倍数。这些数字与岁差运动有关，世界各地的古代神话故事中都蕴含着这些数字。读者可以回顾第五部，金字塔与地球之比的基本数字不断、反复地出现在那些神话中，有的时候直接以 43200 出现，有时候出现的是 432、4320、432000、4320000 等等。

现在摆在我们面前的是两个异乎寻常的比率。它们背靠着背，仿佛特意设计出来，让它们相互支撑，互为依托。大金字塔居然是北半球的精确模型，这已经够惊人的了。但是，更令人震惊的是，这个比例数字竟然包含着一个关系到地球的重要行星运动机制的精确数据。这就是地轴的固定的、无穷的、围绕着黄道运转时所做的岁差方向运动。这种现象造成了春分的日出点在黄道带上的移动，这个移动的速度为每 72 年 1°，每 2160 年走完 30°，即一个完整的黄道带宫。走完两个黄道带宫，或者说，60°，所需的时间是 4320 年[13]。

古代神话中不断重复这些岁差数据有可能事出偶然。单独地看岁差数据 43200 出现在金字塔与地球的比例中，也可能是偶然现象（虽然这种事情发生的可能性简直是微乎其微）。但是，如果在两个截然不同的载体——古代神话和古代建筑中都发现了岁差数据，还硬要说这都是偶然的话，那可真是太牵强附会了。北欧神话中讲述的英灵殿的诗句诱导我们去计算出征“奔赴与恶狼决战的疆场”的勇士的数字（500 加 40，再乘以 800，见本书第三十三章），最后得出了岁差数字 432000。大金字塔也一样，底边周长与塔高的 2π 的关系，使我们想到它可能是按比例缩小的、地球的一部分的模型，然后，诱导我们去计算这个比例。

是相符的指纹吗

到了敏亚后，护卫车队离开了我们。不过穿便衣坐在前排的那个军人还是陪着我们一直到了开罗。已经过了午饭时间，我们在一个热闹的村子里简单地吃了点阿拉伯饭后，继续驱车北上。

这一路上，我都在一门心思地想着大金字塔的事情。显然，如此庞大，如此惹人注目的建筑物，竟然在这个世界上一个异乎寻常的、用长方形表示的、长度正好为 7 个纬度的象征性的国度中，占据着举足轻重的地理和大地测量学的位置，这绝对不可能是巧合。但是，最使我感兴趣的，是大金字塔的另外一个功能：它是北半球的三维投影图。因为它与我在第一部中讲述的年代虽然久远、然而极为先进的世界地图互为呼应。那些地图的绘制采用了球面三角学原理和一系列的复杂投影法。查尔斯·哈普古德教授称，这些地图是确凿无疑的、白纸黑字的证据，证明了在最后的冰川时期，曾经存在一个先进的、对地球具有全面了解的文明。现在又有了大金字塔，它也是矗立在地面上北半球的示意图，它也包含着复杂的投影术。一位专家曾说道：

金字塔的每一个面都被设计为代表北半球的四分之一个曲面，或者说90度的四分之一球面。

为了能够正确地将球面的四分之一投影到一个平面三角形上，这个球面的弧长，或者说底线，必须与三角形的底边一样长，而且它们的高也必须相等。只有当大金字塔的横截面的底角，或者说平分金字塔的子午线的斜角使得底边与高的比例是个与之相关的数值时，这种情况才能实现……[14]

现存的古地图或者地图集，如皮瑞·雷斯地图，可能是根据一些原始地图画出来的，而这些原始地图的作者，与将自己的地球知识巧妙地融入大金字塔的结构中（及精心构造的古埃及几何尺寸地图中）的人们属于同一文化，这种可能性存不存在？

我永远不会忘记，查尔斯·哈普古德和他的研究小组花费了好几个月的时间寻找皮瑞·雷斯地图所采用的原始地图的投影中心到底在哪里，他们最终得到的答案是埃及，而且特别指出是上埃及的西恩（阿斯旺）[15]——那是一个我们知道的地方，北纬24° 6′，那里有一个重要的天文台，也是正式的南部边界。

毋庸多说，精密的天文观测是计算地球赤道长度和纬度的最基本、最首要的条件[16]。但是，古埃及人和他们的祖先，在他们有文字记载的历史开始之前多久，便开始了这种天文观察？他们是不是像他们在传说里直言不讳地承认的那样，是从曾经与他们生活在一起的神祇那里学来的这些技能？

百万年船上的水手

埃及人相信，教会他们的祖先天文学原理的神祇是透特。“他是天上的计算之神，清点星星。他也是大地的计算之神，测量大地，清点天下的万事万物。”[17]

透特通常被描写为一个头戴朱鹮面具的人。他是第一时代的神祇们组成的精英团队中的领军人物，是古埃及文明的宗教生活自始至终的主宰。这些精英都是伟大的神，是纳特鲁。虽然在某种意义上，人们相信他们是天马行空，独往独来的，但大家也都知道他们与另外一个地方具有某种特殊联系——一个遥远的仙境般的国度。在古代经文中，它被称为“塔－纳特鲁”，“诸神的地方”[18]。

古埃及人认为塔－纳特鲁确有其地，它在南面很远的地方，要飘洋过海才能到达，比生产香料的“朋特国”（可能在现今非洲东海岸索马里的沿海一带）还要远[19]。不过朋特有时也被称为“神的国度”，“诸神的地方”，那里有诸神钟爱的芳香扑鼻的乳香和没药[20]。

还有一个神话中的天堂与纳特鲁有关——“有福之人的住地”，最优秀的人类有时被带到那儿，据说是位于“天水相隔”的地方。正如沃利斯·巴奇在他的重要学术著作《俄赛里斯与埃及的复兴》中所说，“埃及人相信，那个地方只能乘船而往，或者由神祇把他们最喜爱的人带过去……”[21]去到那里的幸运儿会发现他们进入了一个神奇的花园。这个花园“由岛屿组成，碧波荡漾的渠道将这些岛屿连接到一起。那里四季常青，物产富饶”[22]。在这些岛上，“小麦长到5腕尺高，麦穗长2腕尺，麦秆长3腕尺；大麦长到7腕尺高，麦穗长3腕尺，秆长4腕尺”[23]。

给埃及带来了农业生产的“南方国家之王”俄赛里斯[24]，会不会就是从这样一个有沟渠灌溉、科学种植的地方，跨越重洋，在第一时代的黎明刚刚来临之时来到埃及的？戴朱鹮面具的透特，是不是也从这个只有船才可以到达的地方启程，飘洋过海，将天文学、测地学这些无价之宝送给了史前时代居住在尼罗河谷的原始住民？

无论传说背后的真相是什么，透特都被古埃及人尊为数学、天文学和工程学的发明者[25]。据沃利斯·巴奇的记载，“古埃及人相信，是他的意志和权力使天地之间的力量保持均衡，是他以高超的天文数学技术，操控着宇宙运转的法则，奠定了宇宙的基础，维系着宇宙的发展”[26]。透特还被尊为向古埃及人传授几何、测量、医药和植物知识的神祇。人们认为是他发明了“数字、字母和朗读、书写艺术”[27]。他是“魔术之王”[28]，能让物品应声起落挪移。“人类和神祇的所有的作品都是他写出来的”[29]。

古埃及人正是遵循他的教导，将 42 本珍籍小心翼翼地保存在神庙里代代相传[30]，才使得古埃及有了睥睨世界的智慧和天文知识。公元前 5 世纪之前造访过埃及的著名评论家一谈起这些知识无不敬畏有加。

最早的旅行家希罗多德这样说道：

> 埃及人最早发现太阳年，并将它分为 12 份……只有通过对星辰的运转的观察才能做出这样的区分……[31]

柏拉图（公元前 4 世纪）曾写道，埃及人观测星象“已经有了上万年的历史”[32]。后来，公元前 1 世纪，狄奥多罗斯留下的记载更为详细：

> 星辰的位置、排列及它们的运动一直为埃及人观察的重要内容……自古至今，他们一直都在记载每一颗星辰的运动，年代已经久远得令人难以置信……[33]

为什么古埃及人会有这么执著地长期观察星象的癖好？为什么他们要记载星辰的运动，“年代已经久远得令人难以置信”？如果他们的兴趣仅在于（如许多学者所说的那样）农业生产，根本没有必要做如此详尽的观察和记载。预知农耕季节的到来，这种事情任何出生在乡下的人都可以办到。他们肯定另有目的。

还有，古埃及人最初是怎么开始天文观察的？一个世世代代生活在山谷中的泥土地上、足不出户的民族显然不会自发地产生这种爱好。也许我们应该更认真地考虑一下他们自己的解释：神祇教会了他们的祖先研究星象。我们可能还该更密切地关注金字塔铭文中众多的、确凿无疑的、关于航海的描述[34]。而且，从古埃及的宗教绘画中，我们也可能做出许多重要的新的推论。在这些绘画中，神祇们乘坐在船首高高翘起的、美丽的、流线型船只上。这些设计先进的远洋船与吉萨的金字塔船和停泊在阿比多斯沙漠里的神秘舰队在结构和规格上一模一样。

按照一般规律，在黄土地里讨生活的人不会成为天文学家，只有从事远洋航行的人才会对天文感兴趣。古埃及人描绘航海的图画，他们的船只设计，他们对星象观察的痴迷等等，会不会是他们继承的部分遗产。这些遗产是一个尚不知晓的、精通远洋航行的航海民族，在遥远的史前时代遗传给他们祖先的？只有这样的远古民族，这样的航海文明，才可能以精确描绘的冰川时期结束之前的世界地图的形式留下他们的指纹；只有这种在“上万年的历史”中，能够依据星辰的方位调整他们航向的文明，才能够如此精确地观察、计算岁差运动，在神话中留下他们精准的数据；而且，虽然这只是假设，也只有这样的文明才能够如此准确地测量地球，将它按比例缩小在大金字塔中。

太古时代的签名

我们到达吉萨的时候已将近午夜时分。我们住进了可以一览金字塔全景的西亚格饭店，坐在阳台上，观看猎户座带纹上的三颗明星缓缓地移动在南部天空。

考古天文学家罗伯特·鲍弗尔最近指出，吉萨三大金字塔的布局正是按照这三颗星星的方位安排的。这个发现本身就十分惊人。它表明金字塔建造者的星象观察和测量、布局设计水平比学者们原来认定的古埃及人所具有的水平高得多。但是，更值得注意的是，鲍弗尔认为，这幅以 1500 万吨精雕细刻的巨石呈现在地面上的天文图，是准确地按照公元前 10450 年那个时代的星空图制作的，这也是我明天上午约他见面的原因。

如果鲍弗尔的观点是正确的，那么，这些金字塔在设计的时候，就利用岁差产生的星球方位的变化，将它们作为永恒的、公元前 11 世纪留下的、以建筑物为标志的签名了。

第四十九章 金字塔的力量

大金字塔是以1:43200的比例制作的北半球的模型，是北半球的投影图。这个比例数字是地球的岁差运动速度——地球最具特色的行星运动机制之一的一个关键数据。这个事实彻底排除了上述现象纯属偶然的可能性。因此，现在我们可以清楚地看到，我们面前的大金字塔是一个精心策划的结果。它的目的在于，让任何文化都能识别出来，它是一个既知道地球的准确尺寸，又懂得岁差运动的精确速度的文明创造的产物。

由于罗伯特·鲍弗尔的研究，我们现在可以确信，还有一个精心策划的结果蕴藏在大金字塔内（大金字塔是特意设计的、具有多种功能的装置这一点似乎愈来愈明显了）。从这个角度看来，将第二、第三座金字塔也包括在内的庞大规划简直可称为雄才大略。这个规划上面同样留下了那些设计，并将大金字塔建造成地球模型的古代建筑师和建筑工人的指纹。它们的共同标记看来都是岁差——可能因为他们喜欢它数学上的规律性和可预测性。他们利用岁差来设计只有科学高度发达的文化才能正确理解的方案。

我们的文化就是这样的文化，而罗伯特·鲍弗尔就是第一个计算出这个方案中的参数的人。他为此而声誉鹊起，而且必将获得他应该得到的科学上的肯定[1]。鲍弗尔是生在亚历山大、长在亚历山大的比利时人，个子又高又瘦，胡须刮得干干净净，四十来岁，略微有点谢顶。他面孔上最大的特征是他刚毅的下巴，特别能显示他顽强的、打破沙锅问到底的个性。他说一口夹杂着埃及和法国口音的英语，可是行为举止已经完全东方化。他有着极为聪明的头脑，总在无休无止地收集和分析与他的研究内容相关的新资料，从新的角度去观察老问题。就在这种不息的探索过程中，他不知不觉间将自己变成了一个破解奥秘的魔术大师。

猎户座之谜

说起鲍弗尔的发现，还得从19世纪60年代另外一些人的发现说起。埃及学家和建筑师亚历山大·巴达维博士和美国天文学家弗吉尼亚·特林布尔发现，大金字塔国王墓室南面的通风井在金字塔时代——公元前2600~前2400年间——像个炮筒似的，瞄准了猎户座带纹[2]。

鲍弗尔于是决定去探一探巴达维和特林布尔没有调查过的王后墓室南面的通风井。他证实，在金字塔时代，这个通气井对准的是天狼星。而德国工程师鲁道夫·甘登布林克1993年使用机器人乌普瓦特测量的结果也证实了鲍弗尔的发现。这就是那个曾经轰动一时的机器人，正是它发现了离王后墓室六十米左右有一个关闭通风井的活动门。它装备了一个高科技的测角器，这台小机器首次提供了这个通风井的最准确的倾斜角度：39° 30′[3]。

鲍弗尔解释道：

我做过计算，我的计算证实，在公元前2400年前后，这个通风井正好对准经过子午线时的天狼星。这是毫无疑问的。我还用甘登布林克给我的国王墓室的南通风井的新倾角数据，重新计算了巴达维和特林布尔算过的猎户座带纹的位置。甘登布林克测出的角度是精确的整 45°，而巴达维和特林布尔则是根据弗林德斯·皮特里不那么准确的 44° 30′ 来计算的。新数据使我得以让巴达维和特林布尔计算的星座位置更为精确。我的发现是，那个通风井所对准的是猎户座带纹三星中最下面的那颗星——尼塔克星。在公元前 2475 年前后，它经过子午线时高度为 45°。[4]

到此为止，鲍弗尔的结论尚在正统古埃及学者们认可的编年范围内。他们通常将大金字塔的建造年代定为公元前 2520 年左右[5]。如果说有点什么东西的话，那就是，这位考古天文学家发现的星座位置表明，通风井的建造比传统的概念所允许的还要晚点，而不是早些。

但是，读者们都知道，鲍弗尔还有一个发现让正统学界炸开了锅。这个发现也与猎户座带纹有关——

相对于银河的中轴线而言，它们的位置处于偏向西南方的一条斜线上；而相对于尼罗河而言，三大金字塔也处于偏向西南方的斜线上。如果在明净的夜晚，你仔细观察，就会发现三颗星中最小的、也是最上面的那颗，在其他两颗星构成的主对角线略为偏东一点的地方。阿拉伯人管这颗星叫明塔卡。这个排列模式也被模仿到了地面上。我们可以看到，门卡乌拉金字塔位于海夫拉金字塔（代表中间那颗星，尼兰星）与大金字塔（代表尼塔克星）构成的主对角线偏东的位置上，连偏离的角度都分毫不差。这一切极为清楚地表明，这些建筑物的位置是根据一个整体布局安排的。这个布局以极度的精准性仿照了这三颗星的排列模式……他们在吉萨所做的事情就是在地面上建造出猎户座带纹。[6]

事情到此还没有完。用一个复杂的、可以绘制星辰因岁差引起的角度变化图形的电脑程序[7]，这个程序可以画出任何时代、世界上任何地方的天空中可以看见的星辰因岁差而产生的偏斜的图形。鲍弗尔发现，在所有的

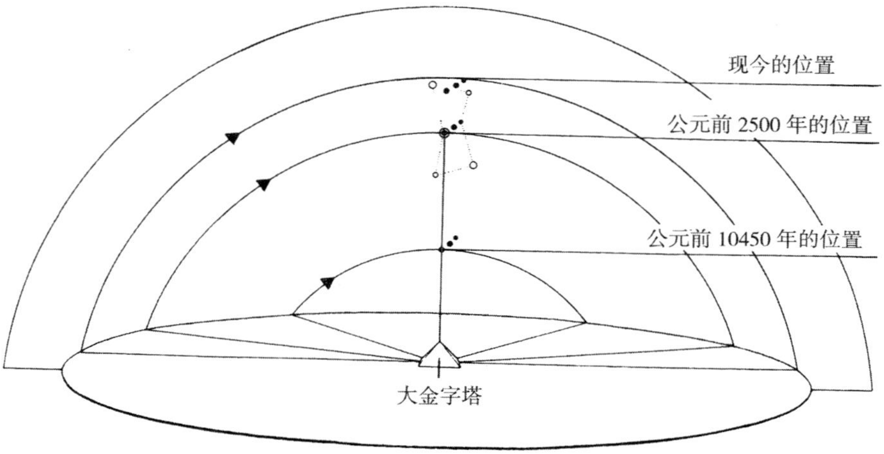

岁差与猎户座带纹上的明星

时代，金字塔与猎户座带纹都存在着明显的、一般的相互关系。但是，有一个时代，它们的关系却是独一无二的，而且极为准确。

我们发现，在公元前 10450 年，而且只有在那一年，地面上金字塔的布局与天空中星辰的排列吻合得天衣无缝。我的意思是，这种吻合是十全十美的，毫厘不差的，而且绝不可能是巧合。因为整个布局准确地显示了两个仅仅发生在那个时候的、非常罕见的天文现象。第一个现象纯属偶然，公元前 10450 年，从吉萨看上去，银河与尼罗河谷的子午线方向完全一致；第二个现象是，银河西边的猎户座带纹上的三颗明星正处于岁差周期中的最低高度，以大金字塔为代表的尼塔克星经过子午线时角度为 11° 8′。[8]

读者现在已经熟知，地球的轴向岁差运动造成的春分日出在黄道带上的移动，以 26000 年为一周期。这一现象也对所有可以看见的星辰的倾斜度产生影响。如猎户星座，它的高度会发生非常缓慢的，但是值得注意的变化。这样，尼塔克星从它在子午线上的最高点（58° 11′，从吉萨看去，高于南方的地平线的高度）降至它的最低点所用的时间是13000年。它上一次走到这个最低点时的时间是公元前10450年。这个最低点已经以永恒的石建筑物记载在了吉萨高原上，它就是11° 8′。随着又一个13000年过去，带纹上的星辰会慢慢升起，直至尼塔克星又回到最高点58° 11′；然后，再过13000年，它们再一次缓缓降至11° 8′。这个周期是永恒不变的，13000年向上，13000年往下，再13000年向上，再13000年往下，永无穷尽[9]。

> 我们此刻在吉萨高原看到的就是公元前10450年的精确的星图——我好像看到一个建筑大师在那个年代来到此地。他决定采用自然与人造的特征相结合的方式，在地面上展现出一幅巨大的天文图。他用尼罗河的子午线方向的河谷代表当时他看到的银河，然后，按照那三颗星辰在银河系的相对位置，分毫不差地将三座金字塔建造在与尼罗河相对应的位置上。将一个特定的日期凝固在不朽的建筑物上，这是一种多么聪明，多么准确，又多么气势恢宏的、标志一个时代的方法……[10]

第一时代

我发现金字塔与猎户座的相互关系论的含义很复杂，而且难以捉摸。

一方面，按照岁差运动计算，大金字塔的南通风井对准的是公元前2475～前2400年间的尼塔卡星和天狼星。这个日期与埃及学者们说的金字塔的建造时间非常吻合。

另一方面，三大金字塔与尼罗河的对应关系却标志着另一个久远得多的时间——公元前10450年。这个时间与约翰·韦斯特和罗伯特·肖赫在吉萨发现的地质学证据一致。这表示，在公元前第11个千禧年，埃及曾经出现过一个高等文明。不仅如此，金字塔的位置不是任意或者偶然的安排，而好像是特意选定的，因为这种布局标志着一个重大的岁差现象：最低点，一个起点，猎户座的13000年“上升”周期的“第一时代”。

我知道，鲍弗尔相信这一天文现象象征着俄赛里斯的第一时代——诸神的时代，意想中的文明降临尼罗河谷的时代。我也知道，他的这一推论来自将俄赛里斯与猎户座，伊希斯与天狼星直接相连的古埃及神话[11]。

俄赛里斯和伊希斯的历史原型真的在第一时代，也就是12500年前到过这里吗？[12]对冰川时代的研究使我相信，人类的某些理念和记忆，会以口头讲述的方式代代相传。虽经千载岁月沧桑，仍然铭刻于他们的心灵之中。因此，我认为，奇特而怪谲的俄赛里斯神话完全有可能起源于公元前10450年之前。

然而，王朝时代的埃及文明将俄赛里斯抬高到复活之神的崇高地位。那是一个没有既往历史的文明，更不可能在遥远的公元前第11个千禧年找到它的踪迹。如果俄赛里斯的神话留传了8000年，那么，是什么文化将它传承下来的？这个文化与公元前10450年和公元前2450年将天文图体现在金字塔上的文明都有关连吗？

这些存疑都属我打算与罗伯特·鲍弗尔在金字塔的阴影中进行探讨的问题之列。我和桑莎与他约好明天黎明时在海夫拉的御庙见面。这样我们三人可以一起在那里观看狮身人面像日出。

大高台

御庙在第二座金字塔东面，此刻这个坍塌殆尽的神庙显得灰蒙蒙、阴森森的，让人不寒而栗。就像在卢克苏尔时约翰·韦斯特告诉我的，它的庄严、宏伟和简洁的建筑风格与河谷神殿一样，只是后者名气更大些。这里有同样的、巨大的石块，每块重量都在200吨以上[13]。这里散发着同样的、不可捉摸的、远古神灵的气息，仿佛他们即将显灵。即使处于现在这种破败不堪的状况，这座被埃及学者冠以“御庙”之名的、佚名作者创造的建筑物仍然充满了力量，仿佛从远古时代汲取着源源不绝的能源。

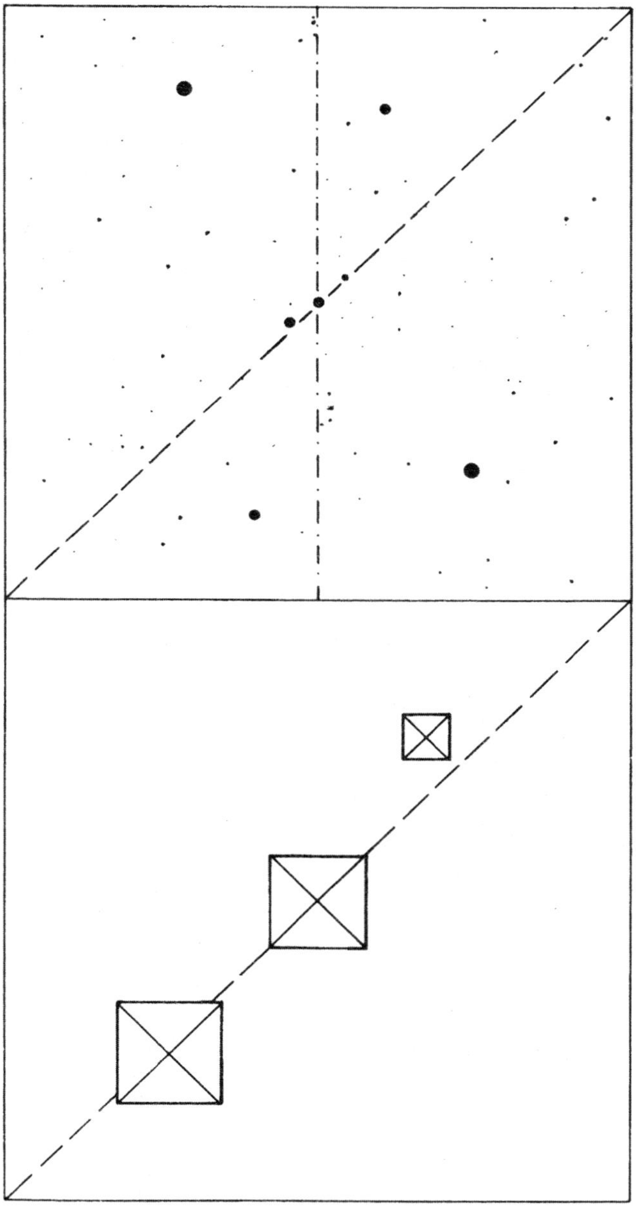

从子午线方向看公元前 10450 年的猎户座带纹三星和金字塔

我仰望身后兀立于黎明前灰暗光线中的第二金字塔的东墙，韦斯特的话又一次在我耳边响起。他曾说，这座金字塔可能是分两阶段建成的。下面几层，高约120米的基础部分，是用与河谷神殿和御庙一样的、巨大的石灰岩石块筑成的，但是上面部分用的石块要小得多，每块重约两三吨的样子，与大金字塔的大部分石块差不多。

从前，是否有过这样的时光，在"吉萨之山"上，在狮身人面像之西，耸立着一个高12米、占地面积48000平方米、巨石搭建的高台。它的周围只有无名的正方形和长方形建筑，如河谷神殿和御庙，也就是说，第二金字塔的基础部分会不会是先建造起来的，比其他的金字塔都早，也许在极为古老的时代就建起来了？

狂热的信徒

罗伯特·鲍弗尔到达时，我脑子里正在想这些问题。冰冷的沙漠风正从高原上刮过，嘘寒问暖客套几句后，我便单刀直入地问他："你怎么解释你的相互关系论中那8000年的缺口？"

"什么缺口？"

"通风井对准的是公元前2450年的星空，地面布局呈现的是公元前10450年的星空，这中间不是有8000年的缺口吗？"

"说实话，我认为有两种解释，两种都言之有理。"鲍弗尔说，"我认为答案就在它们中间，二者必居其一……要么是金字塔被设计成标记公元前2450年和公元前10450年这两个特殊年代的'星座钟'，如果是这样，我们就无法确定金字塔是什么时候建造的了；要么它们就是……"

"等等，先把第一点说完。"我赶紧打断他，"你的'星座钟'是什么意思？为什么我们就无法确定它们是什么时候建造的？"

"是这样的。咱们暂且假定建造金字塔的人懂得岁差，假定他们能像我们今天用电脑计算的一样，会计算某些特定的星座在来来回回的运动中的某个时间的倾斜度……无论他们生活在哪个时代，咱们假定他们当时能够做到这些。这样，他们就有可能像我们今天这样，能够做出来在吉萨看到的公元前 10450 年和公元前 2450 年的星空的模型。换句话说，如果他们在公元前 10450 年建造金字塔，他们能轻而易举地算出南通风井应该倾斜的角度，以便到公元前 2450 年它们可以对准尼塔克星和天狼星。同样，如果他们生活在公元前 2450 年，计算出公元前 10450 年时的猎户座带纹上三星的准确位置，并且据此安排金字塔的整体布局，对他们而言也不算什么难事，对吧？”

“没错。”

“那好。这就是第一种解释。第二种解释，我个人比较偏向这一种，而且我认为地质学证据也支持这种解释，是整个吉萨墓葬地是在一个极为长久的时期内逐步建造起来的。我认为这整个场地在公元前 10450 年左右就已经规划、布局好了，所以它的几何图形才会体现当时看到的星图，但是这个工程可能到公元前 2450 年前后，这也就是大金字塔的通风井朝向尼塔克星和天狼星的时候才完工。”

“这么说，你的意思是这些金字塔的地面布局可以追溯到公元前 10450 年？”

“不错，我的确是这么想的。而且我还认为那个布局的几何中心或许就在第二座金字塔前面，在你我的脚下……”

我指着这座庞大的建筑物下层的巨大石块：“它看上去就像分两个阶段，由两个不同的文化建成的……”

鲍弗尔耸耸肩道：“咱们推测一下吧……也许不是两个不同的文化，而是一个文化，或者说一些狂热的崇拜者，俄赛里斯的信徒们建造的。也许非常古老的、长寿的、崇拜俄赛里斯的信徒们在公元前 10450 年就到了这儿，到公元前 2450 年他们仍旧生活在这里。也许随着时间的流逝，他们做事情的方法变了。也许公元前 10450 年时他们兴用大石块，到公元前 2450 年时改用小石块了……在我看来，这里有许多证据支持这个见解，很多东西在说‘古时候一群狂热的信徒如何如何’，有好多证据从来没有人去调查……”

“举个例子好吗？”

“没问题。这个地方的天文图布局就是一个明显的例子。我算是最早开始认真做这方面调查的人之一，还有地质学方面的调查，就是约翰·韦斯特和罗伯特·肖赫他们对狮身人面像所做的工作。这是两门科学，两门严谨的、靠过硬的证据和丰富的经验说话的科学，从前的研究中从来就没有利用过这些科学知识。现在它们既然已经用到考古上了，那我们就将掀开这片古老墓葬地的研究中崭新的一页。说实话，我认为我们现在才仅仅触及一些皮毛，将来从地质学和天文学的角度一定会有多得多的发现。此外，至今没有人对金字塔铭文进行过真正的、细致的研究，有的只是一些所谓‘人类学’的观点，而这些观点就是先入为主地把赫利奥波利斯的祭司们当作一帮半开化的、一心只想长生不老的巫医……他们的确想长生不老，但是他们绝对不是巫医……他们是知识丰富、受过极好教育的人。他们是那个时候的科学家，从他们所做的工作中我们就看得出来。所以我建议，把金字塔铭文当作科学文献，至少是准科学文献来研究，而不是把它当作装神弄鬼的胡说八道。我很欣慰地看到铭文里有关于岁差的天文现象。也许还有其他可以解开奥秘的钥匙，数学的、几何的，尤其是几何的……还有那些象征手法……为了理解金字塔铭文和金字塔本身，我们需要的是多种学科、训练有素的人们的共同探讨。天文学家、数学家、地质学家、工程师、建筑师，甚至物理学家等等，大家一起来破解那些象征和符号，应该鼓励所有对这些重大问题有独到见解和有新颖技术手段的人参与这项工作。”

“为什么你认为这些问题那么重要？”

“因为它们对人类了解自己过去的历史具有重大的意义。这些看来在公元前10450年前进行的极端精密的规划和极端准确的布局只可能是一个高度发达的，具有高度科学技术的文明的作品……”

“可是至今人们都认为世界上任何地方在那个时代都不可能存在这样的

文明。”

“确实如此。那时候还是石器时代。人们大都认为那时候人类社会还处于非常原始的阶段。我们的祖先还只会住山洞，穿兽皮，追踪野兽，采集果实，做诸如此类的事情。所以发现公元前10450年时就有具有高等文明的人类出现在吉萨才会造成那么大的混乱。那些人精通深奥的岁差知识，他们能算出来他们看到的猎户座是处于岁差周期中位置的最低点，也就是这个星座开始它13000年向上的行程的时候，他们于是着手在这片高原上建造出永恒的纪念碑以铭记这个时刻。他们将猎户座带纹搬到了地面上，以这种方式，将这个特殊的时刻永远地凝固了下来。”

我故意跟他较劲：“你怎么知道他们凝固的时间就是公元前10450年？反正每26000年猎户座都要落到银河系西边比地平线高11° 多的地方，你凭什么说他们纪念的不是公元前36450年，或者再在那之前26000年的岁差周期呢？”

罗伯特对这个问题显然胸有成竹：“有些古代记载的确暗示埃及文明的根源可以追溯到40000年前。”他若有所思地说，“就像希罗多德在书里记载的祭司们讲的奇怪的话，什么太阳在它原来落下的地方升起，在它原来升起的地方落下之类。”

“那也象征岁差运动。”

“是的。又是岁差。它老是以一些奇特的方式不断地冒出来……不管怎么说吧，你说得没错，它们可能标志着那之前的岁差周期……”

“可是你也这样看吗？”

“不。我觉得公元前10450年是最适当的。它更接近我们所知道的人类进化的过程。虽然它与公元前3000年埃及王朝的突然出现之间仍有相当长的一段时间要给个说法，但还不算太长……”

“给什么相当长的时间一个说法？”

“就是你问的地面布局所模拟的星空与通风井所对准的星空之间相隔的那8000年呀。8000年是一段很长的时间，但是对一群虔诚而且目的明确的狂热信徒而言，保存、维护并且忠实地将公元前10450年创建这个地方的人所具有的博大精深的知识传承下去，这段时间还不算太长。”[14]

魔术师的机器

这些史前发明家的知识到底有多博大精深？

“他们了解自己的时代。”鲍弗尔说，“他们使用的钟表是天然的星辰。他们的工作语言是岁差天文学。而这些建筑以极其清楚、明确和科学的方式表达了这种语言。他们还是技术高超的勘测员。我指的是那些整理这片场地，确定金字塔方位的人。因为他们按照精确的几何方位工作，因为他们知道怎样才能将那些台基或者无论他们修建的什么东西，一丝不差地按照东西南北四个基本方位修建起来。”

“你认为他们连给大金字塔确定的位置是在北纬30°上都知道吗？”

鲍弗尔笑了起来：“我敢肯定他们知道。我认为他们对地球的形状了如指掌，他们还通晓天文。他们知道太阳系的结构，懂得天体的运行机制。他们做任何事情都准确之极，也精细之极。所以，综上所述，我认为，这里发生的一切都不会是巧合。至少，在公元前10450～前2450年之间发生的事不会是巧合。我有一种感觉，这里进行的一切都是有条不紊的、深思熟虑的、目的明确的……说实话，我感到他们是在实现一个长期目标，你也可以说是目的。他们的这个目标到公元前第三个千禧年终于瓜熟蒂落。”

“表现在金字塔全部建成，完工的时候正好对准尼塔克星和天狼星吗？”

“是的。而且还表现在金字塔铭文上。我猜金字塔铭文也是整个谜团的一个组成部分。”

“铭文就是与金字塔这个硬件配套的软件吗？”

“非常有可能。难道不是吗？退一万步说，它们之间肯定是有关联的吧。我认为，如果我们想给金字塔解密，那我们就非利用铭文不可。”

“你还有些什么猜测？”我问鲍弗尔，“你认为建造金字塔的人的真实目的何在？”

“他们建造金字塔决不是为自己修一个永久的坟墓。”他斩钉截铁地答道，“在我看来，他们毫不怀疑他们是永生的。无论金字塔的建造者是谁，他们这样做，是想通过某种能够永恒地体现他们的意图和目的的载体，来传送他们的观念的威力。他们成功地创造了一个力量，只要你懂得它，它就会让它的功能自动运转起来。这个力量就是激发你对事物提出疑问的能力。我的猜想是，他们熟知人类的才智，他们深谙引人入彀的诀窍，这没错吧？我可不是在开玩笑。他们知道自己在做什么。他们知道他们能够诱导遥远的未来的人们进入他们的思维方式，即使到那个时候他们自己已经不在那里了。他们知道，只要造出一台永恒的机器，他们就能够做到这一点。这台机器的作用就是激发疑问。”

我估计我此刻肯定是一脸的茫然。

“这台机器就是金字塔！”鲍弗尔激动起来，声音也大了许多，“整个吉萨墓葬区都包括在内。现在你瞧瞧咱们自己吧！我们在做些什么？不就在提出疑问吗？我们大清早地跑到这里来，冻得哆哆嗦嗦地来看日出，问了一堆又一堆的问题。我们就在这个真正的魔术师的掌控之中。这些真正的魔术大师知道符号能够解答那些问题，知道哪个符号能解答哪个问题。如果你就是提出疑问的人，这些问题就能够引导你将你自己发动起来。从你开始提出有关金字塔疑问的那一刻起，你会遇到一连串的答案。这些答案会将你带向更多的疑问，然后又有更多的答案，如此循环往复，到最后，你会一发不可收拾……”

“就像播种。”

“就是这样的。他们就是在播种。相信我吧，他们是魔术大师，他们知道观念的力量……他们知道怎样让观念在人们的头脑中扎根、开花、结果。一旦你开始有了这些观念，而且像我一样一路追根求源地走下去，你也会找到猎户座，找到公元前10450年。总而言之，这是一个自动延伸的进程，一旦它进入了你的头脑，在你的下意识中落地生根，它就成了心甘情愿的皈依，你就无法抗拒它的力量……”

“从你的话里，好像这个吉萨教派，不管它叫什么名字吧，一直在围绕着岁差、几何学、金字塔、金字塔铭文等打转，你把它说得活灵活现的。”

“从某个方面看来，它的确还活着。”罗伯特说，“即使开车的人已经不再掌控方向盘，这片吉萨墓葬地仍是一台按原设计不断激发问题的机器。”他停了下来，指着九个月前桑莎和我凌晨时分攀登过的大金字塔的塔顶。“你看看它有多么大的力量。”他说，“五千年过去了，它仍让你魂牵梦萦。无论你喜不喜欢，你都摆脱不了它……它逼着你不断地思考下去，逼着你不断地学习……你问的每一个有关它的问题，要么涉及工程学，要么涉及几何学，要么涉及天文学，所以你不得不学习工程学、几何学和天文学方面的知识。慢慢地，你就会明白它有多么复杂，它的建造者是多么聪明，有多么高明的技术和多么丰富的知识，而这些东西又会迫使你去质疑人类，人类历史，乃至你自己。你渴望知道一切。这就是这个东西的力量。”

第二个签名

1993 年 12 月那个寒冷的清晨，罗伯特、桑莎和我坐在吉萨高原上观看冬天的日出。太阳从狮身人面像的右肩升起，现在已经快到冬至了，太阳升起在它一年的行程中几乎东面最偏南的地方，然后，它就要开始往北面回转了。

狮身人面像是昼夜平分日的标志物，它凝视着春分那天的日出点。它会不会也是吉萨“地面规划布局”的一部分呢？

我提醒自己，在任何时代，在任何时期，无论是有历史记载的还是史前的，司芬克斯在春分和秋分的那两天里都永远正对着日出点。不过，正如读者们在第五部看到的，古人只将春分看作那个天文时代的标志点。用桑提拉纳和范戴琴德的话说：

日出前升起在东方的星座标志着太阳停留的“地方”……人们把这

个星座当作承载太阳的舟车，而春分点则是确定太阳每年的运转周期的起始点。[15]

为什么把一个昼夜平分日的标志物做成狮子的形象？

在我们生活的时代，公元2000年，如果有人想建造这样一个标志物的话，可能做成能代表鱼的东西最合适。这是因为从过去的2000来年到现在，春分时的日出背景都是双鱼座。天文学上的双鱼座时代的开始与耶稣基督诞生的年代差不多[16]。读者们可以自己判断，早期基督徒用来象征基督的是鱼而不是十字架，会不会是一种巧合[17]。

在那之前的年代，也就是包括公元前第一和第二个千禧年的年代，白羊座——公羊——有幸在春分送太阳升天。读者们又必须自己做出判断，那个时期的宗教图画中居支配地位的是公羊，这会不会也是巧合[18]。例如《圣经·旧约》中，以色列人的上帝耶和华，用一只白羊替换了亚伯拉罕用他的儿子以撒充当的祭品是巧合吗[19]（《圣经》学者和考古学家都认为亚伯拉罕和以撒都生活在公元前2000年代的初期[20]）？在《圣经·旧约》中（全部在白羊座时代完成），几乎每章都提到白羊，但是在《新约》部分却再也见不到它的身影，这还是巧合吗？[21]公元前2000年之前不久，白羊座时代到来，古埃及兴起了崇拜阿蒙神的热潮，而他的象征就是有两只弯角的白羊，这依然是巧合吗？[22]位于上埃及卢克苏尔的卡纳克神庙，祭祀阿蒙神的主神庙就是公元前2000年左右开始动工修建的[23]，参观过那座神庙的人都会记得，里面主要的雕像就是白羊，成列的白羊守卫着神庙的入口。

白羊座时代之前是金牛座时代——公牛——它的年代在公元前4380～前2200年之间[24]。在这个岁差时代，太阳在春分那天从金牛座升起。希腊克里特岛以崇拜公牛为象征的米诺斯文化盛极一时[25]。一个成熟的、毫无早期发展迹象的古埃及王朝文明也在这个时代跃然登上历史舞台。古埃及王朝时代的初期，就已经有了对阿匹斯和尼维斯圣牛的崇拜。前者是俄赛

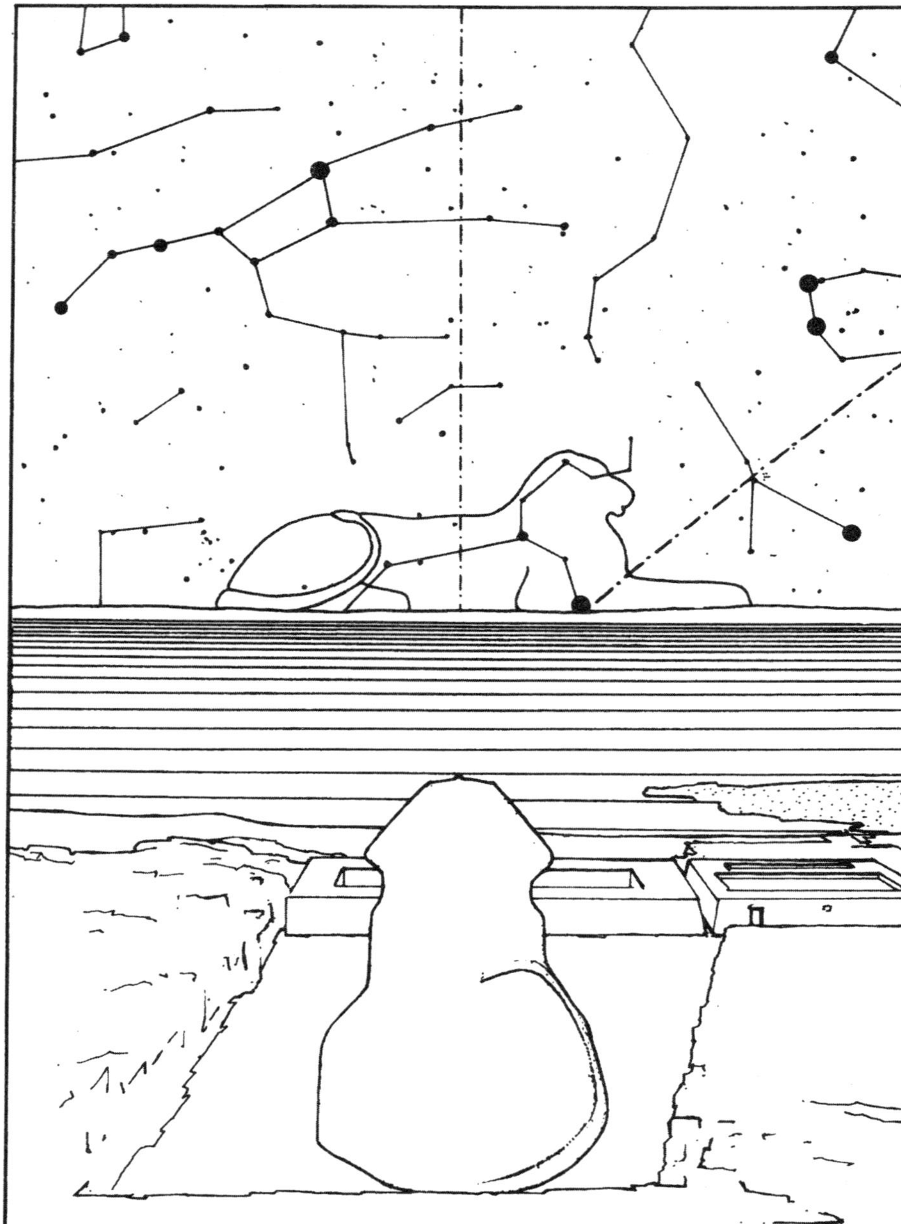

公元前 10450 年春分的日出，正东方的狮子座与面向东方的狮身人面像

里斯神的化身，后者是赫利奥波利斯的圣牛，是太阳神瑞的化身。这里，再请读者自己判断，这些会不会仍然是巧合[26]。

还是那句话：为什么把一个昼夜平分日的标志物做成狮子的形象？

我的目光越过吉萨高原的斜坡，投向狮身人面像巨大的狮身。

古埃及学家认为第四王朝的法老海夫拉于公元前2500年在岩基上凿出了狮身人面像。他是金牛座时代的君王。在他统治之前的1800年和之后的300年，春分的太阳都始终不变地从金牛座升起。按照逻辑推理，如果这个时代的君王打算在吉萨建造一个昼夜平分日的标志物，他有一千条理由将它塑造成公牛的形象，而没有一个理由做成狮子的形象。实际上，以狮子为标识的春分日出背景只有一个时代。这个时代就是狮子座时代，从公元前10970～前8810年[27]。

因此，现在我们知道为什么把一个昼夜平分日的标志物做成狮子的形象了。这个原因就是，它是狮子座的时代建造的。在那个时代，春分日出的星座背景是狮子座。它标志着一个岁差时代。这个时代要到26000年后会“大轮回”转回来。

在公元前10450年左右，猎户座三星在它们的岁差周期中走到最低点：在银河西边，子午线上，高于南地平线11° 8′。在地面上，尼罗河西边，这幅星空图被三座金字塔凝固于建筑物中。它们的布局组成了一个毫无疑义的岁差时代的签字。

在公元前10450年左右，春分的太阳升起在狮子座。在地面上，这个天象被狮身人面像凝固于建筑物中。这个巨大的狮身像，昼夜平分日的标志物，就像一份正式文件上的第二个签字，证实了这个时代的真实性。

公元前第11个千禧年，也就是“天空之磨”崩裂，将春分的日出从处女座转到狮子座的时代，只有在这个时代，面向正东的狮身人面像在眺望春分的太阳在黎明的天空升起时，映衬着日出的是它自己在天上的影像——狮子座。

逼出来的问题

“公元前 10450 年出现的地面建筑与天空景象的完全一致绝非偶然。”鲍弗尔说，“我认为所谓偶然性实际上已经不再是什么了不起的问题。在我看来，真正的问题是为什么？为什么要这么做？为什么他们要如此大费周章，在公元前第 11 个千禧年上大做文章？”

“显然是因为那对他们是一个非常重要的时间。”桑莎推测道。

“它肯定是一个非常、非常重要的时间。创造这样一系列的、巨大的岁差标志物，凿刻狮身人面像，建造总重达 1500 万吨的三座金字塔，如果没有什么极为重要的原因，你不可能做这种事情。因此，现在的问题就是，这个原因到底是什么？他们将公元前 10450 年如此煞费苦心地强力推出，逼得我们不得不提出这个问题。这个问题真的是他们逼出来的。他们想让我们把注意力集中到公元前 10450 年，现在我们就得来寻找这个答案。”

太阳正升上狮身人面像东南方的天空。我们三人都陷入了沉默，好久，好久。

Part Ⅷ

第八部

结论：失落的史前文明在哪里

第五十章 并非海底捞针

我这项调查才进行了几个月，我的研究助理就提交了一份长达 15 页的辞呈，说明他决定离我而去的原因。那时候，我还没有将那些零零散散的拼图板凑到一起，还在根据自己的预感而不是过硬的证据忙活。所有这些神秘的、异常的、与时代不合的、令人困惑的东西都令我着迷。我还在想着尽可能多学点。而与此同时，我的研究人员却已经调查了某些已知的文明进入世界历史的漫长而缓慢的进程了。

在他看来，必须具备某些重要的经济、气候、地形和地理等先决条件，一个文明才可能形成。

因此，如果你在寻找伟大的发明者独自创造的、与其他任何已知文明毫无关联的、至今尚未发现的文明，你找寻的不是丢失在海底的一枚针，而是荒郊野外的大城市。你要寻找的是一个辽阔的地域，占地至少广达三四千千米以上。这片陆地要大如墨西哥湾，或者两倍于马达加斯加。它要有高山大川，气候在地中海式和亚热带气候之间。它的纬度要使它免受冷空气的侵袭。这种相对稳定的气候环境要保持至少一万年左右……而且，这个地方还要生活着几十万无事不晓的人。你要我们相信，这个文明突然之间消失，连他们的家园都毫无踪迹可寻，只留下几个机灵的幸存者。他们预先看到了末日的来临，他们有钱有物，占的地势也对，他们置办得起必不可少的物品，使他们逃出了灭顶之灾。

就这样，我成了孤家寡人。我的计划没等开张就被人判了死刑。世界上不可能存在什么失落的先进的文明，因为足以养育这样一个文明的地面是如此之大，不可能消失于无形。

地球物理学上的不可能性

这是一个非常严重的问题，在我研究探索和四处奔波时，它始终都困扰着我。实际上，正是这个问题使柏拉图将亚特兰蒂斯作为一个严肃的课题提交学者们研究的想法成为泡影。正如一位持反对观点的人所说：

自从世界上有了人类，从来就没有过任何大西洋陆桥；大西洋中没有沉没的陆地：大西洋在至少一百万年里都没有发生过任何改变。事实上，从地球物理学观点看来，大西洋中根本不可能存在过柏拉图所谓的亚特兰蒂斯那么大的陆地……[1]

我早就领教过这种专横武断的语调，不过人家言之有理。现代海洋学家已经绘出了整个大西洋底的地图，肯定没有什么消失的大陆藏在那儿。

但是，如果我收集的证据的确是一个消失的文明留下的指纹，那么，肯定有块大陆消失在什么地方了。

可是这个地方在哪儿？有一段时间，我按惯常的思路，想象它可能在别的大洋水底。太平洋太大了，印度洋看上去可能性要大些，因为它靠近中东肥沃的新月地区，那里是公元前3000年前后几个最早的有历史记载的文明突然出现的地方。我曾计划到马尔代夫追踪古金字塔的谣传，去索马里的东海岸寻找古代失落的天堂，甚至去塞舌尔群岛考古。

问题还是出在海洋学家身上。印度洋海底也被他们考察了个遍，画成了地图，还是没有任何失落的大陆的影子。其余所有大海大洋都一个样。现在，似乎任何水面之下都不可能隐藏着一片足以孕育一个高等文明的广阔的、消失了的陆地。

但是，随着我的研究的深入，越来越多的证据表明的确存在过一个这样的文明。我开始猜想，那肯定是个海上的文明，一个航海的民族。在众多异乎寻常的证据中，那些非凡的古世界地图，埃及的“金字塔船”，玛雅人惊人的历法中蕴含的先进的天文知识，魁扎尔科尔亚特和维拉科查这些踏水而来，扬帆而去的神祇的传说等等，都支持我这个假设。

一个航海的民族，也是一个擅长建筑的民族。他们是特奥蒂瓦坎城的建造者，是金字塔的建造者，是狮身人面像的建造者，是可以轻而易举地搬起重 200 吨的石块将它们砌进墙里的建造者，是能以不可思议的精确度将巨型建筑物按照基本方位修建起来的建造者。无论那些人是谁，那些多边形巨石构造的拼图板似的高墙，那些按照天文图布局的地面建筑，那些数学和大地测量学上的不解之迷，那些化身为人的神祇的传说等等，都是他们留下的指纹。但是，一个先进到足以建造出这些建筑的文明，必定是一个富裕的、有完备社会组织的、成熟的文明。唯其如此，他们才能进行从北极到南极的勘测，并绘制成地图；它也必定是一个聪明智慧的文明，竟能测出地球的尺寸。这样一个文明是不可能在一片弹丸之地上进化起来的。它的故土，如我的研究助理指出的那样，定然是个拥有高山大川，气候适宜和其他许多利于发展的先决环境条件的地方。那里有适于农耕的土地，有丰富的矿产资源，有森林草原等等。这样他们才能发展起先进的、繁荣的经济。

那么，如果不在水下，这片大陆能跑到哪里去呢？

图书馆天使

这片陆地在哪里？它什么时候消失的？如果它已经消失了（除此以外没有其他解释），它是怎样消失的？为什么会消失？在什么情况下消失的？

真是的，这么大的一块地方怎么可能说没就没了呢？

按常识来讲，答案只可能在大自然灾害里。一场殃及全球的毁灭性的浩劫有可能将一个博大的文明的有形踪迹涤荡殆尽。可是，如果发生了这么大的灾难，为什么没有一点记载？要么，或许是有记载的？

随着我的研究的进展，我看到了世界各地祖祖辈辈传下来的有关洪水、大火、地震和冰雪灾难的传说。因此，在第四部中我们不能不做出这样的结论：这些神话描述的是真实的地质和气候的灾难，只是同样的灾难在不同的地区产生的结果不同而已。

在我们人类出现在这个星球上的短暂历史中，我发现只有一个有据可查的灾难可以与它对上号：公元前 15000 ~ 前 8000 年之间最后的冰川时代末期急剧的、致命的冰消雪融。此外，我们在特奥蒂瓦坎和埃及金字塔的考古遗迹中可以清晰地看到，许多相关神话似乎就是精心设计的传播科学信息的载体。这些迹象在我看来无疑也是“诸神的指纹”。

虽然当时我没有意识到其中的含义，我总感觉到冰川时代末期的大混乱与千古传说中的古代文明的消失可能有着某种关系。

就在这个时候，我的图书馆天使降临了。

失落的拼图板

对“共时学”很感兴趣的小说家亚瑟·凯斯特勒发明了“图书馆天使”这个词汇，说的是在研究人员最需要的时候，给他带来好运气，使他不费吹灰之力便得到了最需要的资料的陌生人[2]。

就在我最需要的时候，好运气来到我面前。那是 1993 年夏天的事情。几个月的艰难旅行之后，我已是身心交瘁。一块偌大的大陆失落在地球物理学上的不可能性开始动摇我继续寻找的信心。就在那时候，我收到一封来自加拿大不列颠哥伦比亚省纳奈莫城的信。这封信中谈到了我先前的一本书《签字与印记》，我在这本书中附带地提了一下亚特兰蒂斯理论和传播文明的英雄们“从洪水中死里逃生”的传说。

亲爱的汉卡克先生：

历经17年对亚特兰蒂斯的命运的研究，我和妻子终于完成了拙作《当天空坍塌之时》。尽管为数不多看过此书手稿的出版商对其表示肯定，皆因其内容均为亚特兰蒂斯之兴亡而无人问津，这使我们深感沮丧。[3]

在《签字与印记》一书中，你谈及“洪水中的幸存者带来了神秘的智慧的传说……”而我们在研究中发现了一些幸存者可能移居的地方。拥有高海拔和淡水湖的地方为亚特兰蒂斯的幸存者们理想的灾后重生之地。的的喀喀湖和坦纳湖（在埃塞俄比亚境内，《签字与印记》中的许多内容与此地有关）地区具有相宜的气候条件，那里稳定的自然环境也为农业生产的复苏提供了必不可少的原材料。

我们不揣冒昧随信附上《当天空坍塌之时》的内容提要。如果你感兴趣，我们将奉上拙作的手稿一份。

你真诚的兰德·弗莱姆－亚瑟

1993年7月19日

我开始看他们寄来的提要，才看了开始的几段我便如获至宝。我发现了我一直在寻找的一块丢失的拼图板。它与我研究的古代世界地图——精确描绘的冰盖下的南极洲地图（见本书第一部）配合得天衣无缝。它使世界各地所有关于全球性大灾难的神话变得顺理成章。它解释了西伯利亚北部和阿拉斯加大量的猛犸象“新鲜冷冻”之谜，解释了掩埋在如今寸草不生的北极圈内永冻层中高达27米的果树之谜。它证实了公元前15000年后，北半球的冰川极为突然的急剧消融这一结论，而且解答了冰雪消融期间全球火山爆发频繁的原因。它回答了"一块大陆怎么可能丢失"的问题。它是建立在查尔斯·哈普古德的"地壳位移"理论基础上的。这是我熟知的一个激进的地质学假设。

南极洲是我们最不了解的大陆（弗雷姆－亚瑟夫妇写道），大部分人都认为这个巨岛几百万年以来就是冰封雪盖的。但是新近的发现证实，南极洲的一些地方几千年前还是无冰区。从地质学的计时看来，那是近期的事情。"地壳位移"论可以很好地解释南极洲广阔的冰盖进退之谜。

这对加拿大研究人员说的是哈普古德提出的理论，在最后的冰川时期末期——即公元前第 11 个千年——南极洲大陆位于现今三千多千米以北的地方（气候温和适中的纬度上），地壳的大规模位移使它进入了今天的南极圈[4]。弗雷姆－亚瑟夫妇继续写道：

世界各地都有证据表明这一致命的位移造成的死亡之环。各个大陆的纬度都发生了巨大的变迁，导致了大规模的、迅速的动物灭绝（如美洲和西伯利亚）。

地壳位移产生的后果是异常剧烈的。地壳在它的内层上如波浪起伏，给世界带来了巨大的地震和洪水。大地在呻吟和移动时，天空好像要坍塌下来。发生于海底的地震掀起巨大的海啸，冲击着海岸线，并将沿海地带淹没。有的地区移到了气候温暖的地方，而其他的则被推进了极地，饱受寒冬的蹂躏。融化的冰雪使海平面越来越高。一切生物都不得不适应环境或者迁移，否则只有死路一条……

如果这场恐怖的地壳位移发生在今天这个相互依存的世界，数千年文明发展的成果将在我们的星球上一扫而光，容易得如同撕掉一张蛛网。住在山区附近的人们可能逃出波浪滔天的洪水，但是他们不得不舍弃低地上缓慢结出的文明之果，只有商船和海军中才可能留存一些既往文明的证据。锈蚀的船舱和潜艇最终必将消亡，但是存放其间的珍贵无比的地图却被幸存者保留下来，几百年，乃至上千年地留传下去，直至人类又能够使用它们，踏遍全世界的汪洋大海，去找寻失去的陆地……

我读到这些话时，想起了查尔斯·哈普古德讲的被地质学家称为岩石圈的地壳——薄，然而坚硬的地球外层——有时会发生整体位移，“在它柔软的内体上面移动，就像桔子皮，如果松脱了，仍可以包住桔子，整个儿地在外面转动一样”[5]。

看到这里，我感到如归故土。但是两位加拿大学术研究者接着提出了两个被我忽略的重大的相关问题。

地球引力的影响

第一个问题是，通过地壳位移的作用过程，地球引力（如我们在第五章中探讨的地球在绕日轨道上的角度变化）可能对冰川时期的形成和消融所起的作用：

1837 年，当博物学家兼地质学家路易斯·阿加西斯在学术界提出冰川时期的理念时，人们对他嗤之以鼻。然而，当有利于他的证据慢慢地越集越多，怀疑论者才不得不承认地球的确被致命的寒冬控制过。但是这些使万物萧瑟的冰川从何而来仍然是个谜。直到 1976 年才找到冰川时期存在年代的确凿证据。地球的绕日轨道和地轴的倾斜度所产生的天文特征可以解释冰川时代的产生和消融。天文因素对冰川时代的时间起着明显的作用。但这仅仅是问题的一部分。同等重要的是冰川的地理位置，这才是地壳位移论澄清这个谜团大显身手的地方。

爱因斯坦调查过极地冰盖的重量造成地壳位移的可能性。这些冰盖在极地呈不均衡分布有可能引发地壳位移。爱因斯坦写道：“地球的自转作用于这些分布不对称的冰团，所产生的离心力传输到坚硬的地壳上。由此产生的不断增强的离心力，在达到一定的值时，就会推动地壳在它内体的层面上发生位移，使极地向赤道方向移动。”

爱因斯坦写这段话的时候（1953 年），天文条件对冰川时代的影响还不大被人们所理解。当地球的轨道偏离正圆形超过百分之一时，太阳的引力就会增加，对地球和地面上的冰川施加更大的拉力。它们巨大的重量对地壳会产生一种推力，冰川的重压加之地球倾斜角度的增加，迫使地壳产生位移……

与冰川的生成和消融有关系吗？

有非常直接的关系。

在这种位移中，原本在两极的地区（犹如今天被冰雪覆盖的南极洲）突然到了温暖的纬度上，冰雪开始急剧融化，而原在温暖的纬度地带的陆地迅速地进到南极圈内，气候的剧烈改变使它消失于迅速扩大的冰盖之下。

换句话说，当北欧和北美在我们认为的最后的冰川时期被冰雪重重覆盖的时候，那不是因为某种神秘的气候因素的缓慢作用造成的，而是因为那些地方比现在更接近北极圈。同样，当我们在第四部中讲到的威斯康辛冰川和玉木冰川在公元前 15000 年左右进入它们的消融期时，其起因也不是什么环球气候变暖，而是冰盖位移到了温暖的纬度……

也就是说，此时此刻，冰川时期依然在进行，在北极圈内和南极洲深处。

消失的大陆

弗雷姆－亚瑟夫妇指出的第二个关联是从第一个关联的基础上通过逻辑推理而来的：如果存在地壳位移这样的周期性发展的地质现象，如果一次位移使南极洲从温暖的纬度移动到了南极圈，那么现在，在南极地下 3000 米处，就可能有远古时代失落的文明留下的遗物。

我此时才如醍醐灌顶，我终于知道偌大一个曾经辽阔繁荣，绵延数千年的文明社会的故土怎么会消失得无影无踪了。正如弗雷姆－亚瑟夫妇所言："我们正是要在冰天雪地的南极洲寻找失落文明的根源。这些答案可能就藏在这个被遗忘的大岛冰冻的地下深处。"

我从文件堆里将我的研究助理的辞职信抽出来，查看他为一个先进文明的出现拟定的先决条件。他要"高山"，要"大川"，要"占地至少广达三四千千米以上"；他还要一万年稳定、适宜的气候，才有足够的时间让一个先进的文明发展起来。

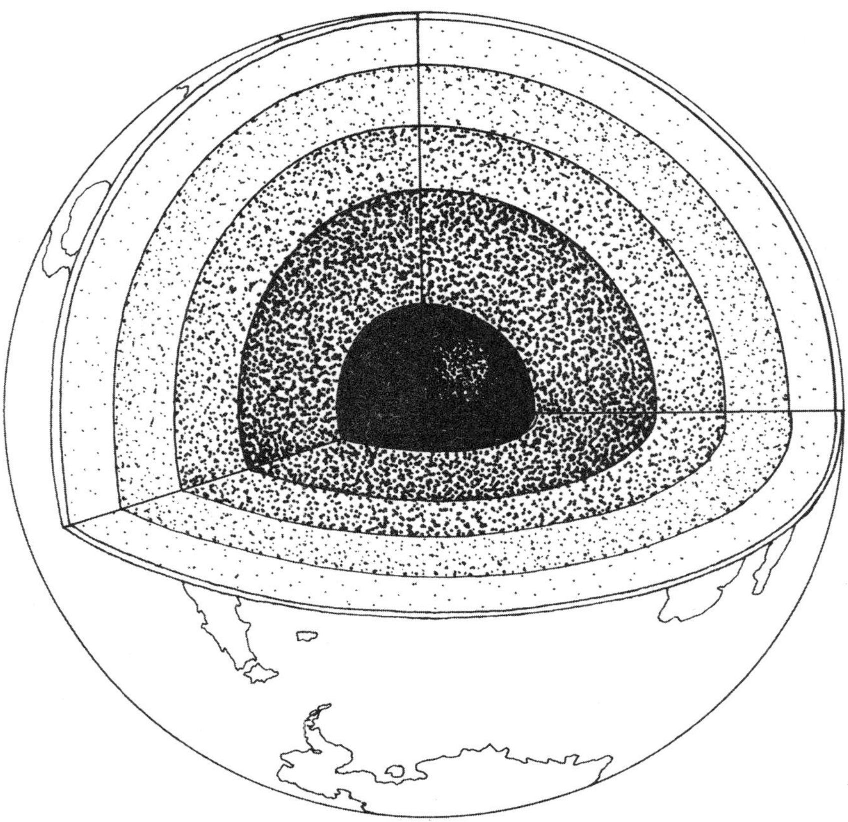

地球的横截面图。地壳位移论设想地壳可能会周期性地发生整体位移。地球的许多地方地壳厚度不足50千米，位于润滑的岩流圈之上

南极洲不是海底里的针。它幅员辽阔，比墨西哥湾大得多，是马达加斯加的七倍，与美国的国土差不多大。而且，根据地震探测法测定，它有高山。正如好几幅古代地图证实的那样，懂得经、纬度的史前的佚名的绘图员，在冰雪将山脉覆盖之前就把它们画下来了。这些地图上还有从山中流淌出来的河流，浇灌着广大的平原和山谷，最后流进大海。而这些河流，我们已经从罗斯海海底沉积物中找到了足够的证据[6]，证明了它们曾是汹涌奔腾的大河。

最后一个要点是，我注意到，地壳位移理论与一万年稳定气候并不矛盾。在假定的地壳突然移动发生之前，在北半球的冰川时代末期，南极洲的气候应该是非常稳定的，而且还可能不止一万年。如果假定南极洲原来的位置在现在的 3000 千米以北（30 个纬度），它最北端可以到达南纬 30° 。实际上，也就是沐浴于温暖湿润的地中海至亚热带气候条件之间。

地壳真的移动过吗？在南极这块大陆的冰雪之下，真能找到失落的文明留下的遗迹吗？

我们在下一章中将看到，地壳可能移动过，而且，那些遗迹可能被找到。

第五十一章 钟锤与钟摆

虽然超出了本书的范围，兰德和罗斯·弗莱姆－亚瑟夫妇在他们的《当天空坍塌之时》一书中，对地壳位移论进行了详细的讲解。他们这本书1995年由加拿大斯托达德出版社出版发行了。

如前所述，这个理论最早是由查尔斯·哈普古德教授提出，并得到爱因斯坦的支持。说简单点就是，这个理论认为，我们这个星球的外壳包着它12000千米厚的内核做整体滑动，迫使西半球大部分地块往南向赤道方向，进而向南极圈方向移动。这个移动不是沿着子午线的正南北方向的运动，而是以现在美国所在地的中央平原为枢轴的旋转运动。这一运动的结果是，北美洲东北部分（北极位置原在哈得逊湾）被拉向南方，离开了北极圈，进入温带地区，而与此同时，北美洲的西北地区（阿拉斯加和加拿大的育空地区），与西伯利亚北部一起向北转动，进入了北极圈。

在南半球，哈普古德的模型显示，我们现在叫南极洲的那块大陆，它的大部分原在温带甚至个别在热带的地区被整个儿移到了南极圈内，移动范围达30°，而且主要的移动集中在公元前14500～前12500年间完

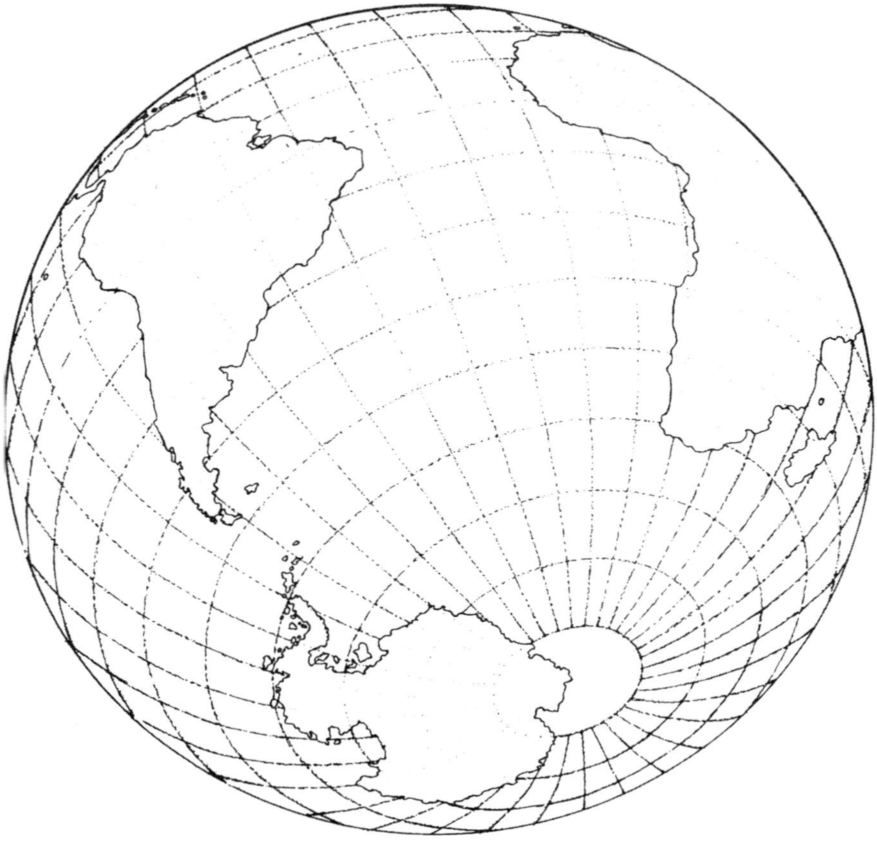

根据地壳位移论，公元前 15000 年之前，南极洲的大部分地区在南极圈外，因此那里可能有人居住，而且它的气候和物产资源都适于文明的发展。地壳灾难性的位移使它进入了它如今的位置——南极圈内的死亡地带

成，但是这个全球性的大位移造成的余震直到公元前 9500 年左右方才渐渐平息。

假设在地壳位移之前，当南极洲还处于沃野千里，鸟语花香的纬度，一个伟大的文明已在那里发展成熟？如果是这样，那个文明必将被这次位移轻而易举地毁灭。那时候，在这个星球上，海啸、飓风、雷雨、火山爆发频频发生，地震将大地撕裂，天空变得昏黑，冰盖无情地漫延。留下的废墟——城镇、纪念碑、图书馆，所有这个被摧毁的文明留下的工程建筑，在几千年的岁月中都被厚重的冰层所覆盖，埋得越来越深了。

怪不得，如果地壳位移论成立，我们今天在世界各地能找到的，就只剩下一些诱人的诸神的指纹了。这些指纹就是南极洲古文明的幸存者留下的作品、业绩、被误解的教导及几何学建筑的痕迹和回音。这些幸存者乘着大船，越过波涛汹涌的海洋来到遥远的陆地，比方说，到尼罗河谷（可能先到蓝尼罗河的源头坦纳湖）、墨西哥湾、安第斯山中的的的喀喀湖畔等等，无疑他们还到过别的地方……

这个失落的文明在世界各地留下的指纹虽然依稀可见，但是这个文明的实体却看不到了。它被埋葬在 3000 米厚的南极洲的冰层下面。考古学家想一睹它的真容犹如想看到月球的背面。

这是事实，还是虚构？

有可能吗，还是根本不可能？

世界第五大陆（南极洲的地表面积为 1500 万平方千米），在过去的 20000 年里，它可能：（a）原来在温度较高的地带；（b）后来被位移到南极圈内。这种可能性在地球物理学上存在还是不存在？

极地的死亡沙漠

自从 20 世纪 50 年代以来，“大陆漂移”说或者“板块构造学”已经成了越来越被广大民众理解的重要的地质学理论。我们这里没有必要对其基本作用过程作深入讲解。我们大都知道，大陆在以某种方式“漂流”，改变它们在地球表面上的位置。这一点现在已成常识。看一看地图上的非洲西海岸与南美洲东海岸就知道，这两块大陆原来是连在一起的。然而，大陆漂移的时间却是极为漫长的：大陆分离（或者合拢）3200 千米的距离至少要两亿年！就是说，非常非常慢！[1]

板块构造学与查尔斯·哈普古德的地壳位移论相互之间并不矛盾。哈普古德设想的是这两种情况都可能发生：地壳表面上的确如地质学家们宣称的那样发生过大陆漂移。这种漂移的时间以亿万年计，几乎难以觉察。但是它偶然也经历快速的整体移动。这种移动不影响各块大陆相互之间的关系，但是能将整个大陆（或者其中的一部分）移入，或者移出地球两极固定的极地范围内（即地球自转轴的南北两极周围终年不化的冰雪世界）。

是大陆漂移的结果，还是地壳位移的结果？

是兼而有之，抑或另有原因？

说实话，我不知道。然而，如果没有什么近期突发的、灾难性的地质大变化，人们在南极洲发现的简单明了的事实就会很不可思议，而且很难解释。

在例举这些事实之前，让我们先记住这样一件事情：我们现在讲的这块大陆，由于地球球面弯曲，在六个月的冬季中看不到日出，而在六个月的夏季中看不到日落（但是在极点上，可以看到太阳落到地平线上很低的地方，在二十四小时的白昼中，在天空周而复始地转着圆圈）。

南极洲也是世界上最寒冷的大陆。极点平原的温度可以低到零下 89.2 摄氏度，沿海地带的温度稍高一点（零下 60 摄氏度），聚集着大量的海鸟和企鹅。南极洲没有原生陆地哺乳动物，只有少量耐寒的、能够熬过寒冬漫漫长夜的植物才能在南极洲生长。这些植物在《不列颠百科全书》中的名单不长："地衣、苔藓、欧龙牙草、霉菌、酵母菌，和其他真菌、海藻和细菌等……"[2]

就是说，虽说这块位于地球另一端大陆的漫长的白昼来临时，它那黎明的景色极其壮丽，然而南极洲仍然是一个冰冷、无情、基本上没有生命的极地死亡沙漠，在人类 5000 年的"历史"时期始终不变。

它从来就是这样的吗？

证据 1

《发现科学世界》杂志，1993 年 2 月号，第 17 页。

大约2.6亿年以前的二叠纪时代，南极洲生长着只适应温带气候的落叶树。这是化石植物学家根据在南极纵贯山脉高2100米的阿切纳山上发现的树干化石标本做出的结论。标本发现地纬度为南纬84° 22′，距南极极点约800千米。

"'这一发现令人感兴趣之处在于，无论是活的还是化石，这是迄今为止唯一在80°或85°这么高纬度的地方发现的森林。'研究这些化石树的俄亥俄州立大学的化石植物学家伊迪丝·泰勒说，'我们化石植物学家要做的第一件事情就是在现代的记录中寻找可以与它做比较的植物。现在，在那种纬度上没有任何森林能够生长。我们可以在热带地方找到生长在温暖环境中的树木，但是，在这些树木所在地区的光照条件下——整个夏季每天24小时阳光照射，整个冬季24小时黑暗——即使是温暖环境中也不可能生长出森林。'"[3]

证据2

地质学家在南极大陆上没有发现任何始新世之前（约6000年以前）的冰川遗迹[4]。如果追溯到寒武纪（5.5亿年之前），我们发现的显示南极洲几乎或者完全被温暖的海洋包围的无可辩驳证据：礁石中大量的由海生无脊椎动物生成的石灰岩。"数百万年后，这些海洋生成物露出水面，温暖的气候给南极洲带来了丰富的植物。于是，欧内斯特·沙克尔顿爵士在离南极极点不到320千米的地方发现了煤层。后来，1935年在伯德的极地探险中，地质学家在南纬86° 58′的韦弗山上发现了大量的化石，离极点的距离也是320千米左右，海拔约3.2千米。这些化石中包括树叶、叶梗的印记及木化石。1952年华盛顿卡内基研究所的莱曼·H·多尔蒂博士完成了对这些化石的研究。确认它们为两种针叶林。一种曾为其他的南方大陆上（如非洲、南美、澳大利亚等）常见的树木，另一种为巨型针叶林……"[5]

证据 3

伯德海军上将对韦弗山上的发现的意义做过评论："我们在离南极极点不到 3200 千米的、世界最南端的山峰上发现了确凿的证据，表明南极洲曾经处于温带，甚至亚热带气候。"[6]

证据 4

"前苏联科学家曾报道说，在南极洲另外的地方格雷厄姆地发现了第三纪（可能为晓新世或始新世）的热带植物化石……英国地质学家也提供了在南极洲发现的，与 2000 年前生长在美国太平洋沿岸的同样的森林化石。这些证据当然表明，在已知的、最早的始新世（6000 万年前）南极冰川时代之后，这块大陆并非一直处于冰冻状态，而是经历过数次气候温暖的时代。"[7]

证据 5

"1990 年 10 月 25 日，两位地质学家巴雷·麦凯尔维和戴维·哈伍德在离南极极点 400 千米、海拔 1830 米的地方考察时，发现了 200~300 万年前南方山毛榉树林的化石。"[8]

证据 6

1986 年发现的树木和植物化石表明，南极洲的部分地区至少在 250 万年前没有冰雪。后来的发现证实，这块大陆上有的地方在 10 万年前还没有被冰雪所覆盖[9]。

证据 7

我们在第一部中就已经看到，伯德南极探险队从罗斯海海底采集的沉积样本表明有"河流携带入海洋的细密、均匀的沉积物"。这些河流可能直到公元前 4000 年还在奔流不息。根据伊利诺斯大学的杰克·霍夫博士的报告："对5号样芯的分析表明，从现在至6000年前这段期间，海底沉积物为冰；从6000~15000年前，为细粉样沉积物，但是12000年前这个时期例外，为颗粒状沉积物。这表明，除了12000年之前偶有的冰川外，在那段时间内，这个地区并没有冰雪。"[10]

证据8

本书第一部中提到的奥伦提乌斯·费纳乌斯世界地图准确地描绘了没有被冰雪覆盖的罗斯海面貌，而且还绘出了南极大陆沿海的山脉及山间流出的河流。这些地方现在唯一能看到的是厚达1600米的冰层[11]。

查尔斯·哈普古德在他1970年出版的《极地之路》一书中（111页）强调指出："地质调查鲜有与考古学取得重大一致的时候，但是这一回，一幅可能是几千年前绘制的地图却证实了罗斯海的冰消过程……这幅地图是1531年被法国地理学家奥伦斯·费恩（即奥伦提乌斯·费纳乌斯）发现并发表出来的，并且成为他的世界地图的一部分……

"这幅地图的真实性已被证实。经过数年的研究，这幅古地图的投影图法已被计算出来。它是以极为复杂的投影图法绘制出来的，在绘制的过程中使用了球面三角学。它达到了如此高度的科学水平。画在这幅地图上的南极大陆的50个位置，其准确性为现代制图学19世纪的水平。而且，这幅地图在1531年发表时，人们对南极洲尚一无所知。这个大陆直到1818年才被发现，到1920年才有它的完整的地图出现……"[12]

证据9

我们在第一部中讲到的布歇地图准确地绘出了南极洲冰盖下的地形[13]。这种情况是偶然发生的，还是这块大陆可能在不久之前真的是块生机盎然的地方，被那个失落的文明的绘图师画成了地图？

证据 10

硬币的另一面。如果现在在南极圈内的陆地原来曾处于温带乃至热带的位置，那么北极圈内陆地情况怎样？它们也受到同样的急剧变化的气候影响吗？也许某些共同的因素也在起作用？

●斯匹次卑尔根群岛（挪威斯瓦巴德）发现过三至四米长的棕榈树叶化石，还有变成化石的只能在热带海洋生活的甲壳类动物。这表明，当时北冰洋的温度与现在的孟加拉湾和加勒比海相当。斯匹次卑尔根群岛位于挪威与北极极点中间，在北纬 80° 上。现在一年中，这些岛屿只有两三个月可以通航。[14]

● 确凿无疑的化石证据表明，在中新世（600 万 ~2000 万年前），极点周围方圆 800 千米的范围内生长着茂盛的沼泽柏树。同一时期内睡莲在斯匹次卑尔根盛开。“格林内尔岛、格陵兰岛和斯匹次卑尔根群岛的中新世的植物群都需要温暖和湿润的气候条件，而斯匹次卑尔根的睡莲更是在一年的大部分时间中都要河水的滋养。斯匹次卑尔根的植物群化石与这个岛现今在半年不见天日的北极圈内的事实两相对照，应该发人深省。它与南方的拉布拉多之间的距离，相当于拉布拉多与南方的百慕大之间的距离。”[15]

● 在最后的冰川时期，北冰洋内有些岛屿从未被冰雪覆盖过。例如，在距极点 1400 千米的巴芬岛上的泥炭中发现的赤杨和白桦的残留物表明，在不到 30000 年之前，那里的气候比现在要温暖得多。这种气候条件一直延续到 17000 年前；“在威斯康辛冰川时代，北冰洋的中心地区气候温和，为许多在加拿大和美国不能生长的动、植物提供了生长条件”[16]。

●俄罗斯科学家证实，在最后的冰川时期的大部分时间内，北冰洋都相当温暖。萨克斯、贝洛夫和拉平纳几位学者的报告从海洋学角度进行了多方面的研究。他们证实，距今 18000~32000 年前这段期间，北冰洋处于极为温暖的状态[17]。

●正如我们在第四部中看到的，大量只适于生长在温暖气候地区的温带哺乳动物被瞬间冻死，它们的尸体遍布于从育空起、经过阿拉斯加、到西伯利亚北部辽阔的死亡带内的永冻层中。这次大规模的灭绝发生在公元前 11000 年左右。在公元前 13500 年前也有过一次大规模灭绝[18]。

●我们还看到（第二十七章），最后一个冰川时期在公元前 15000 ~ 前 8000 年期间结束，但是主要是在公元前 14500 ~ 前 12500 年之间，而活动最为剧烈的时间就在公元前第 11 个千年期间。就在这段地质学上短暂的时间里，在 4 万年里累积起来的、深达 3000 米、广达数百万平方千米的冰原突然间莫名其妙地全部融化，“这显然不可能是通常用来解释冰川时期的气候因素缓慢作用的结果……冰川消融之迅速表明，一定有些极为反常的因素在影响着气候……”[19]

冰冷的刽子手

有些极为反常的因素在影响着气候……

是不是地壳 30 度的整体移动，将沉重无比的冰雪重重的地区从原来在地轴北极地区推移向南，从而一举中止了北半球的冰川时期呢？如果是这样的话，为什么这同一个 30 度的地壳整体位移就不能将南半球的广达 1500 万平方千米的生机勃勃的大陆从温暖的纬度一直往南，推进地轴的南极圈？

在南极大陆移动这个问题上，我们现在可以确认，它是可以移动的，而且，说得更直截了当一点，它已经移动了。因为那里曾经有树木生长，而树木是绝不可能在半年都是黑夜的纬度地带生长的。

我们现在不知道的是（可能永远都无法确定）这一移动是地壳位移的结果还是大陆漂移的结果，抑或是其他我们连猜都猜不到的因素造成的后果。

让我们再考虑一下南极洲本身的问题。

我们已经知道它非常大，面积达 1400 万平方千米。它的上面覆盖着 2800 万立方千米的厚冰。这些冰的重量估计重达 19 万亿（19 后面加 15 个零）吨[20]。最令地壳位移论者忧虑的是，这个冰盖的体积和重量一直在无情地增加，“以每年1200万立方千米的速度增长——相当于每年有一个安大略湖的水量全部冻结，然后压到它身上”[21]。

他们害怕的是，当这种无情增长的冰盖一旦与岁差作用，地轴与公转轨道的交角，公转轨道的偏心率，地球自转的离心力，太阳、月亮及其他行星的引力等因素结合到一起，南极洲巨大的、不断增长的冰川重负最终会成为激发一场大规模地壳位移的要素。

1967年，休·奥金克罗斯·布朗生动地写道：“日渐增长的南极冰盖已经成为一股偷偷摸摸的，悄然无声的，冷漠无情的自然力量。它是地球自转产生的能量造成的后果。冰盖是令人毛骨悚然的、巨大的危险，是致命的威胁，是毁灭我们这个文明的无情的刽子手。[22]

是不是这个“刽子手”激发了公元前15000～前8000年之间这7000年的地壳位移，从而成为北半球上个冰川时期的终结者？这次位移在公元前14500～前10000年期间发展尤为迅速，造成了人世间最为惨烈的浩劫[23]。这段期间北半球经历的突然而急剧的气候骤变，还有没有其他灾难性的因素同时介入，将数千万立方千米的冰层化为滔天巨浪，并点燃全世界的火山，让这个星球陷入水深火热的炼狱？[24]

现代地质学家反对这种大灾难的说法，更准确点说，是反对地质学上的灾变说。他们比较喜欢“均变说”的主张：“现有的、正在起作用的变化过程，足以解释所有的地质变化。”而灾变说则认为，“地壳内部发生的变化通常是自然力量突发造成的结果”[25]。然而，造成冰川时代末期地球毁灭性灾难的作用过程，可不可能既是突发性的灾难，又是均匀发展的地质变化呢？

19世纪伟大的生物学家托马斯·赫胥黎爵士曾说过：

在我看来，灾变说与均变说在理论上并不存在什么对立。相反，灾变说可能是均变说的一个重要的组成部分。我这样说是有道理的。让我来打个比方。钟表的工作过程是个典型的均匀运动，走时准确就意味着运动的良好均匀性。但是时钟的敲响在实质上是突发性的。钟锤的这一击可以用来引爆一桶炸药，或者旋开一场洪水的开关。而且通过适当的改造，钟表可以不用来报时，可以让它在任意的、不规则的时间敲响，每次敲响的力量和次数都不相同。尽管如此，所有这些不规则的、看似毫无章法的突发动作，完全是均匀运动的结果。因此，我们在钟表理论上可以有两个学派，一派研究钟锤，一派研究钟摆。[26]

大陆漂移会是那个钟摆吗？

地壳位移会是那个钟锤吗？

火星与地球

有人认为，地壳位移这种情况也发生在其他星球上。1985 年 12 月号的《科学美国人》杂志上刊载的皮特·H·舒尔兹的文章引起了人们对火星表面上的陨石坑的注意。极地的陨石坑好似一种“签名”，因为陨石坠落时落进了沉积在那里的灰尘和冰块中。在火星现在的极地圈外，舒尔兹发现了另外两个地区：“这两个地带的位置正好对应，在那个星球相反的两面。它们具有许多与今天的火星极地一致的特征和变化过程，但是它们的位置却在现在的火星赤道附近……”

这样的结果是怎么产生的？舒尔兹根据他收集到的证据，提出了这种现象显然“是整个外壳，那个星球的坚硬的外层，整体运动产生的结果……（这一运动似乎是）突然爆发的，随后是长时间的间歇”[27]。

如果外壳位移可以发生在火星，为什么地球上就不能发生？而如果地球上不曾发生过地壳位移，我们怎么解释这个令人尴尬的事实：在从前的冰川时期，世界各地都有冰盖形成，唯独在现在的两极，没有一个这样的冰盖，甚至连它们附近的地方都没有？[28] 相反，这些冰川在陆地上留下的印迹却散布于世界各地。如果我们不能肯定地壳位移，我们就必须得另想办法解释，为什么三个大陆：亚洲、非洲和澳大利亚的热带地区都可以看到冰盖一直延伸到海平面的痕迹[29]。

查尔斯·哈普古德对这个问题所做的结论简洁明了，通俗易懂，却又极具挑战性：

> 我们能够充分说明其成因的冰川就是此刻在南极洲的冰川。我们的解释可谓颠扑不破，尽善尽美。那里之所以有冰川，显然就是因为南极洲在南极，没有别的原因。没有日照温度变化，没有大量的粉尘污染，没有火山爆发，没有地下潜流，没有地面抬升，也没有海流应该对这一现象负责。我们可以做出这样的结论：最能说明冰川成因的理由，莫过于那片地区位于极地。我们可以据此解释曾经覆盖于印度和非洲之上的冰原，虽然这些地方现在是热带。我们可以以同样的方法解释所有大如大陆的冰川的形成原因。[30]

他的推理逻辑几乎是无懈可击的。要么承认南极洲的冰盖是迄今为止第一块位于极地的、大如大陆的冰原，可这似乎不太可能；要么就不得不假设这一切必然是地壳位移，或是类似的作用过程造成的结果。

极地晨曦的记忆

我们的祖先可能在最古老的传说中保留了对地壳位移的记忆。我们在第四部中曾看到过一些显然是目击者描述的、北半球最后的冰川结束时一系列地质灾变的神话[31]。还有其他的神话，它们也可能是从公元前15000~前10000年间流传下来的。其中有些讲述众神居住的地方和先前的天堂。所有这些地方都在南方（比如埃及人的塔－奈特鲁），而且很多都似乎经历过极地环境。

印度伟大的叙事诗《摩诃婆罗多》中这样讲述众神居住的须弥山：

在须弥山上，太阳和月亮每天都从左往右转，所有的星辰也这样运转……那山光辉灿烂，掩盖了夜晚的黑暗，使那里昼夜难分……一个白昼加一个夜晚就等于住在那里的众神的一年……[32]

读者们可能还记得我们在第二十五章中讲的伊朗的雅利安人的神秘天堂和故土雅利安纳乐园。它被突如其来的冰雪变成了不毛之地。在后来的岁月中，它成了“一年只能看见一次太阳、月亮和星辰的起落，一年好像只有一天”[33]。

在印度古经文苏利耶悉达中，我们看到这样的句子：“太阳一经升起，就将照耀诸神半年。”[34]《黎俱吠陀》第七曼荼罗有许多描述“曙光”的赞美诗。其中一首（第七卷，76 页）说曙光在地平线上展开它灿烂的旗帜，在第三首诗中说，从晨曦微露到太阳升起要好几天的时光[35]。还有一首则说“从第一缕曙光乍现到真正的日出，好多天过去了”[36]。

这是不是目睹过极地环境的人的证言？

在印度传说中，吠陀是从诸神的时代传下来的神的启示[37]，虽然我们永远也不可能确切地知道，但也许是有点关系。在描述吠陀传承过程的经文中，所有的传说都讲到时有发生波及全世界的灾难，并宣称每次灾难都将书写下来的吠陀经毁灭。但是，每次毁灭之后，总有一些“智者”活下来，他们——

在新时代开始之初，便将他们从先辈那里继承来的知识，当作神圣的信托物传播下去……这样，每个时代，都有自己的吠陀经。它们的表达方式可能有所不同，但其意义与太古时代的吠陀经并没有什么区别。[38]

混乱与黑暗的时代

每个学过地理的小学生都知道，真正的北方（北极）与磁北（指南针指向的北方）是不完全一致的。实际上，现在磁针指向的北极位于加拿大北方，距真正的北极 11°[39]。古磁学研究的最新进展证实，地球的磁极在过去的 8000 万年里来回颠倒了 170 多次……[40]

是什么使磁场发生颠倒？

地质学家 S.K. 朗科恩在牛津大学任教时就在《科学美国人》杂志上著文，讲述了相关的观点：

> 地球的磁场无疑与地球的自转有些关系。这种关系使我们对地球的自转有了惊人的发现……（我们不得不做出这样的结论）地球的自转轴也发生了改变。换言之，我们这个星球曾打过滚，使它的地理两极发生改变。[41]

看来在朗科恩的想象中是地球在翻筋斗，让地球的两极来个 180° 的大翻转——虽然类似的古磁学解释这是地壳在地理两极上滑动产生的结果。无论是地球翻筋斗还是地壳打滑溜，对文明，实际上对一切生灵，都是难以想象的灾难。

当然，朗科恩可能弄错了，磁场倒转可能不会引起任何其他的动乱。

但是他也可能是对的。

根据《自然》和《新科学家》杂志上刊载的报道，上一次地磁翻转发生于 12400 年前——就在公元前第 11 个千年期间[42]。

安第斯山中的特奥蒂瓦坎文明似乎就是在这个千年中被摧毁；吉萨高原上按天文图设计和布局的伟大的建筑物、狮身人面像身上暴雨侵蚀的痕迹都标识着这个千年；埃及的“太古农业试验”在这个千年中突然失败；世界各地大量的哺乳动物在这个千年中灭绝；这个千年中发生的灾难还很多：海平面暴涨、飓风、雷雨、火山爆发，等等，等等。

科学家预期，下一个地球的磁极倒转将发生在 2030 年前后[43]。

这是对全球性大灾难的预示吗？钟摆均匀地走过了 12500 年，现在钟锤要敲响了吗？

证据 11

巴黎大学理学院教授伊维・罗卡德说："现代地震仪对地球各点极小的震动所产生的'噪音'都极为敏感，即使没有地震波也能探测到。地震仪可以从这些'噪音'中辨别出人造的震动，如 4 公里外驶过的火车，10 公里外的城市中的车水马龙；能根据风对地面的压力的变化，辨别出大气的运动，有时候，还能记录到远方发生的暴风雨。但是，有一种来自地球内部的、持续不断的、爆裂的噼啪声，至今原因不明……"[44]

证据 12

"1900~1960 年间，北极沿西经 45° 子午线，往格陵兰方向移动了 3 米……每年移动 6 厘米。然而，从 1900~1968 年间，北极移动了约 6 米。就是说，在 1960~1968 这八年间，它移动了 3 米。每年的移动速度为 10 厘米……如果这两个观测数据都很准确的话（参与观测的都是著名的科学家，因此我们有理由相信），它们就是地壳此刻正在发生移动的证据，（而且它正处于）以几何级数增加的加速运动的过程中……[45]

证据 13

《今日美国报》1994 年 11 月 23 日，星期三，第 9 页，"与南极洲互动：学生与南极科学家对话"

"明年 1 月 10 日，伊丽莎白・费尔顿——17 岁的芝加哥中学毕业班学生，将成为发自南极的现场直播的电台节目的主角。费尔顿将根据美国地质调查部的资料，给标志地球南极极点的铜质标志重新定位，以校正每年因冰原滑动造成的误差。"[46]

仅仅是冰原的滑动，还是整个地壳都在移动？1995 年 1 月 10 日举行的这场直播，是单纯的"互动式特别教育计划"，还是使伊丽莎白・费尔顿不知不觉间成为见证地壳持续不断的几何级数加速运动的记载者？

科学家们可不这么认为。在最后一章中我们将看到，即将到来的世纪将成为古代预言与传统信念归于一体的令人注目的标记。它将成为一个前所未有的混乱与黑暗的时代，一个在暗中策划罪恶和不公的时代，在这个时代，第五个太阳纪和第四个世界将灭亡。

证据 14

1995 年 1 月 17 日，星期二，日本神户。

“突然爆发的地震近乎残酷。我们很快就入睡了，过了一会儿，地板——整幢大楼——就变得像不堪一击的果冻。那不是轻微的、波浪起伏的摇摆，那是把五脏六腑都揪成一团的、让你战栗的、恐怖的剧烈震动。

“你躺在床上，那是世界上最安全的地方。你的床放在地板上，那是你曾经认为最坚固的地方。可是猝不及防地，整个世界变成了让人晕眩呕吐的翻滚列车，你只想下车。”

“最令人恐惧的可能是那种声音。它不是沉闷的雷鸣，它是震耳欲聋的怒吼，它来自四面八方，让你分不清方向。它就像世界末日的声音。”

（目击者报告神户大地震。1995 年 1 月 18 日，伦敦，《前卫报》，记者丹尼斯・凯斯勒。地震持续 20 秒。震级里氏 7.2 级。5000 余人丧生。）

第五十二章 夜贼来临

世界上有些建筑、有些观念、有些智慧宝藏真的是非常神秘。我开始怀疑，人类如果不去思考这些秘密中蕴含的巨大的意义，我们可能陷自己于重大的危难之中。

在动物王国中，只有人类具有从先辈积累的经验中学习知识的能力。例如，广岛和长崎原子弹爆炸后，已有两代人长大成人，他们都知道原子弹爆炸的毁灭性威力。无需亲身经历，我们的孩子们也会知道这一点，而且将这种知识传给他们的下一代。因此，从理论上说来，原子弹会造成什么后果已经成为人类永久的历史遗产的一部分。是否肯从这种遗产中汲取经验教训那就看我们自己了。如果我们希望利用它，这些知识就能随取随用，因为它们以文字记载、胶片档案、寓言图画、战争纪念馆等形式储存着，并传诸后世。

但是并非所有的历史证据都能像记录广岛和长崎的核爆炸一样被人类精心保存下来。事情恰恰相反，就像《圣经》，我们称之为“历史”的知识主体部分，就是经过删节的、除去了许多内容的、经过编辑而成的文学作品。5000 年有文字记载的历史之前的人类经历全被一笔勾销，至于神话，则成为幻想的同义词。

假如那不是幻想呢？

假如一场巨大的灾难现在即将降临地球，摧毁我们的文明创造的一切成果，将我们人类几乎消灭殆尽；假如这场灾难把我们逼到“像幼儿一样从头开始，对早先的事情一无所知”的地步[1]，在这种情况下，从现在起 10000~12000 年后（在所有文字记载和胶片档案等都早被销毁的条件下），我们的后代对日本的广岛和长崎发生在公元 1945 年 8 月份的事情，该怎样来表述？

不难想象，他们会怎样使用神话般的语言讲述发出“可怕的闪光”和“巨大的热量”的那场爆炸[2]。我们也不会为他们可能编出下面这样一则神话感到惊奇：

> 婆罗玛斯特拉发射的火箭交织成一片火网，四面八方射来的燃烧的箭簇覆盖了大地，充斥于天空，大火越烧越旺，如世界末日的烈焰和太阳的炼狱……所有被婆罗玛斯特拉炙烤的、目睹他们火箭的可怕火焰的生灵都感到，那就是毁灭整个世界的普拉雷亚（大灾难）之火。[3]

将原子弹投掷到广岛的伊诺拉·盖该怎样描述呢？在我们后代的记忆中，那个奇怪的飞行器，那些和它一模一样的、在公元 20 世纪曾在这个星球的天空中密密麻麻地飞过的东西，他们该怎么讲解？他们会不会，甚至很可能留传下来关于“天空之车”“空中战车”“宽阔的飞行器”，甚至是“空中城堡”的传说？[4] 如果是这样，他们说起这些奇迹来，可不可能用类似这样的神话语言：

- “啊，你，乌帕里卡拉瓦苏，那宽阔的飞行器将向你飞来，在所有的肉体凡胎中，它只向你飞来，坐在那飞车中，就像是神祇。”[5]
- “维斯瓦卡马，神祇中的建筑师，为众神建造了飞车。”[6]

●“啊，你们这些库鲁斯的子孙们，那个邪恶的家伙坐着叫做萨哈普拉的自由飞翔的飞车，用武器刺穿了我。”[7]

●“他进了他最喜欢的印陀罗神殿，看见成千上万的神祇乘坐的飞车停在那里。”[8]

●“神祇们乘着各自的飞车前来观看克里帕卡亚与阿周那之战。甚至众神之首印陀罗都坐着他的可乘坐33名神祇的特制飞车前来观战。”[9]

所有这些句子都来自《薄迦梵往世书》和《摩诃婆罗多》，是印度次大陆充满了智慧的古代文学巨著中摘引的沧海一粟。这些形象在其他许多古代传说中都能看到。例如我们在第四十二章中看到的，金字塔铭文中也充满了“时代倒错”的飞行形象：

国王是火焰，被风吹送到天涯海角……国王在空中飞行，跨越大地……他有通天之路……[10]

古代文学作品中不断提到的飞行术，会不会是真实记载的、被遗忘的远古科技时代成就的历史证言？

如果我们不努力去寻找，我们永远不可能知道。然而至今我们没有这样做过，因为我们理性的、科学的文化认为，神话和传说通通是“不符合历史事实”的玩意儿。

无疑许多神话和传说的确是不符合历史事实的，但是，我在撰写这本书期间所做的调查接近尾声的时候，我坚信，还有许多神话和传说不是这样的……

为了人类的未来

下面是一个剧情说明：

假设我们根据确凿的证据，计算出我们的文明即将被一场巨大的地质灾难从地球上抹去——比方说，一场30°的地壳位移，或者一颗长达16

千米的镍铁陨石以宇宙速度从天而降。

当然，首先爆发的会是一片混乱和绝望。然而，如果有足够的事先警告，我们就会采取措施以确保有的人能死里逃生，而且，为了子孙后代的幸福，我们高度发达的科学知识中最有价值的部分会被保存下来。

令人称奇的是，犹太历史学家约瑟夫在第一世纪的著述中就描绘了生活在大洪水之前一个“无忧无虑的幸福的环境中”的人们所做的这样的事情[11]：

他们通晓天体及天体运行规律的专门知识。他们的知识不会遗失——亚当早就预知他们，世界将被火的力量毁灭一次，然后再被汹涌的大水毁灭一次。他们建造起两根大柱，一根用砖造，另一根用石造。他们把自己的发现镌刻在这两根柱子上。如果砖柱被洪水冲垮，石柱仍将兀立，将这些发现展示于后人，而且告诉他们，另有一根砖柱也曾记载着这些发现……[12]

同样，17 世纪，牛津大学的天文学家约翰·格里夫斯访问埃及时收集的当地古代传说中，也将吉萨三大金字塔的修建归功于大洪水之前一个神话中的国王：

这是因为他在睡梦中看见大地被倾覆了，生活在地上的人都脸朝下躺在那里，满天的星斗纷纷坠落、碰撞，发出刺耳的呼啸声……他被吓醒了。他召集埃及各省的祭司长来……将他所看见的东西告诉他们。祭司们测量了星星的高度，做出了预言。他们说会有一场大洪水到来。国王问，会淹到我们的国家吗？他们答是的，而且会使国家遭受灭顶之灾。他们还说这场洪水将在某某年后到来。国王下令在中间的地方建造金字塔……他将智者告诉他的所有事情和渊博的科学知识都刻到金字塔上，如天文学、占星术、几何学、医学等。凡懂得他们的语言和文字的人都能够解读……[13]

这两段神话表达的信息可谓一望而知：分散于世界各地的某些神秘的建筑物，保存并传送着远古时代一个被可怕的灾难摧毁的先进文明遗留下来的知识。

事情会是这样的吗？从史前那黑暗的洞窟里流传至今的奇怪的传说中，我们还能了解些什么？

比方说，我们能从《圣书》中了解什么？这本语言晦涩难懂的书讲述了人类过去的秘密，在那个被遗忘的黄金时代里，人类无所不能。那是个科学进步和启蒙的魔幻般的时代，充满了智慧的“最早的人”，“不但测量了大地圆形的表面”，而且“测量了苍穹的四角”。

读者们可能还记得，这些“能洞悉一切，对世间万物无所不知”的最早人类的迅速进步引起了众神嫉妒[14]，报复随即来临，“天堂之心将迷雾吹进他们的眼睛……只有这样，这些最早的人的智慧和知识（加上他们记忆中自己历史的来龙去脉）才能被毁弃”[15]。

然而发生过的秘密从来没有被全部遗忘，因为有人保存了对这些“最早的人”的记载，这就是那部神圣的经书原文《圣书》。暴虐的西班牙征服者到来，原始的《圣书》被密封，只有最有学问的圣人方得以一窥其真貌。他们用一本“按照基督教原理”改写的水货替代了原始的《圣书》[16]。“再也没有人能够看到古代国王们看过的《圣书》了……多年以前写出的原著虽然还在，但是，想对它进行探索和研究的人却无缘一见了……”[17]

在世界的另一面，在印度次大陆的神话和传说中，也有撩人心痒的隐藏的秘密。在《往世书》讲述的大洪水故事中说，就在洪水即将爆发之前，鱼神毗湿奴警告他守护的人类，叫他们“将圣典藏在一个安全的地方”以防祖先传下来的知识被毁灭[18]。同样，美索不达米亚的诺亚式人物乌特纳皮西汀接到埃阿神的教导，“将所有用文字记载下来的东西的开端、过程和结尾都带走，把它们埋到西巴拉的太阳城里”[19]。洪水过去之后，幸存者被告知出发到太阳城“寻找书写的东西”，那里面有造福人类后代子孙的知识[20]。

奇怪的是，那是埃及的太阳城伊努，就是希腊人说的赫利奥波利斯城——在整个王朝时代，这个城市都是寻找第一时代的神祇留传给凡人的高度智慧的源泉和中心。金字塔铭文在赫利奥波利斯整理成文，吉萨墓葬地的建筑也由赫利奥波利斯的祭司——或者说赫利奥波利斯的宗教信徒——监管。

不仅仅是基里洛依

我们现在回到我们的剧情说明上。

1. 我们知道了，在 20 世纪末期，后工业文明即将被一场不可避免的宇宙或者地质的灾难所毁灭；

2. 因为我们的科学已经十分发达，我们知道，这场灾难已经迫在眉睫；

3. 动员庞大的技术资源，让我们最杰出的人物一起想办法，确保至少我们这个种族残留的后代能够从大灾难中逃出，我们的科学、医疗、天文、地理、建筑、数学等知识的核心部分得以保存；

4. 我们当然知道要成功地做到以上两点，希望是多么渺茫，然而，被灭绝的预期激励着我们竭尽全力建造出方舟、筏子，或者其他结实的掩蔽之处，使我们选出的幸存者能受到保护。我们集中了全部的智慧，想尽一切办法将我们 5000 年历史中积累的知识精髓流传下去。

我们先做好最坏的打算。我们假定会有人活下来，但是大灾难将他们送回了石器时代。我们意识到，他们要花 10000~12000 年的时间才能发展到我们今天的文明水平，犹如凤凰浴火，从灰烬中重生。我们的精英打算找到一种可以与假定的未来的文明交流的办法。至少，我们想对他们说："基尔罗伊来了！"而且确保他们能够听懂这个信息，无论他们操哪种语言，无论他们的社会道德规范，宗教信仰，意识形态是什么。

我相信，我们想说的决不止"基尔罗伊来了"这一句话，比方，我们还想告诉他们——我们遥远的未来的子孙后代——我们生活的时代与他们的相隔有多远。

怎么才能做到这一点？我们用什么通用语言来表达，比方说，公元2012年，让12000年后根本不知公元为何物，也不懂我们表达年代的方式的文明能够计算出这一年，并且理解它的含义？

一个显而易见的办法就是利用绝妙的地轴岁差的特异性。站在地球的一个固定点上观看，岁差缓慢而规则地改变着所有星辰的赤纬，并且缓慢而规则地使它的春分点轮流走过黄道带十二宫。利用岁差运动的这一特异性，如果我们能想出办法宣布：我们生活在春分点处于双鱼座的时代，那么，我们就能够提供一个将我们的时代确定在长达25920年的漫长岁差周期中的某个特定的2160年这段期间内。

但是，如果一个相当于我们现在水平的文明没能在大灾难后的12000年甚至20000年内崛起，而是费了更长的时间，比方说30000年以上，那么这个办法的唯一弊端将会显现。在那种情况下，表示“生活在春分点双鱼座时代”的建筑物或者历法装置的含义就不再是单一的了。比方说，如果一个在未来的射手座初期就具有高度发达的文明发现了这一标记，它的意思可能是，“我们生活在你们之前4320年”，也就是说，射手座之前两个岁差“月”（2160年为一个月，此处为宝瓶座月和摩羯座月）。但是也可能是“我们生活在30340年之前的时代”的意思，那就是，两个“月”再加一整个周期的25920年。当然，生活在射手座的考古学家们的智慧绝不会仅限于猜出这一信息的意义（就是说，我们生活在春分点处于双鱼座的时代），而且会参照其他的线索来确定，我们到底生活在哪一个双鱼座，是最近的，还是上一个周期，甚至更早周期里的双鱼座时代。

而地质学是当仁不让的、进行这种大范围判断的最好的辅助手段……

文明使者

如果我们能够想办法表明我们生活在双鱼座时代，又能够标志出我们这个时代的某些可辨别的星辰高于地平线的高度，比如猎户座带纹上的亮星之类，那么，我们就能够更准确地向子孙后代显示我们所处的时代了。

当然也可以像建造金字塔的人一样，按照现在的天文图，一丝不差地在地面上布局我们的建筑物。

还有其他方法可供我们选择，也可采取多种选择的综合，这得看我们的环境，看我们能够运用的技术手段，我们所能得到的预警范围，和我们想告知后人的年代的精确程度等。

比如，假设在大灾难发生前，我们没有时间来做充分的准备；假如灾难像《圣经·新约·彼得后书》第三章讲的“主的日子要像贼来到”那样悄无声息地突然降临，我们该怎么办？[21] 人类将面临怎样的困境？

无论最后来临的是陨石坠落、地壳位移，或者其他的宇宙或地质灾难，我们假设：

1. 造成了世界性的浩劫；

2. 只有少量的人死里逃生，其中大部分都迅速沦为野蛮人；

3. 在这些幸存者中，有为数不多的有组织的幻想家，他们包括建筑师、科学家、工程师、绘图师、数学家、医生等诸如此类的人物。他们愿为拯救一切所能拯救的知识献身。他们决心想出办法，将知识传给未来的、可以理解他们的后人。

让我们将这些假设的、充满了幻想的人们称为“文明使者”。他们聚合到一起，起初是为了生存，后来是为了传授知识和沟通思想。这样他们就可能具有某些共同特性，建立起一种宗教信仰体系，发展出一种明确的使命感，并具有相同的身份特征。他们无疑会利用强有力的、一目了然的象征符号，以表达和强化他们在人们心目中的这种共同感。比方说，那些人可能蓄着醒目的胡须，或者把头发剃光等。当他们周游世界，传播文明教化，点亮知识之光时，人们就可能将某些意象的原型，如十字架、巨蛇、狗等，与这个宗教派别中的成员联系起来。

我猜想，如果大灾难后环境条件变得极为恶劣，很多文明使者可能会遭遇失败，即使成功也十分有限。但是，我们不妨设想，有那么一小队人马以他们的技艺和奉献精神，可能在一个相对而言受灾较为轻点的地方，终于创建出了一个持久而稳定的滩头堡。可是后来，其他难以预料的灾难发生了，可能是大灾难的一次余震，或者是一系列余震，这座滩头堡也几乎被毁灭殆尽。

然后会发生什么？从这个本已是灾后余生的智慧的宗教里，我们还能拯救出什么？

传播精要

如果环境适合，这个宗教的精要部分就可能被它最忠实、最虔诚的男女信徒们保存和传承下来。我想，通过恰到好处的鼓动和高明的思想灌输技巧，加上在半野蛮的当地人中发展新成员等办法，这种宗教也可能使自己几乎无限期地存在下去。不过，只有其成员有等待时机的心理准备（像犹太人等待摩西一样），他们不惜等待成千上万年，直到他们感到信心十足，他们才会宣告他们的时刻已经来临。

如果他们那样做了，如果他们神圣的目的真的是保存知识，并将其传诸未来的文明，我们不难想象，人们怎样用描述埃及的智慧之神透特的话语来描述这些信徒们：

> 他破解了天机的奥秘，并将它们写进了《圣书》。他把《圣书》藏到世界各地，以待后代子孙去找寻它们，但是只有配得上的人才能找到它们……[22]

神秘的“透特之书”到底是什么？它们所包含的信息只能通过“书”这一种形式来传承吗？

我们是不是该想一想，比如说，破解了世界各地神话中隐喻岁差的科学语言的桑提拉纳教授和范戴琴德会不会跻身于“配得上的人”之列？在他们破解的过程中，他们似乎不可能碰上这么一本奥秘的“透特之书”，并细读其中讲解的古代科学的章节。

与此同理，波斯南斯基在蒂亚瓦纳科的发现和哈普古德的古地图是不是也这样呢？日渐明了的、对吉萨的狮身人面像身上古老的地质学痕迹的新解读意味着什么？河谷神殿和御庙那些奇大无比的石块提出的疑问意味着什么？一个又一个地来自金字塔的天文图排列、尺寸中蕴含的玄机、墓室中隐藏的奥秘等等，这些都算什么？

如果这些也是神秘的“透特之书”中的内容，那么，“配得上的人”的数目似乎可以大大增加，而且新的、更为惊人的发现很快便会接踵而至……

我们简单回顾一下，最后一次看看我们的剧情介绍：

1. 公元 21 世纪初，在双鱼座时代即将与宝瓶座时代交接之际，如我们所料，我们的文明被毁灭；

2. 在劫后余生的幸存者中，为了保存并将他们文明的科学成果传诸遥远的、未来的子孙后代，几百或者几千人团结到了一起；

3. 这些文明使者分成小组奔赴世界各地；

4. 他们大部分都无功而返，从此销声匿迹，然而在某些地区，有的小组使文明得以延续；

5. 几千年后，可能其间也曾几起几落，在这个智慧教派小组影响下的文明终于羽毛已丰，一个成熟的文明崛起……

当然，上述的最后情况就是埃及文明的发展史。我真想认真地提个建议，希望有人对我的下述假设做进一步检测：公元前第 14 个千年的时候，可能有一个由伟大的、失落的航海文明的幸存者组成的一个科学的智慧宗教团体，在尼罗河畔找到了他们的第一个落脚点。这个宗教团体可能以赫利奥波利斯、吉萨和阿比多斯为基地，也可能有其他的中心。他们可能发起了埃及早期的农业革命，可是后来被洪水和其他发生在公元前第 11 个千年的灾难破坏了。这个宗教团体不得不中止他们的事业，直至最后的冰川引起的混乱结束——他们永远不知道它们留下的信息是否能度过那最后的黑暗时代。

在这种情况下，我们假设这些虔诚的信徒决心以一项巨大的、雄心勃勃的建筑工程来保存和传承科学信息，即使他们自己已经不在，这些信息也将永世长存。换句话说，只要这些建筑物能够大到足以抵御千万载岁月沧桑的磨砺，将这个宗教的信息密码永永远远保存下去，总有一天它们将被破译，即使到那一天时，这个宗教已经不复存在。

这个假设提出的就是吉萨高原上那些不可思议的建筑的内涵。它们包括：

1. 如我们在前面的章节中讨论过的，狮身人面像是狮子座时代的春分点标志，它表明的时间，以我们现在的历法计算，为公元前 10970 ~ 前 8810 年之间；

2. 三大金字塔与尼罗河的对应关系，精确地展示了公元前 10450 年猎户座带纹三亮星与银河的对应关系。

这是一种十分有效的，用岁差现象来“标志”公元前第 11 个千年的手段，因为岁差的确是“我们这个星球上唯一真正的钟表”[23]。然而，众所周知，大金字塔的两个通风井“锁定”的是公元前 2450 年的猎户座和天狼星，这两者的时间差距的确让人困惑不解[24]。这一假设认为，这 8000 千的时间差距是因为，公元前 10450 年，那个长盛不衰的宗教的信徒们设计了整个吉萨高原的建筑布局，后来，到公元前 2450 年时，他们才将大金字塔建造起来。这个假设还提出，在这丢失的 8000 年的末期，这个宗教启动了有文字记载的埃及文明史，让一个“已臻完美”的埃及王朝突然间横空出世。

剩下来要猜测的是建造金字塔的人的动机。我假定他们与在北半球最后的冰川消融时画出世界地图的那些神秘的绘图师为同一批人。如果这个假设成立，我们还可以再提出一个问题：为什么这些具有高度文明和科学技术的建筑师和航海家如此痴迷于测绘自公元前第 14 个千年起就逐渐冰川化的、谜一般的南极大陆（哈普古德计算费力普 · 布歇绘图时参考的原始地图画出的时间），而且这种痴迷竟延续到公元前第 5 个千年？

他们是在为自己被慢慢抹去的故乡绘制永久的图片记录吗？

他们压倒一切的愿望会不会就是通过各种不同的媒介——神话、地图、建筑、历法、数学数据等等，向后人传达一个信息，告诉后人那些灾难，告诉后人造成那些浩劫的地球曾经发生的变迁？

紧迫的使命

拥有一份有意识的、表达清楚有力的历史是人类与动物的区别之一。就是说，与老鼠、牛羊、山鸡等不一样，我们记得我们自己不曾亲身经历的过去。因此，我们有机会，如我所说，向我们先辈的经验学习。

我们会不会因为自己的刚愎自用，因为被人误导，或者干脆就因为太愚蠢，就拒不承认真正的“历史记载”以外的那些经验？让我们在5000年前这个地方划上一条线，将“历史”与“史前”蛮横地隔离开来，称“历史”的记载才是铮铮证言而“史前”记载则是原始幻想的，是不是我们的傲慢和无知？

在我的调查进行到这个阶段的时候，我本能地感到，如果我们一直对以神话的形式传来的祖先的令人不安的声音听而不闻，我们可能会使自己身陷险境。与其说它是一种理性思维，不如说它是直觉，但这不是无缘无故的。我的研究使我对编撰这些神话的古代天才的逻辑思维、高度科学、深奥的心理洞察力和对宇宙结构的知识等充满了的敬畏。我现在已完全相信，那些地图测绘师、金字塔建造者、航海家、天文学家和测地学家等都来自同一个失落的文明，我们追踪他们的指纹遍及地球的各个大陆和海洋。

我懂得，我们必须尊重最后的冰川时代被遗忘的、身份模糊的牛顿、莎士比亚、爱因斯坦们。我认为，对他们说的话等闲视之是愚蠢的。他们仿佛在告诉我们：那种周期性的、时有发生的、几乎令人类灭绝的灾难，是这个星球的生活中的重要部分。这种毁灭从前发生过多次，今后也必将继续发生。

玛雅人深不可测的历法如果不是传送这个信息的媒体，那是什么？太古时期起便流传于美洲人中的前面四个“太阳纪”（有时是从前的“三个世界”）的传说如果不是同样的坏消息的载体，那又是什么？基于同样的原因，不但讲述从前的灾难，而且讲述即将到来的灾难，并且通过宇宙石磨的隐喻，将地面上的灾难与“天空的混乱”相连接的岁差神话，它们的目的何在？还有，金字塔建造者，到底为了什么，才如此殚精竭虑，在吉萨高原上竖立起那些神秘的、顶天立地的建筑物？

是的，他们是在说：“基里洛伊来了！”

而且，没错，他们找到了最简洁的办法，告诉我们他们是什么时候来的。

我对此已深信不疑。

为了令我们信服他们的文明是严肃的、先进的、科学的文明，他们那种孜孜不倦、全力以赴的精神深深地打动了我，而他们那种急迫感却令我印象更深，我仿佛感到他们所有作品和业绩所承载的重大使命。

我现在抛开证据，只谈我的直觉。

我猜，他们潜在的目的可能是对未来发出警告，而且这一警告可能与一个全球性的灾难有关，也许是与最后的冰川末期同样的、明显的、毁灭了人类的大灾难。当诺亚“看见大地倾斜，将面临灭顶之灾时，他痛苦地大喊：‘请告诉我大地发生了什么，为什么它这么受折磨、颤抖不止……’”[25]这些话摘自希伯来文的《以诺》一书，但是同样讲述大地经受折磨和颤抖的话，也出现在中美洲所有预言现今世界灭亡的传说中。读者可能还记得，“到那时，老人说，大地将移动，我们都得因此而死亡”[26]。

读者可能没有忘记古玛雅历法计算的世界末日的日期：

在第 4Ahua 第 3Kankin 这一天，也就是我们的 2012 年 12 月 23 日，世界将归太阳神统治，黑夜的第 7 代主人。月亮有 8 天大了，那将是 6 个太阴月中的第 3 个……[27]

在玛雅人的时间表中，我们已经进入了世界的弥留之日。

在基督教的时间表中，最后的日子也日益逼近。宾夕法尼亚州的瞭望塔圣经和经文出版会在它们发表的文章中说："正如大洪水之前的世界，这个世界也将被毁灭……在末日来临之前，很多预言的事情将发生，这些事情都要完成。这意味着世界末日已经不远了……"[28]

1934 年，基督教巫师埃德加·凯斯预言，在 2000 年前后，"地球的两极将倒转，北极和南极大陆将发生剧变。这种剧变将引发热带地区的火山爆发……欧洲北部眨眼之间就会改变，美洲西部将裂开。日本的大部分必将沉入海底"[29]。

奇特的是，基督教预言家说的 2000 年，恰好与猎户座带纹三亮星在它们向上运动的大周期达到最高点的时间（或者说最后的时代）相对应，而公元前第 11 个千年，正好与三亮星下行至最低点的时间（或者说第一时代）相对应。

同样奇特的是我们在第二十八章中看到的：

> 一个可预期的、有巨大引力效果的五星会合将于 2000 年 5 月 5 日发生。这一天，海王星、天王星、金星、水星和火星将与地球在太阳的另一面排成一条直线，形成一种太空"拔河比赛"的架势……[30]

当万有引力的隐秘影响与我们这个星球的岁差摇摆相结合时，地轴自转的扭转力和南极大陆迅速增长的冰盖的重量足以启动一场全面的地壳位移吗？

我们永远也不会知道灾难以哪一种方式来临，除非它已经发生。同时，我也不认为埃及祭司作家曼内托在讲述严酷而致命的宇宙力在太空中发威时仅仅为了耸人听闻：

> 就像铁有时被磁石吸引，与它紧紧相随，但等它转过头来，却将它排

斥到相反方向一样，这个世界有益的、良好的和理性的力量有时候能够吸引、调和、平缓那股严酷的力量；然后，当后者恢复元气后，它就会卷土重来，推翻另一方，使它处于绝境……[31]

总而言之，我猜想，我们的祖先可能是在通过隐喻和比喻，尽力用多种方法，准确地告诉我们，什么时候，什么原因，世界毁灭的钟锤会再度敲响。因此我想，在钟摆均匀地走过 12500 年后，多花点资源，研究一下从那黑暗而可怕的，被我们称为史前时期的记忆缺失时期传送给我们的迹象和信息，应该是明智的做法。

对吉萨高原的研究也急需加快，这不仅要由决心抵御任何对学术界现状造成威胁的埃及学家来进行，还应有高科技的其他学科的调查人员参与。他们可以带来最新的科学技术手段，应对最莫测高深的、最费解的考古遗址的挑战。比如我们在第六章提到的那个氯 -36 岩石曝露日期测定技术，就是有望打破在金字塔和狮身人面像年龄问题上相持不下的僵局的最好方法[32]。同样，只要有信心，就会有办法穿过大金字塔的王后室南通风井 60 米上面的那个秘密小门，无论它的上方是什么东西。同时，必须对狮身人面像脚下基石深处的空洞中有些什么东西进行认真的探查。1993 年采用地震探测法对这个遗址进行调查时，人们发现下面有一个明显为人类开凿的、巨大的正方形空洞[33]。

最后值得一提的是，在远离吉萨高原的南极洲，如果我们想对冰盖下的南极大陆进行适当的调查，我们就应该再度付出努力——很可能那个消失的文明的全部遗迹都埋藏在下面。如果我们可以确定是什么毁灭了那个文明，我们就有可能更好地保护我们自己，避免同样的灾难带来的命运。

在我提出这些建议的时候，我当然知道会有许多人对我嗤之以鼻。他们会坚持他们的均变说观点，认为万事万物都将保持其自创始以来的原状[34]。但是我也知道，这些“末日的嘲笑者”们[35]都是一些闭目塞听的人，他们由于这样那样的原因，对我们被遗忘的祖先们提供给我们的佐证置若罔闻。而我们已经看到，这些佐证显然竭力在警告我们，实际上时有骇人听闻的灾难降临人类，每一次它都是突如其来，没有警告，没有仁慈，就像夜贼入室。当然，它也会在将来的某个时候重来，将我们洗劫一空，使我们像无依无靠的孤儿，根本不知道祖先的遗产，除非我们早已有准备。

步入末日

霍皮印第安人保留地，1994 年 5 月。日复一日，荒原上的凄风无休无止刮过亚利桑那的高地。当我们驱车驶往桑古珀维小村时，我将自己在过去五年中的所见所闻和自己所做的事情作了个回顾：我的旅行、我的研究、我钻过的死胡同、我幸运的新突破，一切都水到渠成的时刻，和一切都分崩离析的时刻。

我知道，我走了好长的路才到了这儿，比离开亚利桑那州政府所在地的凤凰城到这个简朴、荒凉的小村那三百多千米的高速公路远得多。我也不指望回去时会有多大启迪。

但我还是跑了这一趟，因为据说预言学仍然在霍皮人——普埃布洛印第安人中流行。他们是墨西哥阿兹特克人的远亲，由于生活的磨难，现在人口只有 1 万[36]。他们与所有经过尤卡坦半岛来到这里的印第安人后裔一样，也相信世界末日将于 2000 年后不久到来[37]。霍皮人相信我们就行走在世界末日中，达摩克勒斯的地质之剑正悬在我们的头上[38]。根据他们的神话，我们在第四十二章中已经看到：

> 作为对人类不端行为的惩罚，第一个世界被天降地喷的毁灭之火烧光了。地球从它的轴线上倾覆，一切都冻成了冰，第二个世界就此灭亡。第三个世界毁灭于洪水。现今为第四个世界。它的命运取决于人类的行为是否遵从造物主的安排……[39]

我来到亚利桑那，我想知道，霍皮人是否认为我们现在的行为遵从了造物主安排……

世界末日

荒凉的高原上吹过的劲风将我们呆的活动房屋吹得摇摇晃晃。桑莎坐在我旁边。她随我走遍了海角天涯，与我同甘共苦，风雨同舟。对面是我们的朋友埃德·波尼斯特，密歇根州兰辛城的一名内外科兼修的护士。几年前，埃德曾在保留地工作过一段时间。多亏了他的联系，我们才能够来到这里。我的右面坐着鲍尔·西弗基，一位96岁的蜘蛛家族的霍皮老者，是他的族人传说最有权威的说书人。他旁边是他的孙女梅尔扎·西弗尔，一位漂亮的中年妇女。她自愿当我们的翻译。

“我听说——”我开口了，“霍皮人相信世界末日就要来了，是这样的吗？”

鲍尔·西弗尔是个干巴瘦小的老人，棕褐色皮肤，身穿牛仔裤和麻纱衬衫。整个谈话过程中，他没有看过我一眼，而是一直凝视着前方，仿佛在遥远的人群中寻找熟识的面孔。

梅尔扎把我的话翻译给他听，然后告诉我她祖父的回答：“他说，‘你为什么想知道这个？’”

我解释说有好多原因。最重要的是因为我们有一种紧迫感：“我的研究使我相信，曾有一个先进的文明——很久很久之前——在一次大灾难中被摧毁了。我担心我们自己的文明被同样的灾难毁灭……”

他们用霍皮语谈了很久，然后她翻译道：“他说，当他还是个孩子的时候，20世纪初，有一颗星星爆炸了，那颗星星在那里已经好多年……他去找他的爷爷，请他解释他看到的现象。他的爷爷回答说：‘这就是我们这个世界毁灭的方式——被火焰吞没……如果人们仍然一意孤行，不改变他们的生活方式，照料世界的神灵会对我们感到失望。他会用烈火来惩罚这个世界。它就会像你看到的那颗星星一样死去。’那就是他的爷爷对他说的话——这个地球将像那颗星星一样爆炸……”

“就是说这个世界将毁于大火……在他对这个世界九十多年的观察中，他觉得人类的行为是改善了还是变得更坏了？”

“他说没有变好，越来越坏了。”

“因此，在他看来，世界末日就要来了？”

“他说，迹象早就显示出来了……他说现在除了风还在刮，什么都没有了，我们做的事情除了刀兵相见外没有别的。那表明了现在我们之间的隔膜有多么深，我们之间相互抱有什么样的感情。再也没有有价值的东西——一点都没有了——人们都为所欲为，无法无天。这些都是那一天已经到来的迹象……”

梅尔扎停止翻译，说了她自己的看法：“风好大，把什么都吹干了，一点水气都带不来。你们都看到了，这种气候就是我们的生活方式造成的后果。不光是我们，你们的也一样。”

我看到她说话时眼里涌出的泪水。“我有一块玉米地。”她接着说，“那叫一个干呀！我仰望苍天，祈求它下点雨，可是它一滴都没下，连朵云彩都没有啊！活到这个份上，我们连自己是个什么都不知道了。”

好久没有人说话。风还在摇晃着拖车，猛烈而持续地横扫在这片高地上。天渐渐暗了下来。

我低声说，“请你问问你爷爷，为了霍皮人，为了其他的人，我们现在还能做点什么吗？”

“他只知道——”梅尔扎听了他的回答后说道，“只要霍皮人不放弃他们的传统，他们就能救他们自己，也能救其他的人。他们必须坚持他们过去的信仰，他们必须保存自己的记忆。这些就是最要紧的事情……但是我爷爷还想告诉你，让你懂得，这个地球是一个聪明人，一个神的作品。这个聪明的有创造性的神将这个世界设计成了它现在的这个样子。我爷爷说，世界上没有什么事情是偶然的，无论好坏，什么事情的发生都是有它的缘由的……”

石磨正在旋转

当世界各地、各种文化的人都有同样强烈的、压倒一切的直觉，认为一场大灾难即将到来的时候，我们有权无视他们。当我们久远的祖先的声音，通过神话和神圣的建筑物，传送到我们面前，跟我们讲述一个远古的伟大文明湮灭（而且我们自己的文明也处于危难之中）的故事时，我们有权，如果我们愿意的话，堵住我们的耳朵……

这就是《圣经》中说的大洪水之前的世界。“洪水以前的日子，人照常吃喝嫁娶，直到诺亚进方舟的那日。不知不觉洪水来了把他们全都冲去。”[40]

下一个全球性的灾难也会以同样的方式突然降临：“闪电从东方发出直照到西边……日头就变黑了，月亮也不放光，众星要从天上坠落，天势都要震动……那时，两个人在田里，取去一个，撇下一个，两个女人推磨，取去一个，撇下一个……”[41]

从前发生过的事情，可能还要发生。从前做过的事情，可能还要去做。

也许，在太阳底下，根本没有什么是新的。

参考文献

第一章

1. 此信收录于查尔斯·H·哈普古德著《古代海王的地图》，243页。

2. 同上，93~98、235页。根据伊利诺伊州立大学杰克·霍夫博士的发现，该时期从公元前13000年延续至公元前4000年。这一观点得到华盛顿卡内基研究所的专家们的支持。科罗拉多大学从事地震学、地心引力和行星地质学研究的专家约翰·G.韦法特也赞同南极洲的部分地区在相对较晚的时期并无冰雪覆盖的观点。他和其他一些地质学家认为，这个时期在公元前7000～前4000年之间，比霍夫博士估计的时间短些。

3. 同上，序言，1、209~211页。

4.《大不列颠百科全书》第1卷，440页。

5.《古代海王的地图》，235页。

6. 同上。

7. 历史学家们不承认公元前4000年之前存在"文明"。

8.《古代海王的地图》，220~224页。

9. 同上，222页。

10. 同上，193页。

11.《古代海王的地图》，再版前言。

12. 同上。

13. 同上，绪论。亦可见F.N.厄尔为哈普古德的《极地之路》所写的前言，8页。

14. 摘自爱因斯坦1953年为查尔斯·哈普古德的《移动的地壳：破解地球科学基本问题的钥匙》所写的序言。

15.《古代海王的地图》，189 页。

16. 同上，187 页。

17. 同上，189 页。

18.《移动的地壳》，爱因斯坦序。

19.《古代海王的地图》，209~211 页。

20. 同上，1 页。

21. 同上，76~77、231~232 页。

第二章

1.《古代海王的地图》(以下简称《地图》)，79 页。

2. 同上，233 页。

3. 同上，89 页。

4. 同上，90 页。1958 年国际地球物理年，来自不同国家的科考队员们绘制出了这些地图。

5. 同上，149 页。

6. 同上，93~96 页。

7. 同上，97 页。

8.《地图》，96 页对此进程有详细描述。

9. 同上，98 页。

10. 他在那里留下了他的涂鸦。见皮特·汤普金斯著《大金字塔的秘密》，38、285 页。

11.《地图》，102 页。

12. 同上，103~104 页。

13. 同上，93 页。

14. 本书第八部及哈普古德的《移动的地壳》都对这一证据有进一步探讨。

15.《地图》，68 页。

16. 同上，222 页。

17. 同上，64~65 页。

18. 同上，64 页。

19. 同上，65 页。

20. 同上，69 页。

21. 同上，72 页。

22. 同上，65 页。

23. 同上，99 页。

24. 同上。

25. 同上，164 页。

26. 同上，159 页。

27. 见露西亚诺·坎夫拉的《消失的图书馆》。

28.《地图》，159 页。

29. 同上，164 页。

30. 同上，171 页。

31. 同上，171~172 页。

32. 同上。

33. 同上。

第三章

1.《地图》，107 页。

2. 同上。

3.《世界的形状：地球的测绘和发现》，西蒙·贝松和安德鲁·鲁宾逊合著，117 页。

4. 同上，121 页。

5. 同上，120 页。

6.《大不列颠百科全书》，第三卷，289 页。

7.《世界的形状》，123~124 页。

8. 同上，125 页。

9. 同上，131 页。

10. 同上。

11.《地图》，1、41 页。

12. 同上，116 页。

13. 同上。

14. 同上，149~158 页。

15. 同上，152 页。

16. 同上。

17. 同上，98 页。

18. 同上，170 页。

19. 同上，173 页。

20. 同上，255 页。

21. 同上，228 页。

22. 同上，255~245 页。

23. 同上，135 页。

24. 同上，139 页。

25. 同上，139、145 页。

第四章

1.《通神之路》，托尼·莫里森与杰拉尔德·霍金斯教授合著，21 页。亦可见詹妮弗·韦斯特伍德编撰的《秘境地图集》，100 页。

2.《通神之路》，21 页。

3. 与皮特拉格博士的私人往来信件。

4. 杰拉尔德·霍金斯教授最先对纳斯卡蜘蛛种类进行了确认。见霍金斯所著《远离巨石阵的地方》，143~144 页。

5. 同上。

6. 同上，144 页。

7. 玛丽亚·雷谢，《沙漠中的奥秘》，58 页。

8.1585 年，路易斯·德蒙松曾是纳斯卡附近的罗卡纳斯和索拉斯地区的地方行政长官。见《通神之路》，36 页，《秘境地图集》，100 页。

第五章

1. 这段历史可以参见帕布洛·约瑟夫神父所著《根除秘鲁的偶像崇拜习俗》一书。

2. 这是费尔南多·蒙特西诺在他 17 世纪所写的《秘鲁旧的记忆史》一书中表达的观点。

3.《大不列颠百科全书》，第六卷，276~277 页。

4.《古代圣地的秘密》，鲍尔·德弗罗著，76 页。亦可见《秘鲁》，168 页。

5.《世界神话与传说文档百科全书》，657 页。

6. 马克罗比乌斯，摘自桑提拉纳与范戴琴德合著《哈姆莱特的石磨》。亦可见 A.R. 霍普·蒙克里夫所著《绘图古典神话指南》，153 页。

7.《秘鲁》，181 页。

8.《犹太百科全书》，第二卷，105 页。

9.《秘鲁》，182 页。

10.《世界神话与传说文档百科全书》，658 页。

11. 可参阅 H. 奥斯本所著《南美洲神话》，81 页。

12. 有关这方面的进一步证据和观点可参阅康斯坦斯·欧文所著《白皙的神祇与石像的面孔》，31~32 页。

13. J. 奥尔登·梅森所著《秘鲁的古代文明》，135 页。亦可见维加所著《印加帝国述评》，132~133、147~148 页。

第六章

1.《南美洲神话》，74 页。

2. 同上。

3. 阿瑟·柯特雷尔，《神话与传说绘图百科全书》，174 页。亦可见《南美洲神话》，69~88 页。

4. 弗朗西斯科·阿韦拉，《印加人的仪式和法律纪事》，第 48 卷，124 页。该书讲述了“古代瓦罗奇里省印第安人的罪恶观念。他们信仰的邪教神灵和其他迷信，及残暴的祭祀仪式等”。

5.《南美洲神话》，74 页。

6. 同上，74~76 页。

7. 同上，78 页。

8. 同上，81 页。

9. 约翰·亨明，《印加帝国的沦亡》，97 页。

10.《南美洲神话》，87 页。

11. 同上，72 页。

12.《大不列颠百科全书》，第 26 卷，42 页。

13. 伊格内修斯·唐纳利，《亚特兰蒂斯：大洪水前的世界》，394 页。

14. 摘自《世界神话与传说文档百科全书》，657 页。

15. 希拉·萨维尔编撰，《皮尔斯神话与传说百科全书：大洋洲、澳大利亚和美洲》，179~180 页。

16.《南美洲神话》，76 页。

17. 同上。

18.《印加帝国述评》，233 页。

19. 同上。

第七章

1. 原文出自荷西·迪亚斯科达所著《西印度群岛的自然与人文历史》，

第 1 卷，第 4 章，见《南美洲神话》，61 页。

2. 同上，82 页。

3.D. 吉福德与 J. 希比克合著《南美洲神话中的勇士、神祇和精灵》，54 页。

4.《旧约 · 创世记》，第 6 章第 4 节。

5. 摘自莫利纳神父《印加族神话和仪式记述》，见《南美洲神话》，61 页。

6.《印加帝国述评》。

7.《秘鲁的古代文明》，237 页。

8.《南美洲神话》，79 页。

9.《秘鲁的古代文明》，163 页。

10. 泽卡莱亚 · 希钦，《失落的王国》，164 页。

11. 另一位学者，玛丽亚 · 舒尔茨 · 德博内斯也用数学方法对马丘比丘的年代进行了计算。她采用的方法与依靠纯理论的阐述和推测的历史方法不同。她着眼于找到古老的马丘比丘的规划布局的坐标方格与基本方位点的关系。她首先确定存在着一条 45° 的中心线。随后又发现了其他的东西：“她计算了 45° 的中心线与位于中心线外的古遗址建筑之间的多个角度……她的计算表明，在制订这个坐标方格的时候，地球的倾斜角（即斜交）为 24° 08′。这意味着，这个坐标方格（根据她的计算）是在她 1953 年进行测量之前 5125 年制订的。换言之，是在公元前 3172 年。”《失落的王国》，204~205 页。

第八章

1. 亚瑟 · 波斯南斯基教授，《蒂亚瓦纳科：美洲人的摇篮》，第 3 卷，192 页。亦可见伊曼纽尔 · 维里科夫斯基的《剧变中的地球》，77~78 页：“对安第斯山的地形和的的喀喀湖的动物群的考察，结合对的的喀喀湖和这个高原上其他湖水的化学分析，现在已经确认，这个高原原来的高度比现今低 3800 米……高原上的湖泊原是海湾的一部分……在过去的某个时期，整个高原平台，连同上面的所有湖泊，从海底上升……”

2.1993 年 9 月 17 日与英国地质勘测部的理查德·埃里森的私人往来信件。埃里森是 BGS 海外地质矿产资源报告（No. 65）的作者，报告名为《西部冰坑和高原平台的地质调查》。

3.《蒂亚瓦纳科》第 3 卷，192 页。

4.《蒂亚瓦纳科》第 1 卷，28 页。

5. 同上。

6. 例如，可参阅 H.S. 贝拉米的《建于大洪水之前：蒂亚瓦纳科废墟的问题》，57 页。

7. 同上，59 页。

8.《蒂亚瓦纳科》第 3 卷，192~196 页。亦可见《玻利维亚》，156 页。

9. 同上。亦可见哈罗德·奥斯本所著《安第斯山的印第安人：艾玛拉族和卡丘亚族》，55 页。

10.《剧变中的地球》，76 页。“进化论者和地质学者中的保守观点认为，造山运动是个缓慢的过程，短时间内的变化是看不到的。而且，因为它是个持续不断的过程，不可能发生大规模的突发性抬升。然而，蒂亚瓦纳科的情况却表明，高度的变化显然是在该城已经建成之后才发生的，而这不可能是一个缓慢的进程的结果……”

11. 例如，可参阅伊恩·卡梅伦的《太阳神的王国：安第斯山及其人民的历史》，48~49 页。

12.《蒂亚瓦纳科》，第 2 卷，91 页，第 1 卷，39 页。

第九章

1.《南美洲神话》，87 页。

2. 同上，44 页。

3.《南美洲神话》，87 页。

4. 普鲁塔克记述的故事在以下两书中都有精妙的记载：M.V. 塞顿－威廉姆斯写的《埃及传说和故事》，24~29 页；E.A. 巴奇写的《古埃及：从物神到神祇》，178~183 页。

5.《古埃及：从物神到神祇》，180 页。

6. 索尔·海尔达尔，《太阳神探险记》，43、295 页。

7. 同上，43 页。

8. 同上，295 页。

第十章

1. 佩德罗·希耶扎·德莱昂，《秘鲁纪事》，第 1 部，第 87 章。

2.《安第斯山的印第安人：艾玛拉族和卡丘亚族》，64 页。亦可见《古人的技艺和智慧》，55 页。

3.《印加帝国述评》，第 3 部，第 1 章。

4.《玻利维亚》，156 页（地图）。

5. H.S. 贝拉米和 P. 阿伦合著，《蒂亚瓦纳科的历法：最古老的文明的测算方法》，16 页。

6.《蒂亚瓦纳科》第 2 卷，69~79 页上有对亚卡帕纳金字塔的引水系统作更为详尽的探讨。

7. 同上，第 1 卷，78 页。

8.《失落的王国》，215 页。

9.《蒂亚瓦纳科》，第 2 卷，67~79 页。

10.《蒂亚瓦纳科的历法》，17~18 页。

第十一章

1.《蒂亚瓦纳科》，第 2 卷，89 页。

2.《柯林斯英语词典》，1015 页。此外，英国天文协会的约翰·梅森博士在 1993 年 10 月 7 日的一次电话采访中对黄道的这一斜交是这样解释的："地球围绕着一个通过地心和南北极的轴做自转。这个轴与地球围绕太阳公转的轨道形成的平面成一个斜角。这个斜角就叫做黄赤交角。现在的黄赤交角为 23.27 度。"

3. J.D. 海斯、约翰·英布里和 N.J. 沙克尔顿发表于《科学》杂志 1976 年 11 月号，1125 页上的文章《地球轨道的变差与冰川时代的进程》。

4. 安东尼·F. 艾文尼，《古代墨西哥的观天人》，103 页。

5.《蒂亚瓦纳科》，第 2 卷，90~91 页。

6.《蒂亚瓦纳科》，第 2 卷，47 页。

7. 同上，91 页。

8. 同上，第 1 卷，119 页。

9. 同上，第 2 卷，183 页。

10. 史蒂芬妮·达利编译，《美索不达米亚神话》，326 页。

11. 罗伯特·K.G. 坦普尔著《天狼星之谜》，附录 2 ，亚历山大·波利西斯特收集整理的巴比伦祭司贝罗索斯著作残片，250~251 页。

12. 同上。

13. 杰里米·布莱克和安东尼·格林合著，《古代美索不达米亚的神祇、妖魔和象征》，46、82~83 页。

14. 所有数据均来自《秘鲁的古文明》，92 页。

15. 同上。

16. 同上。

17. 见约瑟夫·坎贝尔所著《千面英雄》，145 页。

18. 同上，146 页。

19. 波斯南斯基在《蒂亚瓦纳科：南美洲人的摇篮》，第 1~4 卷中对太阳门的历法功能有详尽的分析和描述。

20.《第四纪的物种灭绝：史前的生态大变革》，鲍尔·S. 马丁和理查德·G. 克莱恩编撰，85 页。

21. 同上。

22. 见《蒂亚瓦纳科的历法》，47 页。波斯南斯基的文章中也经常提到剑齿兽。

23.《大不列颠百科全书》，第 11 卷，878 页。

24. 同上，第 9 卷，515 页。亦可见《第四纪的物种灭绝》，64~65 页。

25.《蒂亚瓦纳科的历法》，47~48 页。

26.《蒂亚瓦纳科》，第 3 卷，57 页，133~134 页，及插图 XCII。

27. 同上，第 1 卷，137~139 页；《第四纪物种灭绝》，64~65 页。

28.《蒂亚瓦纳科》，第 2 卷，4 页。

第十二章

1.《蒂亚瓦纳科》，第 2 卷，156 页，第 3 卷，196 页。

2. 同上，第 1 卷，39 页："星罗棋布的渠道和水利工程，现在虽然已经干涸，但仍与原来的湖床相连，这一切都是当时的的喀喀湖一直延伸到蒂亚瓦纳科城边的证据。"

3. 同上，第 2 卷，156 页。

4.《玻利维亚》，158 页。

5.《秘鲁的古文明》，93 页。

6. 同上。

7. 例如，在阿斯旺象岛的尼罗河水位测量器上面铺设的石块上就有这种标记。感谢美国电影制片人罗伯特·加德纳为我指出这一相似物证。

8.《古埃及百科全书》，玛格丽特·伯森编撰，23 页。

9.《蒂亚瓦纳科》，第 1 卷，55 页。

10. 同上，第 1 卷，39 页。

11. 同上，第 3 卷，142~143 页。

12. 同上，第 1 卷，53 页。

13. 同上，第 1 卷，56 页，第 2 卷，96 页。

14. 摘自《剧变中的地球》，75~76 页。

15.《蒂亚瓦纳科》，第 3 卷，147 页。

16. 同上。

17. 戴维 · L. 布劳曼，《安第斯山蒂亚瓦纳科的新线索》，《美国科学家》杂志，第 69 卷，410~412 页。

18. 同上，410 页。按照布劳曼的观点，“高原平台的植物驯养要求解毒技术同步发展。大部分植物（古代蒂亚瓦纳科日常食品）含有相当程度的未经处理的毒素。例如适于高山地区种植、抗霜冻的马铃薯类植物就含有极高的 glycoalkaloid 茄碱成分。此外，这种马铃薯还含有抑制分解蛋白质必不可少的多种消化酶的物质。在高海拔地区，由于氧气的不足已经使得蛋白质分解的化学反应降低，这种抑制剂的存在是对人体极为不利的……”

蒂亚瓦纳科发展的这种使马铃薯变为可食用的植物的解毒技术还有防腐作用。实际上，这两种重要特性是相辅相成的。布劳曼解释说：“几千年来，高原平台的农夫们就一直采用冷冻、沥滤，再在太阳下晒干的程序来生产一种冷冻—晒干的马铃薯。这样做的原因通常解释为用这种方法生产出来的食品可以长期保存……达六年之久……但是，现在我们可以用另外的理论来解释它。沥滤和阳光照射可以去掉大部分茄碱，同时还可以降低硝酸盐的含量，这种冷冻—晒干的马铃薯经过烧煮之后，破坏了抑制消化酶的毒素。与其说冷冻—晒干仅仅为食品安全的愿望所驱动，不如认为这种技术的使命就是使马铃薯成为一种可靠的营养来源。两种因素显然都存在。

“蒂亚瓦纳科遗址早期驯化的其他植物也有类似水平的毒素，都需要这样那样的解毒技术使它们变得适于人类食用。欧卡含有大量的草酸盐；quinoa 和 canihua 有高度的氢氰酸和生物碱；苋菜聚积着大量的硝酸盐和草酸盐；tarwi 含有有毒的生物碱 lupinine ；豆类含有多少不一的能产生氰化物的 glycoside phaseolunatin, 等等。有时候，这种解毒过程碰巧能产生一种具有极佳的耐储存的终端产品，使得这种技术更为有利。而解毒技术不产生这种附加的效果的产品，比方说，quinoa、amaranth 和 tarwi ，这些植物一般都有天然的耐储存特点。没有人能对这种解毒技术的产生提出令人满意的解释……”摘自《安第斯山蒂亚瓦纳科的新线索》。

19.“这套系统的核心部分是 90 厘米高、9~90 米长、3~9 米宽的土台。台地之间挖出一条条同等宽窄的沟渠。台地定期用有机淤泥和干旱季节从沟渠底部掏出的富含氮肥的水藻等施肥。时至今日……这些古老的沟渠中的沉积物都比周围平原的土壤要肥沃得多。

“但是这套台地—渠道系统还不仅仅是一种改良贫瘠土壤的方法，它显然还能够延长高山地区植物的生长期，帮助庄稼度过恶劣的环境气候。比方说，在这个地区频繁遭遇的干旱时期，这些渠道可以提供大量的水汽；由于台地的地势较高，庄稼还可不受屡屡来袭的洪水的影响。不仅如此，渠水还像热能储存器，白天它们吸收太阳的光和热，到寒冷的夜晚，它们将热能散发出来，形成一个温暖的气毯，覆盖在庄稼上面。”摘自《古人的技艺和智慧》，56~67 页。

20. 同上。

21. 埃文 · 哈丁汉姆，《山神颂歌》，34 页。

22.“艾玛拉语既规范又简洁，就是说它完全遵循句法规则，而且能够被写成简洁的电脑可以识别的代码。实际上，它纯净到有些历史学家认为的刚刚才形成的语言的程度。它还没有像其他语言一样进化。”——《星期天泰晤士报》，1984 年 11 月 4 日版。

23.M. 贝茨，《古语可能成为解决翻译障碍的秘诀》，发表于《电脑世界》，1985 年 2 月 25 日出版，第 9 卷，第 8 期，30 页。

第十三章

1.《墨西哥》，839 页。

2. 罗纳德 · 赖特，《玛雅人的时间观念》，343 页。

3. 迭戈 · 迪兰达修士，《西班牙人征服前后的尤卡坦半岛》（威廉 · 盖茨译注），71 页。

4.《羽毛蛇神与十字架：哥伦布发现之前的神王与罗马教皇的国度》，乔伊斯·米尔顿、罗伯特·A. 奥斯、诺曼·哈里森合著，64 页。

5. 这段报道摘自时代——生活丛书《阿兹达克：血腥而光辉的王朝》，105 页。

6. 同上。103 页。

7.《羽毛蛇神和十字架》，55 页。

8.《古代墨西哥和玛雅人的神祇和象征》，玛丽·米勒和卡尔·陶布合著，96 页。

9.《梵蒂冈拉丁抄本》3738 号，摘自阿德拉·费尔南德斯的《西班牙入侵之前的墨西哥神祇》，21~22 页。

10. 埃里克·S. 汤普森，《玛雅历史和宗教》，332 页。亦可见《阿兹特克历法：历史与象征》。

11. 同上。

12.《西班牙入侵之前的墨西哥神祇》，24 页。

13. 皮特·汤普金斯，《墨西哥金字塔的奥秘》，286 页。

14. 约翰·比尔霍斯特，《墨西哥和中美洲神话》，134 页。

15.《世界神话》，罗伊·威利斯编撰，243 页。

16. 斯图尔特·J. 菲德尔，《史前的美洲》，312~313 页。

17. 迈克尔·D. 科教授，《破译玛雅密码》，275~276 页。在《墨西哥金字塔的奥秘》一书中，赫伯特·约瑟夫·斯平登提出的年代略早些：公元 2011 年 12 月 24 日。

18.《墨西哥金字塔的奥秘》，286 页。

19.《世界神话》，240 页。亦可见《大不列颠百科全书》，第 9 卷，855 页，及刘易斯·斯彭斯的《墨西哥的魔法和秘术》，49~50 页。

第十四章

1. 胡安·迪托克玛达,《印第安王朝》，第一卷，摘自《白皙的神祇与石像的面孔》，37~38 页。

2.《古代北美洲》，268 页。摘自《亚特兰蒂斯：大洪水前的世界》，165 页。

3.《墨西哥和中美洲神话》，161 页。

4. 见奈杰尔·戴维斯的《墨西哥的古王国》，152 页;《古代墨西哥和玛雅人的神祇和象征》，141~142 页。

5.《白皙的神祇与石像的面孔》，98~99 页。

6. 同上，100 页。

7. 西尔维纳斯·格利斯沃德·莫里,《玛雅象形文字研究入门》(埃里克·S. 汤普森写的导言)，16~17 页。

8.《拉罗斯最新神话百科全书》，137、439 页。

9. 同上，437 页。

10.《白皙的神祇与石像的面孔》，62 页。

11. 这些神祇之间的关系不但是明显的，而且是特定的。比方说，佛丹常被称为魁扎尔科尔亚特的孙子。西班牙征服后不久，印第安人给西班牙的记录者讲述他们的传说时，有时候将伊扎马纳和库库尔坎混为一谈。见《白皙的神祇和石像的面孔》，100 页。

12.《墨西哥金字塔的奥秘》，437 页。

13.《拉罗斯最新神话百科全书》，439 页。

14. 詹姆士·贝利,《神王与巨人》，206 页。

15.《白皙的神祇与石像的面孔》，37~38 页。

16. 根据十六世纪编年史学者伯纳迪诺·迪萨哈冈的记录："魁扎尔科尔亚特是一个伟大的文明使者。他率领着一队陌生人来到墨西哥，给这个国家带来了艺术，尤其是促进了当地的农业生产。在那个时候，玉米结得又大又多，一个人扛一棵都扛不动。棉花长得五彩缤纷，根本不用染色。

他建造起高大优雅的房子，反复灌输给他们一种爱好和平的宗教理念。”

17.《神王与巨人》，57 页。

18.《墨西哥》，194~195 页。

19.《古代墨西哥和玛雅人的神祇和象征》，185、88~189 页。

20. 同上。

21.《拉罗斯最新神话百科全书》，437 页。

22.《羽毛蛇与十字架》，52~53 页。

23.《拉罗斯最新神话百科全书》，436 页。

24.《墨西哥的魔法和秘术》，51 页。

25.《世界神话》，237 页。

26.《拉罗斯最新神话百科全书》，43 页。

27. 同上。

28.《白皙的神祇与石像的面孔》，139~140 页。

29.《羽毛蛇神与十字架》，35、66 页。

第十五章

1. 数据均来自《白皙的神祇与石像的面孔》，56 页。

2. 同上，12 页。

3. 同上，3~4 页。

4.《墨西哥金字塔的奥秘》，6 页。

5.《墨西哥》，224 页。

6. 当代人的记叙引自《墨西哥金字塔的奥秘》，6 页。

7.《墨西哥的魔法和秘术》，228~229 页。

8. 同上。

9.《墨西哥金字塔的奥秘》，7 页。

10.《西班牙征服前后的尤卡坦半岛》，9 页。亦可见《墨西哥金字塔的奥秘》，20 页。

11.《西班牙征服前后的尤卡坦半岛》，104 页。

12.《墨西哥金字塔的奥秘》，21 页。

13.《白皙的神祇与石像的面孔》，34 页。

14. 同上。

15.《墨西哥金字塔的奥秘》，23 页。

16.《西班牙征服前后的尤卡坦半岛》。

17.《墨西哥金字塔的奥秘》，24 页。

18. 迭戈·迪杜兰，“新西班牙的古代史”，收录于《亚特兰蒂斯：大洪水前的世界》，200 页。

19.《旧约·创世记》，第 11 章，1~9 节。

20. 记载于《古代海王的地图》，199 页。亦可见《神王与巨人》，54 页，及《墨西哥金字塔的奥秘》，207 页。

21. 拜伦·S. 康明斯，《奎奎科和墨西哥古代文化》，载于《亚里桑那大学学报》，第 4 卷，第 8 期，1933 年 11 月 15 日出版。

22.《墨西哥》，223 页。亦可见库尔特·门德尔松著《金字塔之谜》，190 页。

23.《金字塔之谜》，190 页。

24. 同上。

第十六章

1.《古代墨西哥和玛雅人的神祇和象征》，126 页。

2.《阿兹特克：血腥和光辉的王朝》，50 页。

3.《白皙的神祇和石像的面孔》，139~140 页。

4. 同上。

5.《墨西哥》，637 页。亦可见《墨西哥古代王朝》，24 页。

6. 同上。

7.《墨西哥》，638 页。

8. 马修·W. 史特林，“发现美洲最古老的艺术品”，《国家地理杂志》，第76卷，1939年8月出版，183~218页。

9. 马修·W. 史特林，《墨西哥丛林中的巨石头像》，载于《国家地理杂志》，第78卷，1940年9月出版，310、314页。

第十七章

1.《史前的美洲》，268~271页。亦可见杰里米·A. 萨布罗夫的《古代墨西哥的城市：重建失落的世界》，35页，及《破译玛雅密码》，61页。

2.《史前的美洲》，268页。

3.《阿兹达克：血腥和光辉的王朝》，158页。

4.“奥尔梅克石像达到高度逼真的程度，但是它却没有真人原型参照，好像这种再现自然和抽象概念的超高能力是这一早期文明的本地发明。”《古代墨西哥和玛雅人的神祇和象征》，15页；《古代墨西哥王国》，55页中也有这样的描述：“原始奥尔梅克阶段仍然是个谜……没有人真正知道奥尔梅克文化是什么时候，在什么地方形成的。”

5.《墨西哥的古代王国》，36页。

6.《史前的美洲》，268页。

7. 同上，267~268页；《墨西哥古代王国》55页。

8.《墨西哥古代王国》，30页。

9. 同上，31页。

10.《史前的美洲》，268~269页。

11. 同上，269页。

12.《墨西哥古代王国》，28页。

13.《古代墨西哥的城市》，37页。

14.《史前的美洲》，270页。

第十八章

1.《白皙的神祇及石像的面孔》，144 页。

2. 同上，141~142 页。

3.《白皙的神祇及石像的面孔》，全书随处可见。塞勒斯 · H · 戈登的《哥伦布之前：东半球与古代美洲的联系》一书中亦有相关描述。

4. 可参阅玛丽亚 · 尤金妮亚 · 奥伯特的《腓尼基人与西方》；格哈特 · 赫姆的《腓尼基人》；塞巴蒂诺 · 莫斯卡迪的《腓尼基人的世界》等。

5. 注 4 所例举的任何一本书都可以证实这一点。

6. W.B. 艾默里，《古埃及》，192 页。

7. 同上，38 页。亦可见沃里斯 · 巴奇译《埃及亡灵书》的译序。

8. 约翰 · 安东尼 · 韦斯特，《蛇神在天》，13 页。

9.《古埃及》，38 页。

10. 同上，175~191 页。

11. 同上，31、177 页。

12. 同上，126 页。

13. E.A. 巴奇，《古埃及：从物神到神祇》，155 页。

第十九章

1. 例如，可参阅《古埃及百科全书》69~70 页。亦可见琼 · 皮埃尔 · 哈利特著《矮人基塔布》，84~106 页。

2.《古代墨西哥和玛雅人的神祇和象征》，82 页。

3. 同上；《古埃及百科全书》，69~70 页；《矮人基塔布》，84~106 页。

4. 同上。

5.《古埃及百科全书》，85 页。

6.《墨西哥和中美洲神话》，148 页。

7.《圣书：古代基切族玛雅人的圣典》，163 页。

8. 同上，164 页。

9. 同上，181 页；《墨西哥和中美洲神话》，147 页。

10. 在《古埃及金字塔铭文》中，有无数直接讲述国王再生为星辰的话语，如第 248、264、265、268 和 570 等节中的“我是一颗照耀天空的星辰”等语。

11. 同上，155 页，第 466 节。

12.《古埃及亡灵书》，福克纳译。

13.《西班牙人入侵前的墨西哥神祇》，37 页。

14.《古代墨西哥和玛雅人的神祇和象征》，128~129 页。

15. 这幅壁画刊登在 1989 年 10 月出版的《国家地理杂志》第 176 卷第 4 期 468 页上：“在一对划独木舟的孪生子的引领下，双梳乘坐独木舟来到冥府。这对‘孪生舟神’是玛雅神话中的重要神祇。伴随这位故去的君王的其他神祇是：一只鬣蜴、一只猴子、一只鹦鹉和一只狗。”在本书的第五部中，我们将对狗在神话中蕴含的意义做进一步探讨。

16. 细节见约翰·罗默的《国王谷》，167 页；J.A. 韦斯特的《古埃及旅行指南》，282~297 页。

17. 在古埃及神话中，狗代表“开路神”乌普奥特，鸟（通常是鹰隼）代表太阳神何露斯，而猴代表透特。见《古埃及旅游指南》284 页及《古埃及亡灵书》，116~130 页。古代中美洲的情况见注 15。

18.《西班牙人入侵前的墨西哥神祇》，40 页。

19.《埃及亡灵书》，E.A. 巴奇译，21 页。

20. 可参阅 R.T. 朗德尔－克拉克写的《古埃及神话和象征》，29 页。

21. 亨利·弗兰克福特，《王权与神祇》，134 页。《古埃及金字塔铭文》，20、21 节。

22. 罗伯特·鲍弗尔和安德里安·吉尔伯特合著《猎户座之谜》，208~210 页，270 页。

23.《古代墨西哥和玛雅人的神祇和象征》，40、177 页。

24.《玛雅历史和宗教》，175 页。

25. 斯蒂芬妮·达利，《美索不达米亚神话》，326 页。《古代美索不达米亚的神祇、妖魔和象征》，163~164 页。

26.《古代美索不达米亚的神祇、妖魔和象征》，41 页。

27.《墨西哥金字塔的奥秘》，169 页。《神王与巨人》，234 页。

28.《拉罗斯最新神话百科全书》，53~54 页。

29. 同上，54 页。

30. 同上。亦可见《古代美索不达米亚的神祇、妖魔和象征》，177 页。

31.《西班牙人入侵前的墨西哥神祇》，59 页；英加·格伦丁伦著《阿兹特克》，177 页；亦可见《古代墨西哥和玛雅人的神祇和象征》，144 页。

32.《墨西哥》，669 页。

33.《古代墨西哥的城市》，53 页。

34.《墨西哥的古王国》，53 页；《墨西哥》，671 页。

35.《墨西哥的古王国》，53~54 页；《古代墨西哥的城市》，50 页。

36.《墨西哥的古王国》，54 页。

37.《墨西哥》，669~671 页。

38. 细节可见《古代墨西哥和玛雅人的神祇和象征》，17 页："这些建筑很可能进一步证实其中包含着大量的星座知识。"

39.《墨西哥的古王国》，53 页。

40.《墨西哥金字塔的奥秘》，350 页。

41.《墨西哥的古王国》，44~45 页。

42.J·埃里克·汤普森，《玛雅象形文字》，155 页。

第二十章

1.《秘境地图集》，詹妮弗·韦斯特伍德编撰，70 页。

2.《泰晤士报》，伦敦，1994 年 7 月 4 日。

3. 摘自《秘境地图集》，68~69 页。

4. 同上。迈克尔·D. 科，《玛雅人》，108~109 页。

5.《白皙的神祇及石像的面孔》，94~95 页。

6.《秘境地图集》，70 页。

7.《玛雅人的时间观念》，298 页。

8.《白皙的神祇及石像的面孔》，95~96 页。

9.《墨西哥简介》，354 页。

10.《墨西哥和中美洲神话》，8 页；《玛雅历史和宗教》，340 页。

11. 见第 10 章。

12. E.A. 巴奇，《俄塞里斯与埃及的复活神话》，第 11 卷，180 页。

13. 约翰 · L. 斯蒂芬斯，《中美洲：恰帕斯和尤卡坦旅行散记》，第 2 卷，422 页。

14. 见第 12 章。

第二十一章

1.《圣书》，16 页。

2. 同上，168~169 页。

3. 同上，169 页。

4. 同上。

5.《圣经 · 创世记》，第 4 章，第 22~24 节。

6.《圣书》，序言，16 页。亦可见《墨西哥的魔法和秘术》，250 页。

7.《圣书》，168~169 页。

8. 同上。

9. J. 埃里克 · 汤普森，《玛雅文明兴衰史》，13 页。

10. 威廉 · 盖茨（William Gates）为迭戈 · 迪兰达的《西班牙征服前后的尤卡坦半岛》所做的注释，81 页。

11.《玛雅象形文字研究入门》，32 页。

12.《西班牙征服前后的尤卡坦半岛》。

13.《玛雅人》，176 页；《墨西哥金字塔的奥秘》，291 页；《玛雅文明兴衰史》，173 页。

14.《玛雅人》，173 页。

15.《玛雅文明兴衰史》，178~179 页。

16. 摘自《玛雅人》，173 页。

17.《世界神话》，241 页。

18.《玛雅人》，176 页。

19.《玛雅文明兴衰史》，170 页；《墨西哥金字塔的奥秘》，290 页。

20.《玛雅文明兴衰史》，170 页。

21. 同上，170~171 页。

22. 同上，169 页。

23.《破译玛雅密码》，275 页。

24. 同上，9 页，275 页。

25. 荷西·阿圭尔斯，《玛雅因素：超越科技之路》，26 页；《古代墨西哥和玛雅人的神祇和象征》，50 页。

26.《玛雅文明兴衰史》，13~14 页、165 页。

27.《大不列颠百科全书》，第 12 卷，214 页。

28.《玛雅文明兴衰史》，168 页。

第二十二章

1.《西班牙人入侵前的墨西哥神祇》，25~26 页。

2. 同上，26~27 页。

3.《美洲古代史》，45 页；《阿兹特克：血腥和光辉的王朝》，54 页；《西班牙人入侵前的墨西哥神祇》，24 页。

4.《墨西哥的古王国》，67 页。

5.《远离巨石阵的地方》，187~188 页。

6. 摘自《墨西哥金字塔的奥秘》，220~221 页。

7. 同上。

8. 小休·哈里斯顿在第 41 届美洲原住民研究国际会议上发表的论文：《对蒂亚瓦纳科的数学分析》，1974 年，10 月 3 日。

9. 理查德·布卢姆加登，《特奥蒂瓦坎的金字塔》，14 页。

10.《墨西哥金字塔的奥秘》，215 页。

11. 同上，266~269 页。

12.《墨西哥的古王国》，67 页。

13.《墨西哥金字塔的奥秘》，221 页。

14.《猎户座之谜》。

15. 同上。

16. 伯纳迪诺神父收集的传说，摘自《墨西哥金字塔的奥秘》，23 页。

17.《墨西哥简介》，216 页。

18.《秘境地图集》，158 页。

19.《西班牙人入侵前的墨西哥神祇》，24 页。

20.《古代埃及金字塔铭文》，281 页，667 节。

21.《墨西哥的古王国》，74 页；《古埃及导游指南》，110~35 页。

22. 阿默德·法克里的《金字塔》。

23.《墨西哥金字塔的奥秘》，230~233 页。

24. 同上。

25.《史前的美洲》，282 页。

26.《墨西哥金字塔的奥秘》，11~12 页。

27. 同上。

28. 同上，213 页。

29. 同上。

30.《墨西哥的古王国》，72 页。

31.《墨西哥金字塔的奥秘》，271~272 页。

32. 同上，232 页。

33. 同上，272 页。

34. 同上。

第二十三章

1.《墨西哥金字塔的奥秘》，202 页。

2. 同上。《特奥蒂瓦坎的金字塔》，16 页。

3.《特奥蒂瓦坎的金字塔》，16 页。

4.《大不列颠百科全书》，第 8 卷，90 页；《失落的王国》，53 页。

5.《特奥蒂瓦坎的金字塔》，16 页。

6.《墨西哥简介》，217 页。

7.《墨西哥金字塔的奥秘》，252 页。

8.《大不列颠百科全书》，第 9 卷，415 页。

9. I.E.S. 爱德华兹，《埃及金字塔》，87 页。

10. 同上。

11. 同上，219 页。

12.《墨西哥金字塔的奥秘》，55 页。

13.《埃及金字塔》，87 页，219 页。

14.《墨西哥的古王国》，74 页。

15.《墨西哥》，201 页；《秘境地图集》，156 页。

16. 施特奇尼的著作内容在他为皮特·汤普金斯的《大金字塔的秘密》一书所写的附录中可见一斑，287~382 页。

17. 见《古埃及导游指南》，95 页。

18.《大金字塔的秘密》，斯特奇尼附录，378 页。大金字塔的周长正好等于 0.5 弧分——见《大金字塔的秘密》279 页。

19.《特奥蒂瓦坎的金字塔》，20 页。

20.《墨西哥金字塔的奥秘》，335~339 页。

21. 同上。

22.《金字塔之谜》，188~193 页。

23.《史前的美洲》，281 页。亦可见《古代墨西哥的城市》，178 页，及《墨西哥金字塔的奥秘》，226~236 页。

第二十四章

1.《吉尔迦美什史诗》，企鹅古典文学丛书，61 页。

2. 同上，108 页。

3. 同上。及《美索不达米亚神话》，110 页。

4.《美索不达米亚神话》，112~113 页；《吉尔迦美什史诗》，109~111 页；爱德蒙·索尔伯格的《巴比伦洪水传说》，26 页。

5.《吉尔迦美什史诗》，111 页。

6. 同上。

7. 以下文字摘自《圣经·旧约·创世记》，第 6、7、8 章：

耶和华见人在地上罪恶很大，终日所思想的尽都是恶。耶和华就后悔造人在地上，心中忧伤……就对诺亚说，凡有血气的人，他的尽头已经来到我面前，因为地上充满甜蜜的强暴……看哪，我要使洪水泛滥在地上，毁灭天下。凡地上有血肉、有气息的活物，无一不死。

上帝决定只救诺亚和他的家人于是叫他建造一艘大船，137 米长，23 米宽，14 米高，还命令这位希伯来族长将各种动物各收一对在船上，以使它们得以延续。然后，主令洪水淹没世界。

正当那日，诺亚和他三个儿子闪、含和雅弗，并诺亚的妻子和三个儿媳妇都进入方舟。他们和百兽，各从其类；一切牲畜，各从其类；爬在地上的昆虫，各从其类；一切禽鸟，各从其类都进入方舟。凡有血肉、有气息的活物，都一对一对地来到诺亚那里，进入方舟。凡有血肉进入方舟的，都是有公有母，正如神所吩咐诺亚的。耶和华就把他们关在方舟里头。

洪水在地上泛滥 40 天，水往上涨，使方舟从地上漂起。水势浩大，在地上往上涨，方舟在水面漂来漂去。水势在地上极其浩大，天下的高山都淹没了……凡在旱地上，鼻孔有气息的生灵都死了，只留下诺亚和那些留在方舟里的。

终于，在“7 月 17 日，方舟停在亚拉腊山上。水又渐消，到 10 月 1 日，山顶都现出来了”。

过了第 40 天，诺亚打开方舟的窗户，放出一只乌鸦。那只乌鸦飞来飞去，直到地上的水都干了。他又放出一只鸽子，要看看水从地上退了没有。但遍地都是水，鸽子找不到落脚之地，就回到方舟诺亚那里。

他又等了七天，再把鸽子从方舟放出去。到了晚上，鸽子回到他那里，嘴里叼着一片新拧下来的橄榄叶子。诺亚就知道地上的水退了……于是诺亚和他的妻子、儿子、儿媳妇都出来了……诺亚为耶和华筑了一座坛，拿各类洁净的牲畜和飞鸟献在坛上为燔祭。耶和华闻到那馨香之气……

8.《玛雅人的历史与宗教》，332 页。

9. J.G. 弗雷泽爵士，《旧约的民间传说：宗教、稗史与法律的比较与研究》，107 页。

10. 勒诺芒特发表在《当代评论》上的文章，转摘自《亚特兰蒂斯：大洪水之前的世界》，99 页。

11.《圣书》，90 页。

12. 同上，93 页。

13.《拉罗斯最新神话百科全书》，440 页；《亚特兰蒂斯：大洪水之前的世界》，105 页。

14.《旧约的民间传说：宗教、稗史与法律的比较与研究》，104 页。

15.《拉罗斯最新神话百科全书》，445 页。

16.《旧约的民间传说：宗教、稗史与法律的比较与研究》，105 页。

17. 同上，101 页。

18. 约翰·比尔霍斯特，《南美洲神话》，165 页。

19. 同上，165~166 页。

20.《拉罗斯最新神话百科全书》，426 页。

21.《旧约的民间传说：宗教、稗史与法律的比较与研究》，111~112 页。

22.《拉罗斯最新神话百科全书》，431 页。

23. 同上，428~429 页。《旧约的民间传说：宗教、稗史与法律的比较与研究》，115 页。在这本书中，米查波（Michabo）被称为梅苏（Messou）。

24. 林德，《达科他州历史》，转摘自《亚特兰蒂斯：大洪水之前的世界》，117 页。

25. 弗雷德里克·A. 费尔比，《大洪水：重新审视地质学、考古学、古代文学和圣经中的证据》，58 页。安德里是杰出的德国地理学家及人类学家。他关于大洪水传说的专题著作被 J.G. 弗雷泽（在《旧约的民间传说：宗教、稗史与法律的比较与研究》一书中，46~47 页）誉为“简洁明了、雄辩有力的科学著作的典范”。

26. 这段话记载于查尔斯·伯利兹的《消失的诺亚方舟》，126 页。

27.《世界神话》，26~27 页。

28. 同上，305 页。

29.《旧约的民间传说：宗教、稗史与法律的比较与研究》，81 页。

30. 同上。

31.《世界神话》，280 页。

32. E. 赛克斯，《非古典神话词典》，119 页。

33.《拉罗斯最新神话百科全书》，460 页，466 页。

34. C. 克伦伊，《希腊人的神》，226~229 页。

35. 同上。

36.《世界神话》，130~131 页。

37.《希腊人的神》，226~229。

38.《世界神话》，130~131 页。

39.《拉罗斯最新神话百科全书》，362 页。

40. 同上,《萨塔帕瑟梵书》(马克思・穆勒译),转摘自《亚特兰蒂斯:大洪水前的世界》,87 页。

41. 同上。亦可见《旧约的民间传说:宗教、稗史与法律的比较与研究》,78~79 页。

42.《大不列颠百科全书》,第 7 卷,798 页;《里格吠陀》,100~101 页。

43.《古埃及百科全书》,48 页。

44. 根据《埃及亡灵书》特班校订本,转摘自《古埃及:从物神到神祇》,198 页。

45.《圣经・旧约・创世记》,第 6 章,11~13 节。

46.《圣经・新约・彼得后书》,第 3 章,3~10 节。

47. 见 H. 默里、J. 克劳福德著《中国历史记述》,第 1 卷,40 页。亦可见 G. 施莱格的《中国天象学》,740 页。

48. 沃伦,《佛教的翻译》,322 页。

49. 同上。

50. 迪克森,《大洋洲神话》,178 页。

51.《碰撞的世界》,35 页。

52.《大不列颠百科全书》,第 6 卷,53 页。

53.《世界神话》,26 页。欲知霍皮人的世界毁灭神话的细节,见弗兰克・沃特斯的《霍皮人之书》。

第二十五章

1.《元始经》,第 1、31、34 章,转摘自威廉・F・沃伦,《发现的天堂:北极的人类摇篮》,282 页。

2. 祆教,《驱魔经》,第 1 卷,摘引自提拉克,《吠陀经中的北极家园》,340~341 页。

3. 祆教,《驱魔经》,第 2 卷,转摘自《吠陀经中的北极家园》,330、

353~354 页。

4.《拉罗斯最新神话百科全书》，320 页。

5. 韦斯特，《巴列维王朝文献》，第 1 部，17 页。

6. 同上。加斯蒂，《元始经》，5 页。

7.《吠陀经中的北极家园》，39 页后各页。

8.《南美洲神话》，143~144 页。

9. 同上，144 页。

10.《圣书》，178 页。

11. 同上，93 页。

12.《墨西哥和中美洲神话》，41 页。

13.《玛雅历史和宗教》，333 页。

14. 见第 24 章。

15. 同上。

16.《国家地理杂志》，1962 年 6 月号，8 页。

17.《墨西哥和中美洲神话》，79 页。

18.《拉罗斯最新神话百科全书》，481 页。

19.《世界各民族神话》，第 10 卷，222 页。

20. 见《发现的天堂》195 页中转摘的海金纳斯的著作。另见《希腊人的神》，195 页。

21.《绘图本古典神话指南》，15~17 页。

22. 伊朗《元始经》说，行星冲击天空，造成了宇宙的大混乱。

23.《绘图本古典神话指南》，17 页。

24.《旧约的民间传说：宗教、稗史与法律的比较与研究》，101 页。

25.《玛雅历史和宗教》，336 页。

26.《南美洲神话》，140~142 页。

27.《拉罗斯最新神话百科全书》，275~277 页。

28.《玛雅历史和宗教》，332 页。

第二十六章

1. 罗杰·列文,《人类的进化》，74 页。

2. 唐纳德·C. 约翰逊和梅特兰·C. 艾迪合著,《露西：人类的起源》，28、259~310 页。

3.《人类的进化》，47~49、53~56 页；《大不列颠百科全书》，第6卷，27~28 页。

4.《人类的进化》，76 页。

5.《大不列颠百科全书》，1991 年版，第 18 卷，831 页。

6.《人类的进化》，76 页。

7. 同上，72 页。

8. 同上，73 页。

9. 同上，73、77 页。

10.《大不列颠百科全书》，1991 年版，第 12 卷，712 页。

11.《极地之路》，146 页。

12. 同上，152 页；《大不列颠百科全书》，第 12 卷，712 页。

13. 约翰·英布里和凯瑟琳·帕尔默·英布里合著,《冰川时代解密》，11 页。

14. 同上，120 页；《大不列颠百科全书》，第 12 卷，783 页；《人类的进化》，73 页。

第二十七章

1. 达尔文,《物种起源》，322 页。

2.《第四纪的物种灭绝》，360~361、394 页。

3. 达尔文,《搭乘皇家海军“猎犬号”环游世界作自然历史及地质学研究日志》，1834 年 1 月 9 日记载。

4.《第四纪的物种灭绝》，360~364 页。

5. 同上，360~361 页；《极地之路》，250 页。

6.《第四纪的物种灭绝》，360~361 页。

7. 同上，358 页。

8. 唐纳德 · W. 帕顿，《圣经大洪水与冰川时代：科学历史之研究》，194 页。

9.《极地之路》，258 页。

10. 戴维 · M. 霍普金斯，《贝林吉亚史前生态》，309 页。

11. 弗兰克 · C. 希本教授，《消失的美洲人》，引述自《极地之路》，275 页后各页。

12. F. 雷尼《阿拉斯加中部地区考古调查》，载于《古代美洲》第 5 卷，307 页。

13.《极地之路》，275 页之后各页。

14.《圣经大洪水与冰川时代：科学历史之研究》107~108 页。

15. A.P. 奥克拉德尼科夫，《北方的考古挖掘》，载于《古代文化遗址》。

16.《极地之路》，255 页。

17. A.P. 奥克拉德尼科夫，《并入俄罗斯之前的雅库特人》。

18.《极地之路》，250 页。

19.《圣经大洪水与冰川时代：科学历史之研究》，107 页。探险家雷格内尔在熊岛看到，那里的土壤由砂石、冰和大量的猛犸象骨构成。象骨之多，似乎猛犸象是该岛的主要动物。在西伯利亚大陆的冻土地带，他看到点缀其间的是猛犸象牙而不是生长于北极的灌木。

20. 乔治 · 居维埃，《地球史上的变革和灾难》。

21. 摘自《极地之路》，256 页。

22. 伊凡 · T. 桑德森，《急速冰冻的巨型动物之谜》，载于《星期六晚邮报》，1960 年 1 月 16 日，82 页。

23.《极地之路》，256 页。

24. 同上，256 页。冬季气温下降至零下 56 度。

25. 同上，27 页。

26. 同上，132 页。

27. R.S. 鲁斯，《化石》，28 页。

28. G.M. 普莱斯，《新地质学》，579 页。

29. 同上。

30.《剧变中的地球》，63 页。

31.《极地之路》，133，176 页。

32.《进化中的地球》，30 页。

33.《冰川时代解密》，64 页。

34.《极地之路》，132~135 页。

35. 同上，137 页。从冰川时代到后冰川时代变化最剧烈的时期约在 11000 年前。当时的温度变化“剧烈而突然”(《极地迁徙和大陆漂移》。在 C.C. 兰维和 B. 莱尔・汉森合著的《冰冻的未来：来自南极洲的预报》中也讲到约在 12000 年前急剧的气候变化。《冰川时代解密》的 129、142 页中也有相应描述。《第四纪的物种灭绝》357 页中写道：“根据对大西洋和赤道带太平洋钻取的深海岩芯中所含氧同位素比例的分析，绵延达 10 万年之久的冰川扩张之势突然在 12000 年之前终止，极为迅速的冰雪消融导致海平面迅速上升……陆地上的化石标本更详细地证实了当时动、植物的重大迁移，尤其是进入原来被冰川覆盖的地区。美国大量的动物群体的灭绝就发生在气候骤变的时期。这一现象清楚地体现在花粉和小动物的化石中。

36.《冰川时代解密》，129 页。

37.《极地之路》，137 页。

38. “相关的变化表现为丰富的冷热水浮游生物有孔虫的变化，而完全的变化则由动物群中氧同位素比例决定。”《极地迁徙和大陆漂移》，96 页。

39. 读者可能记得这个时候新西伯利亚群岛一带费解的温暖环境。尤为值得注意的是，北冰洋的其他岛屿也在很长一段时期内没有受到其他地区的广袤冰川的影响。如在巴芬岛上，保存在泥炭中的桤木树和白桦树残迹表明，至少在17000~30000年前那里有相对温暖的气候。可以肯定，格陵兰岛的大部分在冰川时代也是不可思议地没有冰霜雪冻的。《极地之路》，93、96页。

40.《圣经大洪水与冰川时代：科学历史之研究》，114页；《极地之路》，47~48页。

41.《冰川时代解密》，11页；《圣经大洪水与冰川时代：科学历史之研究》，117页；《极地之路》，47页。

42.《冰川时代解密》，11页；《圣经大洪水与冰川时代：科学历史之研究》，114页。

43.《极地之路》，150页。

44.《极地之路》，148~149、152、162~163页。16500~17000年之前，北美洲的冰川发展到它的极限。地质学家有如下发现：15300年前在马萨诸塞州生长着茂密的“阔叶林、针叶林和果树”；“新泽西州，至少在16280年前，在冰川的发展停止后，一个泥沼很快形成，泥沼底部沉积着冰川物质”；“在俄亥俄州，我们找到了后冰川时代的标本，那是一个云杉木的标本，日期可确定为14000年前，根据保守的估计，那个森林已经生长了几千年”。这一切说明什么问题呢？它难道还不足以表明，存在于俄亥俄州的、至少厚达1.6千米的冰盖，仅在几个世纪内就从德拉维尔县消失得无影无踪了？

同样，在前苏联的伊尔库茨克地区，到14500年前，冰川完全消融，后冰川时代的生态环境已经完全形成。在立陶宛，早在15620年前，又一个泥沼出现。这两个年代放到一起很能说明一些问题。泥沼形成的年代比森林快得多，不过也得先冰消雪化。而且别忘了，那里的冰雪还非常非常多。

45.《冰川时代解密》，11 页；《圣经大洪水与冰川时代：科学历史之研究》，117 页；《极地之路》，47 页。

46. R.F. 弗林特，《冰川地质与更新世》，294~295 页。

47. 同上，362 页。

48.《剧变中的地球》，43 页；概况，42~44 页。

49. 同上，47 页，约瑟夫·普雷斯特维奇，《论上个地质时期结束时的某些现象及其对洪水传说的影响》，36 页。

50.《论上个地质时期结束时的某些现象及其对洪水传说的影响》，48 页。

51. 同上，25~26 页。

52. 同上，50 页。

53. 同上，51~52 页。

54. J.S. 李，《中国地质研究》，370 页。

55.《极地迁徙和大陆漂移》，165 页。

56. J.B. 德莱尔和 F.E. 奥普合著，“南美洲物种大灭绝证据”，收录于《极地之路》，292 页。

57.《大不列颠百科全书》，第 1 卷，141 页。

58. 沃伦·厄珀姆，《冰川湖泊阿加西兹》，240 页。

59.《人类的进化》，92 页。

60. 同上。亦可见《第四纪物种灭绝》，375 页。

61.《人类的进化》，92 页。

第二十八章

1.《哈姆莱特的石磨》，57~58 页。

2. 数据均来自《大不列颠百科全书》，第 27 卷，539 页。

3. 同上。

4. J.D. 海斯、约翰·英布里、N.J. 沙克尔顿合著，《地球轨道的变化与冰川时代的进程》，载于《科学》杂志，第194卷，第4270期，1125页。

5.《圣经大洪水与冰川时代：科学历史之研究》，288~289页。

6.《冰川时代解密》，80~81页。

7.《剧变中的地球》，266页，

8.《纽约时报》，1951年，4月10日。

9. 贝索罗斯，《残迹》。

10.Skyglobe 天文软件，3.6。

11. 罗伯特·S. 斯科洛尔，《预测行星位置》，为弗兰克·华特斯的《墨西哥秘事》一书的附录。

12.《剧变中的地球》，138页。

13.《圣经大洪水与冰川时代：科学历史之研究》，49页。

14. 数据均来自《大不列颠百科全书》，1991年版，第27卷，530页。

15. 同上。

16.《极地之路》，3页。

17. 珍·B. 赛勒斯，《古埃及众神之死》，205页。

18. Skyglobe 天文软件，3.6。

19. 精确数字均来自《古埃及众神之死》，205页。

第二十九章

1.《哈姆雷特的石磨》，59页。

2. 同上，58页。

3.《大不列颠百科全书》，1991年版，第5卷，937~938页。亦可见《古埃及众神之死》，205页。在此页上有准确数字50.274。

4.《哈姆雷特的石磨》，7页。

5. 同上，《古埃及众神之死》。

6.《哈姆雷特的石磨》，65页。

7. 同上，345页。

8. 同上，418 页。

9. 同上，245 页。

10. 同上，132 页。

11. 同上，4~5、348 页。

12. 同上，5 页。

第三十章

1. 利维奥·卡图罗·斯特奇尼，《大金字塔的古代尺寸比例关系的说明》，摘自《大金字塔的秘密》，381~382 页。

2. 马丁·伯纳尔，《黑色雅典娜：古典文明的亚非根源》，276 页。

3. 读者会记得，在第二十五章中，不死的世界之树伊格德拉西尔怎样在世界末日来临之时为未来人类的祖先提供了庇护。他们生活在它的树身里，直至一个新的世界从旧世界的废墟中诞生。中美洲的神话中，当一场全球性的灾难发生时，一对夫妻采用了几乎一模一样的方法，得以幸免于难。这样两件事情在多大程度上有可能是"纯属巧合"？世界各地神话故事中，这种相互联系、相互交叉的关于岁差和全球性大灾难的主题比比皆是。

4.《哈姆雷特的石磨》，7 页。

5.《诗体埃达》93 页，转摘自《古埃及众神之死》，199 页；《哈姆雷特的石磨》，162 页；艾尔沙·布雷塔·蒂奇纳，《奥丁神的面具》，168 页。

6.《哈姆雷特的石磨》，232~233 页。

7. 同上，231 页。

8.《西班牙征服前后的尤卡坦半岛》，82 页。

9.《神王与巨人》，64 页。其他讲述"巴卡布弟兄"的神话或许也有关系，如有的说，"他们最轻微的动作都会使大地震颤，甚至引发大地震"（玛雅人的历史和宗教）。

10.《哈姆雷特的石磨》，2 页。

11. 同上。

12.《石磨之歌》，引述自《奥丁神的面具》，198 页。

13. 同上，201 页。

14.《哈姆雷特的石磨》，89~90 页。

15. 同上，2 页。

16. 同上。

17. 同上，232 页。

18. 同上，204 页。

19.《奥德赛》(劳斯英译本)，第 20 章，103~119 行。

20.《哈姆雷特的石磨》，137 页。

21. 约翰·弥尔顿，《力士参孙》，第 1 节，第 41 行。

22.《旧约·士师记》，第 16 章，第 25~30 节。

23. 日本神话中参孙式的人物名为 Susanowo，见波斯特·惠勒的《日本人的圣典》，44 页之后。

24.《圣书》中对这对孪生兄弟和他们的 400 名伙伴表述略有不同（见第十九章）。乌卡布－卡奎克斯之子兹普卡纳看见这 400 个年轻人拖着一根巨大的木头，想用它来做他们房子的支柱。兹普卡纳轻松地将木头扛到他们要去的地方，那里已经挖好了准备置入这根木头的坑洞。那些年轻人企图将兹普卡纳埋入洞中，但是他逃脱了，并将房子推倒，将那些人都砸死在里面。《圣书》，99~101 页。

25. 毛利人传说中参孙式的人物叫做维卡图。见乔治·格雷爵士的《波利尼西亚神话》，67 页之后。

26. 摘自《哈姆雷特的石磨》，104~108 页。

27. 同上，111 页。

28. 同上，233 页。

29. 同上，312 页。

30. 詹姆斯·穆尼,《切罗基人神话》,转摘自《哈姆雷特的石磨》,249、389页;琼·门罗和雷·A.威廉逊合著的《天空之舞:美洲原住民的星辰神话》,117~118页。

31.《古代墨西哥和玛雅人的神祇和象征》,70页。

32. 摘自《哈姆雷特的石磨》,33页。

33. 荷马,《奥德赛》,第17卷。

34.《旧约·士师记》,第15章,第4节。

35.《哈姆雷特的石磨》,13页。

36. 同上,31页。

37. 同上,7、31页。

38.《世界神话》,139页。还有一点值得注意,与参孙一样,希腊神话中的猎人奥里安(猎户座按照他的名字命名)也是瞎子——星座神话中唯一的盲人。见《哈姆雷特的石磨》,177~178页。

39. 默塞尔,《古埃及的宗教》,25、112页。

40. 同上。《古埃及众神之死》,39页:"古埃及人将猎户座等同于俄塞里斯。"

41. E.A.沃里斯·巴奇的《埃及人的神祇》,366~367页。

42.《埃及亡灵书》,导言,50页。

43. 同上。虽然没有这样一个磨,但是在许多古埃及人的信仰中,俄塞里斯神话中都有两个重要人物(何露斯和塞特)。他们合力操纵一个巨大的钻头,这也是岁差的典型象征。《哈姆雷特的石磨》一书的162页中说道:"这一特征一直错误地被当成'双方交好'的象征,无论何露斯和塞特是在开动搅乳器,还是更常见的,充当所谓尼罗河的神祇。"

第三十一章

1.《古埃及众神之死》,作者生平。

2. 如罗伯特·鲍弗尔在《猎户座之谜》一书中对塞勒斯的评价,

144~145 页。

3.《古埃及众神之死》，174 页。

4. 这个词是珍・塞勒斯创造的，她发现了俄塞里斯神话中隐含的岁差数据。

5.《埃及亡灵书》，前言，49 页。

6. 摘自《古埃及众神之死》，204 页。

7. 同上。

8. 同上，125~126 页及以后各页。亦可见《埃及金字塔铭文》。

9.《古埃及众神之死》，205 页。

10. 同上。

11. 同上。

12. 同上，196 页。

13.《古墨西哥的观天人》，143 页。

14.《哈姆雷特的石磨》，162~163 页。亦可见《秘境地图集》，168~170 页。

15. 例如，可见《古人的技艺和智慧》，65 页。

16. 阿南达・K. 库马拉斯瓦米和尼维迪达合著，《印度教和佛教神话》，384 页。

17.《哈姆雷特的石磨》，162 页。

18.《诗篇吠陀》，第 1 篇，第 164 节。转摘自《吠陀经中的北极家园》，168 页。

19. 弗朗西斯・A. 耶茨，《布鲁诺与奥秘传说》，93 页。

20. 与 AMORC 的私人信件往来，加州，圣何塞，1994，11 月。

21. 莱昂・库默，《马来亚华人秘密会社的神秘传统》，52 页。

22. 同上，53 页。

23. 古斯塔夫・施莱格尔，《洪帮》，前言，37 页。

24.《洪帮》和 J.S.M. 沃德的《洪门帮》中有详尽描述。

25. W.J. 威金斯，《印度教神话》，353 页。

26. 同上。

27. 同上。

28. 同上。

29. 同上，353~354 页。

30. 同上，354 页。

31. 同上，247 页。

32. 关于这一关系复杂的家族的详情，可见《埃及亡灵书》的前言，48 页及以后各页。

33.《埃及人的神祇》，第 2 卷，336 页。

34.《古埃及旅行指南》，71 页。

35.《埃及人的神祇》，第 2 卷，367 页。

36.《哈姆雷特的石磨》，2 页。

37.《埃及亡灵书》，前言，49~51 页

38. 同上。

39.《哈姆雷特的石磨》，32~34 页。

40. 同上，33 页。

41. 同上，119 页。

第三十二章

1. 关于洪水神话的细节请参见第二十四章。在有关岁差问题上，许多被认为各不相干的神话中也有着类似的趋同现象。石磨，拥有、推动并最终毁坏石磨的人，兄弟阋墙，叔侄争斗，复仇，乱伦，悄无声息地穿行于故事间的狗，计算岁差运动必不可少的数字等等。所有这一切都出现于世界各地的神话中，从一种文化到另一种文化，从一个时代到另一个时代，随着时间的急流，不费吹灰之力就传播开来。

2.《狄奥多罗斯·西库拉斯》，第 1 卷，第 14 章第 1 节至第 15 章，

47~49 页。

3. 伽利略语，转摘自《哈姆雷特的石磨》，10 页。

4.《冰川时代》，约翰·英布利等，《地球轨道的变差与冰川时代的进程》，载于《科学》，第 194 卷，4270 期，1976 年 12 月 10 日出版。

5.《哈姆雷特的石磨》，138~139 页。

6.《地球轨道的变差与冰川时代的进程》。

第三十三章

1.《埃及金字塔》，208 页。

2. J.H. 科尔，《勘测埃及》，第 39 篇：《吉萨大金字塔的精确方位及大小测定》。

3. 爱德华自己也承认对《埃及金字塔》一书中所做的因循守旧的解释感到不满，见 85~87、206~241 页。

4. 同上，87 页。

5. 见莱昂内尔·卡森，《古代船只及航海》，17 页；《太阳神探险记》，15 页。

6.《太阳神探险记》，17 页。

7.《古埃及旅游指南》，132~133 页。

8.《太阳神探险记》，16 页。

9. 克里斯丁·德斯罗切斯 – 诺布尔康特的《图坦卡蒙》，89，108，113，283 页。

10. A.J. 斯潘塞，《大金字塔记实》。

第三十四章

1.《埃及金字塔》，8 页。

2. 皮特·勒梅热勒，《大金字塔：自助导游手册》，225 页。

3. 约瑟夫·达维多维茨博士和玛吉·莫里斯合著，《金字塔：谜题破解》，39~40 页。

4. 同上，37 页。

5. 约翰·贝恩斯和加洛米尔·马利克合著，《古埃及地图集》，160 页；《埃及金字塔》，229~230 页。

6.《埃及金字塔》，229 页。

7. 同上，85 页。

8. 同上，220 页。

9.《古埃及地图集》，139 页。

10. 皮特·霍奇斯和朱利安·基波合著，《金字塔是怎样建造的》，123 页。

11. 同上，11 页。

12. 同上，13 页。

13. 同上，125~126 页。石块之所以运不到顶部的原因可能是螺旋形坡道和连接的脚手架不等金字塔建到顶部就早已超过了能够提供的空间了。

14. 同上，126 页。

15. 见第二十三章；《埃及金字塔》，219 页；《古埃及地图集》，139 页。

16. 皮亚兹·史密斯，《大金字塔：揭开神秘的面纱》，80 页。

17.《埃及金字塔》，125 页。

18. 同上，87 页。

19. "你一看到遍地涂满了那些蠢货的名字就气不打一处来。"古斯塔夫·弗罗伯特在他的《埃及来信》一书中说道，"在大金字塔顶上，一个巴黎来的生产壁纸的家伙居然把他的名字和地址都写在上面。"

20. Skyglobe 天文软件，3.6。

21.《金字塔是怎样建造的》，4~5 页。

22.《大金字塔的秘密》，232，244 页。

23. 同上，17 页。

24. 摘自《古埃及旅游指南》，90 页。

25. 同上，40 页。商博良破译了罗塞塔碑。

第三十五章

1. 希罗多德，《历史》（戴维·格林译），187~189 页。

2.《金字塔之谜》，54 页。

3. 同上，55 页。

4. 乔治·哈特，《法老与金字塔》，91 页。

5.《古埃及地图集》，36 页。

6.《埃及金字塔》，94~95 页。

7. I.E.S. 爱德华兹教授著的《埃及金字塔》一书是有关金字塔的标准教科书。

8.W.M. 弗林德斯·皮特里，《吉萨的金字塔和神殿》，21 页。

9. 约翰·格里夫斯，《金字塔书画刻印作品集》，转摘自《神蛇在天》，230 页。

10.《大金字塔的秘密》，11 页。

11.《古埃及旅游指南》，120 页。

12.《大金字塔的秘密》，58 页。

13.《斯特拉博地理学》，H.L. 琼斯译，第 8 卷，91~93 页。

14.《大金字塔的秘密》，58 页。

15. 一般说来，这个通道被认为是在堵塞上行通道后，留给被密封在上行通道内的工人走出金字塔的路径。

16. 因为它穿过上百米厚的坚实的岩石砌层，将两条狭窄的通道连接，这绝不可能是巧合。

17.《大金字塔的秘密》，56~58 页。

18. 见尼古拉斯·里夫斯，《完整的图坦卡蒙》。

19. 见《国王谷》。欲了解塞卡拉的情况（第五、第六王朝），见《古埃及旅行指南》，163~167 页。

20.《埃及金字塔》，211~212 页；《大金字塔：自助导游手册》，71 页。

21.《埃及金字塔》，96 页。

22.《大金字塔的秘密》，35~36 页。

23. 泽卡赖亚·希钦，《通天之梯》，253~282 页。

24. 同上。

25. 詹姆斯·亨利·布雷斯特德，《古埃及记载：从最早时代至波斯占领期间之历史文件汇编》，83~85 页。

26. 同上，85 页。

27. 同上，84 页。

28. 同上。同时可参阅《古埃及旅游指南》，139 页。

第三十六章

1.《古埃及地图集》，36 页。

2.《猎户座之谜》。

3. 阿卜杜尔·拉迪夫，《东方之钥》，转摘自《古埃及旅游指南》，126 页。

4. 同上。

5.《蓝色导游：埃及篇》，433 页。

6.《埃及金字塔》，127 页。

7. 第三十五章中谈到的霍华德·维斯发现的“侵入式埋葬”的人体骸骨和木棺盖就是在这个房间里发现的。他同时发现的玄武岩石棺（后来沉入大海）也被认为是这次“侵入式埋葬”的组成部分，其时代不会早于第二十六王朝。可参阅《蓝色导游：埃及篇》，433 页。

8.《埃及金字塔》，220 页。

9. 可参阅《俄塞里斯与埃及的复活神话》，第 2 卷，180 页。

10.《埃及金字塔》，117 页。

11.《古埃及旅游指南》，123 页。

12.《金字塔之谜》，49 页。

13. 同上，36~39 页。

14. 同上，74 页。

15. 同上，42 页。

16. 同上。

17.《古埃及旅游指南》，123 页；《埃及金字塔》，118 页。

第三十七章

1.《狄奥多罗斯·西库拉斯》，217 页。

2.《埃及金字塔》，88 页；《大金字塔：自助导游手册》，30~31 页。

3. 在上埃及卢克苏尔偏僻的国王谷。

4.《吉萨的金字塔和神殿》，19 页。

5.《大金字塔的秘密》一书对此有探讨。

6. 尺寸均来自《古埃及旅游指南》，114 页。

7.《大金字塔的秘密》，236 页之后各页。

8.《埃及金字塔》，91 页。

9. 同上，8 页。

10. 说得更精确一点是 51° 50′ 35″，同上，87 页；《古埃及旅游指南》，112 页。

11. 见第 23 章。

12. 同上。

13.《埃及金字塔》，93 页。

14. 尺寸均来自《古埃及旅游指南》，121 页；《埃及金字塔》，93 页。

15.《吉萨的金字塔和神殿》，24 页。

16.《埃及金字塔》，92 页。

17.《大金字塔：揭开神秘的面纱》，428 页。

18. 同上。

19.1993 年 11 月 22 日，鲁道夫·甘登布林克在大英博物馆播放了机器人乌普瓦特拍摄的王后室南通风井的影片。

20.《埃及金字塔》，92~93 页。

21. 同上，92 页；《吉萨的金字塔和神殿》，23 页。

22.《埃及金字塔》，92 页。

23. 同上，93 页；《古埃及旅游指南》，115 页。

24.《埃及金字塔》，93 页。

25.《古埃及旅游指南》，15 页。

26.《古埃及金字塔铭文》，281 页。

27.《吉萨的金字塔和神殿》，25 页。

第三十八章

1.《吉萨的金字塔和神殿》，25 页。

2.《埃及金字塔》，94 页。

3.《吉萨的金字塔和神殿》，36 页。

4.《埃及金字塔》，94~95 页；《大金字塔：自助导游手册》，64 页。

5.《埃及金字塔》，94~95 页。

6.《吉萨的金字塔和神殿》，30 页。

7. 同上，95 页。

8. 在《大金字塔的秘密》一书中（322 页），斯特奇尼提供的大金字塔内部和外部的数据较皮特里提供的更精确一些。

9.《大金字塔的秘密》，103 页。

10.《吉萨的金字塔和神殿》，74 页

11. 同上，76 页。

12. 同上，78 页。

13. 同上。

14. 同时，74~75 页。

15.《金字塔：谜题破解》，8 页。

16.《吉萨的金字塔和神殿》。

17.《金字塔：谜题破解》，118 页。

18.《埃及，法老的国土》，51 页。

19.《古埃及地图集》，36 页。

20. 例如，可参阅西里尔·奥尔德雷德的《埃及：古王国的没落》，25 页。

21. 同上，57 页。相关物品保存于开罗博物馆。

22. 报道摘自 P.W. 罗伯茨的《沙漠中的河流：古埃及当代游》，115 页。

23. 罗伯特·鲍弗尔，《埃及学的讨论》。

24. 同上。

25. 同上。亦可见《猎户座之谜》，172 页。

26.《古埃及旅游指南》，117 页；《大金字塔：自助导游手册》，64 页。

27. 约翰·艾维米，《狮身人面像与巨石碑》，118 页。

28. 同上。

29.《大金字塔的秘密》，191 页。

30. 同上。亦可见《古埃及旅游指南》，117~119 页。

31.《大金字塔：自助导游手册》，64 页。

32.《吉萨的金字塔和神殿》，93 页。

第三十九章

1. 尺寸来自《埃及金字塔》，106 页。

2. W.B. 耶茨，《第二次到来》。

3.《吉萨的金字塔和神殿》，48 页。

4. 同上，50 页。

5. 玛格丽特·A. 默里,《埃及：昔日的辉煌》，160~161 页。

6. 见本书第七部对“第一时代”的充分讨论。

7. 将在第七部中讨论；可参阅第三部，将俄塞里斯的宗教中的重生理念与古墨西哥的重生信仰做比较。

8.《吉萨的金字塔和神殿》，47 页。

9. 尺寸来自《埃及金字塔和神庙》，48 页；《埃及金字塔》，108 页。

10. 除了吉萨的三大金字塔外，还有海夫拉和门卡乌拉的御庙。它们与河谷神殿一样，朴素无华而且在建筑中用了 200 吨以上的巨石。

11.《蛇神在天》，211 页；《狮身人面像之谜》，美国国家电视网（NBC-TV），1993。

12. 石块的重量见《埃及金字塔》，215 页；《蛇神在天》，242 页；《古埃及旅游指南》，144 页；《金字塔：谜题破解》，51 页；《狮身人面像之谜》，NBC-TV。

13. 与约翰·安东尼·韦斯特的私人来往信件。亦可参看《狮身人面像之谜》，NBC-TV。

14.《埃及古代文档》，第一卷，85 页。

15. 例如，可参阅米里亚姆·里希瑟姆，《古埃及的文学作品》，第 2 卷，85~86 页。

16.《埃及古代文档》，第 1 卷，85 页。

17.《埃及史》，第 4 卷，80 页及以后，《狮身人面像碑》。

18. 同上。

19. 卡尔·W.巴策尔，《埃及的早期水利文化：对文化生态学之研究》。

20.《埃及金字塔》，106~107 页。

21. 马克·莱纳在 1992 年美国科学促进协会年会上就“狮身人面像究竟有多老”这一辩论所做的发言。

22. 同上。

23. 加斯东·马伯乐，《帝国的兴衰》。

24. 见第三十五章。

25. 约翰·沃德在他的《金字塔与发展》一书中对这些观点做了总结。

26.《埃及人的神祇》，第 1 卷，471~472 页，第 2 卷，361 页。

27.《狮身人面像之谜》，NBC-TV 记者采访，1993。

28. 摘自《蛇神在天》，230 页。

29. 同上，230~232 页；《狮身人面像之谜》，NBC-TV。

30. 至少有一个正统派埃及学者（塞林·哈桑）承认，在这个问题上，陪审团还没有做出裁决。在吉萨进行了二十年的考古挖掘后，他写道："除了图特摩斯四世竖立的花岗岩石碑上那残缺不全的字迹外（其实它们说明不了任何问题），找不到任何可以将海夫拉与狮身人面像联系到一起的文字依据。因此，尽管它看起来很能说明问题，我们也只能将它作为相关的但非主要的证据，直到哪一天时来运转，我们能够找到确凿无疑的、可以确定这个雕像建造年代的证据为止。"摘自《康德·那斯特旅行家》杂志（Conde Nast Traveller），1993 年 2 月号，168~169 页。

第四十章

1. 罗莎里·戴维，《阿比多斯宗教仪式》，121 页。

2.《埃及人的神祇》，第 2 卷，262~266 页。

3. 卢西·拉米，《埃及之谜》，93 页。

4. 琼-皮埃尔·柯特吉安尼，《开罗博物馆中法老统治下的埃及》，118 页。

5. 同上。亦可见 R.A. 施瓦勒·德鲁比茨的《神圣的科学：法老神权政治时代的国王》，182~183 页。

6.《猎户座之谜》。

7. 同上。

8. 同上。

9.《蛇神在天》，184~242 页。

10. 同上，186~187 页。

11. 同上。

12.《狮身人面像之谜》，NBC-TV，1933。

13.Conde Nast Traveller, 176 页。

14. 即美国科学促进协会，1992 年芝加哥年会上的论战：狮身人面像到底有多老？

15.《狮身人面像之谜》。

16. 约翰·韦斯特和罗伯特·鲍弗尔各自进行自己的研究，都不知道对方的发现成果，直到我介绍他们认识。

17.《埃及人的神祇》，第 2 卷，264 页。

18.《蓝色导游：埃及篇》，509 页。亦可见《古埃及：从物神到神祇》，211~215 页；《俄塞里斯和埃及的复活神话》，第 1 卷，31 页之后各页；《古埃及百科全书》，197 页。

第四十一章

1. 伦敦《泰晤士报》1992 年 5 月 9 日讯："考古学家们在埃及塞加拉发现了一块绿色的石灰岩方尖碑——目前所知的，世界上最古老、最完整的方尖碑。该方尖碑是献给约在 4300 年前统治埃及的法老佩皮一世的王后英提的。据信她死后变化为神。"同日的伦敦《每日电报》上也有相同报道。

2.《古埃及地图集》，173~174 页；罗莎里和安东尼·E. 戴维合著，《古埃及传记辞典》，133~134 页；《蓝色导游：埃及篇》，413 页。

3.《古埃及百科全书》，110 页。

4. 乔治·哈特，《埃及神话》，11 页。

5.《古埃及百科全书》，110 页；《古埃及旅游指南》，66 页；《古埃及：从物神到神祇》，140 页。

6. 内西亚穆苏纸莎草纸文稿（Papyrus of Nesiamsu），摘自《神圣的科学：法老神权政治时代的国王》，188~189 页。亦可见《古埃及：从物神到神祇》，141~143 页。

7.《古埃及：从物神到神祇》，142 页。在其他的故事中，也有说舒和泰夫纳特是太阳神瑞吐出来的。

8.《拉罗斯最新神话百科全书》，27 页。3162 这个数据是从一些叙述中得来的。

9.《金字塔：谜题破解》，13 页；C. 杰克，《埃及巫术》，8 页；《古埃及众神之死》，36 页。

10.《王权与神祇》，153 页。

11.《古埃及金字塔铭文》，246 页。

12. 细节请参阅《猎户座之谜》，17 页。鲍弗尔认为本可能是一颗陨石，“根据描述看来，这颗陨石可能重达 6~15 吨……它坠落时的恐怖场景可能使人终生难忘……”，204 页。

13.《企鹅宗教辞典》，166 页。

14. 例如《埃及亡灵书》，前言，49 页；《俄塞里斯与埃及的复活神话》，第 2 卷，1~11 页。

15.《古埃及旅游指南》，159 页。

16. 同上，158 页。

17.《古埃及地图集》，36 页。

18.《古埃及：从物神到神祇》，147 页，“根据金字塔铭文看来，赫利奥波利斯的祭司们大量地借助了王朝时代之前的古埃及人的宗教信仰……”亦可见《古埃及亡灵书》，11 页。

19.《猎户座之谜》，57~58 页。

20.《古埃及旅游指南》，166 页；《古埃及金字塔铭文》，5 页，“金字塔铭文……中包含着极为古老的经文……其中有许多神秘和暗喻的话语，其意义令当今的翻译者不知所云……”

21.《古埃及金字塔铭文》。

22. 同上，5 页。

23. 詹姆士·亨利·布里斯特德，《道德的曙光》，69 页。

第四十二章

1.《古埃及金字塔铭文》，882、883 行。亦可见 inter alia，2115、2116 行。

2.《埃及人的神祇》，第 1 卷，117 页。

3. 他进入的时间为 1881 年 2 月 28 日，见《猎户座之谜》，59 页。

4.《古埃及金字塔铭文》，5 页。

5. 同上，227~572 页。

6. 同上，297~688 页，“阿图姆为这位国王做了他许诺要做之事，为他系上了登天的绳梯”。

7.《埃及人的神祇》，第 2 卷，241 页。

8.《古埃及金字塔铭文》，70~261 页。

9. 同上，97 页。

10. 同上，107 页。

11. 同上，284 页。

12. 同上，249~604 页。

13. 同上，253~254 至 610 页。

14. 同上，280~67 页。

15. 同上，170~483 页。

16. 同上，287~673 页。

17.B. 西特，《埃及的金属制造及工具》；G.A. 温赖特，《铁在埃及》，载于《埃及考古期刊》1931 年第 18 卷。

18.《古埃及金字塔铭文》，276、105、294、311 页。

19.《埃及的金属制造及工具》，17 页；《铁在埃及》，6 页及以后各页。

20. 在金字塔铭文众多的不解之谜中，“开路者”可能首先引起关注。

“天空之门向你敞开，闪烁的星空展现在你面前，上埃及的豺狗向你走来，如阿努比斯守护在你的身旁。”（《古埃及金字塔铭文》，288~289、675页）与其他经文一样，这儿的犬类动物的形象似乎是个向导，带领人前往一个秘藏着往往与数学或者天文知识有关的秘籍的地方。

21. 细节见第五部。

22. 同上。

23.《古埃及神话和象征》，181 页。

24. 天降大火的比喻摘自琼－皮埃尔·哈利特的《矮人基塔布》，185 页。

25.《古埃及神话和象征》，181~185 页。

26. 同上，184 页。

27. 同上，185 页。

28.《埃及人的神祇》，第 2 卷，94 页。

29. 同上，92~94 页。

30. 同上，93 页。

31.Skyglobe 天文软件，3.6。

32. 见第 4 部。

33. 详细探讨见《神圣的科学：法老神权政治时代的国王》。

34.《古埃及：从物神到神祇》一书对祭司拥有的秘密和口口相传的传统进行了充分的探讨。如第 43 页中说：“难以想象最高级别的祭司们没有他们严加保护的深奥的知识。每个祭司团体……都有‘灵知’和‘至高无上的学问’。而这些东西是决不会用书面形式记载下来的……因此，指望在埃及纸莎草纸文献中找到祭司们隐藏的神秘知识只会是痴心妄想。”还可参阅27页，及《神圣的科学：法老神权政治时代的国王》，273~274页。

35. 金字塔铭文摘自《埃及人的神祇》，第 1 卷，158 页。

36.《俄塞里斯与埃及的复活神话》，第 1 卷，146 页。

37.《神圣的科学：法老神权政治时代的国王》，22~25、29 页。

38.《俄塞里斯与埃及的复活神话》，第1卷，93页。

39.《大不列颠百科全书》，第10卷，845页。

40.《天狼星之谜》。

41. 同上，3页。

42. 同上，1页。

43. 见第三部。

44.《埃及亡灵书》，111页。

45. 同上，118页。亦可见《埃及人的神祇》，第1卷，400页。

46.《埃及亡灵书》，8页。

47.《俄塞里斯与埃及的复活神话》，第2卷28页。

48.《古埃及众神之死》对此有充分探讨，尤其是在328~330页上。

49.《神圣的科学：法老神权政治时代的国王》，172页。

50.《古埃及众神之死》，27页。

51.《神圣的科学：法老神权政治时代的国王》，172页。

52. 同上，26~27页。肉眼可见的星辰的数目，见伊恩·里德帕斯和威尔·迪雷恩合著的《柯林斯恒星和行星指南》，4页。

53.《神圣的科学：法老神权政治时代的国王》，173页。

54.《古埃及金字塔铭文》，156、964行；《神圣的科学：法老神权政治时代的国王》，287页。

55.《古埃及金字塔铭文》，165、284页；《神圣的科学：法老神权政治时代的国王》，特别是287页之后各页。

56. 由于最新考古发现，可以确定的天狼星历出现的时间可以追溯到更早的时期，在上埃及第一王朝的一个陵墓里发现有这样的铭文："索瑟斯(Sothis)，新年之预言者"（见《古埃及众神之死》，49页）。

57.《神圣的科学：法老神权政治时代的国王》，290页。

58. 同上，27页。

59. E.A. 沃里斯·巴奇，《埃及象形文字词典》（2卷本），约翰·墨里，伦敦，1920 年。

60.《古埃及：从物神到神祇》，321~322 页。

61. 同上，322 页。

62.《古埃及地图集》，36 页。

63.《古埃及神话和象征》，236 页。

第四十三章

1.《古埃及神话和象征》，263~264 页。亦可见尼古拉·格雷莫尔，《古埃及史》，46 页。

2.《拉罗斯最新神话百科全书》，16 页。

3.《埃及人的神祇》，第 1 卷，84，161 页；《古埃及金字塔铭文》，124，308 页。

4.《俄塞里斯与埃及的复活神话》，第 1 卷，352 页。

5. 迈克尔·霍夫曼，《法老时代前的埃及》，12~13 页；《古埃及》，21~23 页；《古埃及百科全书》，138~139 页。

6.《法老时代前的埃及》，12~13 页；《古埃及百科全书》，200、268 页。

7.《法老时代前的埃及》，12 页。

8.《古埃及》，23 页；《曼内托》前言（W.G. 沃德尔译），16~17 页。

9.《法老时代前的埃及》，11 页。

10. 同上，11~13 页；《古埃及》，5、23 页。

11. 可参阅《法老时代前的埃及》，11~13 页。

12. 由于时间的涤荡和蹂躏及考古学家和寻宝人的搜掠，过去的许多记录都已经荡然无存，因此在埃及学中，这一条规定尤为重要。此外，大量的古埃及遗址还没有进行过调查，更多的依然封存在尼罗河三角洲的淤泥下，或掩埋在开罗城外的沙漠深处，令我们鞭长莫及。即使在早已经过勘察的地方如吉萨墓葬区等，仍有大片区域——如狮身人面像脚下的岩床——有待挖掘。

13.《曼内托》，3 页。

14. 同上，3~5 页。

15. 同上，5 页。

16.《大不列颠百科全书》，第 12 卷，214~215 页。

17.《曼内托》，5 页。

18. 同上，4 页，注 2。没有任何证据表明古埃及人会将年代和月份搞错，或是将名称弄混。

19. 同上，7 页。

20. 同上，15 页。

21. 同上，231 页。亦可见《埃及：昔日的辉煌》，12 页。

22. 与玛雅人一样（见第三部），古埃及人为了行政方便，在民间采用以严格的 365 天为一年的模糊年计时法。欲知玛雅人的模糊年计时法，请参阅《古墨西哥的观天人》，151 页。古埃及的年历对照天狼星历进行校准，每隔 1461 年，与天狼星历在同月同日。

23.《狄奥多罗斯·西库拉斯》，护封语。C.H. 奥尔德法德译。

24. 同上，第 1 卷，157 页。

25.《历史》，193~194 页。公元 1 世纪时，罗马学者庞博尼尔斯·梅拉记载了一个类似的传说："埃及人为他们是世界上最古老的民族而自豪。根据可靠的历史记载，自从他们的民族诞生以来，天空的星辰已经四次改变方向，太阳两次在它现在升起的地方落下。"

26.《神圣的科学：法老神权政治时代的国王》，87 页。

27. 从下表可以看得更清楚一些：

春分	日出星座	日落星座（正西方）

公元前 5 世纪 希罗多德的时代	白羊座	天秤座
希罗多德前 约 13000 年	天秤座	白羊座
希罗多德前 约 26000 年	白羊座	天秤座
希罗多德前 约 39000 年	天秤座	白羊座

28. 例如，可参阅 A.H. 加德纳爵士的《都灵的皇家大炮》。

29.《古埃及》，4 页。

30. 细节请见《神圣的科学：法老神权政治时代的国王》，86 页。

31. 同上，86 页。亦可见《埃及之谜》，68 页。

32.《古埃及》，5 页；《古埃及百科全书》，200 页。

33.《古埃及》，5 页；《大不列颠百科全书》，第 9 卷，81 页。

34.《古埃及百科全书》，200 页。

35.《古埃及》，5 页。

36.《埃及：古王国的没落》，12 页。

第四十四章

1.《王权与神祇》，181~182 页；《古埃及百科全书》，209、264 页；《埃及神话》，18~22 页。亦可见 T.G.H. 詹姆士，《古埃及介绍》，145 页之后各页。

2. 西里尔·奥尔德雷德，《阿肯那顿》，25 页，“众神将埃及变为至善至美之地后便统治着这个地方”。

3.《王权与神祇》，153~155 页；《埃及神话》，18~22 页；《埃及之谜》，8~11 页；《拉罗斯最新神话百科全书》，10~28 页。

4. 见第四部。

5.《狄奥多罗斯·西库拉斯》，第1卷，37页。

6. 同上。

7.《秘境》，62页。

8.《埃及的早期水利文化》，13页；《法老时代之前的埃及》，27、261页。

9.《拉罗斯最新神话百科全书》，11页。

10. 同上，13页。

11. 同上，114~115页。

12. 同上。

13.《圣经·新约·希伯来书》，第9章，第4节。欲知“约柜”致命力量的细节，见葛瑞姆·汉卡克的《神迹与誓约》，第12章，273页及以后各页。

14. 摘自《埃及神话》，44页。

15. E.A. 沃里斯·巴奇爵士，《埃及的奇迹》，5页；《埃及人的神祇》，214页。

16.《拉罗斯最新神话百科全书》，27页。如果将塞特的篡权也算做一段统治时期的话，包括透特在内一共有七位神王，即：瑞、舒、盖布、俄塞里斯、塞特、何露斯和透特。

17.《埃及人的神祇》，第1卷，400页；加思·弗顿，《埃及的赫尔墨斯》，22~23页；《埃及：从物神到神祇》，121~122页；《埃及的奇迹》，128~129页；《拉罗斯最新神话百科全书》，27~28页。

18.《曼内托》，新柏拉图主义者扬布利科斯摘录。见皮特·勒梅热勒的《大金字塔解密》，15页；《埃及的赫尔墨斯》，33页。

19. 例如，可参阅《狄奥多罗斯·西库拉斯》，第1卷，53页。在这本书中，透特（他的希腊名字是赫尔墨斯）被描述为一个“被赋予非凡智慧的神，他创造发明了能够改进人类社会生活的东西”。

20.《俄塞里斯与埃及的复活神话》，第2卷，307页。

21.《古埃及神话和象征》，179 页；《拉罗斯最新神话百科全书》，16 页。

22.《拉罗斯最新神话百科全书》，9~10、16 页；《古埃及百科全书》，44 页；《埃及人的神祇》，第 2 卷，130~131 页；《古埃及：从物神到神祇》，190 页；《古埃及神话和象征》，230 页。

23.《俄塞里斯与埃及的复活神话》，第 1 卷，2 页。

24. 同上，第 2 卷，81 页。

25. 魁扎尔科尔亚特和维拉科查的故事见本书第二、第三部。《拉罗斯最新神话百科全书》16 页上总结了俄塞里斯为文明所作的贡献。亦可见《狄奥多罗斯·西库拉斯》，47~49 页；《俄塞里斯与埃及的复活神话》，第 1 卷，1~12 页。

26.《狄奥多罗斯·西库拉斯》，53 页。

27. 同上。《俄塞里斯与埃及的复活神话》，第 1 卷，2 页。

28.《狄奥多罗斯·西库拉斯》，55 页。

29.《俄塞里斯与埃及的复活神话》，第 1 卷，11 页。

30. 同上，2 页。

31. 同上，2~11 页。魁扎尔科尔亚特和维拉科查的事迹见本书第二、第三部。有趣的是，据说俄塞里斯在完成他的传播文明的使命时，有两个“开路者”伴随着他（《狄奥多罗斯·西库拉斯》，57 页），“阿努比斯和马塞多，阿努比斯身披狗皮，马塞多上身为狼……”

32.《俄塞里斯与埃及的复活神话》，第 2 卷，237 页。概况可见《古埃及金字塔铭文》。

33.《古埃及》，122 页；《古埃及神话和象征》，98 页。

34. 参阅《王权与神祇》《俄塞里斯与埃及的复活神话》《埃及人的神祇》。

35.《古埃及》，38 页。

36.《曼内托》，5 页。

第四十五章

1.《古埃及地图集》，36 页。

2. 日期摘自《古埃及地图集》，关于以色列人出埃及时的法老拉美西斯二世的其他资料，参阅普罗夫瑟斯·K.A. 基钦的《胜利的法老：拉美西斯二世生平》，70~71 页。

3. 可参阅《古埃及传记词典》，135~137 页。

4.《古埃及旅游指南》，384 页。

5.《古埃及金字塔铭文》，285、253 页。

6.《古埃及旅游指南》，386 页。

7.《古埃及百科全书》，59 页。

8.《古埃及亡灵书》第 175 章，摘自《古埃及神话和象征》，137 页。

9. 参阅亨利·弗兰克福特《阿比多斯塞提一世的衣冠墓》，25 页。

10.《斯特拉博地理学》，第 8 卷，111~113 页。

11. 玛格丽特·A. 莫里，《阿比多斯的俄塞里斯庙》，2 页。

12. 同上。

13.《泰晤士报》，伦敦，1914 年 3 月 17 日。

14. 同上。

15. 同上。

16.《古埃及旅游指南》，391 页。

17.《阿比多斯的塞提一世衣冠庙》，18 页。

18. 同上，28~29 页。

19. E. 内维尔，《阿比多斯考古挖掘：俄塞里斯的陵墓和水池》，载于《埃及考古期刊》，1914 年，第 1 期，160 页。

20.《泰晤士报》，伦敦，1914 年 3 月 14 日。

21. 同上。

22.《阿比多斯的塞提一世衣冠墓》，4、25、68~80 页。

23. 同上。

24.《阿比多斯考古挖掘》，164~165 页。

25.《埃及：昔日的辉煌》，160~161 页。

26.《阿比多斯的塞提一世衣冠墓》，23 页。

27.《卫报》，伦敦，1991，12 月 21 日。

28. 戴维·奥康纳，《船冢与金字塔》，载于《探险》，1991 年第 33 卷，No.3，7 页之后各页。

29. 同上，9~10 页。

30.1993 年 1 月 27 日收到的电传。

31.《船冢与金字塔》，12 页。

32. 同上，11~12 页。

33.《卫报》，1992 年 12 月 21 日。

34. 见开罗博物馆第54展厅，船的壁画绘于公元前4500年拜达里时期。

35.《古埃及金字塔铭文》，192 页记载："啊，启明之星啊！冥间的何露斯……你的灵魂伫立于你 770 腕尺长的巨舟之前……请带我进入你的船舱吧。"

第四十六章

1.《法老时代之前的埃及》，29 页，88 页。

2. 另一个例子是，狄奥多罗斯（公元前 1 世纪）转述的埃及祭司对他讲的话："他们说，从俄塞里斯和伊希斯到亚历山大，就是那个在埃及建造了以他自己的名字命名的城市的大帝（公元前 4 世纪），其间经历了一万年……"《狄奥多罗斯·西库拉斯》，第 1 卷，73 页。

3.《法老时代之前的埃及》，85 页。

4. 同上，90 页。

5.《古埃及史》，21 页。

6.《法老时代之前的埃及》，88 页。

7. 弗雷德·文道夫和罗姆尔德·西尔德合著,《史前的尼罗河谷》，291 页。

8.《法老时代之前的埃及》，89~90 页。

9. 同上，86 页。

10. 同上，97~98 页。

11. 同上，161 页。

12. 见第 12 章。

13. 同上。

14. 美国科学促进协会 1992 年年会，辩论题目：狮身人面像到底有多老？

第四十七章

1.《古埃及旅游指南》;《蛇神在天》，20 页。

2.《神圣的科学》，96 页。

3. 韦斯特的证据的细节在《蛇神在天》一书的 184~200 页。下面是他列出的狮身人面像被沙石掩埋的时间表：

狮身人面像被掩埋的时间

切夫伦 - 图特摩西斯四世，约 1300 年	1000 年
图特摩西斯四世——托勒米王朝，约 1100 年	800 年
托勒米王朝——基督教统治时期，约 600 年	0 年
基督教统治时期——目前，约 1700 年	1500 年
切夫伦——目前，约 4700 年	3300 年

4. 我们考古队的调查摘要提交到美国地质学会，我们受邀在该学会在圣迭戈举行的年会——地质学界的盛会——上展出我们的发现成果。世界各地的地质学者被我们的发现所吸引，蜂拥到我们的展位前。好几十位从事相关领域研究的专家愿为我们提供帮助和咨询。看到我们的成果，有的地质学家哈哈大笑，他们感到震惊（如肖赫起初时的那样）：历经两个世

纪的研究，竟然没有一个人——不管是地质学家还是古埃及学家——注意到狮身人面像身上的侵蚀是降雨造成的。《蛇神在天》，229 页；《狮身人面像之谜》，NBC-TV，1993。275 位地质学家赞同肖赫的发现。

5. 美国科学促进协会 1992 年年会，辩论题目：狮身人面像到底有多老？

6.《狮身人面像之谜》。

7. 同上。

8. 同上。

9. 同上。

10. 同上。

11. 美国科学促进协会 1992 年年会。

12. 同上。相关的地质学家还包括法劳克·埃尔·巴兹（Farouk El Baz）、罗斯（Roth）和拉斐（Raffai）。

13.《狮身人面像之谜》和美国科学促进协会 1992 年年会摘要。

14. 韦斯特将那些用闪长岩刻成的碗和第六部中讲述的其他坚硬的石器等归为特异物品类。

15.“在仔细审阅我画的各种速写、分解图和测量的数据之后，我的最终结论与我的最初反应一样：这两个作品代表的是两个人。面孔正面的比例，尤其是侧面的角度和脸部突出的轮廓使我坚信，狮身人面像绝不是海夫拉。如果古埃及人真是手艺高超的技师，擅长复制人物形象，那么，这两件作品不可能是同一个人。”弗兰克·多明戈语，摘自《蛇神在天》，232 页。亦可见在美国科学促进协会 1992 年年会上肖赫发表的关于狮身人面像头部可能进行过再度雕刻的观点。

第四十八章

1.《柯林斯英语词典》，608 页。

2.《大金字塔的秘密》，38 页。本章中许多资料都直接取自皮特·汤普金斯和利维欧·卡图罗·斯特奇尼教授的著作。

3. 同上，46 页。

4. 同上，181 页。

5. 同上，299 页。

6. 同上，179~181 页。

7. 同上，333 页。

8. 见第二十三章和《大金字塔的秘密》，378 页。

9. 见第二十三章。

10. 如爱德华兹、皮特里、贝恩斯、马利克等都接受了这一观点。

11.《大不列颠百科全书》，1991 年版，27 章 530 页。

12.《埃及金字塔》，87 页。

13. 见第五部。

14.《大金字塔的秘密》，189 页。

15.《古代海王的地图》，17 页之后各页。

16. 可参阅《世界的形状》，23 页。

17.《埃及人的神祇》，第 1 卷，400 页。

18. 同上，第 1 卷，443 页，第 2 卷，7、287 页。

19. 同上，第 2 卷，7 页。其中有一首诗直接歌颂阿门 – 瑞："你来自朋特，众神喜爱你身上的芳香，你来自神祇的国度（塔 – 纳特鲁），你是露水之子。"见第 2 卷 287 页。许多学者认为朋特位于东非的索马里沿海一带，那里至今生长着可以生产乳香和没药（"神祇的食品"）等香料的树木。

20. 同上。

21.《俄塞里斯与埃及的复活神话》，第 1 卷，98 页；此书第 2 卷，316 页中引用的佩皮一世、默 – 恩 – 拉和佩皮二世的金字塔铭文译文。这些铭文中清楚地说到这块海中福地的位置。

22. 同上，第 1 卷，97 页。

23. 同上，97~98 页。

24. 同上，第 2 卷，307 页。

25. 维罗尼卡·艾恩斯，《埃及神话》，84 页。

26.《埃及人的神祇》，第 1 卷，407~408 页。

27. 同上，第 1 卷，404 页。

28.《埃及神话》，85 页。

29.《埃及人的神祇》，第 1 卷，414 页。

30. 同上，414~415 页。

31.《历史》，第二章，第 4 节。

32. E.M. 安东尼亚蒂，《古埃及的天文学家》，3~4 页。亦可见施瓦勒，297 页。

33.《狄奥多罗斯·西库拉斯》，第 1 卷，279~280 页。

34. 可参阅《古埃及金字塔铭文》，78、170、171、290 页。

第四十九章

1. 罗伯特·鲍弗尔的《猎户座之谜》1994 年出版后立即成为世界各地的畅销书。埃及学家群起而攻之，但是许多天文学家却高度评价鲍弗尔的发现为一大突破。

2. 弗吉尼亚·特林布尔，见《猎户座之谜》，241 页。

3. 同上，172 页。

4.1993~1994 年期间的个人通信与采访。

5.《古埃及地图集》，36 页。

6. 个人通信与采访。

7.Skyglobe 天文软件，3.6。

8. 个人通信及采访。

9.Skyglobe 天文软件，3.6。

10. 个人通信和采访。

11. 见第四十二至四十四章。

12. “埃及人……相信，他们的国家是一个神授的国家。统治他们的国王就是神祇的化身。他们最早的国王就是真正的神。这些神王喜爱在地面上的生活，喜欢到处走动，与人类在一起。”《埃及人的神祇》，第1卷，3页。

13.1910年范西格林对御庙进行了考古挖掘，发现该神庙由重量“在100~300吨”之间大小不等的巨石建成。《蓝色导游：埃及篇》，431页。

14. 与所有伟大的基督教教堂一样，无论它们多么现代化（如20世纪在旧金山纳博山上修建的歌特式教堂），它们都要延续植根于4000多年以前的犹太—基督教的理念、象征和肖像等，因此不难想象一个教派能够在古埃及绵延8000年，将公元前10450年与公元前2450年衔接起来。那个时候建成的金字塔，如现在建成的教堂一样，都会在结构中传承极为古老的观念。例如，“内夫－赫特普国王（第八王朝）是俄塞里斯的忠实信徒。听说他的神庙（在阿比多斯）已变为废墟。一个新神像亟需建造的时候，他赶到赫利奥波利斯的瑞－阿图姆神庙，查询了图书馆中的资料，以确定树立怎样一个俄塞里斯神像才是惟妙惟肖的创世之初的俄塞里斯形象……”《俄塞里斯与埃及的复活神话》，第2卷，14页；在《神圣的科学》一书的103~104页中也讲到，在普托利迈斯和埃及历史上后来建造的神庙都是遵照古制建成的：“所有的图纸都是参照一本神授的书本来绘制的。于是，伊德夫的神庙仿照普托利迈斯神庙的样子建造，普托利迈斯神庙是按照伊姆霍普特写的基建文本建造的，而这个文本却是从上天传到孟斐斯城北部的。登德拉神庙的图纸是一本古籍中记载的，这本古籍的来历可以追溯到何露斯的同伴。”

15.《哈姆雷特的石磨》，59页。

16. 同上；《神圣的科学》，179页。

17.《基督教堂牛津词典》，514页。

18.《神圣的科学》，177页。

19.《圣经·旧约·创世记》，第二十二章，第 13 节。

20.《耶路撒冷圣经》年表，343 页。

21.《詹姆斯国王圣经》。

22.《古埃及百科全书》，20 页。

23. 同上，133 页。

24.《神圣的科学》，177 页。

25. 时间早在公元前 3000 年，见《大不列颠百科全书》，第 3 卷，731 页。

26.《古埃及百科全书》，27，171 页。

27.Skyglobe 天文软件，3.6。

第五十章

1. 加拉诺伯勒斯和贝肯合著，《消失的亚特兰蒂斯》，75 页。

2. 可参阅布雷恩·英格利斯的《巧合》，48 页之后各页。

3. 柯林·威尔森写前言、约翰·安东尼·韦斯特写后记的《当天空崩坍的时候》，1995 年在加拿大由 Stoddart 出版。

4. 见第一部。

5. 同上。

6. 同上。细节见第一部和第五十一章。

第五十一章

1.《大不列颠百科全书》，1991 年版，第 3 卷，584 页。

2.《大不列颠百科全书》，1991 年版，第 1 卷，440 页。

3.《发现科学世界》，1993 年 2 月号，17 页。15 种已经矿化的树干可能是一个大森林的残留物，树木的直径在 8.9~17.8 厘米之间。它们是一种著名的种子蕨类植物的幼苗：Glossopteris。这种植物在南半球的煤层中常可见到。与现有的蕨齿类植物不同，Glossopteris 靠种子而不是孢子繁殖。

它们长得像树木一样高大，现在已经绝迹……在阿切纳山发现的树干化石的周围，泰勒和她的同事们找到了舌头形状的Glossopteris叶片的印痕。

落叶树是温暖气候的一种标示，没有“冻轮”也是气候温暖的特征之一。当泰勒分析树干标本的年轮时，她没有看到任何受到冰冻侵害的细胞和树木在生长期受到冷冻侵袭时造成的细胞间的间隙。那意味着，当时南极洲没有任何冰冻。

“在我们的记忆中，南极洲就是一片冰天雪地。”泰勒说，“只有看到这些植物群的化石时我们才能得知宜于这些植物生长的应有的环境。这个生长在85° 的高纬度地带的化石森林，令我们想到这里曾经发生过的灾难性的气候剧变。”

这些树可能死于洪水或者泥石流——这也是南极洲今天不可能发生的事情。

4.《极地之路》，61页。

5. 同上，62~63页。

6. 道尔夫·伊尔·胡克，《那令人震惊的冰川时代》，44页。转摘自《国家地理杂志》1935年10月号。

7.《极地之路》，62页。

8. 兰德·弗雷姆－亚瑟，《地壳移动了吗？》（MS）

9. 丹尼尔·戈洛塔，《南极洲：它究竟是谁的大陆？》载于《大众科学》，1992年1月号，64页。

10.《极地之路》，107页。

11. 见第一部。

12.《极地之路》，111页之后各页。

13. 细节见第一部。

14.《圣经大洪水和冰川时代》，109~110页。

15.《极地之路》，66页。

16. 同上，93、96页。

17. 同上，99 页。

18. 见第四部。

19. 同上。

20.《大不列颠百科全书》，1991 年版，第 1 卷，440 页；约翰·怀特，《极点位移》，65 页。

21.《极点位移》，7 页。每年，在南极大陆上要增加 200 亿吨冰雪。

22.H.A. 布朗，《地球灾变》，10~11 页。

23. 见第四部。

24. 同上。

25.《圣经大洪水和冰川时代》，228 页。

26. 托马斯·赫胥黎的话，转摘自《极地之路》，294 页。

27.《美国科学》，1985 年 12 月号。

28.《极地之路》，47~49 页。

29. 同上，49 页。

30. 同上，58 页。

31. 见第四部。

32.《摩诃婆罗多》，转摘自《吠陀经中的北极家园》，64~65 页。

33. 同上，66~67 页。

34. 转摘自《发现的天堂：北极的人类摇篮》，199 页。

35.《吠陀经中的北极家园》，81 页。

36. 同上，85 页。

37. 同上，414、417 页。

38. 同上，420 页。

39.《极点位移》，9 页。

40. 同上。

41. 同上，61 页。

42.《自然》，第 234 卷，1971 年 12 月 27 日，173~174 页；《新科学》，

1972 年，1 月 6 日，7 页。

43. J.M. 哈沃德和 S.C.R. 马林在《自然》杂志上发表的文章。

44.《极地之路》，附录，325~326 页。

45. 同上，44 页。

46.《今日美国》，1994 年 11 月 23 日，9 页。

第五十二章

1. 柏拉图，《蒂迈欧篇和克里提亚斯》，企鹅经典，1972 年，36 页。

2.《薄伽梵往世书》，第 1 部，59、95 页。

3. 同上，60 页。

4. 迪利普・库玛・康吉罗，《古印度的维马纳》，16 页。

5. 同上，17 页。

6. 同上，18 页。

7. 同上。

8. 同上。

9. 同上，19 页。

10.《古埃及金字塔铭文》，70 页。

11.《约瑟夫斯全集》，27 页。

12. 同上。

13. 约翰・格里夫斯，《金字塔书画刻印作品集》（Pyramidogrphia），转摘自《蛇神在天》，230 页。

14.《圣书》，168 页。

15. 同上，169 页。

16. 同上，79 页。

17. 同上，79~80 页。

18.《薄伽梵往世书》，转摘自《亚特兰蒂斯：大洪水之前的世界》，88 页。

19. 贝罗索斯语摘，转摘自《猎户座之谜》，249 页。

20. 同上。

21.《圣经·新约·彼得后书》，第 3 章，第 10 节。

22.《埃及的赫尔墨斯》，33 页。

23. 与罗伯特·鲍弗尔的私人信件往来。

24. 见第七部。

25.《以诺一书》，65；《旧约外典》，247 页。

26.《墨西哥的史前神祇》，24 页。

27.《破译玛雅密码》，275 页。

28.《世界能得救吗？》，瞭望塔圣经和经文出版会 1992 年出版。

29.《变化中的地球》，摘录自埃德加·凯斯基金会的循环阅读文件，36 页。

30. 见第五部。

31.《曼内托》，191~193 页。

32. 氯 -36 岩石曝露日期测定技术是威尔士大学地球科学系的戴维·鲍文（David Bowen）教授发明的。在 1994 年 12 月 1 日伦敦的《泰晤士报》上，鲍文教授发表了他的发现：

“解决争论不休的狮身人面像和金字塔的年代问题有一个办法，那就是采用氯 -36 岩石曝露日期测定技术进行鉴定。用这种方法可以估算出岩石曝露于自然环境中的时间的长度。就狮身人面像和金字塔而言，这个时间就是那些石头被采挖出来的时候……”

1944 年，鲍文先在英国巨石阵著名的“蓝色石头”上进行了他的初步试验，迄今为止人们都认为它们的时间可以追溯到公元前 2250 年。这个试验表明，这 123 块 4 吨重的巨石可能是在最后的冰川时代时开凿出来的，约在公元前 12000 年。见 12 月 5 日伦敦《泰晤士报》。

33.《狮身人面像之谜》，NBC-TV，1993。

34.《彼得后书》，第 3 章，第 4 节。

35.《彼得后书》，第 3 章，第 3 节。

36.《部落传略：霍皮族印第安人保留地》，亚利桑那商业部。

37.《破译玛雅密码》，375 页。

38.《霍皮人之书》。

39.《世界神话》，26 页。

40.《圣经·新约·马太福音》，第 24 章，第 38~39 节。

41.《圣经·新约·马太福音》，第 24 章，第 27~41 节。